普通高等教育"十一五"国家级规划教材

U0853367

21世纪中国高校
法学系列教材

国际经济法（第五版）

主　编　王传丽

撰稿人（以撰写章节先后为序）
王传丽　史晓丽　范晓波
白　艳　赵秀文

中国人民大学出版社
·北京·

第五版修订说明

这部教材在2004年出版后，经过了2007年、2011年和2015年三次修订。本次修订是在2015年第四版的基础上，根据先前教材的使用经验并结合近年来国际经济法内容的发展变化再次进行的修订和补充。此次修改和补充的内容主要有以下几方面。

（1）21世纪中国“一带一路”倡议的实施，丰富了国际经济法的内容。第一章导论部分增加了一节专门论述“一带一路”倡议对国际经济法发展的影响，分析中国在经济全球化运动与国际经济法发展中的历史经验和贡献。

（2）配合“一带一路”倡议的实施，第三章增加了有关国际公路运输公约的内容。这部分应与世界贸易组织《贸易便利化协定》配合在一起学习。

（3）第三章国际货物贸易支付部分增加了有关国际保理的内容。

（4）第五章对TPP及CPTPP的内容进行了更新以适应形势的新变化。

（5）第六章为国际投资法，对该章内容进行了一些修改。

（6）第七章在国际金融法领域，配合“一带一路”倡议执行，增加了亚洲基础设施投资银行的内容。

（7）第八章在国际税法领域，介绍了国际反避税的最新成果。

（8）第九章在国际商事争议解决方面，增加了一些新法条。

此外，为体现内容的关联性和突出重点，对每章后的相关思考题进行了增补和更新；此外还对教材中表述不清楚、不完整、不准确的文字和内容进行了一次全面梳理。本书作者均为在高校中长期主讲国际经济法的学者，其具体分工如下：

王传丽：第一章、第二章、第三章、第五章

史晓丽：第四章、第六章

范晓波：第七章

白　艳：第八章

赵秀文：第九章

本书作者在编写过程中力求全面、简要、准确地阐述国际经济法理论和实践，由于水平和能力所限，不当之处，敬请同行及读者指正。

王传丽

2019年8月

目　录

第一章
导　论

提　要

本章是国际经济法的入门部分，以介绍国际经济法的基本概念以及基本问题为主，同时介绍了国际经济法的研究方法，为有志于研究国际经济法的人士提供方法论方面的指导。国际经济法是一个独立的法律部门，它是调整国际经济关系的法律规范的总和。国际经济关系主要包括国际贸易关系、国际投资关系、国际货币金融关系、国际税收关系、国际经济争议的解决等，因此，国际贸易法、国际投资法、国际金融法、国际税法、国际经济争议解决是国际经济法的主要组成部分。相对该章而言，这些内容构成国际经济法的分论部分。本书的大部分内容介绍国际经济法分论的内容。

重点问题

1. 经济全球化的概念和特征
2. 经济全球化对国际经济法的影响
3. 国际经济法如何理解市场、企业与政府的关系
4. 国际经济法的概念和特征
5. 国际经济法的渊源
6. 国际经济法的主体
7. 国际经济法的基本原则

第一节　经济全球化与国际经济法

一、经济全球化

经济全球化是指商品、技术、信息、服务、资本、人员等生产要素跨国、跨地区的流动。这种流动把全世界连接成为一个统一的大市场，各国在这一大市场中发挥自己的比较优势，从而实现资源在世界范围内的优化配置。经济全球化是科学技术，特别是信息技术的发展，市场力量的扩大以及国际分工的深化，国家之间相互依赖、紧密合作的产物。经济全球化是一个开放的、动态的历史过程，随着世界经济的发展、变化而不断地扩展和深入。

两千多年前发端于中国古代秦汉时的“丝绸之路”，是世界上最早出现的经济全球化运动。[1] 通过这条有名的横贯欧亚大陆的商道“丝绸之路”[2]，中国开辟了通向外部世界的通道，并使之成为古代中国与欧亚大陆和平交流的纽带。“丝绸之路”是古代中国对外开放、走向世界的创举，从此开始了中华文明与世界多个文明之间的相互接触和交流，在漫长的岁月中从政治、经济、文化、科技、法律等方面为促进全球化作出了独特贡献。这与15世纪欧洲的所谓地理大发现形成鲜明对比：自欧洲人登陆美洲，伴随着武力攻伐与殖民掠夺，欧洲海盗式资本主义开启。[3] 1848年马克思在他的名著《共产党宣言》中，描述了这一由西方工业化促成的经济全球化景象。[4] 此后，发源于欧洲的两次世界大战，带来了整个世界经济的崩溃，终止了经济全球化进程。当代的经济全球化是指第二次世界大战后的经济全球化运动。它是科学技术，特别是信息技术发展的产物，是市场力量以及国际分工的扩大和深化，是国家之间相互依赖、紧密合作的产物。在21世纪，由中国倡导的“一带一路”在更高的层次上重现了古代中国陆地和海上丝绸之路的实践，对未来经济全球化运动和国际经济法的发展必将产生更为深远的影响。

经济全球化不是一个孤立的现象，它是全球化（globalization）总体趋势的一个组成部分，并受其他方面因素的制约和影响。[5]

---

① 据说，最早使用“丝绸之路”这一地理概念的是1877年德国历史地理学家弗迪南·德·冯·李希霍芬。参见［英］彼得·弗兰克潘：《丝绸之路——一部全新的世界史》，Ⅳ页注8，杭州，浙江大学出版社，2016。按照本人理解，彼得·弗兰克潘撰写的《丝绸之路——一部全新的世界史》与本书所述“丝绸之路”之含义不尽相同。二者的区别主要在于，彼得所言“丝绸之路”是古代欧洲、北非、中东及亚洲等地存在的若干贸易通道的统称。按照不同王朝在不同历史时期的表现和特点，彼得将这些“丝绸之路”定性为信仰之路、基督之路、和睦之路、皮毛之路、奴隶之路、天堂之路、铁蹄之路、黄金之路、白银之路、帝国之路、战争之路、黑金之路、小麦之路、纳粹之路、霸权之路等。参见［英］彼得·弗兰克潘：《丝绸之路——一部全新的世界史》，杭州，浙江大学出版社，2016。本书所称“丝绸之路”是指按照中国的历史传统、以中国为起点或以中国为中心而展开的“丝绸之路”。撰写白银资本的加拿大社会学教授贡德·弗兰克认为，“如果说在1 800年以前有些地区在世界经济中占据支配地位，那么这些地区都在亚洲。如果说有一个经济体在世界经济及其‘中心’等级体系中占有‘中心’的位置和角色，那么这个经济体就是中国”。［德］贡德·弗兰克：《白银资本——重视经济全球化中的东方》，刘北成译，2版，27页，北京，中央编译出版社，2001。此外，以西方人的角度逆向阐述“丝绸之路”的著作可参见法国安田朴所著《中国文化西传欧洲史》（上册）。

② 中国是全世界养蚕制丝最早的国家。我国先秦文献，如《竹书纪年》《逸周书》《山海经》《穆天子传》等，有关于中国内地的丝织品通过河西走廊转送至西方的最早记载。公元4至5世纪，希腊便以“塞里斯”（Seres，意即丝绸之国）一词称中国。（参见钱穆：《中国经济史》，叶龙记录整理，93页，北京，北京联合出版公司，2014。）以丝绸为代表，经“丝绸之路”运送的货物还有瓷器、漆器、茶叶等。其后由于匈奴的兴起，这种交往暂告中断。至汉朝打败匈奴后，匈奴西迁踩出来的草原“丝绸之路”继续为东西方国家的文化和商业交流服务。国内较早研究“丝绸之路”的著作，可参见方豪所著《中西交通史》（上、下册）。

③ 西方殖民者给美洲带去了欧洲大陆的动物、植物、奴隶贸易、天花、黑死病，同时从美洲大陆掠夺矿产和白银。关于这段历史可参见［乌拉］爱德华多·加莱亚诺：《拉丁美洲被切开的血管》，王玫等译，北京，人民文学出版社，2001；［美］查尔斯·曼恩：《1491——前哥伦布时代美洲启示录》，胡亦南译，北京，中信出版社，2014。

④ 参见马克思：《共产党宣言》，载《马克思恩格斯选集》，3版，第1卷，376～435页，北京，人民出版社，2012。

⑤ 按照戴维·赫尔德的观点，全球化是指当代社会生活所有方面在世界范围内的相互联系的不断扩大、深化和加速。准确地说，全球化是指一个（或者一组）体现了社会关系和交易的空间组织变革的过程——可以根据它们的广度、强度、速度以及影响来加以衡量——产生了跨大陆或者区域的流动、活动交往以及权力实施的网络，其内容包括从文化到犯罪、从金融到精神的各方面，可以细分为政治全球化、军事全球化、文化全球化、贸易全球化、金融全球化、跨国公司的生产全球化、环境全球化、人员流动的全球化等。

经济全球化具有以下特征。

1. 市场全球化

市场全球化意味着：(1) 由于各国市场经济体制的建立，国内市场与国际市场连成一体，形成了一个开放式的全球市场经济体制，通行的是价值规律和竞争原则。(2) 较少的贸易壁垒和市场力的解放，使货物、资本、技术、信息、服务以及人员的跨越边界的流动成为可能，并且得到空前发展。世界贸易组织（以下简称 WTO）发布的《2019 年世界贸易报告》称，2018 全球贸易总额（包括服务贸易）已达四十多万亿美元。其中商品出口额 19.48 万亿美元，服务贸易出口额 5.8 万亿美元，进口额 18.87 万亿美元，服务贸易额 5.5 万亿美元；联合国贸易与发展委员会发布的《2018 年世界投资报告》称，2017 年全球外国直接投资达 1.43 万亿美元。(3) 全球电子网络和信息技术的发展，标志着世界经济进入了一个新时代，不但为全球经济提供了一个没有国界的虚拟大市场，而且成为推动经济全球化的有力工具。

2. 生产和消费全球化

跨国公司已成为全球化经济活动的主体。根据联合国贸易与发展委员会《2008 年世界投资报告》的统计，世界各国的跨国公司有 8.2 万家，它们在全球的子公司有 70 万家，跨国公司对外直接投资的存量则在 3.5 万亿美元以上。跨国公司控制世界生产总量的 40%左右，有些跨国公司的年产值甚至比一些中小国家一年的国民生产总值还多。它们占有世界贸易总量的一半以上，跨国公司的内部贸易占世界贸易的 2/3。它们还占有世界技术贸易的 80%，并支持着大多数私人企业的研究和发展（R&D）。在全球贸易、投资、金融、技术（包括军事技术）以及全球文化中，跨国公司起着重要的作用。跨国公司的跨国生产和提供的服务活动，促进了人员的跨国界流动以及消费的全球化。

3. 经济全球化与地区内部的生产要素的流动（包括本土的、国家的、区域性的）相辅相成

地区经济的发展促进经济全球化，经济全球化带动和促进地区经济的发展，它们之间是一种复合的、相互促进的关系，而不是对立的关系。正如戴维·赫尔德所说的，一方面，区域化过程推动并且补充全球化的深入，在这一方面，经济区域化（如欧盟）并不是贸易和生产全球化的障碍，而是推动力；另一方面，这样的过程如果没有鼓励去全球化（deglobalization）的过程，那么也能够限制全球化。然而没有理由认为本土化或区域化与全球化是对立或矛盾的关系。⑥

人们对全球化概念的不同理解，大致可以分为三派：极端全球主义者（hyperglobalizers）、怀疑论者和变革论者（transformationalists）。这三派的争论主要集中在全球化的概念、动力、社会经济影响、对国家权力和治理的影响以及全球化历史轨迹五个方面。戴维·赫尔德等人把对全球化的形态的历史分析与 6 个发达国家（美国、英国、瑞士、法国、德国、日本）的命运联系在一起，在横向与纵向对比中论述了全球化对主权国家的影响，并指出，全球化对社会产生了两种完全相反的作用，即它在分裂的同时也在推动整合，在产生合作的同时也在引发冲突，在实现普遍化的同时也在推动特殊化，因此，全球变革的轨迹在很大程度上是不确定的。

参见［英］戴维·赫尔德等：《全球大变革——全球化时代的政治、经济和文化》，杨雪冬等译，2～14 页，北京，社会科学文献出版社，2001。此外，有关全球化可参见王洛林、余永定等：《2000—2001 年：世界经济形势分析与预测》，北京，社会科学文献出版社，2001；杨来科等编著：《地域的陷落》，广州，广东旅游出版社，1999；［德］汉斯彼得·马丁、哈拉尔特·舒曼：《全球化陷阱——对民主和福利的进攻》，北京，中央编译出版社，2001；韩德强：《碰撞——全球化陷阱与中国现实选择》，北京，经济管理出版社，2001；萧琛：《全球网络经济》，北京，华夏出版社，1998。

⑥ 参见［英］戴维·赫尔德等：《全球大变革——全球化时代的政治、经济和文化》，杨雪冬等译，23 页，北京，社会科学文献出版社，2001。戴维·赫尔德认为，本土化指特定地方的流动和网络的加强。国家化指社会关系和交易在有固定领土边界的框架内发展的过程。区域化指在国家或社会的功能性或地缘性团体之间进行和存在的众多交易、流动、网络及其交往。国际化指任何地方的两个甚至多个民族国家之间的交往和相互联系的模式。而当代全球化则指世界经济中主要地区之间的贸易和金融流动，而这些地区内部的流动包括本土的、国家的和区域性的。

4. 经济全球化促进了经济活动中统一行为规则的出现

各国经济贸易政策和法律在矛盾中求得协调。全球性、区域性多边经济组织，前者如国际货币基金组织、世界银行、巴塞尔委员会、WTO，后者如欧盟、北美自由贸易区、东盟、亚洲太平洋经济合作组织（以下简称“亚太经合组织”）等，制定的规则，有利于维护国际经济、金融秩序的正常运转。

二、经济全球化对国际经济法的影响

经济全球化促进了调整跨国经济交往的各种法律规范的丰富和发展，主要表现在以下方面。

（一）丰富了国际经济法的内容

（1）信息技术和电子网络技术的发展，使电子商务成为未来经济发展的重要形式，由此促进调整电子商务法律规范的发展。电子商务是基于互联网，以交易双方为主体，以银行电子支付和结算为手段，以客户数据为依托的一种全新商务模式。传统的合同法、证据法、税法、司法管辖权问题和法律适用问题如何适应电子商务模式，是立法机关和司法机关面临的新问题。此外还出现了电子商务（或网络经济）本身特有的问题，如网络安全问题、网上知识产权的保护、网络服务提供商的责任问题、网上资金划拨和结算、网上仲裁等。1996 年 12 月，联合国国际贸易法委员会制定了《电子商务示范法》，为各国电子商务立法提供了范本；1996 年年底，WTO 达成了便于电子商务发展的第一个国际协议——《信息技术协议》；1998 年 5 月，WTO132 个成员签署了《关于电子商务的宣言》。

（2）生物技术和基因工程在造福人类的同时，也带来了一些负面效应，促使各国及国际社会制定相关法律，预防其可能产生的危害。针对转基因食品和农产品的安全问题，2001 年 1 月，由联合国《生物多样性公约》秘书处发起的关于生物安全问题的会议在加拿大蒙特利尔召开，与会国家代表达成了生物安全议定书，议定书的适用范围包括由现代生物技术产生的、拟作田间和商品生产的转基因活生物体的越境转移。2000 年 5 月 15 日至 26 日，《关于生物安全的卡塔赫纳议定书》在内罗毕开放签字，并已于 2003 年 9 月 11 日生效。中国于 2000 年 8 月 8 日签署了《生物多样性公约》下的《关于生物安全的卡塔赫纳议定书》，国务院于 2005 年 4 月 27 日批准了该议定书，中国正式成为该议定书第 120 个缔约方。该议定书的目标是保证转基因生物及其产品的安全性，尽量减少其潜在的对生物多样性和人体健康可能造成的损害，在缺乏足够科学依据的情况下，可对他国试图入境的转基因生物及产品采取严格的限制与禁入措施。区域性组织如欧盟在 2000 年 1 月宣布成立“欧洲食品独立权力机构”，以保障欧盟境内的食品安全；同时发表了欧盟《食品安全白皮书》，推出了一项食品安全计划。

（3）金融全球化与 20 世纪 90 年代频繁发生的金融危机，使国际社会意识到加强国际金融监管的重要性。巴塞尔委员会制定了一系列具有代表性的金融监管文件（统称《巴塞尔文件集》），其中，最著名的有《关于统一国际银行资本、衡量和资本标准》以及《巴塞尔核心原则》。在国际证券市场监管方面，1974 年成立的证监会国际组织（IOSCO）于 1994 年在东京年会上通过了《关于遵守证监会国际组织相互合作协助最高标准的基本原则义务的决定》，于 1995 年 7 月巴黎年会上通过了关于期权和期货市场监管机构相互合作的《温莎宣言》。在国际银行监管中实行关于国际银行资本充足率原则（不低于 8%）、国际银行信用管理原则（包括信用风险管理、大额贷款披露制度和利率风险监管）以及国际银行监管的核心原则等。2008

年美国次贷危机引发全球性金融危机，暴露了旧国际金融秩序的问题。2012 年“金砖五国”(BRICS)① 为避免在未来金融危机中受到货币不稳定的影响，提出建立金砖国家开发银行（new development Bank）的设想。2014 年 7 月 15 日，金砖五国领导人在巴西福塔莱萨举行第六次会晤，签署了《福塔莱萨宣言》，正式设立金砖国家开发银行和应急储备基金。金砖国家开发银行和应急储备基金的建立，将使新兴市场国家在国际规则的制定中获得更大的话语权，在国际事务中发挥更大的作用。金砖国家开发银行是第一个由发展中国家设立并主导的多边开发银行，是用发展中国家发展的思路和方式去扶持、帮助发展中国家的创举，有助于维护中国等发展中国家在国际经济贸易活动中的利益，防止或减少由美元霸权引起的汇率及贸易风险，同时，在一定程度上改变第二次世界大战后由发达国家主导的旧国际金融体系。

（4）知识产权的国际保护。19 世纪以来，国际社会就致力于签订保护知识产权方面的国际公约和协定。随着计算机和网络技术的应用、经济全球化，及信息在网络中的即时传播，知识产权保护在国际经济交往中显得格外重要。20 世纪 90 年代，国家之间有关知识产权保护方面的争议剧增，且有演变成为国家之间贸易战的可能。② 1989 年《关于集成电路的知识产权条约》，1996 年在日内瓦签订的《世界知识产权组织版权条约》以及《世界知识产权组织表演和录音制品条约》，WTO《与贸易有关的知识产权协议》等，极大地丰富了知识产权国际保护的内容。

（二）促进了国际经济法的趋同性和多元化发展

1. 法律的趋同性发展

经济全球化促进调整国际经济领域的法律规范的统一。正如戴维·赫尔德指出的，发展着的全球市场意味着需要有共同的规则来管理市场，现代经济活动的复杂性要求有一系列详细的共同法规和政策来使全球市场发挥功能。③ 经济全球化在四个方面促进国际经济法无论是在公法领域还是在私法领域法律和政策的统一。

（1）促进全球多边经济贸易体制下法律和政策的协调与统一，典型代表如国际货币基金组织和 WTO 的一揽子协议、《联合国国际货物销售合同公约》以及知识产权国际保护的近三十项公约和协议等。

（2）促进区域多边经济贸易法律和政策的协调与统一，如欧盟的有关指令和法律、北美自由贸易区协议、亚太经合组织的有关文件等。

---

① 金砖五国是指巴西、俄罗斯、印度、中国、南非。根据协议，金砖国家开发银行的初始资本为 1 000 亿美元，由五国平均出资；五国享有同等的份额和决策权。金砖五国将先期投资 500 亿美元作为启动基金。金砖国家开发银行总部设在上海。行长实行轮值制，任期 5 年。印度为首任轮值国。银行的代表董事会将由五个国家派出财政部部长或者央行行长担任。俄罗斯是首任代表董事会主席。金砖国家应急储备基金规模 1 000 亿美元，其中，中国出资 410 亿美元，巴西、俄罗斯、印度分别出资 180 亿美元，南非出资 50 亿美元。金砖国家开发银行和应急储备基金的设立，不但可以为金砖五国自身的长远发展提供资金，还可帮助更多的发展中国家获得利息较低的长期贷款，逐渐建立起发展中国家帮助发展中国家的机制。

② 2018 年 7 月 6 日，美国以贸易逆差为由，向中国发起贸易战，对中国进口的 500 亿美元的产品加征 10%的关税。由于中国根据《中华人民共和国对外贸易法》采取了对等的反制措施，7 月 11 日，美国又宣布对从中国进口的约 2 000亿美元的产品加征 10%的关税措施。8 月 2 日，美国贸易代表声称加征税率从 10%提高到 25%，贸易战升级。7 月 11 日，美国常驻 WTO 大使丹尼尔·谢伊（Dennis C. Shee）就中国贸易政策作出评审，在 WTO 作专题发言，指责中国对国有企业和其他中国公司提供优惠待遇，允许歧视性监管，制定特殊国家标准、技术转让要求，知识产权保护和执法不力，存在网络盗窃，存在过度广泛和歧视性的网络安全措施，提出跨境数据限制和数据本地化要求等。

③ 参见［英］戴维·赫尔德等：《全球大变革——全球化时代的政治、经济和文化》，杨雪冬等译，246～247 页，北京，社会科学文献出版社，2001。

（3）促进新的国际商业惯例的形成，如在电子商务领域的示范法、国际商事合同通则、国际销售示范合同等。

（4）各国国内法的不断完善并逐步与国际规范保持一致。从历史的发展过程看，各国的国内法与国际公约、国际商业惯例的发展并不同步。由于政治、经济、文化等诸方面的原因，各国国内法限于各国地理边界之内，处于相对孤立的状态，彼此之间存在着较大的差异。但是经济全球化的进程推动各国法律的趋同过程，并使之在许多基本概念和大的原则方面，在实体和程序方面，在解决争议的手段方面逐渐趋向一致，出现了在法律上求大同存小异并且逐步和国际公约、国际商业惯例保持一致的局面。

（5）形成了一套比较完整的解决国际经济贸易争议的机制。传统的只由国内法院处理私人之间经济贸易纠纷的方式越来越多地被更为灵活的 ADR（alternative dispute resolution）方式取代。① 在处理私人和国家之间的争议方面，世界银行内部产生了根据《解决国家与他国国民之间投资争端公约》设立的解决投资争议国际中心（ICSID）。在解决国家之间经济贸易争端方面，有 WTO 解决争端机制（DSM）等。此外，还有在区域贸易集团内设立的争端解决机制，如欧盟法院、北美自由贸易区争端解决机制等。这些争端解决机制对有关国际公约、国际商业惯例及国内法的贯彻和执行起到了监督、保证的重要作用。

2. 法律的多元化发展

经济全球化在促进国际经济贸易法律规范统一的同时，刺激了法律多元化或多样化发展。特别是在 WTO 成立之后，在一片法律全球化或法律趋同性的欢呼声中，新一轮法律多元化和区域化发展的浪潮正在席卷全球。

法律多元化发展主要表现在以下方面。

（1）WTO 促进了各国国内法的发展。WTO 成立后，其成员方纷纷按照 WTO 的要求，在国内或颁布新法，或修改旧法，或废除与 WTO 不相一致的法律、法规，建立有利于执行 WTO 规则的执行体系和监督体系。

（2）促进两国之间或区域集团之间签订双边条约和安排以解决两国或区域集团之间共同感兴趣的问题。围绕 WTO 多边贸易谈判，国家之间、区域集团之间的关系空前活跃，通过双边谈判解决问题蔚然成风。

（3）和 WTO 多边贸易体系相呼应，许多区域性经济一体化安排在深度和广度上得到进一步发展，扩大成员，拓宽经济合作领域，促使大量的、新的多边国际条约出现。经济全球化促进新的全球或区域合作以解决在 WTO 体系尚不能解决的问题。②

（4）促进新的国际商业惯例出现。借助经济一体化的东风，在传统经济领域之外诸如电子商务等高科技领域形成新的国际商业惯例。

在全球法律多元化发展中，双边和区域性多边一体化安排显得格外突出。根据 WTO 的统计，截至 2019 年 1 月 4 日向关税与贸易总协定/WTO 通报的区域贸易协定已达 681 项，其中已经生效的有 467 个。在五百余项区域贸易协定中，双边自由贸易协定约占 90%。所涉一百七十多个国家和地区中，不少国家和地区参加一项以上区域或双边自由贸易协定。在亚洲，顺应

---

① 关于 ADR，即选择性解决争议方法，实践中有两种观点：一种观点认为，指当事人之间约定的除诉讼以外的解决争议的方法，如仲裁、调解、民间诉讼（mini-trial）等；另一种观点认为，ADR 包括除诉讼和仲裁以外的任何解决争议方式。本书采取第一种观点。

② 2000 年拟订的《关于生物安全的卡塔赫纳议定书》是一项限制转基因食品出口的条约。截至 2005 年 5 月 18 日已有 119 个国家和区域一体化组织（欧盟）批准加入或核准该议定书，成为该议定书缔约方。该议定书为缓和各国在转基因食品生产和贸易中的分歧起了重要的作用。

经济全球化和区域经济一体化发展两大趋势，中国正在为建立亚洲自由贸易区，为建立持久发展的“一国四地”经济贸易关系构建稳固的基础。在一个中国的前提下，在与港、澳地区签订《内地与港澳关于建立更紧密经贸关系的安排》（以下简称CEPA）之后，大陆与台湾地区签署《海峡两岸经济合作框架协议（ECFA）》（2010年6月29日），同时继续推动与东盟的10+1、10+6（ERCP）模式，推动金砖五国合作模式的发展。中国在WTO内占有4个席位，如果在WTO外组成一个自由贸易区，以区域内的经济自由化推动区域外及WTO体系内的贸易自由化发展，将是中国对亚洲、对全人类、对世界持久和平和安全所作的贡献。

经济全球化之所以带来这些新现象，其原因可以归结为：（1）主权国家的主导作用。经济全球化在促进世界各国经济贸易法律、政策协调、统一的同时，也促进法律多元化的发展。以WTO规则为例，全世界几乎没有哪个国家同意WTO规则在本国国内直接实施，大多是通过立法将WTO规则规定的权利和义务转化为国内法予以实施。就国内法院来说，它们执行的是国内法而不是国际法。WTO在建立统一的国际贸易规则的同时，丰富了各国国内法的内容，并在国家承担国际义务的条件下，实际上全面地强化了一国国内立法、执法和司法系统与措施。（2）经济全球化给国际社会带来日益增多的复杂问题，妥善解决这些问题是对现有国际组织的组织机构和习惯规则提出的挑战。除了进一步完善或及时修改现有多边机制外，所有这些新问题的解决，或通过国内立法，或通过国家之间签订新的双边条约或者区域性条约或者新的全球多边条约的途径。改变旧机制不是一朝一夕、轻而易举就能够实现的。作为替代，最简便而且高效的方法显然是签订新的双边或区域协定。① （3）科学技术的飞速发展提出许多新的法律问题。实践证明，不是所有的问题都必须通过国内立法或国家之间签订条约来解决。民间机构、行业协会等非政府组织（NGO）制定的一些自律性或示范性规则往往可以成功解决许多棘手问题。民间机构或非政府组织在促进新的国际商业惯例形成中发挥的作用正在受到国际社会的广泛重视。

经济全球化发展好比是在法律趋同性和法律多元化两条轨道上奔驰的火车，缺少任何一条轨道都可能导致翻车。全球法律发展的趋同性与多元性如同一枚硬币的两个方面，你中有我，我中有你，相互依存，共同发展。国际经济法体系就是在法律的趋同性、统一性与差异性、多样性的相互作用、相互渗透、相互促进、相互制约的过程中形成和发展起来的。

三、国家竞争力与国际经济法

经济全球化的发展，加剧了国家之间的竞争。货物、资本、服务、技术、人员、信息的全球自由流动，生产、销售、消费的全球化，加速了全球统一大市场的形成。无论是发达国家、发展中国家还是最不发达国家，都感受到了这种全球化带来的震荡和危机感，尤其是全球化对一国经济发展的影响。如何振兴经济、增强一国竞争力？这是一个国家政、企、学界乃至每一个人都在思考的问题。是走市场经济之路，靠市场自发的力量、自由放任，还是强化政府干预，靠国家的垄断力量、强化国家参与和干预经济的力量，抑或将两者相结合，市场加政府干预？什么是整治经济衰退、振兴国力的灵丹妙药？国际经济法如何调整政府与企业之间的关系？要回答这些问题，首先需要搞清楚什么是国家竞争力。美国哈佛大学经济学教授米歇尔·

① 在美国，反对区域协定的人曾经疾呼，区域性多边或双边自由贸易协定不符合美国的最大利益，美国应结束促进区域贸易集团的做法，重振雄风，恢复第二次世界大战后作为世界贸易领袖的地位。See Gordon, Bernard K., “A High-Risk Trade Policy”, *Foreign Affairs*, Vol. 82, No. 4, July-August 2003, pp. 5-118.

波特（Michael E. Porter）在传统经济学观点的基础上，提出了他的“钻石理论”。按照他的观点[①]，一国的国家竞争力是由其人民的生活水平决定的，“在国家层面上，竞争力的唯一意义是国家生产力”[②]。国家经济的基本目标是提高人民生活水平，而人民生活水平的提高，有赖于企业不断提升和创造符合时代需求的生产力。因此，归根结底，是企业，而不是国家，才是提升国家竞争力的重要力量。而企业生产力的提高必须借着提高产品（服务）品质、增加产品（服务）特性、改进产品（服务）技术和提高生产效率等方式实现。企业之间的竞争形成产业分工，产业分工有利于提高生产力，由此形成产业聚群。他提出：产业是研究国家竞争力的基本单位。一个国家的成功并非来自某一项产业的成功，而是来自纵横交织的产业聚群。[③] 企业的低层次竞争优势，体现在对特殊资源的优势（如地理位置、丰富的自然资源等）和成本优势（如廉价原材料，廉价劳动力，由一般技术、设备、方法形成的规模生产等）；高层次的竞争优势则体现在对高新技术的所有权（即自有知识产权）、产品及服务的差异性、取得高新技术的能力以及全球服务和客户网络、信誉等的发达。具有高层次竞争优势的企业不但有不断投资、研发的能力，而且有向世界挑战的能力，由此形成有国际竞争力的全球化产业。

在这个过程中，国家起什么作用呢？波特花费了 4 年时间详细考察了美国、英国、德国、日本、瑞典、瑞士、韩国、新加坡、丹麦、意大利 10 国的产业兴衰和国家所起的作用。他的结论是：企业的竞争优势与国家环境息息相关。国家随企业兴旺而兴旺，一旦产业获益，国家会成为最终受益者；一旦企业停止自我提升，该国国力开始走下坡路。[④] 政府既可以是产业发展的助力，也可以成为产业发展的障碍。[⑤] “经济的衰落可以靠政府决策来改变”，但“政府本身并不能帮企业创造竞争优势，它的效果在强化、加速产业的竞争优势”，即政府只起推波助澜的作用。

（1）国家可以基于自身的环境条件用国家政策引导企业的发展方向。国家是企业最基本的竞争优势，她创造并延续企业的竞争条件。国家不但影响企业策略，而且是创造并持续生产与技术发展的核心。[⑥]

（2）在国内，政府的角色是干预和放任的平衡。[⑦] 面对国内市场的激烈竞争，政府应采取

---

① 米歇尔·E. 波特（Micheal E. Porter），美国哈佛商学院教授。里根时代，他曾受聘担任“产业竞争力委员会”（Commission on Industrial Competitiveness）委员，是世界各地领导企业咨商的知名顾问。葡萄牙、哥伦比亚、新西兰等国政府曾聘其为官员授课。其专著有《竞争策略》（*Competitive Strategy*）、《竞争优势》（*Competitive Advantage*），被公认为国际上探讨竞争力的经典著作。《国家竞争优势》（*The Competitive Advantage of Nations*）是其于 20 世纪 90 年代初完成的具有重大影响的关于竞争力的又一力作。该书通过剖析全球具有竞争优势的十国领导产业的发展脉络，分析了国家与企业的关系。该书中提出的观点和结论对一国国家和企业决策者极具深刻的启发力。

② ［美］米歇尔·E. 波特：《国家竞争优势》（上），李明轩、邱如美合译，11 页，台北，天下远见出版股份有限公司，1996。

③ 参见［美］米歇尔·E. 波特：《国家竞争优势》（上），李明轩、邱如美合译，108 页，台北，天下远见出版股份有限公司，1996。

④ 参见［美］米歇尔·E. 波特：《国家竞争优势》（上），李明轩、邱如美合译，199 页，台北，天下远见出版股份有限公司，1996。

⑤ 参见［美］米歇尔·E. 波特：《国家竞争优势》（上），李明轩、邱如美合译，185 页，台北，天下远见出版股份有限公司，1996。

⑥ 参见［美］米歇尔·E. 波特：《国家竞争优势》（上），李明轩、邱如美合译，29 页，台北，天下远见出版股份有限公司，1996。

⑦ 参见［美］米歇尔·E. 波特：《国家竞争优势》（上），李明轩、邱如美合译，185 页，台北，天下远见出版股份有限公司，1996。

更为公平和超然的立场①，帮助企业克服惰性和依赖保护的心态，不断刺激企业的创新能力。

（3）政府可采用关税、非关税、政府采购等方式推动企业的投资形式（集中式、分散式投资形式）。

（4）政府可用教育、补贴、资金市场政策、税收、法律与规范等手段干预市场。

（5）对于企业而言，市场是不分国内、国外的，但研究表明，每个国家“社会与政治的历史背景，整个社会的价值观，会影响到产业的竞争优势”。强劲的良性国内市场竞争与随之而来的长期竞争优势，是外国竞争者无法复制的。②

（6）如果一国能将它的文化、经营方式和规范输出国外，则更加有利于该国服务者的国际竞争。

（7）跨国公司的据点优势来自所在国据点，特别是母国据点的优势和战略意义。波特认为，评估一国的产业优势，不限于评估它的生产出口能力，还要评估跨国公司是否以母国为发展基地。跨国公司一方面应当对母国有责任感，另一方面应当将在国外的竞争优势转化为母国的竞争优势。

波特认为，国际竞争优势的衡量标准是：（1）企业能对多国进行实际而持续的出口贸易；或（2）在母国发展资产与技术并借以进行海外投资。两者皆是衡量国际竞争优势的必备条件。

波特的“钻石理论”的创新之处在于以下方面。

（1）与亚当·斯密、大卫·李嘉图的观点不同，波特认为，许多产业现象不能用生产因素的比较利益来解释，特别是技术的演进，它足以帮助企业弥补一国资源的不足。全球化更使企业可以结束依赖一国资源，可以放弃低成本和政府补贴而在全球范围内向追求技术、效率、效能的方向发展。俄林的功绩在于他承认了政府的作用，政府可以通过政策工具的干预，全面或局部地改变生产因素的优势。波特则更进一步揭示了企业和政府之间的关系。

（2）波特的理论不是静态的竞争理论，而是一种不断进化的竞争理论。其“钻石理论”中的各因素是彼此关联、互动的。其结果是，企业（国家）可以由低级竞争优势向高级竞争优势发展，也可由高级竞争优势转向低级竞争优势。历史上号称日不落的大英帝国可以瞬间衰落，没有资源的战败国日本在第二次世界大战后可以迅速崛起。

（3）“钻石理论”的各因素还受到政府和机会的影响。但波特并未将其纳入这个体系中。他认为，政府的作用不是决定性的。没有企业的基本因素，仅有政府的作用也是徒劳无益，更何况政府的作用可正可负。

（4）“钻石理论”建立起的竞争优势理论，将传统的“比较利益”的观点提升到“国家”竞争优势的层面。不断的“技术进步”和“创新”是这一理论的核心。

波特的“国家竞争优势理论”或称“钻石理论”给国际经济法研究带来诸多的启发意义。

（1）国际经济法是研究政府干预之法。在经济全球化的情况下，国际经济法尤其应当加强对国际市场主体跨国公司及其行为规范的研究。

跨国公司的出现是国际分工和国际经济发展的需要，也是企业发展的一种战略。企业是国家竞争力的重要力量，跨国公司是企业聚群的一种重要形式。国际经济法研究跨越国境的经济关系，首先是研究企业跨越国境的经济行为。在经济全球化条件下，企业的活动，不仅指其在

① 参见［美］米歇尔·E. 波特：《国家竞争优势》（上），李明轩、邱如美合译，176页，台北，天下远见出版股份有限公司，1996。

② 参见［美］米歇尔·E. 波特：《国家竞争优势》（上），李明轩、邱如美合译，177页，台北，天下远见出版股份有限公司，1996。

本土从事的跨越国境的经济活动，更重要的是指大量跨国公司之间及其内部的关联活动。这些活动你中有我、我中有你，其中部分具有受国内法调整的普遍意义，但其特殊性是国内法中不存在的。①

（2）在国内法中，公司法研究本国企业的内部关系，合同法研究企业之间的契约关系。波特的“钻石理论”给我们的启发是，一个国家的竞争力取决于企业群的竞争力。研究企业，不能忽视研究企业与企业群的关系，行业与行业之间、横向与纵向之间、上游和下游之间的关系。在经济全球化的形势下，国际经济法更要重视和加强研究企业、产业、产业聚群及产业上下游之间因相互影响、相互渗透而产生的复杂法律问题。企业的生命力、竞争力在于创新，法律、法制的生命力也在于不断地创新。不论是立法、执法还是司法，都应适应企业发展和创新活动的需要，保护企业创新的持续热情和动力。

（3）加强对国家干预经济理论的法理和利弊研究。现今世界各国，通过国家参与和干预经济的方法提升国家竞争力已是不争的事实。特别是当全球经济低迷时，保护主义的幽灵会四处飘荡。发达国家作为世界经济发展的既得利益者，对于正在奋起发展经济的广大发展中国家设下了层层壁垒，甚至不惜动用武力来维护自己的既得利益。强权仍在主导着世界的政治和经济格局。对于正在不断完善市场经济体系的中国而言，政府对经济的参与和干预是必要的，也是不可缺少的。但是波特的理论告诉我们，政府对经济的干预不是决定性的，其效果可以是正的，也可以是负的，即政府的干预应是有限度的，是必需的、合理的，其负面效应应是最小的。国际经济法研究应当从理论和实践的结合上回答：为什么以及在什么条件下政府对经济的参与和干预是必要的？在经济全球化条件下，哪些行业应是由政府垄断的行业，哪些是政府不应介入而只适合放任由私人从事的领域？国营及国有企业的经济活动应受哪些法律约束？政府干预经济的行为应受哪些法律约束？怎样做才能将国家干预的负面效果减至最小？波特的理论启发我们，国际经济法研究可以提供予以借鉴的各国在经济发展和法制建设中的成功经验以及各国在经济发展和法制建设中失败的或不成功的教训。

四、国际经济法的概念、渊源和发展

（一）国际经济法的概念

国际经济法是全球经济治理的法律手段，是建立和维护国际经济秩序、调整国际经济活动和国际经济关系的法律规范与法律制度的总和，即调整国际经济交往中关于商品、技术、资本、服务在流通、结算、信贷、税收等领域跨越国境流通中的法律规范和法律制度的总称，是一个独立的法律部门。

国际经济法的调整范围包括：（1）国际贸易关系，包括货物贸易、技术贸易和服务贸易；（2）国际投资关系；（3）国际货币和金融关系；（4）国际税收关系；（5）国际竞争与反垄断；（6）国际经济争议解决。

（二）国际经济法的渊源、产生和发展

1. 国际经济法的渊源

按照塞尔蒙德的观点，法律渊源（fontes juris）有两种不同的含义：一是指主权国家适用的法律规则，二是指这些规则的来源。② 从这两种含义上归纳起来，国际经济法的渊源包括以

① 如跨国公司内部通过转移定价进行逃税、避税等。

② 参见［英］施米托夫：《国际贸易法文选》，136页，北京，中国大百科全书出版社，1996。

下内容。

(1) 国际条约。国际条约包括双边条约和多边条约，是国家在经济交往中利益相互冲突和一致的产物。国家之间通过签订双边和多边协定建立并协调各国之间在某一经济领域的法律关系，制定统一的行为规则，例如，调整国际货物买卖合同关系的《联合国国际货物销售合同公约》，协调各国贸易政策和法规的《关税与贸易总协定》(GATT)，调整海上货物运输关系的《海牙规则》《海牙-维斯比规则》《汉堡规则》《国际班轮公会行为守则公约》，以及调整知识产权国际保护的《保护工业产权公约》《世界版权公约》等。这些双边协议和多边协议为加强行业自律、建立和巩固正常的国际经济秩序起着重要的作用，是国际经济法的重要渊源。

(2) 国际商业惯例。各国、各行业、各地区的商人在长期的国际经济交往过程中形成了一套习惯做法，这些习惯做法逐渐为世界上多数国家所承认、采用，并形成了不成文的规则、准则，有些逐渐被一些国际组织加以整理、编纂，成为供各国、各行业选择适用的普遍规则、标准合同等，如金融机构之间的“君子协定”，国际商会制定的《国际贸易术语解释通则》《跟单信用证统一惯例》，伦敦保险业协会的《海上运输货物保险条款》，国际咨询工程师联合会的《土木工程(国际)合同条件》等。这些商业惯例为简化交易程序，节省时间、人力、物力、财力，减少纠纷等起了很大的作用。因此，国际商业惯例在国际经济活动中得到广泛应用，是国际经济法的重要渊源之一。

(3) 国内立法。各国的国内立法(或一国国内立法中的涉外部分)包括成文法和判例法，是国际经济法的渊源之一。国内立法的制定以主权国家为基础。在国际经济交往中，各国及当事人都以相互尊重国家主权、尊重对方国家的法律制度为基础。当我们承认国际条约和国际商业惯例作为国际经济法的渊源时，就不得不承认各国国内法也是国际经济法的重要渊源。因为主权国家不是孤立地存在于世界上的，各国的经济交往及其扩大必然导致出现各国国内法的相互抵触和相互影响，产生制定指导各国行动的共同原则和行为准则的要求。这些共同原则和准则不是从天上掉下来的，也不是立法者头脑中固有的，而是扎根于各国国内法之中并为各国认可和遵守的共同行为准则。离开了国内法实践，国际条约和国际商业惯例就是无源之水、无本之木；离开了主权国家的认可和执行，国际条约和国际商业惯例也将是一纸空文或无的放矢。凡是没有形成国际条约和国际商业惯例的领域，仍旧是由国内法在指导各国当事人的行动。

(4) 国际组织决议。许多重要的国际组织如联合国、WTO、国际货币基金组织、世界银行等的决议和规定，已经成为国际经济法的一般原则。例如，在国际贸易方面，WTO的无条件最惠国待遇已成为指导国家间经济贸易活动的基本原则之一。1962年联合国大会通过的《关于自然资源之永久主权宣言》确认了各国对天然财富与资源的永久主权，提出了以国家安全、公共利益为目的的国有化、征用的合法性以及将有关争端尽量诉诸国内管辖的原则。1971年“七十七国集团”通过的《利马宣言和行动纲领》提出了发展中国家有充分权利参加改革世界贸易与货币制度的磋商和决策等原则，这些原则被1974年联合国大会通过的《建立新的国际经济秩序行动纲领》和《各国经济权利和义务宪章》进一步确认和具体化。这些决议和主张已经成为发展中国家和发达国家之间发展贸易、投资关系的基本准则。因此，国际组织，特别是第二次世界大战以后成立的国际组织的决议成为国际经济法的重要渊源。

2. 国际经济法的产生和发展

国际经济法是伴随着两次世界大战以后出现的一个新的法律部门——经济法而出现的。奠定经济法的哲学思想是经济的可操纵主义，即家长式统治的国家可以通过公共利益限制当事人的“意思自治”这一思想。在此基础上产生的凯恩斯经济理论主张国家对经济、工业以及金融事务进行全面干预。它表现在以下方面。

（1）第二次世界大战后为恢复经济，国家不得不抛弃传统的对经济的“自由放任”，转而对经济进行全面控制和干预，继而出现了如外汇管理制度、进出口许可证制度、配额制度，反倾销、反补贴制度，高科技出口管制制度等一系列干预经济的措施和规定。

（2）19世纪西方各国相继确立的股份有限公司制度，在经济上加速了资本和生产的进一步集中和垄断，出现了民间自治的卡特尔，继而发展成为跨越国境的国际卡特尔。在此背景下，出现了如证券交易和管理法、反托拉斯法、投资法等。

（3）经济交往的扩大，资产阶级政权与垄断资本相结合，一方面，加深了国家之间的相互依赖和合作；另一方面，经由跨国公司，导致国家之间利益的矛盾和冲突。为了缓和这种冲突，调整各国之间的经济关系，国家之间签订了大量的双边协定、多边协定，如《避免双重征税协定》《投资保护协定》《贸易与支付协定》《保护工业产权巴黎公约》《联合国国际货物销售合同公约》、GATT等。第二次世界大战以后国际统一法运动发展达到高峰，正是对国家之间利益相互冲突，而又相互依赖、相互合作关系的反映。

（4）加强国家间经济合作的需要导致各种形式的跨国家、跨地区、跨行业的国际经济组织的建立，如世界银行、国际货币基金组织、石油输出国组织、欧洲经济共同体、安第斯条约组织、亚太经合组织以及WTO等。

（5）第二次世界大战以后，出现了许多社会主义国家。20世纪60年代，民族解放运动兴起，又诞生了许多新国家。在政治、经济发展过程中，这些国家积极投入要求改变旧的国际经济秩序、建立新的国际经济秩序的斗争中，于是出现了反映和维护第三世界国家之经济利益的新的法律原则和制度，例如，联合国的经济权利宪章和行动纲领、针对发展中国家的普遍优惠制的建立、对跨国公司和技术转让中限制性商业做法的监督和管理等。

（6）物质发展和文明的进步，使第二次世界大战以后，各国政府对生态环境和劳工福利问题更加重视和关注。出于对消费者、中小工商业者、小投资者、劳工和雇员之利益的保护，出现了消费者利益保护法、促进中小企业发展法、环境保护法等。

（7）随着第二次世界大战以后科学技术的迅猛发展，高、精、尖技术，航空航天技术，国防以及有关公用事业，如交通、能源、广播、通信、邮政等的发展，不但需要国家在人力、物力、财力上予以大力扶持和鼓励，而且需要国家直接参与经营管理，甚至垄断。

综上，国际经济法的产生和发展是第二次世界大战以后世界经济大发展的产物，是货物、资本、技术、信息、人员、服务等在跨越国境的经济活动中的复杂性和多样性的反映。

第二节　国际经济法的主体

一、国际经济法的一般主体

（一）自然人

自然人作为一般的民事关系主体，其权利能力自出生之日产生，至死亡之日终止。根据各国的法律规定，凡智力正常的成年人，均具有完全的民事行为能力。如果其定居国外，则其行为能力依定居国法律确定。在国际经济交往中，自然人可以从事各种国际经济贸易活动，但受物力、财力所限，自然人在国际经济贸易领域发挥的作用有限。

（二）法人

法人是依法成立，拥有必要的组织机构和独立的财产，能以自己的名义享有民事权利和承担义务，能以自己的名义起诉、应诉的组织。法人的民事权利能力和民事行为能力，从法人成立时产生，至法人终止时消灭，其内容和范围由有关的国内法和法人章程确定。法人代表代表法人从事各种民事活动。在我国，从事国际经济贸易活动的公司、企业和其他经济组织，多以法人的形式出现，经市场监督管理部门登记，确定中国法人资格。营利性法人只能在核准登记的经营范围内从事经营活动。非依照我国法律规定设立的外国法人或经济组织，其权利能力和行为能力依其本国法确定，在不违反我国法律和公共秩序的情况下，可以自由地在我国从事各种经营活动。

随着国有企业在国际经济活动中，特别是在国际贸易与国际投资领域日趋活跃并成为一支不可小视的力量，围绕国有企业的作用及影响产生的法律问题引起了国际社会的关注。① 目前许多国家，无论是发达国家还是发展中国家，或出于保障民生或出于技术创新或出于国家安全等社会、政治、经济、战略利益的需要，在其不同行业中都存在着数量、规模不等的国有企业。② 这些国有企业在构建一国 GDP、就业以及市场资本主义中占有重要的部分。③ 在西方发达国家，国有企业传统上多关注国内市场与国内竞争。④ 资本主义世界经济危机的发生，特别是 20 世纪 80 年代末至 90 年代爆发的全球性金融危机，迫使各国政府都采取了许多干预经济的措施，包括国有化措施。在一些新兴经济体，国有企业参与国际经济活动，被称为“国家资本主义的崛起”⑤。针对国有企业对国际市场竞争的影响展开调查和研究成为 21 世纪以经合组织为代表的发达国家的一个热门课题。⑥

① 2013 年 4 月 5 日经济合作与发展组织（OECD，以下简称“经合组织”）发布了题为“国有企业：贸易效果及政策意涵”的贸易政策报告（State-Owned Enterprises：Trade Effects and Policy Implications—Trade Policy Papers No. 147，2013 - 04 - 05）。该报告称，根据福布斯（Forbes@Global 2000）统计，在全球前 2 000 家最大的公开发行公司（public company）中，有 204 个公司为国有企业，这些国有企业于 2010—2011 年间，遍布在全球 37 个国家的 35 个行业中，创造了约为 3.6 兆美元之营业额，其中，大部分此类国有企业来自新兴经济体国家。

② 经济学理论认为国有企业产生于市场失灵而导致的国家干预，主要有 natural monopoly，public goods，merit goods and externalities。关于国有企业治理的比较研究，参见 2006 年经合组织报告。

③ OECD Guidelines on Corporate Governance of State-Owned Enterprises，2005，p. 9，preface.

④ 2013 OECD working party of the committee，“State-Owned Enterprises：Trade Effects and Policy Implications”，*OECD Policy Paper*，No. 147，by Przemyslaw Kowalski，Max Buge，Monika Sztajerowska and Matias Egeland，p. 9.

⑤ 2012 年 1 月 *The Economist* 的大标题为“The rise of state capitalism—the spread of a new business in the emerging world will cause increasing problems”。2013 OECD working party of the committee，“State-Owned Enterprises：Trade Effects and Policy Implications”，*OECD Policy Paper*，No. 147，by Przemyslaw Kowalski，Max Buge，Monika Sztajerowska and Matias Egeland，p. 9.

⑥ 系统且卓有成效的研究当属经合组织的报告。从 2002 年起至 2005 年以后各个委员会发布的一系列有关国有企业的指南和报告主要有：2005 年《国有企业公司治理指南》（OECD Guidelines on Corporate Governance of SOEs），2011 年公司治理工作报告《竞争中立与国有企业：挑战与政策选择》（Capobianco，A. and H. Christiansen，“Competitive Neutrality and State-Owned Enterprises：Challenges and Policy Options”，*OECD Corporate Governance Working Papers*，No. 1，OECD Publishing），2012 年《竞争中立：构建公私企业公平竞争平台》（Competitive Neutrality：Maintaining a Level Playing Field between Public and Private Business），2013 年贸易委员会发布的政策报告《国有企业：贸易效果与政策内涵》（OECD working party of the committee，“State-Owned Enterprises：Trade Effects and Policy Implications”，*OECD Policy Paper*，No. 147，by Przemyslaw Kowalski，Max Buge，Monika Sztajerowska and Matias Egeland），此外还有“Corporate Governance of State-Owned Enterprises：A Survey of OECD Countries”，OECD，2005 以及“Privatizing State-Owned Enterprise，An Overview of Policies and Practices in OECD Countries”，OECD，2003 等。这些关于国有企业治理的指南和报告的目的与特点可以归纳如下：（1）以经合组织 2004 年的公司治理准则为基础，公司治理的一般准则适用于国有企业；（2）鉴于国有企业的特殊性，为成员国完善国有企业治理建立国际标准；（3）报告提出的措施属于建议性、非强制性的；（4）不影响各国的私有化措施和进程；（5）促进经合组织国家与非经合组织国家开展国际合作。

所谓国有企业（state-owned enterprise，SOEs）也称国有公司（state-owned corporation）[①]，是指国家通过全部、多数或少数所有权对企业实行实质性控制[②]的公司。在一些国家的法律中，国有企业指“由国家控制或者所有的并且受到国内公法（domestic public law）规制的企业”，即除了所有权与控制之外，国有企业受特别法规制。[③] 在美国与澳大利亚自由贸易区协定中，国有企业不仅指由中央政府控制或所有的企业，还包括地方政府控制或所有的企业。[④] 我国法律中，没有国有企业的定义。[⑤] 有学者认为，国有企业指国家拥有或控股的企业[⑥]，不涉及控制问题。除了定义的不统一外，国有企业的复杂性还在于：在实践中，国有企业的行为在经政府授权的情况下可以被视同政府或公共机构（public body）的行为。[⑦] 此外，国有企业越来越多地参与国际市场竞争，并且多集中于一些战略或基础行业，在一些国家“国有企业作为在国外市场实现战略目标（商业或非商业）之工具，而此种行为可能造成反竞争之效果”[⑧]。而国有企业的市场行为可能产生反竞争效果，而导致公、私企业不公平竞争的主要来源是政府的管理行为[⑨]，因此，在全球经济一体化的国际市场中，如何确保政府在其规范

---

① 也有学者将 public sector business 等同于国有企业。See Capobianco，A. and H. Christiansen（2011），“Competitive Neutrality and State-Owned Enterprises：Challenges and Policy Options”，*OECD Corporate Governance Working Papers*，No. 1，OECD Publishing，p. 4. 在 WTO/GATT 1947 第 17 条称从事进出口的国有公司为“国有贸易公司”。

② The term “SOEs” refers to enterprises where the state has significant control，through full，majority，or significant minority ownership. 参见经合组织 2005 年《国有企业治理指南》第 11 页。1992 年美式双边投资保护协定范本中给国有企业下的定义为：“一方通过所有者权益控制或者所有的企业”［an enterprise（company）owned，or controlled through ownership interests，by a party］。

③ 经合组织研究认为从国有企业治理的法律形式来看，大多数采取与政府分离的私人的有限责任公司形式，适用公司法调整；有些虽然与政府分离，但由专门的公法调整，仍属于公共机构，如在奥地利、瑞士、瑞典、法国、韩国等。See OECD Comparative Report on Corporate Governance of State-Owned Enterprises，since 2005，pp. 24 - 25.

④ 参见美澳自贸区协定第 1.2 条。

⑤ 《中华人民共和国公司法》第 64 条对国有独资公司作出特别规定：所谓国有独资公司，是指国家单独出资、由国务院或者地方人民政府授权本级人民政府国有资产监督管理机构履行出资人职责的有限责任公司。第 65 条规定，国有独资公司章程由国有资产监督管理机构制定，或者由董事会制订报国有资产监督管理机构批准。该法第 64 条还规定，国有独资公司的设立和组织机构，适用本节规定；本节没有规定的，适用本章第一节、第二节的规定。

⑥ 参见张玉卿主编：《WTO 法律大辞典》，302 页，北京，法律出版社，2006。

⑦ 2011 年 3 月 11 日，在中国诉美国反倾销和反补贴措施案（WT/DS379/AB/R）中，上诉机构支持了中方关于国有企业只有在经政府授权行使政府职能时，才能被视为“公共机构”的主张；驳回美方关于国有企业受政府所有或控制即为公共机构的主张。See Appellate Body Report，US Anti-Dumping and Countervailing Duties，paras. 310 - 317. 上诉机构维持了专家小组将中国“国有商业银行”认定为公共机构的裁定。关于“授权”的含义，1992 年美式双边投资保护协定范本第 1.1 条（G）款规定，是指立法机关授权、政府命令、指令或者其他形式的授予国有企业或垄断行业的授权行为，或者其他委托国有企业或垄断行业行使政府的权力的行为。2004 年范本将“授权”含义扩大，除包括上述含义外，还包括授予个人行使政府权力的行为。在中国诉美国反倾销和反补贴措施案（WT/DS379/AB/R）中，上诉机构认为，政府对某实体持有多数股权的事实，并不能证明政府对该实体的行为实施了有意义的控制（meaningful control），更不能证明政府对其授予了职权。

⑧ 经合组织 2011 年报告详细分析了与私有企业相比，国有企业在国际竞争中从国家获得的好处（5～6 页）。其 2013 年报告（15 页）指出：所谓由政府授予之利益，其种类可概括为下列 7 项：（1）直接补贴；（2）融资优惠与信用担保；（3）优惠的法规待遇；（4）免除适用反竞争法或破产法的相关规定；（5）通过控制股权以实行反竞争或专断的价格订定策略；（6）其他具进攻性的价格策略；（7）取得资讯的优势地位。国有企业商业活动扩展迅速之原因，有下列 4 项：（1）本国政府通过授予利益之方式，使国有企业在竞争条件上优于外国公司；（2）通过法规松绑及租税减免之方式，诱使提供公共服务之国有企业扩大其经营版图，不考虑其是否符合商业利益；（3）在国际贸易中，扩大经营版图之目的，未必皆系为达到一定程度之经济规模，例如，针对能够彰显本国国旗或国徽之运输工具，国家经常为了展现该国能与国际市场接轨之正面形象，而大力补贴国有企业；（4）援助经营不善之国有企业。

⑨ 国家既是市场经济的管理者，又通过国有企业参与市场竞争，成为国有企业的利益相关者（stakeholder）。

公、私企业的国际经济贸易管理行为中的公平与不歧视，如何矫正和规制国有企业扭曲市场的行为，成为国际经济法研究的新课题。

2005年经合组织发布了《国有企业公司治理指南》(OECD Guidelines on Corporate Governance of SOEs)，试图为经合组织国家和非经合组织国家的国有企业治理设立一个国际标准(international benchmark)。[①] 2011年经合组织发布公司治理工作文件(Corporate Governance Working Papers)[②]，第一次提出竞争中立框架(competitive neutrality framework)。[③] 所谓竞争中立(competitive neutrality)是指，任何经济实体不得仅仅因为所有权(ownership)而取得优势或处于劣势(advantages or disadvantages)。该文件不仅为国有企业与私营企业在国际经济贸易中构建了公平的竞争平台，并且为监督政府政策制定者、识别和消除(identify and eliminate)国有企业可能享有的好处(advantages)建立了一种法治机制。[④] 该研究成果提出的法治和透明度要求对中国国有企业的进一步改革无疑具有一定的借鉴意义。[⑤]

(三) 国际组织

大多数国际组织，包括各种类型的国际经济组织，都有自己的组织机构和章程，有固定的资产和资金来源，在一定的范围和领域内承受一定的权利和义务，有独立承担法律责任的能力。有些国际组织甚至享有外交特权和豁免。因此，国际组织在国际法和国内法上具有法人资格是没有问题的。

国际组织在和国家之间，国际组织相互之间，国际组织在和法人、跨国公司之间，具有签订协议的能力，有接管、买卖财产的能力，有进行法律诉讼的能力。

在国际经济活动中，国际组织在贸易、投资、信贷、服务等领域表现得非常活跃。有些国际组织和国际经济组织的决议、规定、原则、制定的标准合同已经成为国际经济活动中各国遵守的原则和准则，成为国际经济法重要的渊源之一。有些国际组织，如欧盟，甚至具有超国家的职能：其指令和决议不但约束各成员国政府，而且可以直接适用于成员国的自然人和法人。

---

① OECD Guidelines on Corporate Governance of State-Owned Enterprises 2005适用于：(1)以法律形式组建的国有企业(即政企分离、从事商业活动：其大部分收入来自买卖和收费)[The Guidelines are primarily oriented to state-Owned enterprises using a distinct legal form (i. e. , separate from the public administration) and having a commercial activity (i. e. with the bulk of their income coming from sales and fees), whether or not they pursue a public policy objective as well]。(2)由于公司治理不同，指南对上市公司与非上市公司，全资国有企业、多数股权的国有企业与少数股权的国有企业加以区分并且适用于它们的子公司。These SOEs may be in competitive or in non-competitive sectors of the economy. When necessary, the Guidelines distinguish between listed and non-listed SOEs, or between wholly owned, majority and minority owned SOEs since the corporate governance issues are somewhat different in each case. The Guidelines can also be applied to the subsidiaries of these aforementioned entities, whether listed or not.

② See Capobianco, A. and H. Christiansen, "Competitive Neutrality and State-Owned Enterprises: Challenges and Policy Options", *OECD Corporate Governance Working Papers*, No. 1, OECD Publishing.

③ 1983年美国的双边投资保护协定范本中，设立了国有企业与私营企业平等竞争的条款，即第11条第6款："The Party recognize that, consistent with paragraphs 1 and 2 of this Article, conditions of competitive equality should be maintained where investments owned or controlled by a Party or its agencies or instrumentalities are in competition, within the territory of such Party, with privately owned or controlled investments of nationals or companies of the other Party. In such situations, the privately owned or controlled investments shall receive treatment which is equivalent with regard to any special economic advantage accorded the governmentally owned or controlled investments."其后，美国在与一些国家如孟加拉国订立的双边投资协定中都纳入了这一条款。

④ 详细内容参见Capobianco, A. and H. Christiansen, "Competitive Neutrality and State-Owned Enterprises: Challenges and Policy Options", *OECD Corporate Governance Working Papers*, No. 1, OECD Publishing。

⑤ 2018年10月13日，中国人民银行官网刊出易纲行长在2018年G30国际银行业研讨会的发言，该发言提出中国"正考虑以'竞争中性'原则对待国有企业"。这可以视为中国官方对"竞争中立原则"的第一次正式表态。

（四）国家

国家是一个特殊的民事主体。作为主权的最高代表和象征，国家可以以自己的名义从事各种国际、国内的经济活动，签订各种合同、条约和协议，并以国库的全部资产承担责任。然而国家又不同于一般的民事主体，这表现为它享有不可以被剥夺的主权豁免权。未经国家同意，国家的主权行为和财产不受外国的管辖和侵犯。国家不能作为被告在外国法院出庭、应诉；国家财产不能作为诉讼标的以及法院强制执行的对象。然而，为了适应国际交往的需要，国家可以通过一定的方式宣布自愿放弃豁免权，以平等的民事主体资格从事各种经济活动。在这种情况下，由国家授权的负责人代表国家进行民事和经济活动。

除了直接从事各种经济活动之外，国家作为国际经济法主体，还具有其他主体所不具有的特殊职能，即对经济进行管理和监督的职能，这些行政法律规范构成了国际经济法的重要内容。

二、跨国公司

跨国公司（transnational corporation），又称多国公司（multinational corporation）、国际公司（international corporation）、世界公司（world corporation）等。

跨国公司是随着国际分工以及国际贸易的发展而逐渐形成和发展起来的。16 世纪的英国东印度公司是世界上最早出现的跨国经营公司。至 20 世纪初，跨国公司开始大量出现。目前，跨国公司的总产值已超过世界总产值的 1/3，跨国公司内部及相互贸易占世界贸易总额的 60%以上。跨国公司凭借其雄厚的财力、物力、人力优势和先进的技术与管理经验，在国际经济贸易活动中发挥着举足轻重的作用。

（一）跨国公司的概念与特征

跨国公司不是一个法律实体。联合国跨国公司委员会在 1983 年制定的《跨国公司行为守则（草案）》中对跨国公司的定义为："跨国公司系指一种企业，构成这种企业的实体分布于两个或两个以上的国家，而不论其法律形式和活动范围如何。各个实体通过一个或数个决策中心，在一个决策系统的统辖之下开展经营活动，彼此有着共同的战略并执行一致的政策。由于所有权关系或其他因素，各个实体相互联系，其中一个或数个实体，对其他实体的活动能施加相当大的影响，甚至还能分享其他实体的知识、资源，并为它们分担责任。"

跨国公司具有以下特征。

(1) 经营活动具有跨国性。跨国公司通常以一个国家为基地，设立母公司，同时又在其他一个或多个国家设立不同的实体，接受母公司的管理、控制和指挥，从事各种经营活动。

(2) 具有全球性经营战略。跨国公司的母公司在制订经营方案时，通常从跨国公司的整体利益出发，制定其在全球范围内的生产、销售和经营策略。

(3) 跨国公司由不同实体（通常包括母公司、子公司、分公司）组成，母公司具有核心决策权。跨国公司的经营战略由母公司制定并实施，母公司对跨国公司的其他实体拥有高度集中的管理权。有学者指出："跨国公司的主要法律形式，是根据各种法律制度成立的多个公司的聚积，但受母公司的集中控制，因而构成一个单一经济体。""从跨国公司具有共同的商业目的、中央控制和内部一体化的活动等方面看，可以说，跨国公司具有企业的特征，是一个经济实体，但它并不是一个法律实体。"①

① 余劲松：《跨国公司的法律问题研究》，4～14 页，北京，中国政法大学出版社，1989。

(4) 跨国公司内部实体之间具有相互联系性。跨国公司由设立于不同国家的若干实体组成，各实体之间存在着不同程度的联系。母公司往往通过货物、资本、技术、服务的内部转移等多种方式对其海外子公司、分公司进行指挥、控制，从而实现利润在各实体之间的转移，达到跨国公司内部资源的合理配置，同时逃避或规避东道国的税收管辖、关税壁垒或非关税壁垒措施等。

(5) 跨国公司的利益与跨国公司营业地所在国的利益之间的冲突性。跨国公司的营业所在地是指跨国公司的诸实体开展营业活动的母国及东道国。母国（home country）是指母公司所在的国家，东道国是指母公司以外的其他实体所在的国家。发展中国家为了吸引外资，制定大量只针对外国资本的优惠措施。跨国公司一方面享受这些优惠待遇，另一方面在实施追逐高额利润的跨国经营战略时不惜损害发展中国家的利益，因此，跨国公司与作为东道国的发展中国家的矛盾往往会演变成发达国家与发展中国家之间的矛盾。

关于跨国公司与发展中国家东道国的矛盾，曾在联合国跨国公司中心资料分析司工作过的国际知名发展经济学和跨国公司问题专家王念祖先生作过分析，他说道："第三世界对跨国公司抱有两种态度：一是寄托很深，二是有种种的顾虑。顾虑出自：第一，跨国公司多数为发达国家的公司，它们在发展中国家会产生民族抗争的情绪，双方的观点不同，难免产生摩擦与冲突。第二，跨国公司经常利用其国际性组织企业，利用法律以营利'摸鱼'。因此，许多第三世界国家提议要对跨国公司作有效的管制，包括国际性的管制，但跨国公司则认为干扰太多，无法发挥其作用。第三，跨国公司的势力比较强大，跨国公司的总经理访问发展中国家时，俨如一国的元首。对此，发展中国家则觉得势单力薄，难以抗衡，常有相形见绌之感。第四，跨国公司经营的目的往往与发展中国家的目的相反，其手段也往往与发展中国家的惯例有矛盾。"① 在国际经济交往中，发展中国家与跨国公司的矛盾实际是控制与反控制的斗争，构成了国际经济法研究的重要内容。跨国公司母、子公司之间，子公司与子公司之间的跨境交易成为国际经济法的主要研究对象。

（二）跨国公司的基本结构

实践中，跨国公司为了实现其全球战略，在其海外实体的设置方式上有所不同。但是，大多数跨国公司采用以下基本结构。

(1) 母公司（parent company），又称总公司，是指在其子公司中拥有多数股权或通过合约、协议等形式对子公司实际行使决定性控制权的公司。母公司一般是依照母国的法律规定设立的，其权利和义务依照母国的法律与公司的章程确定，具有独立的法律人格。

(2) 子公司（affiliate），是指被母公司拥有全部或多数股权，或者通过合约或协议等形式接受母公司控制的公司。子公司一般是根据东道国的法律设立的，具有法律上的独立人格，受东道国的法律管辖。子公司通常按照东道国的法律规定，可以采取有限责任公司、股份有限责任公司等企业组织形式。

(3) 分支结构。海外分支结构是跨国公司母公司在海外设立的机构，可以分为办事机构和营业机构。分支结构一般没有独立的法律地位，不具有独立的法律人格。它具有母公司的国籍，属于母公司的增设部分，其行为由其母公司或总公司负责。

在跨国公司发展的早期，母公司主要通过拥有子公司的全部或多数股权的方式达到控制子公司的目的。随着投资方式的多样化和技术的发展，通过非股权投资（如许可协议、管理合同、销售合同等）也可以实现对子公司的控制。

---

① 王念祖：《发展经济与跨国公司》，70页，北京，中国对外经济贸易出版社，1983。

（三）母公司对子公司的债务责任

在国际经济交往中，大多数公司都是有限责任公司。按照各国公司法的规定，作为独立法人，有限责任公司以其全部资产承担责任。但是对于跨国公司而言，基于母、子公司之间的关联性，母公司对子公司拥有控制权，当母公司的责任造成子公司丧失对外偿付能力或履行义务能力时，为了保护债权人的利益，法律有时会允许“揭开公司面纱”（piercing the corporation's veil），即按照“公司法人人格否定”（disregard of corporate personality）的理论，由母公司为子公司的债务承担直接责任。

应当注意的是，“揭开公司面纱”理论是对传统公司法“独立法律主体承担独立责任”理论的例外规定或补充，因此，实践中多数国家对“揭开公司面纱”都持非常谨慎的态度，对其适用严格加以限制。①

除了“揭开公司面纱”理论外，一些国家还通过制定公司集团法，对于母公司对子公司承担责任的情况作出明确的规定。

（四）对跨国公司的法律管制

1. 联合国《跨国公司行为守则（草案）》

跨国公司凭借其雄厚的物力、财力和人力资源，基于其全球经营战略在国际经济交往中起着举足轻重的作用。其全球战略往往和其所在国家的经济发展战略不相符合，或对这些国家的经济发展产生不利的影响，由此引发的矛盾导致各国积极要求对跨国公司的跨国经济活动进行法律规范。由于跨国公司由设在不同国家的实体组成，各国基于属人原则和属地原则对其进行管辖，因而，对跨国公司的管制主要是通过国内法实现的。考虑到各国对跨国公司管制制度的差别，1974 年 12 月，联合国经济与社会理事会通过决议，成立跨国公司委员会（Commission on Transnational Corporations），拟订《跨国公司行为守则（草案）》，对跨国公司的母国及东道国有关跨国公司的管制制度予以统一规范。具体拟订工作从 1977 年开始。1982 年起草工作组向跨国公司委员会第八次会议提交了《跨国公司行为守则（草案）》，1990 年提交联合国大会第四十五次会议审议。由于对草案的内容和法律性质存在分歧，该草案至今尚未通过。

2. 关于企业社会责任的 SA 8000（Social Accountability 8000）

随着全球跨国投资迅猛增长，跨国公司的社会责任问题引起了越来越多的国家的重视。《1994 年世界投资报告》规定了企业和跨国公司社会责任的最低标准，即“为社会提供利益，不具有故意伤害行为，如果产生了伤害，企业提供的利益必须足以抵消企业伤害行为带来的不利”。

1997 年年初，美国一家社团组织——经济优先领域委员会（Council on Economic Priorities，CEP）成立了经济优先领域委员会认可机构（Council on Economic Priorities Agency，CEPA），组织了专家咨询委员会即美国国际社会责任咨询委员会起草有关社会责任的标准即 SA 8000。人权和儿童权利组织、研究部门、社团代表、企业（跨国公司）、认证机构等，都协助了该标准草案的制定。与国际标准化组织（ISO）制定的产品质量标准（ISO 9000）、环境标准（ISO 14000）不同，SA 8000 是全球首个关于企业社会责任的标准。该标准的思想源于国际劳工组织公约、国际人权公约以及关于儿童权利的联合国公约。制定 SA 8000 的目的是规定企业

---

① 关于“揭开公司面纱”理论的法律根据，常见的有：（1）代理理论；（2）子公司独立法律人格的滥用；（3）母公司投资不足、母公司违反正当法律程序，母、子公司之间交易条件不公平，母、子公司之间财产混同或不正当流动等。参见王利明：《公司的有限责任制度的若干问题（下）》，载《政法论坛》，1994（3）；朱慈蕴：《公司法人人格否认法理在母子公司中的运用》，载《法律科学》，1998（5）。

（包括公司）应当承担的社会责任，即通过制定企业行为规范，确保企业的生产和服务符合社会道德标准。由 SA 8000 体现的社会职责管理体系，要求供应商不但对产品质量、数量负责，还要对劳工权利负责。规范企业的道德行为，在使企业雇员获益的同时，使企业也获得很多收益，如，有助于提高企业知名度、提高生产率、提高效率、减少浪费、保证企业运行稳定、增加竞争优势、满足消费者需求、增加投资者信心等。这个由民间机构制定的SA 8000，既不是政府目标，也不受任何一个利益方或消费者的控制。它是第一个可供审核的社会标准，或称首个道德规范国际标准，拥有真正独立的审核过程，是标准化在社会领域的一个重大突破。SA 8000适用于全球所有行业的各种组织。凡希望证明忠实于社会责任标准的企业，可以接受非政府组织的劝告并参与对事实情况的验证—认证，如同符合国际质量标准 ISO 9000、ISO 14000的认证一样①，通过这种方法向全世界的用户和消费者证明其真实性、可靠性。随着经济全球化的深入发展、社会的进步、各国经济的发展和人民生活水平的不断提高，企业的社会形象越来越受到社会的关注，SA 8000 也越来越受到全世界的重视，自其公布以来，正逐步成为企业争取竞争优势的一种手段。

SA 8000 强调的是，企业生产的产品中，不但含有经济价值，还包含重要的社会价值，其具体体现就是对劳工权利的尊重（特别是对工资、工时、工作条件的要求等方面）。在我国和一些发展中国家，企业的竞争优势大部分集中在具有较低原材料和劳工成本的劳动密集型产业和产品，和 SA 8000 标准的要求尚存在一定的差距。目前，欧美国家的跨国公司正逐步开始强制推行 SA 8000 标准认证，将劳工权利与出口订单挂钩、与普惠制挂钩。我国劳动密集型产品，如服装、制鞋、纺织、化工原料、玩具、家具、运动器材及日用五金等，都已受到不同程度的影响：表现良好的企业获得了更多订单，部分企业由于没有改善，或被取消了供应商资格，或其产品被取消受惠资格。

SA 8000 包括标准和程序，其涉及的范围包括：（1）核心劳工标准，包括雇用童工、强迫性劳动、工人的结社自由和集体谈判权、歧视、惩戒性措施等；（2）工时与工资，包括工作时间、最低工资标准、职业健康与安全、管理体系等九方面。认真研究、了解和遵守 SA 8000，尽快建立、完善我国相应立法，切实落实各项劳工核心标准措施是摆在我国各级政府和企业面前迫在眉睫的任务。

第三节　国际经济法的基本原则

一、可持续发展原则

可持续发展是指人类的可持续发展，其中，经济的可持续发展是人类可持续发展的重要组成部分。国际社会对可持续发展从认识并接受其为基本原则经历了一个过程。从理论上首次提出可持续发展问题的当属英国的一位牧师马尔萨斯（T. R. Malthus），其名著《人口论》（*Essays on Population*）深刻地分析了地球的资源及人口增长与经济增长之间存在的矛盾以及未来人类发展的暗淡前景。“马氏的立场和理论，开启了对西方前途辩论的先河”②。然而，科学技术的发展给西方带来经济高增长、生活高消费的黄金岁月，使人们产生了错觉，相信“技术是

① 值得注意的是，SA 8000 的认证费用不低。一个小企业单次认证的费用最少约为 2 万元，所获证书有效期为 3 年，每半年复核一次。以 3 年为 1 个周期，一般企业的总认证费用约为 20 万元。

② 胡国亨：《独共南山守中国》，5 页，香港，香港中文大学出版社，1995。

解决一切问题的灵丹妙药”①。20 世纪 60 年代，发展伦理学的先驱，美国教授德尼·古莱（Denis Goulet）在考察和研究了世界各国，特别是拉丁美洲的发展后，对于何谓“发展”进行了精辟的分析和论述。他认为，国际上存在关于发展的三种观点或流派：第一种观点是把发展视同用总数衡量的经济增长，而把其他非经济因素放在次要地位。按照这种观点，发展通常以 GDP 和经济增长百分比来衡量。第二种观点认为发展＝经济增长＋社会变革。这是当今流行的观点。第三种观点则强调发展的道德价值观，其中心思想强调所有社会、所有团体和社会中的所有个人的质的改善，认为发展本身不过是为提升人性而采取的一种手段。② 面对人类不容乐观的未来，1972 年著名的《增长的极限——罗马俱乐部关于人类困境的报告》（以下简称《罗马报告》）问世，并提出人类正面临生死存亡的选择。该报告通过一个纯技术性的世界模型，就全球关切的五种主要趋势，即加速工业化、快速的人口增长、普遍的营养不良、不可再生资源的耗尽以及恶化的环境，分析了它们对世界未来 100 年的影响。③ 针对人口、资源、环境、生态与经济增长之间存在的矛盾，该报告第一次提出了“均衡增长”的概念，指出人类“在人口水平、社会和物质标准、个人自由，以及组成生活质量的其他因素之间，要有一系列的均衡”。该报告批评了西方的价值观及生活与生产方式，号召世界“需要一场思想上的哥白尼革命”，并认定“这样一种尝试需要全体人民的共同努力，而不管他们的文化、经济制度和发展水平怎样。但是，主要责任必须由比较发达的国家承担，不是因为这些国家具有远见和仁慈行为，而是因为这些国家仍然是传播增长的综合病症并使其继续发展的根源所在”④。毫无疑问，该报告全面奠定并预设了今天国际社会认可的可持续发展原则的理论基础和框架蓝图。⑤

可持续发展一词最早出现在官方的有关保护环境的国际文件中。1980 年由联合国环境规划署提出的《世界保护大纲——为了可持续发展的生物资源保护》第一次明确使用了“可持续发展”的概念。1987 年联合国世界环境与发展委员会提出的《我们共同的未来》（即《布伦特伦报告》）正式将环境与可持续发展问题挂钩，并提出“可持续发展指的是既满足当代人的需要，又不对后代人满足其需要的能力构成危害的发展”，指出“人类必须改变目前的发展方式，走可持续发展的道路”。1992 年联合国环境与发展大会通过《关于环境与发展的里约宣言》《联合国气候变化框架公约》《21 世纪议程》，正式否定了西方工业化以来“高生产、高消费、

---

① ［美］丹尼斯·米都斯等：《增长的极限——罗马俱乐部关于人类困境的报告》，李宝恒译，146 页，长春，吉林人民出版社，1997。

② 关于对发展的详细讨论，参见［美］德尼·古莱：《残酷的选择——发展理念与伦理价值》，高铦、高戈译，2～4 页，北京，社会科学文献出版社，2008；关于发展的不同意义的简要回顾，参见其所著 That Third World，*The Centre Magazine*，Vol. I，No. 6，September，1968，pp. 47－55。

③ 这份报告模型主流是物质的，然而研究的结论指出，需要在社会价值方面有基本的改变。参见［美］丹尼斯·米都斯等：《增长的极限——罗马俱乐部关于人类困境的报告》，李宝恒译，145 页，长春，吉林人民出版社，1997。

④ ［美］丹尼斯·米都斯等：《增长的极限——罗马俱乐部关于人类困境的报告》，李宝恒译，150～152 页，长春，吉林人民出版社，1997。遗憾的是，或许因为这个报告是非官方的，或许因为其是学术性的，这个报告并未像它所讨论的问题那样引起国际社会的关注。20 世纪 80、90 年代由联合国及所属机构通过的众多宣言和纲领性文件，多是“文件写得好，实事干成的不多，雷声大，雨点小”（该书译者李宝恒先生语）。

⑤ 为此，拉美国家一向反对使用“发展”一词而选用“解放”一词，认为现时我们所称的“发展”其实是反发展、伪发展，是发展的异化。解放一词比发展“更好地表达了人们希望有更具人性的生活条件的真正愿望”。“解放”一词揭示了经济发展、社会现代化、政治体制的建立和文化西方化给拉丁美洲带来的巨大的人性代价。关于“发展”与“解放”的讨论，参见［美］德尼·古莱：《残酷的选择——发展理念与伦理价值》，高铦、高戈译，4～11 页，北京，社会科学文献出版社，2008。

高污染”的生产方式、生活方式与发展模式，全面阐述了可持续发展原则的内涵。

（1）宣言首先确立了可持续发展是人类的可持续发展。其原则 1 指出，人类处于普受关注的可持续发展问题的中心，他们应享有以与自然相和谐的方式过健康而富有生产成果的生活的权利。

（2）实现代际公平和代内公平是可持续发展原则的条件。该宣言指出：为了公平地满足今世后代在发展与环境方面的需要，求取发展的目标必须实现（原则 3）。为了缩短世界上大多数人生活水平上的差距和更好地满足他们的需要，所有国家和所有人都应在根除贫穷这一基本任务上进行合作，这是实现可持续发展的一项不可缺少的条件（原则 5）。

（3）可持续发展是指各国经济的共同发展。该宣言提出：各国应该合作促进一个支持性和开放性的国际经济制度，这个制度将会导致所有国家实现经济增长和可持续的发展。为环境目的而采取的贸易政策措施不应该成为国际贸易中一种任意或无理歧视的手段或伪装的限制（原则 12）。

（4）为实现可持续发展，发达国家需承担更多的责任。该宣言要求各国应本着全球伙伴精神承担共同的但是又有差别的责任。鉴于发达国家给全球环境带来的压力，以及它们所掌握的技术和财力资源，它们在追求可持续发展的国际努力中负有责任（原则 7）。

该宣言所阐述的可持续发展的上述思想已超出了纯粹的环境保护和经济发展的范畴，涵盖了对世界各国和国际社会在经济、社会、人口、生态环境等多方面的要求。可持续发展原则是总领人类社会发展的第一原则，也是各国及国际社会制定国际经济交往法律规范的基本原则。

1997 年联合国气候变化框架公约国第三次会议最终在日本达成了具有法律约束力的《京都议定书》（2005 年 2 月正式生效），就发达国家和发展中国家联合减排引进了灵活的市场机制，明确提出了发达国家与发展中国家在减少二氧化碳等温室气体排放方面应承担的共同但有差别的责任。这是因人类的发展观念发生实质性转变而采取的一次实际行动，标志着国际社会以可持续发展为目标开始进入“低碳经济”时代。① 20 世纪以来不断恶化的自然环境，特别是 2008 年席卷全球的金融危机，再一次验证了在经济全球化下以往的世界经济发展模式和旧国际经济秩序及其规则的不可持续性，迫使国际社会采取行动应对挑战。《罗马报告》说，“人类社会的未来进程，甚至人类社会的生存，也许就取决于世界对这些问题作出反应的速度和效率”②。

自第一次西方工业革命以来的旧的发展模式遭遇到了空前的挑战，已不可继续。坚持可持续发展原则已是不可逆转的、人类的唯一选择。实现可持续发展任重道远，对此发达国家责无旁贷。中国改革开放的导师邓小平说过：我们必须摆脱桎梏我们精神的枷锁。这个枷锁既包括封建的也包括资本主义的精神枷锁，即自西方第一次工业革命以来禁锢发达国家尤其是广大发展中国家的包括西方的价值理念、政治制度以及生活方式等在内的精神枷锁，建立起一套适合各国乃至整个人类社会可持续发展的模式和理念。2007 年中共十七大报告正式提出“科学发展观”③，认为“科学发展和社会和谐是内在统一的。没有科学发展就没有社会和谐，没有社

① “低碳经济”时代，也被称为“第四次工业革命时代”，是指以新的能源生产技术和能源使用技术为先导，以低能耗、低污染、低排放的清洁能源代替煤炭、石油、天然气等高能耗、高污染、高排放的传统能源的绿色革命。低碳经济，不但是一场空前的技术革命，而且是前所未有的产业结构和制度的创新。

② ［美］丹尼斯·米都斯等：《增长的极限——罗马俱乐部关于人类困境的报告》，李宝恒译，11～12 页，长春，吉林人民出版社，1997。

③ 科学发展观有四个基本要点：第一要义是发展；核心是以人为本；基本要求是全面协调可持续；根本方法是统筹兼顾。

会和谐也难以实现科学发展”。这是当代中国领导提出的执政新理念，也是理解中国发展和未来趋势的关键。“纯粹技术上的、经济上的或法律上的措施和手段的结合，不可能带来实质性的改善。全新的态度是需要使社会改变方向，向均衡的目标前进，而不是已往的那种增长”[①]，使人类避免在毫无价值的状态中生存。20世纪70年代，中国顶住国际压力实行了计划生育政策；2007年中国在《气候变化国家评估报告》中明确提出中国将走低碳经济的发展道路。这是中国作为世界上人口最多的发展中国家以可持续发展原则为国策的表现，也是为人类可持续发展作出的最大贡献。

二、国家对天然财富与资源的永久主权原则

20世纪60年代，民族解放运动兴起，许多过去在帝国主义殖民统治下的殖民地半殖民地国家取得了独立，建立了新的民族国家，成为联合国大家庭中的平等成员，从而大大地改变了国际力量的对比。新国家认识到只有取得经济上的独立才能真正实现政治上的独立，因此，改变以西方发达国家为中心的旧的国际经济秩序，建立国家不分大小、贫富而一律平等基础上的国际经济新秩序的呼声日益高涨。1962年12月14日，联合国最早提出了关于国家对天然财富和资源的永久主权问题。联合国大会通过的《关于天然资源之永久主权宣言》集中反映了发展中国家的这一要求：承认天然财富和资源是国家和民族生存的物质基础；承认天然财富和资源的永久主权是民族自决权的一部分；确立了对各国处置其财富与天然资源之自主权利应予以尊重的基本原则。根据这一原则，（1）自然资源的勘查、开发、处置应符合各国自行认为在许可、限制或禁止方面应有的规则和条件；（2）外国资本的输入及收益应受现行国内法与国际法管辖并使受助国对天然财富与资源之主权绝对不受损害；（3）国有化、征收或征用应以公用事业、安全和国家利益为根据，并依照本国现行法及国际法给予适当的补偿；（4）在发生争议时，首先由国内法管辖。

自然资源永久主权原则不但得到发展中国家的拥护，也得到发达国家的赞同，并且在1974年5月1日联合国大会通过的《建立新的国际经济秩序宣言》和《建立新的国际经济秩序行动纲领》中得到进一步的体现。新秩序宣言提出了建立新国际经济秩序的20项原则，除了强调尊重国家主权平等、领土完整、不干涉内政外，重申：每一国家对自己的自然资源和一切经济活动拥有充分的永久主权。为了保卫这些资源，每一个国家都有权采取适合于本国情况的手段，对资源及其开发实行有效控制，包括实行国有化和把所有权转让给本国国民。任何一国不应遭受政治、经济及其他形式的胁迫，以致不能自由和充分地行使这一不容剥夺的权利。曾遭受外国占领、统治或种族隔离的国家有权因其自然资源遭受剥削、消耗和损害而要求偿还和充分补偿。国家有权对跨国公司采取有利于本国国民经济发展的措施，对它们进行限制和监督等。

1974年12月，联合国大会通过了《各国经济权利和义务宪章》，正式将自然资源永久主权原则作为国家权利和义务的核心内容。

三、国际合作以谋求发展原则

发展中国家的崛起，改变了世界力量的对比，第三世界国家不再是附属于发达国家并受其

① ［美］丹尼斯·米都斯等：《增长的极限——罗马俱乐部关于人类困境的报告》，李宝恒译，149页，长春，吉林人民出版社，1997。

支配的被动力量。1974 年 5 月 1 日，联合国大会通过的《建立新的国际经济秩序宣言》正确地反映了这一力量对比的变化。该宣言指出，20 世纪 70 年代以来世界的变化说明了世界大家庭的一切成员相互依赖的实际情况，发达国家的利益同发展中国家的利益不能再相互分隔开，发达国家的繁荣取决于它的组成部分的繁荣。

国际经济法中确定的国际合作以谋求发展原则提出了一个全新的观念。传统的重商主义观点是：如果自己吃亏，则对方肯定占便宜；如果自己占便宜，则对方一定吃亏。国际合作以谋求发展原则抛弃了这种狭隘的利己观点，提出在发展方面，国际合作是所有国家都应具有的目标和共同责任；要求国际大家庭的成员通过单独和集体的行动，为了全人类的共同利益和国际经济的可持续发展，在技术、资金、资源、贸易等方面相互合作，共同繁荣，反对武力和对抗，从而保证人类世世代代在和平与正义中稳步加速经济和社会的发展。

1974 年 12 月，联合国大会通过的《各国经济权利和义务宪章》正式将其作为发展国际经济关系的一项基本原则。

四、公平互利原则

公平互利原则也是 1974 年 12 月《各国经济权利和义务宪章》中提出的作为处理各国之间经济关系的指导原则。根据这一原则，（1）在国际经济合作的各个领域，发达国家应给发展中国家提供有利的外部条件；（2）发达国家在向发展中国家提供援助时不应附加任何有损后者主权的条件；（3）发达国家应向发展中国家施行、改进和扩大普遍的、非互惠的和非歧视的待遇；（4）在促进发展中国家取得现代科学技术过程中，要有利于促进发展中国家的技术转让和建立本国技术，并按照适合于发展中国家的经济方式进行。

与平等互利相比，公平意味着把形式上的平等推向实质上的平等。可持续发展原则提出的代际公平和代内公平概念意味着没有正义为基础的公平不是公平，公平需以社会正义为支撑，因此，公平互利原则的含义更为科学、合理。

第四节 古丝绸之路与“一带一路”及其对国际经济法的影响

21 世纪，在世界经济普遍低迷、贸易保护主义盛行的情况下，中国重返“丝绸之路”，提出了“一带一路”倡议，立即获得了国际社会的广泛响应。“一带一路”是怎么回事？它对国际经济法的发展会带来怎样的影响？为此，有必要简单梳理一下中国古代“丝绸之路”的历史，从古代中国的市场及市场主体、商品及市场交易、运输方式及运输工具、支付手段、政府对市场的管理、法律及争议解决等几方面，观察它对当时世界经济秩序及其规则产生的影响。

一、古代中国的“丝绸之路”

自古以来，一国是否开放离不开思想的指引。古代中国的经济思想，可追溯自先秦诸子对农、工、商的评价。商鞅相秦前，农工商并重。“地无四方，民无异国”①，主张对外贸易开放，

① 《史记·李斯列传》。

各国物资互相交流[①]，因此，“丝绸之路”的产生并非偶然。以后，秦采取了重农抑商的政策。及至汉武帝时形成了以曹参为代表的道家“无为而治”、“因循为用”：自由放任的经济思想和以晁错、贾谊、董仲舒为代表的儒家思想，即统制的计划经济思想。这两种思想不断交锋，演绎出历朝历代种类繁多、内容不尽相同的经济法律和财政政策，并一直影响着中国。[②]

1. 汉代的“丝绸之路”

秦统一中国后，将战国时代四分五裂、各自为政的旧经济制度一律取消。商鞅富民强兵，奖励农业生产、抑制商贾，论军功赏以爵禄，重新建立全国统一的货币制度和度量衡制度，采取“车同轨，书同文”等一系列措施，为汉及古代中国后世的“丝绸之路”的拓展奠定了基础。

两汉时（公元前206年—公元220年），为便利中国与境外的商业关系，在长安、洛阳都设有“蛮夷邸”[③]。汉武帝时通西域后，“丝绸之路”的西北陆路日渐发达；东汉时班固出使西域，贸易直达地中海，接触罗马等国，中国的丝绸由此传入罗马。[④] 从三国时期到南北朝时期，东西交通一直没有中止过。汉代的产丝地以山东、四川为主，生产的丝织品已有绫、罗、绸、缎、锦、纱、绢、缯、绮等十余种。据近代“丝绸之路”的考古发掘，在玉门关附近发现了一匹东汉时产的缣，上书“任城国亢父（今山东济宁）缣一匹，幅广两尺两寸，长四丈，重二十五两，值钱六百一十八”[⑤]。沿着“丝绸之路”，中国的丝绸向西输送到波斯、印度、罗马等欧亚诸国；向东输送至朝鲜，再达日本。[⑥] 在“丝绸之路”上进行交易的，除丝绸之外，还有精美的漆器[⑦]、瓷器；此外，在技术方面也进行了交流。当时，江西景德镇已设窑厂烧制瓷器，南北朝时政府更设立烧制陶瓷的机构，由东西甄官瓦署进行监督。南方的“缥瓷”、北方的“白瓷”成为当时堪称精品的两大瓷器派别。[⑧] 此外，战国时即开始的大规模水利工程，至汉时得到进一步推广。据《史记·河渠书》《汉书·沟洫志》所记，当时晋民挖龙首渠发明的井渠法，后由中国传至西域及波斯。[⑨]

汉代“丝绸之路”的运输工具主要是车、船，所谓“南船北车”。船有木船、陶船两种。据《史记·平准书》记载，“楼船，高十余丈，旗帜加其上，甚壮”。当时打击南越，南方已有楼船卒二十余万人。有楼船司专门负责官府造船。广东出土的东汉墓葬曾有陶船模型，船前有锚，船后有舵，两舷各有司篙船员的走道。另一处东汉墓发现一木船，船上建有层楼，有桨

① 参见钱穆：《中国经济史》，叶龙记录整理，33页，北京，北京联合出版公司，2014。

② 关于这两种经济思想的详细介绍与分析，参见李剑农：《中国古代经济史稿》，242～268页，武汉，武汉大学出版社，2006。此外，按照钱穆先生的观点，汉代的许多制度，学自秦代，在汉代定型而确立。钱穆先生认为，统制的计划经济，就经济的立场而言，亦可说是社会主义经济，也可说是人道主义、文化主义的经济思想。中国历代轮番采用上述两种不同的经济思想，形成中国政治的复杂之处。参见钱穆：《中国经济史》，叶龙记录整理，51～55、58页，北京，北京联合出版公司，2014。

③ 李剑农：《中国古代经济史稿》，201页，武汉，武汉大学出版社，2006。

④ 参见钱穆：《中国经济史》，叶龙记录整理，225页，北京，北京联合出版公司，2014。

⑤ 钱穆：《中国经济史》，叶龙记录整理，91页注4，北京，北京联合出版公司，2014。

⑥ 除了西北陆路通道，还有一条西南陆路通道。根据《史记》记载，张骞出使大夏归来，说他居住大夏时，见过蜀地的布和邛地的竹杖，他问当地人，这些东西从什么地方来，回答的人说，在东南的身毒国，大约在几千里外，这些东西能够和蜀地的人做买卖得来。在张骞的鼓动下，当时汉曾派王然于、柏始昌、吕越等在云南滇国国王的帮助下，试图从西夷以西的地方寻找通往身毒国更短的路。参见《史记·西南夷列传第五十六》。

⑦ 在乐浪（即今朝鲜平壤）发现的汉墓，出土了精美的漆器。

⑧ 参见钱穆：《中国经济史》，叶龙记录整理，147～148页，北京，北京联合出版公司，2014。

⑨ 参见李剑农：《中国古代经济史稿》，138页，武汉，武汉大学出版社，2006。

十、橹一，多数木板上有五色彩绘花纹。这些说明当时已有很发达的造船业。①

“丝绸之路”上的集市贸易已很发达。当时的商人被称为“贾”。汉武帝轻商，“贾人不得衣丝乘车”；国家向有车船的商人征收“算商车”；“重租税以困辱之”②。尽管如此，至文景帝时，都市里已形成商肆林立的商业区域。商人已可分为盐铁商、运输转贩商、囤积商、高利贷商、榷会与辜榷（即中介商人，后者为独占中介）。《汉书·食货志上》记载，“今法律贱商人，商人已富贵矣；尊农夫，农夫已贫贱矣！”可见当时商业势力已大。③ 贵为帝王者亦学做商贾。④ 商人和贵族相结托，贵族官府受商人垄断盘剥，“乘上之急，所卖必倍”之事常有之。⑤

随着“丝绸之路”西北通道与西南通道开通，对外商业活动逐步增多。汉代的对外贸易，可以概括出如下特点：（1）陆路多于海上。（2）限制多于鼓励。（3）边关定期互市多于自由输出入。⑥（4）贸易多为官府经营。（5）货物出境需先得“符传”等许可证。（6）为防蛮夷之故，兵器、铁严格禁止出口。（7）当时中国商品之远播，皆属间接交换。依《后汉书·大秦传》记载，中国丝织品之输入大秦（今罗马），实经安息（今伊朗高原）商人之手。然安息商人所得汉之缯彩，亦间接由西域诸国得之。⑦（8）自秦汉建立至晚清共实行了两千多年的朝贡制度，既是古中国的政治制度、外交制度，也是与“丝绸之路”共生共长的一项重要的贸易制度。⑧

汉代通行五铢钱。市场交易可以实物交易，亦可用金银支付（马蹄金、麟趾金和饼金同时流通，一直到魏晋南朝）。但对外贸易的支付工具主要是黄金、白银。汉代黄金一斤值万钱。

---

① 参见钱穆：《中国经济史》，叶龙记录整理，97 页，北京，北京联合出版公司，2014。

② 钱穆：《中国经济史》，叶龙记录整理，50 页，北京，北京联合出版公司，2014。

③ 参见李剑农：《中国古代经济史稿》，196～198 页，武汉，武汉大学出版社，2006。

④ 参见钱穆：《中国经济史》，叶龙记录整理，161 页，北京，北京联合出版公司，2014。

⑤ 参见李剑农：《中国古代经济史稿》，369 页，武汉，武汉大学出版社，2006。

⑥ 参见李剑农：《中国古代经济史稿》，202～206 页，武汉，武汉大学出版社，2006。

⑦ 在公元前 2 世纪，“丝绸之路”开辟之后，生活于伊朗呼罗珊地区的粟特人，曾经是“丝绸之路”贸易中最活跃的中间商。

⑧ 中国学者认为，虽然朝贡制度的大规模实践源自秦汉王朝大一统时期，但其思想渊源，却是先秦的思想文化和制度，即夏初大禹时期的“任土作贡”这一思想。“五服制的兴起与实践为朝贡制度奠定了可行的实践基础。”（王小红、何新华：《天下体系——一种构建世界秩序的中国经验》，74～75 页，北京，光明日报出版社，2014。）王小红、何新华详细研究了自秦汉至明清的朝贡制度（参见上书，74～102 页）。作为一项制度，朝廷对朝贡程序（贡期、贡道、朝贡规模）、献贡礼仪、朝贡人数、船只数量、贡品及数量、回赐、册封、沿途饮食住宿、组织和管理朝贡事物的机构与手续、朝贡贸易活动都有十分明确的要求和法律规定。研究认为，朝贡制度是汉朝经营和控制西域的重要手段（参见上书，76 页）。唐朝时，朝贡制度更加完善，更加规范化、法制化，具有明显的政治性和程序性，管理制度渐趋严密。唐朝对各民族政权和海外诸国的朝贡，采取“计价酬答，务从优厚”的原则，这对前来朝贡的国家具有很强的吸引力（参见上书，81 页）。至明朝，由于“海禁”政策的实施，民间贸易受到很大影响，朝贡与贸易完全结合起来，实行“有贡才有市”的原则，各国只能通过朝贡的形式与明朝打交道，这促进了各国来华朝贡的繁荣。所以，明朝时，朝贡制度具有特别典型的意义，其进入完全成熟和辉煌的时期。朝贡贸易的特点是，贡使携带的贡品通常分为两部分：一部分称为正贡，即向朝廷所献之物，所占比例很小；另一部分是允许携带来京可以进行贸易的物品，称为附贡。根据“有物则偿，有贡则赏”的原则，除了正贡的回赐外，官府对附贡往往以高于实际价格数倍的估价进行购买，加上明初对贡使所携带物品免税的政策，激发了朝贡国的热情，但给朝廷带来沉重的财政负担。明朝中后期，朝廷开始对贡物抽分。1567 年“海禁”被迫解除，朝贡贸易不再是唯一的贸易形式（参见上书，88～90 页）。清朝基本延续明朝的做法。由于意识到周边国家与边境政权的区别，清朝设立了二元管理机构，由礼部与理藩院分管不同的朝贡事务。清朝允许两种形式的朝贡贸易：贡使携带的货物，愿到北京贸易，则听其自运，允许开市 3 至 5 日，通常在会同馆进行；愿在边境处贸易，则在当地督抚委派的官员监视下进行，并实行免税政策（参见上书，95～96 页）。

尽管无法律明文规定金、银是货币，但事实上它们以货币形式流通于市场。[①]《汉书·食货志》云："珠玉龟贝银锡之属，为器饰宝藏，不为币，然各随时而轻重无常。"意即金、玉与其他饰物一样，虽非法定货币，但可以通用，且其价格乃依市场货物多寡而时高时低。

在贸易交往中，契约是最重要的法律文书形式。"中国古代的契约关系是较为发达的，形式多样，内容详备。""民事法律文书的约束力，对于中国古代社会财产关系的保护和经济秩序的维持，起了一定的积极作用"[②]。早在周代，就有"听买卖以质剂"之说。[③] 质剂即是古代买卖契约。缔结财产买卖的契约，除了双方各执一半，官府也保留一份，作为处理纠纷的根据。"西周金文民法"中即有契约的记载。汉代最发达、最典型的契约已有买卖、雇佣、租赁、租佃、借贷、合伙、承包、信托、遗嘱继承等。[④]"民有私约如律令"这一合同习语，见于出土西晋"杨绍买地砖"，亦称《杨绍买地券》或《杨绍买地莂》。其全文如下："大男杨绍从土公买冢地一丘。东极阚泽，西极黄滕，南极山背，北极于湖。直钱四百万，即日交毕。日月为证，四时为任，太康五年（公元284年）九月二十九日对共破莂。民有私约如律令。"[⑤]"民有私约如律令"可以被视为当事人意思自治的体现，在古代人的眼里，契约对当事人具有法律拘束力，官府亦承认民间私约的法律效力[⑥]；由此还可以看出中国古代合同法律思想的成熟与发达。[⑦] 有学者认为，中国古代无论是调解还是判决，民间纠纷凡涉及私约的，都要"调契查验"，以为判断依据。这体现了契约"如律令"的法律效力。[⑧] 契约的自治性、灵活性与约束力，对"丝绸之路"来自各国的客商的权益起了重要的保护作用。上述古代中国关于契约的思想与实践实比1789年《法国民法典》关于"当事人之间的契约在当事人之间具有法律效力"的规定，至少早了1 500年。

2. 唐宋时期的"丝绸之路"

唐代（公元618—907）被黄仁宇先生称为最具有世界主义色彩的朝代。[⑨] 唐初由于失去对西域的控制，陆上"丝绸之路""道路梗绝，往来不通"，"丝绸之路"遂由陆路转向海路。根

---

① 参见钱穆：《中国经济史》，叶龙记录整理，106～107页，北京，北京联合出版公司，2014。

② 张晋藩：《论中国古代民法研究中的几个问题》，载《政法论坛》，1985（5）。

③ 参见《周礼·天官·小宰》。关于中国古代契约的研究，请参见乜小红：《中国古代契约发展简史》，北京，中华书局，2017。

④ 参见孔庆明、胡留元、孙季平：《中国民法史》，148页，长春，吉林人民出版社，1996。

⑤ 此外，已发现的还有《潘延寿买地砖券》写有"有私约者当律令"，《曹仲成买田铅券》写有"知券约，口如天帝律令"等。清代杜春生撰、詹波馆刻本《越中金石记》选录了《杨绍买地莂》并载明："《十驾斋养新录》十五云：山阴童二如游洛阳，得此石刻。"著名历史学家范文澜先生点校的《文心雕龙注》将《杨绍买地券》看作中国古券契的典型例证。[参见李显冬：《民有私约如律令考》，载《政法论坛》，2007（3）。] 刘屹提出，墓券中所有的买地契约都应该是虚构的，都不足以用来作为土地买卖的参考资料。参见刘屹：《敬天与崇道——中古经教道教形成的思想史背景》，46页，北京，中华书局，2003。张传玺认为，买地券文脱胎于人间土地买卖契约。乜小红、张晋藩同意此观点。参见乜小红：《中国古代契约发展研究》，30页，北京，中华书局，2017；张晋藩：《论中国古代民法研究中的几个问题》，载《政法论坛》，1985（5）。

⑥ 参见张晋藩：《中国法制历史简谈》，载《光明日报》，1986-12-03。

⑦ 参见李显冬：《从〈大清律例〉到〈民国民法典〉的转型——简论中国古代固有民法的开放性体系》，张晋藩序，北京，中国人民公安大学出版社，2003。

⑧ 参见童光政：《明代民事判牍研究》，4页，桂林，广西师范大学出版社，1999；李显冬：《从〈大清律例〉到〈民国民法典〉的转型——简论中国古代固有民法的开放性体系》，45页，北京，中国人民公安大学出版社，2003。据《宋刑统》卷二十六记载："凡卖田宅……皆得本司文牒，然后听之。"在契约上加盖官印的称为红契，是官府承认业主所有权的凭证，遇有争讼以红契为凭，"凡人论诉田业，只凭契照为之定夺"。凡"交易有争，官司定夺，止凭契约"，"考察虚实，则凭文书"。显然，宋时物权与债权制度业已相当完备。

⑨ 参见黄仁宇：《中国大历史》，2版，118页，北京，生活·读书·新知三联书店，2007。

据隋朝大地理学家裴矩[①]汇集西域44国风土物产所著《西域图记》记载，当时自敦煌到西海的印度洋、波斯湾及地中海，有三条通道：北道从伊吾（今新疆哈密）到东罗马帝国，再达地中海；中道从吐鲁番附近经穆国（今乌兹别克斯坦）到波斯（今伊朗），再达波斯湾；南道从新疆鄯善经帕米尔高原至北婆罗门（今印度），以达印度洋。[②] 7世纪至10世纪期间，海上丝绸之路迅速发展起来。当时的海上丝绸之路主要通道有两条：另一条是自登州（山东蓬莱），海行入高丽的渤海道；另一条是从广州出航，经越南、马来半岛、苏门答腊等地，至印度、锡兰，再西至大食（阿拉伯）。据《新唐书》《旧唐书》记载，中国商人的足迹，可寻至安南、东南亚、中亚及非洲，尤其与波斯、朝鲜、日本、缅甸各国往来密切。[③]

中国古代有宴饮时以茶代酒的习俗。[④] 至南朝，饮茶更为盛行。唐代陆羽著《茶经》，称茶为南方之佳木。唐、宋时的海上进出口商品品种明显增多，且不限于宫廷所用奢侈品，除了丝绸、瓷器、漆器之外，还有茶、酒、糖、米等。进口的主要有：香药、象犀、珊瑚、琉璃、珠钊、宾铁、鳖皮、玳瑁、车渠、水晶、蕃布、乌樠、苏木等。其中，香药种类繁多，数量甚大，价值也高。时有禁止者：金银、铜器、铜钱。为防“紊中国之法”，禁止贸易的还有：兵器及可造兵器之物、一部分书籍以及外国货币。

唐代的海外贸易之繁盛，还表现在出现了像广州、泉州、杭州、扬州这样的大贸易港，可与今日之上海、香港媲美。根据阿拉伯历史记载，庞勋作乱时，在广州做生意的波斯人、阿拉伯人等外国人被杀死者达12万至20万人之众。田神功攻打扬州，被杀之胡商数千人。[⑤]《太平广记》中记载了许多关于波斯人在扬州、长安经商的故事。唐天宝年间，吐蕃在西北地区生乱，4 000胡客不能归国而滞留长安。朝廷拨款50万缗以供给养。此4 000人无一人愿意归国，绝大部分均留华任职兵马使或成为掌管仪仗侍卫的官员，只剩下十余人仍需依靠中国政府给养。[⑥] 以上记载可证当时外国人在华经商及居留之多。

唐代的造船材料已多用坚硬耐用的楠木，分为内河船和海洋船。有官员自造海洋船从事海上贸易。所造船舶按载重量大小可分为1 000料船、2 000料船与5 000料船。[⑦] 唐太宗时，阎立德在江西南昌造浮海大船500艘，自东海、黄海直上高丽。在四川建造的讨伐高丽的战船长100尺、宽50尺。此外，还有能远航至红海的商船。[⑧] 唐代还有金属制造的铜船。《岭表录异》记载，每岁，广州常发铜船，过安南货易，路经调黎深阔处。可见唐代更为开放，私营经济及对外贸易和海运更为发达、繁盛。

---

① 裴矩，字弘大，山西闻喜人。初仕北齐、北周。隋炀帝时，他被朝廷委派主持与西域及西方各国的贸易和联系。其著有《西域图记》三卷。参见钱穆：《中国经济史》，叶龙记录整理，225页，北京，北京联合出版公司，2014。

② 参见《隋书》。参见钱穆：《中国经济史》，叶龙记录整理，225～226页，北京，北京联合出版公司，2014。

③ 参见钱穆：《中国经济史》，叶龙记录整理，238～239页，北京，北京联合出版公司，2014。

④ 参见《三国志·吴书·韦曜传》，吴主孙皓“或密赐茶一以当酒”。参见钱穆：《中国经济史》，叶龙记录整理，152页注3，北京，北京联合出版公司，2014。

⑤ 参见钱穆：《中国经济史》，叶龙记录整理，228页，北京，北京联合出版公司，2014。田神功（？－774），河北南宫人，唐朝大将，参与平定安史之乱而有功于国，此后又参与平定淮西节度使李希烈的叛乱，但他也纵兵扰乱了富庶的江淮地区。参见《旧唐书·田神功传》。

⑥ 参见钱穆：《中国经济史》，叶龙记录整理，230页，北京，北京联合出版公司，2014。

⑦ 参见钱穆：《中国经济史》，叶龙记录整理，225页，北京，北京联合出版公司，2014。

⑧ 李肇《唐国史补》及《唐大和上东征传》所记唐代南海广州之巨大商船，阔深数丈者，大抵皆来自师子国、婆罗门、波斯、大食等外国。参见李剑农：《中国古代经济史稿》，667页，武汉，武汉大学出版社，2006。

唐初创制的“开元通宝”在中国钱币史上具有重要意义。[①] 为了汇兑便利，民间出现了“飞钱”[②]（支票）。由于“丝绸之路”上的一些国家如大月氏（今阿富汗境内）、安息（今伊朗高原）、大秦（今罗马）、南天竺、扶南等国均重视使用金银，所以其在与中国的交、广地区（交州、广州即今日的广西、广东）交易时，皆用金、银。《隋书·食货志》记曰：梁初惟京师及三吴、荆、郢、江、湘、梁、益用钱，其余州郡则杂以谷帛交易，交广之域则全以金银为货。[③] 唐代不收商业税，但收船税，称为“舶脚”；并设专门的管理机构市舶司（使）管理市舶贸易。[④]

当时外国人在华人数甚多，以至于《唐律》中第一次出现了专门就外国人在中国的婚姻、财产继承乃至争议解决的管辖权及适用法律等方面作出规定。根据《唐律》，居住于中国境内的外国人可以娶中国女子为妻，但中国法律不正式承认此女为外国人之妻室，如该外国人返国，不得携同中国女子出境，以免其在外国受欺凌。外国人在华经商病故，其遗产由中国政府代管。逾期三个月未见有遗族来领回，则没收之。后因嫌时间太短，法律改为无限期延长，其遗族如能提出可靠之证据，政府可随时发还。《唐律·名例律》规定，“诸化外人，同类自相犯者，各依本俗法；异类相犯者，以法律论”。《唐律疏议》解释，“化外人”指“蕃夷之国，别立君长者”，即今日的外国人。当争议涉及外国人时，处理原则是：如果两个同国籍的外国人之间在中国发生争议，则由外国人自己处理；如果不属同一国籍的两个外国人之间或一方为中国人在中国发生争议，则该案由中国人出面按中国法处理，因“各有风俗，制法不同”[⑤]。用现代的语言解释，即争议双方属同一国籍的外国人时，适用该双方当事人的本国法（即该外国法）解决争议。[⑥] 如果一方是中国人或争议双方是不属同一国籍的外国人，则由中国按照中国法来处理。[⑦] 这体现出唐代对化外人的平等、宽容以及对中华法律文明的自信。[⑧] 另外，据《龙筋凤髓判》主客“吐蕃使人请市”条，士子张鷟在没有现存制度规定吐蕃贸易的情况下，结合人情、事理作出“听其市取，实可威于远夷；任以私收，不足损于中国。宜顺其性，无阻

① 第一，确定了开元通宝法定钱币的意义，即仅认其为货物交换之工具，不复认之为货物。第二，改变了自秦以来的货币权量之单位名称。秦以两之下为铢，24 铢为一两；唐以两之下为钱，10 钱为一两。参见李剑农：《中国古代经济史稿》，473～474 页，武汉，武汉大学出版社，2006。

② 李剑农：《中国古代经济史稿》，496 页，武汉，武汉大学出版社，2006。

③ 参见钱穆：《中国经济史》，叶龙记录整理，157 页，北京，北京联合出版公司，2014。

④ 参见钱穆：《中国经济史》，叶龙记录整理，228 页，北京，北京联合出版公司，2014。

⑤ 钱穆先生称中国唐代就有了“治外法权”。参见钱穆：《中国经济史》，叶龙记录整理，230 页，北京，北京联合出版公司，2014。

⑥ 参见叶孝信主编：《中国法制史》（新编本），174 页，北京，北京大学出版社，1996。据齐湘泉教授考证，至少在汉代（公元前 195 年）中国就出现了由皇帝颁旨解决法律域内效力和域外效力的冲突。高祖亡，匈奴单于冒顿依据与汉设定的“昆弟”关系提出，匈奴“兄弟死，皆娶其妻妻之”的所谓“收继婚”习俗应适用于高祖遗孀汉太后。适时汉朝的儒家思想与其西北方的匈奴、乌孙国的法律和习俗发生冲突。该案第一次提出匈奴习惯法是否在汉朝具有域外效力，以及汉朝是否承认匈奴习惯法的域外效力问题。为解决这一冲突，武帝、元帝分别颁旨，令“和亲”的汉女从其风俗。

⑦ 对于买官卖官者，《唐大诏令》卷七十二载，乾苻二年南郊赦文：自今以后，如有人钱买官，纳银求职，败露之后，言告之初，取与同罪……其钱物等，并令没官，送御史台以赃罚收管。如是波斯蕃人钱，亦准此处分。其柜坊人户，明知事情，不来陈告，所有物业并不纳管，严加惩断，决流边远。

⑧ 明万历三十六年（1608 年），澳门陷入混乱。香山知县蔡善继平息了骚乱，事后制定了《制澳十则》，对违法葡萄牙人严厉惩处，并规定：葡萄牙人犯罪，可由葡萄牙人自行处置；牵涉华人的，需交中国官员审判。与《唐律疏议》相比，该规定不清楚的是，澳门的葡萄牙人如与一个非葡萄牙人的外国人在澳门犯罪，当由谁处理。

蕃情”的判断。①

唐后宋前，受五代十国群雄割据，以及东北辽契丹、西北蒙古女真之压迫的影响，中国经济重心南移。宋廷一方面需养重兵以备之，另一方面，经济财政上的规忧，承唐末五代之弊未经改革，国力孱弱，故史称弱宋。然而，无论在农业、手工业、商业、交通运输业、科技、文化方面，还是在对外贸易方面，宋代都有不俗的表现。此时，农业有了较前朝很大的发展，特别是灌溉工具和棉业发达②，出现了农业和机织手工业的分离。宋瓷始有花，且出现了艺术化倾向。有名的“柴窑”所出瓷“青如天，明如镜，薄如纸，声如磬，滋润细媚，有细纹，制精色异，为古来诸窑之冠”③。除“柴窑”外，还出现了“哥窑”“官窑”“汝窑”“均窑”“定窑”，合为宋代有名的五大名窑。此外，景德镇窑也于此时成名，至明清取代五大名窑成为瓷业中心。④ 据孙毓修《雕版源流考》记载，“书籍之有雕版，肇自隋时，行于唐世，扩于五代，精于宋人”。宋庆历中，布衣毕昇发明胶泥活字版⑤，不但促进文化发展，也促进书坊业、造纸业、彩帛铺印染业的翻新发达。由于铁（铜）钱携带不便，宋太宗淳化、至道间，出现了始发于民间，后由官府发行的纸币“交子”。特别值得一提的是，宋代的海上运输与海上贸易达到了空前繁盛的程度。在航海技术工具与设备方面：磁石指南针的发明和使用，至少早于西欧200年。⑥ 在海船制造方面，宋以后，出入中国海口之巨大商船，中外皆有之。海上航线，已由交广闽浙江淮扩至密州附近。《宋史·食货志》“市舶”条列举的航程有“大食、古逻、阇婆、占城、勃泥、麻逸、三佛齐诸蕃”。宋人赵汝适《诸蕃志》记载，用瓷器相博易之地，有占城、真腊、三佛齐、单马令、绫牙斯、佛啰安、蓝无里、阇婆、南毗、层拔、渤泥、麻逸、三屿等十余处。其中，南毗即今印度洋西海岸；层拔即桑巴，今非洲海岸。清光绪年间，英国人曾在此处掘得宋代铜钱，说明宋时之海外航程，已达非洲海岸。⑦《宋史·食货志·互市舶法》称“凡大食、古逻、阇婆、占城、渤泥、麻逸、三佛齐诸蕃，并通货易，以金银、缗钱、铅锡、杂色帛、瓷器，市香药，犀象、珊瑚、琥珀、珠琲、镔铁、鼊皮、玳瑁、玛瑙、车渠、水精、蕃布、乌樠、苏木等物”。可见，对外贸易出口仍以丝织物与瓷器为主。唐宋的开放与商业经济的发展促进了科技发展，使古代中国的对外交往，包括货物、技术、文化、人员往来，都达到鼎盛。

钱穆先生认为中国唐代以前可称为古代社会，宋代之后可称为近代社会。⑧ 南宋的林勋写了一本重要的“本政书”，提出“经济为政治之本”的学说，其经济贸易中的人本思想，比亚

---

① 参见朱仕金：《唐宋判文演变的法律文化探析》，载朱勇主编：《中华法系》，第8卷，109页，北京，法律出版社，2016。

② 早在三国时期，棉布已由西北陆路和东南海道输入中国，史称“白叠布”，但并不多见。宋以后，中国东南闽岭各地种棉渐多。至晚明，棉业已普及全国且能辨别棉种之优劣。参见李剑农：《中国古代经济史稿》，590、593～595页，武汉，武汉大学出版社，2006。

③ 《景德镇陶录》卷七。

④ 据日本小村俊夫《支那窑业史》统计，宋代瓷窑窑名可考者计28处。参见李剑农：《中国古代经济史稿》，604～605页，武汉，武汉大学出版社，2006。

⑤ 参见沈括《梦溪笔谈》。

⑥ 欧洲使用磁石指南针始于1303年（中国元成宗大德七年），相传由意大利人初为之，盖由阿拉伯人得之于中国而传入欧西。而记载此项发明的沈括（《梦溪笔谈》卷二十四《杂志》）和朱彧（《萍洲可谈》）均为北宋人，两部著作分别成书于公元1063年（宋仁宗嘉祐八年）和1119年（宋徽宗宣和元年）。参见李剑农：《中国古代经济史稿》，664～665页，武汉，武汉大学出版社，2006。

⑦ 参见李剑农：《中国古代经济史稿》，669～670页，武汉，武汉大学出版社，2006。

⑧ 参见钱穆：《中国经济史》，叶龙记录整理，248页，北京，北京联合出版公司，2014。

当·斯密和马克思都早得多。[①]

3. 元明清的“丝绸之路”

元朝，自忽必烈入主中国，规仿汉制，始定国号“元”（1271年—1368年）。[②] 辽金战乱，桑麻农业受到摧残。蒙古族，作为草原民族，初不知田地之功用，将田地尽变牧场以养牛马。元世祖统一中国后开始“劝农”，颁发《农桑辑要》一书分送全国各地；建立“劝农司”，派劝农官到各处指导农业。[③] 元代的突出成就在于完成了近代中国之地方区划和地方制度，这些制度自唐宋以来几经变化，至元始得奠基；实现了北方各省之民族如契丹、女真民族的同化。此外，蒙古人的马蹄所及，无意中在东西方文化史上产生了重要价值和影响[④]：1229年以后，元人的兵力打通了自唐宋后期久已断绝的西域交通，“丝绸之路”再度繁荣。英国学者霍沃尔特（Howorth）所著《蒙古史》记载，“蒙古西侵，乃将昔日阻塞未通之道途，尽开辟之，而使一切民族种姓，聚首相见”。法国东方史学家莱弥萨（Abel Remusat）总结了蒙古西侵的影响：(1) 宗教文字传播。叙利亚的聂斯托利派（Nestorians）因蒙古西侵而传播至中国。1280年当罗马教皇的使者抵达中国时，中国已有聂斯托利派寺院12所。喇嘛教之创兴，实与聂斯托利派有所采取。蒙古的畏吾儿文字，亦由聂斯托利派教徒，于叙利亚文字基础上，造成蒙古之通用文字。(2) 物质、技术方面的交流。蒙古人将中国的罗盘、指南针、火药、木版雕刻印刷术、纸币、纸牌、算盘传于欧洲；欧洲的火炮也于此时传入中国。[⑤] 此外，中国的农产工艺品、丝、茶、瓷器再次进入欧洲。伊斯兰教的天文历法知识传入中国。元代所建驿站制度，更使商贩互市，行旅无阻，中西交通，乃得开从古未有之局面。中世纪大旅行家马可·波罗(1254—1324)[⑥] 所著的《马可·波罗游记》，详细记录了元代中国的政治事件、物产风俗，对西方世界产生了重大的影响，成为治东西方交通史之瑰宝。[⑦] 史家认为：元代之蒙古人，实为变更东亚状况、变更中国状况之原动力，东亚史中，当于此斩然作一断代之区别。盖自此以后，中古之黑云即消散，近代之生活遂开幕。[⑧]

1405年，明朝第三任皇帝成祖朱棣派郑和第一次下西洋。计有大船62只、小船225艘，上载军民27 800人。最大的船，长440英尺（约134.11米），宽186英尺（约56.69米）。次

---

① 钱穆先生认为唐代杜佑《通典》讲政制，把“食货”放在第一篇，说明中国人看重经济实际上比西方人早。参见钱穆：《中国经济史》，叶龙记录整理，255页，北京，北京联合出版公司，2014。

② 参见《李思纯、吕思勉讲元史》，载王国维等：《国史四十四讲》，第6编，165页，北京，北京理工大学出版社，2014。

③ 参见钱穆：《中国经济史》，叶龙记录整理，257～258页，北京，北京联合出版公司，2014。

④ 美国人杰克·维泽福弗德曾说：“蒙古人没有取得科技突破，没有建立新的宗教，很少有著作或剧作问世，也没有给世界带来新的农作物或农业方法。他们自己的工匠不能织布、冶炼、制陶，甚至不会烘烤面包。他们不会制瓷做陶，不会绘画，也不会盖房子。然而，当他们的军队征服一个又一个的文明之后，他们收集每一个文明的所有技术，并将它们在各文明间传递。”孙钥洋：《蒙古帝国空前绝后四百年》，开篇语，重庆，重庆出版集团、重庆出版社，2012。

⑤ 参见《李思纯、吕思勉讲元史》，载王国维：《国史四十四讲》，第6编，167～168页，北京，北京理工大学出版社，2014。

⑥ 马可·波罗于1275年（元世祖至元十二年）从意大利到达中国，1291年（至元二十八年）初离华。

⑦ 参见《李思纯、吕思勉讲元史》，载王国维：《国史四十四讲》，第6编，181页，北京，北京理工大学出版社，2014。

⑧ 参见《李思纯、吕思勉讲元史》，载王国维：《国史四十四讲》，第6编，186页，北京，北京理工大学出版社，2014。注意此处断代观点与钱穆先生的断代观点不尽相同。笔者认为，前者强调外来因素的影响，后者更看重新的经济思想的影响。

级之船亦长有370英尺（约112.78米）。[①] 至1432年明朝第五个皇帝在位，三十余年间郑和先后七次下西洋，平均每次耗时20个月。这只舰队游弋于印度洋，并派遣分队前往主航线以外的地方：从波斯湾到荷姆兹（hormuz）、非洲海岸之桑给巴尔、红海之入口处亚敦（Aden）。有7人还曾前往伊斯兰教圣地麦加。在马六甲海峡，这只舰队曾与海盗作过战；干预过爪哇之内政；擒获企图劫夺郑和船只的锡兰（今斯里兰卡）国王，并将其发解南京听讯；劝说数十个国王与酋领向中国进贡，有些国王还亲临中国观光。郑和船舶所载出口产品为绸缎、铜钱、瓷器和樟脑，回程所载进口商品有香料、珍宝、刀剪、油膏、药料及奇禽异兽。[②] 黄仁宇先生在回顾了郑和下西洋的这段辉煌历史后，无比痛惜地写道：郑和之后，再无派遣舰队之事。船员被驱散，船只任之搁置废烂，航海图被兵部尚书刘大夏焚毁，致使后来之人且感惊讶也觉愤恨。之后，东南沿海遭倭寇来犯，澳门落入葡人之手，令人切齿。从此至19世纪，中国无海军可言。1895年中日战争期间，中国向外购置的铁甲船，也被日本海军或击沉或拖走。[③] 明清以来，中国海洋权益的得而复失令人痛惜。千年的荣耀与百年的屈辱成为中国人的永久记忆，百年的屈辱更是中国人心中永远的痛。回顾这段历史，有人认为，郑和下南洋，属于土豪炫富，劳民伤财；远不如在他之后的西方探险家、殖民者，通过海外冒险，攻城略地，抢夺资源、财富，为当时的西方资本主义发展捞取了第一桶金。这个对比和评价似苛求古人，亦有失公平。郑和下南洋是农耕中国通过海上丝绸之路大规模走向世界的一次成功尝试，沿途播撒了中华文明的种子，其影响源远流长，震荡至今。自郑和下西洋，华人移民海外渐多。在近代所谓的南洋，华人实际是其主要民族。以长城为证：农耕民族本质淳朴、勤劳善良，若无周遭游牧、海盗民族的骚扰，通常不会主动出击，攻伐他人。纵观历史，中华文明持久长存，其魅力不在攻伐而在包容、教化、和平。郑和通过七下西洋让世界进一步了解了中国，在历史的长河中留下其光辉的一页。1662年，郑成功击败当时号称西方海洋世界的超级强国荷兰，收复了台湾。

谈到明清时的“丝绸之路”，值得一提的还有一段非常重要但常被忽视的茶叶之路，即由晋商开辟且为主体，从福建武夷山北上直抵恰克图（今蒙古境内），然后远销欧洲的万里茶叶之路。[④] 恰克图茶叶贸易市场历时两百多年，造就了以“晋帮”商人为主、“京津帮”为辅，总人数达五十余万的旅蒙商贸集团。经由这段从南至北纵贯中国、远达欧洲的“茶叶之路”，每年数以百万担计的茶叶、瓷器、大黄、丝绸、铁器、棉布、烟酒、糖碱和其他日用百货从中

---

① 这样的巨船只见于书刊，不见于实物。1957年考古学家在当日船厂附近发现船舵舵竿一桩，经估计，其舵叶之高宽都应在20英尺（约6.10米）以上。参见黄仁宇：《中国大历史》，2版，206～207页，北京，生活·读书·新知三联书店，2007。

② 参见黄仁宇：《中国大历史》，2版，208页，北京，生活·读书·新知三联书店，2007。

③ 参见黄仁宇：《中国大历史》，2版，208页，北京，生活·读书·新知三联书店，2007。

④ 根据高春平教授的研究，1727年11月2日，《中俄恰克图界约》签订。中俄边境的小村恰克图成为亚洲腹地出现的第一座商埠。根据该界约第4条的规定，除两年一次的朝贡贸易外，两国商人可在划定区域内建盖房屋并进行贸易，毋庸取税。这段茶叶之路从福建武夷山、湖南安化、湖北羊楼洞，途经鄱阳湖、汉口，河南赊旗镇、洛阳，穿越太行山，过太原、雁门关，出杀虎口、张家口，北上呼和浩特、乌兰巴托，直抵恰克图。经此交易的茶叶远销欧洲。从1692年俄国第一支商队进入北京，到1905年西伯利亚大铁路通车，恰克图市场繁荣了两百多年。[参见：《晋商与清代中俄恰克图茶叶贸易（代序）——纪念伟大的茶叶之路》，载高春平主编：《国外珍藏晋商资料汇编》，北京，商务印书馆，2013.] 韩毓海称其为中俄共有的自由贸易区。韩毓海认为，正是在恰克图这个地方，一种新的国际关系准则诞生了：敌对关系为主客关系或者宾客关系所替代。恰克图使战场变成了商场。不是战争和传教，而是贸易与互市，将辽阔的欧亚大陆联系起来。康德曾经高度评价这种宾客关系，说：这就是达成未来“永久和平”的国际法基础。参见康德：《论永久和平》，载《康德著作全集》，第8卷，363～366页，北京，中国人民大学出版社，2007；韩毓海：《五百年来谁著史——1 500年以来的中国与世界》，3版，158页，北京，九州出版社，2011。

国内地输向莫斯科、欧洲，不但极大地促进了中国内地茶叶种植业的发展，由此带动了交通运输业、造船及航海业的发展，水陆兼程，人担、畜驮、船转，可谓万里迢迢，“铎声琅琅，远闻数十里”[①]；而且带动了中俄边疆地区的开发和沿线城市、村镇的发展。当地订立贸易合同的法律术语“麦罕”[②]，是由晋商创设的国际商业惯例：某家商行可以提供一个或两个“麦罕”，即是说，这家商行能够提供150辆或300辆牛车及12或24个人；不仅能保证运送一定数量的茶叶，而且能负责运到目的地并有力量保证这些茶叶完好无损地运到；如果茶叶数量短缺或完全变质，有能力照价赔偿。这种由商人自创的商业惯例“麦罕”提供了相当于今天国际贸易术语中“门到门”的服务。然而，鸦片战争之后，面对西方海盗式资本主义的来袭，中国在列强的霸权面前，除了割地赔款，几乎丧失招架之力。为什么会如此？有人说是因为西方有长枪利炮，有人说是因为西方列强控制了中国的金融体系[③]等。从法律的角度看，不能不承认当时的中国对经历工业革命、启蒙运动洗礼的西方缺乏充分的了解和认识，中国的知识分子也不了解和掌握西方创制的民族国家及那套海盗式的国际法理论的作用及对世界的影响。当西方运用所谓文明国家的国际法强制要求中国开放门户，强制要求与中国进行所谓平等、自由贸易时，单方面的、没有条约支撑的朝贡体系瓦解，传统的中华法系作不出相应的法理应对，“当变不变”，“当变未变”。随之而来的一系列丧权辱国的不平等条约更使中国的知识分子对中华文明丧失自信，是为全盘接受所谓西方文明的开端。

4. 古代中国“丝绸之路”的影响

纵观以往各朝代，可以说，直至1800年之前，中国的国力在世界上名列前茅。开放的思想加上强大的物质基础，养育了中华文明之花。中国古代“丝绸之路”证明了在经济全球化过程中，中国从来没有缺席。“丝绸之路”彰显了古代中国为经济全球化运动提供的中国智慧和经验，为早期经济全球化运动作出的贡献。

（1）通过“丝绸之路”进行中外物资交流

通过对自秦汉以来，中外客商在“丝绸之路”上贸易往来的简单描述，可知在当时生产力不发达、运输工具相当简陋的情况下，人迹罕至、路途遥远的大漠以及大海的阻隔没有阻挡中国人走向世界的热情和勇气。随着运输工具的改进，海陆、陆路交通得到进一步开拓，中外交流在物质方面极大丰富。乃至今日，我们在世界各国的博物馆、皇家宫殿中，都会发现珍藏着无数通过“丝绸之路”交流的中国物品。

（2）“丝绸之路”上的科技、文化交流

据中国科技史记载，南宋时，书籍曾被禁止出口，因为这些书籍代表着当时世界最高的科技水平。伴随“丝绸之路”上东西方的物资交流，印度的宗教[④]、中亚文明传入中国，中国的冶金、建筑、“四大发明”传入中亚、欧洲。日本京都、奈良的建筑完全复制自中国的长安、

---

① 《清稗类钞·农商类·赴蒙商贩》。

② 在山西人开的专门用牛车给人拉货的商行里，中国人按照历来的规矩，给其代理人一律是150头牛和同样数量的大车，因此一家商行有几个茶叶的代理人，他就有几个150辆的牛车。这些代理人出行蒙古时乘坐的车子都有帐篷，亦称“一顶房子”。每顶“房子”里一般住12人，负责150辆牛车的运输。蒙古人把这些概念混淆起来：蒙语帐篷称为“麦罕”。他们说某某商行来了一个“麦罕”，意思就是说来了一个代理人。这种混淆得到了公认，“麦罕”一词遂成了商业上的术语，也成为订立合同的法律术语。向某商行租一个“麦罕”，即雇佣150辆牛车和12个人，将货物从出发地运往目的地。参见高春平主编：《国外珍藏晋商资料汇编》，72～73页，北京，商务印书馆，2013。

③ 参见韩毓海：《五百年来谁著史——1 500年以来的中国与世界》，3版，283～303页，北京，九州出版社，2011。

④ 2015年1月尼泊尔大法师确吉宁玛说过，因为玄奘法师把印度佛经带到中国并翻译成中文，所以现在中国是佛教的故乡，佛经的权威解释在中国。

洛阳的建筑。中国的科举制度、文官制度、政治制度、文化及经济法律制度对周边国家如日本、朝鲜、越南诸国的影响，延续至今。① 英国学者孟西斯写道：郑和的舰队是多国的集合，需要费九牛二虎之力才能确保各舰船的船长们能够了解全体船员以及舰队到访地区的宗教、历史、文化背景资料与风俗习惯。他们拥有这样做的理想工具——《永乐大典》。这支舰队是具有当时世界上一半知识的宝库。他们可以通过知晓 17 种外语的口译人员与外国首领交流。他的舰队仿佛是一所海上流动大学，并且这所大学的图书馆所包含的知识和学问是当时任何一所大学所不能企及的。② 再以敦煌莫高窟为例：敦煌自古以来就是“丝绸之路”上重要的交通枢纽。汉武帝时，张骞通西域，敦煌更成为中西文化交流的咽喉之地。莫高窟，从东晋开始，经过北魏、西魏、北周、隋唐、五代、宋、西夏、元诸代相继凿建，成为享誉世界的石窟群。莫高窟汇集了一千六百多年来以文书、书法、绘画、雕塑、刺绣等形式表现出的中西方在美术、音乐、工艺、科学、舞蹈、宗教、文学、考古、历史、民俗、建筑等诸方面的绚丽成果，其广博的学术价值、深邃的科学价值、惊人的艺术价值和无穷的历史价值③令世人惊叹！敦煌莫高窟成为中西方交流史上不可多得的人类瑰宝，是中外科技、文化、思想交流凝固的博物馆。

（3）通过“丝绸之路”开展的人员交流

自春秋战国以来，古代中国就有异邦取士的传统，且不分贵贱。对异邦人士（外国人）并无如现代社会这般内外界限分明、对外国人存有明显的歧视或优惠待遇。外国人在中国可以务农经商，可以入仕做官。④ 以明代金大车一家的经历为例：金大车（1491—1536），字子有，号方山。与其弟金大舆，均为明代诗人。先辈是默伽（即麦加）人，东来后居永平（治所在今河北省卢龙），明太祖赐姓金，徙其高祖洵于江宁（今南京），遂为江宁人。父名贤，字士希，号东原，弘治十五年（1502）进士，任仁和知县，入为兵科给事中，出知大名府，改知延平。金贤“性资颖敏，魁岸闳达，有巨人度”，为官“不亢不随”。改知福建延平府时，他已厌倦仕途，多次明白说“官非我志矣”，随上疏乞挂冠还乡。晚年，居家著述讲学，与朋旧为乐。“嘉靖七年（1528），大礼成推恩进亚中大夫。年七十一卒于家。”金大车一家的经历说明：1）“丝绸之路”不但便利中外物资、文化的交流，而且促进了中外人员、思想的交流；2）早在明之前，外国人在中国安家落户、融入中国社会且入仕为官已成常态；3）中华文明的魅力在于教化而非征服。⑤

（4）法律的影响

伟大人物的诞生，必然出现伟大的智慧。周礼可视为当时的基本法。商鞅入秦变法，将

① 在唐代，中国除与各国经商外，还与波斯、朝鲜、日本、缅甸、柬埔寨、斯里兰卡、泰国、越南、巴基斯坦、印度、尼泊尔、印尼、罗马等“丝绸之路”沿线各国在政制、经济、科技、文化、宗教、中医中药等方面相互交流。参见钱穆：《中国经济史》，叶龙记录整理，239～242 页，北京，北京联合出版公司，2014。

② 这部大部头的百科全书共计 5 亿多字，是朱棣留给人类的伟大遗产。全书共 11 095 册。《永乐大典》里记述了迫击炮、火箭筒、大炮、火箭驱动装置、喷火器以及各种各样的火药炸弹的制作方法。这本大部头的百科全书是大量信息的一个集合，旨在把中国几千年来在各个领域里取得的知识成果汇集到一起。参见［英］加文·孟西斯：《1434：一支庞大的中国舰队抵达意大利并点燃文艺复兴之火》，宋丽萍、杨立新译，15～19 页，北京，人民文学出版社，2012；绪玄识：《虚构的西方文明史》，24～25 页，太原，山西出版传媒集团、山西人民出版社，2017。

③ 参见龚良：《中国考古大发现》，332～333 页，济南，山东画报出版社，1999。

④ 李斯《谏逐客书》载：昔穆公求士，西取由余于戎，东得百里奚于宛，迎蹇叔于卫，求豹丕公孙枝于晋。据称唐安史之乱的安禄山是粟特人。

⑤ “明王创业，必先华夏而后夷狄，广绪德化，不事遐荒”。参见吴兢：《贞观政要》，299 页，长沙，岳麓书社，2000。孔子《论语·季氏》载：远人不服，则修文德以来之，既来之，则安之。参见朱熹：《四书集注》，南京，凤凰出版社，2005；王小红、何新华：《天下体系——一种建构世界秩序的中国经验》，9 页，北京，光明日报出版社，2014。

“法经”改编为秦律，以“律”字取代“法”字，强调法律的普遍适用性、稳定性、必行性，是稳定而普遍的规则。① 据东汉许慎《说文解字》② 记载，中国古代“法”有两形：其一为“灋”，“灋”中的“廌”即善于裁判的独角神兽，“去”即作为裁判证据的弓矢。③ 其二为“佱”，“佱”由上下两部分组成，上面的亼，即“仁”字的古形，下即“止”。“止”有二义：一为履行；二为停止，即表示适可而履、行有所止。④ “灋”是社会通用的通过裁判而宣示的一种行为规范，“佱”是宗族内部适用的靠自我约束和舆论调整的行为规范。古代的“佱”字是中国古代法所内含的伦理精神的一个古老记号。⑤ 两晋时，纳礼入律，晋律成为我国古代社会第一部儒家化的法典，在中国法制史上具有重要地位，自此对中华法系的形成产生重要影响。⑥ 唐朝的法律承用隋朝的法律（分律、令、格、式四种）。唐律不但直接对其后世五代、宋、元、明、清的立法产生深远影响，而且对 17、18 世纪德国的启蒙运动⑦，对东亚邻国如日本、高丽、越南、琉球和西域的古代法典都产生了影响。⑧

值得注意的是，中国古代“诸法并存，民刑有分”，且通过“狱”“讼”对刑事诉讼和民事诉讼加以区别，以财货相告为“讼”。中国古代民事争议的对象，大都是民间的田土、钱财以及户婚、继承方面的纠纷。在重视公权益的集权式国家的统治者眼里，此类纠纷一般不会引起社会的动荡与国家的危亡，也不会威胁人身与生命的安全，因此被视为“细故”或“细事”，实行一审终审制，且经常以调处替代审理，调处不决才允许进行诉讼。⑨

清朝对民事案件即实行“州县自理原则”，习惯上将其称为“州县自理案件”，限定于事犯当地告理。州县官受理案件以后，根据案情可批令亲族、绅、邻右去调处，力求息讼于法庭之外。事实上由州县官当堂审理结案的比重是很小的。⑩ 息讼、止讼不是惧讼或不许讼，而是强调协商、谈判解决争议。“讼”不是目的，而是手段，其目的是高效、迅速解决问题。这一思想的精妙之处在于透彻地解悟人性，向现代人展示了集情、理、法于一身，礼、法结合的中华法系的博大精深。其思想精髓直至今日仍具有深刻的启发意义。

---

① 参见叶孝信主编：《中国法制史》（新编本），44～45 页，北京，北京大学出版社，1996。从此以后，中国古代的法典，都以“律”为名。

② 许慎（约 58～约 147 年），字叔重，东汉时期汝南郡召陵县（今属河南省漯河市召陵区）人，东汉著名经学家、文字学家。

③ 参见武树臣：《寻找最初的法——对古法字形成过程的法文化考察》，载《学习与探索》，1997（1）。

④ 参见武树臣：《仁・太极图・佱（法）——中国古代法哲学探源》，载《法学杂志》，2015（9）。

⑤ 参见武树臣：《仁・太极图・佱（法）——中国古代法哲学探源》，载《法学杂志》，2015（9）。在对中国法的研究中，人们更多地注意到了“灋”而忽视了“佱”，实际上，特别是在古代涉及钱债细物的处理方面，“佱”起着更为重要的“润物细无声”的作用。

⑥ 参见叶孝信主编：《中国法制史》（新编本），128 页，北京，北京大学出版社，1966。

⑦ 我国台湾地区政治大学陈惠馨教授通过比较《唐律》与 1751 年巴伐利亚刑法典的类似性，分析出传统中国法思想与法律制度对德国启蒙运动产生的影响。该学者指出，现代德国的学者或一般人已经不再记得或不愿再提起中国传统社会的文化与制度曾经如何协助欧洲逃脱宗教改革所带来的近百年战争以及政治四分五裂的局面，使他们得以走向新时代。参见陈惠馨：《〈唐律〉与 1751 年巴伐利亚刑法典——反思全球化观点下法律交流与继受模式》，载朱勇主编：《中华法系》，第 8 卷，16～23 页，北京，法律出版社，2016。方汉文、徐文在《美国爱默生超验主义对中国儒学人文思想的阐释与再建》一文中指出，1900 年美国超过英国，成为世界第二大经济体。此前，美国从中国的儒家思想中获得灵感、寻找依据，构建自己的超验主义思想体系，出现了第一次思想解放运动。

⑧ 参见叶孝信主编：《中国法制史》（新编本），162 页，北京，北京大学出版社，1996。

⑨ 参见张晋藩：《再论中华法系的若干问题》，载《政法论坛》，1984（2）。

⑩ 参见张晋藩：《中国古代民事诉讼制度通论》，载《法制与社会发展》，1996（3）。

自汉以来，大一统的儒家政治学说、大一统的中央集权[1]，使古代中国“丝绸之路”的延续成为可能，而礼法结合的法律制度为“丝绸之路”的延续提供了秩序保证。以“丝绸之路”为中心的对外贸易自古以来就承载着多项功能。贸易不但促进不同地域的人们在需求方面的互通有无，而且被作为一种手段用来实现一定的政治目的。中国延续两千多年的“朝贡制度”，实际与“丝绸之路”的兴绝密不可分。随着西方（不平等）条约体系进入中国，朝贡制度被瓦解，“丝绸之路”完结。

概括起来：第一，与15世纪西方殖民者血腥的所谓“地理大发现”不同，古代中国通过“丝绸之路”进行的中西方交流是一种范围广泛、内容丰富的和平交流。《礼记·中庸》谓：车同轨、书同文、行同伦。这顺应了古代中国普通人的要求，即“万民耕织，射猎衣食，父子毋离，臣主相安，俱无暴虐”。领土的扩张不是来自攻城略地，乃是出于教化。“天下一家”的博大精神，涵盖一切的胸襟，乃是中华民族的特色[2]，是中国人向往的理想国。

第二，“丝绸之路”虽然曾因战争等因素发生过几次中断，但延续两千多年的事实证明，如果古代中国的政治制度、经济发展、科技水平、文化和军事力量，不能达到时代领先，则不可能源源不断地提供商品，满足“丝绸之路”各国对商品、科技、文化交流的需要，不能保证“丝绸之路”的可延续和畅通。

第三，依据“普天之下，莫非王土；率土之滨，莫非王臣”的理念，中国古代的“礼”既是当时的国内法，也是“国际法”[3]。基于中华法系对“瀍”“佥”的区分，调整经济关系的法律规范主要是“佥”，包括习惯法（乡规民约、商人的习惯做法等），特别是双方当事人自愿达成的合同（契约）是解决民商事争议的重要依据。调解、仲裁是解决争议的主要手段，并在长期的处理涉及外国人的民商事争议中，形成了自己的冲突法规范。鸦片战争以后，在英、俄、日等国家的压力下，中国不得不进入陌生的世界条约体系当中，不得不学着用从西方收到的概念来转述和表达我们自古沿袭的诉求，重整清帝国之后破碎的山河，期望仿照西方体制实现民族国家的建设。吴于廑曾指出：也正是在这种无奈的权力关系格局下，中国的国家建设进程也就是重塑民族、创制人民的过程。由于受资料及研究水平所限，本节涉及中国古代“丝绸之路”的法律实践还未得到充分的梳理和研究，但仅凭现有的资料足以展示中华法系和中华文化的博大精深。“温故而知新”，回顾历史不是要媚古、返古，而是通过梳理历史，弄清楚我们的传统与国情，增强我们的文化自信。中华民族的复兴要以中国的优秀文化传统为基础，文脉是中华民族存在的基础，文脉断了中华文明也就不存在了。继承中华文明的优良传统，吸收人类一切优秀的文化遗产，对变化中的现实及时作出新的回应是这一代中国知识分子的使命。

二、21世纪的中国“一带一路”倡议

（一）中国“一带一路”倡议的提出

经济全球化特别是第二次世界大战以后的经济全球化，在加速各国经济相互融合、相互依

---

① 正如黄仁宇先生所言，中国所达到的统一与高度的中央集权，并不是源于政治史学家的想象，而是由环境造成的。地理是压倒一切的因素。参见黄仁宇：《现代中国的历程》，2页，北京，中华书局，2011。

② 参见李源澄：《汉代大一统政治下之政治学说》，载王国维等：《国史四十四讲》，54页，北京，北京理工大学出版社，2014。

③ 美国人丁韪良认为，考中国古史春秋列国交际之道，一秉乎礼，即当时的公法。参见丁韪良：《中国古代万国公法》，光绪八年，中国同文馆副教习汪凤藻译。陈顾远进一步列述当时国际法的内容为：（1）礼（国际规律）；（2）信（国际道德）；（3）敬（国际仪貌）；（4）义（国际公理）。参见陈顾远：《中国国际法溯源》，载刘达人、袁国钦：《国际法发达史》，24页，郑州，河南人民出版社，2016。刘、袁二人在书中对“礼、信、敬、义”进行了论证。

赖的同时，也产生了不可忽视的负面影响。人们普遍认为，在由“资本主义世界体系”的新自由主义全球化制造出来的国际社会，财富进一步集中，不平等现象加剧，对劳动者过度剥削，工薪阶层购买力丧失，食品和基本生活消费品价格上涨，就业率低迷，自然条件恶化，人们之间存在更为严重的相互排斥现象，乃至发生战争等。特别是自2008年以来由美国的次贷危机导致的全球性经济危机，使贸易保护主义盛行，整个世界经济陷入困境。在全球化世界面前，各国都在思考并选择采取什么措施以“消解经济全球化的负面影响，让它更好惠及每个国家、每个民族”①。

黄仁宇先生认为，对于中国来说，“中国问题的解决方案更可能要从传统主旨的调整中去寻找，而不是去模仿外面的世界”②。

2013年9月和10月习近平主席分别提出建设“新丝绸之路经济带”和“21世纪海上丝绸之路”（简称“一带一路”）的构想，倡导相关各国共同打造互利共赢的“利益共同体”和共同发展繁荣的“命运共同体”。这一融通古今、连接中外、赋予古老“丝绸之路”以崭新时代内涵的构想，顺应了21世纪和平、发展、合作、共赢的时代潮流，立即得到了“丝绸之路”沿途各国的积极响应。“构建人类命运共同体”的思想迅速在全球范围内成为新的全球共识，并于2017年2月被写入联合国决议之中，为变革中的全球治理模式、构建中的全球公平正义的新秩序提供了中国方案与中国智慧。

“一带一路”是世界上跨度最长的经济大走廊。其发端于中国，贯通中亚、东南亚、南亚、西亚乃至欧洲部分区域，东连亚太经济圈，西接欧洲经济圈，是世界上最具发展潜力的经济带。“一带一路”沿线60多个国家大多是新兴经济体和发展中国家，总人口约44亿，经济总量约21万亿美元，分别约占全球的63%和29%。无论是从发展经济、改善民生、应对金融危机的角度来看，还是从转型经济体需要加快经济转型升级的角度看，“一带一路”使沿线各国的前途命运，从未像今天这样休戚与共、紧密相连。“一带一路”不是一个实体，而是一个开放包容的经济合作倡议。它不限国别范围，凡有意愿的国家和经济体均可参与并成为“一带一路”的支持者、建设者和受益者。

（二）“一带一路”倡议的主要内容

2015年3月28日，中国国家发展和改革委员会、外交部、商务部联合发布了《推动共建丝绸之路经济带和21世纪海上丝绸之路的愿景与行动》（以下简称《倡议》），明确了中国“一带一路”倡议的宗旨和目的、原则、框架、合作重点、合作机制和措施等。

（1）宗旨和目的。

《倡议》的宗旨是，秉持和平合作、开放包容、互学互鉴、互利共赢的理念，全方位推进各国务实合作，打造政治互信、经济融合、文化包容的利益共同体、命运共同体和责任共同体。共建“一带一路”的目的是致力于亚、欧、非大陆及附近海洋的互联互通，建立和加强沿线各国互联互通伙伴关系，构建全方位、多层次、复合型的互联互通网络，实现沿线各国多元、自主、平衡、可持续的发展。“一带一路”的互联互通项目将推动沿线各国发展战略的对接与耦合，发掘区域内市场的潜力，促进投资和消费，创造需求和就业，增进沿线各国人民的人文交流与文明互鉴，让各国人民相逢相知、互信互敬，共享和谐、安宁、富裕的生活。

（2）原则。

《倡议》提出了沿线各国共同遵守的五项共建原则，即：

① 2017年1月17日习近平2017年达沃斯世界经济论坛年会开幕式上的讲话。

② 黄仁宇：《现代中国的历程》，25页，北京，中华书局，2011。

1）和平共处五项原则。恪守《联合国宪章》的宗旨和原则，尊重各国主权和领土完整、互不侵犯、互不干涉内政、和平共处、平等互利。

2）开放合作原则。"一带一路"相关的国家基于但不限于古代"丝绸之路"的范围，各国和国际、地区组织均可参与，让共建成果惠及更广泛的区域。

3）和谐包容原则。倡导文明宽容，尊重各国发展道路和模式的选择，加强不同文明之间的对话，求同存异、兼容并蓄、共生共荣。

4）市场运作原则。遵循市场规律和国际通行规则，充分发挥市场在资源配置中的决定性作用和各类企业的主体作用，同时发挥好政府的作用。

5）互利共赢原则。兼顾各方利益和关切，寻求利益契合点和合作最大公约数，体现各方智慧和创意，把各方优势和潜力充分发挥出来、各施所长，各尽所能，充分发挥各方优势和潜力。

（3）合作重点与合作机制。

由于沿线各国资源禀赋各异，经济互补性较强，彼此合作潜力和空间很大，《倡议》提出各国的合作重点是，政策沟通、设施联通、贸易畅通、资金融通、民心相通。其合作机制是，积极利用现有双、多边合作机制，推动"一带一路"建设。同时促进区域合作机制的发展。如充分发挥中国—东盟"10＋1"、亚太经合组织（APEC）、上海合作组织（SCO）、亚欧会议（ASEM）、亚洲合作对话（ACD）、亚信会议（CICA）、中阿合作论坛、中国—海合会战略对话、大湄公河次区域（GMS）经济合作、中亚区域经济合作（CAREC）等现有多边合作机制的作用，相关国家加强沟通，让更多国家和地区参与"一带一路"建设。

2016年8月17日在推进"一带一路"建设座谈会上，中国国家主席习近平进一步提出了具体落实规划的8项要求，即：（1）切实推进思想统一，坚持各国共商、共建、共享，遵循平等、追求互利，把握重点方向，聚焦重点地区、重点国家、重点项目，不仅造福中国人民，更造福沿线各国人民。（2）切实推进规划落实，精准发力。出台进一步推进"一带一路"建设的具体政策措施。（3）切实推进统筹协调，坚持陆海统筹、内外统筹，加强政企统筹。形成全方位开放、东中西部联动发展的局面。（4）切实保证关键项目落地。以基础设施互联互通、产能合作、经贸产业合作区为抓手，实施好一批示范性项目，让有关国家具有实实在在的获得感。（5）切实推进金融创新创新国际化的融资模式，打造多层次金融平台，建立服务"一带一路"建设长期、稳定、可持续、风险可控的金融保障体系。（6）切实推进民心相通，弘扬丝路精神，推进文明交流互鉴，重视人文合作。（7）切实推进舆论宣传，积极宣传"一带一路"建设的实实在在成果，加强"一带一路"建设的学术研究、理论支撑、话语体系建设。（8）切实推进安全保障，完善安全风险评估、监测预警、应急处置。

归纳起来，中国"一带一路"倡议有以下几方面的创新。

（1）提出沿线各国是互利共赢的命运共同体。

通过相关国家之间的双边或多边协定、国家与（或）相关企业之间的合同以及项目与相关民生的重大联系，将相关国家的政府、企业与民生打造成互利共赢的"利益共同体"、"命运共同体"和"责任共同体"，是习近平主席提出的"人类命运共同体"的具体落实和体现。众所周知，"一带一路"倡议沿线国家多为发展中国家，其涉及国计民生的基础设施相对落后。它们要改变落后面貌，提高人民生活质量和水平，却缺乏必要的资金、技术、设备、人力资源和经验等。"一带一路"倡议鼓励中国企业走出去，竞争相关国家的基础设施建设，以基础设施建设带动贸易、投资等其他领域的增长。这些基础设施建设项目贴近沿线国家民生的需要，并为中国改革开放40年来积累的资金、技术、生产能力、经验、网络平台提供了更为广阔的市场。可以说中国的"一带一路"倡议与沿线发展中国家的需求一拍即合，是接地气、通民心、互利共赢的设想。这些基础设施项目，无论是水力、电力、通信网络、港口、码头、公路、铁路、桥梁、矿山建设，还是一般民居、建筑，都与相关国家的重要民生或国家重大利益紧密相连。对相关国家、企业、民生而言，这些项目都只能成功、不能失败，因此需要双方政府参与，以提供保障。与传统的合同双方契约自由、互利双赢不同，由于这些基础设施建设需要的资金多、周期长、风险大，因此，这些基础设施项目与相关国家、企业与民生三者之间“一荣俱荣，一损俱损”，结成“利益共同体”、“命运共同体”和“责任共同体”。2017 年 2 月，“构建人类命运共同体”被写入联合国决议之中；2017 年 10 月，被写入中国共产党党章，成为新时代中国特色社会主义思想的重要内容。2018 年 3 月 11 日，中国修改宪法部分内容，增加“推动构建人类命运共同体”的表述。“一带一路”倡议中提出的“共商、共建、共赢”原则，将国际经济法通常倡导的“公平互利原则”又大大向前推进了一步。

（2）知行合一、多元、宽容的最大诚信原则。

“合作共赢”“共商、共建、共赢”的“命运共同体”一定是以知行合一、多元、宽容的最大诚信为基础。中国自古以来是礼仪之邦，“言必行、行必果”、“知行合一”、多元、宽容是中国人做事的原则。没有规矩无以成方圆，无论是习惯法还是成文法，无论是国内法还是国际协定，都要求“一带一路”沿线各国与人民按规则办事。一千多年前中国古代晋人的“民有私约如律令”将私人之间的约定视为律令加以遵守并接受惩罚。现代“条约必须遵守”要求国家之间遵守约定，国家不能动辄以政府的更迭、国家领导人的变更来否认政府间协定或相关合同的效力；企业要尊重当地的法律与风俗习惯，爱护当地的环境与生态，尊重劳工权益，承担社会责任，不能轻易以普通商业风险为由拒绝合同的履行。“走出去”的中国企业更需要通过不断创新，自觉维护和加强本企业的品牌意识、专利意识与标准化体系的建设，在为沿线各国人民提供优质产品和服务的同时播撒中华民族的优秀传统文化。从信守规则的角度看，“一带一路”倡议的相关沿线国家既然结成了权责利统一的“利益共同体”、“命运共同体”和“责任共同体”，必然相互之间信守“己所不欲，勿施于人”以及“己欲利而利人，己欲达而达人”的“最大诚信原则”。“己所不欲，勿施于人”是消极意义上的宽容、诚信；“己欲利而利人，己欲达而达人”则是积极意义上的宽容、诚信，即人们不仅相互不伤害，而且主动帮助、配合他人。所以“多元、宽容的最大诚信”原则实质上包含两方面含义：相关各国之间的最大诚信及与企业之间的最大诚信；发生争议时，相关当事方尽量采用协商、谈判或灵活的 ADR 方式解决争议，争议的解决要兼顾沿线相关国家、企业与民众的利益，公平、高效地解决问题。

毫无疑问，“一带一路”倡议的实践会产生许多问题，就其规模、性质及复杂程度来说，都可能会是前所未有的。如何解决这些问题，不会有现成的答案、现成的模式可以遵循。然而正如黄仁宇先生所言，“一旦中国找到了解决其自身问题的方案，中国经验对于世界上其他国家而言将是无价的”。

三、“一带一路”倡议与国际经济法的发展

温斯顿·丘吉尔说过：“回望越长，展望越远”。与古代中国的“丝绸之路”相比，21 世纪中国提出“一带一路”倡议时，世界已发生了天翻地覆的变化。如今整个世界已全面进入了信息化、网络化、智能化时代，中国也已不再是一个“重农轻商”的农耕国家。但是全球频繁发生的经济危机、恶劣的气候变化乃至不时发生的局部内乱和战争，时时在提醒我们这个世界并不太平。可以想见，中国“一带一路”倡议的推进，一切仍将有赖于中国人民与“一带一路”沿线各国人民的智慧与才能，继续发扬古“丝绸之路”的精神，勇于探索、协同合作和持

续不断地实践。悲观的观点、无所作为的观点，都是与“丝绸之路”的精神格格不入的。

目前，已经有100多个国家和国际组织参与“一带一路”建设。以“亚投行”“丝路基金”等为代表的金融机构①正在为“一带一路”倡议的实施提供金融支持和保障。连接国际铁路货协和铁路货约的国际铁路运输协定手册、联合国《国际公路运输公约》和WTO《贸易便利化协定》为“一带一路”沿线的铁路、公路运输提供了便利化条件。就“一带一路”倡议的法律框架而言，目前除了沿线国家现有的相关国内法之外，还有沿线相关国家之间在投资、贸易、金融、税收等领域签订的大量双边、多边、区域多边协定，以及大量的国际商业惯例。各国国内法与相关国际协定、国际商业惯例之间的冲突与协调，以及相关国际协定之间、国际协定与国际商业惯例之间的冲突与协调，还需要沿线国家相互之间在实践中不断磨合、协同合作。就中国而言，目前中国已同40多个沿线国家签署了共建“一带一路”合作协议，同20多个国家开展了产能合作，若干有影响力的标志性项目已经逐步落实。“一带一路”建设从无到有、由点及面，进度和成果都超出了人们的预期。为了实现“一带一路”倡议的目标，在国际经济法领域中，一方面，应充分利用好现有法律框架和协定；另一方面，应全面开展对“丝绸之路”历史经验的挖掘、梳理、研究并加以现代解读，为新世纪“一带一路”倡议建设提供有意义的历史借鉴，将是一件十分必要而有意义的工作。“古为今用，洋为中用”，两者结合，才会产生创新的成果。

2017年1月，中国国家主席习近平在达沃斯国际会议中心出席世界经济论坛2017年年会开幕式，并发表题为《共担时代责任　共促全球发展》的讲话，明确指出，“一带一路”倡议来自中国，但成效惠及世界。不管未来这个世界会出现多少障碍和风险，两千多年来中国人民和世界人民摆脱贫困、向往富裕、和平生活的愿望并没有发生改变。合作共赢的“利益共同体”和共同发展繁荣的“命运共同体”将使“一带一路”沿线的各国人民坚信21世纪中国“一带一路”的美好愿景一定能够实现。全球治理中，包括中国在内的广大发展中国家在“一带一路”的实践，必将极大丰富国际经济法规则的宝库并为维护在多元文明基础上建立良好的、可持续发展的国际经济秩序作出贡献。

第五节　国际经济法的体系与研究方法

一、国际经济法的体系

通过以上对国际经济法的概念、调整范围、产生与发展、主体与渊源的分析，可以看出，国际经济法是一个第二次世界大战后新兴的独立的法律部门。它不再恪守传统的公法与私法、国际法与国内法的界限，而是按照国际经济关系发展的客观需要而形成既包括“公法”规范又包括“私法”规范、既包括国内法规范又包括国际法规范的一个综合的法律体系。它以客观存在的跨国经济关系中的法律问题为对象，着重研究国际法规范与国内法规范两者之间的相互关系。国际公法和国际私法、国际经济法虽然都冠以“国际”二字，但含义和调整的法律关系及法律规范的性质、内容都有所不同。国际公法的“国际”主要指“国家

① 2014年7月15日，“金砖五国”领导人在巴西召开第6届领导人峰会。中国、俄罗斯、印度、巴西和南非签署并发表了《福塔莱萨宣言》，宣布成立“金砖国家”新开发银行和应急基金。这是第二次世界大战后，发展中国家在经济、金融游戏规则上向发达国家经济体系——布雷顿森林体系发出的挑战，是以“金砖五国”为首的发展中国家构建自己新体系的尝试。

之间”，其法律规范主要是公法性质的强制性法律规范与国际习惯法和国际惯例；国际私法的“国际”实际是指一国民商事法律关系中的“涉外性”，其法律规范的核心是一国国内的冲突法规范以及国际上已达成的统一的冲突法规范；国际经济法不但包括国家之间公法性质的法律规范，而且包括以跨国公司的跨境交易行为为研究对象的私法性质的法律规范以及大量的国际商业惯例。国际公法和国际私法是学习国际经济法的基础学科。理论上的学科划分是相对的，主要是为了便于学习和研究，国际经济法鼓励并主张学者进行多学科、跨学科的学习和研究。

二、国际经济法的研究方法

（一）多侧面、全方位的综合研究方法

国际经济法主体的多样性和法律关系的复杂性决定了其适用法律的多样性，因此，对于某一法律关系不但要研究本国法，还要研究交易对方以及有关各方所属国家的法律，研究与之有关的国际公约和国际惯例；不但要研究有关调整私人交易关系的法律，还要研究国家有关管理与控制经济方面的法律。此外，多侧面、全方位的综合研究方法还意味着需要纵向厘清和研究一国相关法律的历史发展脉络。这对于全面掌握、深刻理解“一带一路”沿线国家的法律与实践，创建能为各国认同的经贸新规则，具有特别重要的意义。

（二）比较的方法

比较的方法是在多侧面、全方位研究的基础上进行的，它是世界多元化的政治、经济、法律、文化制度的反映。在遵守《联合国宪章》的前提下，和平与发展是世界各国的宗旨和共同目标。在这个前提下，各国的政治、经济、法律、文化制度中存在的差异应当得到尊重。应当看到，这些差异是各国、各民族在各自历史发展过程中形成的，是人类文化遗产的宝贵财富。同时也应当看到，人类为寻求共同语言和共同的行为准则已经作出的巨大努力。因此，在求大同、存小异的过程中，只有比较各国法律之异同，辨析差异，才能互相尊重各自的差异，而不是消灭这种差异，或是强迫其他国家、其他民族服从少数强国的意志和标准。只有这样，才能建立一个可持续的法治的国际大家庭正常的经济秩序。

（三）法学的研究方法和经济学的研究方法相结合

马克思主义认为，经济是基础，经济基础决定上层建筑，作为上层建筑的法律反过来对经济基础发挥作用。因此，新中国的法律工作者，承担着一项艰巨的社会使命，就是用法律为社会主义的经济建设服务。一部好的法律可以促进、保护经济的发展；一部不好的、脱离实际的法律不能促进、保护经济的发展，甚至可能起限制和阻碍经济发展的作用。因此，法学家的作用不是简单地对法律条文、判例进行注释、说明、解释，而是要研究产生这种法律的经济现象，透过现象研究和说明为什么要制定这部法律，为什么要这样制定而不是那样制定法律，制定这样的法律对经济、对社会将产生什么样的效果和影响。国际经济法是在跨国经济关系的基础上产生的，因此，研究国际经济法就不能只停留在法律条文上，而要综合研究产生这种法律关系的各国乃至世界的经济背景等。为此，法学家要懂经济，学会用经济学的研究方法研究法律问题，例如，研究反托拉斯法、反倾销法、外汇管理法、外贸管理法、金融法、投资法等。经济学家设计的经济模式并非完全适合现实的市场模式，但可以表明法律的内在合理性，并帮助法学研究者从中归纳出有效的、可适用的原则。曲线、数字、图表、公式等可以用于对法学现象的研究及量化处理，从对量的分析中得出说明本质的结论。经济学家对经济现象所作的形象性、准确性、预见性和警示性研究如果能在经济法学的研究中得到充分运用和发展，将使抽

象的、呆板晦涩的、静态的法律条文以及对法律现象的解释和说明也具有形象性、准确性、预见性和警示性。这样，作为上层建筑的法律才能真正发挥对经济发展的保护、促进和规范作用。

法律应用

1. 国际经济法的概念。国际经济法的概念解决定位问题。只有掌握国际经济法的概念，才能判断问题的性质，并确定解决相应问题的法律适用法。

2. 国际经济法的渊源。国际经济法的渊源解决法律适用法的查找问题。将一个问题定性为国际经济法问题后，只有了解国际经济法法律规范的表现形式，才能寻找到准确的法律适用法。国际经济法的渊源除了国际条约和国际惯例外，还有国内调整涉外经济的法律。这一点往往被忽略。

3. 跨国公司问题。跨国公司是最常见的国际经济活动参加者，是国际经济法的研究对象。由于跨国公司的各实体之间存在着特殊的关系，因而必须掌握这些特殊关系，从而恰当地解决与跨国公司各实体之间的纠纷。值得注意的是，跨国公司本身不是法律主体，而是一个经济实体。目前，国际上对跨国公司的概念、跨国公司各实体之间的责任承担等问题仍没有定论。在母、子公司责任承担方面，一些理论认为，在某些情况下，母公司应对具有独立法律地位的子公司的对外债务承担责任。

课后复习

1. 试述经济全球化对国际经济法的影响。
2. 试述国际经济法的概念和特征。
3. 试述国际经济法的渊源。
4. 简述国际经济法的主体及其特点。
5. 试述跨国公司的法律制度。
6. 国际经济法的基本原则有哪些?
7. 试述“一带一路”倡议对国际经济法发展的贡献。
8. 试述国际经济法的体系。
9. 试述国际经济法的研究方法。

第二章
国际货物贸易法

提　要

国际货物贸易法是传统国际贸易法的主要内容。本章重点阐述了国际货物买卖方面的国际公约以及国际惯例，并以《联合国国际货物销售合同公约》为主线，具体论述了国际货物买卖合同的成立、国际货物买卖合同的主要内容、国际货物买卖合同各方当事人的义务、违约责任以及货物所有权和风险的转移问题。

重点问题

1. 国际货物买卖法
2. 国际货物买卖合同
3. 卖方和买方的义务
4. 违反合同的补救方法
5. 货物所有权与风险的转移

第一节　国际货物买卖法

一、《联合国国际货物销售合同公约》

（一）制定与宗旨

在国际货物买卖法方面，主要的国际公约有罗马国际统一私法协会编纂的 1964 年两项海牙公约以及 1980 年联合国国际贸易法委员会制定的《联合国国际货物销售合同公约》，该公约是在两项海牙公约的基础上合并而成的，并于 1980 年 3 月在由 62 个国家代表参加的维也纳外交会议上正式通过。我国政府代表以观察员的身份参加了会议，并提出了补充和修改意见。按照《联合国国际货物销售合同公约》第 99 条的规定，公约在有 10 个国家批准之日起 12 个月以后生效。自 1988 年 1 月 1 日起，该公约对包括我国在内的 11 个成员国生效。[①]

该公约的宗旨是：以建立新的国际经济秩序为目标，在平等互利的基础上发展国际贸易，促进各国间的友好关系。

---

① 截至 2013 年 9 月 25 日，参加和核准《联合国国际货物销售合同公约》的有 80 个国家和地区。

（二）主要内容

该公约的内容分为 4 个部分，共有 101 条。第一部分、第四部分规定适用范围和最后条款，第二部分、第三部分规定合同的成立与货物买卖。按其规定，该公约适用于以下方面。

（1）缔约国中营业地分处不同国家的当事人之间的货物买卖。

（2）由国际私法规则导致适用某一缔约国法律。

（3）货物买卖。所谓货物，各国法律有不同的规定，通常是指有形动产，包括尚待生产与制造的货物。该公约采用排除法，列举了不适用公约的货物买卖：1）股票、债券、票据、货币、其他投资证券的交易；2）船舶、飞机、气垫船的买卖；3）电力的买卖；4）卖方的主要义务在于提供劳务或其他服务的买卖；5）仅供私人、家人或家庭使用的货物买卖；6）由拍卖方式进行的销售；7）根据法律执行令状或其他令状的销售。

（4）就买卖合同而言，该公约仅适用于合同的订立和买卖双方的权利和义务，而不涉及：1）合同的效力，或其任何条款的效力，或惯例的效力；2）合同对所有权的影响；3）货物对人身造成的伤亡或损害的产品责任问题。

凡该公约未涉及的问题，可以依照双方业已同意的惯例或依据合同适用的国内法予以解决。

因此，该公约还不是一部完整的、全面的关于国际货物买卖的统一法，然而就灵活性及获得普遍接受的程度而言，它是任何一部国内法或国际商业惯例都不能比拟的。该公约在合同法领域对各国成文法、判例法、法理学说以及国际商业惯例作了充分的比较、分析，在此基础上提取被普遍承认的原则和规则，以此来弥补国内法和国际惯例的不足。它的目的不是取代或调和各国国内法的规则，而是提出一套适合国际贸易特殊要求的原则和办法供买卖双方选择适用，以实现其序言中提出的建立国际经济新秩序需要“减少国际贸易的法律障碍，促进国际贸易发展”的宗旨和目的。在充分考虑各国具有不同的社会制度、经济制度和法律制度这一现实以及对发达国家和发展中国家在对外贸易中的不同做法给予充分肯定方面，该公约较之前身——两项海牙公约有了较大的改进。

该公约是近半个世纪以来国际贸易统一法运动的产物，反映了统一法运动的发展趋势，对国际贸易产生了巨大的影响。

（三）中国加入时的保留

我国在核准加入该公约时，对其第 1 条第 1 款（b）项和第 11 条的规定作了保留。2013 年 1 月 16 日根据我国《缔结条约程序法》及公约的相关规定，我国政府向联合国秘书处递交了撤回对公约第 11 条及与第 11 条内容有关规定所作保留的声明。① 根据我国《合同法》的规定，合同可以任何方式，包括口头、书面或行为方式订立。根据我国的司法实践，合同适用的法律，无论是当事人自由选择的法律，还是人民法院按照最密切联系原则确定的法律，都是指该国现行实体法，而不包括其冲突规范和程序法。因此，对于我国当事人订立的国际货物买卖合同，另一方当事人营业地所在国也为缔约国时，除双方当事人特别说明外，该公约将自动予以适用。

二、国际货物买卖的国际商业惯例

（一）国际货物买卖的国际商业惯例概述

在国际公约之外，各种民间组织也制定了许多标准规则和共同条件，这些标准规则和共同

① 该撤回于 2013 年 8 月 1 日开始生效。

条件是商人在长期的贸易实践中形成的，带有很大的随意性，由当事人选择予以适用。例如，《国际贸易术语解释通则2010》（International Rules for the Interpretation of Trade Terms，Incoterms 2010）、1932年《华沙—牛津规则》、1997年6月由国际商会国际惯例委员会通过的《国际销售示范合同》等。其中最有影响并在实践中得到广泛适用的是国际商会编纂的《国际贸易术语解释通则》，该通则是巴黎国际商会以国际贸易中应用最为广泛的国际惯例为基础，于1936年首次公布的具有国际性的通则的解释。此后，该通则先后在1953年、1967年、1976年、1980年、1989年、1999年、2009年经过多次补充和修订。《国际贸易术语解释通则2010》于2011年1月1日开始生效，其目的是在经济全球化的环境中对国际贸易合同中使用的主要术语提供一套通用的解释，使从事商业的人们在这些术语因国家、地区不同而有不同解释的情况下，能选用确定而统一的解释。①

（二）《国际贸易术语解释通则2010》

所谓贸易术语，是以不同的交货地点为标准，用简短的概念或英文缩写字母表示交货地点、商品的价格构成及买卖双方在交易中的费用、责任与风险的划分。国际贸易术语是国际商业惯例的一种，当商人在合同中明确选择某一贸易术语时，该贸易术语对它具有约束力。

1. 与《国际贸易术语解释通则2000》相比，《国际贸易术语解释通则2010》作了如下重大修改：

（1）书写上的变化。新的《国际贸易术语解释通则》后面需加国际商会的注册商标，表述为《国际贸易术语解释通则2010》（Incoterms 2010）。（2）数量变化。由原来的13个贸易术语删减为11个。（3）分类变化。原贸易术语按英文字母E、F、C、D分组；现将四组分为两类：适用于单一运输方式或多种运输方式的贸易术语以及仅适用于海运和内河水运的贸易术语。（4）主要的变化发生在D组，原来的5个贸易术语删除了4个，新增加2个。E、F、C组贸易术语基本不变。（5）贸易术语既适用于国内贸易，也适用于国际贸易。

2. 特点

《国际贸易术语解释通则2010》具有以下特点。

（1）国际贸易术语的分类。11个贸易术语被分为两类：适用于单一运输方式或多种运输方式的7个贸易术语以及仅适用于海运和内河水运的4个贸易术语。分别按E、F、C、D分组。

（2）每个贸易术语前增加了使用说明。

（3）权利和义务的设置。《国际贸易术语解释通则2010》把买卖双方的权利和义务相对应，分作10项说明。规定卖方的10项义务为：1）提供符合合同规定的货物和单据；2）办理许可证、授权、安检通关和其他手续；3）提供运输合同与保险合同；4）交货；5）风险转移；6）费用划分；7）通知买方；8）提供交货凭证、运输单证或同等效力的电子记录或程序；9）核查、包装及标记；10）协助提供信息及相关费用。

相对应的买方也有10项义务，其具体内容取决于卖方所承担权利的具体内容。

（4）电子单证。《国际贸易术语解释通则2010》明确规定，卖方在必须提供商业发票或合同可能要求的其他单证时，可以提供“同等作用的电子记录或程序”（an equivalent electronic

① 为了适应国际贸易的变化，更准确地反映当今国际贸易实践，减少成本和壁垒，更便于贸易商掌握和使用，2019年国际商会对2010年国际贸易术语解释通则进行了再次修订。新版本将于2020年1月1日生效。目前，新版本尚未正式公布。值得注意的是，即使Incoterms 2020生效，其之前的1990、2000、2010版本还继续有效，由当事人选择予以适用。

record or procedure)。

(5) 明确了某些概念的含义，如“承运人”“交货”“链式销售”等。

3. 主要内容

(1) 适用于任何单一运输方式或多种运输方式（any mode or modes of transport）的国际贸易术语有7个，分为E、F、C、D共4组（EXW/FCA/CPT/CIP/DAT/DAP/DDP)，其主要内容如下。

1) E组。包括一个贸易术语：EXW［Ex Works（named place)］，意思是工厂交货（指定地点）。

在使用这一贸易术语的合同中，卖方的责任最小。卖方的责任是：A. 在其所在地（工厂或仓库）把货物交给买方处置，无须装货，即履行交货义务；B. 承担交货前的风险和费用；C. 自费向买方提交与货物有关的单证或相等的电子单证。买方的责任是：A. 自备运输工具并负责装货，将货物运至预期的目的地；B. 承担卖方交货后的风险和费用；C. 自费办理出口和进口结关手续等。当买方无力办理出口清关手续时，不宜选用这一贸易术语。

2) F组。包括一个贸易术语：FCA［Free Carrier（named place)］，意思是货交承运人（指定地点）。

在FCA术语中，卖方的责任是：A. 在出口国承运人所在地将货物交给承运人履行自己的交货义务；B. 承担交货前的风险和费用；C. 自费办理货物的出口结关手续；D. 自费向买方提交与货物有关的单证或相等的电子单证。买方的责任是：A. 自费办理货物运输和保险手续并支付费用；B. 承担卖方交货后的风险和费用；C. 自费办理货物的进口和结关手续等。

选用FCA术语时应当注意的是：A. 货物风险和费用的划分是以卖方将货物交付买方指定的承运人的时间和地点作为界线；B. 注意在FCA术语中，卖方的交货和装货义务。当卖方在其所在地交货时，卖方负责装货；卖方将货物装上买方指定的承运人提供的运输工具时，完成交货义务。当卖方在其他地方交货时，卖方不负责卸货；货物在卖方的车辆上尚未卸货，但做好卸货准备并交给买方指定的承运人或其他人处置时，卖方即完成交货义务。

3) C组。包括两个贸易术语：CPT［Carriage Paid to（named place of destination)］，意思是运费付至（指定目的地）；CIP［Carriage，Insurance Paid to（named place of destination)］，意思是运费、保险费付至（指定目的地）。

在这两个贸易术语中，卖方的责任是：A. 自费签订或取得运输合同；B. 在CIP术语中，卖方还要自费签订或取得保险合同；C. 承担货交承运人以前的风险和费用；D. 自费办理货物出口及结关手续；E. 向买方提交与货物有关的单据或相等的电子单证。买方的责任是：A. 在CPT术语中自费签订保险合同；B. 承担货物提交承运人以后的风险和费用；C. 自费办理货物进口的结关手续。

值得注意的是：A. 在C组这两个贸易术语中，卖方是在出口国承运人所在地履行交货义务，并承担交货前的风险和费用。但运费和/或保险费涵盖的是运输合同指定的目的地的全程运费和保险费。此外，卖方的费用中是否包括卖方的装货费和目的地的卸货费，取决于运输合同的规定。B. 卖方的通知义务。在CPT术语中，未规定买方签订保险合同的义务。但实践中，买方为了自己的利益需要签订保险合同，因此，卖方在货交承运人后必须向买方发出已交货通知，以便买方投保或采取收取货物通常所需要的措施。

4) D组。包括三个贸易术语：DAT［Delivered at Terminal（named terminal at port or place of destination)］，意思是运输终端交货（指定目的地港口或运输终端）；DAP［Delivered at Place（named place of destination)］，意思是目的地交货（指定目的地）；DDP［Delivered

Duty Paid（named place of destination）]，意思是完税后交货（指定目的地）。

在D组贸易术语中，卖方的责任是：A. 将货物运至约定的港口或目的地运输终端。B. 承担货物运至港口或目的地运输终端前的全部风险和费用。C. 自费办理货物出口结关手续，交纳出口关税及其他税、费。在DDP术语下，卖方还要自费办理货物的进口结关手续，交纳进口关税或其他费用。D. 向买方提交与货物有关的单据或相等的电子单证。买方的责任是：A. 承担货物在目的地港口或运输终端交付后的一切风险和费用；B. 在DAT和DAP术语下自费办理进口结关手续。

在D组中，需要注意的是：A. 卖方在目的地指定运输终端（包括港口）交货意味着卖方需要将货物卸下运输工具，交买方处置，完成交货义务；目的地交货时，卖方无须承担卸货义务，但做好卸货准备交买方处置，即完成交货义务。B. DDP术语下卖方的责任最大：卖方需要自费办理出口和进口结关手续等。当自身无力办理进口清关手续时，卖方不宜选用这一贸易术语。

（2）仅适用于海运和内河水运的贸易术语（Sea and Inland Waterway Transport Only）有4个，分为F、C两组（FAS/FOB/CFR/CIF），其主要内容如下。

1）F组。贸易术语有两个：FAS［Free alongside Ship（named port of shipment）］意思是船边交货（指定装运港）；FOB［Free on Board（named port of shipment）］，意思是船上交货（指定装运港）。

在F组术语中，卖方的交货义务是：A. 在指定的装运港履行交货义务；B. 承担交货前的风险和费用；C. 自费办理货物的出口结关手续；D. 自费向买方提交与货物有关的单证或相等的电子单证。买方的责任是：A. 自费办理货物运输和保险手续并支付费用；B. 承担卖方交货后的风险和费用；C. 自费办理货物的进口和结关手续等。

在F组中应当注意的是：A. 这两个贸易术语交货地点不同，因此风险和费用的划分不同：FAS是以卖方在指定装运港买方指定的船边（货在码头上或驳船上）履行交货义务，此时风险和费用由卖方转移给买方；FOB则以装运港货物是否装船作为界线。B. FAS、FOB适用于海运和内河航运，但如是集装箱运输，则应选用FCA术语。

2）C组。包括两个贸易术语：CFR［Cost and Freight（named port of destination）］，意思是成本加运费（指定目的港）；CIF［Cost，Insurance and Freight（named port of destination）］，意思是成本、保险费加运费（指定目的港）。

在C组的贸易术语中，卖方的责任是：A. 在指定的装运港履行交货义务；B. 承担在装运港货物装船前的风险和费用；C. 自费签订或取得运输合同，在CIF术语中，卖方还要自费签订或取得保险合同；D. 自费办理货物出口及结关手续；E. 向买方提交与货物有关的单据或相等的电子单证。买方的责任是：A. 在CFR术语下自费投保并支付保险费用；B. 承担在装运港货物装船以后的风险和费用；C. 自费办理货物进口的结关手续。

在C组中应当注意的是：A. 在C组这两个贸易术语中，卖方是在出口国装运港履行交货义务，并承担交货前的风险和费用，但运费和/或保险费涵盖的是运输合同指定的目的港的全程运费和保险费。此外，卖方的费用中是否包括卖方的装货费和目的港的卸货费，取决于运输合同的规定。B. 卖方的通知义务。在CFR术语下，未规定买方签订保险合同的义务。但实践中，买方为了自己的利益需要签订保险合同，因此，卖方在货物装船后必须向买方发出已装船通知，以便买方投保或采取收取货物通常所需要的措施。C. C组中，CFR和CIF术语适用于海上或内河运输，如集装箱运输应选择CPT或CIP。

此外，在采用适用于海运和内河水运的4个贸易术语时，还需要注意的是：A. 除FAS

外，FOB/CFR/CIF 均取消了买卖双方的交货点、风险和费用的划分以装运港船舷作为界限的表述，代之以货物是否“装船”为界限，货物装到“船上”（on board）构成交货。B. 在这 4 个贸易术语中，《国际贸易术语解释通则 2010》在卖方的交货义务中特别提到“取得”（procure）这个概念，如卖方交货或取得（procure）已经这样交运的货物；卖方需签订运输合同或已取得（procure）一份这样的合同（CFR/CIF）；卖方必须自费取得（procure）保险合同（CIF）；并明确此处使用的“取得”适用于商品贸易中常见的交易链中的“多层销售”（链式销售，string sales）[①]。什么是“链式销售”？按照《国际贸易术语解释通则 2010》引言中的解释，是指国际货物买卖中关于“在途货物”销售中的“交货”[②]（包括交单，如运输单据、保险单等）。

（3）《国际贸易术语解释通则 2010》引言中的解释弥补了以往的《国际贸易术语解释通则》未涉及“在途货物交货”的疏漏。

此外，《国际贸易术语解释通则 2010》进一步明确了以下问题。

第一，进出口手续。除 EXW 和 DDP 贸易术语以外，原则上由卖方办理货物的出口手续，交纳与出口有关的捐、税、费；买方办理货物的进口手续，交纳与进口有关的税和其他费用。

第二，检验费用。《国际贸易术语解释通则 2010》明确地规定，买方必须支付任何强制性装运（船）前检验费用，因为这种检验是为了买方自身的利益安排的，但卖方为履行其交货义务而实施的货物检验（如对货物质量、丈量、称重、点数）以及出口国有关机关强制进行的装运（船）前检验费用除外。

第三，风险和费用的转移。《国际贸易术语解释通则 2010》吸收了《联合国国际货物销售合同公约》的规定，确定了在卖方交货后，货物灭失和损坏的风险以及费用负担，由卖方转移给买方。但这一原则的适用，要以双方都没有过失并且该货物已正式划归于合同项下为前提。

第四，安全通关问题。“9·11”事件之后，许多国家加强了货物安全通关的检查和要求。《国际贸易术语解释通则 2010》特别增加了买卖各方之间完成安检通关并相互提供或协助提供通关所需信息的义务。

第五，Incoterms 的变体。在贸易实务中，当事人经常在国际贸易术语后面添加一些词语以额外增加双方当事人的义务，常见的有 EXW（装车）、FOB（平舱和理舱）等。以前，《国际贸易术语解释通则》对于如何解释这些添加词语的含义没有作出规定，当事人之间往往会因此而发生争议。为此，《国际贸易术语解释通则 2010》在其引言中提醒双方当事人，应在其合同中对上述添加词语的含义作出明确的解释。

---

① 参见这 4 个贸易术语中的“使用说明”。

② 《国际贸易术语解释通则 2010》引言对“链式销售”的解释是：与特定产品的销售不同，在商品销售中，货物在运送至销售链终端的过程中常常被多次转卖。出现此种情况时，销售链中间的卖方实际上不运送货物，因为处于销售链始端的卖方已经安排了运输。因此处于销售链中间的卖方不是以运送货物的方式，而是以“取得”货物的方式履行其对买方的义务，即以“取得运输中的货物”取代相关术语中提交货物的义务。“procure”一词在词典里的通常含义指“obtain，acquire”（*The American Heritage Dictionary*，Boston：Houghton Mifflin Company，1982，p. 988）。然而，这样的解释显示不出任何法律含义。在另一本美国词典中，“procure”被解释为“to get possession of：obtain by particular care and effort”，指“经过一番特别努力取得占有”（*Webster's Ninth New Collegiate Dictionary*，Springfield，Massachusetts，USA：Merriam-webster Inc. Publishers，1988，p. 938）。根据该词典，“possession”的意思是“a. the act of having or taking into control；b. control or occupancy of property without regard to ownership”（p. 918），意指对财产的控制，与所有权无涉的控制或占有。当运输途中的货物发生转卖时，货物转卖的受让人（新的卖方）与新的买方之间进行的是单据的买卖，单据的占有和控制意味着其“取得”这样交付的货物。“procure”的这个解释和贸易术语中的含义在法律上是一致的。

值得注意的是，《国际贸易术语解释通则》只适用于有形货物买卖中买卖双方的权利和义务，不适用于与无形货物（如计算机软件）买卖有关的权利和义务。[①]

国际贸易术语不但明确买卖合同的交货地点及价格构成，而且解决了买卖双方在交易中的责任划分问题，例如，确定商品从启运地到目的地的运输、保险、单证的取得及其他手续问题由谁办理、费用由谁承担；确定货物风险转移的时间、地点等。贸易术语的标准化、规范化，简化了交易程序，节约了交易时间和费用，减少了贸易中的纠纷，对于促进国际贸易的顺利发展起了很大的作用。

三、国际货物买卖的国内立法

在资本主义国家，无论是大陆法系国家还是英美法系国家，调整货物买卖的法律只有一套，既适用于国内货物买卖，也适用于国际货物买卖。作为一种商行为，就买卖货物而订立的合同特指在商人之间订立的货物买卖合同。根据《美国统一商法典》规定，所谓商人，是指从事某类货物交易业务或因职业关系或以其他方式表明其对交易所涉及的货物或做法具有专门知识或技能的人。

在大陆法系民商合一的国家，买卖法通常是作为民法典的一部分在债篇中加以规定的，如《瑞士债务法典》《意大利民法典》《土耳其民法典》《泰国民法典》等。在民商分立的国家，除了民法典外，还有单独的商法典，民法的规定适用于商法，商法典作为民法的特别法，针对商行为作出补充规定，例如，《法国民法典》《法国商法典》《日本民法》《日本商法》等。

《日本民法》第三篇“债权”第二节“契约”就契约的成立、契约的效力、契约的解除作出了规定，第三节“买卖”对总则、买卖的效力、买回作出了规定。《日本商法》第三篇“商行为”，就属于商行为的买卖所涉及的特殊问题作出了规定。

在英美法系国家，没有专门的民法典，除了以法院判例形成的普通法原则外，有采单行法规形式的货物买卖法，典型的如《1893 年英国货物买卖法》《美国统一商法典》等。

《1893 年英国货物买卖法》是资本主义国家最早的货物买卖法之一，是对英国法院数百年来判例的整理、编纂，于 1894 年 2 月 20 日经议会通过、施行，以后经过多次修改、补充。现行的是《1979 年英国货物买卖法》1995 年修订本。该法案分为契约的成立、契约的效力、契约的履行、未收货款的卖方对货物的权利、对违约的诉讼、补充，共有 6 部分、62 条，囊括了货物买卖法的大部分领域，至今在英美法系国家的买卖法中具有重要的影响。

《美国统一商法典》是世界上最著名的法典之一，是在美国《1896 年统一票据法》《1906 年统一买卖法》《1933 年统一信托收据法》等 7 个成文法的单行法规的基础上，由美国法学会全国统一州法代表会议加工制定的，自 1952 年公布后经过几次修改，目前为多数州采纳的是 1994 年文本。和《1893 年英国货物买卖法》不同，《美国统一商法典》不是由美国联邦立法机关——国会通过的，而是由民间组织起草制定，供各州议会自由选用。目前《美国统一商法典》已得到除路易斯安那州外的 49 个州议会通过。买卖法规定在《美国统一商法典》第二篇“买卖”之中，其内容包括：简称、解释原则和适用范围；合同的形式、订立和修改；当事方的一般义务和合同的解释；所有权、债权人和善意购买人；履约；违约、毁约和免责；救济。共有 7 章、104 条。凡买卖篇中没有涉及的问题，需要适用普通法的一般原则。

自中华人民共和国成立以来，我国没有制定专门的商法典。有关货物买卖的法律在 1986

① See Incoterms 2000，Introduction 11. 1.

年颁布的《民法通则》中有原则性规定。[①] 此外还制定了单独的《中华人民共和国合同法》，当涉及国际货物买卖时，除了适用《民法通则》的原则外，还适用《合同法》的有关规定。[②] 1988年我国加入了《联合国国际货物销售合同公约》。我国有外贸经营权的公司、企业或其他经济组织在对外签订货物买卖合同时，可以选择《联合国国际货物销售合同公约》作为该合同适用的法律。对于该公约的未尽事项，仍要适用我国《民法总则》和《合同法》的有关规定。

值得注意的是，在各国的买卖法中，买卖的标的是十分广泛的。《法国民法典》规定，交易范围内的物品，除特别法禁止出让者外，均得为买卖的标的。《日本民法》中买卖标的可以包括动产、不动产、无形权利。就货物买卖而言，《1979年英国货物买卖法》专门给"货物"定义为"劳务和金钱以外的一切动产，在苏格兰则指除金钱以外的一切有形动产"[③]。该名词还包括庄稼、正在制造中的工业产品以及附着于或已经成为地产一部分而同意加以分离出售的物品。《美国统一商法典》中"货物"的概念与之相类似，指除作为支付手段的金钱、投资证券和诉物权（things in action）以外的，所有特定于买卖合同项下的可以移动的物品（包括特别制造的货物），以及尚未出生的动物及幼仔，生长中的农作物和有关将与不动产分离之货物以及其他附着于不动产但已特定化的物品。因此，就货物买卖法而言，货物包括现货和期货，泛指一切有形动产。1999年3月15日颁布的《中华人民共和国合同法》第九章关于买卖合同的规定中作出了与《法国民法典》相类似的规定，即非法律和行政法规禁止或限制的，皆可作为买卖合同的标的（第132条第2款）。

第二节　国际货物买卖合同

一、国际货物买卖合同的当事人

国际货物买卖合同与国内货物买卖合同不同，其区别在于前者具有国际性，或称"具有涉外因素"。对于国际性可以用许多标准划分，例如，以当事人的国籍为标准，以当事人营业所所在地为标准，以行为发生地为标准，以货物是否跨越国境为标准等。《联合国国际货物销售合同公约》采用了以当事人营业地为标准的划分方法，规定该公约适用于"营业地分处不同国家的当事人之间订立的货物买卖合同"，当事人的国籍不予考虑。而我国《合同法》采用"涉外合同"的概念，但未对"涉外合同"下定义（参见该法第126条）。最高人民法院对"涉外民事关系"作出解释：凡民事关系的一方或者双方当事人是外国人、无国籍人、外国法人的；民事关系的标的物在外国领域内的，产生、变更或者消灭民事权利义务关系的法律事实发生在外国的，均为涉外民事关系［参见1988年1月26日最高人民法院《关于贯彻执行〈中华人民共和国民法通则〉若干问题的意见（试行）》第178条］。《1979年英国货物买卖法》关于"国际货物买卖契约"的定义除了要求缔结货物买卖契约的双方其营业处所分处于不同国家的领土之上外，还要求：在缔约时，货物正在或将要从一国领土运往另一国领土；或构成要约和承诺的行为是在一个国家的领土内完成，而货物的交付须在另一个国家的领土内履行。

---

① 在此之前，我国在1981年通过了《中华人民共和国经济合同法》，1985年通过了《中华人民共和国涉外经济合同法》。1999年上述两部法律被废止，为《中华人民共和国合同法》所取代。

② 1999年3月15日，第九届全国人民代表大会第二次会议通过了《中华人民共和国合同法》。根据该法第428条的规定，1999年10月1日《合同法》实施后，1985年颁布的《涉外经济合同法》废止。

③ 《1979年英国货物买卖法》（1995年修订本）第61条货物定义。

此外，根据《联合国国际货物销售合同公约》的规定，适用该公约的国际货物买卖合同除了必须当事人营业地分处不同的国家外，还必须满足以下条件。

(1) 双方当事人的营业地分处该公约的成员国之内。如果只有一方在该公约成员国领土内，或双方均不在该公约成员国领土内，则该公约不予自动适用。

(2) 在上述情况下，依国际私法规则适用某一国的法律。

根据我国《对外贸易法》和《公司法》的规定，中国的自然人、法人和其他经济组织在履行了法律规定的登记手续后具有对外签署国际货物买卖合同的能力。

二、要约与承诺

（一）要约与要约邀请的区别

要约是向一个或一个以上特定的人提出的订立合同的建议。一项有效的要约必须满足如下条件。

1. 向一个或一个以上特定的人发出。这样，除非当事人有明示相反的规定，为了邀请对方向自己订货而发出的商品目录单、报价单以及一般的商业广告，因为不是向一个或一个以上特定的人发出，因此不是要约，而是要约邀请。我国《合同法》第 15 条规定，商业广告的内容符合要约规定的，视为要约。

2. 内容十分明确、肯定，一经对方接受，合同即能成立。根据《联合国国际货物销售合同公约》的规定，一项确定的要约需要写明货物并明示或默示地规定数量和价格或规定如何确定数量和价格。如果要约中伴随要约人的保留条件，则不能算有效的要约，只能算要约邀请，即使对方表示了承诺，合同仍然不能成立。

3. 要约于送达受约人时生效。因为要约未送达受约人，或要约不是送达受约人的，受约人不知要约的内容，当然无法表示承诺；即使从其他途径得知要约的内容，其发出的承诺也是无效的。

（二）要约发出后可否撤回和撤销的问题

根据要约理论，要约在送达受约人时生效。要约在生效前的收回称为撤回，要约在生效后的收回称为撤销。各国法律都承认，要约发出后，只要尚未送达于受约人，要约人可以随时使用更为快捷的方法将其追回。但在要约送达受约人后，是否可以撤销或变更其内容，大陆法系和英美法系则适用不同的原则。

《联合国国际货物销售合同公约》第 15 条第 2 款规定：一项要约即使是不可撤销的，也可以撤回，只要撤回通知于要约送达受约人之前或同时送达受约人。在未订立合同之前，只要撤销通知于受约人发出承诺通知之前送达受约人，要约可以撤销。可见，该公约基本采纳了普通法的观点。

然而，在“但书”部分，《联合国国际货物销售合同公约》采纳了大陆法系的信赖原则，规定：在合同成立前，写明或以其他方式表示要约是不可撤销的，则不能撤销；受约人有理由信赖要约是不可撤销的，并本着这种依赖行事，则要约不能撤销。

（三）承诺的效力

承诺，是指受约人对要约表示无条件接受的意思表示。一项有效的承诺必须满足以下条件：(1) 承诺要由受约人作出才发生效力。(2) 与要约的条件保持一致。(3) 承诺应在要约有效的时间内作出。(4) 承诺必须通知要约人才发生效力。

承诺的生效时间在要约理论中是一个十分重要的问题，这是因为承诺生效的时间就是合同生效的时间，承诺生效的地点就是合同生效的地点，在日后解决争议时，对于法院确定管辖权及适用法律问题具有重要的意义。在实践中，各国就承诺生效的时间形成3项原则：投邮生效原则、送达生效原则、了解生效原则。

目前在国际货物买卖领域，各国在承诺生效时间上的分歧已经通过《联合国国际货物销售合同公约》得到解决。公约第18条第2款规定，要约的承诺于表示同意的通知送达于要约人时生效。所谓送达，是指送交要约人的营业地、通信地址或惯常居所。按照同样的原则，撤回承诺的通知也于承诺送达要约人之前或同时生效。①

我国在对外贸易实践中的做法与《联合国国际货物销售合同公约》的规定一致，但根据我国《合同法》第33条的规定，通过信件、数据电文等形式订立合同的，如果一方要求签订确认书，则合同不是在收到承诺的函件、数据电文时成立，而是在确认书经双方签字后才能成立。

三、有关电子单证（EDI）的法律问题

电子单证（EDI）产生于20世纪60年代末的欧洲和美洲。经过数十年的发展，EDI在欧美大公司中的使用已经非常普遍。在国际贸易中，1990年国际商会修订的《国际贸易术语解释通则》中已经允许买卖双方用“相等的电子单证”（its equivalent electronic massage）取代纸单证。因此，用电子单证代替传统的纸单证已经成为国际贸易的发展趋势，由电子单证带来的一系列法律问题也就成为法学研究中的一个新课题。②

（一）电子单证（EDI）的概念

EDI是Electronic Data Interchange的英文缩写，翻译为电子数据交换，指当事人依照法律和协议用电子计算机对约定的信息和数据标准化、格式化，通过计算机网络进行交换和处理。1996年联合国国际贸易法委员会第二十九届会议通过的《电子商业示范法》将EDI定义为：按照商定的标准将信息结构化并在计算机之间进行电子传递。

根据统计，使用EDI处理商业单据，在准确、高效等方面的优势是显而易见的：(1) 提高交易速度。EDI的使用使一项商业文件的传递在几秒钟之内即可实现。过去需要几天才能完成的清关手续，现在只要十几分钟即可完成，比人工速度提高80%，且无须人工干预，全部自动处理。(2) 降低成本。EDI的使用可以使文件成本降低44%，使人工处理成本降低38%。(3) 减少失误。因人工制单错误或遗漏造成的损失减少了40%左右，竞争力提高38%左右。(4) 提高安全性和保密程度。

（二）EDI标准的国际化

EDI的全球使用除有赖于计算机技术的发展外，还有赖于商业文件和行政事务处理数据的标准化、格式化、法制化。只有交换贸易数据的双方采用统一的标准，才能使计算机加以识别和处理，才能实现信息的交换。目前国际上通用的标准主要有两项：一项是1985年由联合国欧洲经济委员会和国际标准化组织共同开发的《行政、商业和运输电子数据交换规则》（Electronic Data Interchange for Administration，Commerce and Transport，UN/EDIFACT）。1986年其正式作为国际EDI的通用标准公布。另一项是美国标准化协会制定的ANSI-X12（America

① 参见《联合国国际货物销售合同公约》第22条、第24条。

② 2003年8月，美国海关对外公布了海关通关新规则，规定无论是空运、铁路、卡车还是船运，所有形式的承运人必须在进口货物到达美国之前、出口货物装运之前，以电子方式向美国海关申报货物数据；不接受来自货主的申报。

National Standard Institute，X12）。1992 年其第四版标准制定后已经不再发展，逐步向 UNEDIFACT 靠拢，并终将被后者取代。

我国自 1990 年开始对 EDI 的研究、启用和推广工作并采用了国际通用的 UN/EDIFACT 标准，1991 年成立了中国 EDI—FACT 委员会，在促进 EDI 发展的同时，推动了其国际标准化工作，推动了计算机应用以及电子通信网络的建立和发展。

可以说，UN/EDIFACT 是目前国际 EDI 应用的主要标准，它兼有欧洲标准和美国标准的灵活性和有效性，其广泛的应用性使其在全世界得到推广。

UN/EDIFACT 由一系列涉及电子数据交换的标准、指南和规则、目录以及标准报文组成，主要分为以下两类。

1. 指南和规则。包括 EDIFACT 应用级语法规则（ISO 9735）、EDIFACT 语法规则实施指南、EDIFACT 报文设计规则和指南。

2. 目录。包括 EDIFACT 数据元（Data Element）目录、复合数据元目录、EDIFACT 数据段（Segment）目录、EDIFACT 代码表（Codes）和 EDIFACT 标准报文目录（Message）。

掌握这些国际标准，对于实施 EDI 十分重要。

（三）增值网络（Value Added Network）

在 EDI 通信手段中，贸易双方大多要通过第三方网络提供中介服务。这种网络系统由于不仅传送信息，还提供海关通关、商品检验、签证及原产地证、银行开证、运输、保险等增值服务，所以，也被称为增值网络（Value Added Network，VAN）。在采用 EDI 的交易中，除了 EDI 标准的国际化外，VAN 的服务是不可缺少的。其主要作用在于：（1）向 EDI 用户提供电子邮箱及开启邮箱的专用密码；（2）向用户报告信息是否被接收及存在的问题；（3）对用户传递的信息进行加密和证实；（4）根据用户要求将电子单证转换成纸单证或将用户提供的不规范的信息翻译成国际通用的标准进行 EDI 通讯。其责任主要体现在以下四个方面：（1）计算机网络系统的技术和管理责任；（2）网络系统对信息传递的保证；（3）对计算机网络系统中雇员欺诈与失误承担责任；（4）对第三方责任的承担。

1992 年 2 月，在哥伦比亚卡塔赫纳召开了联合国贸易与发展会议第八届大会，171 个成员国出席并通过了“卡塔赫纳承诺”（the Cartagena Commitment），责成联合国贸易与发展委员会实施全球贸易网点的任务即全球贸易效率计划（Trade Efficiency Initiative），其中一项任务就是在全球有关地区建立贸易网络，并将其联结成平行于 Internet 的全球贸易网络（GTP-Net）；制定全球贸易效率宣言，作为全球贸易原则。目前这个网络系统已经在全世界拥有一百多个贸易网点，分布在包括我国在内的一百多个国家和地区。1994 年 9 月 1 日，我国成立了第一个贸易网点，即联合国贸易网点上海中心，为我国对外贸易走向世界发挥着积极的作用。

（四）有关 EDI 的法律问题

电子数据交换系统在国际贸易中的普遍应用，给传统的贸易法律规定提出了新的问题，特别是在合同法和证据法领域，例如，在合同订立的问题上，有关于要约与承诺的问题，合同成立时间与地点的确认问题，合同的书面形式问题，合同生效所必需的双方当事人签字、盖章的问题等。在证据法方面，采用电子数据交换系统成立的合同，在仲裁或诉讼中能否作为证据使用，特别是对于英美法系国家来说，是对其传统证据法原则提出的挑战。按照证据法的分类，由计算机传送的信息形成的证据属于派生证据（secondary evidence），即证据产生于信息传输的中间环节而非在事实的直接作用下形成，又称传闻律（hear-say-rule）。禁止使用派生信息认定事实这一规则是英美传统证据法的基石之一。在英美法中妨碍计算机信息作为证据的第二个障碍在于“最优证据规则”（best evidence rule）。根据这一规则，向法院提供的证据应为书证原件。所谓原件，是指原始的和在制作方法上保证具有同一性的同时制作的各份文件。按照这一定义，由计算机传送的单证可以从打印机中打出，因此可以视同书证原件。然而以计算机阅读形式存储的信息数据，由于易于修正而不留痕迹，因而法庭难以将其作为证据接受。

此外，如单证的转让问题、由计算机网络担保中介服务中出现的网络责任问题、司法管辖权问题、法律适用问题等，都是 EDI 立法中遇到的棘手问题。

归纳起来，目前解决上述法律问题的途径有三种。

1. 国内立法。这是最直接、有效的方法。随着计算机技术的广泛应用，不少国家颁布了有关 EDI 的法律，例如，澳大利亚颁布的《计算机和证据法》、加拿大的《加拿大电子数据交换理事会协议》、美国的《美国律师协会协议》等。

2. 通信协议。由于 EDI 所面临的法律问题毕竟是一个复杂而涉及多方面因素的问题，许多国家尚无此方面立法或面临对现有不适应 EDI 交易的现行立法进行修改和补充的问题。即使颁布了立法，也难以完整、系统地解决适用于 EDI 交易中面临的诸多复杂情况。因此，由 EDI 用户之间通过订立通信协议来弥补立法的空白，确定 EDI 用户应遵守的行动守则和通信标准，确定有管辖权的法院或提交仲裁、适用的法律等，成为进行 EDI 交易不可缺少的条件。

3. 国际立法。和一般的国内贸易不同，国际贸易中 EDI 的应用是信息在国家间的传送，由此产生的法律障碍最终只能靠国际统一立法，如国家间签订国际公约或形成国际商业惯例来解决。目前已经生效的有以下立法。

（1）1987 年 9 月 22 日国际商会执行理事会第五十一届会议通过的《数据电传交换的统一行为守则》（Uniform Rules of Conduct for the Interchange of Data Teletransmission），主要是确立一个通信协议的标准化格式。但由于不同用户之间的要求不同，因此，对通信协议中的许多细节和形式问题要形成统一标准格式的构想难以实现。

（2）1989 年 11 月国际商会国际商业惯例委员会通过的《国际贸易术语解释通则》修订本。该通则于 1990 年 7 月 1 日生效。此通则中明确地规定，将通过 EDI 方式订立的合同视同具有书面形式的合同而为交易双方所接受。①

（3）1993 年国际商会修订的 1994 年 1 月 1 日生效的《跟单信用证统一惯例》。为了适应电脑制单的要求，《跟单信用证统一惯例》第一次明确地规定商业发票无须签署。② 此外，对于提供原件的要求，其第 20 条（b）款规定，除信用证另有规定，银行将对用电脑方式处理或表面上看是以此种方式处理的单据，作为正本（origin）接受。对于需要签字（sign）的原件，该条规定，此种单据可以用手签（handwriting）、复制签字（facsimile signature）、针孔穿签（perforated signature）、印章（stamp）、符号（symbol）或其他机械的、电子的方法签发证实。除非信用证另有规定，信用证要求单据经证实、生效、合法化、签证、证明或类似要求时，单据上任何签字、符号、印章或标签，只要在表面上看已满足这些要求，均可被接受。③ 以上这些规定对于消除 EDI 的法律障碍起到了积极的作用。

（4）1990 年 6 月 29 日国际海事委员会第三十四届大会上通过的《国际海事委员会电子提单规则》。该规则共有 11 条，比较全面地就电子提单所涉及的法律问题作出了明确的规定。

（5）1996 年联合国国际贸易法委员会第二十九届会议通过的《电子商业示范法》。它是一部真正的、全面适用于在商业活动方面使用的以数据电文为形式的任何种类信息传送的 EDI 统

---

① 《国际贸易术语解释通则 2000》继承了这一条规定，可以用相等的电子单证代替纸单证。

② 参见《跟单信用证统一惯例》第 37 条（a）款（iii）项。

③ 参见《跟单信用证统一惯例》第 20 条（d）款。

一法。该法共有17条，就数据电文的法律承认，书面，签字，原件，数据电文的证据力，留存，合同的订立和有效性，当事各方对数据电文的承认，数据电文的归属，收讫的确认，收、发数据电文的时间和地点以及货物运输和运输单据等方面所涉及的问题都作出了明确的规定。该示范法成为EDI国际统一立法的奠基石。

（6）联合国《电子签名示范法》（UNCITRAL Model Law on Electronic Signatures）。在《电子商业示范法》出台后，联合国国际贸易法委员会开始制定电子签名领域的法律规范。在国际贸易法委员会电子商务工作组第三十七次会议上，提出了“电子签名示范法”的草案，并在第三十八次会议上进一步完善。2001年，国际贸易法委员会审议通过了《电子签名示范法》。该示范法对电子签名领域的基本问题都作出了规定，为各国制定电子签名法律提供了示范。

（7）《联合国国际合同使用电子通信公约》（United Nations Convention on the Use of Electronic Communications in International Contracts）。该公约于2005年11月23日经由联合国大会通过，旨在使国际合同使用电子通信的情形增强法律确定性和商业可预见性。该公约处理的问题包括：如何确定一方当事人在电子环境中的所在地；电子通信的收发时间和地点；使用自动信息系统订立合同；确立电子通信和纸面文件（包括“原始”纸面文件）以及电子认证方法和手写签名功能上等同所使用的标准。目前该公约尚未生效。

四、合同的形式与内容

（一）合同的形式

《联合国国际货物销售合同公约》规定，买卖合同，包括其更改、终止，要约或承诺，或者其他条件的限制，可以用包括证人在内的任何方法证明。

考虑到某些发展中国家和社会主义国家合同法的不同规定，该公约允许成员国在核准或加入时对第11条及其有关规定作出保留。1999年3月15日颁布的《中华人民共和国合同法》不再要求合同订立必须是书面形式，可以是口头形式或其他形式；同时扩大了对“书面”的解释，将以电子方式订立的合同也归在“书面”形式之中（第10、11条）。

在现代各国合同法制度中，合同的书面形式具有以下作用：（1）使合同具有确定性、公开性和告诫性；（2）是确定合同效力的实质条件；（3）作为证据。

（二）合同的内容

买卖合同的内容一般由约首、正文与约尾三部分组成。约首包括合同的名称、编号、缔约日期、缔约地点，缔约双方的名称、地址，合同序言等。正文是合同的主体部分，包括各项交易条件以及有关条款。约尾是合同的结束部分，包括合同的份数、附件、使用文字及其效力、合同生效日期与双方的签字等。

1. 货物的品质规格条款

在国际货物买卖合同中，货物的品质规格是合同的重要条件。如果卖方交付的货物品质与合同不符，买方有权拒收货物，可以解除合同并要求损害赔偿。

货物的品质规格是指商品所具有的内在质量与外观形态。在国际贸易中，商品的品质首先应符合合同的要求，对于某些由国家制定了品质标准的商品，如某些食品、药物，其品质还必须符合有关国家的规定。

品质规格条款的主要内容是：品名、规格和牌号。合同中规定品质规格条款的方法有两种：凭样品及凭文字与图样的方法。

2. 数量条款

国际货物买卖合同中的数量是指用一定的度量衡表示商品的重量、个数、长度、面积、容积等的量。某些国家的法律规定，数量是合同的要件，交货数量与合同不符，买方可以拒收货物。

数量条款的基本内容是：交货数量、计量单位与计量方法。

制定数量条款时应明确计量单位和度量衡制度；订明数量的机动幅度，又称“溢短装条款”，并规定溢短装的计价方法。

3. 包装条款

包装是指为了有效地保护商品的数量完整与品质完好，把货物装进适当的容器。包装条款的主要内容是：包装方式、规格、包装材料、费用和运输标志。

货物包装是确定其与合同是否相符的内容之一。《联合国国际货物销售合同公约》第 35 条规定，卖方交付的货物必须与合同所规定的数量、质量和规格相符，并须按照合同所规定的方式装箱或包装。除双方当事人另有协议外，除非货物按照同类货物通用的方式装箱或包装，如果没有此种通用方式，则按照足以保全和保护货物的方式装箱或包装，否则即为与合同不符。

因此，制定包装条款应该十分慎重，主要应注意明确规定包装的材料、造型和规格，包装与禁忌，以及国际上对运输标志的惯常做法与要求及其变化。

4. 价格条款

价格是指每一计量单位的货值。价格条款的主要内容有：每一计量单位的价格金额、计价货币、贸易术语与商品的作价方法等。

在国际货物买卖中，合同作价通常采用以下方法：（1）短期交货合同，可以采用固定价格，即由买卖双方商定的在合同有效期内不得变更的价格；（2）对长期交货合同，如大型成套设备、机器的买卖合同，为避免受商品国际市场价格变动的影响，可以采用滑动价格，即买卖双方同意在合同中暂定价格，在交货时再根据行情及生产成本增减情况作相应的调整；（3）后定价格，即在合同中不规定商品的合同价格，只规定确定价格的时间和方法，如规定“以某年某月某日伦敦商品交易所价格计价”；（4）对分批交货合同，可以采用部分固定价格、部分滑动价格的方法，对近期交货部分采用固定价格，对远期交货部分按交货时的行情或另行协议作价。

为了防止商品价格受汇率波动的影响，在合同中可以增订外汇保值条款，明确规定在计价货币币值发生变动时，价格应作相应的调整。

5. 装运条款

装运是指将货物装上运输工具。在一般情况下，装运与交货是两个概念。在 FOB、CIF 和 CFR 合同中，卖方只要按合同规定把货物装上船，取得提单就视作履行了交货义务。提单签发日期即为交货日期，装货地点即为交货地点，所以，“装运”一词常被“交货”概念代替。装运条件也被称作交货条件。但在目的地交货时，装运则不等于交货。

装运条款的主要内容是：装运时间、运输方式、装运港与目的港、装运方式（分批、转船）及装运通知等。

6. 保险条款

国际货物买卖中的保险是指进、出口商按一定险别向保险公司投保并交纳保险费，以便当货物在运输过程中受到损失时，可以从保险人处得到经济补偿。

保险条款的主要内容包括：确定投保人及支付保险费、投保险别和保险金额。

在国际货物买卖中，大部分是 FOB、CIF 和 CFR 合同，故保险责任投保险别与费用的分担依当事人选用的贸易术语即可决定之。

在FOB和CFR合同中，为防止货物从仓库至装船前的损失得不到补偿，卖方应对货物装船前的损失进行投保。

某些保险公司对某些商品、某些国别和地区有特殊规定，投保人选择的险别与特殊要求，要事先征得保险公司同意才能投保。

7. 支付条款

国际货物买卖中的支付是指用什么手段，在什么时间、地点，用什么方式支付货款及其从属费用。支付条款的主要内容包括：支付手段、支付方式、支付时间和地点。

（1）支付手段。包括货币和汇票，主要是汇票。

（2）付款方式。可以分为两类：第一，银行不提供信用，但通过银行代为办理的方式，如直接付款和托收。第二，银行提供信用，从银行得到信用保证和资金周转的便利，如信用证。无论采用哪种方式，都应考虑交易地区的贸易法令和习惯。

（3）支付时间和地点。支付时间不但涉及利息问题，而且对买卖双方尽快实现各自的利益有重要的关系。通常按交货（交单）与付款先后，分为预付款、即期付款与延期付款。

8. 检验条款

商品检验是指由商品检验机关对进出口商品的品质、数量、重量、包装、标记、产地、残损等进行查验分析与公证鉴定，并出具检验证明。

商品检验的目的在于给买卖双方交接货物、支付货款及进行索赔提供依据，所以，检验条款也被称作索赔条款。其主要内容包括：检验机构、检验权与复验权、检验和复验的时间、地点及索赔、检验标准与方法以及检验证书。

（1）检验机构。在国际贸易中，进行商品检验的机构主要有：由国家设立的官方检验机构；由产品的生产或使用部门设立的检验机构；由私人或同业公会、协会开设的公证、鉴定行等。

（2）检验权与复验权。在国际货物买卖中，检验权是指谁有权决定货物的品质、数量是否符合合同的规定，作为卖方提交货物以及买方接受或拒收货物的法律依据。国际上通行的做法有三种：第一，以货物离岸时的品质、重量为准。这种做法显然对卖方有利。第二，以货物到岸时的品质、重量为准。这种做法显然对买方有利。第三，以装运港的检验证书作为议付货款的依据，货物到达目的港后，买方保留对货物再行检验的权利（即复验权），其检验结果作为买方是否接受货物并进行索赔的依据。这种做法符合买卖双方平等互利的原则，也是国际货物买卖中通行的做法。

（3）检验与复验的时间、地点及期限。按照国际上通行的做法，检验的时间由买卖双方在合同中约定，这个期限也就是买方的索赔期限。

按照国际惯例，FOB、CIF、CFR合同的复验地点是在目的港；如果目的地不是港口而是内地，或不适宜检验，则合同中应规定复验地点可以延伸至内地；当货物有用一般检验方法不能查出的瑕疵时，复验地点应延伸至可以有效进行检验的地方。

（4）检验标准与方法。对同一种商品采用不同的标准和方法检验，结果会大相径庭，所以，应在合同中明确规定该项产品所采用的检验标准和方法。

在国际贸易实践中，通常采用以下方法：按买卖双方商定的标准和方法；按生产国标准及方法；按进口国标准及方法；按国际标准或国际习惯的标准和方法。随着经济全球化的深入发展和我国加入WTO，我国企业和行业组织应当积极参与制定我国的国家标准和尽量采用国际标准。

（5）检验证书。检验证书是商检机构出具的，证明商品品质、数量等是否符合合同要求的书面文件。

按照商品的性质及检验要求，检验证书主要有：品质检验证，重量检验证，卫生（健康）检疫、检验证，消费检验证，产地证，验残检验证，以及根据某些国家的特殊法律或规定出具的特殊证书等。

检验证书的法律效力如下：第一，它是货物进、出海关的凭证。第二，它是征收或减、免关税的必备证件。第三，它是买卖双方履行合同义务、交接、结算的有效凭证。第四，它是计算运费的凭证。第五，它是进行索赔、证明情况、明确责任的法律依据。

9. 不可抗力条款

不可抗力（Force Majeure，Act of God）是指合同订立以后发生的当事人订立合同时不能预见、不能避免、人力不可控制的意外事故，导致不能履约或不能如期履约。遭受不可抗力的一方可以由此免除责任，而对方无权要求赔偿。

不可抗力条款的主要内容包括：不可抗力的含义、范围以及不可抗力引起的法律后果、双方的权利与义务等。

就一般情况而言，不可抗力来自两个方面：自然条件和社会条件。前者包括水灾、旱灾、海啸、地震、飓风等；后者包括战争、暴动、罢工、政府禁令等。

具体地说，不可抗力事故应具备以下条件：（1）该事故是在合同订立以后发生的。（2）事故是在订立合同时双方不能预见的。但货币贬值，价格涨落，是普通的商业风险，对于商人而言，是可以预见的职业常识，因此不能算作不可抗力。（3）事故不是由任何一方的疏忽或过失引起的。（4）事故的发生是不可避免的，并且是人力不能控制、不可抗拒的。①

按照《联合国国际货物销售合同公约》的规定，遭受不可抗力的一方可以解除合同或延迟履行合同而不承担责任，只有当既有不可抗力因素又存在当事人过失的情况下，当事人才承担相应的赔偿责任。是解除合同还是延期履行合同取决于：（1）意外事故对履约的影响程度；（2）合同标的的性质；（3）意外事故与当事人未履行或未认真履行合同之间是否存在因果关系。

遭受不可抗力的一方在事故发生后，要将事故的发生和自己的决定及时通知对方，或在得到对方的通知后，无论同意其意见与否，都应及时作出答复。《中华人民共和国合同法》第118条规定，当事人一方因不可抗力不能履行合同的，应当及时通知对方，以减轻可能给对方造成的损失，并应当在合理期限内提供证明。

10. 仲裁条款

仲裁条款又称仲裁协议，是指双方当事人愿意将其争议提交第三者进行裁决的意思表示。仲裁是国际贸易中解决争议时最常用的方法，以双方订有仲裁协议为前提。

仲裁条款的主要内容包括：仲裁机构、适用的仲裁程序规则、仲裁地点及裁决效力等。详见本书“国际经济贸易争议解决”一章的内容。

11. 法律适用条款

国际货物买卖合同是营业地分处不同国家的当事人之间订立的，由于各国政治、经济、法律制度不同，就产生了法律冲突与法律适用问题。当事人在合同中明确宣布合同适用何国法律的条款叫作法律适用条款或法律选择条款。

---

① 值得注意的是，《中华人民共和国合同法》第117条对“不可抗力”所下的定义中取消了“当事人在订立合同时”的限制条件，指不能预见、不能避免并不能克服的客观情况。

根据当事人意思自治原则，各国都允许当事人通过合同自由选择合同适用的法律，这些法律可以是当事人的国内法（买方国家的法律或卖方国家的法律），也可以是第三国法律；可以是与合同有联系的法律，也可以是与合同没有联系的法律（有些国家不允许当事人选择与合同没有联系的法律）；可以是国际公约，也可以是国际商业惯例。无论如何，当事人的自由选择必须是善意的、合法的，并不得与公共利益相违背。

第三节　卖方和买方的义务

一、卖方的义务

根据《联合国国际货物销售合同公约》的规定，卖方应承担以下义务：(1) 按照合同和公约的规定提交货物及单据以转移货物所有权的义务；(2) 对货物承担担保义务。

（一）商品的转移与书证的交付

提交货物和单据是国际货物买卖中卖方的一项主要义务，包括卖方应在合同指定的时间和地点移交货物和单据。如果合同中对交货时间、地点未作规定，则应按照《联合国国际货物销售合同公约》的规定办理。

1. 交货地点

(1) 卖方营业地。按照公约的规定，卖方没有义务在任何其他特定地点交付货款。在一般情况下，卖方是在自己的营业所在地向买方提交货物；买方自备运输工具，将货物运走。《联合国国际货物销售合同公约》规定，如果卖方有一个以上营业地，则以与合同及合同的履行关系最密切的营业地为其营业所在地；如果卖方没有营业地，则以其惯常居所为准。

(2) 特定地点。如果合同指的是特定货物或者是从特定存货中提取，或者将在某特定地点进行生产制造，则交货地点即是该货物存放或生产的特定地点。

(3) 货交第一承运人。当卖方的交货义务涉及运输时，卖方只要把货物交给第一承运人就视作履行了交货义务。在国际贸易中，“涉及运输”是一个特有概念，特指那些本人或以其名义与托运人订立运输合同承担运输责任的承运人。当卖方有义务安排运输时，卖方和承运人签订必要的运输合同，并按照通常的运输条件，使用适合情况的运输工具，把货物运到指定的地点（即第一承运人所在地）。在有约定的情况下，卖方承担必要的保险义务。

目前，国际货物买卖已经基本上实现统一化、标准化、规范化，因此，各国进、出口商利用贸易术语即可确定交货地点。

2. 交货时间

在一般情况下，卖方应按合同中双方约定的时间（确定的日期或期间）提交货物。如果合同中没有约定，则根据《联合国国际货物销售合同公约》的规定，卖方应在订立合同后一段合理的时间内交货。所谓合理时间，按照一般的国际实践，是作为事实由法院根据货物的性质及合同的其他规定决定的。

3. 单据的交付

在国际货物买卖中，存在两种交货方式：一种方式是实际交货，即卖方亲自把货物连同代表货物所有权的单据一起交到买方手中，完成货物所有权与占有权的同时转移；另一种方式是象征性交货，即卖方只把代表货物所有权的证书（提单）交到买方手中，完成货物所有权的转移即为完成交货义务。

因此，在国际货物买卖合同中，交付单据是卖方的一项十分重要的义务。根据《联合国国际货物销售合同公约》的规定，卖方交付单据的义务具体包括：（1）卖方应保证单据的完整和符合合同及该公约的规定；（2）应在合同约定的时间、地点交付单据。

（二）卖方的担保义务

根据《联合国国际货物销售合同公约》的规定，卖方除了承担交货义务外，还应承担的第二个义务是保证提交的货物在各方面符合合同的规定，包括卖方对所交货物质量的保证与所有权的保证。

1. 瑕疵担保

瑕疵担保是指卖方对其所售货物的质量、特性或适用性承担的责任。《联合国国际货物销售合同公约》规定，卖方提交的货物除了应符合合同的规定外，还应符合公约的以下要求：（1）货物适用于同一规格货物通常使用的目的；（2）货物适用在订立合同时买方明示或默示通知卖方的特定目的；（3）在凭样品或说明书的买卖中，货物要与样品和说明书相符；（4）卖方应按照同类货物通用的方式装箱或包装，如果没有通用的方式，则用足以保全和保护货物的方式装箱和包装。

否则，根据各国法律与实践，卖方违反瑕疵担保义务要承担交货不符、违反合同的责任。如果因货物瑕疵导致人身伤亡和财产损失，当事人还要依法承担产品责任。

产品责任问题不在公约的调整范围之内。《联合国国际货物销售合同公约》第 5 条规定，本公约不适用于卖方对于货物对任何人所造成的死亡或伤害的责任。目前国际上尚不存在统一的关于产品责任的国际公约①，这样，由货物瑕疵导致的产品责任问题只能依据各国国内法的相应规定解决。

值得注意的是，在国际货物买卖中，各国法律都允许买卖双方通过在标准合同中订立合理的免责或限制责任条款来减轻或解除卖方依法承担的瑕疵担保义务。②

2. 追夺担保与权源保护

追夺担保也称所有权担保，是指卖方所提交的货物必须是第三者不能提出任何权利要求的货物。卖方在订立合同时应保证其所售货物的所有权不因存在买方所不知的瑕疵而被追夺。

根据《联合国国际货物销售合同公约》的规定，其具体含义有三个方面：（1）卖方应向买方担保他确实有权出售该货物。假如卖方将偷窃的东西卖给买方，则违反他对货物所有权担保的义务。（2）卖方应担保货物不存在任何不为买方所知的留置权、抵押权等他人的权利要求。（3）卖方应向买方担保第三者对所提交的货物不得以侵权或其他类似理由提出合法要求。例如，卖方出售的货物及其使用不得侵犯第三者的专利权、商标权等。

当第三者根据工业产权或知识产权提出要求时，根据《联合国国际货物销售合同公约》的规定，卖方承担责任需要具备两个条件：（1）第三者的权利是依据买卖合同预期货物将要销往或使用的国家或地区的法律取得的。在这种情况下，如果卖方在订立合同时知道或不可能不知道第三者的权利存在，则要承担责任。③ 假如卖方订约时，第三者的专利权尚未取得或未经公告，或者买方把货物运往合同预期销往或使用国以外的国家或地区，而卖方不知道依据该国或该地区法律，货物的销售或使用会侵犯他人权利，则不承担责任。（2）第三者的权利是根据买方营业所在地国家的法律取得的。④ 在这种情况下，不管货物销往哪个国家，也不管卖方是否

① 按照欧洲共同市场于 1985 年 7 月通过的《产品责任法》的规定，自 1988 年 7 月 20 日起，该法在欧洲共同市场所有成员国全面实施。

② 关于标准合同和免责条款的法律效力，参见王传丽：《涉外经济合同的法律效力》，213～227 页，北京，中国政法大学出版社，1989。

③④ 参见《联合国国际货物销售合同公约》第 42 条第 1 款（a）（b）项。

知晓，卖方均要为侵犯第三者依据买方营业所所在地国家的法律取得的专利权承担责任。

根据《联合国国际货物销售合同公约》的规定，卖方的所有权担保责任在下列情况下得予以免除，其损害由买方承担：（1）买方同意在有第三方的权利或要求的条件下接受货物；（2）买方在订立合同时知道或不可能不知道第三者的权利主张和要求；（3）上述权利或要求的发生是由于卖方要遵照买方提供的技术图样、图案、程序或其他规格提供货物；（4）买方收到第三者的权利要求时，要及时通知卖方，如果怠于通知，则免除卖方的所有权担保义务。

值得注意的是，《联合国国际货物销售合同公约》并未指明何谓侵犯工业产权或知识产权的行为。这样，在一国被视为侵犯工业产权的违法行为，在另一国可能被认为是合法的非侵权行为。[①] 当双方发生争议时，只能由解决争议的法院依照国际私法规则的指引或合同适用的国内法来处理。

二、买方的义务

根据《联合国国际货物销售合同公约》的规定，买方有支付价金与接受商品的义务，如果买方不履行义务，则卖方可以依法得到救济。

（一）支付价金的义务

《联合国国际货物销售合同公约》第53条规定，买方应根据合同和公约的规定履行支付价金的义务。支付价金的义务包括根据合同或任何法律和规章规定的步骤和手续，在约定的时间和地点支付货款。

1. 付款应履行的步骤和手续

按照一般的国际贸易实践，付款应履行的步骤和手续包括买方向银行申请信用证或银行付款保险，向政府主管部门申请进口许可证及所需外汇等。这些手续是买方付款的前提和保证，根据《联合国国际货物销售合同公约》的规定，完成这些步骤和手续是买方的义务。

2. 付款地点

依照《联合国国际货物销售合同公约》的规定，买方应在约定的付款地点付款。当合同中对付款地点未作规定时，买方应在下列地点付款：（1）卖方营业地；（2）在凭移交货物或凭单据付款时，为提交货物或单据的地点。

3. 付款时间

买方应在合同约定的时间支付货款，如果合同中对付款时间未作规定，则买方应按照《联合国国际货物销售合同公约》的规定，在卖方提交货物或单据的时间付款，无须卖方催告或办理任何手续。

与普通法系国家的规定相一致，《联合国国际货物销售合同公约》也把买方的付款义务与检验货物的权利联系在一起，规定：买方在没有机会检验货物时，可以拒绝付款。但这一程序不得与双方议定的交货或支付程序相抵触。

（二）收取货物

按照《联合国国际货物销售合同公约》的规定，买方收取货物的义务包括两个方面：（1）采取一切理应采取的行动以期卖方能提交货物；（2）接收货物。

① 参见王传丽：《与贸易有关的知识产权问题——浅析商标权与灰色市场进口》，载《政法论坛》，1995（1）。

第四节　违反合同的补救方法

一、卖方违约的补救方法

卖方违约是指卖方不交付货物或单据或者交付延迟、交货不符合合同规定以及第三者对交付货物存在权利或权利主张。当发生以上违约行为时，《联合国国际货物销售合同公约》给买方提供了以下救济方法。

（一）卖方实际履行

当卖方不履行合同义务时，买方可以要求其实际履行合同义务，包括要求卖方提交符合合同规定的货物或对不符合规定的货物进行修理、更换或提交替代物等。买方可以通过法院强制手段强迫卖方履行以上义务。

根据《联合国国际货物销售合同公约》的规定，实际履行应满足以下条件：（1）买方不得采取与这一要求相抵触的其他救济方法；（2）买方应给予卖方履行合同的宽限期；（3）当卖方交货不符时，只有这种不符构成根本违反合同（fundamental breach）时，买方才能要求提交替代物，而且应在发现交货不符时，将这一要求及时通知对方；（4）法院是否作出实际履行的判决依赖于该国国内法的规定。

（二）减少价金

当卖方交货不符合合同规定时，买方可以要求减少价金。《联合国国际货物销售合同公约》规定，不论价款是否已付，买方都可以减低价格，减低价格应按实际交付的货物在交货时的价值与符合合同规定的货物在当时的价值两者之间的比例计算。

在下列情况下，买方丧失要求减少价金的权利：（1）卖方已经对交货不符采取了其他补救办法；（2）买方拒绝了卖方对违约采取的补救办法或者对卖方提出的补救办法未在合理时间内作出答复。

（三）宣告合同无效

根据《联合国国际货物销售合同公约》的规定，当卖方不履行合同或公约义务构成根本违反合同时，买方可以宣告合同无效。所谓根本违反合同，是指一方当事人违反合同的结果，使另一方蒙受损害，实际上剥夺了他根据合同规定有权期待得到的东西。它具体包括以下三项内容：（1）卖方不交付货物、延迟交货或交货不符或所有权有瑕疵，构成根本违反合同；（2）卖方声明他不在规定的时间内履行交货义务；（3）在买方给予的宽限期届满后卖方仍不履行合同。

如果卖方已经交货，则买方丧失宣告合同无效的权利，除非：（1）在延迟交货的情况下，买方在得知交货后的合理时间内宣告合同无效；（2）在交货不符的情况下，买方在检验货物后的合理时间内宣告合同无效；（3）在给予卖方作出履行合同或作出补救的宽限期届满，或在拒绝接受卖方履行义务之后的合理时间内宣告合同无效。

根据《联合国国际货物销售合同公约》的规定，买方宣告合同无效的声明，只有在向卖方发出通知时才产生效力。

值得注意的是，当卖方交付的货物中有部分符合合同规定时，买方应接受符合规定的部分；只有当卖方完全不交货或不按合同规定交货构成根本违反合同时，买方才能宣告整个合同无效。当卖方的交货数量大于合同规定的数量时，买方有选择权：全部接受或拒绝多交部分。

（四）损害赔偿

根据《联合国国际货物销售合同公约》的规定，买方享有要求损害赔偿的权利不因其行使采取其他救济办法的权利而丧失。也就是说，即使买方采用了实际履行并给予宽限期或减少价金或宣告合同无效等救济方法，如果不足以弥补其由于卖方违约而遭受的损失，则买方仍可以继续要求损害赔偿。

二、买方违约的补救方法

买方违约包括买方不按合同规定支付货款和不按合同规定收取货物。在这种情况发生时，根据《联合国国际货物销售合同公约》的规定，卖方可以选择以下救济方法。

（一）实际履行

《联合国国际货物销售合同公约》第62条规定，卖方可以要求买方支付价款、收取货物或履行其他义务，除非卖方已经采取了与此项要求相抵触的其他救济方法。

在要求实际履行的过程中，如果货物仍在卖方手中，则卖方有保全货物的义务；如果货物是易于腐烂货物或保全货物要支付不合理的费用，则卖方可以在通知买方后转售货物。在这种情况下，卖方只能要求损害赔偿，而不能再要求实际履行。根据《联合国国际货物销售合同公约》的规定，实际履行的救济不影响卖方就由于买方延迟付款或接收货物蒙受的损失提出要求损害赔偿的权利。

（二）损害赔偿

实际履行可以达到买卖双方当初订立合同时预期的目的，但在买方违约并拒绝履行合同时，尽管卖方依公约可以要求其实际履行，但法院能否作出实际履行的判决并不确定，而且判决的执行也是费时、费力的事情。在瞬息万变的国际市场上，卖方往往不愿冒将货物长期留在自己手中的风险。当货物属于易于腐烂货物，或保存货物要支出较高费用的时候，卖方宁愿选择较为简便、快捷的办法处理货物，同时向买方要求损害赔偿。根据《联合国国际货物销售合同公约》的规定，损失赔偿额应和买方违约给卖方造成的实际损失与可得利润相等，即赔偿额为合同价与转售额之间的差价。此外，卖方为保全货物支出的合理费用都可以从转售额中予以扣除。

（三）宣告合同无效

根据《联合国国际货物销售合同公约》的规定，在下列情况发生时，卖方可以宣布合同无效：(1) 买方不履行其在合同或公约中的义务构成根本违反合同；(2) 买方不在卖方给予的宽限期内履行合同；(3) 买方声明不履行合同。

根据《联合国国际货物销售合同公约》的规定，如果买方已经支付了价金，则卖方不能宣告合同无效，除非在得知买方履行义务前宣告合同无效；或对于其他违反合同的事件，卖方在得知这种情况后的合理时间内宣告合同无效；或在给予买方的宽限期届满或在得知买方声明不履行合同的一段合理时间内宣告合同无效。

未收货款的卖方，在不同的情况下，可以行使以下四种权利：(1) 停止交货权；(2) 留置权；(3) 停运权；(4) 再出售权。

由此可见，在买方违约时，卖方的救济方法可以分为两大类：一类是债权方面的救济方法，如实际履行、损害赔偿、宣告合同无效；另一类是物权方面的救济方法，这是英美法系中特有的。前者是卖方针对当事人行使的，后者是卖方直接针对货物行使的。

三、先期违约的补救方法

先期违约是指在合同订立以后、履行期到来之前，一方表示拒绝履行合同的意图。先期违约可以由违约方明确表示，或由对方从其行动中判断出来，例如，违约方在履行期到来之前即宣布拒绝履行合同或宣告破产或丧失清偿债务的能力。

根据《联合国国际货物销售合同公约》的规定，如果订立合同后，另一方当事人由于下列原因显然将不履行其大部分重要义务，一方当事人可以中止履行义务：(1) 对方履行义务的能力或他的信用有严重缺陷；(2) 对方在准备履行合同或履行合同中的行为。如果在履行合同日期前明显看出一方当事人将根本违反合同，另一方当事人可以宣告合同无效。当另一方显然将不履行其大部分重要义务时，一方可以暂时中止合同的履行，即在买方有先期违约的情况下，卖方可以停止发货或对在途货物行使停运权；在卖方先期违约的情况下，买方可以停止付款。此外，当事人还应承担以下义务：(1) 必须将自己中止或解除合同的决定立即通知对方；(2) 当对方提供了履行合同的充分保证时，应继续履行合同；(3) 当事人一方若没有另一方不能履行合同的确切证据而中止合同履行的，应负违反合同的责任。

第五节　货物所有权与风险的转移

一、货物所有权的转移

在国际货物买卖中，货物所有权自何时起从卖方转移到买方，是一个十分重要的问题。所谓货物买卖契约，就是指卖方将货物的所有权转移或同意转移给买方以换取价金的行为。在许多贸易争议中，通常只有先确定了货物的财产权归属问题，才能进而解决双方的具体权利与义务问题。由于各国法律对所有权转移适用不同的原则和规定，因而，1980 年《联合国国际货物销售合同公约》除了在卖方义务中规定了卖方的所有权担保义务之外，对货物所有权何时转移以及合同对所有权可能产生的影响等问题均未涉及，而由解决争议的法院或仲裁庭依照公约的一般原则（即国际商业惯例）或依照国际私法规则指引的国内法律来解决。

（一）国际贸易惯例的规定

在国际贸易惯例中，只有《1932 年华沙—牛津规则》明确地规定了货物所有权转移的时间。按照《1932 年华沙—牛津规则》第 6 条的规定，在 CIF 合同中，除卖方依据法律对订售货物享有留置权、保留权或中止交货权外，货物所有权的转移时间是在卖方将有关单据交买方掌握的时间，即卖方向买方交单的时间是货物所有权转移的时间。例如，在工厂交货或目的地交货合同中，可以推定所有权转移时间是在货物交给买方或置于其控制之下的时间。

此外，《国际商会国际销售示范合同》B 部 A7 款规定：如果双方当事人已经有效地同意保留所有权，则直至完全付清价款之前，或依照另外的约定，货物的所有权不发生转移。

（二）各国国内法的有关规定

1. 英国货物买卖法的规定

《1979 年英国货物买卖法》1995 年修订本关于货物所有权转移时间的确定取决于该买卖合同是特定物（specific goods）的买卖还是非特定物（uncertained goods）的买卖。

第一，非特定物买卖，通常是指仅凭说明书的买卖或期货买卖。按照该法第 16 条的规定，在货物特定化之前，所有权不发生转移。所谓特定化，是指将符合说明书的并处于可交付状态的货物无条件地划拨到合同项下的行为。所谓“处于可交付状态”，是指货物已经备妥，买方应根据合同提取之意。这种划拨可以由卖方提出而取得买方同意，也可以由买方提出而取得卖方同意。这种同意可以是明示的，也可以是默示的；可以在货物划拨之前作出，也可以在货物划拨之后作出。当合同中规定，卖方需将货物交付给买方或承运人或其他受托人或保管人以便交付买方，而又未保留对货物的处置权时，不论其是否为买方所指定，应被视为已经无条件地将货物划拨到合同项下。

第二，特定物买卖。在特定物的买卖中，所有权何时转移取决于缔约双方的意图。为了确定双方意图，除考虑合同条款、缔约双方行为以及合同的具体情况外，还要遵循以下原则①：A. 在无保留条件地买卖处于可交付状态的特定物时，货物所有权在缔约时转移给买方。B. 当卖方必须对货物有所作为才能使货物处于可交付状态时，如对货物进行修理、更换，则财产权是在完成了这些工作并在买方收到有关通知时发生转移。C. 当货物已经处于可交付状态，但卖方还必须对货物进行称重、丈量、检验或其他行为才能确定价金时，财产权应在以上行为都已经完成，且买方收到有关通知时转移。D. 当货物附有“看货和试用后决定”（on approval）或“准许退剩货”（on sale or return）或其他类似条件交付买方时，所有权在下列情况下转移：一是买方向卖方表示认可或接受，或采取其他接受该项交易的行为时；二是买方虽未向卖方表示认可或接受，但留下货物且未通知拒收时，例如，合同中规定了退货时间，则在时限到期时所有权转移；合同中未规定退货时间，则在合理时间届满时所有权发生转移。

2.《美国统一商法典》的规定

按照《美国统一商法典》第 2—507 条的规定，货物在特定于合同项下之前，所有权不发生转移。除双方另有协议，特定化后的货物所有权是在实际交付的时间和地点发生转移（第 2—401 条）。(1) 当合同规定在目的地交货时，所有权在目的地由卖方提交货物时发生转移；(2) 当合同规定卖方需将货物发送买方而无须送至目的地时，货物所有权在交付发运的时间和地点转移；(3) 当不需移动货物即可交付时，如卖方需提交所有权凭证，所有权在交付所有权凭证的时间和地点发生转移；在货物已经特定化且不需提交所有权凭证时，所有权在订立合同时发生转移。无论有无正当理由，当买方以任何形式拒绝接受或保留货物时或买方正当地撤销对货物的接受时，所有权重新转移给卖方，不构成一次买卖。

与《1979 年英国货物买卖法》1995 年修订本的规定不同的是，根据《美国统一商法典》的规定，卖方所有权的保留只起到担保权益的作用。例如，在货物提交买方或发运的情况下，卖方保留提单只起到担保买方将来付款的作用，并不妨碍所有权的转移。

3.《法国民法典》的规定

根据《法国民法典》的规定，货物所有权转移是在合同订立时发生。《法国民法典》第 1583 条规定，当事人就标的及其价金相互同意时，即使标的尚未交付、价金尚未支付，买卖即告成立，而标的物的所有权亦于此时在法律上由卖方转移于买方。

在司法实践中，所有权的转移还可以适用以下原则：(1) 对于种类物的买卖，所有权是在对货物进行划拨后发生转移；(2) 对于附条件的买卖，在满足条件后所有权发生转移；(3) 买卖双方在合同中自由约定所有权转移的时间。

4. 我国《民法通则》的规定

按照我国《民法通则》第 72 条第 2 款的规定，按照合同或其他合法方式取得财产的，财

---

① 参见《1979 年英国货物买卖法》（1995 年修订本）第 18 条规则 1—4。

产所有权从财产交付时起转移，法律另有规定或者当事人另有约定的除外。①

5.《德国民法典》的规定

和以上国家的做法均不相同，德国法认为货物所有权转移属于物权法范围，而买卖合同属于债权法范围，因此，买卖合同无法解决物之所有权转移的问题，需要买卖双方另就货物所有权转移问题达成合意。根据这一合意，货物所有权是在卖方将货物交付买方时发生转移；在卖方必须交付物权凭证的场合，卖方通过提交物权凭证完成所有权转移。而不动产买卖的所有权转移以完成登记的时间为准。

二、风险的转移

在国际货物买卖中，货物风险主要指货物在高温、水浸、火灾、严寒、盗窃或查封等非正常情况下发生的短少、变质或灭失等损失。划分风险的目的就是确定这些损失应当由谁承担。尽管在通常情况下，这些损失可以通过保险在经济上得到补偿，但仍有以下问题需要解决：(1) 谁有资格向保险公司求偿；(2) 在不属于保险范围内或当事人漏保的情况下的风险分担问题；(3) 对受损货物进行保全与救助的责任问题等。因此，在国际货物买卖中，风险分担对买卖双方是一个十分重要的问题。

（一）风险分担的原则

《联合国国际货物销售合同公约》对买卖双方风险的分担采用了以下原则。

1. 以交货时间确定风险原则。与某些国家以所有权的转移时间作为风险转移时间的做法不同，公约采用了所有权与风险相分离的方法，确定了以交货时间作为风险转移时间的原则。《联合国国际货物销售合同公约》第 69 条规定，从买方接收货物时起，风险转移至买方承担。

2. 过失划分原则。从交货时起，风险从卖方转移至买方。这一原则的适用有一个前提，即风险的转移是在卖方无违约行为的情况下。假若卖方发生违约行为，则上述原则不予以适用。《联合国国际货物销售合同公约》第 66 条规定，货物在风险转移到买方后遗失或损坏，买方仍需履行付款义务，除非这种遗失或损坏是卖方的作为或不作为所致。

3. 国际惯例优先原则。在国际货物买卖实践中，对于货物风险的转移，一些惯例有自己明确的规定。《联合国国际货物销售合同公约》第 9 条规定，双方当事人业已同意的任何惯例和他们之间确立的任何习惯做法，对双方当事人均有约束力。例如，根据《国际贸易术语解释通则》的规定，FOB、CIF、CFR 合同的风险划分是以装运港船舷为界：卖方承担货物越过船舷前的风险，货物越过船舷后的风险由买方承担。如果当事人在合同中选择了这种贸易术语，那么国际贸易术语规定的风险分担原则优于公约的规定，即风险划分以船舷为界而不是以交付单据（即交货）的时候划分。②

4. 划拨是风险发生转移的前提条件。根据《联合国国际货物销售合同公约》的规定，货物在划拨合同项下前风险不发生转移。所谓划拨，又称特定化，是指对货物进行计量、包装、加上标记，或以装运单据，或以向买方发出通知等方式表明货物已经归于合同项下。经过划拨的货物，卖方不得再随意进行提取、调换或挪作他用。当交货涉及运输时，《联合国国际货物销售合同公约》第 67 条规定，风险于货交第一承运人时起转移到买方，但在货物未划拨合同

---

① 参见《中华人民共和国合同法》第 133 条。

② 虽然《国际贸易术语解释通则 2010》已于 2011 年 1 月 1 日生效，但并不意味着它取代了《国际贸易术语解释通则》先前的各版本。买卖双方当事人仍可选择在此之前的《国际贸易术语解释通则》的各种版本来确定各自承担的权利、义务。

项下前不发生转移；当交货不涉及运输时，《联合国国际货物销售合同公约》第69条规定，风险是在货物交由买方处置时发生转移，但在货物划拨合同项下以前，不得视为已经交给买方处置。

（二）风险转移的时间

按照以交货时间作为风险转移时间的原则，《联合国国际货物销售合同公约》将交货分为以下三类。

1. 涉及运输的交货。涉及运输的交货又可以分为两种情况：（1）卖方没有义务在指定地点交货，此时，风险于货物交第一承运人时起转移给买方；（2）卖方必须在某一特定地点交货，此时，风险以在该地点货物交承运人时起转移给买方。由于《联合国国际货物销售合同公约》采用的是所有权转移与风险转移分离的原则，因而，卖方保留控制货物处置权的单据，不影响风险的转移。

2. 在途货物的交货。对于在运输途中出售的货物，《联合国国际货物销售合同公约》规定，原则上从订立合同时起，风险转移到买方。假如卖方通过向买方转移运输单据作为交货依据，则从货物交付给签发载有运输合同的承运人时起，风险由买方承担。为了保护买方的利益，《联合国国际货物销售合同公约》给出售在途货物的卖方施加了一项义务，即如果卖方在订立合同时已经知道或理应知道货物已经损坏或遗失，而不将这一事实告知买方，则上述风险转移的原则不予适用。

3. 不涉及运输的交货。不涉及运输的交货也有两种情况：（1）在卖方营业地交货，此时，风险从买方接收货物时转移给买方，或在货物交买方处置但遭无理拒受时起转移给买方。（2）在卖方营业地以外地点交货，当交货时间已到，而买方知道货物已在该地点交他处置时，风险才开始转移给买方。所谓货物交买方处置，是指卖方已将货物划拨合同项下，完成交货的准备工作并向买方发出通知等一系列行为，卖方完成上述行为即为将货物已交买方处置。

值得注意的是英国对风险转移的划分。根据《1979年英国货物买卖法》1995年修订本的规定，货物风险表面上随财产权转移。该法第20条规定，卖方应负责承担货物的风险，直至财产权转移给买方时止。根据这一规定，风险的转移是和所有权转移联系在一起的，所有权不发生转移，风险也不发生转移。假如卖方在货物装船后不把提单交给买方，那么货物在提单交给买方前的整个运输途中的风险都应由卖方负责。

法律应用

1. 国际货物买卖的国际公约。《联合国国际货物销售合同公约》是国际货物买卖方面的重要法律渊源，截至2013年9月25日世界上已经有80个国家参加了该公约，我国也加入了该公约。因此，掌握该公约并灵活应用该公约是本章学习的重点。司法实践中适用该公约的案件也很常见。该公约在合同的成立程序、买卖双方的权利与义务、违约责任方面作出了详细的规定，这些规定融合了大陆法系和英美法系的法律理论。我国《合同法》在很多方面借鉴了该公约的规定。

2. 国际贸易术语解释通则。国际商会编纂的《国际贸易术语解释通则》在国际货物买卖实践中被当事人引用最多，实践中涉及该通则的案件非常普遍，因此，只有掌握该通则的内容才能准确应用。《国际贸易术语解释通则》中最常用的是CIF、CFR和FOB术语，其中，CIF

多用于出口合同，FOB多用于进口合同。

3. 国际货物买卖合同。国际货物买卖合同的订立过程直接涉及国际货物买卖合同的成立问题。此外，国际货物买卖合同的当事人义务的履行也直接涉及国际货物买卖合同的效率。实践中，涉及国际货物买卖合同当事人违约责任的案件最为常见，因此，必须恰当签订国际货物买卖合同，并认真履行合同。国际货物买卖合同通过要约和承诺的程序订立，因而要约和承诺的界定变得十分重要。在权利、义务方面，卖方承担了更多义务，实现了对买方利益的保护。而在违约责任方面，损害赔偿是主要救济方法，解除合同措施受到严格限制。《联合国国际货物销售合同公约》对国际货物买卖合同的一系列问题都作出了明确规定。

课后复习

1. 试述《联合国国际货物销售合同公约》的主要内容。
2. 试述《国际贸易术语解释通则2010》的主要内容。
3. 试述国际货物买卖合同成立的程序。
4. 试述国际货物买卖合同的主要内容。
5. 国际货物买卖合同中卖方和买方的义务有哪些?
6. 违约救济方法有哪些?
7. 试述货物所有权转移的理论。
8. 试述货物风险转移的原则和时间。

第三章
国际服务贸易法

提 要

国际服务贸易是现代国际贸易的重要组成部分，是继国际货物贸易之后发展起来的重要贸易形式。国际服务贸易包括两个方面：一是平等当事人之间的服务贸易关系，二是政府之间调整对外服务贸易关系的多边协议。本章从服务的概念入手，分析了国际服务贸易的概念和特征，特别是WTO关于国际服务贸易的解释。国际服务贸易涉及很多服务领域和服务行业，本章只选取了与国际货物贸易关系密切的服务领域进行阐述，重点阐述了国际货物运输法、国际货物运输保险法、国际贸易支付法。此外，在政府调整对外服务贸易方面重点介绍了WTO《服务贸易总协定》。

重点问题

1. 国际服务贸易的概念和特征
2. 提单法律制度
3. 租船合同制度
4. 国际航空货物运输制度
5. 国际铁路货物运输制度
6. 国际多式联运制度
7. 国际货物运输保险制度
8. 国际贸易支付制度
9. WTO《服务贸易总协定》

第一节　国际服务贸易概述

一、服务与国际服务贸易

（一）服务

按照经济学的观点，服务是相对于有形商品而言的一种特殊形式的劳动产品。马克思指出：服务这个名词，一般地说，不过是指这种劳动所提供的特殊使用价值，就像其他一切商品也提供自己的特殊使用价值一样；但是，这种劳动的特殊使用价值在这里取得了这个特殊名称，是因为劳动不是作为物，而是作为活动提供服务的。[①]

法律意义的服务（service），是指一个人向他人履行义务（duties）或提供劳动（labour），前者为后者的利益或按其指令履行义务或提供劳动，其意志受后者的控制和支配。[②] 其一般可以分为行政部门的服务（civil service）、军事部门的服务（military service）、公用服务（public service）和普通商业服务（commercial service）。行政部门的服务和军事部门的服务是中央、地方各级政府行政和军事部门为实施其职能而提供的服务。公用服务是由政府特许的公司，为公众的利益或便利而提供的服务。经由政府特许的公司，其所有权可以是国有或私有，但为公众的利益，在诸如自来水、电力、煤气、公共交通等公用事业上提供服务。作为服务贸易的服务通常是指商业服务，即一方为取得报酬而向他人提供的服务，可以分为国内服务贸易和国际服务贸易。按照 WTO《服务贸易总协定》的规定，该协定适用于所有部门的一切服务；但非商业性质的且不与其他服务提供者相竞争的服务，均不在该协定调整的范围之内。[③]

（二）国际服务贸易

国际服务贸易是指各种类型服务的跨国交易，它们既可以发生在不同国家的国民之间，也可以发生在不同的国家之间。国际服务贸易法就是调整服务跨国交易的各种法律规范的总和。

根据 WTO 服务部门分类表[④]，国际服务部门可以分为 11 类、142 个项目，它们是：(1) 职业服务，包括医生、会计师、律师等专业服务，计算机服务，研究与开发（R&D）服务，房地产服务，租赁服务，广告与科技咨询服务等；(2) 通信服务，包括邮政、快件、电报、传真等电信服务，电视、电影、录音录像等视听服务；(3) 建筑与装饰等工程服务；(4) 批发、零售、代理等销售服务；(5) 各种形式的教育服务；(6) 垃圾、污水处理、卫生等环境服务；(7) 银行、保险、证券等金融服务；(8) 医疗与社会保障服务；(9) 旅游及有关的宾馆、饭店等服务；(10) 娱乐、文化与体育服务；(11) 各种形式的运输服务等。

《服务贸易总协定》列举了其所适用的四种类型的服务。

1. 跨境服务（from the territory of one member to any other member），即自一成员境内向另一成员境内提供服务，例如，通过电讯、邮电、计算机网络进行的视听、信息传递和国际资金划拨等。

2. 过境消费（in the territory of one member to the service consumer of any other member），即在一成员境内向另一成员的消费者提供服务，例如，一成员的国民、商用运输工具到另一成员境内接受服务提供者提供的服务。

3. 商业存在（by a service supplier of one member, through the commercial presence on the territory of any other member），即一成员的服务提供者在另一成员境内以商业存在形式提供服务。所谓"商业存在"，是指任何类型的商业或专业机构，包括为提供服务在另一成员境内组建、取得或维持一个法人，或创建或维持一个分支机构或代表处。例如，一国服务提供者在另一国建立商业实体或由其银行或保险公司通过在国外建立的分支机构提供服务。

4. 自然人存在（by a service supplier of one member, through the presence of natural persons in the territory of any other member），即一成员的服务提供者以自然人身份在另一成员境

---

① 参见《马克思恩格斯全集》，第 48 卷，55～56 页，北京，人民出版社，1985。

② 参见薛荣久：《世贸组织与中国大经贸发展》，北京，对外经济贸易大学出版社，1997；陈已昕：《国际服务贸易法》，上海，复旦大学出版社，1997；王传丽主编：《国际贸易法》，北京，法律出版社，1998。

③ 参见《服务贸易总协定》第 1 条第 3 款（b）（c）项。

④ 参见《服务贸易总协定》。

内提供服务，例如，一国演员、教师、医生到另一成员境内举办演唱会或提供专业服务。

按照国际服务贸易是否与货物贸易有关，又可以分为国际追加服务（international complementary service）和国际核心服务（international individuality service）。国际追加服务是伴随着货物贸易而追加的一系列服务，包括产品初始阶段的研究开发、市场调研、可行性研究、资金筹措等服务，生产阶段的设备租赁、保养维修、质量和检测、控制、财务、保险、通信、安全、后勤服务以及职工的社会保障服务等，最后销售阶段的售后服务、广告、运输、货物的退赔及有关的诉讼等服务。国际核心服务相对于国际追加服务，是指与货物的生产和销售无关的服务；是专为消费者提供的服务；服务的核心效用是消费者的追求；包括面对面服务（face to face service）和远距离服务（long distance service）：前者指服务提供者和消费者通过实际接触实现服务，例如，在银行存、取款或医生给病人看病；后者指服务提供者和服务消费者没有实际接触，而是通过一定媒介如电子计算机、网络向消费者提供信息和资金等的远距离传递服务。

二、国际服务贸易的特点

国际服务贸易与国际货物贸易相比，有以下主要特征。

1. 无形性、同步性。服务是一种无形产品，以活动形式提供使用价值。其易逝性、不可储存性、同步性使其与凝结在货物（产品）中的物化劳动具有本质的不同。

2. 国际服务贸易主体的国际性。国际服务贸易是由来自不同国家或地区的服务的提供者和服务的消费者之间发生的交易，而国际货物贸易是交易客体即货物的跨境流动。

3. 政策问题多于法律问题。和国际货物贸易不同，国际服务贸易的蓬勃发展始于 20 世纪 80 年代。在服务业的发展规模、发展速度、发展水平及科技含量上，发达国家占有绝对优势。发达国家和发展中国家之间在服务贸易方面的差异较之其在货物贸易方面的差异更大，其主要问题不是表现在关税壁垒方面，而是表现在一些更基本的原则方面，如市场准入、最惠国待遇和国民待遇等问题。一国是否允许外国服务业进入其市场，是否给予其最惠国待遇和国民待遇，涉及更为敏感的人员的自由流动及移民政策问题、利用外资政策问题、文化和意识形态问题，甚至主权和国家安全等问题，且所涉范围广泛、问题复杂，既和一国综合经济实力有关，也和国家的对外方针、政策有关。因此，在国际服务贸易领域，协调、统一各国的有关服务贸易的政策和法律更为困难。

4. 法律调整的国内化倾向。第二次世界大战以来，调整国际货物贸易的法律逐步走向了国际统一化、法典化。然而在国际服务贸易领域，由于各国服务贸易发展水平相差太大，政府执行的方针、政策不同，因而，调整国际服务贸易的法律关系诸如在人员、资本、信息、技术等的自由流动方面，在市场准入方面，主要靠各国的国内立法调整。在开业权、经营权、税收优惠等方面，程度不同地存在着对外国服务提供者的限制和歧视。《服务贸易总协定》仅仅是在解决这些最基本的问题方面迈出了尝试性的一步。

第二节　国际货物运输法

一、国际海上货物运输

（一）提单（Bill of Lading）

提单适用于散杂货定期班轮运输，是国际海上货物运输中使用最广泛的一种合同形式。目前国际上调整班轮运输的国际公约有四项:《海牙规则》、《维斯比规则》、《汉堡规则》和《鹿特丹规则》。我国不是这些公约的成员国,但1993年7月1日开始实施的《中华人民共和国海商法》关于海上货物运输的规定是以《海牙规则》《维斯比规则》为基础的,同时适当吸收了《汉堡规则》的某些规定。可见,这三项公约对于我国全面了解国际海上货物运输法律具有重要的意义。随着世界经济的发展,传统的国际货物运输方式发生了很大变化,货物集装箱化和门到门运输非常普及,但是,上述三项公约不仅在承运人责任制度上规定不够统一,而且也不能解决门到门运输的承运人责任问题。联合国国际贸易法委员会从1996年开始委托国际海事协会(CMI)起草新的国际运输公约,即《鹿特丹规则》。该规则将门到门的所有运输方式都包括在内;此外,在归责原则上吸收了《海牙规则》、《维斯比规则》和《汉堡规则》的有关规定。目前该规则尚未生效。

1. 提单的定义和作用

提单是一种用以证明海上运输合同和货物已由承运人接管或装船,以及承运人保证凭以交付货物的单据。

根据这一定义,提单的作用有以下三种。

(1) 提单是托运人与承运人之间订有运输合同的凭证。在班轮运输中,若托运人与承运人之间已事先就货物运输订有货运协议(如订舱单、托运单),则提单是双方运输合同的证明;如果事先无货运协议,则提单就是双方订立的运输合同。若托运人把提单通过背书转让给第三人(如收货人),则提单就是承运人和收货人之间的运输合同。

(2) 提单是承运人从托运人处收到货物的凭证。在班轮运输中,有权签发提单的是承运人(船长或其代理人)。托运人将货物交给承运人后,承运人签发提单,证明承运人按提单上所列内容收到了货物,日后按提单所载内容向收货人交付货物。

(3) 提单是代表货物权利的凭证。Document of Title to Goods,中文习惯上译作货物所有权凭证,其实际含义更广,包括任何提单、码头仓单、仓库管理人的证明、交货授权书或命令,以及在普通业务运作中对货物占有或控制的任何其他文件,或任何以背书或支付方式授权或旨在以这种方式出示的文件。文件的占有人能以这种方式转让或接收货物。其基本特征是,权利随着单据走(the right travels with the document)。[①] 承运人在收到货物并签发提单之后,负有在目的地只向提单持有人交付货物的义务。谁持有提单,谁就有权提取货物。作为权利凭证,提单可以进行买卖和自由转让。

2. 提单的种类

(1) 依货物是否装船分为已装船提单(Shipped B/L, on Board B/L)和收货待运提单(Received for Shipment B/L)。前者指在货物装船以后,承运人签发的载明船名及装船日期的提单。后者主要适用于集装箱运输,是承运人在收取货物以后、实际装船之前签发的表明货物已收管待运的提单。

(2) 依提单上是否有批注分为清洁提单(Clean B/L)和不清洁提单(Unclean B/L, Foul B/L)。前者指单据上无明显的声明货物及(或)包装有缺陷的附加条文或批注。后者指附有该类附加条款或批注的提单。

在国际贸易实践中,银行或买方或提单的受让人只接受已装船清洁提单。根据《跟单信用证统一惯例》的规定,除信用证明确规定可以接受者外,银行拒绝接受不清洁提单。此外,不

---

① 参见R. Goode, *Commercial Law*, Penguin Books, 2nd ed., 1995, p. 55;《1889年英国代理商法》及《1979年英国货物买卖法》(1995年修订本)第61条定义。

清洁提单也难于作为物权凭证自由转让。

（3）依收货人抬头分为记名提单（Straight B/L）、不记名提单（Open B/L）和指示提单（Order B/L）。记名提单是指托运人指定特定人为收货人的提单。这种提单不能通过背书方式转让，故也称作“不可转让提单”。不记名提单是指托运人不具体指定收货人，在收货人一栏只填写“交与持票人”（To bearer）字样，故又称作“空白提单”。这种提单不经背书即可转让，凡持票人均可以提取货物，因此，在国际贸易中因风险太大而很少使用。指示提单是指托运人在收货人一栏内填写“凭指示”（To order）或“凭某人指示”（To order of ...）字样。指示提单可以通过背书转让，故又称作“可转让提单”，在国际贸易中得到普遍使用。

（4）依运输方式分为直达提单（Direct B/L）、转船提单或联运提单（Transhipment B/L, Through B/L）和多式联运单据（或提单）或联合运输单据（Combined transport document or B/L, Multimodal transport document or B/L）。直达提单是指由承运人签发的，货物直接从装运港运往目的港的提单。转船提单和联运提单在本质上并无不同：转船提单是指允许货物中途换船的提单；联运提单是指货物由海运和另一种或两种以上不同方式，如海陆、海空、海陆空等方式运输而签发的提单。转船提单或联运提单均由船公司签发并由其承担全程责任，因此，在性质上两者并无不同。值得注意的是，联运提单与联合运输单证或多式联运单证的关系：相同之处在于两者都使用至少两种不同的运输方式，将货物从一国运往另一国。不同之处则在于联运提单的签发人一定是船公司或其代理人，而后者虽然是由联合运输经营人签发，但它并不一定是船公司。例如，该联合运输经营人是船公司或代理人，并注明货物于某日已装船，则可以用联合运输提单代替联运提单。

（5）依运费支付的时间分为运费预付提单（Freight prepaid B/L）和运费到付提单（Freight payable at destination B/L）。前者指托运人在装货港提交货物时即支付运费，承运人在提单中载明“运费付讫”，在CIF和CFR合同中要求运费预付提单。后者指货物到达目的地，托运人或收货人支付运费，提单上载明“运费到付”。

（6）租船提单。租船项下的提单称为租船提单，其性质和作用依租船人的身份不同而异。当租船人运送的是自己的货物时，船东签发的提单起证据的作用，提单要服从租船合同的约束，租船人（即托运人）与船东（承运人）双方的权利、义务以租船合同为准。当租船人以承运人的身份接受第三者即托运人的货物并签发自己的提单时，其性质和班轮运输提单一样，适用《海牙规则》的规定，承运人与托运人、提单持有人、收货人的权利与义务以提单为准，但船东和租船人的权利与义务以租船合同为准。

3. 承运人的责任和责任豁免、责任期间和诉讼时效

承运人和托运人的权利与义务由当事人双方在提单中明确加以规定。下面根据《海牙规则》的规定，将其主要内容分述如下。

《海牙规则》第3条规定了承运人必须履行的最低限度责任：（1）承运人须在开航前和开航时恪尽职责使船舶适航。其具体含义是指：在开航前与开航时船舶适于航行；船员的配备、船舶装备和供应适当；船舶要适合货物的安全运送和保管。（2）适当和谨慎地装载、搬运、配载、运送、保管、照料和卸载所运货物。根据该规则的规定，凡是在合同中约定解除或减轻承运人依《海牙规则》承担上述责任义务的条款一律无效。

《海牙规则》实行的是承运人的不完全过失责任。其第4条第2款和第4款列举了18种情况下免除承运人依法承担的责任，分别是：（1）承运人对船长、船员、领航员或承运人的其他受雇人在驾驶船舶或管理船舶中的过失负责；（2）非由于承运人过失发生的火灾；（3）海难；（4）天灾，海上或其他可航水域的危险或意外事故；（5）战争；（6）公敌行为；（7）政府或主

管部门的行为；(8) 检疫限制、扣押；(9) 罢工；(10) 暴动和骚乱；(11) 海上救助或企图救助人命或财产；(12) 托运人、货物所有人或其代理人的行为；(13) 货物的自然特性或固有缺陷；(14) 货物包装不良；(15) 唛头不清、不当；(16) 经谨慎处理仍未发现的船舶潜在缺陷；(17) 非承运人或其受雇人、代理人实际过失或私谋造成的其他原因；(18) 合理绕航。根据该规则第 5 条的规定，承运人可以在提单中明确规定放弃某项权利的豁免或加重自己的责任和义务。

按照《海牙规则》第 1 条 (e) 款的规定，承运人的责任期间是从货物装上船起，至卸下船止的整个期间。当使用船上吊杆装卸货物时，指从装货时吊钩受力开始至货物卸下船、脱离吊钩为止的整个期间，即实行"钩到钩原则"；当使用岸上吊杆装卸货物时，则是货物从装运港越过船舷时起，至卸货港越过船舷为止的整个期间，即实行"舷到舷原则"。

按照《海牙规则》第 3 条第 6 款的规定，货物自卸货港交货前或交货时，收货人应将货物灭失和损害的一般情况以书面方式通知承运人；在损害不明显时，该通知应在交货之日起 3 日之内提交；如果在交货时，承运人和收货人已经对货物进行联合检验或检查，则无须再提交书面通知；无论在何种情况下，从货物交付日或应交付日起，托运人或收货人应就货物的灭失或损坏情况在 1 年内提起诉讼，否则，免除承运人依照《海牙规则》应当承担的一切责任。

4. 托运人的责任

《海牙规则》第 3 条第 5 款和第 6 款规定了托运人的两项责任：(1) 保证义务。托运人在托运货物时应妥善包装，并保证货物装船时所提供的货物品名、标志、包数或件数、重量或体积的正确性。(2) 通知义务。托运人托运危险货物时，应按照有关海上危险货物运输的规定妥善包装，作出危险品标志的标签，并将其正式名称、性质及应当采取的预防措施通知承运人。

5. 关于提单运输的四项国际公约及其比较

《海牙规则》、《维斯比规则》、《汉堡规则》和《鹿特丹规则》是目前调整海上班轮运输的四项国际公约。

(1)《海牙规则》(Hague Rules)。

该公约全称为《1924 年统一提单的若干法律规则的国际公约》，于 1924 年 8 月 25 日在布鲁塞尔签订，于 1931 年 6 月 2 日生效。我国没有加入该公约。

《海牙规则》共有 16 条，主要规定了承运人的最低限度责任与义务、权利与豁免、责任起讫、最低赔偿限额、托运人的义务以及索赔与诉讼时效等。

我国没有加入该公约。但在我国于 1993 年 7 月 1 日实施的《海商法》和我国航运公司制定的提单中吸纳了《海牙规则》关于承运人责任和豁免的规定。

(2)《维斯比规则》(Visby Rules)。

全称为《修改统一提单的若干法律规则的国际公约的议定书》，于 1968 年 2 月 23 日在布鲁塞尔签订，1977 年 6 月 23 日生效。我国未加入该公约。

《维斯比规则》对《海牙规则》的修改主要包括以下三个方面。

第一，适用范围。《海牙规则》适用于在任何缔约国所签发的一切提单，《维斯比规则》改为：公约适用于两个国家港口之间有关的货物运输的每一份提单，如果：A. 提单在一个缔约国签发，或 B. 从一个缔约国的港口启运，或 C. 提单或由提单证明的运输合同中规定，该提单 (或合同) 受《维斯比规则》的约束，或受《维斯比规则》生效的国内立法的约束；不考虑船舶、承运人、托运人、收货人或任何其他有关人员的国籍如何。

第二，提单的证据力。《海牙规则》规定，承运人向托运人签发提单，是承运人收到该提单中所载货物的初步证据。根据这一规则，承运人有权提出反证，否定提单所载内容的真实性。这对托运人来讲，没有不公平之处，因为货物是托运人提交的，提单所载内容是托运人填写的。但这对于善意的提单的受让人来说，则可能是不公平的。有鉴于此，《维斯比规则》明确地规定，当提单已经转给善意行事的第三者时，对与提单相反的证据不予接受。也就是说，在存在善意的第三者的情况下，提单对于善意的受让人来说，是最终证据。

第三，责任限制。《海牙规则》的规定比较简略，其第 4 条第 5 款规定：承运人或船舶，在任何情况下对货物或与货物有关的灭失或损害，每件或每一计费单位是 100 英镑，除非当事人在提单中注明了更高价值。

《维斯比规则》在责任限制的内容上对《海牙规则》作了较大的扩充和修改，表现在以下方面。

第一，承运人的责任限制和抗辩理由，适用于就运输合同所涉及的有关货物的灭失或损害对承运人所提起的任何诉讼，不论该诉讼是以合同为根据还是以侵权行为为根据。

第二，承运人的这种责任限制和抗辩理由，同样适用于承运人的雇佣人员和代理人（如果该雇佣人员或代理人不是独立的缔约人）。此即认可了所谓喜马拉雅条款的合法性。喜马拉雅条款（Himalayas clause），来自“阿德勒诉狄克逊”（Adler v. Dickson）一案［（1995）1 Q. B. 158］。该案中，阿德勒夫人是一名游客，在搭乘 P&O 公司的一艘名为“喜马拉雅号”游轮时，于下船时因船梯断裂而摔伤。由于阿德勒夫人持有的船票上载有承运人的疏忽免责条款，故阿德勒夫人转而以侵权行为为由对船长和水手提起诉讼。船长和水手认为作为船公司的雇员，他们有权享受船票上关于承运人免责的规定。法院判决认为，船票上的免责条款是船公司和乘客之间签订的，有权援引该条款的只能是该契约的当事人，船公司的雇佣人员无权享受不是由他签订的合同中的免责条款的权利。该案的结果是阿德勒夫人胜诉。以后，船公司为了避免此类事件的发生，在合同中增加一项喜马拉雅条款，规定承运人的免责和限制赔偿金额的权利同样适用于其雇佣人员和代理人。除《维斯比规则》外，《汉堡规则》也承认了喜马拉雅条款的合法性。

第三，赔偿金额从原来的 100 英镑改为双重限额，每件或每一单位为 10 000 金法郎，或按灭失或损坏的货物毛重每千克 30 金法郎①，以较高者为限。

第四，拼装货的计算。《维斯比规则》增加了对用集装箱、托盘或类似的装运器具拼装时的赔偿金额的计算的规定。《维斯比规则》规定，提单中如果载明装在这种装运器具中的件数或单位数，则按所记载的件数或单位数计算，否则，整个集装箱或托盘视为一件。

第五，诉讼时效。《海牙规则》规定的诉讼时效为 1 年，从货物交付或应交付之日起算。《维斯比规则》除坚持《海牙规则》的 1 年时效外，还规定，经双方同意可以延长。即使 1 年期满后，承运人仍有不少于 3 个月的时间向第三者追偿。

第六，核能损害责任。《海牙规则》对此未作规定。《维斯比规则》规定，《海牙规则》的规定不影响任何国际公约或国内法有关对核能损害责任的各项规定。

《维斯比规则》对《海牙规则》的修改，并没有解决《海牙规则》中权益失衡这一本质问题，关于承运人的责任和豁免、责任起讫、托运人的义务等问题均未作实质性改变。我国未加入《维斯比规则》，但《维斯比规则》中关于提单对善意的第三者的最终证据作用的规定②，

① 一金法郎是纯度为千分之九百的黄金 65.5 毫克。

② 参见《中华人民共和国海商法》第 77 条。

关于承运人的责任限制和赔偿额的规定适用于其代理人及雇员的规定[①]，以及拼装货的计算[②]，在我国海商法中均有体现。我国海商法中关于承运人的赔偿限额为每件或每个其他货运单位666.67计算单位，或者按毛重计算，每公斤为2计算单位，以二者中赔偿限额较高者为准，这一计算结果与《维斯比规则》的规定相当。此外，《维斯比规则》中增加的关于延迟交货的赔偿金额为延迟交货的运费数额的规定[③]，以及诉讼时效的修改[④]等，均在我国《海商法》的有关规定中得到反映。

(3)《汉堡规则》(Hamburg Rules)。

该公约全称为《1978年联合国海上货物运输公约》，于1978年3月汉堡会议通过，1992年11月1日生效。我国未加入该公约。

《汉堡规则》按照船方和货方合理分担风险的原则，适当加重了承运人的责任，使双方的权利与义务趋于合理、平等。其主要内容包括以下12个方面。

第一，适用范围。与《海牙规则》和《维斯比规则》相比，《汉堡规则》的适用范围更为明确，它规定，《汉堡规则》适用于两个国家之间的所有海上货物运输合同，如果：A. 装货港位于一个缔约国内；或B. 预定卸货港或实际卸货港位于一个缔约国内；或C. 提单或证明海上运输合同的其他单据是在一个缔约国内签发；或D. 提单或证明海上运输合同的其他单据中规定，公约的各项规定或实施公约的各国国内立法对提单有约束力；E. 依租船合同签发的提单，如果该提单约束承运人和不是租船人的提单持有人之间的关系。

第二，增加实际承运人的概念。实际承运人指接受承运人委托执行货物运输或部分运输的任何人。《汉堡规则》所有关于承运人责任的规定，不但适用于承运人的代理人、雇员，也适用于受其委托的实际承运人。

第三，货物。《海牙规则》中货物的概念不包括舱面货或集装箱装运的货物以及活动物。《汉堡规则》规定，承运人只有与托运人达成协议或符合特定的贸易习惯或为法规或条例要求时，才能在舱面载运货物，否则，要对舱面货发生的损失负赔偿责任。对于活动物，只要承运人证明是按托运人对该活动物作出的指示办事，则因货物的灭失、损坏或延误运货造成的损失视为运输固有的特殊风险，承运人不承担责任。

第四，关于清洁提单的规定。《海牙规则》规定，承运人在签发提单时应注明货物的表面状况，但是，如果承运人、船长或承运人的代理人有合理根据怀疑提单不能正确代表实际收到的货物，或无适当方法进行核对的话，不一定必须将任何货物的唛头、号码、数量或重量标明或标示在提单上。按照这一规定，一份由承运人签发的所谓表面状况良好的提单，实际上并不意味着是一份清洁提单，因为承运人的怀疑或无法核对的事项并没有如实反映在提单的批注当中。为了避免或减少由此产生的争议，《汉堡规则》明确地规定，如果承运人或代其签发提单的其他人，确知或有合理的根据怀疑提单所载有关货物的一般性质、主要唛头、包数或件数、重量或数量等项目没有准确地表示实际接管的货物，或者无适当的方法核对这些项目，则承运人或上述其他人必须在提单上作出保留，注明不符之处、怀疑根据或无适当核对方法。与《海牙规则》不同，《汉堡规则》虽然要求承运人必须在提单上注明货物的表面状况，但如果承运人未在提单上批注货物的外表状况，则视为已经在提单上注明货物

① 参见《中华人民共和国海商法》第58条。
② 参见《中华人民共和国海商法》第56条。
③ 参见《中华人民共和国海商法》第57条。
④ 参见《中华人民共和国海商法》第257条。

的外表状况良好。

第五，承运人责任起讫。《汉堡规则》将《海牙规则》规定的“钩至钩”“舷至舷”，扩展为自承运人接管货物时起至货交收货人为止，货物在承运人掌管之下的整个期间。

第六，承运人赔偿责任基础。《汉堡规则》将《海牙规则》中承运人的不完全过失责任改为承运人的推定完全过失责任制，即除非承运人证明他本人及代理人或所雇佣人员为避免事故的发生及其后果已经采取了一切合理要求的措施，承运人对在其掌管货物期间因货物灭失、损坏及延误交货所造成的损失负赔偿责任。如果承运人将运输全部或部分委托给实际承运人履行，承运人仍需对全程运输负责；如果双方都有责任，则在此限度内负连带责任。

第七，提高赔偿金额。《汉堡规则》将承运人的最低赔偿金额在《海牙规则》和《维斯比规则》规定的基础上提高到每件或每一货运单位 835 计账单位或相当于毛重每千克 2.5 计账单位的金额，以较高者为限。所谓计账单位，是指国际货币基金组织规定的特别提款权，以此取代原来采用单一货币，规避其所带来的汇率波动风险。

第八，增加对延迟交货赔偿的规定。《汉堡规则》对承运人延迟交货时的赔偿作出了明确的规定，即以相当于该延迟交付货物应付运费的 2.5 倍为限，但不得超过海上运输合同中规定的应付运费总额。所谓延迟交货，是指货物未能在明确议定的时间内，或在没有此项议定时，按照具体情况对一个勤勉的承运人未能在合理要求的时间内，在合同规定的卸货港交货，即构成延迟交货。

第九，保函。在国际海上货物运输实践中，托运人为取得清洁提单，向承运人出具承担赔偿责任的保函的做法一直被司法实践认为是一种欺诈行为而无效。但在实践中，这一做法却因为实用、简便而经常被当事人采纳，作为紧急情况下的一种变通做法。如何正视这一问题并找出合理的解决办法，是《汉堡规则》的又一贡献。《汉堡规则》将保函合法化，规定托运人为取得清洁提单而向承运人出具承担赔偿责任的保函在托运人和承运人之间有效，但对提单受让人，包括任何收货人在内的第三方无效。在发生欺诈行为的情况下（无论是托运人或承运人欺诈），承运人均需承担损害赔偿责任，并且不能享受公约规定的责任限制的利益。

第十，索赔与诉讼时效。《汉堡规则》将《海牙规则》和《维斯比规则》规定的 1 年时效改为 2 年，并规定如果经接到索赔要求人的声明，可以多次延长。收货人应在收到货物的次日，将损失书面通知承运人，如果货物损失属于非显而易见的，则在收货后连续 15 日内，延迟交货应在收货后连续 60 日内，将书面通知送交承运人，否则收货人丧失索赔的权利。

第十一，管辖权。《汉堡规则》增加了关于管辖权的规定。原告针对货物运输案件的法律程序，可就法院地作出以下选择：A. 被告主营业所在地或惯常居所地；或 B. 合同订立地，且合同是通过被告在该地的营业所、分支机构或代理机构订立的；或 C. 装货港或卸货港；或 D. 海上运输合同中指定的其他地点。

第十二，《汉堡规则》与《海牙规则》、《维斯比规则》的关系。根据《汉堡规则》的规定，凡《海牙规则》和/或《维斯比规则》的缔约国，在加入《汉堡规则》时，必须声明退出《海牙规则》和/或《维斯比规则》，如果有必要，这种退出可以推迟至《汉堡规则》生效之日起 5 年，即以前曾为《海牙规则》和/或《维斯比规则》的缔约国，在加入《汉堡规则》后，从 1997 年 11 月 1 日起，不再是前述两项公约的缔约国。

我国不是《汉堡规则》的缔约国，在我国《海商法》的规定中采纳了《汉堡规则》关于货物、实际承运人、清洁提单、延迟交货的概念（第 42 条第 5 项、第 2 项，第 75 条，第 76 条，第 50 条）；并对承运人的责任期间作了进一步具体划分：承运人对集装箱装运的货物的责任期间，是从装运港接收货物时起至卸货港交付货物时止，货物处于承运人掌管之下的全部期间；

对非集装箱装运的货物，承运人的责任期间是从货物装上船时起至卸下船时止，货物处于承运人掌管之下的全部期间（第 46 条）；关于索赔时效，也按集装箱交货与非集装箱交货加以区分，例如，当货物灭失或损坏情形非显而易见时，在货物支付的次日起连续 7 日内，集装箱交货则从次日起 15 日内，延迟交货则在交货日起 60 日内收货人未提交书面通知时，视为承运人已交付货物且状况良好的初步证据（第 81 条、第 82 条）。

(4)《鹿特丹规则》(Rotterdam Rules)。

随着世界经济的发展，传统的国际货物运输方式发生了很大变化，货物集装箱化和门到门运输变得非常普及，但是，上述三个公约不仅在承运人责任制度上不够统一，而且也不能解决门到门运输的承运人责任问题。为此，2008 年 12 月 11 日联合国大会第六十三届会议通过了《联合国全程或部分海上货物运输合同公约》（UN Convention on the Contracts of International Carriage of Goods Wholly or Partly by Sea，简称《鹿特丹规则》），目前还没有生效。① 该规则确立了管辖托运人、承运人和收货人在含有国际海上运程的门到门运输合同下所享权利和所承担义务的统一现代法律制度。该规则借鉴了先前各项与海上国际货物运输有关的公约，特别是《海牙规则》及其各项议定书（《维斯比规则》）以及《汉堡规则》，并成为其替代文书。《鹿特丹规则》提供了一个法律框架，其中考虑到了自先前那些公约通过以来在海运中发生的许多技术和商业的发展情况以及整合和更新现有公约的必要性，包括集装箱化运输的增长、对单一合同下门到门运输的渴望，以及电子运输单证的编制等。《鹿特丹规则》为托运人和承运人提供了一种有约束力的普遍制度，以支持可能涉及其他运输方式的海运合同的运作。另外，按照《鹿特丹规则》第 89 条的规定，加入《鹿特丹规则》的成员，同时退出《海牙规则》、《海牙—维斯比规则》和《汉堡规则》。

《鹿特丹规则》共有 18 章、96 条，分别规定了总则，适用范围，电子运输记录，承运人的义务，承运人对灭失、损坏或迟延所负的赔偿责任，托运人对承运人的义务，运输单证和电子运输记录，货物交付，控制方的权利，权利转让，赔偿责任限额，时效，管辖权，仲裁，合同条款的有效性，公约不管辖的事项及最后条款。

与先前的海运国际公约相比，《鹿特丹规则》有如下变化：

第一，扩大了该公约的适用范围。《鹿特丹规则》首次确立了“海运加其他”（海运区段以及海运前后其他运输方式的区段）的法律制度。“海运加其他”将该公约的适用范围扩大到传统的海上区段以外的其他领域，包括与海上运输连接的陆上运输，铁路、公路、内河水上运输，甚至是航空运输。但值得注意的是，该规则原则上适用于海上运输，如果货物运输合同在涵盖了海上运输的同时还包括其他非海上运输阶段，而且货物是在其他非海上运输区段发生损失，则该运输区段有强制适用的国际公约的，就适用相关的国际公约；但如果该运输区段没有强制性的国际公约，就要适用《鹿特丹规则》的规定。

第二，扩大了责任主体。《海牙规则》和《维斯比规则》的责任主体是承运人，《汉堡规则》将承运人分为缔约承运人和实际承运人，《鹿特丹规则》的责任主体除了承运人之外，还包括履约方和海运履约方。按照《鹿特丹规则》的规定②，“承运人”是指与托运人订立运输合同之人。“履约方”是指承运人以外的，履行或承诺履行承运人在运输合同下有关货物接收、装载、操作、积载、运输、照料、卸载或交付的任何义务之人，且以该人直接或间接在承运人

① 2011 年 1 月 19 日，西班牙成为第一个《鹿特丹规则》的缔约国。按照鹿特丹规则的规定，该公约自第二十份批准书、接受书、认可书或加入书交存之日起满一年后的次月第一日生效。

② 参见《鹿特丹规则》第一章第 1 条“定义”五、六（一）、七。

的要求、监督或控制下行事为限。[①]“海运履约方”是指凡在货物到达船舶装货港至货物离开船舶卸货港期间履行或承诺履行承运人任何义务的履约方。内陆承运人仅在履行或承诺履行其完全在港区范围内的服务时方为海运履约方。从上述规定可以看出，海运履约方包括港口营运商以及为货物提供运输服务的各方。在港内提供服务的公路、驳船运输等都属于海运履约方。港口运营商与海运承运人具有同样的地位。

第三，对承运人规定了更加严格的责任，具体体现在：A. 承运人对货物的责任期间，自承运人或履约方为运输而接收货物时开始，至货物交付时终止。B. 扩大了承运人对船舶的适航义务，从“开航前和开航当时”扩展到“海上航程中”。C. 取消了“承运人的航海过失免责”条款，承运人承担完全过失责任。D. 提高了赔偿限额。承运人所负赔偿责任的限额，按照索赔或争议所涉货物的件数或其他货运单位计算。每件或每个其他货运单位 875 个计算单位，或按照索赔或争议所涉货物的毛重计算，每公斤 3 个计算单位，以两者中较高限额为限，但货物价值已经由托运人申报且在合同事项中载明的，或承运人与托运人已另行约定高于该条规定赔偿责任限额的，不在此列。对迟延造成经济损失的赔偿责任限额，相当于迟交货物应付运费两倍半的数额，但赔付总额不得超过所涉货物全损时的赔偿限额。

第四，明确了海运履约方的赔偿责任。海运履约方必须承担《鹿特丹规则》对承运人规定的义务和赔偿责任，并有权享受对承运人规定的抗辩与赔偿责任限制。其条件是：A. 海运履约方在一缔约国为运输而接收了货物或在一缔约国交付了货物，或在一缔约国某一港口履行了与货物有关的各种活动。B. 造成灭失、损坏或延迟交付的事件发生在：a. 货物到达装货港至货物离开卸货港的期间内；b. 货物在海运履约方掌管期间；c. 海运履约方参与履行运输合同所载列任何活动的其他任何时间内；d. 受海运履约方委托履行运输合同约定的承运人义务的人违反该公约对海运履约方规定的义务的作为或不作为时。但如果承运人承担了公约以外的义务或高于该公约规定的赔偿限额，则除非海运履约方明示约定接受，海运履约方不受约束。

第五，明确了电子运输记录的效力。与先前海运公约不同，《鹿特丹规则》确认了电子运输记录的法律效力，并将电子运输记录分为可转让电子运输记录与不可转让电子运输记录。

第六，明确了托运人的义务。该公约基于对等、平衡原则参照承运人的责任规定，明确了托运人和“单证托运人”的义务和赔偿责任。托运人是与承运人订立运输合同之人。单证托运人，则是指托运人以外的、同意在运输单证或电子运输记录中记名为“托运人”的人，享有与托运人同样的权利和义务。

第七，为便于解决国际贸易中容易产生的一些与运输相关的问题，该公约增加了有关控制权和权利转让等方面的规定。

第八，专门为批量合同（Volume contract）作出特别规定。该公约第 80 条允许当事人在批量合同中增加或减少该公约规定的权利、义务和赔偿责任。所谓批量合同是指在约定期间内分批转运特定数量货物的运输合同。货物数量可以是最低数量、最高数量或一定范围的量。该公约赋予批量合同当事人如此大的合同自由，允许其合法规避公约的义务和责任。这对于其他合同当事人，特别是小货主，显然是不公平的。

此外，《鹿特丹规则》还规定了货物控制权和权利转让、仲裁等新条款。

（二）租船合同

在国际海上货物运输中，除了采用定期班轮运输外，还采用不定期航线的租船运输。于班

① 不包括不由承运人而由托运人、单证托运人、控制方或收货人直接或间接委托的任何人。参见《鹿特丹规则》第一章第 1 条“定义”六（二）。

轮运输通过提单调整承运人和托运人之间的关系，于租船运输通过租船运输合同调整出租人和承租人之间的关系。

租船运输合同是指船舶出租人按一定条件将船舶全部或部分出租给承租人进行货物运输的合同。租船运输合同分为航次租船合同与定期租船合同。

1. 航次租船合同

航次租船合同在租船运输中得到广泛应用，它是为完成特定航次运输，由船舶出租人向承租人提供船舶或船舶的部分舱位，装运约定的货物，从一港运至另一港，由承租人支付约定运费的合同。航次租船合同多以标准格式出现，常见的有波罗的海国际航运公会（the Baltic and International Maritime Conference，BIMCO）《统一杂货租船合同》[Uniform General Charter，简称“金康”合同（Gencon）]、《澳大利亚谷物租船合同》[Chamber of Shipping Australian Grain Charter，简称“奥斯特拉尔”（Austral）] 等。下面以我国《海商法》为例，简述航次租船合同的主要内容。

按照我国《海商法》的规定，航次租船合同的主要内容包括：出租人和承租人的名称、船名、船籍、载货重量、容积、货名、装货港和目的港、受载期限、装卸期限、运费、滞期费、速遣费及其他有关事项。

（1）出租人的责任。根据我国《海商法》第 94 条的规定，出租人的责任与提单运输中承运人的责任相同。此外，出租人应在规定的卸货港卸货，出租人违反约定使承租人蒙受损失时，应负赔偿责任。

（2）承租人的责任。第一，承租人应提供约定的货物，经出租人同意，可以更换货物，由此对出租人造成不利时，出租人有权拒绝或解除合同。第二，承租人可以将租用的船舶转租第三者，但原合同的权利与义务不变。第三，承租人有解约权。根据我国《海商法》第 96 条、第 97 条的规定，承租人在出租人未在约定的受载期限内提供船舶，或出租人提供或更换的船舶不符合合同约定的情况发生时，有解除合同的权利。

（3）提单。根据我国《海商法》第 95 条的规定，依照航次租船合同运输货物签发的提单，当提单持有人不是承租人时，承运人与该持单人之间的权利义务关系适用提单的约定。当提单中载明适用航次租船合同条款时，则适用航次租船合同条款。

值得注意的是，除出租人的责任外，我国《海商法》中有关当事人的权利与义务的规定，仅在航次租船合同中没有约定或者没有不同约定时，才适用于航次租船合同的出租人和承租人。

2. 定期租船合同

定期租船合同是指出租人在一定的期限内把配备船员的船舶出租给承租人，供其按约定的用途使用的书面协议。在定期租船合同中，出租人出租整个船舶，承租人按月或日支付租金。

国际上常见的定期租船标准合同有纽约物产交易所（New York Produce Exchange，NYPE）制定的《定期租船合同》（Time Charter），波罗的海国际航运公会（BIMCO）制定的《统一定期租船合同》（Uniform Time Charter），以及我国租船公司制定的《中外定期租船合同》（Sino Time Charter）等。

根据我国《海商法》的规定，定期租船合同的主要内容包括：出租人和承租人的名称、船名、船籍、船级、吨位、容积、船速、燃料、消耗、航区、用途、租船期间、交船和还船的时间与地点及条件、租金及其支付、其他有关事项。

（1）出租人的保证条款。出租人保证船舶在整个租期内适航且适于约定用途。出租人应在约定的时间交付船舶，如果违反约定给承租人造成损失，则承租人有权要求损害赔偿并解除合同。

(2) 承租人的责任。承租人承担以下责任：第一，承租人保证船舶在约定的航区内的安全港口或地点之间从事约定的海上运输。第二，承租人保证船舶用于运输约定的货物。第三，承租人可以将租用的船舶转租，但原合同的权利与义务不受影响。第四，在合同期内，船舶进行海难救助的，承租人有权获得扣除救助费用、损失赔偿、船员应得部分及其他费用后的救助款项的一半。第五，按合同约定支付租金。违反约定时出租人有权解除合同，要求损害赔偿，并对船上属于承租人的货物和财产以及转租船舶的收入享有留置权。第六，还船。承租人按约定向出租人还船时，要使船舶处于出租人交船时相同的良好状态。超期还船时，承租人应按照合同约定的租金率支付租金。市场租金率高于合同租金率时，按市场租金率支付租金。

二、国际航空货物运输法

（一）有关国际航空货物运输的国际公约

随着国际航空事业的发展，航空运输方式在国际贸易中得到日益广泛的使用。航空货物运输快捷、方便、卫生、安全，特别适于运送鲜活商品、易碎易损和贵重物品。

目前，调整国际航空货物运输关系的国际公约主要有以下 4 项。

(1)《统一国际航空运输某些规则的公约》（简称《华沙公约》），于 1929 年在华沙签订，1933 年 2 月 13 日生效。我国于 1958 年加入该公约。

(2)《修改 1929 年统一国际航空运输某些规则的公约的议定书》（简称《海牙议定书》），于 1955 年 9 月签订，1963 年 8 月 1 日生效。我国于 1975 年加入该议定书。

(3)《统一非缔约承运人所办国际航空运输某些规则以补充华沙公约的公约》（简称《瓜达拉哈拉公约》），于 1961 年签订，1964 年 5 月 1 日生效。我国未加入该公约。

(4)《蒙特利尔公约》。旧的华沙公约体系（指 1999 年《蒙特利尔公约》产生之前的华沙公约体系）的每个文件均是独立的条约，而这些文件的参加国又不完全相同，加之前几次的修改、补充不仅没有实现国际航空运输规则的进一步统一，反而使《华沙公约》原本确立的统一航空承运人责任制度处于严重混乱状态，甚至遭到破坏，可适用的责任制度高达 44 种之多，并且很容易导致同一事件适用不同责任制度，旅客或货主所得赔偿可能大不相同，从而有失法律的公平和公正，与《华沙公约》的制定宗旨完全相悖。而且，随着旅客流动性的日益增加和航空运输的全球化，旧华沙公约体系的问题越来越突出。有鉴于此，在 1975 年的蒙特利尔外交会议上，一些国家建议国际民航组织起草一个合并所有华沙公约体系文件的统一文本，改变承运人责任制度的混乱状况。也有的国家主张废除华沙公约体系。1995 年，国际民航组织决定起草一部新的统一的公约，并将拟订的草稿定名为《统一国际航空运输的某些规则的公约》（与《华沙公约》同名，Convention for the Unification of Certain Rules for International Carriage by Air），旨在全面修订和合并旧华沙公约体系的各个文件。1999 年 5 月 10 日，国际民航组织在加拿大的蒙特利尔召开由国际民航组织的成员国和主要航空运输组织及一个非成员国的 525 位代表参加的航空法国际会议，5 月 28 日通过了新公约——《统一国际航空运输的某些规则的公约》（简称 1999 年《蒙特利尔公约》），我国于 2005 年 2 月 28 日批准。该公约于 2003 年 11 月 4 日生效。1999 年《蒙特利尔公约》（Montreal Convention）共有 57 条，分为如下 7 章：总则；关于旅客、行李与货物运输的凭证和当事方的责任；承运人的责任和赔偿损害的范围；联运运输；非立约承运人进行的运输；其他规定；最后条款。新公约对国际航空旅客和货物运输规则作了实质性的改动。该公约的宗旨是：使《华沙公约》及相关文件实现现代化和一体化，确保国际航空运输中消费者的利益，依恢复原状原则进行公平赔偿，促进国际航空运输有序发展和旅客、行李与货物顺畅流动，进一步协调管理国际航空运输的一些规则并使之规范化，实现公平的利益平衡。上述宗旨与旧的华沙公约体系相比，范围更加广泛，更加切合实际。

（二）有关国际航空货物运输合同

下面以《华沙公约》和《海牙议定书》为例，阐述国际航空货物运输合同的有关规定。①

1. 航空货运单

根据《华沙公约》的规定，承运人有权要求托运人填写航空货运单。货运单一式三份，第一份经托运人签字后交承运人；第二份附在货物上，由托运人和承运人签字后交收货人；第三份由承运人在收货后签字交托运人。《海牙议定书》改为承运人在货物装机以前签字。货运单是双方订立合同、接受货物和承运条件以及记载货物重量、尺寸、包装、件数等的书面凭证。作为货物的权利凭证，货运单不可转让。但《海牙议定书》允许填发可以流通的航空货运单。

航空货运单的主要内容包括：（1）货运单的填写时间、地点。《海牙议定书》删除了这一要求。（2）起运地、目的地及约定的经停地点。在必要时，经停地点可以由承运人加以变更，但不得使该运输丧失国际性。按照《华沙公约》的规定，所谓国际航空运输，是指出发地和目的地分处于两个缔约国境内，或在一个缔约国领土内，但在另一缔约国或非缔约国内有经停地点。在后一种情况下，如果承运人将经停地点变更为也在起运地和目的地所在国的领土内，则该运输就会丧失国际性。有鉴于此，《海牙议定书》取消了承运人的这一权利。（3）托运人、承运人或第一承运人及必要时收货人的名称、地址。（4）货物名称、性质、包装件数、包装方式与标志、重量、数量、体积或尺寸及货物和包装的外观状况。（5）运费金额，支付时间、地点，付费人。（6）货物价值。（7）货运单份数及随附单证。（8）运输期限及航线。（9）注明该货运单受《华沙公约》或《海牙议定书》约束。

根据《华沙公约》的规定，如果承运人接受了货物但未填写货运单，则承运人无权援引《华沙公约》关于免除或限制承运人责任的规定。

2. 托运人的责任

根据《华沙公约》的规定，托运人承担以下责任。

（1）托运人对货运单上关于货物的各项说明和声明的正确性及由于延误、不符合规定、不完备，给承运人及其代理人造成的损失承担责任。

（2）托运人在履行运输合同所规定的一切义务的情况下，有权在起运地、目的地将货物提回或在途中经停时终止运输，或将货物运交非货运单上指定的收货人，但不得使承运人或其他托运人遭受损害。

（3）托运人需提供各种必要资料以便完成货交收货人前的海关、税务或公安手续，并将有关证件附货运单交给承运人并承担因资料或证件缺乏、不足或不符合规定给承运人造成的损失。

3. 承运人的责任与免责

根据《华沙公约》的规定，承运人的责任如下：（1）承运人对航空期间发生的货损、货物灭失、延误承担责任。所谓航空期间，是指在承运人保管之下，不论在航空站内、航空器上或航空站外降落的任何地点，不包括航空站外任何陆运、海运或河运。但如果这种运输是为了履行空运合同，是为了装货、交货或转运，也视为航空期间。（2）承运人对货物损失的赔偿责任

---

① 我国是《华沙公约》与《海牙议定书》的加入国。与《华沙公约》成员国之间的货物运输，适用《华沙公约》；与《海牙议定书》成员国之间的货物运输，适用《海牙议定书》。

为每千克250法郎。如果托运人在交货时特别声明货物价值，并交纳了必要的附加费，则承运人的赔偿额以所声明的价值为限。

在发生下列情况时，免除承运人应承担的责任：(1) 承运人证明自己和其代理人已经为避免损失采取了一切必要措施或不可能采取这种措施；(2) 损失的发生是由于驾驶上、航空器的操作上或领航上的过失；(3) 货物的灭失或损失是由货物的属性或本身质量缺陷造成的；(4) 损失是由受害人的过失引起或助成的。

《华沙公约》中规定的承运人免责和损害赔偿限额是一个最低标准，任何超出公约免责范围并规定更低赔偿金额的合同条款，一律无效。

当货物的损坏和灭失是由承运人及其代理人和受雇人员故意的不良行为引起时，承运人无权援引该公约关于免责和限制责任的规定。

4. 索赔与诉讼时效

收货人在发现货损时，最迟应在收货后7日内提出异议；如果发生延误，则最迟应在收货后14日内提出异议。《海牙议定书》将这两个时限分别改为14日和21日。异议要写在运输凭证上或以书面方式提出。除非承运人有诈欺行为，否则超过规定期限，收货人不能对承运人起诉。有关赔偿的诉讼，应在航空器到达目的地之日起2年内提出，否则收货人丧失追诉权。

诉讼地点由原告选择，可以是承运人的营业所在地、目的地或合同订立地的法院。

根据《华沙公约》的规定，由几个连续承运人办理的航空运输，第一承运人和每一段运输的承运人要对托运人和收货人负连带责任。

（三）《蒙特利尔公约》关于国际货物运输的规定

与旧的华沙公约体系相比，1999年《蒙特利尔公约》在国际货物运输方面具有如下特点。

1. 关于货物运输的凭证和当事方的责任更加详细

1999年《蒙特利尔公约》第二章专门规定了关于货物运输的凭证和当事方的责任问题，比《华沙公约》第二章的规定更加详细、具体。该章主要吸收了《蒙特利尔第4号议定书》和《危地马拉议定书》的相关内容并加以完善。该章主要规定如下：(1) 承运人除可提交传统的纸制单证外，也可以用任何其他保存客票资料的方法或任何保存所作运输的记录的方法代替交给客票或航空货运单，并出具书面说明或货物收据，作为签订合同、接受承运标的与运输条件的证明。(2)《华沙公约》和《海牙议定书》规定了惩罚性的条款，即如果承运人不交客票或行李票、航空货运单而承运，或客票或行李票、航空货运单没有载明受《华沙公约》或《海牙议定书》约束的条款，承运人无权援用公约中的免除或限制责任条款。1999年《蒙特利尔公约》取消了该惩罚性的条款。(3) 在航空货运单或货物收据的内容方面，要求载明托运货物的性质与重量，但取消了载明受《华沙公约》或《海牙议定书》约束的条款的要求。同时还规定，承运人必要时可要求托运人提交说明货物性质的证件。(4) 托运人和承运人的签字可以印刷或盖章。同时还取消了承运人应该在货物装入航空器之前签字的要求。

2. 对承运人责任制度和赔偿损害的范围进行修改

在货物毁灭、遗失或损坏方面，1999年《蒙特利尔公约》基本上采用了《蒙特利尔第4号议定书》的规定，即实行严格责任。对于因货物有毁灭、遗失或损坏而产生的损失，只要造成损失的事件是在航空运输期间发生的，承运人就应当承担责任。但是，若承运人证明货物毁灭、遗失或损坏是由下列一个或几个原因造成的，则承运人不承担责任：货物的固有缺陷、质量或瑕疵；货物非由承运人或其受雇人或代理人包装，包装有缺陷；战争或武装冲突行为；公共当局对货物入境、出境、过境所实施的行为。

在货物运输中造成毁灭、遗失、损坏或延误的，该公约仍实行限额赔偿，即以每公斤17

个特别提款权为限，除非交运货物时特别申报其价值。

3. 货物延误的限额赔偿

《蒙特利尔公约》规定：货物在航空运输中因延误引起的损失，承运人应当承担责任。但是，承运人证明本人及其受雇人或代理人为避免损失的发生，已经采取一切可合理要求的措施或不可能采取此种措施的，承运人不承担责任。由此可见，该公约对货物在航空运输中因延误引起的损失仍实行推定过失责任制和限制责任制度。

4. 关于赔偿限额例外的引用

《华沙公约》第 25 条有关责任限制的例外表述不清，提供了避开限额规定的借口，因此，《蒙特利尔公约》取消了“有意和不良行为”的提法，而是具体规定为，如能够证明损失是由承运人或其受雇人或代理人有意造成或知道很可能造成损失而不顾后果的行为或不行为引起的，关于客运延误、行李与货物的赔偿限额规定将不适用。

5. 惩罚性或其他非补偿性的损害赔偿

《蒙特利尔公约》第 29 条规定，在任何旅客、行李或货物的损害赔偿和延误赔偿诉讼中，均不得判处惩罚性、惩戒性或其他非补偿性的损害赔偿。该条旨在防止以惩罚、惩戒等理由突破责任限额。

6. 增加了仲裁条款

《蒙特利尔公约》规定，货物运输合同的当事人可以约定，有关公约中的承运人责任所发生的任何争议通过仲裁解决；仲裁协议应该以书面形式订立。

三、国际铁路货物运输

（一）国际铁路货物运输公约

目前关于国际铁路货物运输的公约有两项：《国际货约》和《国际货协》。

《国际货约》（CIM）全称为《关于铁路货物运输的国际公约》，1961 年在伯尔尼签字，1975 年 1 月 1 日生效。其成员国包括主要的欧洲国家，如法国、德国、比利时、意大利、瑞典、瑞士、西班牙及东欧各国，此外还有西亚的伊朗、伊拉克、叙利亚，西北非的阿尔及利亚、摩洛哥、突尼斯等，共有 28 个国家。

《国际货协》（CMIC）全称为《国际铁路货物联合运输协定》，1951 年在华沙签订。我国于 1953 年加入该协定。现行有效版本为 1974 年修订本。其成员国主要是苏联、东欧国家、中国、蒙古、朝鲜、越南等，共计 12 个国家。1990 年 10 月，民主德国与联邦德国合并，同年年底民主德国宣布退出《国际货协》。之后，捷克斯洛伐克、匈牙利、罗马尼亚也相继退出，但仍承认《国际货协》的规定。1991 年，苏联解体，15 个加盟共和国各自独立，除亚美尼亚没有参加《国际货协》外，其余独联体国家均参加了《国际货协》。加上阿尔巴尼亚、波兰、保加利亚、中国、越南、朝鲜、蒙古、伊朗，共 22 个国家为《国际货协》现在的成员国。

《国际货协》的东欧国家又是《国际货约》的成员国，这样《国际货协》成员国的进出口货物可以通过铁路转运到《国际货约》的成员国去，这为沟通国际铁路货物运输提供了更为有利的条件。我国是《国际货协》的成员国，凡经由铁路运输的进出口货物均按《国际货协》的规定办理。

（二）《国际货协》的主要内容

1. 合同的订立

《国际货协》第 6 条、第 7 条规定，发货人在托运货物的同时，应对每批货物按规定的格式填写运单和运单副本，由发货人签字后向始发站提出。从始发站在运单和运单副本上加盖印戳时起，运输合同即告成立。

运单是铁路收取货物、承运货物的凭证，也是在终点站向收货人核收运杂费用和点交货物的依据。与提单及航运单不同，运单作为货物权利凭证不能转让。运单副本在加盖印戳后退还发货人，并成为买卖双方结清货款的主要单据。

2. 托运人的权利与义务

根据《国际货协》的规定，托运人承担以下义务。

（1）如实申报。

（2）文件完整。

（3）货物的交付和拒收。托运人在填写运单的同时，要提交全部货物、付清运费和有关费用。提交的货物可以是整车，也可以是零担，但不得属于下列货物：邮政专运物品；炸弹、炸药和军火；《国际货协》附件（四）中所列的危险物品；重量不足 10 千克的零担货物。

凡属于金、银、铂金制品，宝石、贵重毛皮、电影片、画、雕像、古董、艺术制品和特种光学仪器等贵重物品，均应声明其价值。

货物到达终点时，发货人有权凭单领取货物。当运单项下货物的毁损导致全部或部分货物不能按原用途使用时，有权拒收货物，并按规定向承运人提出索赔。即使运单中所载货物短少、毁损，发货人也应按运单向承运人支付全部运费。

（4）运送费用的支付和计算。运送费用包括货物的运费、押运人的乘车费、杂费及与运送有关的其他费用。按照《国际货协》第 13 条和第 15 条的规定，1）发送国铁路的运送费用，按发送国的国内运价计算，在始发站由发货人支付；2）到达国铁路的运送费用，按到达国铁路的国内运价计算，在终点站由收货人支付；3）如果货物始发站和到达的终点站属于两个相邻国家且无须经由第三国过境运输，且两国间订有直通运价规程，则按运输合同订立日有效的直通运价规程计算；4）如果货物需经第三国过境运输，则过境铁路的运输费，应按运输合同订立日有效的《国际货协统一运价规程》的规定计算，可以由始发站向发货人核收，也可以由到达站向收货人核收。但如果按《国际货协统一运价规程》的规定，各过境铁路运送费必须由发货人支付，则不得将该项费用转由收货人支付。

对于各国铁路之间的清算办法，按照《国际货协》第 31 条的规定，原则上，每一铁路在承运或交付货物时向发货人或收货人按合同规定核收运费和其他费用之后，必须向参加这次运输业务的各铁路支付各该铁路应得部分的运送费用。

（5）变更合同。按照《国际货协》的规定，发货人和收货人在填写变更申请书后，有权在协定允许的范围内对运输合同作必要的变更。发货人，1）可以在始发站将货物领回；2）变更到站；3）变更收货人；4）将货物运还始发站。收货人，1）可以在到达国范围内变更货物的到达站；2）变更收货人。

无论是发货人还是收货人，都只能各自对合同变更一次，并且在变更合同时，不得将一批货物分开办理。同时，变更合同的当事人要对因变更合同发生的费用和损失负责。

3. 承运人的权利与义务

（1）承运人的责任期间。根据《国际货协》的规定，从签发运单时起至终点交付货物时止为承运人的责任期间，在此期间内，承运人对货物因逾期以及全部或部分灭失、毁损造成的损失负赔偿责任。

（2）核查运单和货物。铁路有权检查发货人在运单中所记载的事项是否正确，并在海关和其他规章有规定的情况下，或为保证途中行车安全和货物完整，在途中检查货物的内容。

(3) 执行或拒绝变更合同。根据《国际货协》的规定，在下列情况下，铁路承运人有权拒绝托运人（发货人或收货人）变更运输合同或延缓执行这种变更：1）执行变更的铁路车站在收到变更申请发站或到站的通知后无法执行；2）与参加运送的铁路所属国家现行的法令和规章相抵触；3）违反铁路营运管理；4）在变更到站的情况下，货物价值不能抵偿运到新指定到达站的一切费用。

当铁路承运人按托运人指示变更运输合同时，有权按有关规定核收变更运输合同后发生的各项运杂费用。

(4) 连带责任。按《国际货协》第 21 条的规定，按运单承运货物的铁路，应负责完成货物的全程运输，直到在到达站交付货物时止。每一继续运送货物的铁路，自接收附有运单的货物时起，即参加这项运输合同并因此而承担义务。

(5) 免责。根据《国际货协》第 22 条的规定，在下列情况发生时，免除承运人的责任：1）铁路不能预防和不能消除的情况；2）由货物的特殊自然性质引起的自燃、损坏、生锈、内部腐坏及类似结果；3）由于发货人或收货人的过失或要求而不能归咎于铁路者；4）由发货人或收货人装、卸车的原因造成；5）由发送铁路规章许可，使用敞车类货箱运送货物；6）由于发货人或收货人的货物押运人未采取保证货物完整的必要措施；7）由于承运时无法发现的容器或包装缺点；8）发货人用不正确、不确切或不完全的名称托运违禁品；9）发货人在托运时需按特定条件承运货物，但未按协定规定办理；10）货物在规定标准内的途耗。

根据情况推定，当货损发生可归责于上述第一项和第五项原因时，由铁路负责；发生除第一项、第五项以外原因时，只要收货人或发货人不能证明是由其他原因引起时，即应认为是由这些原因造成的。

(6) 留置权。为了保证核收运输合同项下的一切费用，铁路当局对货物可以行使留置权。留置权的效力，依照货物交付地国家的法令和规章的规定。

(7) 赔偿限额。根据《国际货协》第 22 条的规定，铁路对货物损失的赔偿金额在任何情况下，不得超过货物全部灭失时的金额。

当货物遭受损坏时，铁路的赔付额应与货价减损金额相当。

当货物全部或部分灭失时，赔偿额按外国售货者在账单上所开列的价格计算；如果发货人对货物价格另有声明，则按声明的价格给予赔偿。

当逾期交货时，铁路应以所收运费为基础，按逾期长短，向收货人支付规定的逾期罚金。逾期不超过总运到期限的 1/10 时，应支付相当于运费 6%的罚款；逾期超过总运到期限的4/10 时，应支付相当于运费 30%的罚款等。

4. 赔偿请求与诉讼时效

《国际货协》第 28 条规定，发货人和收货人有权根据运输合同提出赔偿请求，赔偿请求可以书面方式由发货人向发送站提出，或由收货人向收货站提出，并附上相应根据，注明款额。

铁路自有关当事人向其提出索赔请求之日起，必须在 180 日内审查该项请求，并予以答复。发货人或收货人在请求得不到答复或满足时，有权向受理赔偿请求的铁路所属国家的法院提起诉讼。

根据《国际货协》第 30 条的规定，有关当事人依据运输合同向铁路提出的赔偿请求和对铁路提起的诉讼，以及铁路对发货人和收货人关于支付运送费用、罚款和赔偿损失的要求和诉讼，应在 9 个月期间内提出；关于货物运到逾期的赔偿请求和诉讼，应在 2 个月期间内提出。其具体诉讼时效起算日如下：(1) 关于货物毁损或部分灭失以及运到逾期的赔偿，自货物交付之日起算；(2) 关于货物全部灭失的赔偿，自货物运到期限届满后 30 日起算；(3) 关于补充运费、杂费、罚款的要求，或关于退还此项款额的赔偿请求，或纠正错算运费的要求，应自付款之日起算；如果未付款，应自交货之日起算；(4) 关于支付变卖货物的余款的要求，自变卖货物之日起算；(5) 在其他所有情况下，自确定赔偿请求成立之日起算。时效期间已过的赔偿请求和要求，不得以诉讼形式提出。

四、国际货物多式联运

（一）国际货物多式联运的发展及法律问题

随着国际贸易中越来越多地使用集装箱运送货物，出现了一种新的运输方式——货物的多式联运，它是以至少两种不同的运输方式将货物从一国接管货物的地点运至另一国境内指定交付货物的地点。与传统的单一运输方式相比，集装箱多式联运，特别是在成组运输的情况下，大大简化和加速了货物的装卸、搬运程序，运输服务可以从过去的港至港一直延伸到门至门，减少了货损货差，降低了成本和费用，为国际贸易提供了一个更为理想、畅通、安全、经济、便利的运输方式。与此同时，多式联运也提出了许多新的法律问题，举例如下。

1. 货物风险的划分，包括买卖双方之间如何确定风险转移的时间以及在若干不同的承运人之间如何确定货物损失的分担。

2. 法律适用问题。对传统的单一运输方式，国际上都已有相应的国际公约来调整有关当事人之间的关系。例如，海运适用《海牙规则》的有关规定，空运适用《华沙公约》和《海牙议定书》的有关规定，铁路运输适用《国际货协》的有关规定等。这些公约对承运人的责任、免责、赔偿限额等各有不同的规定。在多式联运中，由于货物是装在集装箱中运输，有时难以确定货物损失究竟发生在联运中的哪一个区段，于是出现了适用调整哪种运输方式的公约来确定承运人的责任和赔偿金额的问题。

3. 运输单据的性质问题。根据《海牙规则》的规定，海运提单不但是运输合同的凭证，还可以作为货物的权利凭证进行转让。但《华沙公约》和《国际货协》规定，空运单和铁路运单虽然具有权利凭证的性质，但不能转让。[①] 当多式联运中包括海运、空运和/或陆运时，联运单据是否具有货物权利凭证的性质和作用?

4. 承运人和货主的关系问题。在单一运输方式中，运输合同确定了承运人和货主之间的关系。在多式联运中，有多式联运的经营人（以下简称联运人）和某一运输区段的实际承运人。当发生索赔案件时，发货人或收货人应向谁索赔?

（二）联合国国际货物多式联运公约

为了解决上述法律问题，国际社会作出了各种努力。1980 年 5 月，联合国贸易与发展会议主持制定并通过了《联合国国际货物多式联运公约》。我国在会议的最后文件上签了字。根据该公约的规定，该公约在 30 个国家的政府签字但无须批准、接受或认可，或者向保管人交存批准书、接受书、认可书或加入书后 12 个月生效。该公约目前尚未生效。

以下根据《联合国国际货物多式联运公约》的规定，简要介绍其主要内容。

1. 多式联运单据

多式联运单据是证明多式联运合同及多式联运经营人接管货物并按合同条款提交货物的证据。根据《联合国国际货物多式联运公约》的规定，多式联运单据依发货人的选择可以作成可转让单据或不可转让单据。实践中，只有单据的签发人承担全程责任时，才有可能作成

① 《海牙议定书》对《华沙公约》作了修改，规定航空货运单可以作成可转让单据。

可转让的单据，此时，多式联运单据具有货物权利凭证的性质和作用。在作成可转让单据时，应列明凭指示交付或向持票人交付。凭指示交付，经背书方可转让；向持票人交付，无须背书即可转让。当签发一份以上可转让多式联运单据正本时，应注明正本份数。收货人只有提交可转让多式联运单据才能提取货物。联运人按其中一份正本交货后，即履行了交货义务。如果签发副本，则应注明“不可转让副本”字样。如果签发不可转让多式联运单据，则应指明记名的收货人，多式联运承运人只有将货物交给不可转让单据所指明的记名收货人才算履行了交货义务。

《联合国国际货物多式联运公约》第 8 条规定了多式联运单据的 15 项内容：(1) 货物品类、标志、危险特征的声明、包数或件数、毛重；(2) 货物的外表状况；(3) 多式联运经营人的名称与主要营业地；(4) 发货人名称；(5) 收货人名称；(6) 多式联运经营人接管货物的时间、地点；(7) 交货地点；(8) 交货日期或期间；(9) 联运单据可转让或不可转让的声明；(10) 联运单据签发的时间、地点；(11) 联运经营人或其授权人的签字；(12) 每种运输方式的运费，用于支付的货币、运费，由收货人支付的声明等；(13) 航线、转运方式和转运地点；(14) 关于多式联运遵守本公约规定的声明；(15) 双方商定的其他事项。

根据该公约的规定，以上一项或数项内容之缺乏，不影响单据作为多式联运单据的性质。

如果联运人及其代表知道或有合理根据怀疑多式联运单据所列货物品类、标志、包件数和数量、重量等没有准确地表明实际接管货物的状况，或无适当方法进行核对，则联运人应在单据上作出保留，注明不符之处及怀疑根据或无适当核对方法。如果不加批注，则视为它已经在多式联运单据上注明货物外表状况良好。

多式联运单据的签发，并不排斥在必要时按照适用的国际公约或国家法律签发同国际多式联运所涉及的运输或其他服务有关的其他单据，但这种单据的签发不得影响多式联运单据的法律性质。

2. 联运人的赔偿责任

根据《联合国国际签约多式联运公约》的规定，联运人是指其本人或通过其代表订立多式联运合同之人。他不是发货人的代理人，也不是参加多式联运的承运人的代理人。作为多式联运合同的原主，联运人负有履行合同的责任。

(1) 责任期间。多式联运公约实行的是联运人的全程统一责任制，即对自其接管货物之日起，到交付货物时为止的整个期间承担责任。当收货人无理拒收货物时，则按照合同或交货地点适用的法律或特定行业惯例，将货物置于收货人支配之下，或交给依交货地点适用的法律或规章必须向其交付的当局或其他第三方。

(2) 赔偿范围与责任限制。根据《联合国国际签约多式联运公约》确定的推定过失或疏忽原则，联运人对在其掌管货物期间内发生的货物灭失、损坏和延迟交付引起的损失承担赔偿责任。所谓延迟交付，是指未在约定的时间内交货，或未在根据具体情况对一个勤奋的联运人所能合理要求的时间内交付。如果确定的交货日届满后连续 90 日内未交货，则视为货物已经灭失。

联运人应对其受雇人或代理人在其受雇范围内行事的行为或不行为，以及为履行多式联运合同而使用其服务的任何其他人的行为或不行为，视同他本人的行为或不行为，承担赔偿责任，除非联运人能证明其本人、受雇人或代理人为避免事故发生及其后果已经采取了一切所能合理要求的措施。

《联合国国际签约多式联运公约》规定了对货物灭失和损坏的赔偿责任，限制为每件 920 记账单位或按毛重每千克不超过 2.75 记账单位，以较高者为准。但是在多式联运中，如果不包括海运或内河运输，则按毛重每千克 8.33 记账单位计算。所谓记账单位，是指国际货币基金组织规定的特别提款权。对延迟交货的损害赔偿相当于对延迟交付的货物应付运费的两倍半，但不得超过多式联运合同规定的应付运费的总额。

如果能确切知道货物的灭失或损坏发生于多式联运的某一特定阶段，而这一阶段适用的一项国际公约或国家强制性法律规定的赔偿限额高于多式联运公约规定的赔偿限额，则联运人的赔偿限额由适用于该特定区段的国际公约或国家强制性法律规定予以确定。

如果经证明货物的灭失、损坏或延迟交付是由于联运人有意造成或明知可能造成而毫不在意的行为或不行为所引起的，或联运人意图诈骗，在多式联运单据上列入有关货物的不实资料，或漏列有关货物品类标志、件数、重量及货物外表状况，则联运人无权享受公约规定的赔偿责任限制的利益，并需负责赔偿包括收货人在内的第三方因依赖该多式联运单据所载明的货物状况行事而遭受的任何损失、损坏或费用。

如果货物灭失、损坏或延迟交付是由于联运人或其受雇人、代理人等的过失或疏忽与其他原因相结合而产生的，则联运人仅就自己及其受雇人、代理人等的过失或疏忽部分承担责任，但必须证明其他原因造成的灭失、损坏和延迟交货部分。

未经发货人告知，而联运人又无从得知危险货物的特性时，联运人可以视情况需要，随时将货物卸下、销毁或使其无害而无须承担赔偿责任。

3. 发货人的赔偿责任

（1）保证责任。在联运人接管货物时，发货人应视为已经向联运人保证他在多式联运单据中所提供的货物品类、标志、件数、重量、数量及危险特性的陈述准确无误，并应对违反这项保证造成的损失负赔偿责任。

（2）凡因发货人或其受雇人、代理人在受雇范围内行事时的过失或疏忽给联运人造成损失的，发货人应负赔偿责任。

（3）运送危险品的特殊规则。发货人将危险品交联运人时，应告知危险品的危险特性，必要时应告知所应采取的预防措施，否则，要对联运人因运送这类货物遭受的损失负赔偿责任。

4. 索赔与诉讼

（1）收货人和联运人的通知义务。收货人在收货的次一工作日应将货损、灭失情况的书面通知送交联运人。如果货损灭失不明显，则在收货后连续 6 日内提出书面通知。如果在收货时，当事人各方已经进行了联合调查和检验，则无须再提交书面通知。对于延迟交货，收货人应在交货后 60 日内向联运人提交书面通知，否则，联运人对延迟交货造成的损失不承担责任。

联运人应在损失发生后 90 日内，或在提交货物后 90 天内，以较迟者为准，将损失通知递交发货人。

（2）时效。任何争议，如果在 2 年期间内未提起诉讼或提交仲裁，则失去时效。但在货物交付后 6 个月内，或在货物未交付时在应交付之日后 6 个月内，没有提出书面索赔通知，则诉讼在此期限届满后失去时效。诉讼时效可以由受索赔人在索赔期间内向索赔人提出书面声明加以延长。

与《联合国国际货物多式联运公约》的规定不同，我国《海商法》所指“多式联运合同”是指联运人以两种以上的不同运输方式，其中一种是海上运输方式，负责将货物从接收地运至目的地交付收货人，并收取全程运费的合同。但在承担责任期间和承担责任方式上与《联合国国际货物多式联运公约》的规定是一致的，即联运人对多式联运货物的责任期间，自接收货物时起至交付货物时止，并对全程运输负责。但联运人也可以与参与联运的各区段承运人另以合同约定相互之间的责任，但这种约定不得影响联运人对全程运输应承担的责任。在损害赔偿额方面，我国《海商法》规定，在损失发生在多式联运的某一区段时，多式联运承运人的赔偿责任和责任限额，适用调整该区段运输方式的有关法律规定；当运输区段不能确定时，则依照该法关于海上运输合同中承运人赔偿责任和责任限额的规定负赔偿责任。①

五、国际公路运输公约（TIR）

（一）《国际公路运输公约》的背景与性质

最早的国际公路运输公约（Transports Internationaux Routiers，缩写为 TIR）是 1949 年在联合国欧洲经济委员会（以下简称“联合国欧洲经委会”）的主持下，在少数欧洲国家之间缔结而成的。该公约 1959 年通过，1960 年生效。1975 年 11 月，在联合国欧洲经委会的主持下，产生了《1975 年国际公路运输公约》（简称《TIR 公约》），也称 1975 年《TIR 证国际货物运输海关公约》。该公约于 1978 年生效。自 1975 年以来，《TIR 公约》经历数十次修改，现施行的是 2013 年版本。《TIR 公约》包括正文（含解释性说明和评注）及 9 个附件（含解释性说明和评注）。②

需要注意的是，与本书上文中前四部分所述关于国际海上、航空、铁路及多式联运货物运输的公约不同，该公约并不是一个关于调整国际公路货物运输发货人与承运人间之权利义务关系的私法性运输公约，而是一个为国际公路运输提供海关便利的公法性国境制度公约。随着新的运输技术，如海运和内陆集装箱、公路/铁路车体调换技术的采用，该制度为提供通关便利、提高海关监管的效率与可靠性，平衡海关、运输经营人、运输发证机关的利益起了重要作用。该公约最初仅适用于少数欧洲国家，目前已扩展成普遍适用于欧洲、非洲、亚洲、美洲的海关过境制度公约。该制度已被证明是迄今为止现有的唯一普遍性的海关过境制度，是最成功的国际运输公约之一。《TIR 公约》及其过境制度背后的思想已成为许多区域性过境制度的基础，直接和间接地为便利国际公路运输作出了贡献。随着我国“一带一路”倡议的实施，2016 年 10 月我国加入该公约，成为该公约第 70 个缔约国。③ 该公约通过国家担保制度建立起的国际风险防范机制，对于预防和降低我国“一带一路”倡议实施过程中在贸易、投资、金融等领域的风险，具有一定的借鉴作用。

TIR 制度的好处在于：（1）平衡海关当局的要求与运输经营人的要求。由其建立的海关过境制度尽最大可能便利国际贸易中海关加封货物的流动并提供必要的海关控管和保障。对海关官员来说不至过于烦琐，对运输经营人及其代理人来说不至过于复杂。（2）降低、减少过境程序对国际运输造成的费用、延误和干扰。特别是当货物在国际公路运输中穿越多国领土时，各

① 参见《中华人民共和国海商法》第 102 条至第 106 条。

② 根据《TIR 手册》，解释性说明提供一种方法，使《TIR 公约》及其附件的规定得以按照技术的发展和经济需要加以实施。《TIR 手册》所载评注主要反映《TIR 公约》行政委员会和联合国欧洲经委会影响运输的海关问题工作组的意见，对于《TIR 公约》的解释、统一和适用来说，这些评注十分重要。但这些评注对公约的缔约方没有法律约束力。附件 1 是 TIR 证的样本；附件 2 是关于可接受作为海关加封的国际运输公路车辆所适用的技术条件的规定及附件 2 的附图；附件 3 是符合附件 2 所载规定列出的技术条件的公路车辆批准程序；附件 4 是公路车辆批准证明书样本；附件 5 是 TIR 标识牌；附件 6 是解释性说明；附件 7 是关于集装箱的批准及第一部分和附图、第二部分和附录、第三部分解释性 1 和附图；附件 8 是行政委员会和 TIR 执行理事会的组成、职能和议事规则；附件 9 是 TIR 程序的适用条件及第一部分关于担保协会颁发 TIR 证和提供担保的授权、第二部分关于自然人和法人使用 TIR 证的授权、第三部分关于第 6 条所指负责一个国际担保制度的有效组织和运作并印制和颁发 TIR 证的国际组织的授权；附件 10 是缔约方应向得到授权的协会（根据第 42 条之 3）和国际组织（根据第 6 条第 2 款之 2）提供的信息。

③ 《TIR 公约》于 2017 年 1 月 5 日在中国生效。值得注意的是中国对该公约第 57 条第 2 款至第 6 款提出保留，就该条约的解释和适用方面的任何争端，中国只适用该条第 1 款之规定，即应尽可能通过相互谈判或其他解决方法解决。

国海关当局在边境检查货载实行本国的控管和过境程序存在着差异，各国实施的货物保障要求（如担保、保税、关税押金等）以及货物在穿越各国领土过境时潜在的涉险税费等措施。TIR 制度减少了运输经营人遇到的上述困难，同时，为海关当局提供了一种统一的国际控管制度，并能有效地保护货物运输所经过的国家能从过境货运中得到财政收入。

（二）《TIR 公约》的主要内容

1. 定义

《TIR 公约》第 1 条涉及 17 个定义：（1）“TIR 运输”，是指根据该公约规定的“TIR 程序”将货物从起运地海关运至目的地海关；（2）“TIR 作业”，是指一项 TIR 运输在缔约方境内从起运地海关或入境（沿途）海关到目的地海关或出境（沿途）海关进行的 TIR 运输部分[①]；（3）“TIR作业开始”，是指为管制目的向起运地海关或入境（沿途）海关交验公路车辆、车辆组合或集装箱及其负载和相应的 TIR 证，并且 TIR 证已得到海关接受；（4）“TIR 作业结束”，是指为管制目的向目的地海关或出境（沿途）海关交验公路车辆、车辆组合或集装箱及其负载和相应的 TIR 证；（5）“TIR 作业的放行”，是指海关当局承认一项 TIR 作业已在缔约方境内正确无误地结束；（6）“进、出口税费”，是指对进、出口货物或有关进、出口货物所征收的关税和所有其他税费、规费和其他费用，不包括为数有限的相当于所提供服务大致成本的规费和费用[②]；（7）“公路车辆”，包括动力驱动的任何公路车辆，以及与之挂接的任何拖车或半拖车；（8）“车辆组合”，是指作为一个单位在公路上行驶的相互挂接的车辆；（9）“集装箱”，是指全部或部分封闭的能装载货物、可重复使用的、能以一种或多种运输方式运输货物、无须中途换装的、内部容积在 1 立方米或 1 立方米以上一件运输设备（货箱、可移动货罐箱或其他类似结构的、“可卸车身”均被视为集装箱）[③]；（10）“起运地海关”，是指全部或部分货载开始 TIR 运输时，所在缔约方的任何海关；（11）“目的地海关”，是指全部或部分货载结束 TIR 运输时，所在缔约方的任何海关；（12）“沿途海关”，是指在 TIR 运输过程中，公路车辆、车辆组合或集装箱进入或离开一缔约方，经过的该缔约方的任何海关；（13）“人”，既指自然人，又指法人；（14）TIR 证“持证人”，是指根据该公约的有关规定持有 TIR 证的人，并以他的名义用 TIR 证的形式提出海关申报，按 TIR 程序在起运地海关上货，并负责向起运地海关、沿途海关和目的地海关交验公路车辆、车辆组合或集装箱及货载和相应的 TIR 证，并遵守该公约的其他有关规定；（15）“长大笨重货物”，是指因重量、体积或特性而通常无法用封闭型车辆或封闭型集装箱运载的任何沉重物体或大体积物体[④]；（16）“担保协会”，是指由缔约方海关当局授权、为使用 TIR 程序的人提供担保的协会；（17）“国际组织”，是指经行政委员会授权，负责一套国际担保制度的有效组织和运作的机构。

---

① 第 1 条（b）项的解释性说明：第 1 条（b）项意味着，当有若干个起运地或目的地海关设在同一个或几个国家时，在一个缔约方境内可能有一次以上的 TIR 作业。在这种情况下，在连续两个海关之间进行的国内段运输，不论是起运地海关、目的地海关还是沿途海关，均可视为一次 TIR 作业。

② 第 1 条（f）项规定：排除在外的规费和费用是指除缔约方对于或有关进口或出口所征收的进出口税费以外的一切其他款项。这些款项的数额应限为相当于所提供服务的大致成本，不应构成对国内产品的间接保护或者形成出于财政目的而对进出口的征税。这类规费和费用除其他外包括与下述情况有关的付款：（1）过境所需的原产地证明；（2）海关实验室为管制目的进行的分析；（3）在正常工作时间外或海关工作地点以外进行的海关检查和其他结关活动；（4）出于公共卫生、兽医或植物病理学方面的理由进行的检查。

③ 关于第 1 条（j）项的解释性说明：“可卸车身”是指无动力的货箱，尤其是为装在公路车辆上运输而设计的，其底盘及车身的副车架为此目的作了特别改装。它还兼指一种调换箱，即为公路和铁路联合运输而特别设计的装载箱。

④ TIR 证的封面和所有凭单，应使用英文或法文黑体字印上“长大笨重货物”（heavy or bulky goods）字样。（《TIR 公约》第 32 条）。

2. 适用范围

《TIR公约》适用于[①]：在无须中途换装的情况下用公路车辆、车辆组合或集装箱运输货物，跨越一缔约方起运地海关与同一或另一缔约方目的地海关之间一个或多个边界。其条件是：(1) TIR运输起点与终点之间行程有一部分是公路。[②] (2) 进行TIR运输作业必须使用事先得到批准的公路车辆、车辆组合或集装箱[③]，包括长大笨重货物。(3) 运输作业必须由按照公约（第6条）规定得到批准的协会予以担保，必须持有TIR证。

3. 原则及其基本内容

概括起来，TIR制度共有五项基本规定，即TIR过境制度的五大支柱。

(1) 货物及车辆监控。货物应由具有海关控管设置的车辆或集装箱装运。

(2) 担保监控。为避免海关关税风险，《TIR公约》规定整个运送途中涉险税费应得到国际上有效的担保，即由经缔约国主管机关授权的担保协会负责颁发TIR单证，并充任担保人，在该国内支付因TIR运输作业过程中承运人发生任何违章行为时可能缴纳的任何税费提供担保。

(3) 海关监控。货物应附带在起运地国采用国际公认的海关文件（TIR证），作为在起运地国、过境国和目的地国的海关控管凭证。

(4) 海关监控措施的相互承认。起运地国采取的海关控管措施应为所有过境国和目的地国所接受。

(5) 程序授权。适用TIR程序，需获得国家主管部门或TIR行政委员会授权。具体内容包括：(a) 授权国家协会提供担保并颁发TIR证；(b) 授权自然人和法人使用TIR证；(c) 授权一国际组织负责国际担保制度有效组织和运作。

《TIR公约》保证过境运输自由的承诺：过境提供必要的原产地证明。

由于满足该公约程序的过境货物始终处于联合担保之下，因而承运人无须支付进出口税费或任何抵押。

在启运国、过境国和目的国三者之间，起运地海关的监管至关重要。TIR证书不得用于目的地海关控管下的货物储存。

《TIR公约》有效提高了过境货物的通关效率，满足了海关对过境货物的监管要求，避免了潜在的走私活动，遏制了贸易壁垒。

第三节 国际货物运输保险法

国际上没有统一的货物运输保险法。实践中，保险人与被保险人的权利和义务是由各国

---

① 参见《TIR公约》第2条规定。

② 关于《TIR公约》第2条的解释性说明：2-1规定，如行程的一部分在外国境内，使用TIR证的运输作业的起点与终点可以在同一个国家。在这类情况下，除TIR证外，起运地国海关当局还完全可以要求出示目的在于确保货物免税再进口的另一项国别单证。然而，仍建议海关当局不要坚持有关方面使用这类单证，而是接受TIR证上的相应的批注。2-2规定，货物在行程只有一部分是公路的情况下，即可用TIR证运输。这些规定未明确说明行程哪一个部分应是公路，只要是在TIR作业起点与终点之间某处即可。然而，由于未预见的商业方面的原因或事出偶然，可能出现行程任何一部分都不是公路的情况，尽管发货人在行程开始时曾拟经由一段公路加以运输。在这些例外情况下，缔约方仍应接受TIR证，担保协会的责任应继续有效。参见《TIR公约》第3条(a)(b)。

③ 批准的前提是需符合公约第三章(a)(c)节所列条件。公路车辆或特种车辆，如大型轿车、吊车、清扫车、混凝土铺放机等，如是出口车辆，将被视为根据第三章(c)节规定的条件从起运地以自身动力运行至目的地海关的货物。这类车辆在载有其他货物时，也应符合上述(a)(c)节所列条件。

国内法和双方当事人订立的保险合同确定的。国际货物运输保险合同是指进、出口商对进、出口货物按照一定的险别向保险公司投保，交纳保险费，当货物在国际运输途中遇到风险时，由保险公司对进、出口商遭受的保险事故造成货物的损失和产生的责任负责赔偿的合同。

（一）国际货物运输保险合同的订立

国际货物运输保险合同属于财产保险合同的一种。在英美国家，保险合同由投保人通过保险经纪人（insurance broker）才能订立。保险经纪人出具承保单，保险公司在承保单上签字，合同即告成立。保险经纪人交纳保险费并从保险公司收取佣金。如果投保人不交保险费，则不能从保险经纪人手中得到保险单。

在我国，投保人可以直接向保险公司投保，由投保人提出保险要求，经保险人同意承保，并就货物运输保险条款达成协议后，合同成立。① 保险人应及时向被保险人签发保险单或其他保险单证。

保险合同主要包括以下内容：保险人与被保险人名称，保险标的，保险价值，保险金额，保险责任和除外责任，保险期间，保险费。② 此外还需列明运输工具、运输路线、投保险别等。

（二）承保的风险与损失

1. 承保的风险

国际货物运输中会遇到各种意外事故，这些意外事故具体可以分为以下三种：(1) 自然灾害，是指与运输有关的海啸、地震、飓风、雷电等恶劣气候和自然灾害。(2) 意外事故，是指与运输有关的如触礁、颠覆、碰撞、失踪等意外事故。(3) 外来风险，是指由偷窃、受潮、串味、钩损、沾污等造成货物损失、灭失的外来原因，以及由战争、暴动、罢工等造成货物损失、灭失的特殊原因。

2. 承保的损失

由上述原因造成的货物损失可以分为两类：货物本身遭受的全部损失和部分损失，以及为营救货物支出的费用。

(1) 全部损失，包括实际全损和推定全损。所谓实际全损，是指货物全部灭失或因受损而失去原有用途，或被保险人已经无可挽回地丧失了保险标的。所谓推定全损，是指货物受损后对货物的修理费用加上续运到目的地的费用超过其运到后的价值。

对于实际全损，保险人给予赔偿。对于推定全损，由被保险人选择：如果按实际全损进行索赔，则必须向保险人发出委付通知（notice of abandonment），否则，按部分损失进行索赔。

(2) 部分损失，即除了全部损失以外的一切损失。在海上货物运输保险中，分为共同海损、单独海损和单独费用。

共同海损是指在海上运输中，船舶、货物遭到共同危险，船方为了共同安全，有意和合理地作出特别牺牲或支出的特别费用。对于共同海损所作出的牺牲和支出的费用，用获救船舶、货物、运费获救后的价值，按比例在所有与之有利害关系的受益人之间进行分摊，因此，共同海损属于部分损失。保险公司对共同海损所作的牺牲和费用以及共同海损分摊都给予赔偿。

单独海损是指货物因承保风险引起的不属于共同海损的部分损失。单独海损造成的损失只能由受损方自己承担，是否能从保险公司得到补偿取决于当事人投保的险别及保险单的条款是

① 参见《中华人民共和国海商法》第 221 条。

② 参见《中华人民共和国海商法》第 217 条。

如何规定的。

单独费用是为了防止货物遭受承保风险而造成损失或灭失所支出的费用。由于保险单上通常都载有“诉讼与营救条款”（sue and labour clause），因而，单独费用都能从保险公司得到补偿。

3. 代位与委付

代位是指当货物损失是由第三者的过失或疏忽引起时，保险公司向被保险人支付保险赔偿后，享有取代被保险人向第三者进行索赔的权利。在赔付部分损失的情况下，如果保险公司的追偿所得大于赔付给被保险人的金额，则多出部分应返还给被保险人。在赔付全部损失的情况下，保险公司在取得代位权的同时还取得残存货物的所有权，即使残存的货值大于保险公司的赔付额，超出部分仍归保险公司所有。

委付是指在推定全损的情况下，被保险人把残存货物的所有权转让给保险公司，请求取得全部保险金额。委付是被保险人的单方行为，保险公司没有必须接受委付的义务，但委付一经接受则不能撤回。接受委付后，保险公司取得残存货物的所有权，当损失由第三者的过失引起时，保险公司同时取得向有过失的第三者代位追偿的权利。如果追偿额超过保险公司的赔付额，也不必将超出部分退还被保险人。

有时，保险公司为了尽快解除保险合同，可以宣布放弃代位求偿权或委付权而赔偿全部保险金额。

4. 保险单的种类

与海上货物运输保险有关的保险单主要有以下 6 种。

（1）定值保险单，是指载明保险标的的保险单。通常为货物的 CIF 或 CIP 价加上 10%的买方预期利润。

（2）航程保险单，是指以一次或多次航程为期限的保险单。

（3）流动保险单，是指保险人与被保险人就总的承保条件，如承保风险、费率、总保险金额、承保期限等，事先予以约定，细节留待以后商定的保险单。根据流动保险单，被保险人按承保期间内可能起运的货物价值预交保险存款（premium deposit），在每批需要承保的货物装运后通知保险人，保险单自动生效，每批货值从货物的总价值中扣除，直至保险总额用完，保险合同终止。

（4）预约保险单。又称开口保险单，与流动保险单类似，只是在保险单中未规定保险总金额。承保货物一经起运，被保险人通知保险人后，保险单自动生效。合同终止取决于被保险人和保险人之间的约定。

（5）重复保险单，是指被保险人在同一保险期间内与数个保险人，就同一保险利益、同一保险事故分别订立数项保险合同。重复保险金额的总额不得超过保险标的价值。

（6）保险凭证。保险凭证是一种简式保险合同，通常仅载有正式保险单正面的条款，如被保险人名称、保险货物名称、运输工具种类与名称、投保险别、保险期限、保险金额等，而对保险单背面有关保险人和被保险人权利与义务的条款不予以登载。在当事人采用流动保险单或预约保险单投保时，被保险人得不到正式保险单，只能得到保险凭证。

5. 保险责任起讫

按照一般的国际实践，承保人的责任起讫是从被保险货物运离保险单所载明的起运地仓库或储存处开始运输时起，至该货物到达保险单所载目的地收货人的最后仓库或储存处，或被保险人用作分配、分派或非正常运输的其他储存处所为止，通常称为“仓至仓条款”。如果未抵达上述仓库或储存处所，则以货物抵达最后卸载地后满 60 日为止（在航空运输中，是在货物卸离飞机后满 30 日为止）。如果在上述 60 日内（航空运输是在 30 天内）货物被运至保险单所载目的地以外地点，则保险责任从货物开始转运时终止。

6. 被保险人的义务

被保险人通常需要承担以下义务。

（1）如实申报。被保险人或投保人在填写保险单时，必须对货物、货物的性质与价格等重要事实如实申报，否则，保险人可以解除合同，并对保险标的发生的损失不予以赔偿。

（2）及时提货。被保险货物抵达保险单所载目的地，被保险人应及时提货。

（3）保全货物。对于遭受承保范围内危险的货物，被保险人应迅速采取合理措施，减少或防止货物损失。

（4）通知。当获悉航线改变或发现保险单所载货物的运输工具、航程有遗漏或错误时，被保险人应立即通知保险人，在必要时需另加保险费，保险单继续有效。

（5）索赔。当发现货物遭受损失时，被保险人应立即向保险单上所载明的检验、理赔代理人申请检验，并向承运人、受托人或海关、港务当局索取货损、货差证明，以书面方式提出索赔。在向保险人提出索赔时，被保险人要提供保险单正本、提单、发票、装箱单、磅码单、货损货差证明等有关单据和凭证。

7. 索赔期限

从被保险货物在最后卸载港全部卸离运输工具后起算，最多不超过 2 年。

（三）海上货物运输保险条款

国际海上货物运输保险条款常用的是伦敦保险业协会制定的货物保险条款。我国对外贸易运输中除使用上述条款外，还经常使用中国人民保险公司制定的海洋运输货物保险条款。

1. 中国人民保险公司海洋运输货物保险条款

中国人民保险公司海洋运输货物保险条款分一般保险条款和特殊保险条款。一般保险条款包括三种基本险别：平安险、水渍险和一切险。特殊保险条款包括一般附加险、特别附加险和特殊附加险。

（1）平安险（Free From Particular Average），原意为“单独海损不赔”，承保被保险货物由于恶劣气候如雷电、海啸、地震、洪水等自然灾害造成的整批货物的全损；运输工具搁浅触礁、沉没、互撞以及失火、爆炸等意外事故造成的货物全部或部分损失；运输工具在发生上述意外事故前后又在海上遭受恶劣气候等自然灾害造成的部分损失；装卸时，一件或数件货物落海造成的全部或部分损失；被保险人为抢救货物支出的合理费用等。

平安险是三种基本险别中保险人责任最小的一种。

（2）水渍险（With Particular Average），原意为“单独海损负责”。除承保平安险中的各项责任外，还负责被保险货物由于恶劣气候等自然灾害造成的部分损失。

（3）一切险（All Risks），除承保平安险和水渍险中的各项损失外，还承保外来原因导致的全部或部分损失。所谓外来原因，是指由一般附加险承保的损失，而不包括特别附加险和特殊附加险所承保的风险。

一般附加险有 11 种：偷窃、提货不着险；淡水雨淋险；短量险；混杂、沾污险；渗漏险；碰损、破碎险；串味险；受潮受热险；钩损险；包装破裂险；锈损险等。一般附加险不能单独投保，它们全部包括在一切险之中，或是投保人在投保了平安险或水渍险后，根据需要加保其中一种或几种险别。

特别附加险有 7 种：交货不到险；进口关税险；舱面险；拒收险；黄曲霉险；出口货物到香港（九龙）或澳门存仓火险责任扩展险；卖方利益险。

特殊附加险有 3 种：战争险；战争险的附加费用；罢工险。

对于特别附加险和特殊附加险，在投保人向保险公司提出申请后，经特别同意，在投保了基本险后可以加保。

2. 伦敦保险业协会货物保险条款

目前通用的是 1983 年 4 月 1 日起使用的货物保险条款，共有 6 种。该条款和中国人民保险公司的货物保险条款相比，主要有以下不同。

（1）用英文字母 A、B、C 表示原来的一切险、水渍险和平安险，避免了过去因险别名称含义不清且与承保范围不符产生的误解，消除了原险别之间的交叉与重叠。

（2）增加了承保陆上风险的规定。例如，B、C 条款承保由于陆上运输工具的颠翻、出轨、碰撞引起的货损以及湖水、河水侵入船舶造成的损害。

（3）独立投保的保险条款。该条款除 A、B、C 条款外，还有协会战争险条款、罢工险条款、恶意损害险条款，均可以独立投保，或在投保了 A、B、C 条款后加保。

第四节　国际贸易支付法

国际贸易支付是国际贸易的一个重要环节，是买卖双方经济利益的重要体现，其含义是指在买卖双方之间对货款及其附属费用的计价结算以及支付方式和手段。

一、货币与汇票

国际贸易中主要的支付手段是货币与金融票据，主要是汇票。货币用于计价结算，汇票主要作为支付手段。

（一）货币

货币是从商品中分离出来固定地充当一般等价物的商品，是商品交换发展到一定阶段的产物。货币的本质就是一般等价物，具有价值尺度、流通手段、支付手段、贮藏手段、世界货币的职能。各国的货币名称不同，代表的价值也不同，因此，在国际贸易中如何选择用于计价结算的货币是一个十分重要的问题。为了防止货币市场价值的波动造成的损失以及货币不能自由兑换带来的损失，通常在国际贸易中选择币值比较稳定且可以自由兑换、自由流通的货币，例如，美元、日元、英镑等。在我国，外汇管理局每天公布的外汇牌价共有 22 种。

（二）汇票

在国际贸易实践中，买卖双方并不直接用货币进行支付，而是用汇票进行支付。

汇票（bill of exchange）在国际贸易中，是出口方开给进口方的要求其在见票时或见票后的一定时间内无条件支付一定金额的书面命令。

在国际贸易中常见的汇票有两类：（1）即期汇票和远期汇票。即期汇票是持票人向付款人提示汇票时，付款人见票时立即付款的汇票；远期汇票是指在见票后一定期限或特定日期付款的汇票。（2）光票汇票和跟单汇票。前者指不附带任何单据的汇票；后者指汇票的承兑或付款要以附有代表货物所有权的单据为条件的汇票。

汇票上通常需要记载以下内容：（1）写有“汇票”字样；（2）无条件支付一定金额（通常即指货款金额）的命令；（3）付款人的姓名或商号名称；（4）收款人或其指定人的名称；（5）出票日期及地点；（6）汇票到期日或付款日；（7）汇票的付款地点；（8）出票人签名。

以上是1930年《关于汇票与本票的日内瓦公约》对汇票的形式和内容的要求，这些要求缺一不可。相对而言，英美法系对汇票的要求比较灵活。

在国际贸易中，如果是根据合同或信用证的要求签发的汇票，则其内容不但要符合日内瓦公约或国内法的要求，还要符合买卖合同以及信用证的要求。

二、国际贸易支付方式

（一）汇付

汇付也称买方直接付款（direct payment by buyers），是指买方通过银行主动将款项支付给卖方。虽然这种方式直接、省钱，但只有在卖方充分信任买方，尤其相信买方的偿付能力时，才会采用这种方式。

采用这种方式时一般是买方（汇款人）委托当地银行（汇出行）向卖方（收款人）付款，汇出行再委托卖方所在地银行（汇入行）向卖方付款。如果汇出行以邮寄方式向汇入行寄出付款委托书，称为信汇（mail transfer，M/T）；如果付款委托书以电报发出，则称为电汇（telegraphic transfer，T/T）；如果买方购买银行汇票自行寄给卖方，则称为票汇（demand draft，D/D）。电汇在速度上快于信汇，但费用较高。银行汇票一般是以买方所在地银行为出票人，以卖方所在地银行为受票人，以卖方为收款人的即期汇票。

买方直接付款可以是见单付款或交单付现。见单付款是指卖方在发运货物之后，将有关装运单据寄交买方，买方在收到单据后按合同规定汇付货款。这种方法显然不利于卖方：如果买方在收到单据后拒不付款，或拖延付款，那么卖方就要承担钱货两空的风险。交单付现则要求买方在付款时才能得到装运单据。卖方在对买方的信誉和资信能力不了解或认为有问题时，一般会在合同中规定交单付现。

（二）托收

在国际货物贸易中，托收都是通过银行进行的。托收是由出口方在发货后开给进口方或付款人汇票，委托出口地银行（托收行）通过进口地银行（代收行）代其向进口方收取货款的方式。

根据国际商会于1996年1月1日实施的《托收统一规则》（URC 522）的规定，委托人与托收行的关系以及托收行与代收行的关系都是委托代理关系：托收行、代收行的职责只是按照委托人的指示办事，及时向汇票人提示汇票，将收到的货款及时转交委托人；或在汇票遭拒付时，及时通知委托人，由委托人出面向进口方或付款人进行追偿。

因此，从信用性质看，托收属于商业信用，全凭买方的信誉，银行不给予卖方任何付款保证。所以，托收方式对卖方的风险较大。

根据使用汇票的不同，托收可以分为两类：光票托收与跟单托收。（1）光票托收（clean bill collection），是指卖方仅开出汇票，不附有任何商业单据的托收。光票托收在国际贸易中不经常使用，通常只用于收取货款尾数或佣金、样品费等小额款项。（2）跟单托收（documentary bill collection），是指卖方将汇票连同商业单据一起交银行委托代收货款。按交单方式的不同，跟单托收又可以分为付款交单与承兑交单两种：1）付款交单（document against payment，D/P），是指卖方交单以买方付款为条件，即委托行只有在买方付清货款时，才把装运单据交给买方。2）承兑交单（document against acceptance，D/A），是指卖方交单以买方承兑汇票为条件，买方承兑汇票后即可从代收行取得货运单据，领取货物，等到汇票到期时再支付货款。就付款交单和承兑交单相比，承兑交单对卖方来说风险更大。

根据《托收统一规则》的规定，一笔托收业务共有四类当事人：(1) 委托人 (principle)，即委托银行办理托收业务的客户，在国际贸易支付中即是国际货物买卖合同的卖方。(2) 托收行 (remitting bank)，即受委托人的委托，办理托收业务的银行，国际贸易支付中通常是卖方营业地所在地的银行。(3) 代收行 (collecting bank)，即托收行以外参与办理托收指示的任何银行。根据《托收统一规则》的规定，委托人可以指定代收行。如无指定，则代收行可以是托收行或其他银行视情况而选择的在付款或承兑所在国家的任何银行。在国际贸易支付中，代收行通常是买方营业地所在地的银行。(4) 付款人 (payer)，即根据托收指示书向其作出提示的人，在国际贸易支付中通常是国际货物买卖合同的买方，亦即卖方所出具汇票的受票人（付款人）。

1. 委托人与托收行、托收行与代收行

委托人和托收行之间是委托代理关系，按照国际上的习惯做法，委托人在委托银行代为托收时，都要填写一份托收委托书 (remittance letter)，具体规定托收的指示及双方的责任，这项委托书就构成双方的代理合同。托收行与代收行之间亦是委托代理关系，它们之间的代理合同由托收指示书、委托书、原来双方签订的业务协议等构成。既然上述两对当事人之间皆是代理关系，那么他们的权利、义务应受代理法的一般原则的支配，特别是本人应补偿代理人的开支，向其支付报酬，而代理人亦应尽职尽责完成代理事务并不得越权。这两个原则在《托收统一规则》中都得到了体现。该规则第1条规定："银行应以善意和合理的谨慎行事。"其"总则和定义"C中规定："银行只被允许按照托收指示书中的规定和根据本规则行事。如由于某种原因，某一银行不能执行它所收到的托收指示书的规定时，必须立即通知发出托收指示书的一方。"如果代理人违反了上述原则，则应赔偿由此给本人造成的损失。

除上述原则之外，《托收统一规则》还规定托收行对委托人、代收行对托收行负有完成下列具体代理行为的义务：(1) 负有及时提示的义务。遇有即期汇票应毫无延误地作出付款提示；对远期汇票必须在不迟于规定的到期日之前作出付款提示。当远期汇票必须承兑时，应毫无延误地作承兑提示。(2) 保证单据（包括汇票和装运单据）与托收指示书的表面一致。银行必须核实所收到的单据在表面上与托收指示书所列一致，如发现任何单据有遗漏，应即通知发出指示书的一方。(3) 收到的款项在扣除必要的手续费和其他费用后必须按照指示书的规定无迟延地解交本人。(4) 无延误地通知托收结果，包括付款、承兑、拒绝承兑或拒绝付款、拒付的理由。

从以上委托人与托收行、托收行与代收行的关系可以看出，托收的一个重要特点是银行的地位严格地限于作为代理人，它对于货款能否支付不承担任何义务或责任。因此从信用性质上说，托收属于商业信用，而不是银行信用，卖方能否收回货款全赖于买方。《托收统一规则》为了加强和突出银行的上述地位，还规定了许多银行不承担责任的情况，包括：(1) 银行只需核实单据在表面上与托收指示书一致，除此之外没有进一步检验单据的义务。代收行对承兑人签名的真实性或签名人是否有签署承兑的权限概不负责。(2) 与托收有关的银行，对于任何通知、信件或单据在寄送途中发生延误或失落所造成的一切后果，或对于电报、电传、电子传送系统在传送中发生延误、残缺和其他错误，或对于专门性术语在翻译上和解释上的错误，概不承担义务或责任。(3) 与托收有关的银行，对于天灾、暴动、骚乱、叛乱、战争或银行本身无法控制的任何其他原因，或对于罢工或停工致使银行营业间断所造成的一切后果，概不承担义务和责任。(4) 除非事先征得银行同意，货物不应直接运交银行或以银行为收货人，否则，银行无义务提取货物。银行对于跟单托收项下的货物无义务采取任何措施。然而，无论是否得到指示，如银行对货物采取了保护措施，虽它们不对货物的状况负责，也不对任何受委托看管和保护货物的第三者的作为和不作为负责，但代收行应立即就采取的措施发出通知。（5）在汇票被拒绝承兑或拒绝付款时，若托收指示书上无特别指示，银行没有作出拒绝证书的义务。

2. 委托人与代收行

委托人与代收行之间的关系是：托收行是委托人的代理人，代收行又是托收行的代理人，根据代理法的一般原则，在委托人与代收行之间没有合同关系。但是，《托收统一规则》第11条规定："对被指示的免责：（1）为使委托人的指示得以实现，银行使用另一银行或其他银行的服务是代该委托人办理的，因此，其风险由委托人承担；（2）即使银行主动地选择了其他银行办理业务，如该行所转递的指示未被执行，该行不承担责任或对其负责；（3）一方指示另一方去履行服务，指示方应受到被指示方的法律和惯例所加于的一切义务和责任的制约，并承担赔偿的责任。"

（三）信用证

1. 有关信用证的法律和惯例

信用证（Letter of Credit，L/C）是商业习惯的产物而不是法律的创设物，因此，各国基本上没有专门调整信用证的法律，只有美国在《统一商法典》中专设一编（第五编）对信用证作了规定，但也并不详尽完备。遇有争议时，法院只是根据合同法、代理法的一般原则以及银行界的习惯做法对具体争议作出判决，留下的判例不仅分散，而且不成套。总之，有关信用证的法律规范，在现在各国立法中基本上还是空白，一般靠各个银行自订的格式信用证条款和国际商业习惯调整。

鉴于信用证在国际贸易中已经得到广泛的使用，为了统一各国对跟单信用证条款的解释，明确各有关当事人的权利、义务，国际商会于1930年制定了《跟单信用证统一惯例》，供各国银行和银行公会自愿采用。该统一惯例曾于1951年、1962年、1967年、1974年、1983年、1993年和2006年作过7次修改，现在使用的是2007年7月1日生效的修订本，通称为国际商会第600号出版物（UCP 600）。UCP 600的条文编排参照了ISP98的格式，对UCP 500的49个条款进行了大幅度的调整及增删，变成现在的39条。第1条至第5条为总则部分，包括UCP的适用范围、定义条款、解释规则、信用证的独立性等；第6条至第13条明确了有关信用证的开立、修改，各当事人的关系与责任等问题；第14条至第16条是关于单据的审核标准、单证相符或不符的处理的规定；第17条至第28条属单据条款，包括商业发票、运输单据、保险单据等；第29条至第32条规定了有关款项支取的问题；第33条至第37条属银行的免责条款；第38条是关于可转让信用证的规定；第39条是关于款项让渡的规定。UCP 600适用于包括备用信用证在内的跟单信用证。

2. 信用证的定义

UCP 600最大的变化之一是取消了"可撤销信用证"，因此，根据UCP 600第2条，"信用证意指一项约定，无论其如何命名或描述，该约定不可撤销并因此构成开证行对于相符提示予以兑付的确定承诺"。信用证方式与托收方式的最大区别是：在信用证方式中，银行有条件地承担了支付货款的责任，卖方能否收到货款是以银行信用为基础的，而不依赖于买方的商业信用，而一般来说，银行信用比商业信用要可靠得多，所以卖方收到货款更有保障；而在托收方式中，银行只是代理人，它们对货款的支付与否不承担任何责任，卖方只能以买方的商业信用作为其货款的基础，所以卖方所承担的风险较大，尤其是在承兑交单方式下。正因为如此，信用证方式在国际贸易中比托收方式更为常用。

3. 信用证的种类

按照信用证的性质、付款期限、流通方式等，可以将信用证分为以下7种。

（1）可撤销信用证（Revocable L/C）与不可撤销信用证（Irrevocable L/C）。可撤销信用证是指开证行对所开信用证在议付之前不必征求受益人同意或事先通知受益人，有权随时撤销或修改信用证；不可撤销信用证是指信用证一经开出，在有效期内不经受益人或有关当事人同意，开证行不得单方加以修改或撤销的信用证，根据这种信用证，只要出口商提供了符合信用证要求的单据，开证行必须履行付款义务。这为受益人收款提供了保障，因此，不可撤销信用证在国际贸易中得到广泛使用。

（2）保兑信用证（Confirmed L/C）和不保兑信用证（Nonconfirmed L/C）。保兑是指一家银行开出的不可撤销的信用证由另一家银行加以保证兑付。经保兑的信用证称为保兑信用证。未经保兑的信用证称为不保兑信用证。保兑信用证有两家银行对受益人负责：一个是开证行，另一个是保兑行。保兑行和付款行对付款承担连带责任。

（3）即期信用证（Sight L/C）与远期信用证（Usance Credit）。即期信用证是指规定由受益人开立即期汇票和提供单据，银行见票即付的信用证；远期信用证是指规定受益人需开立远期汇票，开证行在见票后规定的期限内或一定日期收款的信用证。

（4）可转让信用证（Transferrable Credit）和不可转让信用证（Non-transferrable Credit）。可转让信用证是指开证行根据进口方的申请在信用证上特别注明“可转让”字样，授权出口地银行在出口方提出申请后把信用证的权利一次全部转让给他人，受让人称为第二受益人。可转让信用证只能转让一次。当第二受益人不履行合同义务时，第一受益人仍要对合同中规定的卖方义务负责。无“可转让”字样的信用证即为不可转让信用证。

（5）循环信用证（Revolving L/C）。循环信用证是指在相同条款的情况下，在一定时间内，信用证金额可以重复使用的信用证，即受益人全部或部分使用了信用证金额后，该金额可以重新恢复到原金额，供继续使用，周而复始，直至规定的次数或规定的总金额用完为止。当买卖双方就相同商品签订了长期供货合同并规定分批交货时，买方为了节省开证申请手续和费用，卖方为了减少逐笔催证、逐笔审证的麻烦，往往要求买方开立可循环信用证。

（6）对开信用证（Reciprocal Credit）。对开信用证是指买卖双方同时既是出口商又是进口商时，相互以开证申请人和受益人身份开立两张信用证，信用证金额相等或大致相等。第一张开出时暂不生效，等对方开来第二张信用证时，两证同时生效。对开信用证多在易货贸易或补偿贸易中使用。

（7）备用信用证（Standby Credit），又称不跟单信用证（Clean L/C）、保证信用证（Guarantee L/C）、履约信用证（Performance L/C）等，是指开立备用信用证的银行向受益人担保，如果申请人不履行债务（不一定是金钱给付义务），则由开证行给予补偿。备用信用证与普通跟单信用证的不同在于：1）备用信用证不需要随附很多商业单据，因此，可以减少银行审单的麻烦，节约时间和费用。在备用信用证中，受益人只要开出相应汇票及申请人未履行义务的书面证明即可得到开证行的偿付。2）备用信用证的开证行在申请人承担金钱给付义务时，承担的是第二付款人的责任。如果申请人履行了债务，则备用信用证属于备而不用。在某些国家，如美国、日本、加拿大，由于法律不允许银行为当事人提供担保，备用信用证在实际业务中可以起到银行保函的作用，因而，在这些国家里，备用信用证得到广泛使用。3）备用信用证的申请人可以是债务人，也可以是债权人，因此，在国际经济活动中，其使用范围更为广泛，不仅用于国际货物买卖，还广泛用于投标保证、履约保证、借款保证、赊购保证等。

4. 信用证的内容

按照国际商会《跟单信用证统一惯例》的规定，信用证主要有以下条款：（1）信用证当事人；（2）信用证种类、号码；（3）信用证金额；（4）汇票条款；（5）装运条款；（6）单据条款；(7) 开证行保证付款条款；(8) 交单日期；(9) 信用证转让条款；(10) 信用证有效期限；(11) 其他条款。

5. 信用证的当事人及其权利与义务

信用证的基本当事人有四个：开证申请人、开证行、通知行和信用证受益人。(1) 开证申请人，是指向银行申请开立信用证之人，一般是进口商。根据买卖双方订立的买卖合同，银行开出信用证后，开证申请人享有验单、退单的权利以及凭单付款的义务，并且要对银行因服从外国法律和习惯而蒙受的损失负责。(2) 开证行，是指接受开证申请人的委托，开立信用证之银行。银行接受进口方的申请后，应及时、正确地开立信用证，并要对信用证受益人承担凭单付款的义务。开证行一经验单付款后，不得向受益人追索。当开证申请人无力付款时，开证行有权出售单据或货物以补偿垫款，对不足部分可以向开证申请人追偿。(3) 通知行，是接受开证行的委托，把信用证通知受益人的银行。作为开证行的代理人，通知行凭开证行的指示通知受益人并核实信用证的真实性，并不承担议付或付款的义务。(4) 信用证受益人，是指有权享受信用证利益的人，一般为出口商或中间商。受益人在收到信用证时，如果发现与合同不符，有权要求对方修改信用证或拒绝接受。接受信用证后，受益人有按信用证要求装货、备单的义务以及凭单要求付款的权利。提交单据后，如果开证行倒闭或拒付，则受益人有权向进口方提出付款要求。

概括起来，在信用证方式中，银行的责任如下：(1) 对单据的形式、完整性、正确性、真伪及法律效力概不负责。(2) 对单据中有关货物的论述、数量、重量、品质、状况、包装、交付、价值或是否存在概不负责。(3) 对发货人、收货人、承运人、保险人等的信誉、作为或不作为、清偿或执行能力、资信情况概不负责。(4) 信用证是根据买卖合同开出的，但信用证开出以后就成为独立于买卖合同的另一个交易关系。银行只对信用证负责。只要卖方提交了符合信用证规定的单据，在单单一致、单证一致的条件下，银行承担无条件付款的义务。对于买卖合同订立后发生的修改、变更或撤销，除非通知银行改证，否则，银行只按信用证的内容办事。

根据 UCP 600 的规定，参与信用证业务的银行在以下情况下免责：(1) 关于单据有效性的免责。银行对任何单据的形式、充分性、准确性、内容真实性或虚假性或法律效力，或对单据中规定或添加的一般或特殊条件，概不负责；银行对任何单据所代表的货物、服务或其他履约行为的描述、数量、重量、品质、状况、包装、交付、价值或存在与否，或对发货人、承运人、货运代理人、收货人、货物的保险人或其他任何人的诚信与否、作为或不作为、清偿能力、履约或资信状况，概不负责。(2) 关于信息传递和翻译的免责。当报文、信件或单据已按照信用证的要求传输或发送时，或当信用证未作指示，银行自行选择传送服务时，银行对报文传输或信件、单据的递送过程中发生的延误、中途遗失、残缺或其他错误产生的后果，概不负责。如果指定银行确定单据相符并将单据发往开证行或保兑行，无论指定的银行是否已经承付或议付，开证行或保兑行必须承付或议付，或偿付指定银行，即使单据在指定银行送往开证行或保兑行的途中，或在保兑行送往开证行的途中丢失。银行对技术术语的翻译或解释上的错误，不负责任，并可不加翻译地传送信用证条款。(3) 关于不可抗力免责。银行对于天灾、暴动、骚乱、叛乱、战争、恐怖主义行为或任何罢工、停工或其无法控制的任何其他原因导致的营业中断的后果，概不负责。银行恢复营业时，对于在营业中断期间已逾期的信用证，不再进行承付或议付。(4) 关于被指示方行为的免责。如果为了执行申请人的指示，银行利用了其他银行的服务，其费用和风险由申请人承担。即使银行自行选择了其他银行，如果发出指示未被执行，开证行或通知行对此亦不负责。指示另一银行提供服务的银行有责任负担被指示银行因执行指示而发生的任何佣金、手续费、成本或开支（“费用”）。如果信用证规定费用由受益人负担，而该费用未能收取或从信用证款项中扣除，开证行依然承担支付此费用的责任。信用证或其修改不应规定向受益人的通知以通知行或第二通知行收到其费用为条件。外国法律和惯例加诸银行的一切义务和责任，申请人应受其约束，并就此对银行负补偿之责。

6. 中国的相关规定

早在1989年6月，最高人民法院就发布了《关于印发〈全国沿海地区涉外、涉港澳经济审判工作座谈会纪要〉的通知》，对信用证欺诈问题作出了规定。2005年11月14日，最高人民法院又发布了《关于审理信用证纠纷案件若干问题的规定》，自2006年1月1日起施行。信用证纠纷案件，是指在信用证开立、通知、修改、撤销、保兑、议付、偿付等环节产生的纠纷。根据上述规定，法院处理信用证纠纷应依据下列规定。

（1）人民法院审理信用证纠纷案件时，当事人约定适用相关国际惯例或者其他规定的，从其约定；当事人没有约定的，适用国际商会《跟单信用证统一惯例》或者其他相关国际惯例。

（2）开证申请人与开证行之间因申请开立信用证而产生的欠款纠纷、委托人和受托人之间因委托开立信用证产生的纠纷、担保人为申请开立信用证或者委托开立信用证提供担保而产生的纠纷以及因信用证项下融资产生的纠纷，适用该规定。因申请开立信用证而产生的欠款纠纷、委托开立信用证纠纷和因此产生的担保纠纷以及因信用证项下融资产生的纠纷应当适用中华人民共和国相关法律。涉外合同当事人对法律适用另有约定的除外。

（3）开证行在作出付款、承兑或者履行信用证项下其他义务的承诺后，只要单据与信用证条款、单据与单据之间在表面上相符，开证行就应当履行在信用证规定的期限内付款的义务。当事人以开证申请人与受益人之间的基础交易提出抗辩的，人民法院不予支持。

（4）人民法院在审理信用证纠纷案件时涉及单证审查的，应当根据当事人约定适用的相关国际惯例或者其他规定进行；当事人没有约定的，应当按照国际商会《跟单信用证统一惯例》以及国际商会确定的相关标准，认定单据与信用证条款、单据与单据之间是否在表面上相符。信用证项下单据与信用证条款之间、单据与单据之间在表面上不完全一致，但并不导致相互之间产生歧义的，不应认定为不符点。

（5）开证行有独立审查单据的权利和义务，有权自行作出单据与信用证条款、单据与单据之间是否在表面上相符的决定，并自行决定接受或者拒绝接受单据与信用证条款、单据与单据之间的不符点。开证行发现信用证项下存在不符点后，可以自行决定是否联系开证申请人接受不符点。开证申请人决定是否接受不符点，并不影响开证行最终决定是否接受不符点，开证行和开证申请人另有约定的除外。开证行向受益人明确表示接受不符点的，应当承担付款责任。开证行拒绝接受不符点时，受益人以开证申请人已接受不符点为由要求开证行承担信用证项下付款责任的，人民法院不予支持。

（6）凡有下列情形之一的，应当认定存在信用证欺诈：受益人伪造单据或者提交记载内容虚假的单据；受益人恶意不交付货物或者交付的货物无价值；受益人和开证申请人或者其他第三方串通提交假单据，而没有真实的基础交易；其他进行信用证欺诈的情形。

（7）开证申请人、开证行或者其他利害关系人发现有信用证欺诈情形，并认为将会给其造成难以弥补的损害时，可以向有管辖权的人民法院申请中止支付信用证项下的款项。

（8）人民法院认定存在信用证欺诈的，应当裁定中止支付或者判决终止支付信用证项下款项，但有下列情形之一的除外：开证行的指定人、授权人已按照开证行的指令善意地进行了付款；开证行或者其指定人、授权人已对信用证项下票据善意地作出了承兑；保兑行善意地履行了付款义务；议付行善意地进行了议付。当事人在起诉前申请中止支付信用证项下款项符合下列条件的，人民法院应予受理：受理申请的人民法院对该信用证纠纷案件享有管辖权；申请人提供的证据材料证明存在《关于审理信用证纠纷案件若干问题的规定》第 8 条的情形；如不采取中止支付信用证项下款项的措施，将会使申请人的合法权益受到难以弥补的损害；申请人提供了可靠、充分的担保。人民法院接受中止支付信用证项下款项申请后，必须在 48 小时内作出裁定；裁定中止支付的，应当立即开始执行。人民法院作出中止支付信用证项下款项的裁定，应当列明申请人、被申请人和第三人。当事人对人民法院作出中止支付信用证项下款项的裁定有异议的，可以在裁定书送达之日起 10 日内向上一级人民法院申请复议；上一级人民法院应当自收到复议申请之日起 10 日内作出裁定；复议期间，不停止原裁定的执行。人民法院在审理信用证欺诈案件过程中，必要时可以将信用证纠纷与基础交易纠纷一并审理。当事人以基础交易欺诈为由起诉的，可以将与案件有关的开证行、议付行或者其他信用证法律关系的利害关系人列为第三人；第三人可以申请参加诉讼，人民法院也可以通知第三人参加诉讼。

（9）保证人以开证行或者开证申请人接受不符点未征得其同意为由请求免除保证责任的，人民法院不予支持；保证合同另有约定的除外。开证申请人与开证行对信用证进行修改未征得保证人同意的，保证人只在原保证合同约定的或者法律规定的期间和范围内承担保证责任；保证合同另有约定的除外。

（四）国际保理[①]

1. 国际立法

国际保理（international factoring）最早起源于 19 世纪末期的美国，并在 20 世纪 60 年代以后在全球范围内迅猛发展。国际保理是集贸易融资、国际间银行信用于一身的，发生在国际结算环节的资金与信用融通范畴的经济活动。[②] 国际保理业务的发展与国际商品交易中赊销形式的商业信用的发展有密切关系。保理业务能够为客户提供许多便利：贸易融资功能，保理融资可办理收汇核销和退税手续；销售分户账管理和催收服务；信用风险控制；坏账担保。目前在国际上，欧美国家特别是欧盟内部，80％的进出口业务都是采用非信用证方式，并由保理商代理收款。对出口方来说，不论进口方是否付款，货款都由保理商负责收付。[③] 但是，值得注意的是，虽然保理便于出口商融资和收款，同时也便于进口商以赊销方式购买货物，但是，保理商所收管理费通常高于信用证和托收的手续费。

目前，在国际保理方面主要有以下国际法律文件。

（1）《国际保理业务惯例规则》

《国际保理业务惯例规则》（Code of International Factoring Customs，简称 IFC）由国际保理商联合会[④]颁布，供保理当事人选用。该规则的 1998 年修订本共有 28 条，主要规定了总则、信用风险的承担、付款责任、出口保理商和进口保理商的陈述和保证及其他义务、转让的合法性、补偿、预付款、期限、财务、报告和酬金、违反规则、规则修改。

（2）《国际保理公约》

《国际保理公约》（UNIDROIT Convention on International Factoring）由国际统一私法协会

① 这一部分由史晓丽老师撰写。

② 参见张军、李茂华、于立新：《加入 WTO 与中国国际保理发展》，1 页，西安，西北大学出版社，2002。

③ 参见张军、李茂华、于立新：《加入 WTO 与中国国际保理发展》，55 页，西安，西北大学出版社，2002。

④ 国际保理商联合会（Factors Chain International，简称 FCI）于 1968 年 11 月成立，是目前全球最大的保理商组织，其跨国境的保理业务量超过全球国际保理业务总量的一半。

于1988年5月28日在加拿大首都渥太华通过，1995年5月1日生效。目前，只有6个国家（法国、德国、匈牙利、意大利、拉脱维亚、尼日利亚）批准了该公约。该公约共有23条，分为如下4章：适用范围和总则、当事人各方的权利和义务、再转让和最后条款。该公约适用于国际保理合同（factoring contracts）及应收账款的转让（assignments of receivables）。

（3）《国际贸易中应收款转让公约》

该公约由联合国国际贸易法委员会于2001年12月12日通过，到目前还未生效，只有利比里亚一个国家批准该公约。该公约的主要目的是通过促进增加获得低成本信贷的机会，促进货物和服务的跨国界流动。为实现这一目标，该公约特别强调消除某些国际融资做法的法律障碍（例如，确立未来应收款转让和整批转让的有效性，部分废止对应收款转让的合同限制）；增进对关键问题（例如相竞债权之间的优先次序）的适用法律的确定性和可预测性；通过提供一个供各国选用的相竞债权优先次序制度，协调各国的转让法。

该公约共有47条和一个附件，主要规定了适用范围、总则、转让的效力、权利、义务和抗辩、独立适用的法律冲突规则、最后条款。该公约适用于国际应收款的转让和应收款的国际转让。原始合同订立时，转让人和债务人所在地在不同国家的，该应收款具有国际性。转让合同订立时，转让人和受让人所在地在不同国家的，该转让也具有国际性。

2. 保理的概念和当事人

（1）国际保理的概念

牛津简明词典中给保理一词的定义是：从他人手中以比较低的价格买下属于该人的债权，并负责收回债款，从而获得盈利的行为，称为保理。① 该定义属于广义定义。狭义定义是，保理业务是指承做保理的一方同以赊销方式出售商品或提供服务的一方达成一个带有连续性的协议，由承做保理方针对由出售的商品和提供的服务产生的应收账款提供以下服务：1）以即付方式买下所有应收账款；2）负责有关应收账款的会计分录及其他记账工作；3）到期收回债款；4）承担债务人资不抵债的风险。②

国际统一私法协会《国际保理公约》第1条规定：公约适用于保理合同及应收账款的转让。保理合同是指在一方当事人（销售商）与另一方当事人（保理商）之间所订立的合同。根据该合同：A. 销售商可以或将要向保理商转让销售商与其客户（债务人）订立的货物销售合同产生的应收账款，但是，主要供债务人个人、家人或家庭使用的货物的销售所产生的应收账款除外。B. 保理商应履行至少两项下述职能：为销售商融通资金，包括贷款和预付款；保持与应收账款有关的账目（分类账）；收取应收账款；防止债务人拖延付款。③ 此外，该公约第2条还规定：公约适用于任何通过保理合同进行的让予的应收账款，这些应收账款产生于供方

① 参见［英］芙瑞迪·萨林格：《保理法律与实务》，刘园、叶志壮译，1页，北京，对外经济贸易大学出版社，1995。

② 参见［英］芙瑞迪·萨林格：《保理法律与实务》，刘园、叶志壮译，1页，北京，对外经济贸易大学出版社，1995。

③ Article 1："This Convention governs factoring contracts and assignments of receivables as described in this Chapter. 2. For the purposes of this Convention，'factoring contract' means a contract concluded between one party（the supplier）and another party（the factor）pursuant to which：（a）the supplier may or will assign to the factor receivables arising from contracts of sale of goods made between the supplier and its customers（debtors）other than those for the sale of goods bought primarily for their personal，family or household use；（b）the factor is to perform at least two of the following functions：finance for the supplier，including loans and advance payments；maintenance of accounts（ledgering）relating to the receivables；collection of receivables；protection against default in payment by debtors；（c）notice of the assignment of the receivables is to be given to debtors."

与债务人之间的销售合同，债务人的业务处于不同国家，而且债务人营业地（place of business）所在国和保理商营业地所在国都是签字国，或者销售合同和保理合同都由签字国的法律管辖。

根据上述规定，保理商可以从事下列保理业务：1）贸易融资，即为销售商融通资金，包括贷款和预付款。保理商在承做保理业务时，出口保理商先从出口商处购买应收账款或对出口商的应收账款进行贷款。保理商通常向出口商提供无追索权的贸易融资，即出口商在向国外进口商发货或提供服务后，只要将发票通知送交出口保理商，就可以获得不超过80%的发票金额和无追索权的预付款。对于出口保理商而言，在受让应收账款后，可以对有关债权行使权利。2）销售分户账管理，即提供分类账管理。保理商可以为出口商设立管理账户，保理商在收到出口商提供的销售发票后，可以根据管理账户记载的有关信息进行记账处理，包括清算债务金额、利息结算、债务收取往来记录、定期出具账务清单等。3）收取应收账款，即在卖方叙做保理业务后，保理商根据卖方的要求，定期/不定期向其提供关于应收账款的回收情况、逾期账款情况、信用额度变化情况、对账单等各种财务和统计报表，协助卖方进行销售管理。4）应收账款的催收。为防止债务人拖延付款，保理商通常有专业人员进行账款追收，并根据应收账款逾期的时间采取信函通知、打电话、上门催款手段，直至采取法律手段。5）信用风险控制与坏账担保。保理商在与出口商签订保理协议前，通常要对进口商进行自信调查，并对进口商核定一个信用额度（Credit Line）。对于出口商在核准的信用额度内发货所产生的应收账款，保理商提供100%的坏账担保。对于超过核准信用额度的应收账款，保理商不承担责任，即保理商只承担其所核定的信用额度内的货款，其余坏账损失由出口商承担。

概括而言，国际保理是指保理商在国际贸易中采用赊销（O/A）或跟单托收承兑交单（D/A）结算方式，为卖方提供的将出口贸易融资、账务处理、收取应收账款和买方信用担保融为一体的综合性金融服务。[①]

（2）国际保理的当事人

参与国际保理业务的各当事人为[②]：（1）卖方：对所供应的货物或所提供的服务出具发票的一方，其应收账款交由出口保理商叙做保理的当事人。（2）债务人：对由所供应的货物或所提供的服务而产生的应收账款负有付款责任的当事人。（3）出口保理商：根据有关协议对卖方的应收账款叙做保理业务的当事人。（4）进口保理商：同意代收以卖方出具的发票表示的并转让给出口保理商的应收账款的一方。进口保理商对转让给他的并已承担信用风险的应收账款必须付款。

3. 国际保理的类型

保理商从事保理业务的主要收益是利息和手续费。保理商从购入单据向出口商支付现金开始，到从进口商或进口保理商处收到货款为止，向出口商提供了一段时间的资金融通，因此，保理商可以收取相应的利息，而且利率通常比优惠利率高。利息一般在保理商向出口商支付货款时就预先扣除。除了利息以外，保理商还可以就所提供的其他服务（如资信调查等）收取手续费用。但是，保理商的风险随保理类型的不同而有所不同。

（1）按保理商的数量，分为单保理商模式和双保理商模式

在国际保理业务中，可以将保理商分为出口保理商和进口保理商。位于进口方所在地的保理商称为进口保理商，位于出口方所在地的保理商称为出口保理商。

---

① 参见张军、李茂华、于立新：《加入WTO与中国国际保理发展》，56页，西安，西北大学出版社，2002。

② 参见国际保理商联合会1998年《国际保理义务惯例规则》第1条。

1）单保理商模式（Single Factor System）。

只涉及一方保理商的国际保理业务是单保理商模式。单保理商模式是国际保理的早期形式，主要适用于国内保理业务，或进出口双方中有一方没有保理商的情况。由于单保理对于保理商的风险较大，随着国际保理业务的发展，单保理商模式已经逐渐为双保理商模式所取代。

单保理商模式只涉及三方当事人：出口商、进口商、保理商（或为出口保理商，或为进口保理商）。当有出口商、进口商和出口保理商参与时，这种保理业务称为直接出口保理（Direct Export Factor System）；如果涉及出口商、进口商和进口保理商，则称为直接进口保理（Direct Import Factor System）。后一种形式多用于出口方的客户集中在某个国家或地区的情况。在直接进口保理情况下，出口商和进口保理商直接订立保理协定，并在发货后将发票和所需单据直接交与进口保理商，进口保理商负责收款和提供坏账担保。在直接出口保理的情况下，出口商和出口保理商签订保理协定，在发货后，出口商将发票和所需单据交与出口保理商，出口保理商负责向债务人收款和提供坏账担保。

2）双保理商模式（Two-Factor System）。

双保理商模式涉及进出口双方保理商。在双保理商模式下，参加国际保理业务的当事人有四方：出口商、出口保理商、进口商、进口保理商。在这一模式中，主要有两份保理合同：出口商和出口保理商签订保理协议，将其在国外的应收账款转让给出口保理商；出口保理商与进口保理商签订代理协议，向进口保理商转让有关的应收账款，并且委托进口保理商直接与进口商收款，同时由进口保理商提供坏账担保、债款催收和销售额度核定等服务。

双保理商模式的具体运作程序是[①]：a. 出口保理商与进口保理商签订国际保理协议；b. 出口保理商与出口商签订国际保理合同；c. 出口商向出口保理商申请债务人（进口商）的信用额度；d. 出口保理商将信用申请提交给进口保理商，由其进行调查；e. 进口保理商对进口商进行资信调查评估；f. 进口保理商将批准的额度制成信用额度证实书通知出口保理商，再由出口保理商将其交给出口商；g. 出口商根据信用额度证实书商的额度金额发运货物；h. 货物出运后，出口商如需资金融通，则将全套正本单据寄送出口保理商；如不需要资金融通，则将发票副本传送给出口保理商；i. 出口保理商将上述单据传送给进口保理商；j. 出口保理商视出口需要，提供发票金额的70%～90%的资金融通；k. 进口保理商在规定时间内按照商业惯例向进口商催收货款；l. 在货款到期日，进口商将货款交给进口保理商，后者将其转交给出口保理商；m. 出口保理商在扣除预付款、服务费等项目后，将货款全部付给出口商。

在双保理机制下，出口商只需同出口保理商签订保理合同，融资方便。对出口保理商而言，通过和进口保理商的合作，分担了风险和损失。但是，双保理机制与单保理机制相比，出口承担更高的费用。

（2）按照保理商对保理项下的融通资金是否有追索权，分为有追索权保理和无追索权保理

1）有追索权保理。有追索权（Recourse）保理是指在保理商与出口商签订保理合同并向出口商融通资金后，如果债务人由于某些原因无力或拒绝支付货款，则保理商有权向出口商要求偿还其为出口商所融通的资金款项。实践中，有追索权的保理通常是：无论由于任何原因，只要货款到期不能收回，保理商都有权向出口商追索。也就是说，在有追索权保理的情况下，保理商不承担债务人的信用风险。因此，有追索权保理业务适用于债务人信用较好的情况。

2）无追索权保理。无追索权（Non-recourse）保理是指保理商在与出口商签订保理合同

① 参见张军、李茂华、于立新：《加入WTO与中国国际保理发展》，62页，西安，西北大学出版社，2002。

并为出口商融通资金后，在某些情况下放弃向出口商追索融通资金的权利。如果债务人由于合同约定的原因而无力或拒绝付款，则保理商只能自行承担该风险。在此类保理业务中，保理商需承担债务人的信用风险，为债务人的坏账提供担保服务。实践中经常采用的是无追索权保理。

（3）根据保理商在购入应收账款的单据后是否立即向出口商付款，分为到期保理和预付保理

到期保理（Maturity Factoring）是指出口商将有关单据交给保理商后，保理商并不立即向出口商支付货款，而是确认并同意在票据到期时，无追索权地向出口商支付票据金额。预付保理（Advance Factoring）是指出口商将有关单据交给保理商以后，保理商立即对其支付票款。实践中经常采用的是预付保理。

第五节　乌拉圭回合《服务贸易总协定》

一、《服务贸易总协定》的产生

第二次世界大战后，新的科技革命和跨国公司的蓬勃发展，刺激了国际货物贸易的发展，由此带动了与货物贸易有关的银行业、运输业、保险业等相关的国际服务贸易的大发展。在发达国家，新技术的广泛应用，特别是电子计算机技术的广泛应用，使发达国家迅速完成了其产业结构从农业到工业到服务业的调整，服务贸易在其国民生产总值中占60%以上。国际服务贸易的重点从劳动密集型向技术和资本密集型转化。20世纪80年代，国际服务贸易总额已占世界货物贸易总额的1/4以上。发达国家在国际服务贸易领域的优势地位日愈明显，在全球近两百个国家和地区中，占前25名的国家和地区主要是发达国家。尤其是在金融、保险、通信、信息等重要服务部门，发达国家和发展中国家的发展水平存在严重的不平衡。从比较利益的角度看，与发展中国家相比，发达国家在农业、制造业的优势远远不如其在服务业的优势。遵循货物贸易发展的历史趋势，在国际服务贸易中占据全面、绝对优势地位的发达国家必然主张国际服务贸易的自由化，希望借此打开发展中国家服务贸易市场的大门。而在处于绝对劣势地位的发展中国家，由于经济整体发展水平的落后和技术、资金的匮乏，国内服务业的发展大多集中在劳动密集型的行业上，主要的服务业，如金融、保险、通讯、广播、电子网络等，大多处在国家垄断或刚刚起步阶段。在这种情况下，以美国为首的发达国家首次在1982年GATT部长级会议上提出了在GATT中列入服务贸易的工作计划。1984年11月，在GATT第四十届年会上决定成立国际服务贸易谈判工作组。1986年，在GATT乌拉圭回合谈判中，国际服务贸易、与贸易有关的知识产权、与贸易有关的投资措施，被正式列为三项新的谈判议题。1990年7月，发达国家与发展中国家之间经过激烈的讨论之后，拟订了“服务贸易多边框架协议草案”；1990年12月，在布鲁塞尔部长级会议上，将草案正式定名为“服务贸易总协定”；1994年4月15日，作为WTO一揽子协议之一提交其成员签字、接受。

二、《服务贸易总协定》的主要内容

《服务贸易总协定》（General Agreement on Trade in Service，GATS）可以视为与《货物贸易总协定》（GATT 1994）相平行的协定，在结构和内容上，两者具有许多相同的特征。

GATS由序言、6个部分的29项条款和8个附件组成。

1. GATS的宗旨

GATS的宗旨是在透明度和逐步自由化的前提下，建立一个有关服务贸易原则和规定的多边框架。考虑到各国服务业相关法规发展的不平衡以及发展中国家和最不发达国家的经济发展状况，在互利的以及权利与义务总体平衡的基础上，开展多边谈判，以促进所有贸易伙伴的经济增长和发展。

GATS规定的成员义务分为一般义务和具体承诺义务：（1）一般义务和原则，适用于GATS成员的所有服务部门；（2）具体承诺义务（如市场准入和国民待遇），仅适用于经过双边或多边谈判之后承诺开放的服务部门。

2. 一般义务和原则

（1）最惠国待遇。GATS第2条规定了最惠国待遇原则：每一成员给予任何其他成员的服务和服务提供者的待遇，应立即无条件地给予其他任何成员相同的服务和服务提供者。

和GATT 1994一样，GATS的最惠国待遇在适用上也允许存在例外：1）提供给邻国的优惠。与邻国在双方毗邻的边境地区交换仅限于当地生产和消费的服务。2）豁免清单。GATS规定，成员可以将不符合GATS要求的国内法律、条例和规定列入豁免清单作为第2条的附件，从而享受为期不超过10年的豁免。3）成员方参与的经济一体化安排。4）政府采购服务的法律、条例和规定。（该政府采购是出于纯政府使用的目的，而不是为商业性转售或销售服务提供中使用。）关于政府采购问题，GATS第13条规定，成员方应在《建立世界贸易组织协定》（以下简称《WTO协定》）生效的2年内另行谈判。

（2）透明度。GATS要求每一成员设立一个或几个咨询点，以便向其他成员提供不妨碍其法律实施或不违反其公共利益或不损害其商业利益的各种信息，包括：1）其所采取的一切影响本协定实施的所有措施；2）其参与或签字的国际协定；3）新颁布的法律、条例、行政命令及其修改；4）限制服务贸易的商业性惯例；5）可以对服务贸易产生扭曲的补贴等。①

（3）资格的认可。就服务提供者的教育、经验、技能的资格，证明的批准、承认及标准方面，GATS成员之间应通过双边或多边协议或者安排或者采用自动许可方式予以认可，并逐步制定和推行认可的统一国际标准和服务的统一国际标准。

（4）公平竞争。公平竞争原则主要针对成员境内的垄断和专营服务提供者，在其提供垄断或专营服务范围之外提供服务时，不得滥用其垄断、专营的优势地位。

（5）发展中国家的更多参与。根据GATS的宗旨，为使发展中国家和最不发达国家更多地参与国际服务贸易，发达国家应承担以下义务：1）在《WTO协定》生效之日起2年内设立联络点，为发展中国家服务提供者提供各自市场有关服务的商业和技术信息，专业资格的登记、认可和获得等方面的信息，以及有关获得服务技术方面的信息。2）通过协定第三部分、第四部分关于具体承诺的谈判，增强发展中国家国内服务业的能力、效率和竞争力，促进销售渠道和信息网络的改善以及对各部门市场准入的自由化和促进发展中国家的服务出口。3）以上义务的履行将对最不发达国家给予特别优惠的考虑。

3. 一般例外

和GATT 1994一样，GATS也规定了对一般义务和原则的例外，包括一般例外和安全例外。

GATS第14条规定了一般例外，包括：为维护公共道德和公共秩序所必需的措施；为保障人类、动物、植物的生命和健康所必需的措施；为保障与该协定不相抵触的法律和条例的实

① 参见GATS第3条、第9条、第15条。

施所必需的措施，例如，反欺诈、防止违约以及保护个人隐私、安全等。

和 GATT 1944 第 20 条规定的一般例外不同，GATS 规定的一般例外不包括有关保护可能用竭的自然资源的措施以及一国为保护和维持传统文化，对本国具有艺术、历史或考古价值的艺术品和文物采取的措施。鉴于贸易对环境的影响，乌拉圭回合中关于服务贸易和环境的部长会议已经责成环境与贸易委员会审查和报告服务贸易与环境之间的关系，并提出关于是否对第 14 条进行修改的建议。

GATS 第 14 条附则所规定的安全例外与 GATT 1944 第 21 条规定的安全例外基本相同，即为了国家基本安全利益而实施的直接或间接供给军事部门使用而提供的服务除外。

4. 具体的自由化承诺

GATS 具体承诺的义务包括市场准入、国民待遇与逐步自由化的谈判。

（1）市场准入。货物贸易的市场准入是通过约束关税和有关的边境措施如许可证、配额等的谈判完成的。GATS 关于服务贸易的市场准入是通过对涉及广泛领域的国内法规的修改进行双边或多边谈判逐步实现的，具体表现在：1）各成员开列具体承诺开放的服务部门的细目表，阐明其市场准入的条件和限制、实现国民待遇的条件和资格、履行承诺的时间框架。2）在承诺市场准入的部门中不得对服务提供者实施数量限制；不得限制其服务交易总额或资产总价值；不得限制服务交易的总量或总产出量；不得限制特定服务部门或服务提供者雇用自然人的总数；不得规定服务提供者必须通过建立特定的法人实体或合营企业方可提供服务；不得限制外国资本参与的最高股权比例或对个人累计的外国投资额加以限制。

（2）国民待遇。GATS 第 17 条规定了国民待遇原则，要求每一成员应按具体承诺细目表所列的条件和资格，给予任何其他成员的服务和服务提供者的待遇应不低于其给予本国相同服务和服务提供者的待遇。这种待遇不管形式相同或不同，均不得改变竞争条件，使本国服务或服务提供者比其他成员的服务或服务提供者更为有利。

（3）逐步自由化。GATS 第 19 条规定，GATS 成员应在《WTO 协定》生效日后不迟于 5 年开始逐步自由化的多轮定期谈判，促进发展中国家和最不发达国家的参与，推进服务贸易在双边、多边、复边基础上的逐步自由化进程。自由化进程应取决于各成员相应的国家政策目标以及整体和个别部门的发展水平，允许发展中国家在市场准入及条件上保持一定的灵活性。

5. 争端的解决

GATS 第 22 条规定了成员间的协商程序，凡影响 GATS 执行的任何事项，成员之间应进行双边协商，如果协商未果，则可以与其他成员进行多边协商。

成员之间对于履行有关避免双重征税的国际协定范围内的措施，不得援引 GATS 第 17 条关于国民待遇的规定。当成员之间就某一措施是否属于履行它们之间有关避免双重征税的国际协定范围内的措施发生争议时，任何一方可以提交服务贸易理事会进行仲裁，仲裁裁决是终局的，对成员各方均有约束力。①

6. 附件

GATS 的 8 个附件是 GATS 的组成部分，是对 GATS 的相关条款所作的补充规定。

（1）关于第 2 条豁免的附件。该附件要求成员提供最惠国待遇豁免的清单；对《WTO 协定》生效后申请的豁免需要部长会议 3/4 的多数成员通过；服务贸易理事会应对批准的 5 年以上的豁免在《WTO 协定》生效日后的 5 年内进行审查。

---

① 对于在《WTO 协定》生效日就已经存在的关于避免双重征税的协定，有关争议只有在该协议的缔约方一致同意的情况下才可以提交服务贸易理事会。

（2）关于在协定下自然人移动提供服务的附件。该附件要求GATS成员可就作为服务提供者的自然人及其所雇佣人员的移动条件进行谈判，并且不应阻止成员方采取措施管理自然人的入境和在其境内的短暂停留，这些措施不涉及成员方对有关国籍、居留权及永久性就业所采取的措施。

（3）关于航空运输服务的附件。该附件规定，GATS仅适用于飞机的修理和保养服务、航空运输服务的出售和营销以及计算机储存系统的服务；不适用于航空交通权及与之有关的民用航空活动。所谓交通权，是指以支付报酬或租金的方式，定期或不定期地从事境内、外的旅客、货物和邮件的往返运输的权利，包括服务地点、经营航线、航空器种类、运载量、收费标准、选择机型的标准，如飞机的数量、控制权和所有权标准等，这些问题通常都由有关的国际公约或双边航空运输协定调整。

（4）金融服务的两个附件。该附件明确了金融服务的概念，即由一成员方的金融服务提供者提供的一切金融方面的服务，包括保险、借贷、融资租赁、担保与委托、证券、资产管理及其他辅助性金融服务等16类活动。所谓金融服务提供者，是指成员方希望提供或正在提供金融服务的任何自然人和法人，但不包括一成员方的政府、中央银行或主要为实施政府职能而活动的公共机构。

附件允许成员方基于慎重的原因，即根据《巴塞尔协议》的规定为保护客户利益或为保证金融体系的完整和稳定采取的各种措施。这些措施如果与GATS的条款规定不符，则不能作为成员方逃避承担GATS义务的借口。

（5）海运服务谈判的附件。乌拉圭回合就海运服务未达成具体承诺，该附件允许成员在国际海运、辅助服务以及进入和使用港口方面维持与最惠国待遇不一致的措施，关于其列入最惠国待遇例外的时间应是海运服务谈判组第一次谈判提供最后报告决定的日期，如果谈判失败，则为提交最后报告的日期。该附件的上述规定不适用于成员方有关海运服务的特定义务。在第一次谈判结束（1994年5月16日至1996年6月）至实施日之前，成员可以全部或部分修改或撤销其特定义务而无须提供补偿。

（6）电讯服务和基础电讯谈判的附件。该附件确认了电讯作为传递手段和服务的双重职能。该附件适用于成员方有关公共电讯传送网及其服务的准入和使用方面的措施，而不适用于有关无线电和电视节目的有线或广播分布的措施。所谓“公共电讯传送网”及其服务，是指在两个或多个确定的网络终端之间，利用公共通信设施向公众提供电讯传递服务，包括电报、电话、电传、移动数据传输、国际或国内长短途电信服务等。

附件规定了成员方在公共电讯传送网及其服务中为其他成员服务提供者提供进入和使用方面合理的及不歧视的待遇（国民待遇和最惠国待遇），采取必要措施确保信息安全和机密，但这些措施不得在服务贸易中构成垄断或不公平歧视性的或隐含限制性的手段。

根据基础谈判的附件，1994年5月16日至1996年4月30日，基础电讯谈判组举行了另一次谈判，目的是开放年收入达五千多亿美元的全球基础电讯市场。由于美国对其他国家的开价不满，退出谈判，因而没有达成协议。1997年1月15日，经过多方妥协后重新开始谈判，69个WTO成员参加了谈判，最后达成全球基础电讯协议，该协议已经于1998年1月1日生效。

法律应用

1. 国际服务贸易的概念。WTO虽然没有直接给出国际服务贸易的概念，但阐明了国际服务贸易包括的类型，因此，WTO关于国际服务贸易的规定为各国国际服务贸易的国内立法以及双边服务贸易协议的签订提供了指引。

2. 国际货物运输制度。国际货物运输承运人责任是本章的重点，也是实践中经常遇到的问题，很多案件是关于承运人责任承担方面的。国际海上货物运输是国际贸易当事人最经常采用的运输方式，因此，掌握国际海上货物运输承运人的责任制度尤为重要。在国际海上货物运输中，《海牙规则》是最常用的国际公约，用于约束海运承运人的责任。《海牙规则》的最大特征是规定了“航行过失免责”制度，使货方处于不利地位。而《汉堡规则》取消了这一规定。

3. 国际货物运输保险制度。国际货物运输保险也是国际贸易实践中经常发生纠纷的领域，因此，必须掌握国际货物运输保险的险别以及相关损失的赔偿问题。国际海上货物运输的广泛采用使国际海上货物运输法律制度比较完善，但在国际海上货物运输保险方面并没有达成国际公约，而是依靠国际上的民间规则或民间组织制定的保险条款等规范国际海上保险问题。

4. 国际贸易支付。信用证是国际贸易支付中最常用的手段，但有关信用证支付方面的纠纷也很多，尤其是涉及开证行责任以及信用证欺诈的问题更为突出，因此，必须掌握有关信用证方面的国际规则。不可撤销信用证是最常见的信用证。开证行在信用证业务中只在“单单一致”“单证一致”的情况下向受益人支付信用证项下的款项。因此，信用证的最大特征是，它是单据业务，是独立于基础交易的业务。

5. GATS是WTO的重要协议之一，也是WTO成立以后的谈判重点。了解该协定及其发展方向对于WTO成员具有重要的影响。GATS并不是要求各成员在所有服务贸易领域都对外开放，而是只在承诺开放的领域开放。但是，该协定也规定了各成员必须履行的义务，即最惠国待遇原则和透明度原则。

课后复习

1. 试述国际服务贸易的概念和特征。
2. 试述提单的概念和作用。
3. 试述提单的种类。
4. 有关提单的国际公约有哪些？
5. 试对有关提单的三项公约作出对比。
6. 试述海运承运人的责任制度。
7. 试述租船合同的类型。
8. 关于国际航空运输的国际公约有哪些？
9. 试述国际航空货物运输承运人的责任制度。
10. 关于国际铁路运输的国际公约有哪些？
11. 试述国际铁路货物运输承运人的责任制度。
12. 试述《联合国国际货物多式联运公约》关于联运人责任的规定。
13. 什么是TIR运输？简述《TIR公约》的适用范围与基本原则。
14. 关于国际贸易支付的工具有哪些？
15. 试述汇票的概念。
16. 试述托收的概念和类型。
17. 关于托收的国际法渊源有哪些？

18. 关于托收当事人的责任有哪些?
19. 试述信用证的概念和类型。
20. 关于信用证的国际法渊源有哪些?
21. 关于信用证当事人的责任有哪些?
22. 简述《国际保理公约》的主要内容。
23. 试述GATS的主要内容。

第四章
国际知识产权法

提　要

国际知识产权法是国际经济法的重要组成部分。本章主要介绍两部分内容：第一部分是国际技术贸易，即指商业性的国际技术转让。该部分探讨了技术的内涵、国际技术转让的法律含义、国际技术转让立法、国际技术转让的途径以及国际许可协议。国际技术贸易包括技术所有权转让和技术使用权转让两种贸易方式，其中，技术使用权转让是最常见的国际技术贸易形式。第二部分是知识产权的国际保护制度。该部分从知识产权的概念入手，对知识产权的范围进行了界定，并介绍了知识产权国际保护的多个主要国际公约，例如《巴黎公约》《伯尔尼公约》，等等。

重点问题

1. 国际技术转让和国际技术转让法的概念
2. 国际技术转让的国际立法
3. 国际技术转让的途径
4. 国际许可协议的概念和特征
5. 国际许可协议的种类
6. 国际专利许可协议
7. 国际专有技术许可协议
8. 国际许可协议中的限制性商业条款
9. 知识产权的范围
10. 知识产权国际保护的主要国际公约

第一节　国际技术转让法概述

一、技术与技术转让

（一）技术的内涵

技术转让（Technology Transfer）中的“技术”与科技和经济等领域中的“技术”不同，与“知识产权”的范围也不相同。目前，国际上对技术转让中的“技术”有不同的理解。

世界知识产权组织（WIPO）在其于1977年在日内瓦发布的《发展中国家指南》中将“技术”定义为“有关一项产品制造、一种工艺方法的采用或一项服务的提供的系统知识，而不论这种知识是否反映在一项发明中、一项工业设计中、一项使用工艺中，或一个新的植物品种中，或技术信息或技能中，或专家为工厂的设计、安装、运营或维护而提供的服务和协助中，或专家为一个工业或商业企业或其行为的管理所提供的服务和协助中”①。此外，WIPO在1977年出版的《供发展中国家使用的许可贸易手册》一书的第一章第778条第8款对“技术”也作出了相同的定义。② 从上述定义可以看出，WIPO将“技术”分为三大类：制造产品的系统知识、一项工艺的系统知识以及有关服务的系统知识。

联合国工业发展组织在《发展中国家引进外国技术指南》中指出③：“技术乃指为制造某种产品，建立一个企业所必需的知识、经验和技能。”此外，经合组织将技术定义为“为采用一项工艺生产产品，或提供一项服务的系统知识，包括任何有关管理和销售的方法”④。

联合国《国际技术转让行动守则（草案）》1.2规定：“本守则下的技术转让系指制造某件产品、应用某种制作方法或提供某项服务的系统知识的转让。”1.3规定：“技术转让交易如以1.2段所述，系指当事人之间有关转让技术的安排，特别是指下述安排之一：（1）一切形式的工业产权的让与、出售和许可。商标、服务标记和商号当其非技术转让之一部分时，不在此列。（2）提供可行性报告、计划书、设计图、模型、说明书、指南、配方、基本的或具体的工程设计、技术规范和培训设备，以及提供技术咨询和技术管理人员的服务及员工培训等技术知识和专家知识。（3）提供工厂设备的安装、操作及运行所必需的技术知识和交钥匙工程。（4）提供获取、安装及使用已经以购买、租赁或其他方式取得的机器、设备、中间产品（半成品）和/或原材料所必需的技术知识。（5）提供工业与技术合作协议的技术内容。”根据上述规定，“技术”不包括商标、服务标记和商号，但当商标、服务标记和商号是技术转让的一部分时，商标、服务标记和商号构成“技术”的一部分。

（二）技术转让

美国学者Alan C. Swan & John F. Murphy认为，技术转让（Transfer of Technology）包括工业产权的许可或分配、技术知识的销售或其他方式的转让以及技术服务的提供。⑤ 联合国《国际技术转让行动守则（草案）》将一切形式的工业产权的让与、出售和许可作为技术转让安排的一种。因此，概括而言，技术转让是指拥有技术的一方通过某种方式，将其技术让与给另一方所有或使用的行为。这种让与包括技术所有权的让与和技术使用权的让与，但是，在大多数情况下，技术转让方只是转让技术的使用权，而非转让所有权。由于技术具有无形性，其使用权还可以同时完整地转让给多个受让方，且原有技术的转让方并不因该转让失去对该技术的所有权。

二、国际技术转让的管制及其立法

（一）有关国际技术转让的国际立法

为了促进技术的正常转让与发展，促进各国之间在技术转让领域的合作，促进国际技术转

① The Guide for Developing Countries，World Intellectual Property Organisation，Geneva，1977，p. 28.

②③ 参见陈绍蓉：《国际技术转让法理论与实践》，1页，北京，人民出版社，1997。

④ OECD，North-South Technology Transfer：the Adjustments Ahead，Paris，1981，p. 18.

⑤ See Alan C. Swan&John F. Murphy，*Cases and Materials on the Regulation of International Business and Economic Relations*，Second Edition，Matthew Bender & Company Incorporated，p. 181，1999.

让的增长，联合国大会于 1974 年 5 月 1 日通过的《建立新的国际经济秩序宣言》指出："应当使发展中国家具有获得现代科学和技术成就的途径，促进有利于发展中国家的技术转让和建立本国的技术，并按照适合于他们的经济方式和程序进行。"同日通过的《建立新的国际经济新秩序的行动纲领》关于技术转让一节也规定，应当作出一切努力制定一项符合发展中国家的需要和条件的关于技术转让的国际行动准则，应当使有关技术转让的商业惯例适应发展中国家的需要，并防止卖方滥用其权利。联合国大会于 1974 年 12 月 12 日通过的《各国经济权利和义务宪章》也规定：所有国家都应促进国家间的科技合作和技术转让，应适当地照顾到所有的合法利益，包括技术的持有者、提供者和接受者的权利和义务。①

为了实现联合国的上述精神，在发展中国家的强烈呼吁下，联合国贸易与发展会议（UNCTAD）受联合国大会委托，从 1961 年开始着手起草有关技术转让方面的国际公约，但是，美国等发达国家反对起草这一公约。1978 年 10 月，联合国贸易与发展会议起草的《国际技术转让行动守则（草案）》制定完成，并交参加会议的成员讨论。此后，该草案又经多次修改。1981 年 4 月，联合国贸易与发展会议第十七届大会第四次会议公布了《国际技术转让行动守则（草案）》。此后，各国对草案又进行了修改。1985 年 6 月 5 日，联合国贸易与发展会议在第六次会议上又公布了修改后的草案文本。但是，由于发展中国家与发达国家在一些重要问题上存在严重分歧，草案至今未能获得通过。例如，在起草过程中，"七十七国集团"提出，涉及受让国主权和公共秩序的合同，应当适用受让国的法律，违反了这个原则的任何条款都是非法的，私人交易所适用的法律应是与该交易有直接的、实际的和持久的联系的法律。② 而西方国家和苏联、东欧国家认为：国际技术转让合同的双方当事人可以根据合同的效力、履行以及解释等方面自由地选择所适用的法律。如果当事人没有选择，仲裁庭将根据它们认为可适用的冲突规范确定争议所适用的法律。此外，关于行动守则的约束力，发展中国家认为，行动守则应该对所有缔约国具有约束力；而发达国家坚持，行动守则应是一个指导性文件，对各缔约国不具有约束力。③ 总之，发达国家和发展中国家的分歧主要源于各自代表不同的利益集团：发达国家代表了技术转让方的利益，而发展中国家代表了技术受让方的利益。

然而，草案本身的制定意味着国际技术转让法律的统一问题已经引起各国的普遍重视，并为各国制定本国的技术转让法律以及开展该领域的双边或多边国际性合作提供了参考。《国际技术转让行动守则》（1985 年草案）包括序言和 9 章内容，这 9 章分别规定了定义和适用范围、目标和原则、国家对技术转让交易的管制、限制性惯例、当事人各方责任和义务、对发展中国家的特殊待遇、国际协作、国际性体制机构、适用的法律以及争议解决。

在对联合国《国际技术转让行动守则（草案）》的讨论中，以"七十七国集团"为代表的发展中国家及苏联、东欧国家指出：判断是否是国际技术转让的标准应该是看转让方和受让方是否在不同的国家，转让的技术是否作跨越国界的移动。此外，如果转让方和受让方在同一个国家范围之内，其中一方为外国公司的子公司、分公司或受外国公司控制的其他公司，则该技术转让仍然是国际技术转让。④ 但是，发达国家反对上述观点。发达国家认为，只有转让方和受让方分处于不同的国家，而且技术作跨越国界的移动，才是国际技术转让。鉴于上述分歧，《国际技术转让行动守则（草案）》没有对国际技术转让的"国际性"的认定作出明确规定。

---

① 参见汤宗舜：《知识产权的国际保护》，157 页，北京，人民法院出版社，1999。

② 参见朱翠微：《国际技术转让合同中的法律适用》，载《经济与法》，1999（4）。

③ 参见汤宗舜：《知识产权的国际保护》，159 页，北京，人民法院出版社，1999。

④ 参见汤宗舜：《知识产权的国际保护》，6 页，北京，人民法院出版社，1999。

（二）国际技术转让法的概念

从国际立法谈判可以看出，虽然不同国家对于国际技术转让的国际性判断标准有不同表述，但其共同的理解均认为，所转让的技术必须作跨越国界的移动；其分歧在于，除技术作跨国移动外，技术转让方和受让方是否一定处于不同国家。

2002 年 1 月 1 日起实施 2019 年修正的《中华人民共和国技术进出口管理条例》第 2 条规定："本条例所称技术进出口，是指从中华人民共和国境外向中华人民共和国境内，或者从中华人民共和国境内向中华人民共和国境外，通过贸易、投资或者经济技术合作的方式转移技术的行为。"从该条规定可以看出，我国对技术的进出口采取的是技术作跨国移动标准。

因此，笔者认为，国际技术转让是指跨越国界的技术转移，即被转让的技术作跨越国界移动的转让。通常情况下，技术转让是指商业性的技术转让，也称"技术贸易"。国际技术贸易就是指商业性的国际技术转让。本章中的国际技术转让主要是指国际技术贸易。

国际技术转让法或国际技术贸易法也就是指调整跨越国境的技术转移关系的法律规范的总和。该法具有如下特征。

（1）调整对象是跨国的技术转让关系，即所转让的技术从一个国家转让到另一个国家。也就是说，技术转让的国际性判断标准是技术是否作跨越国境的移动。

（2）国际技术转让的主体广泛，包括国家、国际组织、法人和非法人经济组织以及自然人。

（3）国际技术转让法的渊源包括国内法渊源和国际法渊源。如前所述，虽然一些国家和国际组织为制定国际技术转让方面的国际条约作出了许多努力，但是，至今仍未产生一个有效的国际条约，因此，对国际技术转让关系的法律调整主要依赖国内法。

三、国际技术转让的途径

国际技术转让有两大类途径：一是单纯的技术转让方式，通过签订单纯的技术转让合同转让技术；二是非单纯的技术转让方式，即伴随其他标的或行为而进行技术转让，例如，通过补偿贸易、租赁、技术咨询和服务、合作生产或合作研究、国际直接投资、交钥匙（Turn-key Packages）合同、工程承包、含有技术转让内容的货物买卖（如设备买卖）、特许专营、管理合同等方式，均可以实现技术转让。随着技术与技术成果交易活动的发展，今后还有可能出现新的技术转让方式。

（一）单纯的国际技术转让方式

单纯的国际技术转让是指该转让只是技术的所有权或使用权的转让，而不包括其他标的的转让。其中，以签订以转让技术的使用权为标的的国际许可协议方式所进行的国际许可贸易是国际技术贸易中最为广泛采用的技术贸易方式。

许可贸易（Licensing）是指技术所有人作为许可方（Licensor），通过与被许可方（Licensee）签订许可使用合同或协议，将其所拥有的技术授予被许可方，允许被许可方依照许可协议约定的条件使用该项技术，制造或销售该技术项下的产品，并由被许可方支付一定数额的技术使用费的技术交易行为。国际许可贸易就是以技术作跨国转让为目标的所进行的贸易。

国际许可贸易按其许可标的，可以分为专利许可贸易、专有技术许可贸易、专利转让或专有技术转让与商标、服务标记和商号许可等相结合的许可贸易。在国际许可贸易实践中，专利许可往往与专有技术许可合并，成为一揽子许可，即在转让专利使用权的同时也转让专有技术的使用权。根据许可方授权程度的大小，许可贸易有独占许可贸易、排他许可贸易、普通许可贸易、互换许可贸易以及分许可贸易。

（二）非单纯的国际技术转让方式

1. 含有技术转让内容的设备买卖

在进口方购买设备，特别是科技含量较高的关键设备时，必须伴随技术的转让才能使设备的进口方和最终用户能够使用该设备。这种伴随设备买卖而进行的技术转让是技术转让的一种常见形式，尤其在发达国家与发展中国家的技术贸易中占有相当大的比重。单纯的设备买卖（即不含有技术转让内容的设备买卖）属于普通的货物贸易范畴。

在含有技术转让内容的设备买卖中，其交易标的包括以下两个部分：（1）设备，即设备本身，通常称为"硬件"；（2）技术，即设备中所含有的或与设备有关的技术知识，通常称为"软件"。

在合同的签订方式上，当事人可以采取以下两种方式：（1）分别签订设备购销合同和技术转让合同；（2）签订一份综合性合同，既包括设备的买卖条款，也包括技术转让条款。设备的成交价格可以包括设备本身的价格和转让技术的价格，也可以单独计算设备的价格和转让技术的价格。

2. 含有技术转让内容的对外直接投资

直接投资是指投资者以控制经营管理权为目的，参与投资企业或投资项目的经营管理并获取合理利润的投资活动。国际直接投资就是指一国投资者向其境外所作的直接投资。

近年来，随着世界经济的不断发展，各国国际直接投资的规模和比重不断增加，投资形式多种多样。在实践中，国际直接投资形式主要有以下两种。

（1）设立合营企业。合营企业是指两个或两个以上国家的投资者为实现特定的商业目的而在东道国共同投资成立的共同经营、共担风险、共负盈亏的一种企业形式，它是国际直接投资的最常见的企业形式。合营企业根据投资者投资，可以分为股份式合营企业（Equity Joint Venture）和契约式合营企业（Contractual Joint Venture）。股份式合营企业的投资者的投资划分为股份，投资者按所占股份承担亏损、分享利润。股份式合营企业具有法人资格。契约式合营企业是指合营各方的投资不划分为股份，而是按照合营契约的约定承担亏损、分享利润。这类企业有时不具有法人资格。

（2）设立独资企业。独资企业指根据东道国的法律，在东道国境内设立的全部资本由外国投资者投资的企业。此外，也有的国家规定，大部分资本由外国投资者投资的企业也属于独资企业。独资企业具有东道国国籍，是东道国法人。

根据各国法律规定，投资者的投资可以是货币、实物以及知识产权，因此，在许多高科技项目中，一些投资者以技术作为投资，将其技术所有权转让给合营企业。但是，许多国家的法律还规定了以知识产权或技术出资时的各种限制，例如，对技术作价总金额占注册资本的最高比例作出限制。有的国家规定，工业产权和非专利技术的出资比例不得超过注册资本的20％或30％，等等。也有的国家要求出资入股的技术必须符合一定的条件。

在以技术出资入股时，技术出资者应当与其他出资者协议约定该项技术入股使用的范围、技术出资者对该项技术保留的权利范围以及违约责任等。如果以技术向合营企业出资，在合营企业成立后，技术出资方应当根据各方签订的出资协议，办理技术权利的转移手续，并提供技术资料，协助技术的应用和实施。技术出资者应该提供有关文件（以证明技术的权利状态、使用权的出让情况及其实施效果）、权利证书（例如专利证书、专利权受让合同、技术合同等）、技术价值评估报告和确认书等，保证其对出资技术拥有合法、有效的权利。

与货币出资和实物出资相比，以技术出资存在着特殊的风险[①]，例如，出资的技术被第三人指控侵权的风险、技术贬值的风险、导致重大责任事故的风险、技术价格高估的风险、技术出资方通过技术掌握一定控制权的风险等。因此，技术出资方在出资时必须保证，对出资的技术拥有合法的权利，并且其出资的技术在一定期间内具有先进性和适用性、经济性。

3. 补偿贸易

补偿贸易（Compensation Trade）是指买方在卖方提供信用的基础上，购买机器设备、技术、原材料或劳务等，约定在一定期限内，再以该设备或技术等所生产的产品、其他商品或劳务，分期清偿价款及利息的一种贸易方式。补偿贸易方式于20世纪60年代末、70年代初开始逐渐发展。早期的补偿贸易主要用于大型的工业项目，目前，补偿贸易已经广泛用于成套设备的进口。中国在一些项目的建设中也广泛采用补偿贸易方式。为了向进行国际补偿贸易交易谈判的各方提供帮助，联合国国际贸易法委员会于1992年5月12日通过了《关于国际补偿贸易交易的法律指南》。

补偿贸易具有以下特点：

（1）贸易与信贷结合。进口方在出口方提供信贷或由银行介入提供信贷的基础上进口设备或技术等。

（2）存在两个买卖关系或进出口关系。在设备或技术的买卖关系中，设备或技术的出口方是卖方，设备或技术的进口方是买方。而在返销贸易中，设备或技术的出口方是返销产品的买方，设备或技术的进口方是返销产品的卖方。因此，在补偿贸易的合同结构方面，可以采用综合性合同形式，将进口设备、引进技术和产品返销等内容全部在一份合同中明确；也可以采用多个合同形式，即签订一份总括性合同，再分别签订设备或技术的购买合同和产品返销合同，作为总括性合同的一部分。

设备或技术的进口方通过补偿贸易方式进口设备或技术的主要目的是解决因其资金短缺而不能进行设备更新和技术改造的问题。采用补偿贸易方式进口设备或技术时，进口方不需在货到之前付款或在货到后立即付款，而是在使用进口的设备或技术生产出产品后，将该产品返销给设备或技术的出口方，以返销的产品抵偿设备价款或技术价款。此外，采用补偿贸易方式也可以充分利用设备出口方在国外的销售渠道，使产品进入国际市场。对于设备或技术的出口方而言，采用补偿贸易方式出口，可以扩大设备或技术的出口，甚至从返销产品中牟取利润。

在实践中，补偿贸易有以下几种方式：

（1）返销方式（Buy-back），即由设备或技术的进口方利用出口方提供的设备或技术制造产品，并将该产品（包括直接产品或有关产品）返销给出口方，用于偿付进口设备或技术的全部价款。这种方式也称为直接返销方式。

（2）互购方式（Counter Purchase），即设备的进口方不需将使用出口方提供的设备或技术而制造的直接产品返销给出口方，而是以双方商定的其他产品或劳务支付设备或技术的全部价款。这种方式也称为间接返销方式。

（3）部分补偿方式，即以部分现汇补偿部分进口设备或技术的价款，以部分产品或劳务补偿进口设备或技术的其余价款的贸易方式。

（4）多边补偿方式，即除设备或技术的进口方给予补偿外，第三方也参与补偿的方式。第三方补偿的方式可以是第三方接受并销售补偿产品，也可以是由第三方承担或提供补偿产品。

购买机械设备的补偿贸易合同通常包括以下主要内容：

---

① 参见李春林：《技术出资特殊风险及其法律防范》，载《国际贸易问题》，1999（2）。

（1）设备条款，载明所购设备、其他辅助机械设备、配件及备用件以及在生产过程中各种必需的测试仪器。通常情况下，双方另行签订“设备进口合同”，对所购机械设备、测试仪器、附件、配件、备用件的型号、名称、规格、数量、价格、包装、要求、交货期限等作出详细规定，作为补偿贸易合同不可分割的一部分。

（2）购买款项的支付，载明进口方以用出口方提供的机械设备所生产的产品或其他商品或经双方协商的其他工厂生产的某种商品，偿付全部机械设备的价款。关于具体的偿付商品的名称、数量、价格、交货期限等，通常由双方另行签订“补偿商品供货合同”，作为补偿贸易合同不可分割的一部分。

（3）支付货币、支付条件与方式、利息，载明双方商品的计价货币，如果计价货币不同，还应载明两种货币的汇率。在支付方式上，通常由双方对开信用证，即进口方分期开出以出口方为受益人的远期信用证，分期、分批地支付全部机械设备的价款；出口方开出以进口方为受益人的即期信用证，支付补偿商品的货款。进口方用出口方支付补偿商品的货款支付全部机械设备的价款。当出口方支付的货款不能相抵进口方所开的远期信用证之金额时，其差额部分由出口方用预付货款方式，在进口方所开的远期信用证到期前汇付给进口方，使进口方能够按时议付所开的远期信用证。进口方所开的远期信用证及出口方所预付货款的利息一般由进口方负担。

（4）偿付期限，规定进口方用商品偿付全部机械设备价款的期限。偿还日期通常自第一批机械设备到货后的几个月后开始，原则上每月偿还的金额是全部机械设备价款的一定比例。经出口方同意，进口方可以提前偿还。在进口方用补偿商品偿还机械设备价款期间，出口方一般应按“补偿商品供货合同”的规定，开出以进口方为受益人的足额、限期、不可撤销、可分割和可转让的信用证。

（5）技术服务。货物到达进口方口岸后，通常由进口方自行安装设备。但在主要设备的安装过程中，进口方认为有需要时，出口方必须派出技术人员进行现场指导，提供必要的技术服务。在此过程中由技术上的问题所造成的损失由出口方负责。出口方技术人员在进口方所在国的一切费用一般由出口方自行承担。

（6）附加设备。主要规定在补偿贸易合同项下的机械设备配套生产时，需要增添新的机械设备或测试仪器时，进口方可以提出增订，增订的项目应列入补偿贸易合同的范围之内。

（7）保险，载明进口设备的保险责任，通常由出口方投保。

转让技术的补偿贸易合同主要包括以下内容：

（1）转让的技术及其技术资料的范围、技术资料的修改和技术资料的提交、审核和验证。技术资料包括一般技术资料、产品设计图纸和生产技术资料等。

（2）技术合法性的担保。许可方应担保被许可方受让技术和技术资料后不受任何第三者的指控。

（3）技术使用费和支付方式。技术使用费通常采用固定价格加提成价格的方法，即技术的被许可方先支付固定数目的技术转让费用，其余按每年净产值（即每年总产值扣除进口部分价值和税收费用后的产值）的一定比例或其他比例提成。被许可方在支付固定价格时，一般要求技术的许可方提供一定的文件，例如，技术资料的空运提单、经被许可方确认的银行出具的不可撤销保函、商业发票、即期汇票等。

（4）返销产品及其比例，载明返销产品的型号和数量等。通常情况下，在技术转让的前期以现汇方式支付技术转让费，在以后的年度用返销产品抵偿技术转让费。

（5）商标，载明合同产品的商标使用问题。

4. 特许经营

特许经营（Franchising）是营销商品或服务的方式之一，是在近年来迅速发展起来的一种新型商业性技术转让方式。美国是最早采用特许经营方式的国家，在1865年就已经开始使用。到目前，特许经营已经被许多国家用于分销商品和服务，并且在许多行业被广泛采用。为了便于开展特许经营，国际统一私法协会（Unidroit）发布了《国际特许经营指南》。

特许经营是指特许人将其商标、商号名称、服务标志、专利、专有技术以及经营管理的方法或经验转让给被特许人的一种行为。被特许人有权使用特许人的商标、商号名称、专利、服务标志、专有技术及经营管理方法或经验，但必须向特许人支付一定金额的特许费（franchise fee）。可见，特许经营并不等于商标的使用许可。

特许经营具有如下特点：

（1）特许经营具有长期性。为了维持经营的稳定性，特许经营的时间较长，既适用于商业和服务行业，也可以适用于工业领域。

（2）特许经营的客体或授权范围具有广泛性。特许人可以将其商号、服务标志、商标、专利、商业秘密、经营管理模式、经营管理经验、产品包装、店面陈设等无形资产，以签署特许经营合同的形式允许被特许人有偿使用。

（3）特许经营的双方当事人具有独立性。各个特许经营企业是独立经营、自负盈亏的实体，并不一定存在隶属关系。被特许人自行承担特许业务的经营风险，特许人并不保证被特许人经营的特许业务能够盈利。被特许人不是特许人的代理人、买卖代表、雇员或合伙人，被特许人无权以特许人的名义签订合同。

（4）被特许人与特许人对外具有经营形象的一致性。各被特许人应按照特许人的要求严格经营。许多特许人要求被特许人在特许经营的行业、生产和出售的产品、提供的服务、使用的商号名称、商标（或服务标志）、商店的装潢、用具、工作服等方面必须完全相同。

与传统的直接投资方式相比，特许经营有利于投资者避免投资带来的市场风险，同时又能达到进入东道国市场的目的。因此，一些外国投资者将特许经营作为直接投资之前的一个尝试。

根据授权内容，特许经营可以分为以下类型：

（1）商标特许经营。商标特许经营是最早出现的一种特许经营方式，也称产品分销特许。它是指特许人向被特许人转让某一特定品牌产品的制造权和经销权。特许人向被特许人提供技术、专利和商标等知识产权以及在规定范围内的使用权，但对被特许人的生产经营活动并不作严格的规定。为维护商标的声誉，特许人有权对被特许人的产品或服务质量进行监督。协议通常对特许产品或服务的配方、程式、原料以及其他质量标准等作出明确的规定，同时，特许人有权对被特许人的生产过程进行监督和进行质量检测。在商标特许经营中，特许人保留对商标的所有权，但通常提供某种形式的广告、管理和培训方面的协助等。被特许人是独立的分销商，并定期向特许人支付特许费用。

（2）经营模式特许经营（Business Format Franchise）。经营模式特许经营是在商标特许经营基础上发展起来的一种特许经营方式，也是目前最常见的特许经营方式。被特许人在经营特许人的产品和服务时，按照特许人的质量标准、经营方针等进行经营，并定期缴纳特许费（加盟费）。特许人为被特许人提供培训、广告、研究开发和后续支持。

特许经营合同有以下主要条款。

（1）特许经营授权许可的内容、范围、期限、地域，载明特许人授予的特许权范围（包括商标、服务标志、专利、经营诀窍、管理经验等）及授予被特许人的各项权利。特许人应将特许经营权授予被特许人使用并提供代表该特许体系的营业象征及经营手册。特许人通常要求被特许人在规定的地区和建筑物中行使特许经营权，未经特许人同意，不可变更。

(2) 特许人的经营指导与技术援助，通常载明特许人提供的资料、给予的指导、进修及培训。特许人应提供开业前的教育和培训，指导被特许人做好开店准备；提供长期的经营指导、培训和合同规定的物品规定。

(3) 销售，载明促销方法、对促销的协助、促销义务人。通常情况下，特许人为被特许人提供广告策划和促销服务。

(4) 原材料及统一对外形象物品。特许人应向被特许人提供商品或原材料进货渠道信息，或直接为被特许人提供商品或原材料，以确保特许经营商品和服务的质量。此外，还应载明统一对外形象物品的筹办与提供。

(5) 特许费用。特许人有权向被特许人收取特许经营权费及各种服务费用。被特许人支付的费用一般包括：1) 加盟费，是特许人将特许经营权授予被特许人时所收取的一次性费用。2) 特许权使用费，是被特许人在使用特许经营权过程中按一定的标准或比例向特许人定期支付的费用。3) 保证金。为确保被特许人履行特许经营合同，特许人可要求被特许人交付一定的保证金，合同到期后保证金应退还被特许人。4) 其他费用。特许人根据特许经营合同为被特许人提供相关服务时向被特许人收取的费用，例如，店铺设计及施工费、培训费、广告宣传费、设备租赁费、财务业务费、意外保险费等。

(6) 销售商品及服务的质量管理。为维护经营形象，特许人通常要求被特许人自负费用，在装修、建设物装饰、产品（服务）的展示、特许经营标志、广告的发布、发票的使用、货源供应、员工培训和员工服装、经营场所的选择、营业时间、价格等方面，都应严格遵守特许人规定的条件。特许人有权对被特许人进行不定期的检查并提出改进措施。为确保特许体系的统一性和产品、服务质量的一致性，特许人有权对被特许人的经营活动进行监督。

(7) 对他人侵权行为的处理。当第三人非法使用特许的商号、商标等时，特许人通常有义务对该行为予以制止。

(8) 向第三人的再特许。有的被特许人要求特许人承诺，不将特许经营的全部或部分授予第三者；或者特许人不从事全部或部分的特许经营，也不以相似的方法出售特许经营范围内的产品（服务）；或者不向任何第三者供应全部或部分特许经营范围内的产品（服务）；或者不得在特许地域范围内再将特许经营范围内的产品或服务特许给第三方。

(9) 保密条款，要求被特许人对特许人提供的技术和资料等承担保密责任。

5. 技术咨询和技术服务

技术知识除了用书面资料表达以外，必须通过讲授和示范等方式让技术的受让人掌握，因此，技术咨询和技术服务是技术转让中必不可少的环节。技术咨询和技术服务的内容可以载入技术转让协议中，也可以签订单独的技术咨询合同或技术服务合同。

技术咨询、技术服务和许可贸易不同。许可贸易以技术为交易对象，而技术咨询和技术服务是以技术性劳务为交易对象。此外，许可贸易的技术许可方提供的技术大多属于专利技术或专有技术，而技术咨询和技术服务的受托方所提供的技术多是一般技术。尽管如此，在国际技术贸易中，含有技术咨询和技术服务内容的条款十分常见。

(1) 技术咨询是指委托方与受托方签订技术咨询合同，由受托方就委托方提出的技术性问题提供建议或解决方案，供委托方参考。技术咨询合同主要有以下内容：

1) 技术咨询的范围。委托方咨询的范围很广，包括项目的可行性研究、技术预测、市场预测、技术方案的设计和审核、招标任务书的拟定、生产工艺或产品的改进、设备的购买，工程项目的监督指导、发展规划、专利检索、专项技术调查、分析评价报告等。上述内容通常以合同附件的形式逐项列明。

2）咨询的要求及形式，主要载明完成咨询的时限，提供咨询的人员及其学历、资历和等级，应提供的资料、最终报告、图纸、计算数据、最终审查办法等。

3）委托方和受托方的责任。委托方的责任主要包括按照约定阐明咨询的问题，提供技术背景材料及有关技术资料和数据，接受受托方的工作成果并支付报酬。此外，还规定委托方为受托方所提供的工作条件、生活条件等。受托方的责任主要包括按照约定的期限完成咨询报告或者解答问题，提出的咨询报告应当符合约定的要求。

4）技术咨询费用及支付，载明技术咨询费的计算、支付货币、支付时间和支付方式等。技术咨询费可以采用按照工程费一定百分比的方式计算，也可以采取成本加按工作量酬金的方式，还可以采取包干定价的方式。咨询费一般相当于项目总投资的5%左右。在费用的支付方面，可以采取一次支付和分期支付方式。一次支付是指在技术咨询合同签订后的一定时间内，或受托方抵达咨询地点，或受托方提供最终报告后，委托方一次性支付咨询费用。分期支付是指按照咨询的工作进度，将技术咨询费用分为若干次支付。通常情况下，委托方在支付咨询费用前，要求受托方提供商业发票、汇票（一般为即期汇票）、技术资料以及咨询报告的邮寄单或空运单等。委托方收到上述单据并经审核无误后，即通过双方认可的银行向受托方支付咨询费用。通常情况下，如果委托方未按照约定提供必要的资料和数据，影响工作进度和质量，不接受或者逾期接受工作成果的，委托方已支付的报酬不得追回，未支付的报酬应当支付。如果受托方未按期提出咨询报告或者提出的咨询报告不符合约定的，受托方应当承担减收或者免收报酬等违约责任。

5）风险承担。如果技术咨询合同的委托方按照受托方符合约定要求的咨询报告和意见作出决策并遭受损失的，损失由委托方承担，但双方当事人可以作出另外的约定。

6）改进成果的归属。在技术咨询合同的履行中，一般约定，受托方利用委托方提供的技术资料和工作条件完成新的技术成果，属于受托方；委托方利用受托方的工作成果完成新的技术成果，属于委托方。

（2）技术服务是指受托方以技术知识为委托方解决特定技术问题。技术服务合同主要有以下内容。

1）技术服务的范围。技术服务的范围也比较广泛。详细内容、详细的技术指标和技术参数通常以合同附件的形式逐项列明。

2）技术服务的要求及形式，主要载明完成技术服务的时限，技术服务人员及其学历、资历和等级，受托方应提供的资料，委托方所派培训人员的人数和培训时间等。

3）委托方和受托方的责任。技术服务合同的委托方应当按照约定提供工作条件，完成配合事项，接受工作成果并支付报酬。技术服务合同的受托方应当按照约定完成服务项目，解决技术问题，保证工作质量，并传授解决技术问题的知识。

4）技术服务费用及其支付，载明技术服务费的计算、支付货币、支付时间和支付方式等。技术服务费可以采用按照工程费一定百分比的方式计算，也可以采取成本加按工作量酬金的方式，还可以采取一揽子计算技术服务费用的方式。技术服务费的支付可以是一次支付或分期支付。一次支付是指在技术服务合同签订后的一定时间内，或受托方抵达服务地点，或受托方提供最终报告后，委托方一次性支付。分期支付是指按服务的工作进度，将服务费用分为若干次支付。委托方在支付服务费用前，通常要求受托方提供商业发票、汇票、技术资料及有关报告的邮寄单或空运单等。通常情况下，当技术服务合同的委托方不履行合同义务或者履行合同义务不符合约定，影响工作进度和质量，不接受或者逾期接受工作成果时，委托方已支付的报酬不得追回，未支付的报酬应当支付。技术服务合同的受托方未按照合同约定完成服务工作的，应当承担免收报酬等违约责任。

5）改进成果的归属。在技术服务合同的履行过程中，一般约定，受托方利用委托方提供的技术资料和工作条件完成的新的技术成果，属于受托方；委托方利用受托方的工作成果完成的新的技术成果，属于委托方。

6. 国际工程承包

国际工程承包是指一个国家的项目所有人，委托国外的工程承包人（Contractor）按规定条件完成某项工程任务的活动。其中，“交钥匙”项目是指项目所有人委托工程承包人，按规定条件包干完成某项工程任务，包括负责工程设计、土建施工、提供机器设备、施工安装、原材料供应、提供技术、培训人员、投产试车、质量管理等全部过程。为便于当事人进行工程承包合同谈判，国际咨询工程师联合会（FIDIC）发布了一系列合同范本。

在国际承包工程项目的建设过程中，包含大量的技术转让内容。特别是在项目建设的后期，承包人需负责培训技术人员，提供所需的技术知识，以保证项目的正常运行，因此，国际工程承包是一种综合性的国际经济合作方式，又称为国际技术贸易的一种方式。

第二节　国际许可协议

转让技术的所有权将使技术转让方日后利用已转让出的技术很不方便：需要征得受让方许可。同时，虽然受让技术所有权的一方支付了转让费，但技术转让方实际仍掌握该转让技术，因为技术是装在持有人的头脑之中的，购买技术的一方得到的只是图纸资料，所以对技术受让方来讲，受让技术使用权即可达到其经济目的，同时比受让技术所有权支付较少的转让费。由于上述原因，绝大多数技术转让只是转让技术的使用权，而不是转让所有权。这样，也就使许可协议得到广泛应用。

一、国际许可协议的概念及特征

许可协议（Licence Contract）是指技术的许可方将其技术使用权在一定条件下让渡给被许可方，而由被许可方支付使用费的合同。国际许可协议就是指以将技术使用权作跨越国境转移为目的而签订的协议。

国际许可协议具有如下特征。

（1）国际许可协议的主体是许可方（Licenser）和被许可方（Licensee）。许可方和被许可方可以是自然人，也可以是法人或非法人实体，但法人是国际许可协议的最常见的主体。

（2）国际许可协议的客体是技术使用权。国际许可协议的客体就是指许可协议的标的或许可的对象。国际许可协议的客体是技术的使用权，而不是技术的所有权。

（3）国际许可协议的客体作跨越国境的移动。国际许可协议签订后，许可方需将其技术使用权跨越国境地转让给被许可方，即将技术使用权从一个国家转移到另一个国家。

（4）国际许可协议的内容复杂。很多国际许可协议属于混合性协议，或以一种标的的转让为主，兼有其他标的转让，或者和机器设备的买卖、工程承包、合资经营、补偿贸易、合作生产、咨询服务等方式结合在一起转让。此外，国际许可协议往往还有大量的附件。

（5）国际许可协议属于有偿合同。政府与政府之间或者企业与企业之间出于某种特定目的，将其技术使用权无偿让渡给被许可方所签订的许可协议，不属于国际许可协议的范围。

二、国际许可协议的种类

在国际许可贸易中，依许可标的及范围的不同，可将国际许可协议分为不同类型。

（1）根据许可协议的标的，国际许可协议可以分为以下几种。

1）专利许可协议（Patent Licence Contract），即许可方将其在某国拥有的专利使用权转让给被许可方的协议。该种许可协议在许可贸易实践中数量位居第三，占20%。

2）专有技术许可协议（Know-how Licence Contract），即许可方将其拥有的专有技术使用权转让给被许可方的协议。实践中，专有技术大量存在，因此，在许可贸易中该种许可协议的数量位居第二，占30%。

3）混合许可协议，即许可方同时将其在某国拥有的专利和专有技术使用权转让给被许可方的协议。在技术转让实践中，这种混合许可协议的数量最多，占50%以上。因为专利受法律保护的前提是向社会公众公开，为保护自身利益，技术所有人往往将关键技术不申请专利，申请专利的只是其中的一部分技术，因此，被许可方只得到专利技术并不等于可以将其用于生产，必须得到关键技术即没有申请专利的专有技术。此外，商标、服务标记和商号不属于技术的范畴，但是，专利权或专有技术所有人在转让专利使用权或专有技术使用权的同时，有时也将该专利或专有技术产品的商标一起转让给受让人使用。

（2）据国际许可协议可使用的地域范围以及使用权范围的大小，可将国际许可协议分为以下几种。

1）独占许可协议（Exclusive Licence Contract），是指在协议规定的时间和地域范围内，被许可方对受让的技术拥有独占的使用权，许可方不能将该技术使用权另行转让给第三方，同时许可方也不能在该时间和地域范围内自行使用该项出让的技术。

2）排他许可协议（Sole Licence Contract），是指在协议规定的时间和地域范围内，被许可方对受让的技术拥有使用权，许可方不能将该项技术使用权另行转让给第三方，但许可方自己仍保留在该时间和地域范围内的使用权。

3）普通许可协议（Simple Licence Contract），是指在协议规定的时间和地域范围内，不仅被许可方可以使用某项技术，许可方也可使用或许可第三方使用某项技术。通常情况下，如果许可协议未明确其性质，应被视为普通许可协议。普通许可协议的许可方保留了较多的权利，因此，普通许可的转让费比独占许可和排他许可的转让费低。

4）交叉许可协议（Cross Licence Contract），也称互换许可，是指技术许可方和被许可方在协议中规定，将其各自的技术使用权相互交换，供对方使用。此种许可可以独占，也可以排他；可以有偿，也可以无偿。交叉许可通常发生在双方存在合作生产或开发研究关系，并且一方使用的一项技术与另一方的技术互为前提、双方都有改进技术的情况。

5）分许可协议（Sub-licence Contract），是指协议中的被许可方可以将其受让的技术使用权再行转让给第三方。该种类型的许可协议赋予被许可方的权利较大，因此，转让费较高。

在上述分类中，独占许可协议的转让费最高，比普通许可协议的转让费高60%～100%。普通许可协议的转让费最低。

三、国际专利许可协议和国际专有技术许可协议

无论是专利许可协议还是专有技术许可协议，转让标的的共同特性，使其拥有很多共同特点和共同条款。国际许可协议的结构一般分为合同首部、本文、尾部三部分。其中，合同本文

是有关权利、义务的记载，是协议的核心。合同首部主要规定合同的名称、鉴于条款等。鉴于条款主要规定签约目的，有时也对谈判过程进行总结。国际许可协议的正文有如下主要条款：定义条款、许可使用的技术范围条款、技术文件和技术资料及其交付条款、技术培训与技术服务条款、考核验收条款、技术使用费条款、改进技术的归属和分享条款等。

除上述共同条款之外，不同转让标的的许可协议还有其特殊条款，例如，专利许可协议的特殊条款主要有专利保持条款等，专有技术许可协议的特殊条款主要有保密条款。此外，国际专利许可协议或国际专有技术许可协议中有时还载有转让专利产品或专有技术产品商标使用权的条款。国际许可协议的尾部包括：许可方和被许可方的签字或盖章、附件等。附件是许可协议的重要组成部分，往往涉及协议的核心内容。

（一）国际专利许可协议

国际专利许可协议是指以转让专利使用权为目的的许可协议。国际专利许可协议通常有多个附件，例如，专利资料名称、内容和申请情况，合同产品型号、规格和技术参数，提成费的起算时间和计算方法，许可方查账的内容和方法，技术资料内容清单及交付时间和地点，技术服务和人员培训安排，产品考核核验收方法、银行保函等。

国际专利许可协议的正文主要有以下条款。

1. 定义条款

为使许可方和被许可方准确地理解许可协议的内容，协议中通常对与合同标的有关的重要名词和术语、各国法律或惯例有不同理解或有多种含义并易产生歧义的重要名词和术语、重要的专业性技术术语以及协议中多次出现并需要加以简化的名词和术语等进行界定和解释。

在国际专利许可协议中，需要定义的关键词语包括“专利技术”“许可方”“被许可方”“合同产品”“合同工厂”“净销售额”“净销售价”“专利技术资料”“培训”“合同生效日”“年度”等。如果关键词语过多，也可以在专门的附件中作出具体解释，以简化合同的正文。

2. 合同标的或范围条款

也称“授权条款”，是协议的核心部分，主要载明许可方授予被许可方使用的专利、许可方提供专利的方式以及许可方授予被许可方的权利范围和合同区域等。其具体内容包括以下方面。

（1）许可使用的专利的名称、规格、性能和技术指标、生产规模、产品品种范围、具体系列、型号和质量等。在专利许可协议中，通常以附件的形式将上述所有技术细节予以明确，即将协议中的技术部分与法律部分分开，附件阐明技术内容，协议正文阐明法律内容。

（2）专利批准的时间、批准机关、专利编号、专利权保护的范围、保护地区或国家、专利的有效期限等。

（3）许可使用的具体权利（如制造产品权、使用技术权、销售产品权等）。许可方通常限制被许可方使用受让技术所生产的产品向许可地域以外的区域出口，以减少竞争。

（4）许可的性质，即为独占许可还是排他许可抑或普通许可等。

（5）许可使用的地域范围和时间范围。地域范围是指允许被许可方使用专利、生产产品及销售产品的范围。通常情况下，许可使用的区域是被许可方所在国家。实践中，许可方和被许可方在销售产品的区域方面存在较大的分歧，尤其是在被许可方向其所在国家以外的地区销售合同产品的情况下。许可方通常限制被许可方向其所在国家之外销售专利产品，以保证专利的多次转让，并获得更多的转让费收入，同时也减少竞争给许可方带来的经济损失。

3. 合同价格的计算与支付方式条款

合同价格是指转让费即专利使用费，是专利被许可方为取得专利使用权所支付的费用。

（1）专利使用费的计算。

第一，一次总算价格（Lumpsum Price），也称“固定价格”或“定额支付”或“总额付费”，是指在合同中一次计算出固定的使用费数额，由被许可方一次付清全款或分若干期付清全款。其特点是，专利价格一次确定，不再增减，不随被许可方受让专利技术后的经济效益高低而变化，并且与专利被许可方对专利技术的使用情况无关。一次总算价格对许可方较为有利，可以保证许可方的技术转让收益，同时，许可方也不需对被许可方的生产、销售、财务等情况进行跟踪了解。但是，对被许可方来讲，被许可方承担了过多的风险：如果引进的专利不可靠、不适用或者经济效益较差、市场发生变化，则该风险损失完全由被许可方承担。此外，由于一次总算的专利使用费中包含了被许可方使用受让专利可望获得的利润，而估算利润又很难计算准确，如估算过高，则被许可方多支出了使用费。此外，被许可方还要承担所带来的全部风险。最后，一次总算通常要求在被许可方取得经济效益之前就要付清全款，因此，一次总算使被许可方承担了较重的经济负担，影响了被许可方资金的周转。如果使用贷款支付，被许可方还需支付贷款利息和其他融资费用。

在专利许可协议中，如果采用一次总算价格，除载明总价格之外，还另外详细列举各分项价格，例如专利转让费、设计费、技术资料费、人员培训费等。

在采取一次总算价格方式时，可以采取一次支付和分期支付的方式完成付款。在一次支付的情况下，通常在许可方交付技术资料并经被许可方核查、验收后，由被许可方向许可方一次性支付全部使用费。在支付使用费时，被许可方通常要求许可方提供如下付款单据：许可方所在国家出具的出口许可证副本、商业发票、即期汇票、技术资料清单、交付技术资料的空运单、被许可方出具的技术资料验收确认书。在下列情况下，被许可方可以采用一次付清合同价款的方法：转让的技术具有整体性，可以一次性全部转移，一次性全部吸收、掌握；技术服务、技术咨询费用在咨询或服务完成或验收后，可以一次付清；技术转让费用较少或转让后被许可方承担较小的风险。在分期支付的情况下，一般按照合同的执行进度分若干期付清全部转让价款，以分 4 次支付为例，通常作如下规定：第一次支付，合同生效后，支付第一笔款项（占合同价格的 5%～20%），相当于被许可方支付给许可方的预订金。许可方应提供如下付款单据：许可方所在国家出具的出口许可证副本、商业发票、即期汇票、许可方银行出具的不可撤销保函。第二次支付，许可方交付技术资料后，支付第二笔款项（占合同价格的 35%～50%）。许可方提供如下付款单据：商业发票、即期汇票、交付技术资料的空运单、被许可方出具的技术资料验收确认书。第三次支付，项目投产后，支付第三笔款项（占合同价格的 20%～30%）。许可方提供如下付款单据：商业发票、即期汇票、被许可方出具的项目正式投产的确认书。第四次支付，合同产品保证期届满后，支付最后一笔款项（占合同价格的 5%～10%）。许可方提供如下付款单据：商业发票、即期汇票、被许可方出具的合同产品保证期届满的确认书。合同产品保证期通常为 1 年，自合同产品正式投产之日起计算。

尽管一次总算方式对于被许可方弊多利少，但是，在国际技术转让实践中，还是有相当数量的技术交易采取一次总算方式，其中又以分期付款方式占绝大多数。

第二，提成价格（Royalty Price），也称“滑动价格”，即在合同中规定，在项目建成投产后，按照合同产品的产量、净销售额[①]或利润提取一定百分比（提成率，Royalty Rate）的费用作为专利使用费。

① 通常是指合同产品的销售发票价格扣除原材料、包装、运输、保险、关税、销售代理等费用后的余额。为避免分歧，各方应该将净销售额的计算予以明确。

专利使用费的提成基础主要有以下几种：第一种，按净销售额提成，指按受让专利所生产产品的销售金额的一定比例提成。产品的净销售额通常以发票为依据，被许可方应该将专利产品的销售情况和销售收入向许可方公开。根据联合国贸易与发展委员会的统计，按净销售额提成的比例一般为2%～6%。第二种，按利润提成，是指将转让专利所创造的新增利润作为基础，确定许可方应收取的专利使用费。由于是否获利由技术、管理、经营、销售等多种因素决定，而且，多数企业将利润情况作为商业秘密，所以，许可方很难准确地掌握被许可方受让专利所生产产品的利润情况。根据国际惯例，按税前利润提成的提成率通常为15%～35%，一般为25%。第三种，按产品的生产数量提成，是指按照使用受让专利生产产品的数量提成。按该方法提成可以不必考虑产品的生产成本、产品的价格、产品的销售量，只要被许可方利用受让的专利进行生产并有产品，许可方就可以取得转让费用。但是，对于被许可方而言，要承担受让专利所生产产品不能取得良好经济效益的风险。综合以上三种提成基础，按合同产品考核、验收合格后，合同产品销售后的净销售额提成的方式支付使用费，对许可方和被许可方都比较有利，体现了许可方和被许可方利益共享的原则，因此，联合国工业发展组织建议，应以提成费方式，特别是按净销售额提成的方式，计算转让费用即专利使用费。在国际技术转让实践中，基础工业品的提成率一般为2%～3%，工业中间产品的为3%～4%，耐用消费品和非耐用消费品的为4%～5%，高技术产品的为5%～6%。

专利使用费的提成的方式分为固定提成价格（Fixed Royalty Price）与滑动提成价格（Running Royalty Price）、最低提成费和最高提成费。固定提成价格是指在合同有效期内，规定固定的提成比率，并据以计算出提成费用。滑动提成价格是指在合同有效期内，按净销售额的不断增加而逐年提高或降低提成率而计算出的提成费。提成率通常与产品销售量成反比。最高提成费是指在合同中规定提成费的上限。最低提成费是指在合同中规定提成费的下限。如果计算的提成费大于最低提成费，则按计算金额支付；如果计算的提成费小于最低提成费，则按最低提成费支付。

在许可协议中，还必须明确提成年限、提成开始的时间和结算间隔。提成年限通常为5年到15年。随着现代科学技术的发展，许多专利使用费的提成期限为7年至8年。在提成费的开始计算时间方面，按照国际惯例，提成价格开始计算的时间是合同产品的保证期届满（通常为一年）。提成费在合同产品的保证期届满后一般按年支付。

此外，为了保证被许可方提供真实的数据，许可方通常要求随时检查被许可方有关合同产品的生产、销售方面的账目，被许可方应该定期向许可方提供这些账目。查账费用一般由许可方承担。

第三，一次总算价格与提成价格相结合，也称“固定价格与滑动价格相结合”，即在合同中规定，在合同生效后，由被许可方先行立即支付固定价格部分（也称为入门费或初付费，Initial Price），在项目投产后一定年限内再支付提成费。因此，也可称为“入门费加提成费”方式。

入门费是对许可方前期投入的部分补偿，通常占转让总价的10%～20%，提成费占转让总价的80%～90%。在提成比例方面，通常逐年下调，如果以销售额为计算基础，则调至1%～3%。为了进一步保护许可方的利益，有的许可协议规定最低提成费，即在一定时期内，不论销售额的多少或制造产品的产量的多少，被许可方必须支付固定数额的最低提成费。

一次总算价格与提成价格相结合的计价方式综合了前两种方式的优势，风险由许可方和被许可方共同分担，比较合理，因而，也成为国际许可贸易中常用的计价方式。对许可方而言，首付费用可用于转让成本，减小了风险；而被许可方首次支付的费用较小，在技术上也易得到被许可方的支持。

（2）专利使用费的支付方式。

专利使用费的支付方式通常包括支付货币、付款方式、付款单据、结算银行、支付时间和地点等内容。

在技术转让交易中，专利使用费的支付工具主要是货币和汇票。通常情况下，计价货币与支付货币相同，如不同，应规定兑换率。

专利使用费的付款方式主要有托收和汇付。托收方式是指许可方开立即期汇票，连同有关单据交双方选择的银行，由该行委托被许可方所在地银行向被许可方收取专利使用费。汇付方式是指被许可方主动通过银行支付给许可方款项的一种方式。汇款方式有电汇（T/T）、信汇（M/T）和票汇。付款单据包括商业发票、即期汇票、提单、银行保函等。

在采用入门费加提成费方式时，入门费可一次或分期付清，提成费的支付在合同产品保证期满后按季度、半年或年支付。

4. 技术资料的交付条款

交付技术资料是许可方将其专利使用权转让给被许可方的前提条件。如果许可方不交付技术资料，专利使用权的真正转让不可能实现。

交付技术资料条款包括以下内容。

（1）技术资料清单、份数等。技术资料是指说明书、计算机软件等技术转让所需的各种载体，是用于说明许可方转让的专利的内容的书面文件，必须准确、完整。该条主要规定技术文件和技术资料的范围、内容及其变更、语言、文件缺陷的责任、文件的所有权、文件的使用方式与时间等。技术资料的范围通常包括用于制造与组装的图纸、蓝图或设计；技术规格；原材料表；总计算表；检验和试验的程序与数据以及质量管理程序；制造与装配程序；操作与维护手册；计算机软件；流程与计算方法；其他文件等。[①] 在技术资料使用的文字方面，许可方大多愿意使用本国文字，而被许可方应根据自己的翻译能力选择适当的文字，否则，可能因为翻译困难而延误工期。为保证被许可方拥有完整的技术，文件的所有权通常在合同终止时归被许可方所有，所以，被许可方无义务归还所有文件。

（2）技术资料交付时间、交付方式及实际交付日的确定。技术资料的交付时间多按被许可方的工程进度和计划进行，可一次交付或分批交付，也有的规定在许可协议签订后交付。交付技术资料多用空运方式，即由许可方将技术资料运到被许可方指定的目的地机场交付被许可方。实际交付日期以目的地机场在技术文件空运提单上所盖的日期印戳为准。如交付技术资料延期，许可方应该按照延期长短承担交付罚金的违约责任，罚款通常为合同总额的5%。

（3）技术资料的所有权和风险分担。技术资料在抵达目的地机场后，其所有权和风险从许可方转让给被许可方。如果技术资料在空运途中丢失或损坏，许可方应承担风险责任，并负责补寄丢失或损坏的技术资料。

（4）技术资料的包装。许可方交付的技术资料应装在适于长途运输（空运）、多次转运，具备防潮、防雨保护措施的包装箱内，同时包装内应附有技术资料清单。每包技术文件的包装封面上，应以醒目的印刷体标明以下内容：目的地、合同号、收货人代号、唛头、重量、箱号或件号。每包技术文件中，还应有装箱单。

（5）发运前和交付技术资料后的通知。在每批技术文件发运前一段时间，许可方应将合同

① 参见中华人民共和国科学技术部国际合作司、中国技术市场管理促进中心：《国际技术转让指南》，208页，北京，中国政法大学出版社，2000。

号、预计启运日期、大概包数、大概重量用电传或传真通知被许可方。每批技术文件发运后一定时间（多为24小时）内，许可方应将合同号、发运日期、空运提单号、包（件）数量和重量用电传或传真通知被许可方及被许可方指定的运输公司，并在每批技术文件发运后一定时间内将技术文件空运提单和技术文件装箱单等单据用快递或快件方式寄给被许可方及合同工厂。

（6）技术资料的验收。被许可方收到技术资料后，必须在规定时间内对资料进行清点，并检查清晰程度以及是否齐全。如发现与合同规定不符，被许可方应在规定期限内通知许可方补寄、重寄或更换。如许可方提供给被许可方的文件有丢失、损坏或不完整的情况，许可方应在收到被许可方的书面通知后一定时间内，免费将技术文件重寄或补发给被许可方。

5. 合同产品考核验收条款

与货物贸易不同，技术贸易的交货过程是许可方向被许可方传递和传授技术知识、经验与技能的过程，其中，除移交技术资料外，更主要的是向被许可方传授技术。因此，考核和验收利用受让专利生产的产品是考察专利许可方是否转让合格专利的一个重要方面。

产品考核、验收是指被许可方对于按许可方提供的技术资料制造的产品是否符合许可协议规定的产品技术性能指标，有权进行检验、核实。考核、验收旨在保证被许可方掌握所受让的专利。该条款的内容主要包括：考核、验收产品的型号、规格、数量；考核、验收的内容、标准和方法、次数；考核、验收的时间、地点，参加考核、验收的人员、仪器设备；考核、验收结果的评定和处理；考核、验收费用的负担，考核不合格的责任归属等。如不能达到合同指标，许可方应该支付罚金，性能指标每降低一定比例，则许可方支付合同总额的一定比例的罚金，或降低一定比例的提成率，或降低一定比例的入门费和提成率。

6. 交货条款

当专利转让伴随硬件即机械设备的引进进行时，在许可协议中还应规定交货条款。该条款具体载明许可方提供设备的种类、规格、用途、交付时间和方式、风险及所有权的转移；许可方需提交给被许可方的单据；许可方出售机械设备的价格及支付方式等。此外，也可以在设备买卖合同之外，签订单独的许可协议，该单独的许可协议不必载明交货条款。

有时，许可协议还规定合同产品的零部件或材料的提供。有的许可协议规定，许可方有义务以最优惠的价格向被许可方提供合同产品的零部件或材料等。该零部件或原材料的购销合同一般列为专利许可协议的附件。

7. 技术改进和发展条款

专利许可协议是一项长期性协议，在其有效期内，许可方和被许可方都可能对转让的专利予以改进或发展，故该条款主要规定许可协议的各方在改进和发展了原有技术并取得专有权之后所面临的问题，包括改进或发展技术的所有权归属对象、许可方和被许可方能否相互交换改进或发展成果以及交换条件等。大多数许可协议规定，许可方和被许可方均可以对转让或受让的专利进行改进，但应承担相互交换改进和发展的技术的义务；并规定交换的办法。改进和发展的技术的所有权通常归作出改进和发展的一方所有，另一方不得利用这些技术资料去申请专利或转让给第三方。有的专利许可协议规定，在合同有效期内，双方对合同产品涉及的专利如有改进和发展，应相互免费将改进和发展的技术资料提供给对方使用。

8. 技术服务条款

技术服务包括设计和安装、调试、操作等方面的指导。技术服务是实现技术真正转让的重要程序，其中，技术人员的培训是将技术资料运用于实际操作的不可缺少的步骤。技术服务条款主要载明：许可方所派技术人员的性质及人数、承担的任务及工作量、服务时间、工作与生活条件、费用的支付等。需进行人员培训的，还应写明培训内容、方法、时间、地点、费用及培训人数等。

有些情况下，技术服务费并不单独计算，而是包括在合同总额中；有时则单独计算，单独支付。技术服务费也分为固定价格和滑动价格（按服务人数、时间、工资标准计算）。如采用固定价格，通常在设备试车考核合格后一次性支付，或分为若干期支付（有的合同规定，设备安装开始时支付 15%～25%，试车考核合格后支付 60%～70%，性能保证期结束后支付 10%～15%）。如采用滑动价格，可以按月支付或按季度支付。

9. 合同产品责任条款

该条款主要规定，当被许可方使用受让的技术所生产的产品对他人造成人身伤害或经济上的损失时，由哪一方承担责任的问题。有的合同规定全部由被许可方承担责任。有的规定，如果被许可方完全按照许可方提供的技术和技术指导使用技术，而且所生产的产品也完全达到许可方的技术指标，则产品责任由许可方承担。

10. 商标使用许可与许可标记条款

该条款不是国际专利许可协议的必备条款，只有当许可方在转让专利使用权的同时，也将专利产品的商标使用权转让给被许可方时，才载明该条款。

商标许可使用条款通常载明以下内容。

（1）许可使用的商标，包括商标名称、注册证号、核定使用的商品名称及范围、注册商标图样等。关于许可使用的商标（包括注册商标的文字、图案、申请情况、编号等）、合同产品（名称、型号、规格和技术参数）通常以附件的形式具体说明。被许可方通常在制造和出售、分销合同产品时使用受让的商标。

（2）许可使用的性质和许可使用的区域。商标使用权的转让依授权范围的大小，分为独占使用许可、排他使用许可和一般使用许可。商标独占使用许可又称商标专有使用许可，即商标权人许可他人在规定地域内使用其注册商标后，不仅不得就同一注册商标在同一地域再许可给第三人使用，而且自己也不得使用的一种使用许可方式。商标独占使用许可不转移商标权人对注册商标的所有权，只是将在一定范围内的独占使用权（专用权）转让给被许可方。商标排他使用许可，是指商标权人许可被许可方在规定地域范围使用商标的同时，自己在该规定的地域范围仍保留使用权，但不再向该地域范围的第三人转让该商标使用权。商标一般使用许可，即商标权人除许可被许可方在规定地域使用注册商标外，自己在该规定地域仍保留使用该注册商标的权利，同时还有权在该规定地域范围内将同一注册商标再许可给任何第三方使用。许可方可以授予被许可方独占使用许可、排他使用许可或一般使用许可。在排他使用许可的情况下，许可方在合同的有效期内，不得在合同有效区域内再授权他人在制造、销售、分销合同产品时使用该商标。

（3）许可使用的工厂或生产地点。

（4）许可使用的时间。通常情况下，许可使用期限不超过注册商标的有效期。

（5）商标使用费及其支付。商标使用费与商标信誉及许可使用范围密切相关。该条通常规定商标使用费的计算方式、支付货币和支付方式。在计算方式方面，商标使用费可以采用按当年度合同产品的净销售额提成的方式计算，净销售额和使用费的具体计算方法一般用合同附件的方式详细说明。被许可方应该向许可方提供一份载明上一年度合同产品的销售数量、净销售额和应支付的使用费的报告。同时，被许可方还应建立和保留所有有关合同项下交易活动的会计账本和记录，许可方有权核查该账目。

商标使用费可以按季或年计算和交付。通常情况下，许可方在收到被许可方发出的书面报告后应立即开具有关单据，被许可方在收到许可方出具的使用费计算单、商业发票、即期汇票等单据后，在一定时间内经审核无误后，就向许可方支付使用费。

(6) 商品质量保证与监督。该条款是商标许可的特色条款之一。为保证消费者购买其依赖的商标商品，保护许可方商标的原有信誉，许可方通常要求：被许可方使用受让商标的商品应符合许可方的制造或生产产品的质量标准。被许可方在出售合同产品之前，应该向许可方免费寄送一定数量的产品样品和其包装纸箱及包装材料，以取得许可方的书面同意；如发现所交样品有任何质量或性能缺陷，许可方有权要求被许可方采取必要的措施，在目前和将来的生产中消除这些缺陷。许可方有权监督、检查被许可方生产的产品，有权到其工厂检查生产过程，有权要求被许可方定期将合同产品的样品送交许可方予以检查；许可方有权因合同产品的质量问题向被许可方提出警告，甚至终止商标许可。

(7) 商标的使用和管理，规定对许可使用商标的商品在订货、出厂、销售、服务维修等方面的所有宣传、广告、推销、包装等材料的制作和使用要求。有时，上述材料由许可方提供；有时则由被许可方制作，但许可方有权在事前进行检查。

(8) 保证。许可方应保证是许可商标的合法所有者或持有者，并且有权授予被许可方使用，并保证未发现由于销售许可商标产品而侵犯他人专有权利的情况。如果在合同的执行过程中发生第三方指控侵权的情形，由许可方负责与第三方交涉并承担由此引起的一切法律责任，被许可方有义务协助查明事实。此外，许可方还应向被许可方提供注册商标的名称、内容以及许可方向有关机构申请注册的有关情况。

(9) 许可标记。许可方和被许可方可以约定，在被许可方生产的合同产品上采用许可方和被许可方的联合商标，或标明根据许可方的许可制造的字样。

11. 保证与索赔条款

该条款系为维护被许可方的利益、加强许可方的责任而设，包括权利保证和技术保证两项内容。权利保证主要是指许可方应保证其是所转让技术的合法拥有者，并有权进行技术转让，并且该转让在合同规定的地域内没有侵犯任何第三方的权利。技术保证是指许可方保证按合同规定提供技术，并且其提供的技术具有安全性和实用性，可以生产出合格的合同产品。有时，权利保证的内容在鉴于条款、侵权条款等中加以规定，而在保证条款中主要是规定技术保证的内容。

许可方向被许可方提供的保证内容如下。

(1) 保证许可方是许可协议所列一切专利和专利资料的合法持有人，并有权向被许可方转让。如在合同执行中发生第三方指控侵权，由许可方负责与第三方交涉并承担由此引起的一切法律责任，赔偿被许可方因此所遭受的损失。

(2) 保证许可协议所涉及的专利在协议执行期间是有效的和合法的，并保证到协议签订日止对于任何可能日后导致转让专利无效的情况不知情。如果是许可方的原因导致专利提前失效，许可方应将专利失效后被许可方支付的费用偿还被许可方，并支付利息。在协议有效期内，许可方应按规定缴纳专利维持费，以保持专利的有效性。同时，许可方应拥有和掌握专利的独占所有权，且不受任何限制或作出任何保留。

(3) 保证按许可协议规定的方式和时间交付技术资料，并保证技术资料的完整、准确、可靠、清晰、有效，如内容有误或不完整，许可方有义务免费更换或补齐。如果交付的技术资料有延误，则许可方按延误时间的长短支付合同总价一定比例的罚款。如延期超过一定期限，被许可方有权终止许可协议。

(4) 保证被许可方正确使用技术资料后能够生产出符合许可协议规定的合同产品。如果合同产品不合格并导致被许可方不能投产，则被许可方有权终止许可协议。如果合同产品的部分性能不能达到验收指标，但被许可方可以投产使用的，许可方应支付赔偿金，至于赔偿数额按合同产品的性能指标降低的比例确定赔偿的比例或确定降低提成率。

(5) 保证提供良好的技术服务。许可方未能履行上述保证时，即构成违约，并承担违约责任，被许可方有权提出索赔。在国际专利许可贸易中，追究违约责任主要采用罚款方式，主要有对技术资料迟期交付的罚款、对产品达不到技术指标的罚款等。罚款的百分比由双方协商。有些情况下，保证与索赔条款也可规定被许可方应承担的保证责任。

(6) 保证许可协议获得政府批准及必要的其他批准。同时，许可方也大多要求被许可方有签署合同的合法权利和授权，并保证可以获得必要的政府批准及有关批准。因为，一些国家对技术进出口是有限制的，通常要求对技术转让合同进行审批方可有效。

12. 税收条款

各国在其税法中大多明确规定许可方在被许可方所在国获得专利使用费时，应按被许可方所在国的税法规定纳税。由被许可方支付在其所在国境内产生的一切与许可协议有关的税费的包税做法是不公平的。

13. 不可抗力条款

该条款主要载明不可抗力事故的范围、发生不可抗力应采取的行动、不可抗力的通知、不可抗力的法律后果及处理原则等。根据国际惯例，在发生不可抗力事件后，违约方可以请求免责。

14. 争议解决与法律适用条款

国际专利许可协议项下的争议属于一般商事争议，当事人可以通过和解或者调解解决合同争议，也可以采用仲裁或诉讼方式解决纠纷。采用仲裁方式解决争议的，必须在许可协议中规定仲裁条款或在许可协议之外签订仲裁协议书。没有订立仲裁协议或者仲裁协议无效的，当事人可以向法院起诉。当事人应当履行发生法律效力的判决、仲裁裁决、调解书；拒不履行的，对方可以请求法院强制执行。

至于国际专利许可协议的法律适用，可以依照许可方住所地法，或依被许可方住所地法，或依意思自治原则确定。

15. 合同的生效、变更和修改、合同的文字

许多国家规定，国际专利许可协议在当事人签字后不能产生法律效力，必须经过有关主管部门的批准。也就是说，许多国家将国际专利许可协议作为经批准才能生效的合同，以保护本国的利益。

在合同的执行中，如果对合同条款进行变更、修改和增减，通常必须经双方协商同意并签署书面文件，作为合同的组成部分，与合同具有同等效力。

合同的文字由双方当事人协商确定。

（二）国际专有技术许可协议

专有技术许可协议以转让专有技术使用权为目的，而专有技术的某些特性，使专有技术的经济价值往往高于专利的经济价值，因而，专有技术使用权的转让也日益重要。但是，在许可贸易实践中，单纯的专利许可协议越来越少，更多的是专利许可协议与专有技术许可协议相结合的混合协议，即在转让专利使用权的同时，又进一步向被许可方转让未公开的专有技术。

在专有技术许可贸易实践中，通常在谈判期间，许可方就要向被许可方公开其专有技术的内容，因此，为保护专有技术的秘密性，许可方在与被许可方谈判前，首先应就保密问题进行约定。无论谈判是否成功，被许可方都应承担保密责任。被许可方如果违反了该义务，应承担合同缔结前的过失责任。

专有技术许可协议的条款设置与专利许可协议的条款设置基本相同，但专利许可协议中没有专利的保密条款，而在专有技术许可协议中，保密条款是必不可少的条款。此外，与专利许可协议相似，专有技术许可协议还有许多附件，例如，合同产品的名称、型号、规格和技术参数，技术资料的内容、数量和交付计划，合同产品的考核程序和验收标准，许可方技术服务的内容和要求，被许可方人员培训的内容和要求，许可方银行出具的不可撤销的保函的格式，被许可方银行出具的不可撤销的保函的格式等。

专有技术之所以具有经济价值，其根本原因在于其不公开性。因此，专有技术的被许可方承担保守专有技术秘密的责任是签订专有技术许可协议的前提或先决条件，即使合同中没有明确规定被许可方也应承担相应的责任。但是，为强调被许可方的保密责任，大多数专有技术许可协议都专门规定保密条款。可以说，保密责任是专有技术被许可方区别于其他技术被许可方的最大特征。保密条款通常规定以下内容：(1) 保密的范围，指保密的专有技术及其资料的范围。(2) 保密措施，即处理专有技术秘密文件的措施。(3) 承担保密责任的人员，包括专有技术被许可方的雇员、分包商等。(4) 保密期限，通常不超过合同的有效期限。在合同有效期内，被许可方应对许可方提供的专有技术予以保密。此外，在被许可方承担保密义务期间，由于非被许可方的原因专有技术被公开的，被许可方承担的保密义务即行终止。为充分保证专有技术的秘密性，许可方有时特别要求规定处理专有技术秘密文件的措施、被许可方雇员的保密责任、分包商的保密责任。此外，在许可协议达成前的谈判阶段，保密义务也至关重要，因此，谈判开始前，许可方通常要求与被许可方签订初期保密协议。

此外，专有技术许可协议终止后涉及以下方面的问题：第一，继续使用专有技术问题。专有技术许可协议终止后，被许可方无权继续使用该专有技术，并必须归还仍属于商业秘密的技术资料和文件。但是，有时，在许可协议到期时，被许可方往往还有很多库存积压的商品，或仍有与他人签订的销售合同没有执行，因此，也有的专有技术许可协议规定，在协议终止后一定时间内，被许可方仍有权销售该部分商品。有的许可协议还允许被许可方在协议终止后一定时间内继续使用许可方提供的专有技术，仍有权设计、制造、使用、销售和出口合同产品，而不构成侵权。这一规定旨在使被许可方不至于在合同期满后突然失去在其原来领域中继续生产的机会。目前，有些国家对上述规定的合法性的认定持不同意见，因此，许可方和被许可方最好在协议中对合同期满后的各种事宜的处理作出明确规定。第二，专有技术的保密问题。通常情况下，专有技术的被许可方在合同期满后仍应承担保密责任。

四、国际许可协议中的限制性商业条款

（一）国际许可协议中限制性商业条款的产生及国际立法

限制性商业行为（Restrictive Business Practice）也称“限制性商业惯例”“限制性商业做法”等。对于限制性商业行为的概念，联合国制定的《多边协议的控制限制性商业惯例的公平原则和规则》规定，限制性商业惯例是指企业的下述行动或行为：通过滥用或谋取滥用市场力量的支配地位，限制进入市场，或以其他方式不适当地限制竞争，对国际贸易，特别是对发展中国家的国际贸易及其经济发展，造成或可能造成不利影响；或通过企业之间的正式或非正式、书面或非书面的协议或安排造成同样的影响。市场力量的支配地位是指一个企业本身或与其他几个企业一起，有能力控制某一货物或服务或者几类货物或服务的有关市场。

国际许可协议中的限制性商业条款是国际贸易中各种限制性商业条款的一个方面。与其他贸易中的限制性商业条款相比，国际许可协议中的限制性商业条款更加复杂和难以识别。国际许可协议中之所以出现限制性商业条款，与国际许可贸易的特点紧密相连。如前所述，国际许

可协议所转让的技术与普通商品相比，需要耗费大量的开发资金以及人力、物力和时间，因此，许可方不仅希望通过转让所开发技术的使用权，收回其开发投资并获得一定的利润，更希望在转让技术使用权后，最大限度地使自己仍处于技术上的优势和垄断地位，防止被许可方在获得技术使用权后取得竞争优势，从而对许可方构成威胁。为了达到这一目的，许可方往往在国际许可协议中规定一些不合理的条款，以限制被许可方的某些行为，使被许可方在被许可技术后对许可方所构成的威胁减到最低。但是，这一做法严重地妨碍了公平竞争原则，对技术引进国家的经济发展将造成不利影响。为此，很多国家，尤其是发展中国家，大多通过国内立法或双边、多边国际公约，对国际许可协议中的某些限制性商业条款予以限制或禁止。

关于竞争的国际立法在20世纪初已经开始。1947年，联合国贸易与就业会议起草的《哈瓦那宪章》第五章就对限制性商业惯例作出了规定。1951年联合国经济与社会理事会起草《国际反垄断法协议（草案）》，并为进行国际限制性商业行为的实际调查设置了临时专门委员会。1957年，法国、德国、意大利、比利时、荷兰和卢森堡签订了《欧洲经济共同体条约》，其第85条和第86条对限制竞争行为也作出了详细规定。到了20世纪60年代，跨国公司迅速增多，并在国际贸易中频繁采用限制性商业做法，对发展中国家的贸易造成极大的影响。

此外，各国竞争法以及有关限制性商业行为的法律在限制性商业行为的名称、含义、制裁措施、管理机构等方面有不同的规定，使一些企业难以适从，而且，各国法律对影响国际贸易的限制性商业行为也缺乏相应的规定，因此，在1972年，在联合国贸易与发展会议第三次会议上成立了专门研究限制性商业惯例的专家小组。1979年11月19日，联合国贸易与发展会议主持召开了限制性商业惯例问题会议，会议确认了限制性商业惯例对国际贸易，特别是对发展中国家的国际贸易及其经济造成了不利影响，提出制定一套多边国际协议，以消除限制性商业惯例。联合国大会第35届会议在1980年12月25日通过《多边协议的控制限制性商业惯例的公平原则与规则》。根据该规则的规定，联合国贸易与发展委员会秘书处在1984年完成了限制性商业惯例法律范本，并根据各国意见不断修改。该范本共有11条，主要规定了法律的目标和宗旨、定义和适用范围、限制性协定或安排、滥用或谋取滥用市场实力支配地位的行动或行为、在保护消费者方面可能做到的若干事项、申报、管理机构及其组织、管理机构的职能和权力、制裁、上诉、要求赔偿的法律行动。

在知识产权方面，为管制国际技术转让中的限制性商业行为，1883年签订的《保护工业产权巴黎公约》的1900年布鲁塞尔修订本对工业产权领域中的限制性商业行为作出了规定。1978年10月，联合国贸易与发展会议还起草了《国际技术转让行动守则（草案）》。该草案对国际技术转让中的限制性商业行为也作出了规定，但是，由于各国分歧很大，该草案至今未获通过。

（二）国际条约对国际许可协议中的限制性商业条款的管制

1.《多边协议的控制限制性商业惯例的公平原则与规则》

该规则对企业作出了以下约束。

（1）企业应遵守其营业所在国的限制性商业惯例法和其他法律中有关限制性商业惯例的规定，如果根据这些法律进行诉讼，应受其营业所在国法院和有关行政机关的管辖。

（2）企业应同直接受影响的国家的主管当局，在控制不利于这些国家的限制性商业惯例方面进行磋商和合作。企业应提供为此目的所需要的资料，尤其是限制性安排的细节，包括可能存放在外国的资料。

（3）企业在市场上从事竞争性或有竞争可能的活动时，如果通过正式或非正式、书面或非书面协定或安排，某些做法会限制进入市场或过分限制竞争，对国际贸易，特别是对发展中国家的国际贸易及其经济发展具有或可能具有不利的影响，应避免采取这些做法。但是，如果这些企业间是在彼此同受其管制，包括同为其拥有的经济实体范围内进行交易，或因其他缘故而彼此不能独立行事，则可以采取。这些做法包括：1）协议共同定价（包括共同制定进出口价格）；2）串通投标；3）安排分配市场或顾客；4）定额分配销售量和生产量；5）采取集体行动执行安排，例如联合抵制交易；6）联合拒绝向可能的进口者供应货物；7）集体拒绝他人参加对竞争关系重大的安排或协会。

（4）如果通过滥用或谋取滥用市场力量的支配地位，某种行动或行为会限制进入市场或以其他方式不适当地限制竞争，对国际贸易，特别是对发展中国家的国际贸易及其经济发展具有或可能具有不利影响，企业应避免在有关市场中采取下列行动或行为：1）对竞争者的掠夺性的行为，例如使用低于成本的价格消灭竞争者；2）在供应或购买货物或服务时，歧视性地作价（即不合理地区别对待）或订立歧视性的条件，包括在分支企业之间的交易中使用作价政策，对所购买或提供的货物或服务规定高于或低于分支企业之外的类似或相等交易的价格；3）合并、接管、合资经营或其他横向、纵向或联合企业性的控制权的获取；4）规定出口货物在进口国的转售价格；5）对于在国外合法标有商标的货物，如其商标与进口国中受保护的相同或类似货物的商标相同或类似，且为同一来源，即属于同一所有人或者供在经济、组织、管理或法律上相互依存的企业使用，限制这种货物进口，而限制的目的在于维持人为的高价；6）若非为了保证达到正当的商业目的，诸如质量、安全、充分的销售或服务等，部分或全部拒绝按该企业惯用的商业条件进行交易；或者以接受对竞争货物或其他货物的经销或生产的限制为提供某种货物或服务的条件；或者限制所供应的货物或其他货物转售或出口的地方、对象、形式或数量；或者以向供应人或他指定的人购买其他货物或服务为提供某种货物或服务的条件。

2.《保护工业产权巴黎公约》关于限制性商业惯例的规定

《保护工业产权巴黎公约》1883 年的文本没有规定反不正当竞争的内容，但是，在 1900 年布鲁塞尔修订本中，增加了反不正当竞争的内容，并在以后的修改中逐步完善。《保护工业产权巴黎公约》之所以将制止不正当竞争作为保护工业产权的一种重要手段，是因为，工业产权是企业参与经济竞争的重要手段之一，侵犯工业产权是一种常见的不正当竞争行为，保护工业产权与反不正当竞争具有不可分割的联系。①

该公约第 10 条是关于不正当竞争的规定。该条规定：各成员国有义务对各该国国民保证给予制止不正当竞争的有效保护。凡在工商业事务中违反诚实的习惯做法的竞争行为构成不正当竞争的行为。下列各项应特别予以禁止：具有不择手段地对竞争者的营业所、商品或工商业活动造成混乱性质的一切行为；在经营商业中，具有损害竞争者的营业所、商品或工商业活动商誉性质的虚伪说法；在经营商业中使用会使公众易于对商品的性质、制造方法、特点、用途或数量产生误解的表示或说法。对于上述不正当竞争行为，各成员国应该采取适当的法律救济，有效制止这些行为。

《保护工业产权巴黎公约》1900 年布鲁塞尔修订本是最早以国际公约的形式对反不正当竞争行为作出规范的多边协议。上述规定是对一些国家（地区）反不正当竞争立法和司法实践的总结，同时也对其他国家（地区），特别是公约成员方的反不正当竞争立法起了推动作用。

3.《国际技术转让行动守则（草案）》关于管制限制性商业惯例的规定

联合国《国际技术转让行动守则（草案）》在第四章详细列举了应予以禁止的列入许可协

① 参见国家工商行政管理局条法司：《现代竞争法的理论与实践》，139 页，北京，法律出版社，1993。

议的限制性商业条款。在对草案的讨论中，代表技术许可方利益的一些发达国家极力主张使限制性商业条款在《国际技术转让行动守则（草案)》中合法化。而以“七十七国集团”为首的发展中国家，为维护技术引进方的利益，反对发达国家的上述主张。由于发达国家和发展中国家两大利益集团在草案的许多条款上存在着严重的分歧，该草案至今未获正式通过。但是，应该看到，该草案毕竟反映了一些国家有关国际技术转让的立法和实践，并且提出了在国际技术转让中应普遍遵循的原则，故对于指导各国有关国际技术转让的立法、建立良好的国际技术贸易新秩序有着重要的指导意义。

对于哪些行为属于限制性商业惯例，国际组织及各国有关技术转让的立法规定均不相同，迄今尚无国际上公认的一致意见。联合国 1981 年 4 月 10 日拟定的《国际技术转让行动守则（草案)》中，共列举出 20 项禁止的限制性商业惯例；1985 年 6 月 5 日发表的修订的《国际技术转让行动守则（草案)》中，又归纳为 14 项，具体如下。

(1) 回授条款，即要求受方在排他基础上，或者在无供方补偿或互惠的条件下，而将源于受让技术的改进技术转让给或回授给供方或供方指定的任何其他企业；或者当这种做法构成供方对其支配市场地位的滥用时。

(2) 对有效性持异议。不合理地要求受方不能对转让中包含的专利及其他形式的发明保护的有效性或者供方声明或取得的其他这类转让标的的有效性提出异议，承认任何因这样的异议引起的涉及当事人双方权利和义务的问题应由适当的适用法律以及与此法律一致的协议条款来确定。

(3) 排他交易，即非为保证合法利益的获得，特别是非为保证转让技术的保密性或者保证全力帮助或促进的义务所必需，而限制受方就有关相似或竞争性技术或产品签订销售、代理或制造协议或者取得竞争技术的自由。

(4) 对研究的限制，即不合理地限制受方从事旨在吸收和修改转让技术以使其适于当地条件的研究和发展工作或者制订、实施与新产品、新工艺或新设备有关的研究和开发方案。

(5) 对人员使用的限制，即在为保证技术转让的效率及将技术投入使用所必需的期限外，或者在此期限后充分培训的当地人员可以找到或当地人员已被培训的情况下，或者对技术受让方的人员的使用不利的情况下，不合理地要求受方雇用供方指派的人员。

(6) 固定价格，即不公平地强迫受方在技术转让所及的相应市场内就使用供方技术制造的产品或提供的服务遵守价格规则。

(7) 对修改的限制，即不合理地阻止受方修改进口技术以适应当地条件或对之进行革新，或者当受方基于自己的责任并且在没有使用技术供方的名字、商标、服务标记或商号情况下进行修改时，强迫受方采用其不愿采用或不必要的设计或规格变动，除非这种修改不适当地影响到提供给供方、供方指定的人或其他被许可人的产品或制造产品的工艺，或者被用作供应供方客户的产品的零部件。

(8) 排他的销售或代理协议，即要求受方授予供方或其指定的任何人以专卖权或独家代理权，除非在从合同或制造协议中当事人各方同意由供方或供方指定的任何人来分配技术转让协议下的全部或部分产品。

(9) 附带条件的安排，即不当地迫使受方接受其不愿接受的额外技术、将来发明及改进、货物或服务，或者不当地限制技术、货物或服务的来源，以此作为购买供方提供的技术的条件，而该技术并不是当受方使用供方的商标或服务标记或其他标记时为保持产品或服务的质量所必需的，也不是当充分达到部件的规格有困难或涉及公开非包含在协议中的额外技术时为完成某项已被担保的特殊性能义务所要求的。

(10) 出口限制。

(11) 共享专利或交叉许可协议及其他协议，即以供方之间的共享专利或交叉许可协议或其他国际技术转让交流协议中对地域、数量、价格、客户或市场的限制，不当地减少受方接近新的技术进步的机会，或者导致滥用某一行业或市场的支配力量，从而造成对技术转让的不利影响。附于合作协议的适当限制，如合作研究安排，不在此列。

(12) 对广告宣传的限制，即不合理地规定对受方进行广告宣传的限制。但是，当广告宣传利用了供方的名字、商标或服务标记、商号或其他标记时为防止损害供方的商誉或信誉所必需的，或者供方在可能由其承担产品责任时基于避免此责任的合法理由所要求的，或者适当情况下为了安全或者为了保护消费者的利益或者为了保证转让技术的保密性所必需的对广告宣传的限制，不在此列。

(13) 工业产权权利有效期届满后的付款义务和其他义务，即因继续使用业已失效、被撤销或有效期届满的工业产权而要求付款或强加其他义务。承认对任何其他问题，包括就技术的其他付款义务，应依照适当的适用法以及与该法一致的协议条款来解决。

(14) 协议有效期限届满后的限制。

第三节　知识产权的国际保护

一、知识产权的范围

目前，国际上对知识产权的概念有狭义和广义理解。狭义理解认为，知识产权只包括工业产权与版权（也称著作权），专有技术不包括在内。一些发展中国家持此观点。而大多数发达国家和一些发展中国家、国际组织采用广义概念，即知识产权是指对人类智力创作成果所享有的权利，包括工业产权、版权、专有技术等。

已经有一百多个缔约成员的《建立世界知识产权组织公约》对知识产权采用广义理解，该公约第 2 条规定，“知识产权”包括有关下列项目的权利：文学、艺术和科学作品；表演艺术家的表演以及唱片和广播节目；人类一切活动领域内的发明；科学发现；工业品外观设计；商标、服务标记以及商业名称和标志；制止不正当竞争以及在工业、科学、文学或艺术领域内由于智力活动而产生的一切其他权利。

WTO 达成的《与贸易有关的知识产权协议》（TRIPS）也采用了广义概念，该协议第 1 条作了如下说明：知识产权一词是指协议第二部分第一节至第七节所列举的所有知识产权内容，包括版权及其相关权利、商标、地理标志、工业（外观）设计、专利、集成电路的布图设计、未公开的信息、不正当竞争。值得注意的是，TRIPS 充分考虑了现代信息技术的发展，将集成电路的布图设计纳入知识产权范围；同时更加明确地提出了对未公开技术（即专有技术）应给予知识产权保护。可见，TRIPS 对知识产权界定的范围更加明确，更适合现代社会的需要。本章对知识产权采用广义的理解，即现代知识产权应突破传统知识产权的狭义理解。

二、知识产权保护的国际法律制度

知识产权法是调整因智力成果而产生的各种社会关系的法律规范的总和，而国际知识产权法是调整跨越国境的知识产权法律关系的法律规范的总和，其法律渊源包括有关知识产权的国际公约、国际惯例以及各国有关知识产权保护的国内立法。目前，大部分国家区分不同保护对象分别立法，如分别制定《专利法》《商标法》《版权法》等，也有少数国家制定了综合性的知识产权法。知识产权法是在 17 世纪后期随着各国科学技术的发展而产生的新的法律部门。世界上第一部专利法于 1474 年在威尼斯共和国诞生，第一部保护作者作品权利的法律于 1710 年在英国诞生，第一部商标法于 1803 年在法国诞生。到目前为止，大多数国家已经建立起了本国的知识产权保护法律体系。

但是，基于国家主权，一国的国内立法只能在其本国境内适用或适用于本国人。在传统知识产权保护方面，其保护的地域性更加突出：在一国取得的传统知识产权只能在该国境内受到保护，其他国家没有保护的义务。传统知识产权人如果欲使其知识产权在其他国家也得到法律保护，则必须分别向有关国家提出申请，并在得到批准后取得保护。但是，各国传统知识产权保护法律制度差异较大，特别是对外国人的知识产权申请各有不同要求，从而使知识产权的域外保护十分复杂，不利于科学技术的发展。为此，从 19 世纪开始，一些国家开始致力于起草和签订知识产权保护方面的双边或多边条约。目前，大多数国家之间的知识产权保护主要通过签订或参加知识产权国际公约实现。自世界上第一个保护知识产权的全球性多边国际条约《保护工业产权巴黎公约》于 1884 年生效以后，有许多有关知识产权保护的多边国际条约签订并生效。值得注意的是，随着信息技术的飞速发展，不仅许多国际条约进行了相应修改和补充，而且，也出现了一些反映信息技术发展要求的新的国际公约，例如，TRIPS、《关于集成电路的知识产权条约》、《世界版权条约》、《视听表演北京条约》，等等。目前，已通过的世界性的知识产权国际条约有三十多个，它们中的绝大部分由 WIPO 负责管理。这些条约对于各国知识产权保护法律的统一以及知识产权保护水平的提高起到了重要的推动作用。

（一）《保护工业产权巴黎公约》

早在 1883 年之前，一些国家已经制定了商标法和专利法，对本国人的商标和专利提供法律保护，而对外国人的商标和专利主要通过国家之间的双边条约提供保护。此外，在 1873 年，奥匈帝国曾经邀请一些国家在维也纳举办国际发明展览会，但是，大多数国家由于担心本国发明在奥地利展览期间不能得到奥地利法律的保护，进而有可能被他人利用，而不愿参加该展览会。为了解决知识产权的国际保护问题，一些国家在 1878 年成立了负责起草保护工业产权国际公约的专门委员会。1883 年 3 月 20 日，比利时、西班牙、巴西、法国、危地马拉、意大利、荷兰、葡萄牙、萨尔瓦多、塞尔维亚、瑞士共 11 个国家在法国首都巴黎缔结了《保护工业产权巴黎公约》（The International Convention for the Protection of Industrial Property，简称《巴黎公约》）。该公约于 1884 年 7 月 7 日生效，并先后于 1900 年、1911 年、1925 年、1934 年、1958 年、1967 年和 1979 年进行 7 次修改，目前，大多数缔约国执行 1979 年 9 月 28 日在斯德哥尔摩（Stockholm）修订的文本，但也有少数国家执行以前的文本。到 2014 年 7 月，有 175 个国家加入了《巴黎公约》。我国于 1985 年 3 月 19 日正式成为公约缔约国，并对公约第 28 条第 2 款（即将有关争议提交国际法院解决）提出保留。

1.《巴黎公约》的主要内容

《巴黎公约》1979 年的文本共有 30 条，主要规定了各缔约国在工业产权保护方面应遵循的共同规则。这些共同规则也是对各缔约国国内立法的最低要求，各缔约国在制定本国的工业产权保护法律时，不能低于公约规定的保护标准。此外，适用该公约的国家组成“国际保护工业产权联盟”（简称“巴黎联盟”）。

《巴黎公约》规定了以下共同遵循的规则。

（1）保护的工业产权范围。

该公约对“工业产权”作最广义的解释，工业产权的保护对象包括专利、实用新型、工业品外观设计、商标、服务标记、厂商名称、货源标记或原产地名称、制止不正当竞争。工业产权的保护适用于工业、商业、农业、采掘业、一切制成品或天然产品。

（2）国民待遇原则（National Treatment）。

为了明确巴黎联盟的一个国家应给予联盟的其他国家国民在工业产权保护方面的法律待遇问题，《巴黎公约》规定了国民待遇原则。该原则要求：在保护工业产权方面，联盟内任何国家的国民在联盟其他国家应享有各该国法律现在授予或将来可能授予其本国国民的各种利益。他们应和各该国国民享有同样的保护，对于侵犯其权利享有同样的法律救济权利，但是必须遵守各该国对其本国国民规定的条件和手续。联盟国家的国民即使在要求保护的国家没有住所或营业所，其工业产权也应得到保护。联盟以外各国的国民，如果在联盟国家有住所或真实、有效的工商业营业所，也应享有与联盟国家国民同样的待遇。但是，联盟国家关于司法和行政程序管辖权以及指定送达地址或委派代理人的特别规定，可以保留。也就是说，联盟各国在上述方面可以不给予联盟其他国家国民以国民待遇，例如，律师的聘请等。

概括而言，《巴黎公约》规定的国民待遇原则有以下特点：第一，只保证巴黎联盟国家国民在联盟其他国家享有与各该国国民同样的待遇，即享有与各该联盟国家国民同样的保护水平。但是，对于该国给予的保护水平的高低没有作出整体规定，而只是在某些具体方面有最低要求，例如保护期限等。因此，在遵守最低要求的基础上，联盟各国家根据本国的经济和技术发展水平决定各自的工业产权保护水平。第二，不仅联盟国家的国民享有国民待遇，在联盟国家有住所或营业地的非联盟国家的国民同样享有国民待遇。

（3）优先权原则（Right of Priority）。

优先权原则是指已经在巴黎联盟的一个国家正式提出专利、实用新型注册、外观设计注册或商标注册申请的任何人或其权利继受人，在规定的优先权期限内向联盟其他成员国提出同样申请时，被优先授予工业产权。在优先权期间届满前，在联盟其他国家以后提出的申请，不会由于在优先权期间已经发生的任何行为（包括另外一项申请的提出、发明的公布或利用、外观设计复制品的出售或商标的使用）而无效，这些已经发生的行为不能使任何第三人产生权利。但是，第三人在作为优先权基础的第一次申请日以前已经取得的权利，应该予以保留和承认。也就是说，在优先权期间，对其他人的同样申请不能给予工业产权保护，该工业产权只能被授予优先权人。优先权原则对于已在本国正式提出工业产权申请，而后又需要在国外注册的工业产权所有人具有非常重要的意义：它避免了多次申请和重复申请，为申请人的工业产权在联盟其他国家的保护提供了方便。但是，《巴黎公约》中的优先权制度并不适用于一切工业产权，而只适用于专利、实用新型注册、外观设计注册和商标注册。对商号、商誉、产地名称等的保护不适用优先权制度。

概括而言，《巴黎公约》的优先权制度具有以下特点：第一，申请人必须在享有优先权的期限内提出优先权请求。专利和实用新型的优先权期限是 12 个月，外观设计和商标的优先权期限是 6 个月。优先权期间自第一次申请的申请日次日开始计算。第二，申请人必须已经在巴黎联盟的一个国家正式提出专利、实用新型注册、外观设计注册或商标注册申请。第三，申请人应提交优先权声明。优先权声明应说明提出第一次申请的日期和受理该申请的国家。联盟国家可以要求作出优先权声明的任何人提交以前提出的申请（说明书、附图等）的副本。

（4）对专利和实用新型保护的最低要求。

1）专利权独立原则。鉴于巴黎联盟国家有不同的法律制度和申请程序，《巴黎公约》规定了专利权独立原则。专利权独立原则是指联盟国家的国民向联盟各国申请的专利，与在其他国家（不论是否为联盟成员国）就同一发明而取得的专利是相互独立的。在优先权期间内申请的各项专利，在其无效和丧失权利的理由以及正常期间方面是相互独立的。也就是说，在不同国家就同一发明取得的专利是相互独立、互不干涉的。

2）署名权。发明人有权要求在专利中记载自己为发明人。

3）拒绝授予专利或使专利无效、取消。《巴黎公约》成员国不能以专利产品的销售或依专利方法制造的产品的销售受本国法律禁止或限制为由，拒绝授予专利或使专利无效；专利权人将在巴黎联盟任何国家制造的物品进口到对该物品授予专利的国家时，也不应导致该专利的取消。该规定也适用于实用新型。

4）强制许可。巴黎联盟各国有权规定强制许可制度，以防止由于行使专利所赋予的专有权而可能产生的滥用，例如不实施专利。如果授予强制许可权不足以防止专利权的滥用，则可以取消专利权。为了防止强制许可制度的滥用，《巴黎公约》特别规定了实施强制许可的期限以及行使取消或撤销权的期限：自授予第一个强制许可之日起 2 年届满前，不得提起取消或撤销专利的诉讼。自提出专利申请之日起 4 年届满以前或自授予专利之日起 3 年届满以前（取其中期限较长者），不得以不实施或不充分实施为由申请强制许可。如果专利权人的不作为有正当理由，则不能采取强制许可措施。强制许可是非独占性的，除了与利用该许可的企业或商誉一起转让外，不得转让，以授予分许可证的形式进行的转让也包括在内。有关强制许可的规定也适用于实用新型。

5）不构成侵犯专利权的情况：巴黎联盟其他国家的船舶暂时或偶然进入上述国家的领水时，在该船的船身、机器、船具、装备及其他附件上使用构成专利对象的器械，但以专为该船需要而使用这些器械为限；联盟其他国家的飞机或陆上车辆暂时或偶然进入上述国家时，在该飞机或陆上车辆的构造或操作中，或者在该飞机或陆上车辆附件的构造或操作中，使用构成专利对象的器械。

6）制造方法的专利保护。当一种产品进口到对该产品的制造方法提供专利保护的巴黎联盟国家时，专利权人对该进口产品应享有按照进口国法律对在该国依照专利方法制造的产品所享有的一切权利。

（5）对工业品外观设计保护的最低要求。

巴黎联盟所有国家均应保护工业品外观设计，在任何情况下都不得以不实施或进口物品与受保护的外观设计相同为由取消工业品外观设计权利。

（6）对商标保护的最低要求。

1）商标权独立原则。巴黎联盟各国可以自行决定商标的申请和注册条件。使用商标的商品的性质不能妨碍商标注册。联盟任何国家对于联盟国家国民提出的商标注册申请，不能以未在原属国申请、注册或续展为由拒绝，也不得使注册无效。在联盟的一个国家正式注册的商标，与在联盟其他国家注册的商标，包括在原属国注册的商标，是相互独立的。

2）强制使用商标。如果巴黎联盟国家的注册商标的使用是强制的，只有在经过适当期间，并且当事人不能证明其不使用存在正当理由的情况下，才可以撤销注册。

3）商标的次要改变。商标所有人使用的商标与其在巴黎联盟国家之一注册的商标在形式上有一些要素不同，但并未改变其显著性的，不应导致注册无效，也不应减少对该商标所给予的保护。

4）共同所有的商标。依照请求保护地国家的法律被视为商标共同所有人的工商企业，如果在相同或类似商品上同时使用同一商标，巴黎联盟任何国家不应拒绝注册，也不应以任何方式减少对该商标所给予的保护，但以这种使用并未引起公众误解以及不违反公共利益为限。

5）驰名商标。如本国法律允许，巴黎联盟国家应依职权或依利害关系人的请求，对于被商标注册国或使用国主管机关认定对在该国已经驰名并属于有权享受《巴黎公约》利益的人所有且用于相同或类似商品上的商标构成复制、仿制或翻译，并容易产生混淆的商标，有权拒绝或撤销注册并禁止使用。该规定在商标的主要部分构成对上述驰名商标的复制或仿制并容易产生混淆的情况下也适用。撤销商标的请求应该自注册之日起至少5年内提出。联盟各国可以规定必须提出禁止使用请求的期间。对于恶意取得注册或使用的商标提出撤销注册或禁止使用的请求，不应规定时间限制。

6）商标转让。根据巴黎联盟国家的法律，商标转让只有在与其所属企业或商誉同时移转方为有效时，如该企业或商誉位于该国的部分连同在该国制造或销售的、标有被转让商标的商品的专有权一起转让给受让人时，该转让有效。如果受让人使用受让的商标在事实上可能引起公众关于使用该商标的商品的原产地、性质或基本品质的误解，则该转让无效。

7）商标在其他国家的保护。对于在原属国正规注册的商标，巴黎联盟其他国家应与在原属国注册一样接受申请并给予保护。各该国家在确定注册前可以要求提供原属国颁发的注册证书，注册证书无须认证。在下列情况下，可以拒绝注册或使注册无效：在其要求保护的国家，商标侵犯了第三人的既得权利；商标缺乏显著特征，或者完全由商业中用以表示商品种类、质量、数量、用途、价值、原产地或生产时间的符号或标记组成，或者在要求给予保护的国家的现代语言中或在善意和公认的商务实践中已经惯用；违反道德或公共秩序，尤其是具有欺骗公众的性质。巴黎联盟国家在决定对商标是否给予保护时，必须考虑一切实际情况，特别是商标已经使用时间的长短。商标中有些要素与在原属国受保护的商标有所不同，但并未改变其显著特征，也不影响其与在原属国注册的商标在形式上的同一性，联盟其他国家不能予以拒绝。任何人要求保护的商标，如果未在原属国注册，不能享有上述权利。

8）服务标记。《巴黎公约》成员国应保护服务标记，但没有义务对服务标记的注册作出规定。

9）集体商标。如果社团的存在不违反其原属国法律，即使该社团没有工商业营业所，巴黎联盟各国也应受理申请，并保护属于该社团的集体商标。各国应自行审定关于保护集体商标的特别条件，如果商标违反公共利益，可以拒绝给予保护。如果社团的存在不违反原属国法律，不能以该社团在其要求保护的国家没有营业所或不是根据该国法律组成为由，拒绝对该社团的商标给予保护。

10）无授权。如果巴黎联盟国家的商标所有人的代理人或代表人，未经该所有人授权而以自己名义向联盟的一个或一个以上国家申请该商标注册，则该所有人有权反对所申请的注册或要求取消注册，或者如该国法律允许，该所有人可以要求将该项注册转让给自己，除非该代理人或代表人能证明其行为是正当的。商标所有人如未授予使用权，商标所有人有权反对其代理人或代表人使用其商标。各国立法可以规定商标所有人行使上述权利的合理期限。

《巴黎公约》除对商标作上述规定之外，还具体规定了国徽、官方检验印记和政府间国际组织的标志是否可以作为商标的问题以及商标续展问题，等等。

（7）权利维持费的缴纳。

对于工业产权维持费的缴纳，应给予不少于6个月的宽限期，但是，如果本国法律有规定，应缴纳附加费。巴黎联盟各国对于因未缴费而终止的专利有权规定予以恢复。

（8）厂商名称、虚假标记和不正当竞争。

厂商名称应在巴黎联盟国家受到保护，并且无须申请或注册，也不论其是否为商标的一部分。

一切非法标有商标或厂商名称的商品，在进口到该商标或厂商名称受法律保护的巴黎联盟国家时，应予以扣押。在发生非法黏附上述标记的国家或在该商品已进口的国家，可同样执行扣押。扣押应按照各国本国法的规定进行。各机关对过境商品没有扣押的义务。如果一国法律不准许在进口时扣押，则应禁止进口或在国内扣押。如果一国法律既不准许在进口时扣押，也不禁止进口或在国内扣押，则在对法律作出相应修改以前，该国国民可以按该国法律采取诉讼和救济手段。上述规定适用于直接或间接使用虚假商品原产地、生产者、制造者或商人的标记的情况。

巴黎联盟国家有义务制止不正当竞争。凡在工商业事务中违反诚实的习惯做法的竞争行为构成不正当竞争行为的，应该特别禁止：具有采用任何手段对竞争者的营业所、商品或工商业活动产生混淆之性质的一切行为；在经营活动中，具有损害竞争者的营业所、商品或工商业活动的信用之性质的虚伪说法；在经营活动中使用会使公众易于对商品的性质、制造方法、特点、用途或数量产生误解的表示或说法。

（9）在国际展览会上的临时保护。

巴黎联盟国家应按本国法律对于在联盟国家内举办的官方的或经官方承认的国际展览会展出的商品中可以取得专利的发明、实用新型、工业品外观设计和商标，给予临时保护。该项临时保护不应延展优先权期间。如以后要求优先权，任何国家的主管机关可以规定该期间应自该商品在展览会展出之日开始。各国在认为必要时可以要求提供证明文件，证实展出的物品及其展出的日期。

（10）权利标记。

巴黎联盟国家不应要求在商品上标志或载明专利、实用新型、商标注册或工业品外观设计，并以此作为承认取得权利保护的条件。

2.《巴黎公约》的影响

《巴黎公约》不仅是知识产权保护领域的第一个世界性多边公约，也是缔约国最为广泛、影响最大的国际公约。很多工业产权保护公约，如《国际专利分类斯特拉斯堡协定》《商标国际注册马德里协定》等，都要求，参加本公约的国家必须首先是《巴黎公约》的缔约国。从这个意义上讲，《巴黎公约》是知识产权国际保护领域的基础性公约，其规定的基本原则和内容对其他公约的制定具有重要的指导意义。此外，WTO 达成的 TRIPS 也要求，WTO 的成员即使不是《巴黎公约》的成员，也必须遵守《巴黎公约》的实体规定。

然而，一些发展中国家对《巴黎公约》提出了以下批评①：第一，该公约加剧了摆在发展中国家面前的问题，即在《巴黎公约》的专利制度下，外国的专利拥有者在其国内占大多数，而其国内的发明数量却很少。例如，《巴黎公约》的国民待遇原则导致发展中国家在其专利制度下向外国企业提供国民待遇的实际权利，而交换来的大部分是发达国家给予的理论上的国民待遇，因为大多数发明是在发达国家产生的，而且发展中国家的发明人很难与大多数发达国家的发明人相竞争。第二，优先权原则对发展中国家也不利。特别是，无论申请人的申请在最初申请的国家（通常是发达国家）是被放弃还是被拒绝授予专利权，发展中国家都必须给予优先权。该规定使发达国家的企业产生一个动机，那就是，等待并观察在向受《巴黎公约》约束的发展中国家申请优先权之前这种申请是否有利。第三，专利权独立性原则也存在一定的问题。根据该原则，即使专利权在发达国家被授予并且后来在该国失效（例如基于欺诈而取得专利权的情况），同样的发明在受《巴黎公约》约束的发展中国家仍然可以被授予有效的专利权，除

① See Alan C. Swan & John F. Murphy, *Cases and Materials on the Regulation of International Business and Economic Relations*, Second Edition, Matthew Bender & Company Incorporated, p. 195, 1999.

非有其他明确规定的无效情况。此外，发展中国家可能缺乏关于在发达国家申请专利的结果的信息，一些企业可能在缺乏竞争的发展中国家申请专利。第四，《巴黎公约》关于专利所有人将在任何成员国制造的物品输入核准该项专利权的国家不应导致该项专利权撤销的规定，可能导致专利权人的进口垄断。此外，关于强制许可的规定可能导致外国专利权人对被授予专利权的发明拥有从向授予专利权的国家提出申请之日起至少4年的进口垄断权，或可能由于1年的优先权期限而有5年的进口垄断权。

鉴于对《巴黎公约》的上述批评，WIPO曾召开会议，探讨修改公约的可能性，但没有取得成效。

客观而言，虽然《巴黎公约》没有能够为巴黎联盟各成员国提供一个多方面统一的关于知识产权保护的实体法，而只是规定了各成员国在制定本国的工业产权保护法律时应遵守的最低规则，但这已经在一定程度上为其成员国国民在成员国间申请工业产权保护提供了很大的方便。

（二）《伯尔尼保护文学和艺术作品公约》

《伯尔尼保护文学和艺术作品公约》是在国际文学作家协会的努力下达成的。该协会自1878年在法国巴黎成立后，一直致力于签订世界性的保护文学和艺术作品的国际公约。1883年9月，国际文学作家协会在瑞士召开年会，起草了“建立一联盟以保护文学及艺术著作者权利的公约”草案。1884年、1885年及1886年国际文学作家协会又对该草案进行了讨论。1886年9月9日，比利时、法国、德国、英国、海地、意大利、利比里亚、西班牙、瑞士和突尼斯10个国家在瑞士伯尔尼签署了《伯尔尼保护文学和艺术作品公约》（The Berne Convention for the Protection of Literary and Artistic Works，简称《伯尔尼公约》）。1987年12月15日，该公约生效，并先后于1896年、1908年、1914年、1928年、1948年、1967年、1971年和1979年进行了补充或修改。《伯尔尼公约》是世界上第一部版权保护方面的全球性多边国际公约，也是至今影响最大的版权保护公约，并成为许多知识产权保护国际条约订立的基础。到2018年7月13日，有176个国家和地区加入该公约。我国于1992年10月15日成为该公约的成员国。[①]此外，适用该公约的国家组成了“伯尔尼联盟”。

《伯尔尼公约》与《巴黎公约》坚持同样的原则，即只对成员国提出最低版权保护要求，各成员国在公约规定的基础上可以提供更高水平的保护。该公约的1979年文本共有38条，规定了以下主要规则。

1.“文学和艺术作品”的范围

“文学和艺术作品”包括文学、科学和艺术领域内的一切成果，不论其表现形式或方式如何，诸如：书籍、小册子和其他作品；讲课、演讲、讲道和其他同类性质作品；戏剧或音乐戏剧作品；舞蹈艺术作品和哑剧；配词、未配词的乐曲；电影作品以及使用类似摄制电影的方法表现的作品；实用艺术作品；图画、油画、建筑、雕塑、雕刻和版画作品；与地理、地形、建筑或科学有关的示意图、地图、设计图、草图和立体作品。

2.《伯尔尼公约》的保护范围

所有成员国都应保护上述文学和艺术作品，并可通过国内立法规定所有作品或任何特定种类的作品必须以某种物质形式固定下来方可受到保护。

至于翻译、改编、乐曲改编以及对文学或艺术作品的其他变动，应得到与原作同等的保护，但不得损害原作的版权。各成员国对立法、行政或司法性质的官方文件以及这些文件的正

① 参见http：//www.wipo.int/treaties/en/ip/berne/，最后访问时间：2018-08-28。

式译本的保护由其国内立法确定。文学或艺术作品的汇编，诸如百科全书和选集，如果对材料的选择和编排构成智力创作的，也应得到相应的但不损害汇编内每一作品的版权的保护。

各成员国可以通过国内立法规定其法律在何种程度上适用于实用艺术作品以及工业品平面和立体设计，以及此种作品和平面与立体设计受保护的条件。在起源国仅仅作为平面与立体设计受到保护的作品，在伯尔尼联盟其他成员国只享受各该国给予平面和立体设计的专门保护；但如在该国并不给予这种专门保护，则这些作品将作为艺术作品得到保护。

该公约的保护不适用于日常新闻或纯属报刊消息性质的社会新闻。政治演说和诉讼过程中发表的言论是否全部或部分地被排除于保护之外，由伯尔尼联盟各成员国国内立法规定。公开发表的讲课、演说或其他同类性质的作品，如为新闻报道的目的，在哪些条件下可由报刊登载，进行广播或向公众传播以及公开传播，也由伯尔尼联盟各成员国国内立法予以规定。

3.《伯尔尼公约》保护的权利主体

该公约保护的权利主体为文学和艺术作品的作者。该公约对作者作品的保护分以下两种情况：第一，作者是伯尔尼联盟成员国国民的，其作品无论是否已经出版，都应受到保护。非公约成员国国民的惯常住所如果在一个成员国国内，也被视为享有成员国国民的待遇。由此可见，该公约对于伯尔尼联盟成员国国民作品的保护实行自动保护原则，作品在完成时自动享有版权。第二，作者为非伯尔尼联盟成员国国民的，其作品首次在一个联盟成员国出版，或在一个非联盟成员国和一个联盟成员国同时出版的，也应受到保护。一个作品在首次出版后30天内如果在两个或两个以上国家出版，该作品应被视为同时在几个国家出版。戏剧、音乐戏剧或电影作品的表演，音乐作品的演奏，文学作品的公开朗诵，文学或艺术作品的有线传播或广播，美术作品的展出和建筑作品的建造不构成出版。从上述规定可以看出，该公约对非联盟国家国民的作者作品的保护没有采用自动保护原则，而是以出版为前提条件。

下列作者，即使不具备上述条件，也受到该公约的保护：制片人的总部或惯常住所在伯尔尼联盟成员国内的电影作品的作者；建造在联盟成员国内的建筑作品或构成联盟成员国国内建筑物一部分的平面和立体艺术作品的作者。

4. 国民待遇原则和版权保护独立原则

国民待遇原则是指作者在作品起源国以外的成员国享有各该国法律现在和将来可能给予其本国国民的权利以及《伯尔尼公约》特别授予的权利。享有和行使这些权利不需要履行任何手续，也不论作品起源国是否给予保护。该公约的上述规定体现了版权保护独立的原则：作者在其他成员国享有与该国国民同样的待遇和该公约特别规定的权利，并不以作品起源国给予保护为前提条件。作品在起源国受到的保护与在其他成员国受到的版权保护是相互独立、互不干涉的。

对作者作品的保护程度以及为保护作者权利而向其提供的补救方法由被要求给予保护的国家的法律作出规定。起源国的保护由起源国的法律规定。如作者不是起源国国民，但其作品受《伯尔尼公约》保护，则该作者在该国仍享有与本国作者相同的权利。

5. 限制保护原则

任何非伯尔尼联盟成员国如未能充分保护联盟某一成员国国民的作者作品，成员国可对首次出版时系该非联盟成员国国民而又不在成员国内有惯常住所的作者的作品的保护加以限制。如首次出版国利用这种权利，则联盟其他成员国对于由此而受到特殊待遇的作品也无须给予比首次出版国所给予的更广泛的保护。但是，上述任何限制不影响在此种限制实施之前作者在联盟任一成员国出版的作品已经获得的权利。

6. 作者的精神权利

作者对其作品享有精神权利。作者的精神权利不受作者经济权利的影响，在经济权利转让之后，作者仍享有要求其作品作者身份的权利（即署名权），并有权反对对其作品的任何有损其声誉的歪曲、割裂或其他更改以及其他损害行为。

作者的人身权利在其死后应至少保留到作者经济权利期满为止，并由被请求给予保护的国家的本国法所授权的人或机构行使。例如，自然人作者的人身权利通常由其继承人行使。为保障作者精神权利而采取的补救方法由被要求给予保护的国家的法律予以规定。

7. 作者的经济权利

《伯尔尼公约》赋予作者以下经济权利。

（1）翻译权：在对原作享有权利的保护期间，享有翻译和授权翻译其作品的专有权利。

（2）复制权与合理使用：享有授权以任何方式和采取任何形式复制作品的专有权利。伯尔尼联盟成员国法律可以允许在某些特殊情况下复制作者的作品，但这种复制不得损害作品的正常使用，也不能侵害作者的合法利益。所有录音或录像都构成复制。从一部合法公之于众的作品中摘出引文，包括以报刊提要形式引用报刊的文章，只要属于合理使用，并在正当需要范围内，属于合法。伯尔尼联盟成员国法律以及成员国之间现有或将来签订的特别协议可以规定，可以合法地通过出版物、无线电广播或录音录像使用文学、艺术作品作为教学解说的权利，只要是在正当需要范围内使用，并属于合理使用；上述摘引和使用应说明出处，如原出处有作者姓名，也应同时说明。伯尔尼联盟各成员国的法律可以允许通过报刊、广播或对公众有线传播，复制发表在报纸、期刊上的讨论经济、政治或宗教的时事性文章或具有同样性质的已经广播的作品，但以对这种复制、广播或有线传播并未明确予以保留为限，同时还要说明出处。违反该义务的法律责任由被要求给予保护的国家作出规定。在用摄影或电影手段或通过广播或对公众有线传播报道时事新闻时，在事件过程中看到或听到的文学艺术作品在报道目的正当需要范围内予以复制和公之于众的条件，也由伯尔尼联盟各成员国的法律规定。至于对作品的侵权复制品，作品受法律保护的联盟成员国应予扣押，扣押按各国法律实行。

（3）广播权，即授权广播其作品或以任何其他无线传送符号、声音或图像的方法向公众传播其作品；授权由原广播机构以外的另一机构通过有线传播或转播的方式向公众传播广播作品；授权通过扩音器或其他任何传送符号、声音或图像的类似工具向公众传播广播作品。行使以上权利的条件由伯尔尼联盟成员国的法律规定，但这些条件的效力严格限于对此作出规定的国家。在任何情况下，这些条件不应有损于作者的精神权利，也不应有损于作者获得合理报酬的权利；此外，上述权利不意味着授权利用录音或录像设备录制广播作品。但伯尔尼联盟成员国法律可以确定一广播机构使用自己的设备并为自己播送之用而进行临时录制的规章。伯尔尼联盟成员国法律也可以由于这些录制品具有特殊文献性质而批准由国家档案馆保存。

（4）朗诵权，即授权公开朗诵其作品，包括用各种手段或方式公开朗诵；授权用各种手段公开播送其作品的朗诵。

（5）改编权，即享有授权对其作品进行改编、音乐改编和其他变动的专有权利。

（6）录制权，即伯尔尼联盟成员国可就其本国情况，对音乐作品作者及允许其歌词与音乐作品一同录音的歌词作者授权对上述音乐作品以及有歌词的音乐作品进行录音的专有权利规定保留及条件，但这类保留及条件的效力严格限于对此作出规定的国家，而且在任何情况下均不得损害作者获得在没有协议情况下由主管当局规定的合理报酬的权利。如录音制品未经有关方面批准进口，视此种录音为侵权录音制品的国家可予扣押。

（7）电影权，即授权将作品改编或复制成电影以及发行经过如此改编或复制的作品；授权公开表演、演奏以及向公众有线传播经过如此改编或复制的作品。根据文学或艺术作品制作的电影作品以任何其他艺术形式改编，在不妨碍电影作品作者授权的情况下，仍须经原作作者授权。在不损害已被改编或复制的作品的版权的情况下，电影作品应作为原作受到保护。电影作品版权所有者享有与原作作者同等的权利。电影作品版权的所有者依照被要求给予保护的国家的法律而确定。然而，在其法律承认参加电影作品制作的作者应属于版权所有者的伯尔尼联盟成员国内，这些作者如果应允参加此项工作，除非有相反或特别规定，不能反对对电影作品的复制、发行、公开表演、演奏、向公众有线传播、广播、公开传播、配制字幕和配音；应允形式是否应是一项书面合同或一项相当的文书，应由电影制片人总部或惯常住所所在的联盟成员国法律加以规定，但是，被要求给予保护的联盟成员国法律可以规定这一应允应以书面合同或相当的文书形式。

（8）公演权，即戏剧作品、音乐戏剧作品和音乐作品的作者有权授权公开表演和演奏其作品，包括用各种手段和方式公开表演和演奏；授权用各种手段公开播送其作品的表演和演奏。戏剧作品或音乐戏剧作品的作者在享有对其原作的权利的整个期间，应享有对其作品的译作的同等权利。除了上述权利之外，《伯尔尼公约》还规定，对于艺术作品原作和作家与作曲家的手稿，作者或作者死后由国家法律所授权的人或机构享有不可剥夺的权利，自在作者第一次转让作品之后对作品进行的任何出售中分享利益，只有在作者本国法律承认这种保护的情况下，才可在伯尔尼联盟成员国要求该保护，而且保护程度应限于被要求给予保护的国家的法律允许的程度；分享利益的方式和比例由各国法律确定。

8. 对作品的最低保护期限

《伯尔尼公约》对保护期限的规定是对成员国的最低要求，伯尔尼联盟成员国有权给予比上述保护期限更长的保护期。该公约规定，一般作品的保护期限为作者有生之年及其死后 50 年，特殊作品的保护期限分别是：（1）电影作品的保护期限是在作者同意下自作品公之于众后 50 年期满。如自作品完成后 50 年内尚未公之于众，则自作品完成后 50 年期满。（2）不具名作品和假名作品的保护期为自其合法公之于众之日起 50 年。但根据作者采用的假名可以确定作者身份时，保护期为作者有生之年及其死后 50 年。如不具名作品或假名作品的作者在公之于众后 50 年内公开其身份，保护期为作者有生之年及其死后 50 年。伯尔尼联盟成员国没有义务保护有充分理由推定其作者已死去 50 年的不具名作品或假名作品。（3）摄影作品和作为艺术作品保护的实用艺术作品的保护期限由联盟成员国的法律规定，但这一期限不应少于自该作品完成之后算起的 25 年。

作者死后的保护期和电影作品、不具名作品、假名作品、摄影作品、实用艺术作品的保护期限从其死亡或规定事件发生之时开始，但该期限应从死亡或规定事件发生之后次年的 1 月 1 日开始计算。

上述保护期限也适用于合作作者共有的作品，但作者死后的保护期应从最后死亡的作者死亡时算起。

（三）商标国际注册马德里体系

《巴黎公约》对工业产权的保护只作了原则规定，特别是在程序问题上没有作出规定，因此，为统一各国的商标注册程序，一些国家根据《巴黎公约》第 19 条的规定①，于 1891 年 4 月 14 日在西班牙首都马德里签订了《商标国际注册马德里协定》(Madrid Agreement Concerning the International Registration of Marks，简称《马德里协定》)。该协定于 1892 年生效，于 1900 年、1911 年、1925 年、1934 年、1957 年、1967 年和 1979 年得到了修改。《马德里协定》的签

① 《巴黎公约》第 19 条规定：公约成员国保留相互间分别签订关于保护工业产权专门协定的权利，只要这些协定与本公约的规定不相抵触。

订、生效，简化了国际注册手续：成员国申请人在其所属国办理商标注册后，只需使用一种语言（法语）向WIPO国际局提出注册申请并缴纳费用，就可以在其他成员国获得商标保护。然而，由于该公约规定的审查程序过于简单，有些国家不愿参加。为了适应未加入《马德里协定》国家的国内立法状况，让更多国家采用商标国际注册程序，在WIPO的努力下，1989年6月27日，一些国家在西班牙首都马德里召开的外交大会上，通过了《商标国际注册马德里协定有关议定书》（以下简称《议定书》），于1996年4月1日生效。《议定书》与《马德里协定》共同构成商标国际注册马德里体系。[①]《议定书》的参加国与《马德里协定》的参加国共同组成"马德里联盟"。到2018年7月13日，有55个国家加入了《马德里协定》[②]，101个国家加入了《议定书》。[③] 我国分别于1989年10月4日和1995年12月1日成为《马德里协定》和《议定书》的缔约国。

虽然《议定书》以《马德里协定》为基础制定，但是，这两个公约各自独立。此外，一些国家还签署了《商标国际注册马德里协定和议定书共同实施细则》。

1.《马德里协定》

1979年的《马德里协定》文本共有18条，主要规定了以下程序方面的内容。

（1）接受申请的机构。任何缔约国国民都可以通过所属国的注册当局向WIPO国际局提出商标注册申请，以便在该公约其他参加国取得其已在所属国注册的用于商品或服务项目的标记的保护。

（2）对非成员国国民的国民待遇原则。非成员国国民在马德里联盟领土内有永久住所或真实的、正当的工商业营业所的，享有与缔约国国民同样的待遇。

（3）国际注册的申请。每一个国际注册申请必须用规定的格式提出，商标所属国的注册当局应证明该申请中的具体项目与本国注册簿中的具体项目相符，并说明商标在所属国的申请和注册日期、号码及申请国际注册的日期。申请人应说明要求商标保护的商品或服务项目，如果可能，也应说明其根据《商标注册商品和服务项目国际分类尼斯协定》所分的相应类别。

（4）国际注册的效力。从在WIPO国际局有效注册日开始，商标在每个缔约国的保护应视同该商标直接在各该国提出注册。办理国际注册的商标都享有《巴黎公约》规定的优先权，而不必再履行有关手续。

如某一商标已在一个或更多缔约国提出注册，后来又以同一所有人或其权利继承人的名义

① 除该体系外，WIPO于1994年10月27日在日内瓦主持签署了《商标法条约》（Trademark Law Treaty），该条约于1996年8月1日生效。该条约的最初目标在于协调各国的商标法律制度，但是，由于关于实体规定的谈判非常艰难，因而该条约主要规定了程序方面的内容，包括申请书内容、申请日期、多个类别的商品和/或服务提出的单项注册、申请和注册的分解、商品和/或服务的分类、变更名称或地址、变更所有权、更正错误、注册期限及续展、拟驳回情况下的意见表达、服务商标等内容。该条约要求各缔约方遵守《巴黎公约》中有关商标的条款。该条约适用于由视觉标志构成的商标，但只有接受立体商标注册的缔约方才有义务将该条约适用于立体商标；适用于与商品或服务有关的标志（商品商标或服务商标）或者与商品和服务两者有关的标志；不适用于全息商标和不含视觉标志的商标，尤其是音响商标和嗅觉商标；也不适用于集体商标、证明商标和保证商标。此外，1973年6月在维也纳召开的工业产权外交会议上还签订了《商标注册条约》，该条约于1980年8月7日生效，中国没有加入。该条约旨在弥补《马德里协定》的不足。该条约对商标国际注册申请的规定比《马德里协定》的规定简单：申请人可以直接将申请提交WIPO国际局。而且，申请人的范围比《马德里协定》规定的范围广泛，包括成员国国民和在成员国内有住所或营业所的人，也包括非成员国的发展中国家的国民。该条约也不以商标必须在原属国注册作为申请国际注册的前提条件，同时也不受注册5年内在本国的商标注册被撤销的影响：即使本国的商标注册被撤销，在其他成员国注册的商标仍然有效。

② 参见http：//www.wipo.int/treaties/en/ShowResults.jsp？lang=en&treaty_id=21。

③ 参见http：//www.wipo.int/treaties/en/ShowResults.jsp？lang=en&treaty_id=8。有些国家既加入了《马德里协定》，又加入了《议定书》。

经 WIPO 国际局注册，则该国际注册视为已代替原先的国家注册，但不损及基于原先注册的既得权利。

（5）国际注册的有效期。在 WIPO 国际局注册的商标有效期为 20 年，并可续展，期限自上一次期限届满时算起为 20 年。对国际注册的续展还可给予 6 个月的宽限期。

（6）国际注册的独立性。自国际注册的日期开始满 5 年时，国际注册即与在所属国原先注册的国家商标无关。但是，自国际注册日期开始 5 年内，在所属国原先注册的国家商标已全部或部分不再享受法律保护时，国际注册所得到的保护，不论其是否已经转让，也全部或部分不再产生权利；在 5 年期限届满前因引起诉讼而致停止法律保护时，国际注册同样不再产生权利。

（7）国际保护的放弃。以自己名义取得国际注册的人，可在任何时候放弃在一个或更多的缔约国的保护。在行使放弃权时，应向其本国注册当局提出声明，要求通知 WIPO 国际局，WIPO 国际局再依此通知保护已被放弃的国家。

（8）所有人国家变更引起的国际商标的转让。当在国际注册簿上注册的一个商标转让给一个缔约国的人，而该缔约国不是此人以其自己名义取得国际注册的国家时，后一国家的注册主管当局应将该转让通知 WIPO 国际局。如果转让是在国际注册后未满 5 年内进行，WIPO 国际局还应征得新所有人所属国的注册主管当局的同意。凡将国际注册簿上注册的商标转让给一个无权申请国际商标注册的人，不予以登记。

2.《议定书》

《议定书》共有 16 条，虽然是在《马德里协定》的基础上制定的，但在许多方面都进行了重要修改，这些重要修改体现在以下方面。

（1）申请商标国际注册的条件放宽。当一项商标注册申请已提交缔约方注册主管当局或一个商标已在缔约方注册主管当局注册簿注册时，该项基础申请的申请人或该项基础注册的所有人，可通过在 WIPO 国际局的注册簿获准注册该商标，并取得该商标在缔约国或马德里联盟领土内的保护。国际注册申请应酌情通过受理基础申请或基础注册的注册主管当局向 WIPO 国际局提出。

（2）国际注册的有效期缩短。在 WIPO 国际局注册的商标有效期为 10 年，并可自届满起续展 10 年。国际注册自注册之日起 5 年期满后，即分别与其基础申请或原注册或者基础注册相独立。但是，自注册之日起 5 年期满前，如果基础申请、原注册或基础注册在指定的全部或部分商品和服务上分别被撤回、失效、放弃或最终驳回、撤销、注销或被宣布无效，则无论其是否全部转让，也不能再要求国际注册给予的保护。

（四）《世界版权公约》

《世界版权公约》（Universal Copyright Convention，UCC）是在联合国教科文组织的主持下于 1952 年 9 月 6 日在瑞士日内瓦召开的政府间代表会议上签订的，1955 年 9 月 16 日生效，1971 年 7 月 24 日在巴黎得到了修改。到 2018 年 8 月 31 日，有 100 个缔约国加入 1971 年修订本。我国于 1992 年 10 月 30 日成为该公约的缔约国。[①]

《世界版权公约》只有 21 个条文。与《伯尔尼公约》相比，两者有许多相同规定，但也存在很多差异。《世界版权公约》主要规定了以下内容。

（1）公约保护的客体。该公约第 1 条规定："各成员国应对文学、科学、艺术作品，包括文字、音乐、戏剧和电影作品，以及绘画、雕刻和雕塑作品的作者及其他版权所有者的权利，

① 参见 http：//www.unesco.org/eri/la/convention.asp? KO=15381&language=E。

提供充分有效的保护。”与《伯尔尼公约》相比，上述保护客体较少，其目的是鼓励知识产权保护水平比较低的国家加入该公约。

（2）国民待遇原则。任何缔约国国民出版的作品及在该国首先出版的作品，在其他各缔约国均享有其他缔约国给予其本国国民在本国首先出版之作品的同等保护以及该公约特许的保护。任何缔约国国民未出版的作品，在其他各缔约国享有该其他缔约国给予其国民未出版之作品的同等保护以及该公约特许的保护。各缔约国应规定法律措施保护其他各缔约国国民尚未出版的作品，而无须履行手续。

（3）允许实行非自动保护的原则。任何缔约国依其国内法要求履行手续作为版权保护条件的，对于在该国境外首次出版而其作者又非本国国民的一切作品，只要经作者或版权所有者授权出版的作品的所有各册自首次出版之日起，标有©的符号并注明版权所有者姓名、首次出版年份等，就视为符合上述履行程序要求。从《世界版权公约》的上述规定可以看出，公约为了吸引更多国家参加，没有将自动保护作为各缔约国的最低义务，而是允许各缔约国对版权的保护设定程序性的条件。

（4）保护期限。《世界版权公约》规定的作品的保护期限比《伯尔尼公约》的短，即不少于作者有生之年及其死后的 25 年。任何缔约国对某一作品给予的保护期限，均不长于有关缔约国（如果是未出版的作品，则指作者所属的缔约国；如果是已出版的作品，则指首先出版作品的缔约国）的法律对该作品所属的同类作品规定的保护期限。

（5）作者的经济权利。与《伯尔尼公约》相比，《世界版权公约》没有规定作者的人身权利，对作者的经济权利的规定也非常简单。该公约规定，作者有准许以任何方式复制、公演及广播等专有权利。其中，对翻译权的规定比较详细。

从《世界版权公约》的规定可以看出，尽管在该公约签订并生效之前，已经有《伯尔尼公约》对版权的国际保护予以规范，使国际上形成了两大版权保护体系，但是，《世界版权公约》对版权的保护水平明显低于《伯尔尼公约》的保护水平，因此，其更加适合发展中国家和最不发达国家加入，为版权保护尚达不到或不愿达到高水平的国家提供了一种选择。

（五）《保护表演者、录音制品制作者和广播组织国际公约》

《保护表演者、录音制品制作者和广播组织国际公约》（International Convention for the Protection of Performers，Producers of Phonograms and Broadcasting Organizations，简称《罗马公约》）是有关邻接权保护的第一个国际公约。它是在国际广播组织的推动下，由 WIPO、国际劳工组织和联合国教科文组织共同发起，于 1961 年 10 月 26 日在罗马签订，1964 年 5 月 18 日生效。它只对《伯尔尼公约》或《世界版权公约》的缔约国开放。到 2018 年 7 月 13 日，已有 93 个国家加入该公约。中国至今未加入该公约。[①]

《罗马公约》规定了以下主要内容。

（1）与其他公约的关系。由于《伯尔尼公约》和《世界版权公约》对文学和艺术作品给予版权保护，而表演者、录音制品制作者和广播组织属于作品的传播者，所以，对后者的保护必须建立在对文学和艺术作品作者保护的基础上。《罗马公约》第 1 条规定，公约的规定不影响对文学和艺术作品的版权保护。

（2）公约的保护对象。《罗马公约》保护表演者、录音制品制作者和广播组织的权利。此外，任何缔约国也可将该公约提供的保护扩大到不是表演文学或艺术作品的艺人。

（3）国民待遇。国民待遇是指被要求给予保护的缔约国应该给予：其节目在该国境内表

---

① 参见 http：//www. wipo. int/treaties/en/ip/rome/。

演、广播或首次录制的属于该国国民的表演者的待遇；其录音制品在该国境内首次录制或首次发行的属于该国国民的录音制品制作者的待遇；其广播节目从设在该国领土上的发射台发射的总部设在该国境内的广播组织的待遇。

但是，给予表演者国民待遇的条件是：表演在另一缔约国进行；或者表演已被录制在受公约保护的录音制品上；或者表演未被录制成录音制品，但在受公约保护的广播节目中播放。给予录音制品制作者国民待遇的条件是：录音制品制作者是另一个缔约国的国民（国民标准）；或者首次录音在另一个缔约国制作（录制标准）；或者录音制品在另一个缔约国首次发行（发行标准）。如果某种录音制品在某一非缔约国首次发行，但在首次发行后 30 天内也在某一缔约国发行（同时发行），则该录音制品应当被认为是在该缔约国首次发行。给予广播组织国民待遇的条件是：该广播组织的总部设在另一缔约国；或者广播节目是由设在另一缔约国的发射台播放的。

（4）对表演者的特别保护。《罗马公约》禁止未经表演者同意的下列行为：广播和向公众传播其表演，但是，如果该表演本身就是广播演出或出自录音、录像者例外；录制其未曾录制过的表演；复制其表演的录音或录像。

如果广播是经表演者同意的，则防止转播。防止为广播目的的录音、录像，以及防止为广播目的的对此类录音、录像的复制，应当由要求其保护的缔约国的国内法律规定。广播组织使用为广播目的而制作的录音、录像的期限和条件，也应当根据要求其保护的缔约的国内法律确定。

如果若干表演者参加同一项表演，任何缔约国均可根据本国法律明确指出表演者在行使权利方面确定代表的方式。

（5）对录音制品制作者的特别保护。1）复制权。录音制品制作者应当有权授权或禁止直接或间接复制其录音制品。2）版权标记。对于录音制品，如果某缔约国根据其国内法律要求履行手续作为保护录音制品制作者或表演者或二者的权利的条件，只要已经发行的录音制品的所有供销售的复制品上或其包装物上载有包括符号（P）和首次发行年份的标记，并且标记的方式足以使人注意到对保护的要求，就应当认为符合手续；如果复制品或其包装物上没有注明制作者或制作者的许可证持有者（载明姓名、商标或其他适当的标志），则标记还应当包括制作者权利所有者的姓名；此外，如果复制品或其包装物上没有注明主要表演者，则标记还应当包括在制作这些录音制品的国家内拥有此种表演者权利的人的姓名。3）报酬权。如果某种为商业目的发行的录音制品或录音制品的复制品直接用于广播或任何向公众的传播，则使用者应当支付一笔总的合理的报酬给表演者或录音制品制作者或二者。

（6）对广播组织的特别保护。广播组织应当有权授权或禁止：转播其广播节目；录制其广播节目；复制未经其同意而制作其广播节目的录音或录像；向公众传播电视节目，并且该传播在收门票的公共场所进行。行使上述权利的条件由被要求保护的缔约国法律确定。

（7）保护期限。《罗马公约》给予的保护期限至少应当为 20 年，其计算始于：对录音制品和录制在录音制品上的节目，为录制年份的年底；对未被录制成录音制品的节目，为表演年份的年底；对广播节目，为开始广播的年份的年底。

（8）例外规定。缔约国可以在下列情况下，对《罗马公约》规定的保护作出例外规定：私人使用；在时事报道中少量引用；某广播组织为了自己的广播节目利用自己的设备暂时录制；仅用于教学和科学研究之目的。此外，任何缔约国关于对表演者、录音制品制作者和广播组织的保护，可以在其国内法律中作出与对文学和艺术作品的版权保护的同样的限制。

从《罗马公约》的规定可以看出，该公约赋予了表演者以广播权、向公众传播权、录制权、复制权、报酬权；赋予了录音制品制作者复制权和报酬权；赋予了广播组织转播权、复制权、录制权和向公众传播权。但是，该公约由于制定较早，没有涉及数字环境下对上述权利的保护。

（六）《建立世界知识产权组织公约》

《巴黎公约》和《伯尔尼公约》生效后，其成员国分别组成了巴黎联盟和伯尔尼联盟，分别管理这两个公约。1893 年，上述两个联盟的国际局合并为“保护工业产权和文学艺术产权联合国际局”，负责管理上述两个公约及其专门协定。在联合国于 1945 年成立后，为使该国际局脱离瑞士联邦政府而独立为联合国的专门机构，《巴黎公约》和《伯尔尼公约》的成员国于 1967 年 7 月 14 日在斯德哥尔摩签署了《建立世界知识产权组织公约》（Convention Establishing the World Intellectual Property Organization）。1970 年 4 月 26 日该公约生效，WIPO 成立，总部和国际局设在日内瓦。到 2018 年 7 月 13 日，已有 191 个国家加入该公约。我国于 1980 年 6 月 3 日成为该公约成员国①，这也是我国参加的第一个知识产权保护国际公约。为了提高公众对知识产权的认识，中国与阿尔及利亚在 1999 年的 WIPO 成员国大会上，提出设立“世界知识产权日”的建议，在 2000 年的成员国大会上获得通过。从 2001 年起，每年的 4 月 26 日为“世界知识产权日”。

1.《建立世界知识产权组织公约》的主要内容

该公约共有 21 条，主要规定了以下事项。

（1）“知识产权”的范围。根据该公约的规定，知识产权包括下列权利：与文学、艺术及科学作品有关的权利；与表演艺术家的表演活动、与录音制品及广播有关的权利；与人类创造性活动的一切领域内的发明有关的权利；与科学发现有关的权利；与工业品外观设计有关的权利；与商品商标、服务商标、商号及其他商业标记有关的权利；与防止不正当竞争有关的权利；一切其他来自工业、科学及文学艺术领域的智力创作活动所产生的权利。上述知识产权的范围已为世界上大多数国家采纳。

（2）成立 WIPO。WIPO 的主要宗旨是：通过国家之间的合作以及与其他国际组织的协作，促进对知识产权的国际保护。其主要职责是：采取并改进各种办法，促进全世界对知识产权的有效保护，并协调在知识产权领域的国内立法，管理知识产权方面国际条约等。

WIPO 总部设在瑞士日内瓦，设有大会、成员国会议、协调委员会、国际局和秘书处，其中：大会是最高权力机构。协调委员会是大会和成员国会议的执行机构。国际局和秘书处是常设机构，总干事负责全部工作。目前，WIPO 国际局管理着知识产权领域的 25 项条约，但也有部分条约由其他国际组织管理，例如，《世界版权公约》由联合国教科文组织管理，《罗马公约》由 WIPO 和国际劳工组织、联合国教科文组织共同管理，TRIPS 由 WTO 管理。

2.《建立世界知识产权组织公约》的影响

WIPO 自成立以后，在缔结知识产权保护条约方面成效突出，主持制定了多个公约。② 由

---

① 参见 http：//www. wipo. int/treaties/en/convention/。

② 主要有：《视听表演北京条约》（2012 年，中国已签字）、《保护录音制品制作者防止未经许可复制其录音制品公约》（1971 年，中国已加入）、《保护奥林匹克标志内罗毕公约》（1981 年）、《关于集成电路知识产权条约》（1989 年）、《专利法条约》（2000 年）、《商标法新加坡条约》（2006 年，中国已签字）、《商标法条约》（1994 年，中国加入）、《世界知识产权组织版权条约》（1996 年，中国加入）、《发送卫星传输节目信号布鲁塞尔公约》（1974 年）、《制止商品产地虚假或欺骗性标记马德里协定》（1891 年）、《便利盲人、视觉受损和有阅读障碍的其他人使用已出版作品的马拉喀什条约》（2013 年，中国已签字）、《世界知识产权组织表演和录音制品条约》（1996 年，中国加入）、《专利合作条约》（1970 年，中国加入）、《国际承认用于专利程序的微生物保存布达佩斯条约》（1977 年，中国加入）、《商标国际注册马德里协定》（1891 年，中国加入）、《商标国际注册马德里协定有关议定书》（1989 年，中国加入）、《保护原产地名称及其国际注册里斯本协定》（1958 年）、《工业品外观设计国际注册海牙协定》（1925 年）、《国际专利分类斯特拉斯堡协定》（1971 年，中国加入）、《商标注册用商品和服务国际分类尼斯协定》（1957 年，中国加入）、《建立商标图形要素国际分类维也纳协定》（1973 年）、《建立工业品外观设计国际分类洛迦诺协定》（1968 年，中国加入）。

于 WIPO 在世界知识产权保护中所起的重要作用，从 1974 年起，WIPO 成为联合国下属的专门机构之一。

（七）《保护录音制品制作者禁止未经许可复制其录音制品公约》

1961 年《罗马公约》对表演者、录音制作者和广播组织的保护范围比较广泛，限制了许多国家的参加。此外，该公约没有授予录音制作者禁止销售和进口未经许可而复制的录音制品的权利，加上非法复制录音制品的活动日益猖獗，为了加强对录音制品制作者的权利保护，一些国家又于 1971 年 10 月 29 日在日内瓦签订了《保护录音制品制作者禁止未经许可复制其录音制品公约》（Convention for the Protection of Producers of Phonograms Against Unauthorized Duplication of Their Phonograms，以下简称《录音制品公约》或《日内瓦公约》）。该公约于 1973 年生效。到 2018 年 7 月 13 日，有 79 个国家加入该公约。中国于 1993 年 4 月 30 日加入该公约。①

该公约共有 13 条，主要规定了以下内容。

（1）禁止义务。各缔约国应当保护属于其他缔约国国民的录音制品的制作者。如果制作或进口的目的是公开发行，各缔约国应防止未经录音制品制作者同意而制作复制品，并防止此类复制品的进口以及防止公开发行此类复制品。

从上述规定可以看出，该公约只是规定保护其他缔约国国民对其录音制品的权利，特别是禁止在未经其同意的情况下，为公开发行目的复制、进口该复制品或发行此复制品。该公约没有涉及《罗马公约》规定的录音制品制作者对其录音制品享有的公开传播权和播放权等，也没有涉及数字环境下对录音制品制作者权利的保护。

（2）该公约义务的履行。履行该公约义务的方式由各缔约国规定，可以包括以下一种或多种方式：通过授予版权或其他专项权利的方式保护；通过有关不正当竞争的法律保护；通过刑事制裁的方式保护。

（3）保护期限。给予保护的期限由各缔约国国内法律予以规定，但是，如果国内法律规定了一具体保护期，该保护期不应短于自录音制品载有的声音首次被固定之年年底起，或从录音制品首次出版之年年底起 20 年。

（4）允许非自动保护。如果一缔约国依照其国内法律要求以履行手续作为保护录音制品制作者的条件，只要公开发行的经授权的录音制品的所有复制品或其包装物载有（P）标记并标有首次出版年份，而且标记的部位足以使人注意到保护的要求，则视为履行了手续要求。如果复制品或其包装物上未（通过载有其姓名、商标或其他适当标识）注明制作者、其合法继承人或专有许可证持有人，标记还应当包括制作者和其合法继承人或专有许可证持有人的姓名。

（5）保护限制与强制许可。任何通过版权或其他专项权利的方式或者通过刑事制裁的方式提供保护的缔约国，可以在其国内法律中对录音制品制作者的保护作出与对文学和艺术作品作者的保护所作的相同限制。但是，只有在下列条件下，才允许颁发强制许可证：复制品仅用于教学和科学研究的目的；许可证仅适用于在颁发许可证的主管当局管辖的领土内进行的复制，不适用于复制品的出口；根据许可证制作复制品，应支付由上述主管当局考虑要制作的复制品的数量和其他因素而确定的合理报酬。

值得注意的是，该公约没有规定国民待遇原则，也没有要求各国实行统一的保护方式。因此，该公约对各缔约国的要求也是最低的。

---

① 参见 http：//www.wipo.int/treaties/en/ip/phonograms/。

（八）《专利合作条约》

《专利合作条约》（Patent Co-operation Treaty，PCT）是在遵循《巴黎公约》基本原则的基础上，于1970年6月19日在美国首都华盛顿缔结的有关专利申请的国际性公约。该公约于1978年6月1日生效，之后又于1979年、1984年和2001年得到修订。[①]《专利合作条约》是封闭性条约，只有《巴黎公约》成员国方可加入。到2018年7月13日，已有152个国家加入该公约。我国于1994年1月1日正式成为该公约缔约国。[②] 加入该公约的国家组成“国际专利合作联盟”。此外，一些国家还于1970年6月19日通过了《专利合作条约实施细则》，后得到多次修改。该细则主要对申请人资格、国际检索局应当使用的资料等作了详细规定，以减少各成员国在实施公约时可能产生的分歧。

《专利合作条约》是一个有关专利申请的受理及审查程序方面的国际公约，没有涉及实体问题。《专利合作条约》共有69条，主要规定了以下内容。

（1）国际申请。在任何一个缔约国提出的保护发明的申请都可以向受理局提出国际申请，国际申请应包括请求书、说明书、一项或几项权利要求、一幅或几幅附图（需要时）和摘要。缔约国的任何居民或国民均可提出国际申请。国际专利合作联盟大会可以决定，允许《巴黎公约》缔约国但不是《专利合作条约》缔约国的居民或国民提出国际申请。受理局是指受理国际专利申请的国家专利局或政府间组织。中国专利局自加入该公约之后，也成为受理局之一。

（2）国际检索。每一国际申请都应经过国际检索，以发现有关的已有技术。国际检索由国际检索单位进行。国际检索单位由国际专利合作联盟大会委任，可以是一个国家专利局或一个政府间组织。国际检索单位检索后应撰写检索报告，转交申请人和国际局。申请人在收到国际检索报告后，有权在规定时间内向国际局提出修改意见，修改国际申请中的权项。

（3）国际公布。从国际申请的优先权日算起满18个月，国际局应公布国际申请。如果国际申请在其公布的技术准备完成以前被撤回或被认为撤回，即不进行国际公布。

（4）国际初步审查。经申请人要求，其国际申请应按规定接受国际初步审查。对国际初步审查的要求应与国际申请分别提出。国际初步审查由国际初步审查单位进行，并在规定时间内按规定形式写成国际初步审查报告，转交给申请人和国际局。国际初步审查的目的是就申请专利的发明是否新颖、是否涉及创造性和是否在工业上适用等问题提出初步的无约束力的意见。

客观而言，《专利合作条约》简化了成员国国民在其他成员国范围内申请专利的手续，减轻了各成员国专利局的工作量，同时也使缺乏审查能力的国家能够实现实质性审查要求。

（九）《与贸易有关的知识产权协议》

20世纪80年代以来，随着世界经济、科技一体化和世界贸易自由化进程的加快，贸易问题与知识产权保护问题之间的关系日益密切。虽然已经签订的有关保护知识产权的一系列国际公约于对知识产权的国际保护起到了重要作用，但也存在许多问题：首先，几乎所有的知识产权保护公约都未能很好地对争议解决问题作出切合实际的规定。成员国之间一旦发生知识产权纠纷，只能谈判或向国际法院提起诉讼。其次，很多知识产权保护公约缔结时间较早，已不能适应当今国际贸易和技术发展的需要，必须对知识产权进行高水平的保护。除上述原因之外，还有很多因素，例如，知识产权保护公约的约束力有限、保护范围有限，各国国内立法规定差异较大，有的国家甚至还未制定保护知识产权的法律，等等，这些因素都成为各国日益关注知

---

① 2001年，《专利合作条约》第30次成员国联盟大会通过了修改该公约第22条的决定。根据该决定，自2002年4月1日起，国际申请进入国家阶段的期限由自优先权日起20个月改为自优先权日起30个月。

② 参见 http：//www.wipo.int/treaties/en/registration/pct/。

识产权保护问题的重要原因。于是，GATT 在 1986 年 9 月乌拉圭回合谈判初的《埃斯特角城宣言》中，将与贸易有关的知识产权（包括冒牌货贸易问题）谈判作为重要议程，并在 1993 年 12 月乌拉圭回合闭幕时达成包括《与贸易有关的知识产权协定》（TRIPS）在内的多个协议。1995 年 7 月 1 日，TRIPS 生效。

TRIPS 的签订旨在确保知识产权保护措施及程序的实施对合理贸易不造成任何障碍，并建立解决国际贸易中冒牌商品问题的原则（TRIPS 也称《与贸易有关的包括冒牌货贸易的知识产权协议》），通过多边程序达成强有力的约定来解决与贸易有关的知识产权保护问题的争议等。

2001 年，为应对发展中国家和最不发达国家面临的公共健康危机问题，WTO 第四届部长级会议（在卡塔尔首都多哈召开）通过了《TRIPS 与公共健康多哈宣言》，要求 WTO 成员就公共健康议题进行谈判。2003 年，WTO 总理事会通过了《关于 TRIPS 和公共健康多哈宣言第六段的执行决议》，同意豁免 TRIPS 第 31 条（f）项下的义务，使强制许可豁免本国的供应限制。2005 年，WTO 总理事会决定将此项决议作为一项正式修正案，在得到三分之二成员同意后生效。2017 年 1 月 23 日，《修改〈与贸易有关的知识产权协定〉议定书》正式生效。这是 WTO 自成立以来首次经三分之二以上成员同意成功进行修改的协定。该议定书在 TRIPS 第 31 条（未经权利持有人授权的其他使用）后插入第 31 条之（二），并在第 73 条（安全例外）后插入 TRIPS 附件。根据该修正案，在面临公共健康危机并且医药生产能力不足的情况下，有生产能力的成员不仅可以强制本国企业在国内销售药品，也可以出口到有需求的成员境内。该修正案还对进出口成员的定义、进出口医药范围、数量、强制许可的补偿金等内容作出规定。修正案的通过可以平衡医药专利权人与社会公共健康之间的利益，缓解发展中国家和最不发达国家面临的公共健康危机。

TRIPS 除序言外，有 73 个条款，其主要包括以下内容。

1. 普遍义务和基本原则

（1）义务的性质和范围。各成员可以但没有义务实施比协定要求更广泛的保护。各成员方有权自由决定实施 TRIPS 的适当办法。成员方应将 TRIPS 中的规定适用于其他成员方的国民。

（2）国民待遇。成员方向其他成员方的国民就知识产权的保护提供的待遇不得低于它对本方国民所提供的待遇，但已在《巴黎公约》、《伯尔尼公约》、《罗马公约》和《集成电路知识产权条约》① 中规定的例外情况除外。表演者、唱片制作者或广播组织的义务只适用 TRIPS 所规定的权利。任何成员如果有可能利用《伯尔尼公约》《罗马公约》之规定，必须事先通知与贸易有关的知识产权理事会。

（3）最惠国待遇。任何成员方就知识产权保护对另一成员方国民所给予的优惠、特权及豁免，应立即、无条件地给予其他成员方的国民。但该原则的适用也有例外。

2. 知识产权的效力、范围及使用标准

（1）版权及相关权利。各成员国必须遵守《伯尔尼公约》的规定。版权的保护应延伸到表达方式，而不包括思想、程序、操作方法或数学概念等。计算机程序，无论是原代码还是目标代码，应作为文学作品受到保护。数据库或其他资料，无论是机器可读的还是其他形式的，由于对内容的选编或汇制而构成了智力创造的，也应加以保护。

---

① 《集成电路知识产权条约》（Washington Treaty on Intellectual Property in Respect of Integrated Circuits）于 1989 年 5 月 26 日在华盛顿签订，我国是签约国之一。该公约要求缔约国保护具有原创性的布图设计（拓扑图）。每一缔约国可通过版权、专利、实用新型、工业品外观设计、不正当竞争的法律或者任何其他法律给予保护，并且应给予其他缔约国国民以国民待遇。各缔约国对集成电路的保护期限至少应为 8 年。

在计算机程序和摄影作品方面，成员方应规定作者和其合法继承人有权或有权禁止对其原作或其版权作品的副本对公众进行商业性出租。

著作的保护期限，除作者有生之年外，从作品经授权出版之年年底开始不得少于50年；若作品创作后在50年内没有出版，则从作品创作的那年年底算起，保护50年。

把演唱录制在唱片上，表演者应有权禁止下列未经其许可的行为：以无线方式广播和向公众播出其现场表演。唱片制作者享有准许或禁止对其唱片直接或间接翻录的权利。广播组织有权阻止下列未经其许可的行为：录制其广播及其复制品，通过无线电方式对其广播进行重播以及原样向公众播送电视广播。TRIPS还规定，对表演者和唱片制作者的有效保护期限，应从录制或节目表演当年年底开始至少为50年；广播组织的有效保护期为广播开始当年年底起至少20年。

（2）商标。任何标记或任何标记的组合，能够将某一企业的商品或服务区别于其他企业的商品或服务，应能构成商标。如果标记没有固有的能够区别商品或服务的特征，各成员可以依靠使用获得的区别判断商标的可注册性。各成员可以将标志在视觉上是否显而易见作为注册的条件。

各成员可以根据使用进行注册，但实际使用并非注册申请的条件。商品或服务的性质不应成为申请商标注册的障碍。成员方应在商标注册或注册后立即公告，并赋予其他成员方合理的时间来申请撤销注册。注册商标的所有人拥有独占权，有权禁止所有未得到他允许的第三方在其与商标已获注册的商品、服务相同或类似的商品或服务使用相同或类似标记。但上述权利不应损害任何现存的优先权利，也不应影响成员方有可能在已使用的基础上获得注册权。

商标首次注册和每次续展注册的期限不少于7年，商标注册允许无限展期。如以使用维持商标注册，只有不予使用的时间不间断地长达3年，该商标的注册可予以撤销，除非商标所有人提出正当理由，证明对该商标的使用存在障碍。经商标所有人同意，由另一方使用该商标者，应视为是为维持商标的注册而使用。

各成员可决定商标许可与转让的条件，但不允许商标的强制许可。

（3）产地标志。产地标志标明一商品来源于一成员方境内或其境内的一地区或一个地方，而该商品的一种特定质量、声誉或其他特性本质上可以归于这一地理来源。对产地标志，成员方应提供法律保护，以防止不正当竞争以及公众对原产地的误解。

（4）工业设计。成员方应对新的或原始的独立创造的工业设计提供保护。各成员方应保证对纺织品外观设计提供保护，不得无理损害寻求和获得保护的机会。受保护的工业设计的所有者，有权阻止第三方为商业目的、未经所有人同意而生产、销售或进口其拥有设计权的标的物。成员方对工业设计的保护期限至少为10年。

（5）专利。成员方可以拒绝授予发明以专利权，但这种在其境内对商业利用的阻止应出于保护公共秩序或公共道德的目的。对于以下情况，成员方可不授予专利：对人或动物的诊断、治疗和外科手术方法；任何植物、动物（微生物除外）。然而，成员方应对植物品种提供保护，无论是以专利形式，还是以一种特殊有效的体系，抑或以综合形式保护，均可。

专利获得者具有以下独占权：若一专利的标的物是某种产品，则专利获得者有权制止第三方未经权利人同意而制造、使用、提供销售，或为这些目的而进口被授予专利的商品；若专利的标的是一项工序，则专利获得者有权制止第三者未经权利人允许而使用该工序，或使用、提供销售或为这些目的而进口，至少是以此工序直接获得产品。考虑第三者的合法权益，成员方可以对专利的独占权规定有限的例外，只要该例外规定没有无理损害专利的正常利用，也没有损害专利所有人的合法权益。

专利的保护期限为自登记之日起不得少于20年。此外，协议还对专利的撤销与收回、方法专利的举证责任以及未经权利人许可的其他使用作了详细规定。

（6）集成电路的外观设计。成员方应按《集成电路知识产权条约》的有关规定对集成电路的布图设计提供保护。成员方有权认为下列未经权利人授权的行为是非法的：进口、销售或为商业目的出售受保护的外观设计，或含有受保护的设计的集成电路，或含有继续非法复制这种集成电路外观设计的产品。在以注册为保护条件的成员方，外观设计的保护期限从填写注册申请表之日或从第一次在世界上任何地方将其作商业应用之时起，不少于10年的有效期。在不以注册为保护条件的成员方，外观设计的保护期从第一次在世界上任何地方将其作商业应用之日起算，不少于10年。

（7）对未泄露的信息的保护。自然人和法人应尽可能防止其所控制的信息在没有得到其同意的情况下，被他人以违反诚信商业做法的方式泄露、被获得或使用，如以下信息：涉及的信息是秘密的，即该信息作为一个整体或其组成部分的组合和精确排列方式，不为接触该信息的公众所知或不容易获得；该信息因为秘密而具有商业价值；信息的拥有者已采取了合理措施来保证其秘密性。

（8）对反竞争行为的控制。成员方可在其国内立法中详细规定构成滥用知识产权、对有关市场的竞争产生负效应的许可行为或条件，并采取措施防止或控制此类行为。

3. 知识产权的实施

（1）一般义务。成员方应保证知识产权保护的实施措施在国内立法中生效。知识产权保护的实施程序应公平、合理。

（2）民事和行政程序及补救。一成员方司法当局有权命令停止对知识产权的侵权行为，特别是应禁止那些对知识产权构成侵权的进口商品进入商业渠道。如某人在获得或订购这些受保护商品前，不知或无合理理由得知该行为将构成对知识产权的侵权，成员方就不应该责成司法当局采取行动。由于对知识产权侵权的故意或理应得知其有侵权行为者，司法当局有权令侵权人向权利所有人就其因侵权而造成的所受损害来进行足够赔偿；同时，还有权责令侵权人向权利人赔偿成本费用，包括诉讼过程中代理的律师费用。此外，司法当局发现有知识产权侵权行为时，还可采取其他补救办法，如，对侵权商品予以处置、没有任何补偿地予以销毁等。

（3）临时措施，司法当局有权采取及时、有效的临时措施，以防止任何知识产权侵权行为的发生或保护相关证据。当任何延迟可能会给权利人带来不可弥补的损害时，或证据极有毁灭危险时，更有采取临时措施的必要。

（4）与边境措施相关的特殊要求。权利所有人如有有效的证据怀疑仿冒商标的冒牌货或盗印其版权的商品有可能进口，可以书面向主管行政或司法当局提出，由海关当局中止此类商品的放行，以免其进入自由流通。主管当局有权要求申请人提供保证金或类似担保，以保护被告和有关当局并防止滥用此权。申请人对于因错误扣押商品而造成的进口方的损失应予以赔偿。成员方也可要求有关当局依职权主动采取行为。

（5）刑事程序。对于具有商业规模的、故意的商标仿冒和版权盗印案件，成员国可予以刑事处罚并制定相应的程序。处罚措施可包括监禁、罚金、扣押、没收、销毁等。

4. 知识产权的取得和保持及相关程序

成员方可以要求TRIPS协定中规定的知识产权取得或保持应符合合理的程序和手续。如果知识产权的取得以知识产权被授予或注册为准，成员方应依据取得知识产权的实质性要件，确立授予或注册的程序，允许权利在一个合理的时间内获得授予或注册，以避免保护期限被不适当地剥夺。

5. 争端的防止和解决

有关据以审理案件的法律、法规应向与贸易有关的知识产权委员会通告。此外，争端解决的方式为 WTO 争端解决机制。

6. 过渡期安排

成员方无义务在《WTO 协定》生效后一年期满内适用该协议。发展中国家的成员方有权再延迟 4 年适用该协议。任何其他成员方，如果它正处于由中央计划经济向市场经济转化的过程中，且正着手知识产权体系结构上的改革，并在起草和实施知识产权法的过程中遇到特殊困难，也可以再延迟 4 年适用。过渡期的任何成员方应保证在过渡期内使其国内的法律、规则和实践与协议的要求一致。考虑到最不发达国家的特殊需要和要求，它们可以不适用协议的期限为 10 年。

TRIPS 是一个高标准的国际条约，其内容在很大程度上反映了发达国家对知识产权保护的利益和要求。TRIPS 虽然规定了对发展中国家的过渡性安排，但对发展中国家利益的考虑仍然不够，其中规定的知识产权保护范围、标准、保护期限、实施措施、争端解决等内容超过了发展中国家的实际经济发展水平。但是，客观而言，TRIPS 既在实体法规定方面作出了详细规定，也在程序法方面规定得相当完善，可以说，TRIPS 是知识产权保护方面最全面的多边协定。

（十）《版权条约》

《版权条约》（WIPO Copyright Treaty，WCT，也称《关于保护文学和艺术作品若干问题的条约》）是 WIPO 在 1996 年 12 月 20 日于日内瓦召开的“关于版权和邻接权若干问题”的外交会议上通过的，于 2002 年 3 月 6 日生效。到 2018 年 7 月 13 日，有 96 个国家参加该条约。中国在 2007 年 3 月 9 日加入。[①] 该条约充分考虑了现代信息技术发展的需要，因此，一些学者将该公约与《表演和录音制品条约》称为互联网公约。

《版权条约》共有 25 条，主要规定了以下内容。

（1）与《伯尔尼公约》的关系。《版权条约》是《伯尔尼公约》下的专门协定，其任何内容不减损其各缔约方之间依照《伯尔尼公约》已承担的现有义务。

（2）版权保护的范围。版权保护延及表达，但不延及思想、过程、操作方法或数学概念本身。

（3）计算机程序。《版权条约》不仅包括了传统的文学和艺术作品，还包括了计算机程序。《版权条约》规定，计算机程序作为《伯尔尼公约》下的文学作品受到保护。无论计算机程序的表达方式或表达形式如何，该保护适用于各计算机程序。《版权条约》对计算机程序保护的范围与《伯尔尼公约》的规定一致，也与 TRIPS 协定的有关规定相同。

（4）数据汇编（数据库）。数据或其他资料的汇编，无论采用任何形式，只要其内容的选择或排列构成智力创作，其本身即受到保护。这种保护不延及数据或资料本身，亦不损害汇编中的数据或资料已存在的任何版权。《版权条约》对数据汇编（数据库）保护的范围与《伯尔尼公约》的规定一致，并与 TRIPS 协定的有关规定相同。

（5）发行权。文学和艺术作品的作者应享有授权通过销售或其他所有权转让形式向公众提供其作品原件或复制品的专有权。

（6）出租权。计算机程序、电影作品和按缔约各方国内法的规定以录音制品体现的作品的作者，享有授权将其作品的原件或复制品向公众进行商业性出租的专有权。但该规定不适用于

---

① 参见 http：//www. wipo. int/treaties/en/ip/wct/。

程序本身并非出租主要对象的计算机程序和电影作品，除非此种商业性出租已导致对此种作品的广泛复制，并严重地损害了复制专有权。

（7）向公众传播的权利。在不损害《伯尔尼公约》规定的情况下，文学和艺术作品的作者享有专有权，以授权将其作品以有线或无线方式向公众传播，包括将其作品向公众提供，使公众中的成员在其个人选定的地点和时间可获得这些作品。

（8）摄影作品的保护期限。对于摄影作品，缔约各方不得适用《伯尔尼公约》第 7 条第 4 款的规定。①

（9）限制与例外。缔约各方在某些不与作品的正常利用相抵触，也不无理地损害作者合法利益的特殊情况下，可在其国内立法中对依条约授予文学和艺术作品作者的权利规定限制或例外。缔约各方在适用《伯尔尼公约》时，应将对该公约所规定权利的任何限制或例外限于某些不与作品的正常利用相抵触也不无理地损害作者合法利益的特殊情况。该条规定允许缔约各方将其国内法中依《伯尔尼公约》被认为可接受的限制与例外继续适用并适当地延伸到数字环境中。同样，这些规定应被理解为允许缔约方制定对数字网络环境适宜的新的例外与限制。

（10）关于技术措施的义务。缔约各方应规定适当的法律保护和有效的法律补救办法，制止规避作者为行使《版权条约》或《伯尔尼公约》所规定的权利而使用的、对就其作品进行未经该有关作者许可或未由法律准许的行为加以约束的有效技术措施。

（11）权利管理信息的义务。缔约各方应规定适当和有效的法律补救办法，制止任何人明知或就民事补救而言有合理根据知道其行为会诱使、促成、便利或包庇对《版权条约》或《伯尔尼公约》所涵盖的任何权利的侵犯而故意从事以下行为：未经许可去除或改变任何权利管理的电子信息；未经许可发行、为发行目的进口、广播或向公众传播明知已被未经许可去除或改变权利管理电子信息的作品或作品的复制品。“权利管理信息”是指识别作品、作品的作者、对作品拥有任何权利的所有人的信息，或有关作品使用的条款和条件的信息和代表此种信息的任何数字或代码，各该项信息均附于作品的每件复制品上或在作品向公众进行传播时出现。

（十一）《表演和录音制品条约》

《表演和录音制品条约》（WIPO Performances and Phonograms Treaty，WPPT）与《版权条约》同时在 1996 年 12 月 20 日于日内瓦召开的“关于版权和邻接权若干问题”的外交会议上通过，2002 年 5 月 20 日生效。到 2018 年 7 月 13 日，有 96 个国家加入该条约。中国在 2007 年 3 月 9 日加入该条约。② 该条约的签订旨在适应在现代信息技术发展环境下对表演者和录音制品制作者权利保护的需要，同时也照顾了表演者和录音制品制作者的权利与公众利益之间的平衡。

该条约共有 33 条，主要规定了以下内容。

1. 与其他公约的关系。

该条约的任何内容不减损缔约方之间依照《罗马公约》已承担的现有义务。根据该条约授予的保护也不得触动或以任何方式影响对文学和艺术作品版权的保护。

2. 受保护的受益人。

缔约各方应将该条约规定的保护给予系其他缔约方国民的表演者和录音制品制作者。

---

① 该款规定，摄影作品和作为艺术作品保护的实用艺术作品的保护期限由本同盟各成员国的法律规定，但这一期限不应少于自该作品完成之日算起的 25 年。

② 参见 http：//www.wipo.int/treaties/en/ip/wppt/。

3. 国民待遇。

在该条约所授予的专有权以及获得合理报酬的权利方面，每个缔约方均应将其给予本国国民的待遇给予其他缔约方的国民。

4. 表演者的精神权利和经济权利。

表演者享有以下精神权利：第一，表演者的精神权利不依赖于表演者的经济权利，在经济权利转让之后，表演者对于其现场有声表演或以录音制品录制的表演仍然有要求承认其系该表演的表演者的权利，除非使用表演的方式决定了可以省略不提其是表演者；第二，表演者有权反对任何对其表演进行有损其名声的歪曲、篡改或其他修改。表演者的上述权利在其死后应继续保留，至少到其经济权利期满为止，并可由被要求提供保护的缔约方立法所授权的个人或机构行使。各缔约国通过国内立法确定为保障条约所授予的权利而采取的补救办法。

表演者拥有以下经济权利。

（1）表演者对其尚未录制的表演拥有的经济权利。表演者享有专有权，对于其表演可以授权广播和向公众传播其尚未录制的表演，除非该表演本身已属广播表演；表演者对于其表演也可以授权录制其尚未录制的表演。

（2）复制权。表演者享有授权以任何方式或形式对其以录音制品录制的表演直接或间接地进行复制的专有权。复制权完全适用于数字环境，尤其是以数字形式使用表演和录音制品的情况。在电子媒体中以数字形式存储受保护的表演或录音制品，构成复制。

（3）发行权。表演者享有授权通过销售或其他所有权转让形式向公众提供其以录音制品录制的表演的原件或复制品的专有权。发行录制的表演或录音制品是指经权利持有人同意并在以合理的数量向公众提供复制品的条件下，将录制的表演或录音制品的复制品提供给公众。

（4）出租权。表演者应按缔约国国内法规定享有授权将其以录音制品录制的表演的原件和复制品向公众进行商业性出租的专有权，即使该原件或复制品已由表演者发行或根据表演者的授权发行，也不影响该权利。

（5）提供已录制表演的权利。表演者享有专有权，以授权通过有线或无线方式向公众提供其以录音制品录制的表演，使该表演可为公众中的成员在其个人选定的地点和时间获得。

5. 录音制品制作者的权利。

（1）复制权。录音制品制作者享有授权以任何方式或形式对其录音制品直接或间接地进行复制的专有权。复制权完全适用于数字环境，尤其是以数字形式使用表演和录音制品的情况。在电子媒体中以数字形式存储受保护的表演或录音制品，构成复制。

（2）发行权。录音制品制作者享有授权通过销售或其他所有权转让形式向公众提供其录音制品的原件或复制品的专有权。

（3）出租权。录音制品制作者享有授权对其录音制品的原件和复制品向公众进行商业性出租的专有权，即使该原件或复制品已由录音制品制作者发行或根据录音制品制作者的授权发行。

（4）提供录音制品的权利。录音制品制作者享有专有权，以授权通过有线或无线的方式向公众提供其录音制品，使该录音制品可为公众中的成员在其个人选定的地点和时间获得。

6. 共同条款。

（1）因广播和向公众传播获得报酬的权利。对于将为商业目的发行的录音制品直接或间接地用于广播或用于对公众的任何传播，表演者和录音制品制作者应享有获得一次性合理报酬的权利。以有线或无线的方式向公众提供的、可为公众中的成员在其个人选定的地点和时间获得的录音制品应被认为仿佛其原本即为商业目的而发行。缔约各方可在其国内立法中规定，该一次性合理报酬应由表演者或由录音制品制作者或由二者向用户索取。

（2）限制与例外。缔约各方在其国内立法中，可在对表演者和录音制品制作者的保护方面规定与其国内立法中对文学和艺术作品的版权保护所规定的相同种类的限制或例外。缔约各方应将对条约所规定权利的任何限制或例外限于某些不与录音制品的正常利用相抵触，也不无理地损害表演者或录音制品制作者合法利益的特殊情况。该条约允许缔约方制定对数字网络环境适宜的新的例外与限制。

（3）保护期。授予表演者的保护期，应自表演以录音制品录制之年年终算起，至少持续到50年期满为止。对录音制品制作者的保护期，应自该录音制品发行之年年终算起，至少持续到50年期满为止；如果录音制品自录制完成起50年内未被发行，则保护期应自录制完成之年年终起至少持续50年。

（4）关于技术措施的义务。缔约各方应规定适当的法律保护和有效的法律补救办法，制止规避由表演者或录音制品制作者为行使该条约所规定的权利而使用的、对就其表演或录音制品进行未经该有关表演者或录音制品制作者许可或未由法律准许的行为加以约束的有效技术措施。

（5）关于权利管理信息的义务。缔约各方应规定适当和有效的法律补救办法，制止任何人明知或就民事补救而言有合理根据知道其行为会诱使、促成、便利或包庇对该条约所涵盖的任何权利的侵犯而故意从事以下行为：未经许可去除或改变任何权利管理的电子信息；未经许可发行，为发行目的进口、广播、向公众传播或提供明知已被未经许可去除或改变权利“权利管理信息”系指识别表演者、表演者的表演、录音制品制作者、录音制品、对表演或录音制品拥有任何权利的所有人的信息，或有关使用表演或录音制品的条款和条件的信息和代表此种信息的任何数字或代码，各该项信息均附于录制的表演或录音制品的每件复制品上或在录制的表演或录音制品向公众提供时出现。

法律应用

1. 国际技术转让的概念和途径。大多数国家将技术是否作跨越国境的转让作为判断技术转让是否为国际技术转让的标准。实践中，技术进行跨越国境的转让可以通过多种方式，例如，单独转让技术或通过其他经济合作方式转让技术。

2. 国际许可协议。以转让技术使用权为目的的国际许可贸易是国际技术贸易的最常见方式。国际许可协议是该贸易中的核心法律文件。国际许可协议与货物贸易协议有很大的区别，其很多条款具有特殊性，例如，授权条款、价格条款、技术资料交付条款、保密条款等。对于国际许可协议中的限制性商业条款，一些国际公约和国内法作出了禁止性的规定。

3. 知识产权的范围和国际保护。国际上对“知识产权”的概念有狭义和广义理解。一些发展中国家采取狭义理解，认为知识产权只包括工业产权与版权（也称著作权），专有技术不包括在内。而大多数发达国家和一些发展中国家、一些国际组织采用广义概念，即知识产权是指对人类智力创作成果所享有的权利，包括工业产权、版权、专有技术等。关于知识产权的国际保护，虽然已经签订了一些国际条约，但是，这些国际条约保护的范围和保护水平不尽相同，其中，WTO达成的TRIPS协定是众多国际知识产权公约中保护范围最广、保护水平最高者。

课后复习

1. 简述国际技术转让的概念。
2. 简述国际技术转让法的概念。
3. 简述国际技术转让的国际立法。
4. 简述国际技术转让的途径。
5. 简述国际许可协议的概念和特征。
6. 简述国际许可协议的种类。
7. 简述国际专利许可协议的主要内容。
8. 简述国际专有技术许可协议的主要内容。
9. 简述国际许可协议中的限制性商业条款。
10. 简述知识产权的范围。
11. 简述《巴黎公约》的主要内容。
12. 简述《伯尔尼公约》的主要内容。
13. 简述商标国际注册马德里体系的主要内容。
14. 简述《世界版权公约》的主要内容。
15. 简述《罗马公约》的主要内容。
16. 简述《建立世界知识产权组织公约》的主要内容。
17. 简述《录音制品公约》的主要内容。
18. 简述《专利合作条约》的主要内容。
19. 简述 TRIPS 协定的主要内容。
20. 简述《版权条约》的主要内容。
21. 简述《表演和录音制品条约》的主要内容。

第五章

政府管理贸易的法律与制度

提　要

本章涉及以下主要内容：第一，重点分析了政府管理贸易的法律和制度的产生与发展，特别是从经济学角度分析了政府管理贸易的法律与制度和经济学的关系，例如，分析了市场经济与计划经济问题，政府的职能、自由贸易和保护贸易等问题。第二，重点分析了有条件的最惠国待遇和无条件的最惠国待遇，特别分析了英国、美国、GATT 以及 WTO 的最惠国待遇的发展和内容。第三，概括介绍了政府管理本国对外贸易的一般措施，例如，关税措施、进出口许可证措施、配额措施、商品检验措施、外汇管理措施。第四，重点介绍了 WTO 关于对外贸易措施的规范，尤其是对货物贸易的规范。WTO 对服务贸易、与贸易有关的知识产权以及与贸易有关的投资措施的规范在其他章节阐述。第五，重点介绍区域和双边自由贸易协定的新发展与特征，特别介绍了 21 世纪高标准区域贸易协定的特征。

重点问题

1. 政府管理贸易的法律与制度的经济学思考
2. 有条件的最惠国待遇和无条件的最惠国待遇
3. 政府管理贸易的一般制度
4. WTO 法律制度
5. 区域与双边贸易协定的新发展
6. 21 世纪高标准区域贸易协定的特征

第一节　政府管理贸易的法律与制度概述

一、政府管理贸易的法律与制度的类型

政府管理贸易的法律与制度是各国政府或为保护和促进国内生产、增加出口、限制进口而采取的鼓励与限制措施；或为政治目的，对进、出口采取禁止或限制的措施。它是一国对外贸易政策的体现。

政府管理贸易的法律分为两种：一种是对进口贸易的管理，另一种是对出口贸易的管理。这些法律都属于强制性法律规范，任何人不得随意加以改变。若违法，轻者要受行政处罚、经

济制裁，重者要承担刑事责任。

政府管理贸易的制度主要包括：关税制度、许可证制度、配额制度、外汇管理制度、商品检验制度、原产地规则，以及有关保护竞争、限制垄断及不公平贸易做法的法律与制度等。

二、政府管理贸易的法律与制度的发展

政府对贸易进行管理由来已久。中国古代自秦统一中国，商鞅采取重农抑商政策以来，便对贸易实行管制。古代雅典城邦国家曾对其谷物出口加以限制。15世纪的重商主义者主张用国家权力手段对贸易实行管制，他们也是对外贸易的保护主义者。

第一次世界大战前，各国政府主要是用关税措施限制他国商品的输入。第二次世界大战后，除关税措施外，又出现了许多新的措施，被称为非关税壁垒，例如，许可证制度、配额制度、繁杂的通关手续的规定、苛刻的产品质量与卫生安全标准、各种形式的政府补贴措施以及自动限制、有秩序的销售协议等。据统计，各种名目的非关税措施多达上千种。

在西方，政府对贸易进行管理是资本主义发展到帝国主义、资本主义市场自动调节机制失灵、垄断资本与国家政权相结合的产物，是各国经济发展不平衡、资本主义强国争夺世界市场的结果。在广大发展中国家，政府对经济进行管理是其捍卫本国经济主权、发展民族经济、抵制资本主义经济掠夺的武器。目前，无论是社会主义国家还是资本主义国家，无论是发达国家还是发展中国家，对经济进行管理和监督已经成为各国政府不可或缺的一项重要职能。随着经济全球化进程的加速发展，各国相互依赖程度的加深，穷国和富国之间差距加大。20世纪80年代以来，政府管理贸易的法律与制度正在成为一些国家政府推行贸易保护的有力工具。20世纪90年代蓬勃发展的区域贸易集团在促进利益相关国家贸易自由化的同时，也将各国政府管理贸易的水平推向了新的发展阶段。这是对政府管理贸易法律和制度的极大丰富和发展。

GATT从1947年起举行了一系列谈判，就其缔约国之间多边互惠的削减关税、减少非关税壁垒等达成了一系列国际协议，提出了一整套为世界大多数国家所接受的国际贸易原则和规则。20世纪60年代以后，发展中国家为保护和发展民族经济所采取的合理保护措施与发达国家为争夺世界市场而采取的某些侵略扩张性保护措施之间的矛盾日益尖锐。GATT为解决这些矛盾，协调各国在国际贸易法律与政策方面的问题发挥了重要的作用。1995年1月1日，WTO的成立以及乌拉圭回合谈判中取得的一系列积极成果，标志着世界各国政府管理贸易的政策、法律和措施走上了进一步协调和统一的轨道。

第二节　政府管理贸易的法律与制度的经济学思考

一、市场经济与计划经济之辩

这里我们借用了市场经济与计划经济的概念，是因为这两种经济形式在历史上都曾经以某种特定的方式独立存在并发挥了一定的、积极的作用。[①] 而目前，从这两种模式出发演变而成的世界各国的经济体制都已经发生了很大的变化。可以说，目前没有哪个国家实行纯粹的或完

① 研究市场经济模式可以以第一次世界大战前奉行自由贸易政策的英国为代表，研究计划经济模式可以以斯大林当政时的苏维埃社会主义联盟为代表。

全的市场经济，也没有哪一个国家是采完全的计划经济。由于世界政治、经济形势的变化，观察问题的角度不同，市场经济与计划经济的争论还远远没有结束，作为一国经济政策的重要组成部分的贸易政策必然要受到这种争论的影响。为了研究问题的方便，我们仍旧使用这些含义不十分准确的概念。

按照西方经济学家的观点，市场经济是基于二百多年前由西方经济学鼻祖亚当·斯密提出来的理论。他认为："每个人都在力图应用他的资本来使其生产品能得到最大的价值。一般地说，他并不企图增进公共福利，也不知道他所增进的公共福利为多少，他所追求的仅仅是他个人的安乐，仅仅是他个人的利益。在这样做时，有一只看不见的手引导他去促进一种目标，而这种目标绝不是他所追求的东西。由于追逐他自己的利益，他经常促进了社会利益，其效果要比他真正想促进社会利益时所得到的效果为大。"① 这就是著名的"看不见的手"理论。

1890 年，英国剑桥大学马歇尔教授（Alfred Marshall）以完全竞争与充分就业为前提，从供需关系出发（即"看不见的手"理论），宣扬自由资本主义制度，认为这是一架可以自动调节的机器，可以自行解决自身的种种矛盾，如资源在物品生产上的分配、资源的报酬等。② 西方经济学家认为它"为私有制企业的经济制度提供了一个安慰人心的图像"③。他们认为，在资本主义制度下，自由放任、国家不干预经济生活是最好的理想社会。19 世纪末、20 世纪初，资本主义进入垄断阶段，即使如此，传统经济学仍旧把垄断看作一种"例外现象"。

1929 年—1933 年的大萧条之后，国家垄断资本主义不断发展，资本主义国家机器为解决严重的失业问题而干预经济生活。为了给国家干预经济找出理论根据，凯恩斯（John Maynard Keynes，1883—1946）于 1936 年出版了《就业、利息和货币通论》，承认资本主义的自发作用不能保证资源的使用达到充分就业的水平，因此，资本主义国家必须干预经济生活，以便解决通货膨胀和失业问题。这一理论在第二次世界大战后的西方占据统治地位。

作为后凯恩斯主流经济学的代表人物，美国经济学家保罗·A. 萨缪尔森清醒地认识到了这一点。他在《经济学》一书中写道：我们有两种主要经济组织模式——市场机制和命令机制。现代的社会经济制度，没有一个是其中的一种纯粹形式。相反，社会是带有市场、命令和传统成分的混合经济。市场机制是这样一种经济组织形式，在其中单个消费者和企业通过市场相互发生作用，决定经济组织的三个中心问题，即生产什么、如何生产以及为谁生产。命令经济是这样一种制度，其资源的分配由政府决定，命令个人和企业按照国家经济计划行事。

萨缪尔森认为，这两种极端形式都不能代表当今美国经济制度的现实。他说："我们的经济是私人组织和政府机构都在实施经济控制的'混合经济'。"④ 私有制度通过市场机制的无形指令发生作用，政府机构的作用则通过调节性的命令和财政刺激得到实现。⑤

自 1979 年我国实行改革开放政策至东欧剧变、苏联解体后的 1992 年，我国发生了中国理

---

① ［英］亚当·斯密：《国富论》（英文版），246 页，伦敦，丹特公司，1955。

② 参见［美］萨缪尔森：《经济学原理》，高鸿业译，北京，商务印书馆，1986。

③ ［英］克赖格尔：《政治经济学的重建》，序言，Ⅸ页，伦敦，麦克米伦出版社，1975。

④ 他认为现代资本主义可以分为两部分，一部分是私营部门，另一部分是公营部门，即国家干预经济生活的部分。公营部门的作用可以弥补私营部门的缺点，即国家干预经济生活的政策可以弥补资本主义自发作用的不足。参见［英］克赖格尔：《政治经济学的重建》，序言，6 页。这样，资本主义仍旧是传统经济学所颂扬的理想社会。

⑤ 参见［美］萨缪尔森：《经济学》（上册），40、68 页，纽约，麦克鲁希尔公司，1985。

论界所有争论中历时最久、分歧最大的一场关于市场经济与计划经济的争论。[①]

对市场经济和计划经济作出科学界定或许是理论界未来相当长一段时期内的任务。但市场经济的核心是自由放任，计划经济意味着政府干预，在这一点上争议双方的认识似乎并无分歧。也正是在这种意义上，可以断言，世界上没有任何一个国家实行纯粹的市场经济或完全的计划经济。这两种经济形式在各国都存在，只不过在程度和范围上存在差异而已，而且随着形势的变化而变化。萨缪尔森称现代美国的经济为“混合经济”。德国人称自己的经济模式为“莱茵模式”或“社会市场经济”。而日本模式更为反古典经济学家所推崇，并被认为是原社会主义国家模仿的对象。不论是美国模式、德国模式[②]还是日本模式[③]，都意味着是对古典的建立在个人主义基础上的自由放任的经济体制的修正，是日益减弱的个人主义的表现形式，这些表现形式的形成离不开或产生于各国的政治和社会传统以及它们各自独特的历史。

由此可见，即使西方也承认，“市场经济无法解决必须迅速予以完成的巨变，市场出现缺陷的可能性随着某种特殊转变不迫切而增加”。在“看不见的手”不能发挥作用的地方，需要“看得见的手”——政府干预予以校正。正如洛伊宁格尔指出：“社会经济发展的目标是多元化的，它追求的是政治、文化、教育、环境和生活质量的综合发展，这是共产党的社会主义理论中最重要的原则，而资本主义社会在发展了几百年之后才逐步认识到这一点。”[④]

二、政府的经济职能

当自由市场调节机制失灵时，当完全竞争的市场条件不能得到充分满足时，人们承认，政府不应袖手旁观，不能只满足于充当“夜警”（金泽良雄语）。政府——这只“看得见的手”应当利用政权力量，积极干预经济，弥补市场力量固有的不足。[⑤] 用著名经济学家斯蒂格利茨的话来说，就是“当市场不能满足社会需要时，政府就要干预。而且经济学家的作用就是帮助政府认识在何时以何种方式进行干预是最有可能有效的”[⑥]。

按照西方经济学家的观点，政府的经济职能有三项：效率、平等和稳定。[⑦] 效率是指通过改善资源配置提高效率。它意味着有关的政府行为可以矫正垄断一类的政府失灵，克服所谓的“外部效果”[⑧]，提供公共物品（即公共部门管理）及征收税款。但有效率的市场制度可能产生

---

① 参见邵延枫：《改革开放以来理论界关于计划与市场争论的简略回顾》，载《北京青年报》，1992-09-06。十分有意思的是，几乎与此同时，在美国国内，经济学界也掀起了一场关于加强国家干预还是坚持自由市场经济的讨论。克林顿政府时期，“反古典”或“非古典”经济学代表人物 A. 克来因达被任命为克林顿政府总统经济顾问委员会委员，以及持相同观点的劳工部长罗伯特·赖克就职等，似乎为这场争论画上了句号。

② 德国模式被描绘为一味追求福利或互助资本主义，美国模式被称为利己的资本主义，日本模式则被称为公司资本主义或不人道的资本主义。参见［德］维尔纳·迈克尔-拉尔森：《能抓老鼠就是好猫》，载《德国明镜周刊》，1993-02-08。

③ 日本模式的特点是：主导经济运行的不是资本家而是工人；收入分配更趋于合理；企业不一定追求极限利益；资本、劳动、中间产品市场不仅由价格支配，而且靠更长期性、持续性的相互关系来形成；就业更为稳定，劳动力流动性低，劳资关系、政府与民间的关系并非敌对性的。参见［日］神原英资：《日本模式是前共产圈改革的范本》，载（日本）《东洋经济周刊》，1993-02-20。

④ ［德］洛伊宁格尔：《第三只眼睛看中国》，王山译，见 http：//www. booksee. com。

⑤ 关于“看不见的手”理论的弊端，萨缪尔森在其著作中有十分深刻的分析和批判。参见［美］萨缪尔森：《经济学》（上册），76 页，纽约，麦克鲁希尔公司，1985。

⑥ ［美］斯蒂格利茨：《政府为什么干预经济》，98 页，北京，中国物资出版社，1998。

⑦ 参见［美］萨缪尔森：《经济学》（上册），79～87 页，纽约，麦克鲁希尔公司，1985。

⑧ 当企业或人们向他人施加损害或使其获得利益，而又不向这些人支付应有的代价或收取应有的报酬时，就出现了外部效果（或溢出效应）。

极大的不平等。[①] 平等是指政府用收入再分配等工具来实现社会平等和正义，反映社会对穷人、妇女、儿童等社会弱势人群的关注。稳定是指政府通过货币和财政权力这种宏观经济政策工具来解决生活资料不足、失业和通货膨胀，削平经济周期的高峰和低谷，以达到社会的稳定发展和繁荣。

我们可以注意到，当由市场机制决定生产和价格时，各国政府都在通过法律、税收、财政政策等调节市场。正如萨缪尔森指出的：对一国经济体制来说，“市场和政府”这两个部分都是必不可缺的，没有政府和没有市场的经济，都是一个巴掌拍不响的经济。[②]

在传统的计划经济体制（在西方被称作命令经济或统制经济）下，资源配置由政府决定，个人和企业按照国家的经济计划行事。其弊端在于：政府的意志决定效率，除政府以外，人人是平等的，“共产风”“平调风”导致的后果是人人都是贫穷的。

中国的对外开放和经济体制改革重新提出了在社会主义市场经济体制下如何发挥政府经济职能的问题。[③] 历史发展的实践证明：中国的经济改革，离开了政府干预将寸步难行、一事无成。

西方经济学家认为，第二次世界大战后西方经济发展的事实也证明了这一点。在第二次世界大战后的“黄金年代”里，增长最快、最繁荣的时期正是国家干预和管理在国内、国际上达到顶峰的时期。[④] 20世纪末，发生在墨西哥、东南亚的金融危机进一步验证了国家对货币稳定、国际汇率、利率、金融和信贷体制的信心等问题的干预是不可缺少的。高新技术的发展，如计算机网络、生物工程、空间技术的发展，以及日益恶化的全球环境问题，正在检验各国政府对行政干预的认知程度和管理水平，进而要求各国政府管理经济的有关法律、政策与规则的协调和统一。

1995年WTO的成立以及有关的一揽子协议的签署，标志着在国际贸易领域，所有成员在政府干预经济、发挥管理贸易职能的问题上达成了共识，并且，政府管理贸易的原则和措施实现了法律化、统一化。政府管理贸易的法律或措施在超出了WTO制定的原则和规则时，构成了对自由贸易的障碍，成为引发贸易争端的非法贸易保护主义手段。

三、自由贸易与贸易保护主义之辩

如同充分的市场竞争条件不存在一样，在国际贸易领域，纯自由的、没有政府干预的对外贸易也是不存在的。实际上，一部国际贸易发展的历史就是一部自由贸易和贸易保护主义共生

---

① 斯蒂格利茨对于政府干预经济的后果是非常清醒的。他指出：某些市场失灵非常需要政府的某些合适的干预形式，问题在于政府干预并不是完美无缺的，它会（几乎肯定会）滋生浪费和无效率。参见［美］斯蒂格利茨：《政府为什么干预经济》，97页，北京，中国物资出版社，1998。

② 参见［美］萨缪尔森：《经济学》（上册），87页，纽约，麦克鲁希尔公司，1985。

③ 中国学者在这方面的论著很多，不能一一顾及。归纳起来，政府的经济职能主要有：稳定宏观经济环境，维护公平竞争，改善基础建设，提供信息服务，建立、健全社会保障系统，加强教育和科技等10项。参见徐滇庆、李瑞：《政府在经济发展中的作用》，416～418页，上海，上海人民出版社，1999。刘莘在《市场经济下的政府职能——政府在市场经济中的地位和作用》（载《法制日报》，1995-03-16）一文中提出4项职能：（1）培育、维护市场主体；（2）培育和完善市场体系；（3）制定和实施宏观调控政策；（4）健全社会服务体系、建立社会保障体系。另一学者提出5项职能：（1）为经济活动提供法律框架；（2）对经济活动进行调节；（3）为生产、销售产品提供贷款和保险；（4）购买、消费商品和服务；（5）再分配收入、转移收入。参见罗丙志：《国际贸易政府管理——一般理论分析及对中国对外贸易政府管理的现实研究》，4、5页，上海，立信会计出版社，1999。

④ 参见［美］卡尔斯·弗里曼：《两个世纪争论的结果：变革总比不变革要好》，载［美］斯蒂格利茨：《政府为什么干预经济》，204页，北京，中国物资出版社，1998。

共长、相互依存、相互斗争、此消彼长的历史。无论是自由贸易还是保护贸易，都是政府对外政策发挥作用的结果。

实际上政府对贸易的管制由来已久，自从有了国家，有了对外贸易，就存在政府对贸易的管理。

（一）古代帝国经济立法中的管制性质

中国古代在商鞅相秦之前，实行的是自由贸易。[①] 商鞅实行重农抑商政策之后，贸易管制贯穿于中国历史的始终。据说在罗马时代，古代雅典城邦国家对其谷物的出口也曾加以限制和禁止。由于缺乏史料记载，我们不能详细描绘出古罗马时代经济立法中的细节，只好借用比利时根特大学历史系教授亨利·皮朗（Henri Pirenne，1862—1935）在其著作《中世纪欧洲经济社会史》中的一段结论来说明："支配罗马帝国整个经济立法的那种管制的性质，并没有随着罗马帝国的衰亡而消失，甚至在中世纪农业时期，从国王与封建当局对度量衡、货币铸造、赋税与市场所握有的控制权上，也看得出罗马帝国经济立法中的那种管制性质。"[②]

这种管制曾作为一种王权的象征或作为推动国内经济改革的手段出现，例如，禁止谷物出口就是作为雅典执政官梭伦农业改革措施的一部分出现的。[③] 在中国，始于秦、正式施行于汉武帝时的"盐铁专卖"制度，既是增加国家税收的手段，也是抑制豪强攫取暴利的"新经济政策"[④]。

（二）重商主义时代（Mercantilism）

西欧的重商主义是和贸易保护主义同时建立起来的。它在14世纪发端于英国，在16世纪至17世纪达到全盛。

所谓重商主义，是指自1500年始到1776年亚当·斯密（A. Smith）《国富论》出版为止，西欧各国所推行的经济政策和理论。该词为亚当·斯密所创造，此后为历史学家所沿用，主要用于与重农主义（Physiocracy）作比较分析。

重商主义名为重商，实际上关注的则是如何对当时的农本社会（agrarian society）的农、工、商业加以改造，以建立一个统一而独立的国家。在这种意义上，重商主义学说可以说是"国家主义经济学"（economics of nationalism），是一种干涉经济自由的主义。[⑤] 重商主义政策首先应用于西班牙、葡萄牙、荷兰，随后被英国、法国和德国采行。由于各国经济发展情况不同，该政策因时因地不同，学者通常以英国为代表，阐述重商主义的发展与演变。

在中世纪的西欧，至少在15世纪以前，贸易管制作为一种保护主义的迹象并没有出现。作为中世纪文明特征的"国际主义"，在各个国家中表现得非常明显："它们从来不曾在控制商业活动方面做过任何尝试，我们也绝找不到什么可以叫作经济政策的迹象。"[⑥] 例如，当时的集市对所有的商人都开放，如同所有的港口对所有的船舶都开放。集市被授予一定的特权，例如，集市的土地不受侵犯，赶集人受到地方诸侯的保护；集市警卫队维持秩序，经其盖章的契约具有特殊的法律拘束力；若赶集的商人在集市外犯罪和欠债，他人不得在集市上对其进行报复性处分，不能在其赶集时没收其土地；集市期间暂停诉讼和法律处分，暂停取息和放款（当

① 关于古代中国先秦诸子及汉武帝时自由贸易与保护贸易两派思想的介绍，参见钱穆：《中国经济史》，叶龙记录整理，46～47、51～54页，北京，北京联合出版公司，2014。

② ［比］亨利·皮朗：《中世纪欧洲经济社会史》，乐文译，162页，上海，上海人民出版社，1964。

③ 参见顾准：《希腊城邦制度——读希腊史笔记》，121页，北京，中国社会科学出版社，1982。

④ 钱穆：《中国经济史》，叶龙整理，55～60页，北京，北京联合出版公司，2014。

⑤ 参见赵捷谦：《国际贸易政策——理论与实务》，7、8页，台北，五南图书出版公司，1984。

⑥ ［比］亨利·皮朗：《中世纪欧洲经济社会史》，乐文译，83页，上海，上海人民出版社，1964。

时的教会是禁止这样做的)。[①] 没有任何国家对本国贸易施以优惠，以保护它们与国外进行的竞争。

过境税是管理贸易的唯一手段，最初是为满足诸侯个人的财政需要，其后则是出于公共目的或作为诸侯权力的象征。对当时的人来说，没有像保护关税这种现代经济措施的概念。提罗尔人为抵制意大利进口货的竞争而征收酒税，可以说是少数的例外。[②]

战争时期逮捕敌方商人、没收其财物、扣留其船只、禁止与敌国交易等，仅仅是迫使敌方就范、实现武力征服的辅助性手段。例如，13 世纪和 14 世纪，英格兰的国王们在和法兰德斯作战时，禁止羊毛输往该地以引起该地的产业危机，但延续时间很短，一旦和平恢复，一切又归于正常。[③] 现代贸易战的观点，如侵占或夺取对方市场、挤垮竞争对手的产业，在当时是不存在的。

14 世纪的英国是重商主义的发源地，这是因为当时的英国比其他任何地方都具有权力较大并且统一的政府。1381 年的法令曾要求把英国的贸易划归英国的商船经营，由于遭到反对而无法实行。但这预示着国家的一项新政策即国家干预经济、对贸易进行管制的开端。[④] 1440 年通过的一项法令可以被视为一个转折点，标志着重商主义在英国建立起来了。它规定：外国商人运货到英国，必须将全部价款转换成英国货物；英国商人在海外经商，至少须将一部分出售所得用现金形式带回本国。1651 年的《英国航海法》标志着重商主义在英国达到了全盛时期。该法规定，运送货物必须使用英国的商船。

15 世纪至 17 世纪的欧洲正处在资本的原始积累时期，当时重商主义作为一种国家主义经济学，是代表着商业资本利益的一种经济思想和政策体系。其追求的目标是在国内积累资本财富，把重金属（货币）留在本国国内。重商主义可以分为早期重商主义和晚期重商主义，其共同思想是：只有金银是一国真正的财富。国内贸易买卖相抵，不能增加财富，只有对外贸易才能积累财富。一国所得必是另一国所失。因此，重商主义主张用政府干预手段保证国际贸易出口和金银进口，进而积累财富。

早期重商主义又称重金主义，以英国威廉·斯塔福（W. Stafford，1554—1612）为代表人物。重商主义者用金银多寡来衡量一国的财富，反对进口，认为进口会减少货币，而货币的减少对国家是有害的，因此，国家应干预经济。这一理论又被马克思称为“货币差额论”。早期重商主义主张国家干预经济是资本主义因素在封建社会内孕育、发展的产物。

晚期重商主义的代表人物是英国的托马斯·曼（Thomas Man，1571—1641），其代表作是《英国得自对外贸易的财富》，该著作被称为重商主义的“圣经”。晚期重商主义认识到，货币在流动中可以升值，因此，它主张货币应当流动，鼓励商品出口。但贸易要顺差，即多出少入、出口大于进口，故实行奖出限入，以保证货币流回本国。1651 年的《英国航海法》是这一思想在法律上的集中体现。[⑤] 这一学说被马克思称为“贸易差额论”。

---

① 参见［德］马克斯·维贝尔：《世界经济通史》，294 页，上海，上海译文出版社，1981。

② 参见［德］马克斯·维贝尔：《世界经济通史》，88～90 页，上海，上海译文出版社，1981。

③ 参见［比］亨利·皮朗：《中世纪欧洲经济社会史》，乐文译，84 页，上海，上海人民出版社，1964。

④ 亨利·皮朗认为，英国的航运没有与羊毛的出口一同发展，这似乎是令人诧异的事。最初，英格兰的羊毛主要是由大陆船只运输，13 世纪几乎羊毛运输为条顿的汉撒同盟的船只所独占。参见［比］亨利·皮朗：《中世纪欧洲经济社会史》，乐文译，137 页，注 2，上海，上海人民出版社，1964。

⑤ 参见［德］马克斯·维贝尔：《世界经济通史》，296 页，上海，上海译文出版社，1981。里普逊的《英国经济史》中还谈到 1455 年禁止丝织品进口以保护本国的织造业；1463 年对大陆呢绒进口的限制预示着英国第一个新派国王亨利七世（1485 年—1509 年）坚决支持保护主义和重商主义政策。参见［比］亨利·皮朗：《中世纪欧洲经济社会史》，乐文译，196 页，上海，上海人民出版社，1964。

在英国，为了增加贸易顺差，采取如下重商主义的做法：（1）制定限制进口标准。凡外国之货，来销国中而与本国之货争销者，不问何国，皆阻抑之，使勿畅流；凡与其国通商，而贸易为逆差者，不问何国，皆阻抑之，使渐相抵。其具体做法是，征收高关税或颁发禁令。（2）鼓励出口。主要措施是退税和奖励。退税分外销退税和进口原料退税。前者指本国之货，征抽已纳，至于出口，则还已征之全或半。后者指凡外国之货，才入国而征之，及其更出，再还已征之全或半。奖励分进口代理业（import substitution industry）补贴与出口业补贴。前者指对新兴之制造业有利于国家者，于设厂之初，则加以鼓励；后者指对旧有制造业，必以外销方能维持对国家有利者加以奖励。（3）订立条约。利用有利的通商条约，使本国之货品及本国之商人得于外国享有优于他国商人在该国之特权。（4）建立殖民地。通过建立殖民地，不仅给予母国之商人及货物以特殊特权，同时授予独占权。①

在法国，国王路易十四的财政顾问简·巴布蒂斯·柯尔伯特（Jean Baptiste Colbert）和马扎林（Mazarin）也曾寻求通过贸易管制来积蓄国家的经济力量。他们的高关税政策导致法国和荷兰的关税战以及英格兰的报复，在18世纪末期长达15年的时间里，法国和英国几乎停止了一切贸易往来。②

在西欧，整个18世纪，政府对国际贸易的管制成为推行对外政策和经济政策的重要手段。

重商主义是资本主义因素在封建制度内孕育成长的结果。其进步作用在于促进了资本主义的原始积累，促进了商品经济在流通领域的发展。其局限性在于，重商主义关心的是一国财富的增加，但“国”并不包括该国所辖下之全体人民，而仅包括上层阶级的人民，与亚当·斯密认为包括全体人民有所不同；“富”仅包括黄金及白银等贵金属，即说货币为财富，与亚当·斯密认为的财富不是货物，而是货物及服务的流量，即“国民所得”也有不同。③ 另外，该理论的探讨只停留在流通领域，而未深入生产领域。重商主义强调国民财富的移转性（transfer），而忽略了财富的增值性（creation），认为一国所得必是另一国所失，因此，在资源有限的世界里，国与国之间为争夺对资源的控制必然发生冲突，国家间的冲突是不可避免的。例如，英国从1650年—1815年的165年间，就有84年是处于战争状态。④ 而亚当·斯密看重的是财富的增值性，即贸易双方均能借贸易获益，帝国主义思想就此失去了根据，各国之间可以共存共荣，战争是可以避免的。

随着科学技术的发展、工业革命的到来、贸易领域的扩大，这种以贸易平衡为特征、以邻为壑的重商主义必然阻碍经济和国际贸易的发展。

（三）自由贸易时代

自由贸易的代表人物有法国的重农主义和英国的大卫·休谟（David Hume）、亚当·斯密、大卫·李嘉图等。与重商主义的贸易差额论相对应，重农主义反对高额关税，主张自由贸易、自由竞争。

1776年，亚当·斯密在他的《国富论》中提出了著名的“看不见的手”的理论。他写道：“每个人都在力图应用他的资本，使其生产品能得到最大的价值。一般地说，他并不企图增进公共福利，也不知道他所增进的公共福利为多少，他所追求的仅仅是他个人的安乐，仅仅是他个人的利益。在这样做时，有一只看不见的手引导他去促进一种目标，而这种目标绝不是他所

① 参见赵捷谦：《国际贸易政策——理论与实务》，11页，台北，五南图书出版公司，1984。

② 参见C. W. Cole：《柯尔伯特与法国的重商主义时代》，428～450页，Vol. 1，1939。

③ 参见赵捷谦：《国际贸易政策——理论与实务》，8、9页，台北，五南图书出版公司，1984。

④ 参见赵捷谦：《国际贸易政策——理论与实务》，11、12页，台北，五南图书出版公司，1984。

追求的东西。由于追逐他自己的利益，他经常促进了社会利益，其效果要比他真正想促进社会利益时所得到的效果为大。”[①] 这一理论为以后所有主张资本主义市场经济、主张经济上自由放任的资产阶级经济学家所推崇，经过不断完善和修改，成为自由贸易的理论基础，支配整个西方资本主义世界近二百年，直至20世纪30年代始受到挑战。[②]

在与重商主义及贸易保护主义长达数十年的斗争中，自由贸易理论最终在19世纪的英格兰取得了胜利。1820年，伦敦商人向英格兰议会提交请愿书，宣布“无限制的自由即是最大限度的对外贸易以及资本主义工业化”[③]。1846年，英格兰作为第一个成熟了的工业社会，废除了著名的谷物法。[④] 当时的英国首相、保守党人罗伯特·皮尔（Robert Peel）明显地接受了亚当·斯密、大卫·李嘉图、约翰·斯图亚特·穆勒等人的学说及主张，以至于背叛了曾经选举他的地主阶级。从那时起直至第一次世界大战，英国基本上是一个自由贸易国家。此后，英国单方面降低了关税，废除了作为重商主义标志的航海法（1849年），1860年还与法国签订了《柯布登条约》（The Cobden Chevalier Treaty），其中规定对法国的葡萄酒、烧酒降低关税。该条约中第一次出现了体现自由贸易精神的无条件最惠国条款的内容。以此为开端，西欧大陆各国之间签订了许多含有无条件最惠国条款的条约，并陆续走上了自由贸易之路。

建立在地域分工、比较利益基础上的国际自由贸易理论，遵循亚当·斯密“看不见的手”（invisible hand）的理论，主张经济上的自由放任，反对干涉贸易自由的政府措施。这一自由贸易政策符合野心勃勃的资本家的利益，适应了资本主义的生长条件，促进了资本主义首先在英国的发展。自由贸易意味着改革英国全部对内对外的贸易和财政政策，以适应工业资本家即现在代表着国家的阶级的利益。[⑤] 一百多年来，随着科学技术的发展，国际分工在形式和内容上发生了很大的变化，促进了国际贸易在广度和深度上的发展。比较利益学说不断地被人们重新阐释和探讨。一方面，其合理内核至今仍在影响着国际贸易的发展方向，影响着各国的对外贸易政策。它们在不同层面上解释人们从事国际贸易的动机和目的，而自由贸易作为一种未能实现的理想，始终以其无穷的魅力吸引着一代又一代的人们为之奋斗。另一方面，以比较利益为基础的自由贸易是资产阶级上升时期的经济学说，它排除一些仍然阻碍着资本前进的民族障碍，只不过是让资本能充分地自由活动罢了[⑥]。它将弱肉强食、适者生存的自然法则引入人类社会，以极端个人主义的哲学思想为基础，在实际运作中，反映的是一种霸道的、强权者的价值取向。“英国制造业者及其代言人、经济学家的今后任务，便是使其他一切国家依自由贸易的福音，来建立以英国为最大的工业中心，而其余一切国家为依存这个中心的农业地域的世界。”[⑦] 自由贸易理论以“看不见的手”“国际分工”等口号掩盖了资产阶级压迫和阶级剥削的本质，掩盖了先进的殖民大国对殖民地人民的残酷压榨和掠夺。因此，二百多年来，对这一放任主义经济政策的批评、质疑和斗争，从来就没有停止过。

（四）现代贸易保护主义

现代贸易保护主义之所以被冠以现代，是为了表示它与古典重商主义的贸易保护主义相区

---

① ［英］亚当·斯密：《国富论》（英文版），246页，伦敦，丹特公司，1955。

② 在亚当·斯密之后，出现了大卫·李嘉图的“比较利益”学说以及约翰·斯图亚特·穆勒（John Stuart Mill）对比较利益的发展。

③ A. G. Guest ed., *Anson's Law of Contract*, Twenty-Six Edition, Oxford: Clarendon Press, 1984, p. 4.

④ 该法以不同形式的价格禁止谷物进口，以保护英国的地主阶级。

⑤ 参见《马克思恩格斯选集》，3版，第1卷，72页，北京，人民出版社，2012。

⑥ 参见《马克思恩格斯全集》，第4卷，456页，北京，人民出版社，1958。

⑦ 《马、恩、列、斯论国际贸易》，272页，北京，北京对外贸易学院出版社，1959。

别。它是一种与自由贸易理论相对立而又共生共长的国际贸易理论，主张为保护本国工业和保护本国市场，限制外国产品竞争，限制进口。现代贸易保护主义可以分为保护主义与超保护主义两个阶段。前者与古典自由贸易理论同时存在，后者出现于1929年—1933年的经济危机以及两次世界大战期间。前者以美国第一任财政部长亚历山大·汉密尔顿和德国的弗里德里希·李斯特为代表，后者以英国经济学家凯恩斯为代表。

亚历山大·汉密尔顿（A. Hamilton，1757—1804）的代表作是1791年的《关于制造业的报告》(Report on Manufacture)。该报告在杰斐逊和亚历山大·汉密尔顿之间引发了一场关于国家商业政策的大辩论，这实际是自由贸易和贸易保护主义之间的一场大辩论，而这种性质的辩论在美国历史上从未停息过。亚历山大·汉密尔顿主张在对外贸易中应多出少进，以保护国内的幼稚工业，增加财政收入。在这种重商主义思想的指导下，美国建立了关税制度（1789年），并在1816年正式将保护主义确定为美国关税法的基本精神。在这种精神的指导下，美国的关税逐年增高。高关税壁垒政策贯穿了整个19世纪的美国。①

在德国，代表人物是弗里德里希·李斯特（Friedrich List，1789—1846）。他早年主张自由贸易。1825年从美国回来后，受到美国高关税政策的鼓舞，特别是受到美国为了保护幼稚工业而对制造业实行高关税的做法的影响，他转向坚决的贸易保护主义。其代表作是1841年的《政治经济学的国民体系》。他主张德国应通过国家干预保护德国的制造业——幼稚工业。德国在俾斯麦时代，由于银根紧缩，实行高关税政策，与法国、奥地利、俄国进行了关税战争。德国1879年的关税法导致在一系列进口产品上大幅度提高了关税，部分原因是当时经济上的拮据，部分原因是受到弗里德里希·李斯特之著作的影响。它标志着德国在自由贸易政策方面的后退。这种做法随后得到法国和其他欧洲国家的响应，只有英国仍旧保持着自由贸易。②

贸易保护主义促进了当时工业后进国家（如美国、德国）的迅速发展。在美国，贸易保护主义帮助年轻的合众国迅速摆脱殖民强国——英国的控制与掠夺，保护美国工业免受来自欧洲大陆的竞争而得到顺利发展。在欧洲各国之间以及欧洲各国与殖民地之间，关税保护成为欧洲强国之间相互争斗，并掠夺殖民地的有力工具。

凯恩斯的国际贸易理论又称新重商主义理论（New Mercantilism）或超贸易保护理论，盛行于第一次世界大战和第二次世界大战之间。其代表作是1936年的《就业、利息和货币通论》（*The General Theory of Employment，Interest and Money*）。在1929年—1933年经济危机之前，凯恩斯也是一个自由贸易主义者，他曾一口否认保护贸易政策会有利于国内的经济繁荣与就业。他在书中写道："若保护主义者认为保护主义可以医救失业，则保护主义之谬误，可说是到了最荒唐最赤裸裸的地步。"③ 经济危机以后，凯恩斯改变立场，批评以前自己师承而且拿来教人的自由放任学说理论基础不够充分，缺乏远大的目光，没有看到重商主义保护政策的重大意义。于是，他转而推崇重商主义，认为重商主义的保护贸易政策确实能够促进经济繁荣、扩大就业。④

超贸易保护主义产生于1929年—1933年经济危机和两次世界大战期间，它既是资本主义发展到垄断时期固有矛盾总爆发的产物，也是资本主义各国经济发展不平衡的产物。和以前的贸易保护主义相比，超贸易保护主义具有以下特点：（1）保护措施激增且形式多样化。它不再

① 1816年摩利尔关税法的关税是7.5%～30%，1824年增加为40%，到1828年增加为45%。

② See Michael J. Trebilcock and Robert Howse, *The Regulation of International Trade-Political Economy and Legal Order*, Routledge, 1995, pp. 18-19.

③ ［英］凯恩斯：《就业、利息和货币通论》，284页，北京，商务印书馆，1983。

④ 参见薛荣久：《国际贸易政策与措施概论》，19～20页，北京，求实出版社，1989。

限于关税和贸易条约，还有数量限制、许可证制度、配额限制、外汇管理限制等，这些措施的种类在短期内急剧增加。(2) 保护措施的暂时性。这些措施的主要目的是进行战争或遏制经济衰退，因此，这些保护措施最初在很大程度上是临时性的短期行为，一旦战争结束或经济形势好转，即被取消（尽管日后证明，事实并非如此）。(3) 保护对象范围的扩大。保护对象不限于一国的幼稚工业，还包括农业、濒于萎缩的行业或垄断性行业。(4) 保护措施的公开性和有害性。20 世纪 30 年代及战时的保护措施，是政府赤裸裸地干预经济、控制经济的产物。

（五）新贸易保护主义

第二次世界大战后，尽管由于 GATT 的出现，关税壁垒。特别是在主要发达国家中的关税壁垒受到极大削弱，但保护贸易政策在各国仍旧存在。第二次世界大战后贸易保护主义的发展可以分为三个阶段：第一个阶段是从 GATT 临时生效时起的 20 年，第二个阶段是 20 世纪的最后 30 年，第三个阶段以 WTO 成立后为标志至美国特朗普总统上台为止。

应当说，在 GATT 生效的前 20 年内，国际贸易有秩序进行的前景是非常美好的。贸易壁垒，特别是关税壁垒，得到遏制，总体上关税水平是下降的。例如，1947 年通过关税谈判，资本主义国家进口商品的关税水平平均下降了 35%。到肯尼迪回合的 1967 年，工业品进口关税全面、大幅度平均下降了 35%。特别是 1957 年《欧洲共同市场协定》（European Common Market Agreement）的签订，欧洲经济共同体和欧洲自由贸易区的建立，欧洲国家大部分非农产品进口已经实现了自由化，共同的外部关税水平也大大低于它所取代的各国平均关税。此外，欧洲国家和曾为其殖民地的地中海国家及不发达国家也建立了程度不同的优惠安排。欧洲对来自美元区的进口的自由化等，都表明在 GATT 体制下各国乃至世界的贸易自由化程度的加强以及保护主义的削弱。和第一次世界大战前欧洲国家之间以最惠国（MFN）为核心建立的双边条约体系不同，第一次世界大战后的条约体系是在一个新的基础上对 1914 年体系的重建，是在规范世界大国间之权力竞争过程中在经济上相互信赖的唯一可行的办法。在当时相互嫉妒、追逐权力、相互敌对的主权国家之间，非歧视的最惠国待遇是实现国家之间权力平衡的唯一手段，而非歧视是以国家的武力和全民动员计划为后盾的。第二次世界大战后，国际合作代替了权力平衡，主权国家从两次世界战争的惨重损失中终于承认了大卫·休谟的观点：“一个邻居的繁荣并不减损而是有益于你自己（The prosperity of one's neighbor did not detract from but contributed to one's own）。”[①] 因此，这个时期新贸易保护主义大多是在 GATT 之外以隐蔽的形式存在的。

新贸易保护主义发展到 20 世纪 70 年代至 80 年代时出现了一些新的特点。由于它是随着美国经济优势的衰退，以及美国在第二次世界大战后培养起来的霸权地位和自信心受到了动摇而产生的，因而，这个时期的贸易保护主义集中体现在对美国利益的保护，并以此为核心发展起来。这个时期新贸易保护主义的特点是：(1) 在“自由贸易但是公平贸易”（free trade but fair trade）的借口下，美国政府对其贸易伙伴的所谓“不公平贸易做法”作出反应，这些进攻性的贸易保护政策采取了法律的形式，通过国内立法将保护措施法律化。相应法案授权美国总统无视国际条约规定的义务，对其他国家采取单方面的报复措施。这些措施典型地反映在 1974 年的《美国贸易法》及 1988 年综合贸易的相关规定中。(2) 从 20 世纪 80 年代起，美国从原先不含糊地支持一个开放的、不歧视的多边贸易体制转向支持贸易体制的“双轨制”（two

① Jan Tumlir, *Protectionism: Trade Policy in Democratic Societies*, Washington D. C.: American Enterprise Institute, 1985, p. 32.

track)，即在支持 GATT 的同时，与特定国家签订区域自由贸易协定[①]，这些特定国家是在贸易自由化方面和美国有相同思想的国家（like minded countries)。典型的区域性贸易安排，如美加自由贸易区协定及后来的北美自由贸易区协定、亚太经合组织等。(3）美国越来越频繁地依赖于“行政保护”（administrative protection）来实现其对特定行业（而不仅仅是工业）的保护，即在与外国特定部门、特定国家的争战中，越来越多地通过两国之间进行双边谈判来消除来自国内某一行业的保护主义压力。在这个时期的立法中，美国越来越多地求助于偏离 GATT 的做法，许多行政法规，如反倾销法、反补贴法，在确定倾销、补贴或不公平做法时所规定的条件远远超出了这些法律的历史水平。

双边谈判的结果，往往是迫使美国的贸易伙伴与美国签订公然违反自由竞争原则的自愿出口限制协议（Voluntary Export Restriction，VERS)、自愿进口扩大协议（Voluntary Import Expansion，VIES）及制定启动价格（trigger price）等。在某种程度上说，这些行政程序和做法不是法律上的强制性规定，而是可以由行政机关自己加以解释的。美国政府依自由裁量权可以任意确定适用的条件和标准，明显地带有对外国生产者的歧视。因此，这些行政救济手段本质上是保护主义的。由于与美国的贸易对其贸易伙伴更重要，因而，美国的行政保护一方面成为一种阻止进口的贸易壁垒，另一方面成为美国在双边谈判中讨价还价的工具。

至 20 世纪 80 年代中期，美国成为采用行政救济手段最多的国家。美国在诸如反倾销、反补贴案件中的行政做法和程序，遭到其贸易伙伴的抗议和报复，它们争相效仿美国的做法作为进行反击的手段。无休止的报复与反报复损害了多边贸易体制及其建立起来的争端解决办法，最终将埋葬以 GATT 为基础的世界贸易秩序。人们有理由怀疑，美国还能在多大程度上继续遵守和维护多边的贸易体系。

管理贸易（managed trade）是实施行政保护的一种重要手段。当任何问题都可以成为“不公平贸易”问题时，权力就成为检验“公平”的唯一办法，其结果必然是大大减少了按规则导向的贸易制度达成一致的可能性，致使由国内（如院外压力集团）和外国政治实力支配的，由官僚加以分配的管理贸易的出现。管理贸易是指使用数量限制，通过双边谈判在贸易中确定数值指标（quantitative targets)，并采用强制手段（如征收惩罚性关税等）加以实施的行政手段，也被称为“结果导向性贸易”（results-oriented trade）或固定数量的贸易制度（fix-quantity trading regime)。[②] 管理贸易始于 20 世纪 30 年代的日本。[③] 自愿出口限制协定（VERS）和自愿进口扩大协议（VIES）是其最基本的形式，与之相对应的是“规则导向性贸易”（rules-oriented trade）或称“固定规则的贸易制度”（fix-rule trading regime)。依据后者，交易数量不是预

---

① 这一思想的产生，部分原因是发起新一轮贸易谈判程序上的落空。1982 年日内瓦部长会议结束时，关于在东京回合后如何进一步推进贸易自由化方面没有达成任何协议。当时的美国贸易代表威廉·布洛克（William Brock）宣布，美国将准备和“志同道合”（like minded）的贸易伙伴在 GATT 标准之外（in a “GATT plus”）在贸易自由化方面进行进一步的合作。其基本设想是，如果通过 GATT 达成进一步贸易自由化安排受阻，则在经济一体化方面想要超出 GATT 标准的国家之间可以进行优惠的贸易安排，这些贸易进一步自由化在国家经济上的成功将吸引更多的国家参加到“GATT plus”安排中来，并最终将使不参加这种做法的国家付出代价。他们认为，以这种方式，即使没有新一轮的由 GATT 发起的多边贸易谈判，贸易的进一步自由化也会取得进步。See Amme O. Kroeger，*American Trade Policy：A Tragedy in the Making*，Washington D. C.：American Enterprise Institute，1995，p. 87.

② See Jagdish Bhagwati，*The World Trading System at Risk*，Princeton University Press，1991，pp. 46 - 47，101.

③ 20 世纪 30 年代，作为接受美元的条件，日本对其纺织品、铅笔、电灯向英国、美国、澳大利亚及其他国家的出口，通过谈判，签订自愿出口限制协议。至 20 世纪 80 年代，日本大量的对鞋类、汽车等的自愿出口限制都是由美国施加的。See Jagdish Bhagwati，*The World Trading System at Risk*，Princeton University Press，1991，pp. 26 - 27.

先确定的，而是按照既定的规则由市场决定的。值得注意的是，管理贸易（managed trade）和贸易管理（trade management）是两个截然不同的相对立的概念。前者是政府的贸易政策，是一种新贸易保护主义；而后者是政府的行政职能，涉及制定规则的贸易谈判以及对谈判得来的贸易权利和义务的执行。因此，贸易管理是和维护自由竞争的固定规则的贸易制度相一致的。例如，GATT 规则、东京回合达成的贸易守则、削减贸易壁垒的谈判、新贸易纪律的建立、一国贸易权利的行使、遵守贸易义务的保证等，都属于贸易管理，是正常行使的政府职能。

贸易政策法律化、提倡管理贸易（managed trade）和进攻性单边主义（aggressive unilateralism）、区域主义（regionalism）构成了 20 世纪 70 年代以后以美国为代表的新贸易保护主义者的主要特征。

1995 年世界贸易组织成立标志着新贸易保护主义进入新阶段。[①]

新贸易保护主义与 20 世纪 30 年代的超保护主义相比有本质的区别，主要表现在：(1) 新贸易保护主义以 GATT/WTO 多边贸易体制的形式出现，它是在政府长期计划的精心安排下，通过谈判逐步成长起来并经明智地加以运用，最终形成一个系统化了的保护体系。(2) 这个保护体系发展到 WTO，其范围已远远超出了 GATT 传统的货物或产品贸易范围，扩及技术贸易和服务贸易、与贸易有关的投资措施、与贸易有关的知识产权、环境保护、劳工权利等，既涉及国家层面的贸易，也涉及私人之间的交易。这个保护体系的每一部分都适应了有关行业、部门的特殊需要，并由一群训练有素、高度专业化的官僚在操作，经过和其他公共服务部门、行业协会协调、合作，巧妙而合法地享受着国内反托拉斯法、反不正当竞争法的豁免。(3) 与 GATT/WTO 倡导的不歧视原则相反，GATT/WTO 本身存在着诸多例外，再加上 GATT/WTO 之外灰色区域措施的存在，大量歧视性做法成为各国实行新贸易保护的正常手段，而 GATT/WTO 本身的不歧视原则似乎成为一个例外。(4) 除了内部的诸多例外，新贸易保护主义的限制还通过谈判，多数是通过双边谈判或区域内谈判形成的。从形式上看，它是经合作各方同意的，是一种合法的拟制；但这些谈判不是在 GATT/WTO 框架内进行的，因此，它的出现使 GATT/WTO 的一般法典原则和多边论坛的作用黯然失色，汲取战争的教训和经验建立国际新秩序的目标被淡化。更重要的是，这种保护主义是建立在国家之间进行谈判和合作的基础上的，因应了广泛的公共利益的需要，且考虑了诸多方面的利益，因此，它在政治上的力量格外强大，更难于应付和击败。在法律上，WTO 建立的强制性的争端解决机制的强制性管辖和执行机制为新贸易保护主义披上了合法性与正当性的外衣。

（六）霸凌贸易保护主义

该用词是中国创造的，最先出现于《人民日报》社论[②]，指美国特朗普政府所采取的贸易保护主义政策。霸者，霸道。凭借强大实力，不讲道理行事称为霸道。凌，欺凌。霸凌贸易保护主义是 2017 年特朗普总统上台以后，为达到欺压、制服其他国家和贸易伙伴的目的，凭借美国在政治、经济、科技、军事、文化、法律等方面的优势在国际贸易中采取的一系列贸易保

① 作为新贸易保护主义的代表，WTO 在许多方面比 GATT 更加完善，但是作为多边贸易规则的基础，GATT 的基础与 WTO 的基础是一致的，即承认市场经济加政府干预的合法性。

② 2018 年 7 月 6 日，美国对中国 340 亿美元输美产品强征 25%的关税。当日《人民日报》发表评论员文章《美国贸易霸凌主义贻害全球》。次日，新华社发表评论员文章《坚决反击贸易霸凌主义》。此后"贸易霸凌主义"开始频繁出现在各种媒体与新闻发言人的表述中。贸易霸凌主义指贸易国之间的经济强国对经济不如自己的国家的一种欺凌与压迫的行为，它破坏世界贸易秩序，粗暴践踏多边贸易体制，损害各国企业和人民的利益，见 http://www.xinhuanet.com/fortune/2018－07/06/c－1123090811.htm。

护主义政策和措施。其特征可以简单概括为以下几点。

（1）美国利益优先。第二次世界大战后美国治下的和平实现了。支撑战后国际经济秩序的三大支柱实际上都是由美国一手操办的；国际多边贸易体制从GATT到WTO，都是由美国执掌着话语权。美国利益优先是毋庸置疑、无人挑战的。所谓话语权，并不单纯指一国对国际事务发表意见、表达观点的权利，而是指能够控制制定和改变标准、规则的权利。半个多世纪后，特朗普在其竞选过程中与在社交网站上反复叫喊“让美国再次伟大”“美国利益优先”显然有作秀的成分，色厉内荏或许是一种不自信的表现，但是这种公然无视世界上其他国家的利益、极端自私自利的口号，以及为此特朗普在国际经贸活动中采取的一系列不得人心的措施，使长期以来笼罩在美国头上的“自由、民主、平等、博爱”光环黯然失色，使世界上无数天真善良的人们终于认清了特朗普政府霸凌贸易保护主义的真面目。

（2）藐视、践踏既有的国际贸易规则，破坏现有的世界多边贸易体系和经济全球化进程。在特朗普的“美国利益优先”的思想指引下，既有的国际贸易组织、国际贸易规则自然都要为美国利益让步。特朗普刚一上台，就宣布退出TPP；重新修订《北美自由贸易协定》；依据国内法单方面发起“201”“232”“301”调查，强迫其贸易伙伴为美国“再次伟大”作贡献；阻挠WTO上诉机构法官的遴选，致使争端解决机制无法正常运转；通过单方面增加关税、经济制裁等手段不断向自己的盟友、贸易伙伴发难。据不完全统计，2018年以来，美国政府对数十个国家的94项“不公平交易”进行调查，同比激增81%。WTO争端裁决的研究报告显示，美国是迄今为止最大的“不守规矩者”，WTO 2/3的违规都由美国引起。①

（3）矛头指向中国。历史上不乏美国对其贸易伙伴痛下狠手的实例，但20世纪70年代中美建交以来，中美经贸关系逐步由接触走向大幅度合作。虽然中美之间不时发生贸易摩擦，但大多能通过协商或通过GATT/WTO争端解决机制予以解决。特朗普总统上台以后，改弦更张：1）不顾既有国际规则，以国内法名义，率先对中国发起大规模关税战。② 2018年7月6日美国以贸易逆差为由宣布对中国额外加征500亿美元的关税。当日《华盛顿邮报》发文称：“这一天或许会成为经济史上一个臭名昭著的日子，就像胡佛总统1930年签署《斯穆特-霍利

① 参见吴秋余《美国挑起贸易战的要害是破坏规则》，载《人民日报》，2018-08-11。

② （1）2018年3月23日，美国以“国家安全”为名，根据《1962年贸易扩展法》第232条，对中国输美钢、铝产品分别征收25%和10%的关税。

（2）2018年7月美国打着“公平贸易”的旗号、以贸易逆差为由，根据《1974年贸易法》第301条，对中国输美的价值500亿美元的产品（340亿美元+160亿美元）采取征收附加关税的措施。由于中国采取反制措施，美国的征税措施不断加码。

1）2018年7月6日，美国对第一批清单上818个类别、价值340亿美元的中国输美产品加征25%的关税。作为反击，中国于同日对同等规模的美国产品加征25%的进口关税。中国商务部发言人在7月8日发表的谈话中，谴责美方的做法“又一次将国内法凌驾于国际法之上”“十分无理”。2）自2018年8月23日起美方决定对160亿美元的中国输美产品加征25%的关税，征税清单包括半导体、电子、塑料、化学品和铁路设备等产品。中方为维护自身正当权益和多边贸易体制，不得不作出必要反制，决定对160亿美元的自美进口产品加征25%的关税，并与美方同步实施；对333项约160亿美元的进口美国产品加征25%的关税，涉及多项能源、化工、汽车、贱金属、医疗器械等产品。3）2018年7月11日，贸易争端升级。美国又发起对2 000亿美元的中国产品（800亿美元+1 200亿美元）加征10%的关税（11月实施）。8月2日，美国贸易代表声称加征税率从10%提高到25%。（中方表示，将依法对自美进口的约600亿美元产品按照四档不同税率加征关税。）之后改为，2018年年底之前按10%征税，自2019年开始按25%征税。7月11日，美国常驻WTO大使丹尼斯·谢伊（Dennis C. Shee）就中国贸易政策评审在WTO作专题发言，指责中国对国有企业和其他中国公司提供优惠待遇；允许歧视性监管；制定特殊国家标准、技术转让要求；知识产权保护和执法不力；网络盗窃；过度广泛和歧视性的网络安全措施；提出跨境数据限制和数据本地化要求；等等。9月24日，中国以白皮书形式对上述指责作出了回应。

关税法》一样”。2）于经贸领域全面制衡中国。从初期针对货物贸易扩展到国际投资、科技、金融等领域。由于中国的不妥协，美国除了关税层层加码外，还将其贸易保护措施扩大到在投资、高科技以及金融监管等领域采取非关税措施。2018年8月，特朗普签署《外国投资风险审查现代化法案》（FIRRMA），强化对中国的外资审查。为了重点打压中国的科技力量，美国不惜动用国家力量，要求加拿大扣押中国民营企业华为的高管；动用《紧急状态法》，禁止华为在美国开展业务，禁止美国企业向华为供货、禁止与华为开展合作；国会修改《国防授权法》，增加禁止中国华为参与建设美国第五代移动通信网络的条款。[①] 2019年6月底，美国运用其长臂管辖将5家中国科技公司列入黑名单，禁止它们采购美国制造的芯片和部件。2019年8月，美国商务部下属的产业与安全局（BIS）认定44家中国机构从事“违反”美国国家安全或外交政策利益的活动，将其列入“实体清单”，施加严格的出口管控。美国禁止中国采用补贴手段实施科技2025计划，禁止、限制中国留学生进入某些涉及高科技的学科领域学习等。在金融方面，2019年6月24日《华盛顿邮报》报道，三家中国大型银行拒绝执行美国法院关于对朝鲜的制裁，被禁止使用美国银行结算系统。2019年8月6日，继1992年至1994年之后，美国再一次把中国列为汇率操纵国。但是8月9日国际货币基金组织发布中国年度第4条款磋商报告证实，中国汇率“符合中国经济基本面”；认为中国没有操纵汇率，美国的指责毫无根据。3）不择手段。为了逼迫中国妥协，美国采用了许多有违大国、强国风范的手段：出尔反尔，没有信誉；造谣中伤，无所不用其极。2019年7月26日，美国白宫官网发布关于改革WTO发展中国家地位的总统备忘录，不承认中国的发展中国家地位，不允许中国享有WTO规定的发展中国家利益。8月2日中美第12轮上海谈判刚刚结束，特朗普总统就在社交网站上突然宣布自2019年9月1日起，对价值3 000亿美元的中国输美产品加征10%的关税，并威胁中国：如果其取得连任，中美之间或没有任何协议。为了遏制中国，美国不惜抹黑中国的“一带一路”倡议，其谋士班农称“这是人类历史上规模最庞大的全球性战略扩张计划”，意图通过诋毁中国，阻止中国复兴。4）霸凌贸易保护主义是美国打击中国全球战略的组成部分。自中美建交以来，很多中国人以为，从此中美两国携手，天下太平。然而，无数事实证明，美国在政治、军事、经济等领域对中国的打压从来没有停止过。美国支持中国的“藏独”“疆独”“台独”分子分裂中国；轰炸我驻南斯拉夫联盟大使馆；支持日本挑起钓鱼岛事端；以“航行自由”为借口，搅乱南海，派遣飞机、军舰屡次侵犯中国的领海、领空；等等。在全球经济低迷、中国的经济发展正可以充当火车头之际，特朗普政府针对中国挑起包括关税战在内的贸易战，动员其盟友和贸易伙伴联合抵制中国企业华为的5G技术的应用，宣布中国是汇率操纵国等，企图从经济、技术、金融等方面进一步打压中国。可以看出，霸凌贸易保护主义是配合美国的全球战略，为其在政治、军事、经济上全面打压中国服务的。

过去，人们往往用中美意识形态、社会制度等不同来解释美国对中国的打压。那么，如何解释这次美国霸凌贸易保护主义的靶子瞄准中国？2014年，中国GDP占美国GDP的比重首次超过60%。在美国看来，这已跨越了美国能容忍的限度。2013年中国国家领导人提出“一带一路”倡议。中国的经济增长速度与潜力远大于美国以前的竞争对手，在可预见的将来，中国很可能超过美国。在这个背景下，回顾20世纪80年代日本GDP超过美国后遭受美国打压的事实，似乎可以解释美国这次打压中国的目的。中国人民和包括美国人民在内的世界人民一

① 2018年4月16日，美国商务部部长威尔伯·罗斯（Wilbur Ross）宣布，因中国电信设备商中兴通讯未履行和解协定中的部分协议，美国商务部禁止美国企业向中兴通讯销售元器件，该出口禁令有效期为7年。

样，希望通过经济全球化，通过自己的努力逐步提高自己的生活水平。对于今天特朗普针对中国突发的、凌厉的关税措施及不择手段的打击竞争对手的做法，中国人是没有预见到的。在美国看来，不管中国做了什么或没有做什么，只要没有满足美国的利益，就是不公平的，其对中国的压制将变本加厉。中国相信“大道之行也，天下为公”，显然不会在美国霸凌贸易保护主义的压力下屈服。美国认为“美国利益优先”，是天经地义的。中国牢记“己所不欲勿施于人”的祖训，提出人类命运共同体，美国顽固坚持“美国利益优先”，认为追求幸福生活只能是美国等少数发达国家的特权是不得人心的；美国以国内法取代国际贸易规则，认为只要继续给中国贴上竞争对手等标签，运用其娴熟的法律技巧即可压服中国。这些是破坏现有国际贸易规则、破坏国际经济秩序的霸权行为。众所周知，美国是当今最强大的发达国家，中国是最大的发展中国家，近半个世纪中美经贸合作的历史证明，两国合则共赢、多赢，惠及世界；斗则两败俱伤，殃及池鱼。贸易保护主义，古已有之，由贸易保护主义引发世界大战的教训并未走远。特朗普政府“美国利益优先”的霸凌贸易保护主义不得人心，其在逆全球化潮流而动。应当看到，目前的中美贸易争端反映出美国的霸凌贸易保护主义并不仅仅是一个经济问题，其实质是善和恶的斗争，是王道与霸道的斗争。因此，在对霸凌贸易保护主义、中美贸易争端的法律问题进行分析、思考时，不可忽视相关的其他非贸易、非经济因素。未来中美贸易争端的解决方法一定是多元的、综合的，其解决也注定是一个长期的、逐步的、复杂艰难的过程。当今世界毕竟依赖自由贸易而进步，这个世界潮流浩浩荡荡，顺之者昌，逆之者亡，美国的霸凌贸易保护主义注定是不可持续的。

第三节　无条件最惠国待遇原则与有条件最惠国待遇原则的历史分析

自由贸易政策与贸易保护主义政策的分歧在法律上的表现集中于无条件最惠国待遇原则与有条件最惠国待遇原则之间。关于最惠国待遇，学者有不同的说法。① 但它在贸易条约中第一次出现，则公认为是在17世纪欧洲各国之间订立的双边贸易条约中。②

一、英国的无条件最惠国待遇原则

众所周知，产业革命最早在英国发生，也最早在英国完成。在国际贸易法史上，1860年，英国和法国之间签订的《柯布登-舍维利尔条约》（the Cobden-Chevalier Treaty of 1860）之所以有名，是因为它包含了体现自由贸易精神的无条件最惠国待遇原则。根据这一原则，从事关税减让谈判的两国之间相互同意，将一方现在或将来与第三国谈判取得的更优惠的关税减让，自动地、无条件地适用于对方。③

无条件最惠国待遇原则体现了欧洲国家对大卫·李嘉图所持比较利益经济学说的认同。按

① 一种说法认为其起源于12世纪的国内法，另一种说法认为其起源于15世纪的通商航海条约。

② 最早可见于1609年荷兰与西班牙订立的贸易条约，以后又见于1611年英国和瑞典的贸易条约。奥本海认为，现代意义的最惠国条款出现于1667年英国和西班牙订立的条约，此外，在1675年英国和土耳其、1680年荷兰和土耳其订立的贸易条约中，都有关于最惠国待遇的规定。参见［德］奥本海：《国际法》，北京，中国大百科全书出版社，1998；赵维田：《最惠国与多边贸易体制》，1页，北京，中国社会科学出版社，1996。

③ 该条约一经签订就遭到来自法国工业部门的反对，因为它们将面临英国货的竞争而遭受损失。自《柯布登-舍维利尔条约》后，英国又与欧洲国家签订了一系列含有最惠国待遇条款的双边条约。

照大卫·李嘉图的观点，与其他国家相比，任何一国总有一种产品花费的劳动要相对少一些，因此，通过贸易，双方各得其利。他认为："一个在机器和技术方面含有极大优势，因而能够用远少于邻国的劳动制造商品的国家，即使土地较为肥沃、种植谷物所需的劳动也比输出国少，也仍然可以输出这些商品以输入本国消费所需要的一部分谷物。"① 因此，根据比较利益，单方面的贸易自由化仍旧可以提高一国的福利。在这种思想指导下②，英国终于第一个打破重商主义保护，废除了1846年的谷物法以及1849年价格昂贵的航海条例。这两项措施降低了英国工业品的价格，刺激了英国工业品的输出，便利了英国工业品占领海外市场，却造成了海外工业品输入困难，使英国成为名副其实的世界工厂；而粮食和原料进口税率的大幅度下降，使欧洲其他国家和殖民地成为依附这个世界工厂的农业基地。与此同时，英国积极在全球的海洋和陆地推行其殖民主义政策，至19世纪中期，英国成为最大的殖民强国。

比较利益的科学性在于它以劳动价值论为基础，推导出两国劳动生产率的差异而产生比较利益，揭示了国际分工实现这种比较利益即节省社会劳动的可能性。但是，其阶级和历史的局限性也是显而易见的。

显然，英国之所以能单方面削减关税，单方面开放国内市场，实行无条件最惠国待遇原则，是以其经济实力为后盾的。英国与欧洲大陆国家之间，通过无条件最惠国待遇，相互削减关税、开放市场，是因为实力相当。对于英国来说，按照当时的经济实力，它并不害怕因单方面开放市场、降低关税而遭受来自欧洲大陆国家产品的冲击。相反，英国和欧洲大陆国家之间通过无条件最惠国待遇联系起来的双边贸易体系，成为应付作为后起之秀的两个竞争对手——美国和俄国的重要的工具。③ 以俄国为例：在英国废除谷物法以后，俄国的粮食和原料出口显著增加，占俄国出口总值的30%～35%，而出口到英国的粮食和原料占比在40%以上。但俄国出口的纺织品、金属制品却极为有限，只占其出口总值的3%～4%，而且主要是输往中国、伊朗、土耳其等国家。而俄国整个进口产品中50%以上的是来自英国和欧洲大陆国家的工业原料和制成品。④ 可以说，从1850年到1885年，由无条件最惠国待遇架构的欧洲双边贸易体系支撑了欧洲自由贸易的黄金时代。在这个体系中，任何一国关税的变化都将对其他贸易伙伴发生影响。在实践中，这就意味着关税的改变要经过谈判。成员之间谈判达成的关税减让，被称为约束关税（conventional tariffs），即从条约是双方当事人之间的合同关系角度谈判达成的关税减让对双方是有约束力的。

无条件最惠国待遇，即单方面削减关税、单方面开放市场，是资本主义上升阶段强国掠夺弱国的产物。国际分工、比较利益成为资本主义残酷压榨、掠夺殖民地的借口。欧洲国家之间由无条件最惠国待遇形成关税减让。所谓无条件的背后，是各国的经济实力相当。对殖民地来说，无条件最惠国待遇是帝国主义、殖民者的洋枪、洋炮。

随着欧洲列强之间竞争的加剧，新兴工业国家与老牌工业国家之间的矛盾日益尖锐，由于面对来自俄国、美国的竞争压力，德国、法国先后抛弃了无条件最惠国待遇的自由贸易政策，转向采高关税的贸易保护主义。

---

① ［英］大卫·李嘉图：《政治经济学及赋税原理》，王亚南、郭大力译，114页，北京，商务印书馆，1972。

② 加上当时爱尔兰的饥荒、新兴工商业和制造业掀起的政治鼓噪。

③ 以无条件最惠国待遇联系起来的欧洲双边贸易体系促成了日后欧洲大陆一体化经济的形成。

④ 交通工具的落后严重地阻碍了俄国国内贸易和国际贸易的发展：19世纪中期，俄国拥有的铁路总长不过1 000俄里；在蒸汽运输方面，农奴制俄国远远落后于欧洲资本主义国家。

至20世纪初[①]（1900年—1903年），世界经济危机以及英国人与布尔人之间的战争迫使以约瑟夫·张伯伦为首的英国内阁放弃自由贸易政策，代之以“英联邦帝国特惠制”。根据这一制度，凡是进口到英国的商品将被课以高关税，英国只对来自英国各殖民地或自治领的商品免税或征收较低关税，以此巩固大英帝国内部的经济与政治联系，抵御外来的竞争威胁。至此为止，英国式的或欧洲式的无条件最惠国待遇终止，并从历史上消失。

二、美国的有条件最惠国待遇原则

在亚历山大·汉密尔顿为代表的共和党的统治下，为了保护幼稚工业和提高美国的财政收入，美国实行的是高关税政策。和英国及欧洲国家的做法不同，美国的对外贸易建立在两个原则基础之上：一个是有条件的最惠国待遇，另一个是关税自治（tariffs autonomy）。[②]

1. 有条件的最惠国待遇

有条件的最惠国待遇，是指两个缔约国相互之间保证，一方已经给予或将要给予第三方的关税减让，自动扩及适用于对方，条件是，对方应作出相应的减让。与无条件最惠国待遇相比，有条件的最惠国待遇在实践中产生的问题是显而易见的。

（1）歧视性。在无条件的最惠国待遇原则下，A国（施惠国）作出关税减让方的给惠是单方面的，即不在乎对方是否作出回报，而有条件最惠国待遇要求作为美国（给惠国）的贸易伙伴，如果要享受其最惠国待遇，则必须对美国与他国之间的关税减让付出代价，即作出回报。这就意味着欧洲国家将它们之间谈判得来的关税减让自动地、单方面地适用于美国。[③] 美国却可以筑起高关税壁垒，一方面保护自己的幼稚工业，阻挡来自英国和欧洲大陆国家的工业制成品；另一方面利用英国、欧洲大陆国家的免税或低关税，将农副产品源源输入这些国家。因此，有条件最惠国待遇是歧视性的。从18世纪末开始，关于有条件最惠国待遇的解释不但得到了美国外交部门的支持，而且得到了美国法院的支持，后者认为这是，根据普通法的对价学说，一项有效合同所具备的必要因素。[④] 随着时间的推移，有条件最惠国待遇的条件种类五花八门，数量与日俱增，其歧视性也越发显著。

（2）美国要求作出回报的有条件最惠国待遇，其本意就是不鼓励与欧洲体系的国家进行商业谈判。

2. 关税自治

（1）关税自治来自美国的联邦体制。在这个体制下，决定关税率的权力系美国国会特有的特权。根据这个体制，美国不可能参与欧洲的这种双边贸易体系，因为根据无条件最惠国待遇，缔约双方之间相互遵守约束关税，关税的任何改变都要经过缔约双方谈判。这就意味着美国国会必须授权行政机关（总统）从事关税减让的谈判，从而使其获得关税减让的任择权，以及由此而来的政治和经济影响。[⑤] 这是精致地平衡联邦权限和州权，是“三权分立”联邦制度不能容忍的。关税自治阻碍了美国加入欧洲的双边贸易体系，为了防止贸易伙伴的报复，最好

① 20世纪初，在加强输出资本和殖民扩张的同时，英国的本土工业出现了停滞状态，工业技术水平提高很慢，工业制成品出口遇到了困难，使英国的世界工业霸权地位丧失。

② See Jan Tumlir, *Protectionism: Trade Policy in Democratic Societies*, Washington D.C.: American Enterprise Institute, 1985, p.20.

③ 实际上由于美国输往欧洲的主要是航海产品（原材料、农产品），而这些产品的进口在欧洲大陆、英国大多是免税的，所以，这种无条件最惠国待遇在很大程度上不过是个姿态而已。

④⑤ See Jan Tumlir, *Protectionism: Trade Policy in Democratic Societies*, Washington D.C.: American Enterprise Institute, 1985, p.21.

的办法当然就是不与任何国家进行关税减让的谈判。正如雅克布·维纳（Jacob Viner）所说，普遍遵循有条件最惠国待遇的做法，事实上不过是根本不给予最惠国待遇的一种礼貌做法。①

（2）关税自治和有条件最惠国待遇原则相互支持、互为补充，充分满足了美国实行贸易保护主义政策的需要。

3. 有条件最惠国待遇向互惠的最惠国待遇的转变

19世纪的最后30年，石油工业和无线电通信事业的发展，内燃发动机等一系列新技术的使用，使国际运输成本普遍急剧下降。美国和俄国的大量廉价谷物涌入欧洲大陆，美国的工业制成品出口到欧洲大陆的绝对数量也急剧增加。相比，美国的保护主义、高关税，与欧洲的自由贸易、低关税形成了强烈反差。有条件最惠国待遇的弊端显露无遗，欧洲大陆与美国之间的商业矛盾日益尖锐起来。1879年，欧洲大陆谷物价格骤跌，促使德国提高关税。1892年，法国通过了Meline Tariff。1887年和1888年，意大利也提高了对谷物的征税。

欧美列强之间的经济竞争以及对海外殖民地的争夺大大毒化了全球关系。第一次世界大战结束后，美国成立了关税委员会，其主要任务是提出一个能充分保护美国出口利益所需的政策报告。1918年，关税委员会报告建议将无条件最惠国待遇原则作为美国对外贸易政策的法律基础，并列入威尔逊总统（Woodrow Wilson）列举的和平条件和战后国际秩序的十四点计划中的第三点。

标志着美国向无条件最惠国待遇原则转变的是1922年的Fordney-Mc Cumber关税法。但是，美国联邦政府无权承担特别的关税保证（即约束关税），因此，欧洲国家意识到，即使美国国会投票赞成无条件最惠国待遇，也不意味着它打算放弃它所拥有的关税权力②，即美国的关税仍旧是充分自治的，是不可以谈判的。而且作为第二次世界大战后最大的债权国，美国正就欧洲巨大债务的偿还办法与其进行谈判，因此，在欧洲国家看来，法律上的这一变化不过是强化了美国在与欧洲国家谈判关税减让或贸易自由化措施时所提的单方面的要求而已。所以，这种建立在双边基础之上的无条件最惠国待遇不过是形式上的，其促进贸易自由化的作用是极为有限的。

美国政府最终承认无条件最惠国待遇和关税自治之间的自相矛盾，并在1934年《互惠贸易协定法》中抛弃了关税自治。根据新法，美国国会授权总统从事关税谈判，并赋予采取其他能缓和与他国政府间的矛盾的贸易政策措施的有限权力。此种双边互惠的最惠国待遇安排从此成为美国贸易立法中一个永久的特点，直到GATT出现。

美国的有条件的最惠国待遇产生于美国特定的政治结构、法制体系和经济发展水平。随着美国在国际上经济地位的转变，其形式和内容也在发生变化。正可谓己所不欲，勿施于人。在国际经济交往中，美国不愿受到别国的歧视，理所当然地也不应当歧视别国。

两次世界大战之前的历史经验证明，建立在双边基础上的无条件最惠国待遇或互惠的最惠国待遇都未能作为实现不歧视、自由贸易的法律基础。

三、关税与贸易总协定和WTO多边贸易体制下的无条件最惠国待遇

（一）GATT

GATT第1条“一般最惠国待遇”规定，在对输出或输入、有关输出或输入及输出入货物的国际支付转账、所征收的关税和费用方面，在征收上述关税和费用的方法方面；在输出和输

①② See Jacob Viner, *International Economics*, Glencoe, Ⅲ, the Free Press, 1951, p. 105.

入的规章手续方面，以及在 GATT 第 3 条第 2 款“国内税”及第 4 款“国内规章”所述事项方面，一缔约方对来自或运往其他国家的产品所给予的利益、优惠、特权或豁免，应当无条件地给予产自或运往所有其他缔约方的相同产品。

和 19 世纪欧洲的双边贸易体系中建立起来的无条件最惠国待遇以及美国的互惠的最惠国待遇相比，GATT 所主张的无条件最惠国待遇最大的特点在于：它是在 GATT 的多边体制内形成的。

GATT 的关税减让表是在缔约方国家对国家（包括单独关税领土）、产品对产品的基础上经谈判形成的约束关税，即针对某一特定产品，缔约方在主要的供货国与主要进口国之间进行讨价还价，最后形成双方都能接受的有约束力的税率。这种优惠税率无条件地适用于其他未参加该谈判的缔约方。在孤立的双边体制下，未参加谈判的第三者就成为免费搭车者。为了避免出现免费搭车者，无条件最惠国待遇只能在一个多边体制下实现。在 GATT 创始之初，以及其后所有的新成员加入 GATT 时，都要进行关税减让谈判，交出关税减让协定书。这就是 GATT 第 2 条“关税减让表”的内容。因此，就某一特定产品来说，GATT 的成员中免费搭车者只能是那些在该产品的进、出口数量或金额上微不足道的第三者。在整个关税减让义务承担方面，每一个缔约方都为此支付了对价，但是，在具体产品的关税减让义务方面，缔约方的付出是单方面的，是无条件的（除了实施减让的时限外），因此，对于无条件、不歧视的实现，只有放在 GATT 的多边体制框架下观察才有意义。在这种意义上，可以说 GATT 是把 19 世纪盛行于欧洲的用无条件最惠国待遇联系起来的双边贸易体系纳入一个多边法律框架中，使之更规范化、制度化、贸易自由化，更具有稳定性，真正达到缔约方之间互不歧视的目的。

此外，GATT 的多边无条件最惠国待遇原则的特点可以归纳为：（1）只适用于货物贸易。（2）关税是唯一的贸易保护手段，因此，无条件最惠国待遇原则主要体现在有关的关税减让义务方面。（3）在 GATT 多边框架下显示其价值，即是无条件的、不歧视的。而缔约方在承担具体关税减让方面是互惠的。（4）是一项有条约约束力的原则。

（二）WTO

1995 年 1 月 1 日，WTO 成立，《WTO 协定》全面继承了 GATT 1947 的基本原则，但是，由于时代不同，《WTO 协定》所体现的多边无条件最惠国待遇原则具有以下创新和发展。

（1）适用范围扩大。WTO 的多边无条件最惠国待遇原则的适用从货物贸易扩大适用于服务贸易、与贸易有关的知识产权诸协议中，并且被明确地限制在有关协议的适用范围之中。

1）货物贸易协议。最惠国待遇适用于：a. 货物的进、出口；b. 与货物进、出口有关的国际收支转账；c. 关税及征收方法；d. 货物进、出口手续及规章；e. 国内税与规章。最惠国待遇不适用于：a. 历史遗留的特惠安排；b. 关税联盟和自由贸易区；c. 对发展中国家的特殊安排；d. 复边贸易协定；e. 反倾销、反补贴、保障措施；f.《WTO 协定》第 20 条规定的一般例外；g.《WTO 协定》第 21 条规定的安全例外；h.《WTO 协定》第 25 条规定的缔约方的联合行动等。

2）服务贸易协议。最惠国待遇只适用于成员方的一般义务，适用于服务、服务提供者，包括资格认定、认定程序和标准等。最惠国待遇不适用于：a. 成员方列入豁免清单中的服务和服务提供者。b. 为便利双方在毗邻边境地区进行生产和消费的服务交换而给予毗邻国的优惠。c. 经济一体化或劳动一体化协议的安排。d. 垄断和专营服务提供者。e. 保障措施和补贴、政府采购。f. 基于收支平衡的措施。g. 安全例外。h. 作为一般例外的内容，例如，基于维护公共道德、公共秩序、保护人类、动植物生命或健康；为防止欺诈，保护个人隐私、安全，确保与法律和法规相符而采取的措施；保证直接税征收的平等和有效而对服务或服务提供者采取的差别待遇以及为履行避免双重征税的国际条约义务而采取的差别待遇等。

3）知识产权保护协议。和其他有关知识产权方面的国际条约不同，TRIPS 规定①，一成员给予任何其他成员国民的任何利益、优惠、特权或豁免，应当立即无条件地给予所有其他成员的国民，即适用最惠国待遇原则。但这一义务不适用于：a. 并非限于知识产权保护的根据司法协助或一般性的法律实施的国际协定；b. 依照《伯尔尼公约》或《罗马公约》的规定授予的不是国民待遇性质而是基于互惠原则提供的；c. TRIPS 未作规定的表演者权、录音制品制作者及广播组织的权利；d.《WTO 协定》生效前已经存在的有关保护知识产权的协议中产生的。

（2）WTO 建立了比较完备的争端解决机制和对成员方的贸易政策审议机制，这为多边无条件最惠国待遇原则的贯彻实施提供了监督和执行保证。

历史上最惠国待遇的出现是主权国家之间进行交往，以及特定历史和经济、政治、法律条件下的产物，它的内容和形式会随着国家政治、经济发展的变化而变化，不变的是其内在的价值取向，即保证国家之间在经济交往中不受歧视、促进国际合作。该原则最终以多边无条件最惠国待遇的形式存在于 GATT/WTO 多边体制下，成为自由贸易的基石。

WTO 为传统的 GATT 多边无条件最惠国待遇注入了新的生命活力，但是也要看到，在 WTO 多边贸易体制下，关税在贸易保护方面的作用大幅降低（在服务贸易、知识产权、投资措施方面，关税几乎不发生作用），大量的贸易限制是以非关税措施的形式出现的，其中相当多的措施实际属于无条件最惠国待遇的适用例外；此外，20 世纪末期，超大型的区域贸易集团出现。这些都对 WTO 多边无条件最惠国待遇原则的实施造成强烈冲击。

政府管理贸易的法律与制度是优秀的经济学思想的胜利，用以指导主权国家的立法和实践。GATT/WTO 的原则和法律规则是历史经验的产物，是各国实施自由贸易与保护贸易理论和实践的总结。经过半个世纪的考验，GATT/WTO 在市场经济基础上，完成了各国政府管理贸易的法律与规则的协调和统一。

第四节 政府管理贸易的国内法制度

政府管理贸易的国内法制度主要有关税制度、许可证制度、配额制度、外汇管理制度和商品检验制度等。

一、关税制度（Customs Duties，Tariff）

关税是一国政府为管理对外贸易，赋权海关对所有进、出关境的货物课征的一种税收。对境外商品进口课征的关税称为进口关税，对境内商品出口境外课征的关税称为出口关税。

征收关税的目的在于增加国家的财政收入，同时也用来保护境内经济免受境外商品竞争的损害。对进口商品课征高额关税，可以有效地阻挡境外商品的进入。第二次世界大战以前，关税是各国政府防止他国商品输入、保护本国工农业的主要手段。第二次世界大战以后，从 1947 年起，GATT 成员就相互削减关税共进行了 8 轮谈判，大大增强了约束关税的整体约束性。可以说，作为贸易壁垒的关税的作用已经大大降低。然而，各种各样绕过关税壁垒出现的

① 在有关知识产权保护的国际公约中，知识产权拥有者多要求提供国民待遇。

非关税壁垒措施相继出现。尽管如此，关税制度仍旧是各国管理贸易的主要措施之一。

1. 关税的分类

（1）优惠关税（preferential duty），又称特惠关税，是对来自某一国家和地区的商品，全部或部分地给予特别优惠的低关税。优惠关税的给予可以是互惠的，例如，通过双边协定，相互给予优惠关税；也可以是非互惠的，即由一方给予另一方单方面的非反向的优惠关税，例如，发达国家可以按照普惠制原则给予发展中国家优惠关税，也可以依照最惠国待遇原则给予优惠关税。

（2）普通关税（general duty），是一国（地区）对来自未建交的国家或未签订贸易协定的国家或地区的产品征收的关税。普通关税一般都高于优惠关税。

（3）特别关税，又称差别关税、歧视性关税，是指一国（地区）对来自某些国家和地区的同一类产品，适用不同的税率征收的关税，例如，反倾销税、反补贴税、报复性关税等。

2. 关税的稽征方法（collection of customs duties）

（1）从价税，是指以进、出口货物的价格作为纳税税基计征的关税，常用的如以出口货物的离岸价格（FOB 价格）和进口货物的到岸价格（CIF 价格）为税基计征关税。

（2）从量税，是指以进、出口货物的数量等作为纳税税基计征的关税。

（3）混合税，是指对同一进、出口货物同时征收从价税和从量税的征税方法，又称复合关税。

（4）季节税，是指针对有季节特征的货物，如鲜货、果品、谷物，制定两种或两种以上的税率。例如，旺季用高税率，淡季用低税率，平时用中间税率，以维持供销平衡和市场的均衡供应。

3. 关税税则（Customs Tariff）

关税税则是一国（地区）制定并公布实施的按商品类别排列的关税税率表，是海关凭以征收关税的依据和标准。其内容由三部分组成：税号、商品名称和税率。

关税税则按照商品的属性将其分成农产品、工业品等大类，以原料组成为主，结合商品的加工程度、制造阶段、最终用途、目的等划分成半制成品、制成品等小类，称为章、主目和子目等。关税税率按税目逐项订出，可以是一目一率，称为单式税则或一栏税制；也可以订为一目两率或一目多率，称为复式税则或多栏税则。其目的是针对不同的贸易伙伴适用不同的税率，对未建交或无贸易协定的伙伴适用最高税率或普通税率，对签订了贸易协定的伙伴适用较低税率或优惠税率（最惠国税率、互惠税率或普惠制税率等）。

各国（地区）关税税则规定不一，给国际贸易带来诸多不便。1983 年，海关合作理事会通过了《商品名称与编码协调制度》（The Harmonized Commodity Description and Coding System，HS，以下简称《协调制度》）。《协调制度》已经于 1988 年 1 月 1 日正式生效。由于其分类系统、合理，目前，包括我国在内的绝大多数国家都已经采用了该分类目录。

此外，为了解决各国（地区）海关在从价征税时对完税价格估定标准不一，形成一种限制进口的非关税壁垒，GATT 第 7 条对海关估价的基本原则作了规定，在东京回合达成了《海关估价守则》，之后 WTO 成员达成了《关于实施〈1994 年关税与贸易总协定〉第七条的协定》。

4. 保税制度

保税制度是指一国（地区）海关对进入该国（地区）特定区域的货物，或用于加工制造出口的原材料、成品等免征关税的制度。按照该特定区域（保税区）的大小和功能，可以分为保税仓库、自由港和自由贸易区、出口加工区、综合型区域等。（1）保税仓库，是指经海关批准、注册并在其监督之下，存放免税货物的仓库。（2）自由港和自由贸易区。外国货物可以全部或部分免税进、出口的港口为自由港，实行自由港政策的关税隔离区为自由贸易区，自由贸易区内可以从事货物的储存、加工、制造和销售等活动。(3) 出口加工区，是指由海关划定的特定地域（区）内专门从事将免税进口的原材料进行加工出口的活动。(4) 综合型区域。将上述几种类型的保税区结合起来，在区里既可以从事货物的储存、过境、加工等活动，也可以从事工业投资、商业销售、金融服务、旅游、科技研究与开发及成果的应用等活动。

境外商品进入保税区内可以免纳关税，但如果进入境内市场，则应照章纳税。保税区为境外商品的转口过境提供了便利，也是一国（地区）利用外资、吸引境外先进技术和人才、发展经济的有效手段。

二、许可证制度（Licensing System）

许可证制度是一国（地区）政府规定的对某些商品的进、出口必须领取政府颁发的许可证方可进口或出口的制度。许可证制度的实行，通常由各国（地区）先颁布商品目录，凡目录中所列商品的进、出口，必须由有关进、出口商向政府有关部门提出申请，经过批准取得许可证后方可进、出口。许可证的颁发与否，不取决于进、出口商，而取决于该商品的性质、性能以及进、出口的国家或地区。

1. 许可证的分类

(1) 自动许可证与非自动许可证。自动许可证又称一般许可证，是指进、出口商不需要逐笔申请与获得批准，即可以自由从事进、出口。实行自动许可证的目的在于提供海关统计并起到一定的监督作用。适用自动许可证的通常是一些需求广泛，无数量或国别限制的商品。非自动许可证又称特别许可证，其要求进、出口商的每一笔交易都要经主管部门审查、批准。需要特别许可证的商品一般是重要的战略物资、高精尖的技术产品，或者有国别、地区限制或数量限制的商品。

(2) 出口许可证和进口许可证。无论是一般许可证还是特别许可证，又可以分为出口许可证和进口许可证。出口许可证用于一国（地区）对本国（地区）商品出口的限制，通常政府为实现保护国（地区）内资源或国家（地区）安全的目的，而对国（地区）内短缺或稀有的原材料、重要战略物资、文物以及大规模杀伤性武器（如核武器、导弹、生化武器）或军民两用的商品和技术的出口加以限制。进口许可证用于对一国（地区）对外国（地区）商品进口的限制。政府为保持国（地区）内外汇收支平衡、保护人类及动植物安全和健康以及国家（地区）利益之目的，对一些消费品、奢侈品、有毒、污染或有害物品的进口加以限制。

2. 许可证的内容

各国（地区）的进、出口许可证通常载明下列内容：许可证类别、进/出口商名称、商品名称、商品数量或重量、价值、进/出口国别或地区或最终用户、许可证有效期等。进、出口许可证都必须在有效期内使用，逾期作废且不可转让。

具有近代意义的出于贸易保护目的的许可证制度始于两次世界大战期间，本来是各国（地区）战时的临时管制措施。第二次世界大战以后，由于战后恢复经济的需要以及贸易保护主义的盛行，这一制度在各国（地区）被保留下来，并经常与配额制度相结合，进一步加强了其保护作用。

GATT 东京回合谈判就协调各国（地区）进口许可证程序达成了《进口许可证程序协议》，即目前 WTO 的《进口许可证程序协议》。它对于防止各国（地区）利用进口许可证的颁发手续作为变相的贸易壁垒发挥了作用。

三、配额制度

配额制度是指一国（地区）政府在一定的期限内，对某些进、出口商品的数量或金额设定最高限度的制度。在限额内的商品可以进、出口，超额度的则不准进、出口或要交纳较高的关税或罚款。对进口设定的限额称为进口配额，对出口设定的限额称为出口配额。

（一）进口配额

进口配额一般可以分为绝对配额和关税配额。

（1）绝对配额，是进口限制中最常用而有效的措施，是指出口国（地区）政府在一定的期限内对某种商品的进口规定最高限额，如果超过最高限额，则不准进口。绝对配额按分配对象又可以分为全球配额、国别（地区）配额与进口商配额。1）全球配额，是指在配额限度内，可以从全世界任何地方进口，不分国别和地区，达到限额为止。2）国别（地区）配额，是指将规定的进口总限额按不同国家或地区加以分配，当达到限额时，停止从该国或地区进口。3）进口商配额，是指将规定的进口额度按进口商加以分配，超额度的商品不准进口。

（2）关税配额，是指将关税与配额结合起来实行进口限制的一种方法。对配额内进口的商品征收较低关税，对配额外进口的商品征收高关税。

（二）出口配额

出口配额在实践中可以分为主动配额和被动配额。前者是指出口国（地区）政府根据国际市场容量或其他情况对出口商品设定的限额。后者又称为自动出口配额，是指出口国（地区）政府应进口国（地区）的要求或迫于压力，自动限制自己本国（地区）商品向对方的出口数额，如果达到限额，则停止向该国（地区）的出口。

自动出口配额又可以分为有协议的自动出口配额和无协议的自动出口配额。

（1）有协议的自动出口配额，又称协定自动出口配额，是指通过两国（地区）协议或通过国际多边协议达成的，规定出口国（地区）的某种商品在一定的期间内的出口限额，出口国（地区）根据此限额自动控制本国（地区）有关商品的出口，进口国（地区）通过海关统计进行监督、核查。

（2）无协议的自动出口配额，又称单方无协定的自动出口配额，是指出口国（地区）在无国际协定的约束下，迫于进口国（地区）的压力或其他原因，自动规定配额，限制自己向该国（地区）的出口。

进、出口配额也经常和许可证搭配使用。对在配额内的商品颁发许可证，超额度的则不颁发许可，以强化保护作用。

配额制度最早实行于两次世界大战期间，第二次世界大战后，该项制度被保留下来。与关税相比，数量限制作为一种贸易保护的手段，其效果更为迅速、直观且简单易行，因而深为各国（地区）所喜爱。在非关税壁垒中，数量限制是最为有力的武器。GATT 1947 第 11 条明确地规定，禁止各国（地区）实施数量限制。但考虑到国际贸易的现实和各国（地区）经济发展水平的现状，GATT 和 WTO 仍在禁止实施一般数量限制的大原则下，规定了若干例外。

四、外汇管理制度

外汇管理制度是指一国（地区）政府对本国（地区）境内的自然人和法人的外汇买卖、汇率、外汇市场及其他外汇业务（外汇收付、借贷、担保、转移等）进行管理的法律制度。在国际贸易中，外汇管理的内容主要表现为对进、出口贸易项下外汇的管理及有关汇率的管理。

（一）贸易项下外汇的管理

贸易项下外汇的收入和支出是一国（地区）国际收支中最大的项目。在发达国家（地区），贸易项下的外汇收支已经实现了自由化，但在大多数发展中国家（地区），由于外汇短缺，因而都建立了比较严格的管理制度，其主要内容是要求出口的外汇收入的全部或部分必须按官方汇率出售给国家（地区）指定的银行，进口所需外汇必须向有关外汇管理部门申请，批准后方可购买外汇，用于进口。此外，为加强对进、出口的控制，各国（地区）对进、出口外汇的管理经常和进、出口许可证制度以及配额制度结合起来，进、出口商只有取得了进、出口许可证和配额，才能购买所需要的外汇。

（二）汇率管理

汇率是指一国货币与另一国货币的兑换比率，或称为一种货币用另一种货币表示的价格。汇率的变动直接影响进、出口货物的价格，影响一国货物在国际市场上的竞争力。因此，对汇率的管理是一国对外贸易管理的重要内容。各国对汇率的管理可以分为直接管理和间接管理两种。直接管理是指一国通过立法形式规定外汇收支必须按官方公布的汇率进行结算，外汇的买卖、汇率、数量都在国家的控制之下。间接管理则是通过立法以外的手段间接影响汇率的管理办法。

为了鼓励出口，有些国家规定了优惠的出口汇率或出口外汇补贴，因此，外汇管理也是一国政府奖出限入的重要手段。GATT 和 WTO 达成的《反补贴协议》已将这种出口补贴和优惠汇率列为禁止的对象。

五、商品检验制度

在国际贸易中，对进、出口商品进行检验的最初目的主要是保证商品质量符合合同的规定。随着全球环境的恶化，污染加剧，病虫害增加，各种食品添加剂、营养剂的使用，各种基因改造产品投放市场，各国（地区）政府对进、出口商品，特别是对进口商品的检验越来越重视，强制检验的项目越来越多，标准越来越严格，手续也越来越复杂。商品检验的目的是保证人类和动植物的生命与健康，保护环境，保护公共利益和国家安全。然而苛刻的技术标准和要求，繁杂、拖延的手续，事实上使商品检验制度已经构成了排斥外国（地区）竞争对手、实行贸易保护主义的新手段。

GATT 东京回合谈判中达成了《技术性贸易壁垒协议》，乌拉圭回合谈判在此基础上作了修改，形成了 WTO《技术性贸易壁垒协定》。此外，乌拉圭回合谈判中还第一次达成了《动植物卫生检疫措施协议》。这些对于推动国际贸易中各国（地区）采用国际标准、减少贸易障碍，起到了积极的作用。

第五节 世界贸易组织多边贸易管理的法律制度

一、WTO 多边贸易管理法律框架

根据 GATT 乌拉圭回合谈判中达成的《WTO 协定》，WTO 于 1995 年 1 月 1 日成立。WTO 的法律文件既包括实体法性质的法律文件，又包括程序法性质的法律文件。与 GATT

1947 相比，《WTO 协定》调整的范围要宽得多，不仅包括 GATT 1947 调整的货物贸易，还扩大到服务贸易和与贸易有关的知识产权。同时，《WTO 协定》还确立了适用于货物贸易、服务贸易和与贸易有关的知识产权的贸易政策评审机制及争端解决机制。具体而言，WTO 的法律文件由以下各部分构成。

1.《WTO 协定》以及其附件 1、附件 2 和附件 3

《WTO 协定》于 1994 年 4 月 15 日在摩洛哥的马拉喀什签订，是 WTO 的章程性文件，共有 15 条和 3 个附件及其附件目录。该协议对 WTO 的范围、职能、机构、法律地位、政策制定、预算与捐款、秘书处、与其他组织的关系、协议的修改、原始成员方的地位、新成员加入，以及协议的接受、生效、保存、退出等事项作出了详细规定。

附件 1 包括下列内容：（1）附件 1A 是关于货物贸易的多边协议，包括：GATT 1994、《农产品协议》、《卫生与植物检疫措施协议》、《纺织品与服装协议》、《技术性贸易壁垒协议》、《与贸易有关的投资措施协议》、《1994 年关税与贸易总协定第六条执行协议》、《关于实施〈关税与贸易总协定〉1994 年第七条的协议》、《装运前检验协议》、《原产地规则协议》、《进口许可证程序协议》、《补贴与反补贴措施协议》以及《保障措施协议》；（2）附件 1B 是《服务贸易协议》及各附件；（3）附件 1C 是 TRIPS。

附件 2 是关于《争议解决规则和程序谅解》。

附件 3 是《贸易政策评审机制》。

上述所有各项协议要求成员“一揽子”接受，对所有成员具有法律约束力，各成员方必须遵守。

2. 附件 4

附件 4 包括以下若干单项贸易协议（也称诸边协议）：《民用航空器协议》《政府采购协议》《国际奶制品协议》《国际牛肉协议》。① 与对附件 1、附件 2 和附件 3 不同，各成员方对附件 4 可以分别接受，也就是说，附件 4 并不对所有成员具有法律约束力，而是只适用于接受上述若干单项贸易协议的成员，对不接受的成员方不具有约束力。到目前，附件 4 只有少数成员参加。

3. 加入议定书

除原始缔约国外，每一个后加入 WTO 的成员，都需要与 WTO 签订一份“入世”议定书。根据《WTO 协定》，各成员需以其与 WTO 谈判的条件加入 WTO。其第 12.1 条规定：任何国家或在处理其对外贸易关系及本协定和多边贸易协定规定的其他事项方面拥有完全自主权的单独关税区，可按它与 WTO 议定的条件加入本协定。此加入适用于本协定及所附多边贸易协定。加入的决定由部长级会议作出。部长级会议以 WTO 成员的 2/3 多数通过批准关于加入条件的协议。由此可见，议定书是新成员与 WTO 之间议定的条件，具有双边协定的形式。这些条件通过部长级会议以 WTO 成员 2/3 多数批准通过后，与 WTO 一揽子协定同时对新成员产生拘束力。

在各成员的“入世”议定书中还设有一个标准条款，表明该议定书是《WTO 协定》的组成部分。例如，中国加入议定书第 1 条第 2 款规定，“本议定书，包括工作组报告书第 342 段所指的承诺，应成为《建立世界贸易组织协议》的组成部分”（a integral part of the WTO A-

① 随着《农产品协议》的生效和实施，1997 年 WTO 成员同意在当年年底废止《国际牛肉协议》和《国际奶制品协议》。

greement)。这说明议定书是《WTO协定》的组成部分。[①]

4. 后续协议

自WTO上述协议生效后，WTO成员之间又达成了若干诸边协议，如：《信息技术产品协议》(ITA，1997年4月1日生效)，对TRIPS第31条进行修改的《修改TRIPS协议议定书》(2017年1月23日生效)，《贸易便利化协议》(TFA，2017年2月22日生效)。

二、WTO多边贸易管理法律的基本原则与例外

WTO多边贸易管理法律全面继承了GATT的基本原则，并将其从货物贸易扩大适用于国际服务贸易、与贸易有关的投资措施及与贸易有关的知识产权等多边贸易管理体制的新领域。

(一) 最惠国待遇原则

关于最惠国待遇的起源，本章第三节已经作了详细阐述。在国际贸易条约中，最惠国待遇的基本含义是，一国承诺给予另一国的优惠待遇，不低于它现在或将来给予第三国的待遇。这条有关最惠国待遇的规定，就成为国家（地区）之间处理经济贸易关系的基本原则。GATT 1947吸收了这一原则，其第1条“一般最惠国待遇”规定：在对输出或输入，有关输出或输入及输出、入货物的国际支付转账所征收的关税和费用方面，在征收上述关税和费用的方法方面，在输出和输入的规章、手续方面，以及在协定第3条第2款“国内税”及第4款“国内规章”所述事项方面，一缔约方对来自或运往其他国家（地区）的产品所给予的利益、优惠、特权或豁免，应当无条件地给予来自或运往所有其他缔约方的相同产品。

作为GATT的基石或称黄金条款的最惠国待遇条款，如今仍旧是WTO成员享受权利与承担义务的核心条款，成为WTO整个体系的基石。其具有如下基本特点。

1. 内容的确定性

WTO体制下的最惠国待遇具有明确的适用范围。在GATT 1947中，它适用于货物贸易的输出、入，与输出、入有关的国际收支转账；关税和费用及其征收方法；输出、入手续方面以及内地税和内地规章的适用方面。GATT 1994将其适用范围扩大到GATS和TRIPS、与贸易有关的投资协议中。在这些协议中，最惠国待遇条款的适用也是被明确限制在各协议的适用范围之内。因此，WTO体系中的最惠国待遇不是一个抽象的原则，而是有明确、具体内容的可执行的原则。

2. 多边性

和传统的建立在双边贸易协定基础上的最惠国待遇条款相比，GATT 1994将最惠国待遇作了重大发展，使之变成多边的最惠国待遇，使所有缔约方处于既享受一国优惠，同时又向其他缔约方提供优惠的同等地位。最惠国待遇在缔约方之间起到了统一和平衡的作用，不但省去了缔约方之间进行双边谈判的必要性，也克服了双边谈判不可避免的互惠性和局限性。

3. 无条件

GATT 1994建立的最惠国待遇原则的适用是无条件的，其含义是指在WTO内部，一成员与另一成员之间达成的任何优惠安排自动地适用于WTO的其他成员，但不包括在确定建立多

---

① 上述关于“议定书是《WTO协定》的组成部分”的论断指明了议定书与《WTO协定》之间的关系。但在实践中，这一表述在不同的成员之间有不同的解读：“入世”议定书是《WTO协定》及其附件作为一个整体（as a whole）的一部分，还是作为《WTO协定》的附件，与其他附件平行，共同构成《WTO协定》的组成部分？不同的理解在条约解释上会产生不同的结果。参见稀土案（WT/DS431/R、WT/DS432/RWT/DS433/R）专家组报告第7.3、2.1、8.2、7.9段，上诉机构报告第5.1～5.6段。

边最惠国待遇关系时，以及在给惠时多边贸易规则允许附加的条件。

4. 制度化

WTO体系的最惠国待遇以成员之间谈判达成的关税减让表或所作承诺为依据，在GATT规则的约束范围内实施，不但有明确的标准和操作程序要求，而且规定了明确的时间表。与各协议相配套的委员会以及WTO相应的各机构负责监督和执行，比较完善的争端解决机制可以迅速、高效地化解争端，从制度上保证GATT最惠国待遇原则及其例外得到贯彻执行。

无条件最惠国待遇原则被确认为GATT的基石，但考虑到GATT签字时的历史和现状，作为妥协的结果，缔约方仍旧在GATT 1994第1条最惠国待遇的基本原则下承认以下例外：(1) 历史遗留下来的特惠安排。目前，这类历史遗留下来的特惠安排已经大部分消失。(2) 关税同盟和自由贸易区。自由贸易区是指两个或两个以上的关税领土组成的贸易集团，其内部实质上取消了关税和其他贸易限制，实现了货物贸易自由，但对外各成员保持自己独立的关税和贸易政策。关税同盟，则是以一个单独关税领土代替两个或两个以上的关税领土，同盟内实质上取消了关税和贸易限制，对外则作为一个整体实行共同的关税和贸易规章。为了防止关税同盟和自由贸易区对其他缔约方的贸易产生不利的影响，GATT 1994第24条对关税同盟和自由贸易区的设立施加了以下限制：1) 对关税同盟，内部应是实质上"所有贸易"已经取消关税和其他贸易限制；对自由贸易区，则要求区内的"产品贸易"已经实质上取消关税或其他贸易限制。2) 在成立关税同盟或自由贸易区的临时协定或过渡时期内，各成员的关税和贸易规章，不能高于或严于未成立同盟或自由贸易区时所实施的关税和贸易规章的一般限制水平。3) 过渡时期或临时协定应有存续的合理期限和计划，并应及时通知缔约方全体审批。[①]

除了GATT 1994第1条本身规定的例外以外，在GATT的条文和以后的发展实践中，还保留了对最惠国待遇原则的下列例外。

(1) 对发展中国家的特殊安排。对发展中国家利益的考虑始于GATT 1964增加的第四部分"贸易与发展"中，其第36条明确地规定，发达的缔约方对于它们在贸易谈判中对发展中的缔约各方的贸易所承诺的减少或拆除关税和其他壁垒的义务，不能希望得到互惠。GATT 1971于其第25条"缔约方的联合行动"规定，批准发达国家在10年内背离最惠国待遇原则，给予发展中国家更为有利的优惠待遇，这样，1968年由联合国贸易与发展会议第二十一号决议通过的普惠制原则作为一项背离最惠国待遇原则的制度暂时被纳入GATT体系之中，东京回合谈判中达成的题为"差别的更优惠待遇，互惠和发展中国家的更充分参与"的决议进一步允许GATT内发展中国家之间进行区域性或全球性的优惠安排，而不必按GATT 1994第24条或第25条的规定交由缔约方全体审批。同时，该决议规定，尽管有GATT 1994第1条关于最惠国待遇原则的规定，发达缔约方仍可以给予发展中缔约方不同的和更为有利的优惠待遇，而不必将这种待遇给予其他缔约方。这一授权条款无限期地免除了GATT成员中发达国家对发展中国家承担的最惠国待遇项下的义务，将发达国家依照其第25条的规定以临时解除义务的形式实行的普惠制从此永久性地、合法地留在了GATT体制中。

(2) 第25条"缔约方的联合行动"。按照GATT 1994第25条第5款即著名的"豁免条款"的规定，在GATT其他部分未作规定的特殊情况下，缔约方全体经2/3投票通过，可以免除某一缔约方承担的最惠国待遇义务。在GATT历史上，经缔约方全体批准"豁免"最惠国待遇义务的事例可以举出很多，严重地损害了GATT体系的纪律和权威。为了严肃纪律，

---

① 《关于解释1994年关税与贸易总协定第24条的谅解》明确地规定了过渡期的合理期限为10年，并规定了争议解决办法。

WTO对解除义务的条件和程序都作了重大改革。①

（3）WTO的复边贸易协定。在GATT东京回合谈判中，缔约方曾就相互削减非关税壁垒达成了《海关估价守则》《进口许可证程序协议》《技术性贸易壁垒协议》《反倾销守则》《反补贴守则》《政府采购协议》《国际肉类制品协议》《国际奶制品协议》《民用航空器协议》共9项协议。这些协议独立于GATT之外，供GATT缔约方选择适用。对于接受其中某项协议的GATT缔约方，该协议及其中关于最惠国待遇原则的规定具有拘束力；对于未接受这些协议的缔约方，该协议及其最惠国待遇原则不予以适用。东京回合谈判中达成的上述协议割裂了GATT体系，引起诸多非议。乌拉圭回合谈判改变了这一做法，对包括《WTO协定》及其附件（附件4除外）在内的18项多边协议采取了“一揽子”接受的办法，除协议本身允许保留的条款外，这18项协议对WTO所有成员具有拘束力。附件4包括供成员选择适用的4项复边贸易协定（Plurilateral Trade Agreements，PTAs），即《民用航空器协议》《政府采购协议》《国际奶制品协议》《国际牛肉协议》。对于接受复边贸易协定的成员，GATT最惠国待遇原则予以适用；对于不接受复边贸易协定的成员，GATT中有关最惠国待遇原则的规定没有拘束力。②

（二）国民待遇原则

国民待遇原则和最惠国待遇原则一样，都是国际经济贸易关系中的一项基本原则，其基本含义是指一国在经济活动和民事权利与义务等方面给予其境内外国国民以不低于其本国国民所享受的待遇。通常国家之间通过签订双边友好、通商与航海条约，投资保护或知识产权保护协定相互给予国民待遇。GATT 1947第3条吸收了这一原则，从而将双边协定的原则多边化。在适用范围上，该第3条规定：“一缔约方领土的产品输入到另一缔约方领土时，不应对它直接或间接征收高于对相同产品所直接或间接征收的国内税或其他国内费用。”在关于产品的国内销售、运输、分配或适用的法律、条例和规定方面所享受的待遇应不低于相同的国内产品享受的待遇。

根据这一规定，GATT中的国民待遇仅适用于从外国进口的产品所涉及的国内税和国内规章制度方面的措施。

根据GATT的规定，国民待遇原则的适用有下列例外。

（1）政府采购及其有关的法律规定。GATT 1994第3条第8款第1项规定，本条的规定不适用于有关政府机构采办供政府公用，非为商业再销售或用于生产供商业销售而购买货物的政府采购的法律、条例或规定。GATT东京回合谈判中达成了《政府采购协议》，该协议要求缔约方在政府采购中实行最惠国待遇和国民待遇，消除歧视，但该协议是供缔约方选择性加入的，对非缔约方并无约束力。在乌拉圭回合谈判中，《政府采购协议》仍作为复边贸易协定由WTO成员选择接受，对于未接受该协定的WTO成员，国民待遇原则仍不适用。

（2）对国内生产者的政府补贴。GATT 1994第3条第8款第2项规定，本条的规定不妨碍对国内生产者给予特殊的补贴，包括从符合本条规定征收的国内税的收益中以及通过政府购买国产品的方式，向国内生产者提供补贴，但此项例外应在WTO《补贴与反补贴措施协议》的约束下实施。

① 依《WTO协定》第9条第3款的规定，解除义务的决定需要成员3/4的多数同意，而不是2/3。此外，GATT 1994《关于1994年关税与贸易总协定项下义务豁免的谅解》对程序问题也作了严格规定。

② 1997年年底《国际牛肉协议》和《国际奶制品协议》已废止。目前，21个WTO成员正在谈判中的“诸边服务协定”（Plurilateral Services Agreement，PSA）试图为处在停滞状态的多哈回合谈判增加活力。

（三）普遍的例外

在GATT体系中，由原则和例外相结合形成的灵活性构成了GATT的一大特色，但是诸多的例外几乎淹没了GATT的基本原则。WTO重整了GATT多边贸易管理体制，特别是对其例外条款，或取消，或强化，或补充，并增加了定期审查、监督执行的多边控制机制，从而强化了WTO原则的法律拘束力。

WTO体制下的例外可以分为以下4类。

1. WTO多边贸易体系的例外

主要体现在《WTO协定》第9条、第10条和第13条，这属于WTO整个体系的例外。《WTO协定》第9条第3款的规定类似于GATT 1994第25条第5款关于“豁免条款”的规定。前已述及，在特殊情况下，经成员方向部长级会议提出申请，部长级会议按协商一致的表决方式在90日内作出决议，如果90日内不能达成一致协议，则根据3/4多数通过可以豁免某一成员在《WTO协定》中所承担的义务。《WTO协定》第9条第3款为此规定了严格的审查程序，从而与GATT 1994第25条第5款的规定相比有了实质性的变化。

《WTO协定》第10条第3款规定，对《WTO协定》以及附件1A（《货物贸易协定》）和附件1C（TRIPS，但第4条“最惠国待遇”除外）的修改，除了第2款和第6款规定的具有实质上变更成员权利、义务性质的条款外，在经成员2/3多数通过时，仅对赞成通过的2/3成员有效。而对该部长会议3/4多数通过的此类修改决议表示不接受的成员，有退出WTO的权利。也就是说，WTO成员有自行决定是否接受WTO新设义务的权利。

《WTO协定》第13条类似于GATT 1994第35条在特定的缔约方之间互不适用GATT的规定。第13条规定了《WTO协定》和附件1及附件2中的多边贸易协定，在下列三种情况下于成员间的互不适用：（1）一成员在另一方成为WTO成员时不同意适用；（2）GATT 1947的缔约方对其他缔约方曾援引GATT 1994第35条，则当该缔约方成为WTO创始成员时可以援引前述（1）的规定，仍旧保持互不适用；（3）一成员对于依照第12条申请加入的另一方不同意适用本协定，并在部长会议批准加入前通知部长会议，则按上述（1）规定可以互不适用。

2. 最惠国待遇和国民待遇原则的例外

关于对WTO基本原则的例外，前已述及，故不再重复。

3. GATT 1994《货物贸易协定》的例外

这些例外主要体现在GATT 1994第20条、第21条和第25条之中。

第20条为关于一般例外的规定：成员为：（1）保护公共道德所必须采取的措施；（2）为保障人类、动植物的生命和健康所采取的措施；（3）对黄金、白银进出口采取的措施；（4）为保障国内与GATT不相抵触的法律和规章的贯彻执行所采取的必要措施；（5）有关监狱劳动产品采取的措施；（6）为保护国内有艺术、历史或考古价值的文物采取的措施；（7）为保护可能用竭的自然资源所采取的措施；（8）为履行国际商品协定而采取的措施；等等。这些措施的实施不得构成武断的或不合理的差别待遇或者构成对国际贸易的变相限制。

第21条通称“安全例外”，包括：（1）要求成员方提供其依据国家安全利益不能公布的资料。（2）阻止为保护国家基本安全利益而采取的下列任何行为：1）裂变材料或提炼裂变材料的原料；2）武器、弹药和军火贸易或直接和间接供军事机关使用的货物和原料的贸易；3）战时或国际关系中的其他紧急情况。（3）阻止成员方依照《联合国宪章》为维持国际和平与安全而采取的行动。

上述行为均具有政治性，在GATT的实践中，有关机构或专家小组往往拒绝对某一缔约方之行为的合法性作出判断。

第 25 条第 5 款的规定除出现在《WTO 协定》第 9 条中外，在 GATT 1994《关于 1994 年关税与贸易总协定项下义务豁免的谅解》中对于成员申请豁免有关货物贸易协定的义务也作了严格的程序性规定：首先，申请书应提交有关分理事会审议，90 日内提交部长会议，由成员方经 3/4 的多数作出决议通过。申请豁免义务时要注明有关的特殊情况、适用豁免的条件以及期限，豁免期限超过 1 年的，应在实施之日起 1 年内由部长级会议审议，并在终止前每年审议一次，并作出是否延长、修改或终止的决定。

4. 一般禁止数量限制的例外

一般禁止数量限制的例外也属于货物贸易多边协定项下的例外，是 GATT 1994 中具体规则的例外。

前已述及，GATT 的宗旨是通过削减关税和其他贸易障碍，促进国际贸易的发展，也就是说，关税是 GATT 承认的限制贸易的唯一合法手段。GATT 1994 第 11 条第 1 款明确地规定，对各缔约方存在的配额、许可证等限制和禁止货物进、出口的措施，原则上应一律予以取消。然而，国际贸易的实践证明，一方面，数量限制违反了自由市场经济的规律，极大地扭曲了公平竞争的原则，不利于国际贸易的健康发展；另一方面，数量限制的简捷、高效也证明其确实是实行贸易保护主义的有力工具，特别是在经济危机时期，数量限制对于阻止外国产品竞争、保护国内工业可以产生立竿见影的效果。处在这种两难境地的 GATT 起草专家，再一次表现出他们的务实精神：在承认第 11 条一般取消数量限制的原则下，保留了例外，这些例外主要体现在 GATT 1994 第 11 条、第 12 条、第 18 条和第 19 条中。

（1）普遍禁止的例外。

GATT 1994 第 11 条第 2 款规定，本条第 1 款的规定不适用于：1）为防止或减轻出口国食品或其他必需品的严重匮乏临时实施的禁止或限制出口。2）为实施国际贸易中商品分类、分级和销售的标准及条例而必需的限制。3）对任何形式的农渔产品实行进口限制，而这种限制是为了执行政府的下列措施：第一，限制相同的国产品允许产销的数量，如果相同的国产品产量不大，限制能直接代替进口产品的国产品允许产销的数量；第二，以无偿或低于现行市场价格方法将过剩产品处理给国内某些消费团体，以消除能直接代替进口产品的国产品的暂时过剩；第三，限制生产全部或主要直接依赖进口原料生产的动物产品的数量，如果国内生产的原料微不足道。

（2）为保障国际收支平衡实施的进口数量限制。

GATT 1994 第 12 条第 1 款规定，虽有 GATT 1994 第 11 条第 1 款的规定，任何缔约方为了保障其对外金融地位和国际收支，可以限制商品允许进口的数量和价值。对此项例外，第 12 条第 2 款施加了以下条件限制：1）只能为预防货币储备严重下降的急迫威胁或货币储备下降所必需的程度；2）对货币储备很低的缔约方，为了使储备合理增长所必需的程度；3）实施数量限制不得对任何其他成员的利益造成不必要的损害；4）不得无理地阻碍作为正常贸易渠道所必需的最低贸易量的输入；5）不阻碍作为样品的进口或阻碍专利权、商标权、版权或类似程序的遵守。

在东京回合谈判时通过了《为国际收支而采取贸易措施的宣言》，在乌拉圭回合谈判时通过了《关于 1994 年关税与贸易总协定国际收支平衡条款的谅解》（以下简称《谅解》）。《谅解》对 GATT 1994 第 12 条的规定作了进一步的补充和发展：第一，增加了成员方应承诺，尽快公布其取消为国际收支目的而采取进口限制的时间表。第二，“尽管有总协定第 2 条（减让表）的规定，WTO 的成员方仍可超过其关税表规定的关税措施，为保障国际收支目的采取以价格为基础的措施”。所谓以价格为基础的措施，是指采用进口附加税、交纳进口保证金或其他可能影响进口货物价格的措施。而且“除非处于国际收支形势的危急时刻，以价格为基础的措施不能阻止外汇支付形势的急剧恶化，否则成员方应寻求避免为保障国际收支目的实施新的数量限制”。第三，“不得为国际收支目的对一种产品同时采用一种以上的限制进口措施”。按照以上新的规定，成员方试图以保障国际收支平衡为由实施数量限制的条件更为严格。

GATT 1994 第 18 条关于政府对经济发展的援助主要是针对发展中国家的特殊规定，其中第 9 款规定，发展中国家为了保护对外金融地位和一定水平的储备以满足经济发展水平的需要，可以通过对进口商品的数量和价值进行控制。但与第 12 条相比，该款所施加的条件限制要宽松一些。

（3）保障措施。

GATT 1994 第 19 条规定，如果因意外情况的发展或一缔约方因承担本协定义务（包括关税减让在内）而产生的影响，使某一产品输入该缔约方领土的数量大为增加，对这一领土内相同产品或与它直接竞争产品的国内生产者造成重大的损害或产生重大的威胁时，这一缔约方在防止或纠正这种损害所必需的程度和时间内，可以对上述产品全部或部分地暂停实施其所承担的义务，或者撤销或修改减让。这就是著名的“保障条款”。

在实践中，缔约方为了保护国内产业利益援引 GATT 1994 第 19 条主张暂停承担 GATT 义务或撤销关税减让，难度较大。特别是第 19 条本身尚存在许多引起歧义的规定。为避免引起缔约方之间的冲突，遭受损害的一方往往选择采用数量限制的措施。① 但是，根据 GATT 1994 第 13 条的规定，缔约方除非对所有第三国的相同产品的输出、输入同样予以限制或禁止，否则，不得对另一缔约方的相同产品的输出、输入予以限制或禁止，即只能非歧视地实施数量限制。这就产生了援引 GATT 1994 第 19 条“保障条款”在实施中是否可以采用“选择性的保障措施”的问题。此外，有实力的发达国家可以向实力较弱的贸易伙伴，大多为发展中国家，施加压力，迫使其签订自动出口或进口限制协议，以及有秩序的销售协议等。这就是在 GATT 发展史上存在的备受谴责的绕过 GATT 规则出现的“灰区措施”②。

乌拉圭回合谈判中达成的《保障措施协议》共有 14 条。它针对 GATT 1994 第 19 条存在的问题作了以下重大改进：1）衡量进口产品的数量增加，是与国内生产相比绝对或相对地增长；保障措施的适用是针对所有进口的这一产品，而不考虑其来源。2）明确界定“严重损害”和“严重损害威胁”的概念。3）增设了对数量增加及损害的公开调查、公告和听证程序，并按照 GATT 1994 第 2 条关于缔约方所有有关贸易法规的公布和实施应具有透明度的原则实施。4）保障措施不得超过防止或救济严重损害所必需的程度，如果采用数量限制，则该措施不得把进口量减至有统计数据表明的有代表性的前 3 年的平均进口水平以下。5）授权成员可用增加关税的形式采取临时保障措施。《保障措施协议》第 6 条规定，在拖延将导致难以补救的损害的紧急情况下，如果初步确定存在进口增长已经造成严重损害或严重损害威胁的明显证据，则成员应采用增加关税的方式，采取为期不超过 200 日的临时保障措施。6）保障措施的期限不得超过 4 年，在特殊情况下可以延长，但加上临时保障期限，总计不得超过 8 年。7）任何在《WTO 协定》生效日前仍在执行的保障措施或“灰区措施”应在 1999 年 12 月 31 日前逐步

① 即利用 GATT 1994 第 11 条第 2 款“数量限制的例外”和第 12 条。

② 事实上，为避免第 19 条在实施中出现的上述问题，许多国家（地区）如美欧等发达国家（地区）宁愿采用更为简便易行的反倾销措施。

取消，其取消时间表应在自生效日起180日内提交保障措施委员会，任何例外应通知保障委员会，由其在90日内决定是否予以接受。8）保障委员会负责协议的执行以及调查某项保障措施的采取是否遵守了协议规定的程序。

三、关于货物贸易的多边协议

（一）《农产品协议》

农产品问题在GATT中的争论由来已久。早在20世纪60年代，GATT就成立了农业委员会来审查各国的农业政策，使之更符合GATT的基本原则。70年代，东京回合谈判时专门成立了关于农产品的18国咨询小组来审议农产品贸易问题。但主要由于发达国家之间，特别是美国与欧共体之间的意见分歧，谈判没有达成实质性成果。GATT承认农产品与工业品相比有特殊性，从而在诸如反倾销、反补贴问题上对农产品都保留了一些背离GATT义务的规定。在农产品贸易方面，约束性关税较少，主要是靠缔约方的非关税壁垒，如数量限制、配额以及超出GATT之外的“灰区措施”，像自动限制协议、农产品贸易的长期政府安排、各种苛捐杂税等。1982年GATT部长级大会上决定成立农产品贸易委员会，旨在找到符合GATT规定的、全面的、毫无例外地解决农产品贸易问题的办法。1986年开始的乌拉圭回合谈判在货物贸易方面的成果之一就是把长期以来游离于GATT多边贸易体制之外并以非关税壁垒作为主要保护手段的农产品贸易和纺织品服装贸易纳入GATT的多边贸易谈判中来，并根据GATT的原则和纪律加以约束，使之成为GATT以及WTO多边贸易体制的一部分，并通过“一揽子”接受的方式，实现了多边贸易体制的完整性和统一性。

乌拉圭回合谈判中达成的《农产品协议》主要适用于《协调制度》第一章至第二十四章规定的农产品（鱼和鱼产品除外）。该协议由13个部分、21条、5个附录组成，其主要内容有四个方面：第一，将农产品贸易中的非关税壁垒关税化。第二，逐步削减约束性关税。第三，逐步减少国内价格支持。第四，逐步减少出口补贴。

（1）非关税壁垒的关税化。《农产品协议》规定，各成员不得维持、借助或采取已被要求转化为普通关税的任何措施，例如，进口数量限制、最低进口价格、特殊进口许可证、自愿出口限额，以及除普通关税外的边境措施。

（2）逐步削减约束性关税和最低市场准入。各成员承诺按一定的百分比对约束性关税进行削减。发达国家和经济转型国家承诺平均减税36%，在6年内完成；发展中国家平均减税24%，在10年内完成；最不发达国家可以不履行削减承诺，但要承担约束性义务。对于某些特殊类农产品，《农产品协议》要求成员方承担现行市场准入和最低市场准入的义务。对于成员之间通过特殊安排对来自某些成员的肉类和温带产品进口给予的特殊优惠应予以保持。进口方应通过关税配额承担现行市场准入的承诺；对过去很少或没有进口的某些农产品，成员方应以关税配额方式作出最低市场准入的承诺。以1986年—1988年消费总量为基数，承诺达到国内消费量的3%。发达国家到2000年年底，发展中国家应在2004年年底之前，达到5%，配额内产品进口关税不得高于约束性关税的32%。

（3）逐步减少国内价格支持。《农产品协议》要求各成员按一定的百分比削减国内价格支持水平，以1986年—1988年间国内支持总水平为基准，发达国家在6年内削减其总量支持的20%，发展中国家在10年内削减其总量支持的13.33%，但给予某基础农产品的国内支持如果不超过相关年度该基础农产品生产总值的5%，可以不计入总量支持内。发达国家的国内支持如果不超过该成员农业生产总值的5%，发展中国家不超过10%，也免除削减义务。此外，该协议对发展中国家对农业的普通投资补贴和对低收入或资源匮乏的生产商的普遍农业投入补贴，以及为鼓励改变非法麻醉类作物种植而向国内生产商提供的补贴给予豁免。

（4）逐步减少出口补贴。关于出口补贴，成员方承诺不提供与协议及其减让表中规定的承诺不相符的出口补贴，并在 6 年内将实行补贴的农产品出口的金额和数量分别削减其基期水平（1986 年—1988 年）的 36%和 21%，发展中国家则分别削减 24%和 14%。

（二）《纺织品和服装协议》

第一项关于纺织品与服装的多边贸易协定是纺织品的出口国和进口国于 1962 年签订的《棉纺织品长期协定》，1973 年期满后改为《多种纤维协定》，其范围从单纯的棉制品扩展到多种纤维（人造的、天然的）。该协定于 1974 年正式生效后，1977 年重新修订，1981 年到期，1982 年成员方部长级会议决定继续有效，1985 年再一次修订延长有效期，直至被乌拉圭回合谈判中达成的《纺织品和服装协议》取代。

长期以来，纺织品贸易问题一直是发达国家和发展中国家之间的一个敏感问题。随着发展中国家在经济中的崛起，在“增值生产的份额”方面，发达国家和发展中国家之间的竞争加剧，纺织工业是否应逐步在发达国家消失而移转到发展中国家，被认为不仅仅是经济竞争力问题，还有诸多政治上的考虑。如何在增加市场准入和保持必要的工业部门之间寻找适当的平衡点，将是纺织品出口国和进口国进行健康竞争的基础。乌拉圭回合谈判中达成的《纺织品和服装协议》的基本目标是把纺织品和服装贸易纳入 GATT 的轨道，彻底改变在《多种纤维协定》体制下依靠多如牛毛的双边协定和配额设限加以维持的纺织品和服装贸易，并将其统统归于协议的管辖。

《纺织品和服装协议》由 9 项条款和 1 个附件组成。附件中列举了按照《商品分类和编码协调制度》适用于协议的产品清单（第五十章至第六十三章以及第三十章至第四十九章、第六十四章至第九十六章中的纺织品和服装产品），包括设限产品和非设限产品。各成员在《WTO 协定》生效日前，依据《多种纤维协定》实施的所有数量限制、所采取的任何单边措施，均应接受协定管辖并接受该协定下纺织品监督机构的审查。至 2005 年 1 月 1 日 10 年过渡期满时，任何成员不得再对纺织品和服装进口实行限制，除非依据《保障措施协议》说明其数量限制的合理性。

其具体步骤如下：第一阶段，占 1990 年进口总额 16%的商品于 1995 年 1 月 1 日起取消数量限制；第二阶段，占 1990 年进口总额 17%的商品于 1998 年 1 月 1 日起取消数量限制；第三阶段，占 1990 年进口总额 18%的商品于 2002 年起取消数量限制；第四阶段，占 1990 年进口总额 49%的商品于 2005 年起取消所有的数量限制，实现纺织品贸易的自由化。

为扩大市场准入的机会，《纺织品和服装协议》要求在维持双边协定确定的每种产品的配额年增长率之外规定每年递增的额外年配额增长率。以 1993 年双边协定确定的配额年增长率为基数，1995 年—1997 年额外年增长率为 16%，1998 年—2001 年额外年增长率为 25%，2002 年—2005 年额外年增长率为 27%。

分阶段取消数量限制对纺织品进、出口的主体即发展中国家来说它们并不能立即从上述规定中得到实惠，例如，对于美国和欧盟，1990 年非设限进口纺织品占其进口总额的百分比分别是 34%和 37%。因此，在执行取消数量限制的阶段性要求时，发达国家完全可以不触动其设限产品，又同时遵守了《纺织品和服装协议》的要求，而取消设限产品的数量限制对发展中国家的利益往往才是至关重要的。相比较而言，配额的额外增长率会使发展中国家的进口利益立刻得到改善，当 10 年过渡期满时，出口国的配额会比 10 年前翻一番。

维持非属于《多种纤维协定》的限制的各成员，也应在《纺织品和服装协议》规定的 10 年期限内逐步取消这些数量限制，具体方案由进口方拟订，提交纺织品监督机构。

对于通过转运、改道、谎报原产（地）国或伪造官方文件等方式进行规避的行为，各成员方承诺制定必要的国内法律和行政程序予以处理，并可以通过双方协商或通知纺织品监督机构调解等方式予以解决。

（三）反倾销与反补贴协议

倾销和补贴是国际贸易中的一种不正当竞争手段。各国纷纷颁布反倾销法和反补贴法以抵制这种不正当行为和消除这种不正当行为给本国工业造成的损害。但各国法律确认倾销和补贴的标准、程序、实施办法不尽相同，从而使各国国内的反倾销、反补贴立法往往成为一种变相的贸易保护手段，由此引起的争议层出不穷。为消除和减少这种不公平的竞争手段，GATT 1947 第 6 条、第 16 条和第 23 条作出了规定，从此奠定了国际反倾销和反补贴立法的核心。1967 年 6 月，GATT 第六轮谈判（即肯尼迪回合）签订了《反倾销法典》，对 GATT 1947 第 6 条的实施作了比较详细的规定。1973 年—1979 年，GATT 第七轮谈判（即东京回合）分别达成《反倾销守则》和《补贴与反补贴税守则》，对 GATT 1947 第 6 条、第 16 条和第 23 条的适用作了进一步解释和规定。1995 年 1 月 1 日生效的乌拉圭回合谈判中达成的反倾销和反补贴协定，在实体性和程序性两方面严格了国际反倾销和反补贴的纪律，使 GATT 确立的国际反倾销与反补贴立法臻于完善。

1. 反倾销

乌拉圭回合谈判中达成的反倾销协定全称为《关于实施〈关税与贸易总协定〉1994 年第六条的规定》（以下简称《反倾销协议》），主要规定了反倾销的实体规则和程序规则两部分。实体规则部分包括倾销的定义、倾销的确定和损害的确定。程序规则部分规定了反倾销调查、临时措施、终裁与复审等。

根据 GATT 1994 第 6 条的规定，一国产品以低于正常价值的价格进入另一国市场，如果因此对某一缔约方领土内已经建立的某项工业造成实质性损害或产生实质性损害的威胁，或对某一国内工业的新建产生实质性阻碍，则构成倾销。

因此，构成倾销应具备三个条件：（1）产品价格低于正常价值；（2）给有关国家同类产品的工业生产造成实质性损害，或存在此种威胁，或对某一工业的新建造成实质性阻碍；（3）低于正常价值的销售与损害之间存在因果关系。进口国为抵制倾销可以对该倾销产品征收不超过倾销幅度的特别关税。

所谓正常价值，是指产品以通常的商业数量在正常贸易过程中在出口国国内消费的价格，也称为国内市场价格。出口价格，是指在正常贸易情况下进口商向出口商购买商品所实际支付的价格。

《反倾销协议》第一次确定了出口价格与正常价值进行比较的基本原则和方法，即按照公平原则基于相同的贸易水平，将在尽可能相同的时间内发生的交易进行比较；同时根据每一案件的具体情况，如销售情况和条件、税收、销售数量、商品特性、汇率变化等情况作出适当调整。比较方法可以是比较加权平均正常价值与所有可比出口交易加权平均价格，即平均对平均比较法，或比较每笔交易的正常价值与每笔交易的出口价格，即个别对个别比较法。

为了确定损害，《反倾销协议》对有关同类产品、国内工业、实质性损害及其累计以及倾销与损害的因果关系等都作出了明确的规定。

关于反倾销的程序规则，《反倾销协议》明确地规定了国内申诉人的资格。在一般情况下，反倾销调查是从进口国生产同类产品的国内工业的代表（包括雇员或雇员代表）提出申诉开始的。进口国当局依据国内同类产品的生产商对此申诉的支持或反对来判断申诉人是否拥有代表生产同类产品的国内工业的资格，其标准是：支持申诉的国内同类产品生产商的产量至少占国内同类产品总产量的25%；或这部分产量超过国内工业中参与对申诉进行表态的（支持或反对）那部分生产总产量的50%。在特殊情况下，有关当局如果在掌握了倾销、损害和因果关系的足够证据以后，即使没有国内工业或其代表申诉，也可以自己主动发起调查。

依照《反倾销协议》的规定，调查一般应在其开始后1年内结束，最长不得超过18个月。

当证据不足或倾销幅度不超过2%，或倾销数量低于3%时，可以因损害微不足道而终止调查。

主管当局已经作出倾销和损害存在的肯定性初裁时，经公告后可以征收临时税或要求以提交保证金的方式采取为时不超过4个月的临时措施，从发起反倾销调查之日起60日起算。原则上，反倾销的临时措施与反倾销税只适用于反倾销调查决定生效后或当局的征税决定生效后进入消费领域的产品。在作出损害的终裁或损害威胁的终裁后，如果不采取临时措施将导致损害发生，反倾销税可以追溯至临时措施开始之日起征收。

最终的反倾销税是从作出损害威胁或实质性阻碍的裁决之日起征收。此时，实施临时措施时的保证金予以退还；如果终裁是否定的，那么任何在实施临时措施时提供的保证金也予以退还。如果出口商有倾销史或损害是短期内大量进口产品造成的，则反倾销税可以追溯对采取临时措施前90日内进入消费市场的产品征收。

按照“高退低不补”的原则，如果临时反倾销税高于最终反倾销税，则差额部分予以退还；如果临时反倾销税低于最终反倾销税，则差额部分无须补交。反倾销税的期限自征收之日起不超过5年，当局可经利益关系方的请求或自行进行复审，并在自发起之日起1年内结束。

2. 反补贴

乌拉圭回合谈判中达成的《补贴与反补贴措施协议》（以下简称《反补贴协议》）的内容也分实体性规定和程序性规定两部分，程序性规定与《反倾销协议》的相同，其实体性规定部分主要是对补贴的概念和分类作了明确的规定。

《反补贴协议》第1条规定，补贴是指在某成员方境内由某一政府或公共机构作出的财政支持、任何形式的收入支持或价格支持，以及由此给予的利益。

《反补贴协议》将补贴分为禁止使用的补贴、可申诉的补贴以及不可申诉的补贴，针对这三类不同性质的补贴，分别制定与反补贴措施平行使用的救济方法。

禁止使用的补贴包括除《农产品协议》规定的补贴以外的12种出口补贴和进口替代行为。按照《反补贴协议》的规定，各成员不应实施和维持这种被禁止使用的补贴，其他成员一经发现，可以按照与反倾销程序相类似的程序，采取反补贴措施；也可以按照协议第二部分第4条给予的救济方法（两者只能取一），即通过双方协商，协商不成则提交专家小组等按照《争端解决规则和程序的谅解协议》（以下简称《谅解协议》）处理。除《反补贴协议》明确规定的时间限制外，依据《谅解协议》处理补贴争端的时间限制一律减半。

可申诉的补贴是指《反补贴协议》第1条所指的补贴。如果该类补贴给有关成员带来不利的影响或严重损害，受损害方可以采取反补贴措施或按《反补贴协议》第三部分第7条的规定，采取协议给予的救济方法①，但依据《农产品协议》第13条给予农产品的补贴除外。

不可申诉的补贴（简称不可诉补贴）是指对科研活动、贫困落后地区以及企业为执行保护

① 该救济方法与禁止使用的补贴的救济方法即《反补贴协议》第二部分第4条的规定相类似，只是对协商时间和专家小组提交报告的时间都作了延长，分别为60日和120日，而不是前者规定的30日和90日。

环境的法律而增加的财政负担由政府给予的资助，以及不具有特定性的补贴。[①] 对于不可诉补贴，如果成员方认为给其国内工业造成严重的、不利的影响，也可以采取反补贴措施或按《反补贴协议》第四部分第9条的规定采取救济方法。值得注意的是，根据《反补贴协议》第8条和第9条的规定，不可诉补贴的规定只在该协议生效之日起5年内适用。期满前180天，反补贴委员会应该审议该项规定的适用情况，以便决定是否继续适用。当1999年反补贴委员会审议该事项时，该委员会对于是否继续适用该规定没有达成一致同意，因此，从1999年12月31日起，关于不可诉补贴的规定停止适用。

《反补贴协议》对发展中国家的利益作了适当考虑：禁止出口补贴的规定不适用于最不发达国家以及人均年国民生产总值（GNP）不足100美元的发展中国家；允许其他发展中国家8年内逐步取消出口补贴；从计划经济过渡到市场经济的国家，应在7年内逐步取消出口补贴；禁止进口替代的补贴5年内不适用于发展中国家，8年内不适用于最不发达国家。

乌拉圭回合谈判达成的反倾销、反补贴协议的生效使WTO成员有了普遍遵守的统一立法和程序，并有了解决彼此争端的比较完善的机制。这对于减少争议，促进国际贸易领域的公平竞争起到了极大的促进作用。其不足之处在于对于各国反倾销、反补贴立法与实践中分歧较大的问题，如非市场经济国家的补贴与倾销的确认问题、反规避等问题，均未涉及。此外，在诸如价格、损害、因果关系，以及反倾销、反补贴调查程序、税额计算等问题的处理方面给成员方主管当局自由裁量的余地过大，必将妨碍成员方在征收补偿性关税时的公平性与非歧视性。就《反倾销协议》而言，它对发展中国家的利益缺乏考虑。

（四）《原产地规则协议》

原产地规则（rules of origin），是指根据国家立法或国际协议确立的原则发展出来的，并由一国用于确定货物原产地的特别规定。[②] 原产地是产品的经济国籍。确定原产地的最初目的是为消费者的选择提供便利，此外，便于一国海关统计。然而，在国际贸易中，越来越多的人认识到原产地对产品的重要价值，所以，原产地也成为一项重要的知识产权，受到各国法律的保护。随着国际分工日益朝着专业化方向的发展，传统上只由一国生产的产品，现在越来越多地出现了其原料、组成成分、制造过程和工序等来自不同国家和地区或由不同国家和地区完成的情况。如何确定产品的原产地成为一个越来越复杂、越来越主要的问题，其中，既有复杂的技术问题，也有各国的经济利益问题。在各国制定的自己的原产地规则中，使用的标准不一，往往导致原产地规则的滥用，从而成为一种新的贸易壁垒，成为一国实施歧视性国别和地区政策的工具。

GATT 1947第9条曾就货物原产地标记作出具体的规定。1973年，国际海关合作理事会制定了《关于简化和协调海关业务制度的国际公约》（以下简称《京都公约》），其D1、D2、D3附约是国际上第一次就货物原产地问题明确作出的规定。D1附约是关于原产地规则的附约，D2附约是关于原产地证明的附约，D3附约是关于原产地证明的监管规则。瑞典、波兰、匈牙利等6个国家全部接受了3个附约；日本、澳大利亚等20个国家加入了D1附约；美国、奥地利等17个国家加入了D2附约；中国、加拿大、新加坡、马来西亚等国家加入了《京都公约》，但未加入上述3个附约。按照《京都公约》的规定，公约正文对所有的缔约国有效，附

---

① 所谓特定性补贴，是指主管当局或依法律给予特定企业，或特定地区的特定企业的财政支持以及《反补贴协议》中规定的属于“禁止使用”的补贴。如果主管当局对补贴的给予规定了明确、公平的标准和条件，凡符合标准或条件者，补贴将自动获得，则该补贴不具有特定性。

② 参见《京都公约》D1关于原产地规则的附约。

约只对接受国有效。每个附约都由序言、定义、标准条款、建议条款和注释共 5 个部分组成。标准条款是缔约国必须普遍予以实施的，除非其在加入时作了保留。建议条款是缔约国尽最大可能予以实施的。注释则是在实施标准条款和建议条款时，可供缔约国采用的几种可能的做法。

《京都公约》附约的这种性质，大大限制了它的适用范围和效力。而像美国、加拿大这样的贸易大国未加入 D1 附约，极大地妨碍了原产地规则的国际统一。乌拉圭回合谈判中达成的《原产地规则协议》和《装船前检验协议》一样，是在取消非关税壁垒方面达成的又一项新协议。

乌拉圭回合谈判中达成的《原产地规则协议》由前言、4 部分（9 条）和两个附件组成，其主要内容如下。

(1) 该协议规定了协调各国原产地规则应遵循的基本原则，即平等原则，客观性、可预见原则以及公正原则。

(2) 定义和适用范围。该协议适用于非优惠原产地规则，即任何成员为确定商品的原产国而采用的法律、条例和普遍适用的行政命令，具体包括 GATT 1994 第 1 条、第 2 条、第 3 条、第 11 条和第 13 条中的最惠国待遇，GATT 1994 第 6 条中的反倾销和反补贴税，第 19 条中的保障措施，第 9 条中的原产地标志的要求，以及各种歧视性数量限制或关税配额；还包括政府采购和贸易统计中使用的原产地规则。

(3) 实施原产地规则的纪律：包括过渡期的纪律和过渡期后的纪律。在过渡期，该协议要求成员方在发布实施其原产地规则的命令时如果采用税目分类改变标准，则应列明所涉税则目录内的子目或税目；如果采用从价百分比标准，则应说明计算百分比的方法；如果采用制造或加工工序标准，则应说明具体的工序。

经要求，原产地的评定结果应在提出要求之日起 150 日内作出，且原则上 3 年内保持不变。

过渡期后，各成员应确保该协议所确定的实施原产地规则的基本原则不变；完全获得该产品的国家应是该特定产品的原产地国家，当该产品的生产涉及一个以上国家时，其原产地应为完成最后实质性改变的国家。任何与确定原产地有关的行政行为应受司法的、仲裁的或行政的程序的审查。

(4) 争议解决。就执行该协议发生的争议，适用 GATT 1994 第 22 条和第 23 条的规定予以解决。

（五）《装船前检验协议》

进口商雇用独立的检验公司在装船前对出口货物实施检验是为了保证货物在数量、质量或价格等方面符合合同的规定。然而，对各成员政府来说，特别是对于实行外汇管制的发展中国家来说，政府需要独立的检验公司来核实进、出口商品的真实价格，以防止关税的流失、外汇资金外流以及其他不公平的竞争行为。由于国际上缺乏统一的标准和做法，装船前检验的拖延也构成了一种变相的贸易壁垒。为了解决这一问题，乌拉圭回合谈判就削减成员间非关税壁垒达成了一项新的协定，这就是《装船前检验协议》。该协议共有 9 条，主要解决以下问题。

(1) 该协议的适用范围。该协议适用于所有在各成员境内进行的装船前检验行为，无论这些行为是由一成员政府还是由任何政府机构委托或授权的。这样的成员政府或政府机构被称为“用户成员”。装船前的检验行为是指对用户成员境内进口的货物进行有关数量、质量、价格包括外汇汇率、财政条件以及关税分类等的核实。

（2）用户成员的义务。1）该协议要求成员方确保其装船前的检验行为在执行中遵循非歧视原则，其程序和标准是客观的，在适用上是平等、一致的。2）检验地点应在商品出口（或制造）的关境内进行。3）数量或质量的检验按买卖双方在合同中确定的标准进行，如果无此标准，则按国际标准进行。4）装船前的检验行为要保持一定的透明度，同时要确保商业秘密的信息不向任何第三方泄露。5）为阻止开立高价或低价发票的欺诈行为，检验机构进行价格核实时应按下列准则：采用从同一出口国在大约相同的时间出口的相同或同类产品的可比价格；出口国的销售价；进口国的销售价；除出口国外，一国出口产品的价格、生产成本价、武断或虚构的价格均不得用来作为核实的价格。

（3）出口方成员的义务。出口方成员要确保其有关装船前检验的法律、法规按非歧视原则实施，保持其透明度并向用户成员提供技术援助。

（4）争端解决。该协议为解决出口商和检验机构之间的争议建立了一套独立的审查程序。当出口商与检验机构通过协商不能解决争议时，从由出口商、检验机构和独立的贸易专家三方组成的独立机构的名册中各选出一名代表组成专家小组，由贸易专家担任主席，由多数投票作出的决定对争议双方均有拘束力。

（六）《技术性贸易壁垒协议》

为了保护消费者的利益，保护人类和动、植物的生命与健康，为保护环境以及国家安全和利益，对进、出口货物进行强制性检验并制定各种规章和标准已经成为各国政府管理对外贸易的重要手段。各种繁杂的技术规章制度和检验、检测标准无疑成为国际贸易正常发展的阻碍。

在GATT条文中，没有专款涉及货物的技术法规和标准以及它们的评定程序。在东京回合谈判中缔约方达成了《技术性贸易壁垒协议》，乌拉圭回合谈判在此基础上作了重大修改和补充，使之更明确，更具有可操作性。新的《技术性贸易壁垒协议》共有15条和3个附录，涉及内容丰富，主要规定如下。

1. 适用范围

（1）该协议不但适用于各成员中央及地方政府机构颁布的技术法规和标准证书制度，而且适用于非政府机构的技术法规和标准证书制度，以及国际或区域组织及认证制度；（2）该协议适用于所有产品（包括工业品和农产品）的技术法规、标准与合格评定程序，但不包括服务业以及供政府机构生产和消费的需要而由政府机构制定的采购价格；（3）不适用《卫生与植物检疫措施协议》中所定义的卫生和植物检疫措施。

2. 基本原则

（1）在技术法规和合格评定程序方面实行最惠国待遇和国民待遇。（2）技术法规和合格评定程序的制定、采纳和实施不得对国际贸易造成不必要的障碍，不应超过实现其合理目标所必需的程度。合理目标主要指：国家安全、防止欺诈、保护人类和动植物的生命与安全、保护环境等。（3）尽量采纳和参与制定国际标准与国际标准化机构主持的合格评定程序。（4）及时公布现有技术法规及其修订。（5）给发展中国家提供差别和更优惠的待遇，并提供必要的技术援助。

3. 技术法规和标准定义

技术法规是指规定产品的特征或与其有关的处理过程和生产方法，包括适用的管理条款，并强制执行的文件。当技术法规适用于某产品、处理过程和生产方法时，可以包括或仅涉及术语、符号、包装、标志或标签要求。

标准是指由公认机构通过的，供共同和反复使用的规定、指示、产品特征或有关的处理过程和生产方法的非强制性实施的文件。

以上定义及该协议涉及的术语采用的都是国际标准化组织/国际电子委员会（ISO/IEC）第2号指南——1991年《关于标准化及其有关活动的一般术语及其定义》第六版中所表述的术语。应当注意的是，这些术语不适用于服务业。此外，ISO/IEC第2号指南定义的标准可以是强制性的，也可以是自愿性的，但此处的标准被定义为自愿性的，而技术法规是强制性的。国际标准化组织（ISO）制定的各种标准是建立在意见一致的基础上的，而该协议也包括在非意见一致的基础上产生的协议。

4. 合格评定程序的定义

合格评定程序是指任何确定满足技术法规或标准的有关要求而直接或间接适用的技术程序，包括：抽样、测试和检验、评定、核实和合格保证；注册、认可和核准以及这些的结合适用。

5. 附件

协议后面附有3个重要附件。附件1是特定术语及其定义；附件2是关于技术专家组的规定，在解决争议中，技术专家组接受专家小组的管辖；附件3是《关于制定、采纳和实施标准的良好的行为条例》（以下简称《良好行为条例》）的内容。该协议要求各成员应确保其中央政府的标准化机构接受和遵守《良好行为条例》，并采取可行的合理措施；确保其地方政府及非政府标准化机构及其参加的区域性标准化机构接受和遵守《良好行为条例》。

（七）《卫生与植物检疫措施协议》

《卫生与植物检疫措施协议》是乌拉圭回合谈判中成员方达成的一项新协定。随着国际社会对人类、动植物的生命和健康的关注，有必要在WTO体制下建立一套多边规则的纪律，以协调各国在检疫措施、标准和保护水平方面的差异，防止其对国际贸易产生消极的影响。该协议共有14条和3个附件，主要内容如下。

1. 适用范围

该协议所称卫生与植物检疫措施是指所有可能直接或间接地影响国际贸易的卫生和植物检疫措施，包括：（1）保护动、植物的生命和健康免受虫害、病害、带病微生物和致病微生物的进入、生长和蔓延引起的风险的措施；（2）保护人类和动物免受食品、饮料或饲料中的添加剂、污染物、毒素或致病微生物引起的风险的措施；（3）保护人类的生命和健康免受动、植物或其产品所带病菌，或由虫害进入、生长、蔓延引起的风险的措施。该协议的适用范围包括为阻止上述风险所颁布的相关法律、政令、规章、要求和程序，特别是最终产品准则；加工和生产方式；试验、检验、证明和批准程序；检疫处理，包括与运输动、植物相关的辅助要求，或在运输途中为维护其生存所必需的物品的相关要求；有关统计方法、抽样程序和风险评估方式的规定；直接与食品安全相联系的包装和标签的要求。

该协议的规定不影响各成员依照《技术性贸易壁垒协议》承担的权利和义务。

2. 基本权利与义务

（1）上述检疫措施只适用于保护人类和动、植物的生命或健康的必要程度，并建立在科学原则的基础上及不背离现有的科学依据；（2）不得在成员间构成歧视，不应构成对国际贸易的一种隐蔽的限制；（3）该义务应与GATT 1994第20条b款关于保护人类和动、植物的生命和健康的除外相一致；（4）尽量采用和参与制定国际标准、准则和建议。成员如果认为有科学理由，可以采用更高标准，但必须经过科学审查。

3. 附件

附件A是关于该协议所使用的定义；附件B是关于卫生和植物检疫措施的透明度要求；

附件C是控制、检查和批准程序，包括取样、检验和证实方面的程序。

（八）《进口许可证程序协议》

许可证是实施数量限制的一种手段。进口许可是用于执行进口许可证制度的行政程序，它要求进口商向有关管理机构提交申请或其他单据（指非海关所需单据）作为进口货物进入一国境内的先决条件。为防止许可证颁发程序构成变相的贸易壁垒，GATT 1994第8条第1款丙项规定，各缔约方应将其进、出口手续的负担和烦琐降到最低限度。在东京回合谈判中，GATT的缔约方曾达成《进口许可证程序协议》，但在实质内容上未作大的改动。该协议只有8条，具有如下主要内容。

（1）总则。进口许可证程序的规则应中立地适用，公正、平等地实施；关于提交申请的程序规则及有关资料，包括申请人资格、许可进口的产品清单及变动，都应当予以公布；不得以申报材料上的细小差错为由拒绝申请；不得要求成员方公布那些妨碍其法律实施或违背公共利益或公、私企业的合法商业利益的机密资料。

（2）区分了自动进口许可证和非自动进口许可证。前者批准日以10个工作日为限，后者不得超过30日；如果所有申请同时考虑，不得超过60日。许可证的有效期应是一个合理的期限，不能短到阻碍货物的进口。

（3）许可证申请遭拒绝时，申请人有权要求告知理由并可依据本国立法或程序提起上诉或要求复查。

（4）建立进口许可证委员会，监督审查该协议的执行。

（5）关于成员间就该协议引起的争议应适用《谅解协议》解释和GATT 1994第22条和第23条的规定。

（九）《海关估价协定》

一国海关在实行从价征税时，需要对作为征税依据的进、出口商申报的价格进行审定，这被称为海关估价。经审定后确定的价格被称为完税价格。各国海关估价时采用不同的标准、程序和方法，直接影响完税价格，从而影响纳税人的利益。GATT 1994第7条规定，海关对进口商品的估价，应以进口商品或相同商品的实际价格为征税依据，而不得以国产品或武断的或虚构的价格作为征税依据。所谓“实际价格”，是指进口国立法确定的某一时间和地点在正常贸易过程中，在充分竞争的条件下，某商品或相同商品出售的价格。为此，该协定要求当将另一国货币表示的价格折成本国货币时，应以符合《国际货币基金组织协定》规定的平价或其认可的汇率为根据。为了便于GATT 1994第7条的实施，东京回合谈判中达成《海关估价守则》，即《关于实施〈关税与贸易总协定〉第7条的协议》，乌拉圭回合谈判中改为《关于实施〈关税与贸易总协定〉1994年第7条的协定》（简称《海关估价协定》），但在内容上并无实质性的改变。《海关估价协定》共分4部分，共有24条和3个附件。其具有如下主要内容。

1. 海关估价规则

该协定提出了严格按顺序执行的海关估价方法。

（1）实际成交价格，即货物出售给进口国的实际或应付的成交价格。

（2）相同货物价格，即与该货物同时或大约同一时间内由同一出口国出口到同一进口国的相同产品的成交价格。所谓相同产品，是指在各方面，包括物理性质、质量和信誉，都一样的产品。表面上的微小差异不妨碍被确认为相同产品。

（3）类似货物价格，即同一出口国在相同或大约相同时间内出口到同一进口国的类似产品的成交价格。所谓类似产品，是指虽然不是在所有方面都相同，但具有类似的特性及由同样的材料制造，并具有同样的效用且在贸易上可以互换的产品。在确定货物是否类似时，应考虑其品质、信誉及商标等。

（4）进口后的转卖价格。又称倒扣法，即以在与进口相同或大致相同的时间里向与购买此货无关联的人出售最大量的进口货物或与之相同或类似货物的进口单价为依据进行估价，但要扣除有关的佣金、利润、运输费、保险费、进口关税及其他国内税等。所谓有关联的人，是指：1）在彼此的业务中互为官员或董事；2）是商业上的合伙人；3）是雇主和雇员；4）任何直接或间接拥有、控制或持有两者的5%或5%以上已发行的有表决权的股票或股份的人；5）一方直接或间接控制另一方；6）双方共同直接或间接控制第三方；7）属于同一家庭的成员。

如果在估价时无相同或类似货物销售，则以与进口货物相同或类似货物进口后90日内向与购买此货无关联的人出售最大量的相同或类似的进口货物的单价为依据进行估价；如果90日无相同或类似货物出售，则以向进口国与购买此货无关联的人出售最大量的经进一步加工的进口货物的单价为依据，但要扣除加工后的增值部分以及有关的佣金、利润、运输费、保险费、关税以及有关的国内税等。

（5）估算价格。又称结构价格，即通过对原料和制造加工费用、利润及产品在出口销售时的一般费用、劳务费用、包装费用等进行计算，得出货物的最终价格。

按照该协定的规定，前三种方法是必须按顺序依次使用的，当按前三种方法仍不能确定价格时，应进口商的要求，第四种、第五种方法的顺序可以颠倒使用。如果采用前五种方法均不能确定货物价格，则可以采用第六种方法，即按照与该协定以及GATT 1994第7条的原则和一般规定相一致的可行办法，并以进口国现有资料为依据，确定一个与贸易价格最为接近的价格，即用合理方法推算出来的价格。但下列价格不得作为海关推算的基础：1）进口国生产该货物的销售价格；2）货物在出口国国内市场的价格；3）向进口国之外的国家出口的货物价格；4）最低海关价格；5）武断或虚构的价格；6）除按第五种方法确定的估算价格之外的生产成本。当海关估价需要货币换算时，应使用进口国主管部门正式公布的在进、出口时有效的汇率。

2. 管理、协商和争议解决

该协定第二部分特设海关估价委员会，负责该协定的执行和对它的年度审议，《谅解协议》适用于该协定项下的协商和争议解决。

3. 特殊及差别待遇

对于发展中成员，如果不是东京回合谈判中达成的《海关估价守则》的缔约方，可以自该协定生效之日起推迟5年适用该协定，并应及时通知WTO总干事。

4. 附件

《海关估价协定》后面附有3个重要附件：附件1是解释性注释，对各种估价方法的实施程序作了总的说明，并逐条加以注释，使该协定规定的各种估价方法具有可操作性。附件2是关于按照该协定第18条成立的海关估价技术委员会的规定。值得注意的是，该技术委员会是由海关合作理事会（the CCC）主持设立的，以便确保在技术方面使协定的解释和适用保持一致。The CCC的秘书长或由他指派的秘书处官员执行该技术委员会会议的秘书工作。该技术委员会对各成员和各委员会提供资料、咨询意见，并在解决成员的争议中向争议各方提供咨询和协助。附件3对发展中国家在过渡期或在执行该协定时可能发生的具体问题作了规定。

（十）WTO体制下货物贸易的关税减让

自第二次世界大战结束以来，为解决各国的关税壁垒和失业问题，国际社会酝酿成立国际贸易组织，主要目的是在多边体制的法律框架下，能够大幅度地削减关税。因此，在 GATT 存在的五十多年里，货物贸易中的关税减让一直是 GATT 追求的目标。其主要内容体现在 GATT 第 2 条、第 28 条、第 28 条附加，以及《关于 1994 年关税与贸易总协定第 28 条解释的谅解》中。

1. 关税减让谈判

GATT 自 1947 年开始，有 23 个国家参加了减让关税的谈判。缔约方共达成 123 项双边关税减让协议，涉及商品约 4.5 万种，约 54%的商品平均降低关税 35%，影响国际贸易额约 100 亿美元。这 123 项协议连同拟成立的国际贸易组织宪章的部分内容构成 GATT 的文本。自此以后至 WTO 成立前，GATT 共组织了 7 轮谈判，至 1987 年第七轮谈判（东京回合）的关税减让全部执行完毕，减税商品在 6 万个税目以上，削减税款达 1 550 亿美元，减税范围从工业品扩至部分农产品。9 个主要工业国家制成品平均降低关税 34%，加权平均税率从 7%降为 4.7%。在乌拉圭回合谈判后，发达国家将削减关税 40%，其整体工业制成品的加权平均关税将从 6.3%降为 3.8%。发展中国家包括经济转型国家削减关税 30%。经济转型国家整体平均关税从 8.6%降为 6.0%。农产品的非关税壁垒全部关税化。发达国家承诺削减其约束关税的 36%，发展中国家削减 24%。发达国家在医药、医疗器械、建筑、矿山钻探、机械、农用机械等部门达成了零关税协议：在化学品和纺织品两个部门达成了协调关税协议。在化学品方面按原料、中间体和制成品，关税分别削减为 0%、5.5%和 6.5%，在纺织品方面按纱线、织物和服装，关税分别削减为 5%、10%和 17.5%。①

根据 GATT 1947 第 28 条附加的要求，关税谈判是在互惠互利的基础上，在有选择的、产品对产品的基础上进行一对一的谈判。自 1964 年肯尼迪回合谈判开始，缔约方采用一种新的关税减让方式，即“线性减让”方式或称“一揽子减税”方式，即对选定的产品，按照议定的百分比作统一幅度的减让。减让结果按规定的时间表分阶段完成。关税谈判虽然是在互惠互利基础上进行的，但 GATT 也要求谈判时适当考虑某些缔约方和某些工业的需要，以及各缔约方在财政上、发展上、战略上和其他方面的需要，特别是发展中国家为经济发展和财政收入维持关税的特别需要。

2. 约束关税

关税削减水平是由缔约方经相互谈判确定下来的。谈判承诺的水平可以是维持现有水平不变，或者是在现有水平上降低一定的百分比，或者是承诺一个关税的最高上限。经双边或多边谈判削减的关税和其他承诺被列入关税减让表中，称为约束关税，并通过 GATT 的最惠国待遇原则对各缔约方具有约束力。

按照 GATT 1994 第 2 条的规定，一缔约方对于来自另一缔约方列入减让表的产品，应按照减让表的规定、条件或限制，对其免征超过减让表上所列的关税，以及协定签订之日对产品输入所征收的其他税费。

根据 GATT 1994 第 28 条的规定，一缔约方如果要修改或撤销有关减让表内所列的某项减让，则应与原谈判减让的缔约方以及缔约方全体认为在供应上有主要利害关系的其他缔约方谈判取得协议，并应与缔约方全体认为在此减让中有实质利害关系的缔约方进行协商方可实施修改和撤销。

乌拉圭回合谈判中达成的《关于 1994 年关税与贸易总协定第 28 条解释的谅解》对“主要供应利益”作了解释，是指在其总出口中最高比例的出口项目受到减让的影响。任何一个享有

① 参见薛荣久：《世界贸易组织与中国大经贸发展》，97～103 页，北京，对外经济贸易大学出版社，1997。

主要供应利益的成员方，在一项修改或撤销的减让中，都有权享有补偿减让的初谈权，除非有关成员同意以其他方式进行补偿。

第六节　区域与双边自由贸易协定

一、区域贸易协定

（一）区域贸易协定的概念

全球法律多元化发展中，区域和双边自由贸易安排显得格外突出。区域贸易协定（Regional Trade Agreements，RTAs）是相对于WTO全球多边贸易协定而言的，指两个或两个以上的主权国家（单独关税区）之间为实现区域内贸易自由化而缔结的条约，包括双边贸易协定和区域多边贸易协定。[①]

有些区域贸易协定伴随相应的组织机构支持，朝着贸易、经济一体化，甚至更高层次的超国家组织形式发展，如欧共体（欧盟）等。因此，按照一体化程度，在名称上，有的称自由贸易协定（FTA）、框架协议（framework）、安排（arrangement）等；有的称联盟或共同体等。在GATT/WTO协定中，只提到关税同盟和自由贸易区。

根据WTO统计，截至2013年7月31日，向GATT/WTO通报的区域贸易协定已达575个，其中已经生效的有379个。在这575个区域贸易协定中，双边自由贸易协定约占90%。经济全球化之所以带来这些新现象，其原因可以归结为：(1) 主权国家的主导作用。经济全球化在促进世界各国经济贸易法律、政策协调、统一的同时，促进法律多元化的发展。以WTO规则为例，全世界几乎没有哪个国家（地区）同意WTO规则在本国（地区）直接实施，大多是通过立法转化将WTO下的权利、义务转化为本国（地区）法予以实施。就一国（地区）法院来说，它们执行的是本国（地区）法而不是国际法。WTO在建立起统一的国际贸易规则的同时，丰富了各国（地区）法的内容，并在国家（地区）承担国际义务的条件下，实际上全面地强化了一国（地区）立法、执法和司法系统和措施。(2) 经济全球化给国际社会带来日益增多的复杂问题。妥善解决这些问题是对现有国际组织的组织机构和习惯规则提出的挑战。除了进一步完善或及时修改现有多边机制外，所有这些新问题的解决，只能或者通过一国（地区）立法，或者通过国家（地区）之间签订新的双边条约或区域性条约或者新的全球多边条约的途径加以解决。改变旧机制不是一朝一夕或轻而易举能够实现的，作为替代，最简便而且高效的方法显然应当是签订新的双边或区域协定。[②] (3) 科学技术的飞速发展提出许多新的法律问题。实践证明，不是所有的问题都必须通过一国（地区）立法或国家（地区）之间签订条约来解

---

① 区域贸易协定的含义可以有广义和狭义之分。广义的区域贸易协定是相对于WTO多边贸易协定而言的，泛指两个或两个以上国家（单独关税区或国家集团）之间签订的自由贸易协定，包括双边与多边区域贸易协定；狭义的区域贸易协定是指按照WTO对全球进行的11个区域的划分，区域贸易协定包括区域内自由贸易协定与跨区域自由贸易协定，前者是指某一区域内国家（或WTO成员）之间签订的贸易协定，后者指区域内成员与区域外成员签订的自由贸易协定。按WTO的分类标准，全球被分为北美地区、中美地区、南美地区、加勒比地区、欧洲地区、独联体地区、非洲地区、中东地区、西亚地区、东亚地区和大洋洲地区，共11个经济地理区域。为阐述问题方便，本节采用广义理解。

② 在美国，曾经有人惊呼：区域性多边或双边自由贸易协定不符合美国的最大利益。美国应结束促进区域贸易集团的做法，重振雄风，恢复第二次世界大战后作为世界贸易领袖的地位。See Gordon，Bernard K，“A High-Risk Trade Policy”，*Foreign Affairs*，Vol. 82，No. 4，July-August 2003，pp. 105 - 118.

决，通过民间机构、行业协会等非政府组织制定的一些自律性安排或示范性规则往往也可以成功解决许多棘手问题。民间机构或非政府组织（NGO）在促进新的国际商业惯例形成方面发挥的作用正在得到国际社会的广泛重视。

（二）区域贸易协定的合法性

区域贸易协定或区域经济一体化的合法性来自 GATT 第 24 条规定的权利。该第 24 条规定，GATT 不妨碍关税同盟或自由贸易区或者为成立关税同盟或自由贸易区而订立的临时协议的安排。按照该第 24 条的解释，关税同盟是指同盟各组成区之间的大体上所有贸易或者原产于各该区产品的大体上所有贸易，取消了关税及其他限制性贸易规章（于必要时，为 GATT 第 11～15、20 条所准许者除外），该同盟每个成员对非该同盟区的贸易，适用大体相同的关税及其他贸易规章。自由贸易区则指两个以上关税区的群体，其组成区对原产于各该区产品的贸易，大体上取消了关税及其他限制性贸易规章（于必要时，为 GATT 第 11～15、20 条所准许者除外）。

1947 年 10 月 GATT 签署时，美英之间冲突的核心是英国坚持的英联邦帝国特惠制（Imperial Preference System），这一明显的针对美国的、歧视性的安排，与美国极力推崇的 GATT 不歧视原则显然是背道而驰的。作为妥协，美国在 GATT 第 1 条中表达了它对不歧视原则的坚定支持，同时在第 24 条中允许把帝国特惠制等作为一个例外存在。美国的退让，主要是出于政治上的考虑：第二次世界大战后，美国需要一个稳定的欧洲，而这个目标的实现需要靠欧洲的经济一体化来推动。从经济上看，美国认为关税同盟是和 GATT 的多边主义、不歧视的目标相一致的。用美国在 GATT 的谈判官员克来尔·威尔克柯斯（Clair Wilcox）的话来说："关税同盟创立了一个广泛的贸易领域，取消了竞争的壁垒，使资源得到更为经济的分配，由此增加了生产，提高了生活水平——关税同盟在多边主义和不歧视的基础上，有助于扩大贸易。"①

经济学家从关税同盟的经济理论方面对其合理性进行的探讨，为关税同盟的合法性提供了理论基础。雅各布·维纳（Jacob Vinen）在其 1950 年出版的《关税同盟问题》（*The Customs Union Issue*）一书中指出：数个国家或地区在结成关税同盟后，由于取消了内部关税，成员之间的相互进口增加，生产成本减少，产生出资源分配效率提高的生产利得和消费者福利增加的消费利得，从而使社会福利水准提高。这就是关税同盟的贸易创造效果（trade creation effect）。另外，在关税同盟成立后，成员方所得关税收入的一部分转给了外国的出口商，如成员方在联盟前是从价格较低的非联盟国进口，同盟后转为从价格较高的成员方进口，则进口总支出增加，社会福利水准下降。这就是关税同盟的贸易转移效果（trade diversion effect）。在不考虑其他因素的情况下，如贸易创造效果大于贸易转移效果，则关税同盟使成员方社会福利增加；反之，则关税同盟使成员方社会福利减少。因此，对关税同盟作静态分析得出的结论是：同盟前，成员间关税水平越高，供需弹性越大，生产效率越高，则同盟后成员的社会福利水准越有可能提高；而同盟与非同盟的进口需求弹性越低，贸易成本差异越小，同盟对外关税越低，参加同盟的国家越多，则贸易转移的损失越小。从关税同盟的动态效果来看，结成同盟后同盟之间虽竞争程度加强、专业程度加深，但市场加大、投资机会增加、生产规模加大，而风险和不确定性降低，反而吸引更多同盟外国家投资设厂，加速了同盟内的技术进步和经济增长。而对发展中国家来说，结成同盟后，通过优惠性开放市场，在同盟内形成规模经济，将减

① Jagdish Bhagwati, *The World Trading System at Risk*, Princeton University Press, 1991, p. 63.

少生产成本，提高竞争力。①

总之，无论从关税同盟的静态效果还是关税同盟的动态效果分析，抑或自GATT第24条生效后半个多世纪以来的实践证明，关税同盟对于同盟内成员的社会福利的改善作出了巨大贡献。而对于同盟外的国家来说，按照GATT第24条的规定，对非成员的缔约方征收的关税及实行的其他贸易规章，大体上关税不得高于同盟成立前税率的总体水平。② 因此，至少可以推断，它们原来拥有的福利并未受到侵犯。

尽管就GATT第24条的本意来说，它要保留的是在内部实现大体上所有贸易（即100%）消除关税壁垒的关税同盟；此外，对于临时性安排应有一个时间表，否则，等于事实上承认了低于100%的优惠安排。然而第24条是妥协的产物，它本身的漏洞和缺陷实际上为不执行第24条的规定以及程序上的松弛打开了大门。③ 自此以后，大大小小、形形色色一体化程度不同的双边与多边区域性安排此消彼长、层出不穷，其中，影响最大的多边区域安排主要有欧洲共同体（欧盟）、北美自由贸易区和亚太经合组织，这三个区域性组织的范围还有扩大的趋势。④ 此外，国家之间签署的大量双边贸易协定，形成了世纪之交国际经济法发展中最为引人瞩目的现象之一。

---

① 雅各布·维纳对关税同盟经济理论的分析，参见欧阳勋、黄仁德：《国际贸易理论与政策》，426～441页，台北，三民书局，1983；Jagdish Bhagwani，*The World Trading System at Risk*，Princeton University Press，1991，pp. 59 - 63（该书提出贸易壁垒优先削减的理论，该理论由4套互相联系而又不同的分析方法组成，系统地阐述了关税同盟的合理性）。

② 关于第24条第5款（a）（b），参见Murray Kemp和Henry Wan的分析。See Jagdish Bhagwani，*The World Trading System at Risk*，Princeton University Press，1991，pp. 60 - 61.

③ 对GATT第24条的详细分析和评论，请参阅赵维田：《最惠国待遇与多边贸易体制》，60～61页，北京，中国社会科学出版社，1996。关于欧洲煤钢联盟以及后来的欧共体《罗马条约》及其联系协定的合法性问题，在GATT成员中都发生过争议，有些争议不了了之，有些则以GATT的退让而结束。例如，GATT第25条“缔约各方的联合行动”第5款规定，经缔约方全体半数中的2/3多数批准，可以免除某一缔约方的义务。See Ralph H. Folsom，Michael Wallace Gordon，John A. Spanogle Jr，*International Business Transactions：A Problem Oriented Coursebook*，3rd ed.，West Publishing Co.，1995，p. 414. 在GATT的历史上，理事会仅对4个区域贸易协定的审查形成了不违反的决定，对其他协定的审查或因资料不全，或因问题复杂等种种原因而拖延，最终不了了之。

④ 关于欧共体（欧盟）的成员国，除最初的6国外，1973年英国加入；1977年丹麦、爱尔兰加入；1981年希腊加入；1986年葡萄牙、西班牙加入；1990年民主德国、联邦德国合并；1995年奥地利、瑞典、芬兰加入，2004年吸收中欧、东欧、地中海的爱沙尼亚、拉脱维亚、立陶宛、波兰、匈牙利、捷克、斯洛伐克、斯洛文尼亚、马耳他、塞浦路斯10国加入。2007年保加利亚、罗马尼亚加入。2013年7月1日克罗地亚正式加入。至2014年9月16日欧盟成员共计28国。在美洲，1994年1月1日，北美自由贸易区建立后，美国又积极扩大其在美洲的势力范围。1994年12月，34个美洲国家首脑在美国佛罗里达州迈阿密召开会议，商定在2005年建成美洲自由贸易区。但大多数经济基础脆弱、市场不完善、缺乏竞争力的拉美国家心怀疑虑，唯恐陷入灭顶之灾。由于拉美国家持谨慎态度，在1994年迈阿密会议以后，虽然进行了一系列的会谈，也取得了一定的成就，但美洲经济一体化并没有取得实质性的进展。除《北美自由贸易区协定》外，1991年3月阿根廷、巴西、巴拉圭、乌拉圭成立南锥共同市场，1995年实现4国间共同市场关税削减54%。2011年11月22日墨西哥与中美洲萨尔瓦多、洪都拉斯、危地马拉、尼加拉瓜、哥斯达黎加5国在萨尔瓦多首都圣萨尔瓦多签署自由贸易协定，取代了哥斯达黎加、尼加拉瓜、萨尔瓦多、危地马拉、洪都拉斯与墨西哥分别签署的自由贸易协定。1989年亚太经合组织（APEC）在澳大利亚堪培拉成立。这是一个开放性的推动贸易自由化的论坛性组织。最初成员有12个。1997年亚太经合组织拥有了亚洲、太平洋地区21个成员之后，印度、巴基斯坦、蒙古国、斯里兰卡、哥伦比亚、厄瓜多尔等也提出了加入申请。1991年10月在“一个中国”和“区别主权国家和地区经济”的原则基础上，中国和中国台北、中国香港正式加入亚太经合组织。至2014年12月底，加入亚太经合组织的21个国家和地区是：中国、泰国、马来西亚、印尼、新加坡、菲律宾、文莱、韩国、日本、澳大利亚、新西兰、美国、加拿大、智利、墨西哥、巴布亚新几内亚、秘鲁、俄罗斯、越南，以及中国台北、中国香港。此外，东南亚国家联盟、太平洋经济合作理事会（PECC）和南太平洋论坛（SPF）是亚太经合组织的观察员。亚太经合组织按照全体成员协商一致原则接纳新成员。1997年温哥华领导人会议宣布亚太经合组织进入十年巩固期，暂不接纳新成员。

据WTO报告提供的数据表明，截至2013年7月31日，曾向WTO通报的自由贸易安排（FTAs）共有575个，其中379项已经生效。其中双边贸易协定约占90%。所涉一百七十多个国家和地区中，不少国家和地区参加一个以上区域或双边自由贸易协定。其中1/3是在1990年—1994年间建立的。①

世界经济一体化与区域多边、双边经济一体化已被构成20世纪90年代世界经济发展的两大趋势。1995年1月1日成立的WTO标志着全球贸易以及与贸易有关的其他领域已被纳入全球多边贸易体制的轨道，而与之几乎同时出现的欧盟、北美自由贸易区、亚太经合组织等区域集团以及大量的双边贸易协定，将区域经济纳入了与全球多边贸易体制并驾齐驱的区域性贸易体制的轨道，从而掀起了新一轮全球法律多元化、区域化、双边化发展的高潮。中国积极地投入这股多边与区域、双边贸易安排的大潮中，为促进全球经济一体化以及亚太区域经济一体化

---

① 在亚洲，除亚太经合组织外，还有1967年成立的东南亚国家联盟（Association of Southeast Asia Nations，ASEAN，简称东盟）：其前期多为政治合作，1976年第一次首脑会议召开后开展经济合作。其成员有新加坡、泰国、马来西亚、印尼、菲律宾、缅甸。1995年越南、1997年文莱和老挝、1999年柬埔寨相继加入东盟，东盟成员国扩大为10国。2001年1月1日东盟自由贸易区正式启动。20世纪80年代在世界经济普遍不景气的情况下，东盟创造出东亚奇迹。东盟自由贸易区的目标是实现区域内贸易的零关税。东盟成员之间的贸易关税已从1993年的12.7%下降至目前的2.4%～3.5%。2010年东盟老六国已率先实现互免关税，2015年东盟所有成员实现贸易自由化。南亚区域合作联盟成员有印尼、巴基斯坦、斯里兰卡、尼泊尔、孟加拉国、不丹、马尔代夫，7国之间的优惠安排已于1995年12月生效，享受优惠安排的商品达750个项目、一千多种。该集团人口约12亿，但贸易额只占世界贸易额的3.2%。2004年2月8日，南亚和东南亚6国签署了自由贸易框架协议。按照该协议的规定，签字国的产品将分为"快行道"和"普通进度"两种：印度、斯里兰卡、泰国三个发展中国家在2009年6月30日前减免所有属于"快行道"产品的进口关税。缅甸、不丹、尼泊尔三个最不发达国家在2011年6月30日前对上述产品免除关税。对于列入"普通进度"的产品，印度、斯里兰卡、泰国在2012年6月30日前免除所有关税，缅甸、不丹、尼泊尔在2017年6月30日前实现这一目标。最终在该区域实现贸易自由化。这显示出发展中国家、最不发达国家在区域合作中团结一致的决心。

在非洲，除成立于20世纪六七十年代的东非共同体、中非共同体、西非共同体、马哥里布集团外，南部非洲发展共同体（Southern African Development Community，SADC）于20世纪90年代成立，其前身是1980年成立的"南部非洲发展协调会议"（Southern African Development Co-ordination Conference，SADCC）。1992年8月17日，南部非洲发展协调会议的成员国在纳米比亚首都温得和克（Windhoek）签署建立南部非洲发展共同体的条约、宣言和议定书三个文件，正式将该组织更名为南部非洲发展共同体。1996年8月，SADC各国签署贸易协定，2000年1月生效，目标是到2008年成立SADC自由贸易区。SADC成立的宗旨为：在平等、互利和均衡的基础上，建立开放型经济，打破关税壁垒、促进贸易与投资以及货品和服务的自由往来、逐步统一关税和货币，最终实现区域经济整合。SADC是非洲最具发展潜力和地区合作水准相对较高的区域性组织，自成立以来，积极推动南部非洲地区经济之协调与发展。截至2014年8月，南部非洲发展共同体共有15个成员国，包括：南非、斯威士兰、马拉维、刚果（金）、安哥拉、津巴布韦、纳米比亚、塞舌尔、博茨瓦纳、莱索托、赞比亚、毛里求斯、莫桑比克、坦桑尼亚和马达加斯加。

1991年6月，非洲32国领导人签署了成立非洲经济共同体条约，规定在5年内建立区域性经济集团。

1993年3月，沙特阿拉伯、科威特、巴林、卡塔尔、阿曼、阿联酋6国建立海湾合作委员会国家统一关税、进口货物在6国间自由流动的共同市场。

1992年6月，黑海地区沿岸11国在伊斯坦布尔签署《黑海经济合作宣言》，正式成立黑海经济合作区，为商品、劳务、资金的自由流动创造条件。1985年伊朗、土耳其、巴基斯坦组成"经济合作组织"。1992年11月该组织正式接纳乌兹别克斯坦、土库曼斯坦、吉尔吉斯斯坦、塔吉克斯坦、阿塞拜疆和阿富汗以及哈萨克斯坦成立共同市场，逐步降低关税，消除贸易壁垒。

1995年俄罗斯、白俄罗斯、哈萨克斯坦、乌克兰、塔吉克斯坦和吉尔吉斯斯坦6国签署关税联盟协议，并在此基础上成立了欧亚共同体。2010年1月1日，在欧亚共同体框架内成立了俄罗斯、白俄罗斯、哈萨克斯坦三国关税联盟，并成立了一个超国家的关税联盟委员会。2014年5月29日，俄罗斯总统普京、哈萨克斯坦总统纳扎尔巴耶夫、白俄罗斯总统卢卡申科在阿斯塔纳签署了成立欧亚经济联盟的条约，自2015年1月1日起正式生效。较之目前的关税联盟，欧亚经济联盟统一关税政策和商品自由流通的贸易政策不变；三国分配统一关税收入的比例也没变：白俄罗斯为4.7%，哈萨克斯坦为7.33%，俄罗斯为87.97%。但在确保商品、劳务、资金、劳动力自由流通的义务，并在包括能源、工业、农业、交通运输在内的关键性经济领域方面，三国将推行协调一致的政策。

发展作出了贡献。

二、区域经济一体化与多边贸易体制的关系

目前，三大区域贸易集团以及无数双边贸易集团的形成和第二次世界大战后 GATT 1947 签字时存在的关税同盟、自由贸易区时的情形已大不相同，主要表现在以下几个方面。

（1）1947 年时的 GATT 与 WTO，无论在内容上还是适用范围上均不可同日而语。同样，目前的区域集团也已不停留在关税同盟和货物自由贸易区的规模，各种一体化程度不同的区域集团自身的扩张也早已突破了传统的地理边界的局限，形成了跨洲、跨洋的区域集团。

（2）冷战前的各种区域集团多以国家的政治、军事、安全等因素为主，目前的区域集团以及双边贸易协定则多以国家之间的经贸关系为主，且由不同层次与不同经济发展水平的国家和地区组成。前者强调的是政治合作，后者强调的是经济上的互惠与互补。

（3）双边与多边区域经济的一体化发展反映了世界朝着多极化、多样化方向发展的大趋势，标志着世界政治、经济力量的重新分化和组合。在 GATT 实施的半个多世纪里，世界经济飞速发展。WTO 的建立有效地推动了世界贸易的自由化，但是事实证明，WTO 多边贸易体制固有的局限性决定了其不能满足成员经济发展的需要。随着经济全球化发展带来的负面影响日益显现，发达国家与发展中国家之间的分歧日趋严重，WTO 多边谈判屡次受阻。随着各国（地区）之间竞争的加剧，保护主义不断加强，多边贸易体制不断遭受挑战，因此，发挥双边与多边区域的人力、资源、经济、技术优势，通过在资金、技术、劳务方面的合作，来取得比较利益，与 GATT 以及 WTO 的多边贸易体系的宗旨是一致的。从国家（地区）之间相互依赖、共存共荣的观点出发，多边贸易体制与双边、多边区域性经济一体化之间的关系不应是互相排斥的，而应是互惠互补、并行不悖的。由于目前双边及多边区域集团内成员多为 WTO 成员，如果区域内成员之间贸易自由化程度低于 WTO 框架下，则其因违反《WTO 协定》而为 WTO 所不容；而如果区域内成员之间贸易自由化程度高于多边贸易体制下，则由内部的开放推动外部的开放，由小区域的一体化扩展到更大区域的一体化，进而推动全球经济一体化进程，最终实现全球贸易的自由化。

当然，也应当看到，双边及多边区域安排原始的封闭性、排他性，必将导致区域内与区域外国家（地区）之间矛盾的加深、区域集团与区域集团之间矛盾的加深以及各区域集团内部之间矛盾的加深。这种不可避免的发展趋势往往与全球多边贸易体制的发展发生冲突，破坏多边贸易体制的纪律，削弱其宗旨和基本原则。区域经济一体化产生消极、破坏作用的一面，是我们需要时时提高警惕、予以防范的。

中国“入世”后，面对着复杂、多变的国际经济贸易形势，需要审时度势，善于研究分析、借鉴发达国家和发展中国家的做法，积极投入双边和区域经济合作。以发达国家中的美国为例：区域经济一体化构成了美国全球经济战略的一个重要组成部分。目前三大区域贸易集团的形成，不是在第二次世界大战后美国经济发展的鼎盛时期，而是在美国的经济地位由强转弱的时期出现的，是美国在难以控制多边贸易体制的情况下，转而求助于区域集团中的优势以保住既得利益。美国擅长于打多边牌、双边牌和区域牌，多样手法，相互为用，互为补充，共同完成其称霸世界、继续占据世界经济主导地位的野心。打多边牌时，参加游戏的国家众多，利益往往相悖，美国时感难于驾驭，不能随心所欲，达成的协议多流于空泛的形式；打双边牌时，美国占有绝对优势地位，可谓随心所欲、无所不能，但如遇上欧盟、日本这样势均力敌的对手，双方如均态度强硬，则游戏往往处于僵持状态，一旦发生冲突，易导致两败俱伤，风险太大；而在打区域牌时，其优势、劣势介于多边牌时与双边牌时之间，区域集团内成员之间虽

有利益冲突，但因总的目标相对一致，比较容易达成较为务实的协议。因此，美国在GATT乌拉圭回合长达8年之久的谈判过程中，一方面先与加拿大、后与墨西哥签订了北美自由贸易区协定，并积极致力于亚太经合组织的活动，另一方面又不失时机地先后与以色列、约旦、新加坡、智利等签署双边贸易协定。双边及区域性经济一体化是美国保住既得利益，且获取新的更为广阔的世界市场的有力工具。①

总之，自WTO成立以后，在国际贸易领域，WTO提出了各国（地区）贸易政策的最低或基本标准，在此基础上出现的各种双边贸易协定、区域贸易协定以及各国（地区）的法律不过是国家（地区）间继续进行国际合作的不同表现形式，其内容有的单一、有的复杂，其自由化程度有高、有低，但其宗旨是一致的。因此，它们之间不再是相互排斥的关系，而是互补和相互促进的关系。事实证明，WTO无法照顾到各国、各地区的经济发展、产业保护和人民生活水平提高的需要；面对瞬息万变的世界，它也无法高效率地在短期内协商出各国（地区）共同的行为规则以及对过时的规则及时进行修正。在促进贸易自由的大前提下，各种双边、区域安排的出现是不以人的意志为转移的全球经济一体化发展的必然趋势。只要能促进贸易自由化，能实现WTO对资源合理配置、提高人民生活水平的宗旨，它们的出现就是合法的。它们对WTO多边贸易体制的发展起着促进和推动作用，而不是产生倒退或阻碍作用。国内立法，双边、区域多边和全球多边协定，是世界各国（地区）之间多元政治、经济、文化等制度、利益和价值观存在趋同与差异的反映，趋同是相对的，差异是永存的，是作为自然界一部分的人类社会符合自然界生物多样化发展的规律所必需的。

三、21世纪区域贸易协定新发展

（一）RCEP

RCEP是《区域全面经济伙伴关系协定》(Regional Comprehensive Economic Partnership）的缩写，2011年东盟十国发起，并邀请中国、日本、韩国、澳大利亚、新西兰和印度参加（简称东盟“10+6”)。② 虽然2002年亚太经合组织酝酿并提出建立亚太自由贸易区的设想，但缺乏具体行动。2008年因美国次贷危机引发的全球性经济危机导致欧美国家经济低迷，相比之下，亚洲国家之间的经济交往与合作却呈现勃勃生机。因此，东盟国家意识到维护和增加亚洲经济活力的重要性。2011年2月26日，在内比都举行的第十八次东盟经济部长会议决定在亚洲国家之间达成一个综合性的自由贸易协议，并产生了建立区域全面经济伙伴关系（RCEP）的草案。2011年东盟峰会上东盟十国领导人正式批准了RCEP。2012年8月底召开的东盟十国、中国、日本、韩国、印度、澳大利亚和新西兰的经济部长会议原则上同意RCEP。2013年年初，RCEP启动谈判。在2013年8月底召开的东盟与6国经济部长会议上达成了《RCEP谈判指导原则和目标》。

RCEP的目的是通过削减关税及非关税壁垒，建立16国统一市场。RCEP的谈判领域包括货物贸易、服务贸易、投资、经济技术合作、知识产权、竞争政策、争端解决机制等七个方面。虽然涉及面广泛，但以自由化深度来衡量，RCEP基本上还属于符合WTO标准的一般自由贸易协定。目

---

① 2004年2月8日，美国和澳大利亚签署自由贸易协定，展示了两国之间的特殊关系。依据协议，双方将取消从对方进口的大部分工业产品、服务产品的关税。有66%的从澳大利亚出口到美国的农产品将被免除关税。美国将分阶段逐步增加进口澳大利亚的牛肉和奶制品。美国出口到澳大利亚的价值4亿美元的农产品将被免除关税。美国的电信、电脑、能源、旅游等行业将在澳大利亚取得更广的市场准入。这是继1988年和加拿大签署自由贸易协定后，美国首次与一发达国家签署自由贸易协定。

② 这6个国家都是之前与东盟已经签署了自由贸易协定的国家。东盟十国与这6个国家分别签署了5份自由贸易协定，其中，澳大利亚和新西兰共同与东盟签署了1份自由贸易协定。

前在市场准入自由化模式、关税减让模式、原产地规则、海关程序与贸易便利化、争端解决机制等方面 RCEP 国家已达成初步共识，在货物、服务、投资及协议框架等问题上 RCEP 国家也取得了一定进展。但 RCEP 国家之间经济发展水平差距较大，各自都有自己的敏感行业和领域，因此如期达成一致协定并非容易。RCEP 现有 16 个成员方，人口约 27 亿，是世界上最大的消费市场。RCEP 的成功对于促进亚洲的区域经济一体化合作、促进成员国间相互开放市场，将具有重要意义。

（二）21 世纪高标准区域贸易协定——CPTPP

1. 从《P4 协议》到 TPP

随着 1997 年亚洲经济危机以及随后亚太经合组织的部门先行自愿自由化失败，一些成员开始探讨部分成员的先行自愿自由化，试图以此推动亚太经合组织《茂物宣言》目标的实现和更广泛的亚太地区的自由贸易合作。2002 年 10 月，亚太经合组织墨西哥峰会期间，智利、新西兰、新加坡领导人开始了缔结自由贸易协定的首次谈判。2005 年 7 月 18 日，该三国签署了《跨太平洋战略经济伙伴协定》（Trans-Pacific Strategic Economic Partnership Partnership Agreement，TPSEPA）；同年 8 月，文莱也作为创始成员签署了该协议；该协议于 2006 年 5 月 28 日生效。由于该协议的创始国家是 4 个，因而该协议又被称为《P4 协议》；因其成员横跨太平洋两岸，因而该协议也是第一个多国参加的横跨太平洋的跨区域自由贸易协定。与亚太经合组织相比，《P4 协议》的亮点在于它的约束性：从一开始《P4 协议》就被确定为具有约束性的协议。此外，《P4 协议》具有开放性：从一开始《P4 协议》就面向亚太经合组织成员。《P4 协议》第 20.6 条“准入”（Accession）规定：基于协定成员方的同意，协定向任一亚太经合组织成员方或其他国家（any APEC Economy or other State）开放准入。与一般自由贸易协定一样，《P4 协议》具有渐进性和灵活性：P4 以部门的自由化为导向，在贸易自由化进程中允许产业的保留和例外，也不以一揽子实施为基础。由于《P4 协议》的成员都是小国，因而该协议在诞生之初并未受到太多关注。

2. 从 TPP 到 CPTPP

随着美国“重返亚洲”战略的实施，2008 年 9 月 22 日，美国高调宣布要全面参与《P4 协议》，《P4 协议》大有可为的发展潜力开始受到关注。其后，澳大利亚、秘鲁及越南也分别表达了参加的意愿。2009 年 11 月 14 日在新加坡召开的亚太经合组织领导人会议上，时任美国总统奥巴马明确表示美国将参加《P4 协议》谈判。2010 年 3 月 15 日，上述 8 国的首轮谈判在澳大利亚墨尔本举行。这是《P4 协议》转变成为《跨太平洋伙伴协定》（Trans-Pacific Partnership Agreement，TPP）的第一次正式谈判。与会代表就如何建立一个“面向二十一世纪的新型贸易协议”（new kind of trade agreement for the 21st century），并“把 TPP 扩大到亚太地区所有国家的目标”，进行了讨论。此后，马来西亚、墨西哥、加拿大、日本、韩国先后加入 TPP 谈判。TPP 于 2016 年由澳大利亚、文莱、加拿大、智利、日本、马来西亚、墨西哥、新西兰、秘鲁、新加坡、美国和越南 12 国共同签署①，成为一个有 8 亿人口和占全球经济约 40%的市场。②

① TPP 的生效条件是批准协定的国家 GDP 应占全体签约国 GDP 之和的 85%以上，而在原 12 个签约国的 GDP 总和里，美国的 GDP 占 60%。

② 关于《P4 协议》、TPP 与多哈回合谈判议题内容的比较，参见张晓君、孙南翔：《多哈回合谈判困境与跨区域贸易协定的勃兴》，中国法学会 WTO 法研究会 2013 年年会论文。相关网址：第一，多哈回合谈判议题：WTO，Subjects Treated under the Doha Development Agenda，available at http://www.wto.org/english/tratop_e/dda_e/dohasubjects_e.htm。第二，《P4 协议》内容：WTO，Main Topics Covered by Trans-Pacific Strategic Economic Partnership，available at http://rtais.wto.org/UI/CRShowRTAIDCard.aspx?rtaid=9。第三，TPP 谈判议题：Office of the United States Trade Representative，Outlines of the Trans-Pacific Partnership Agreement，available at http://www.ustr.gov/about-us/press-office/fact-sheets/2011/november/outlines-trans-pacific-partnership-agreement。

2017年3月8日，美国新上任总统特朗普宣布退出TPP。11月11日，日本经济再生担当大臣茂木敏充与越南工贸部长陈俊英在越南岘港举行新闻发布会，共同宣布除美国外的11国就继续推进TPP正式达成一致，11国将签署新的自由贸易协定，其名称为“全面且先进的TPP”(Comprehensive Progressive Trans-Pacific Partnership，CPTPP)。

《P4协议》是小国之间经济合作与互补的协议。美国加入谈判之所以成为《P4协议》的转折点，原因就在于，美国主导的TPP和TTIP一样，是一个美国式的所谓高标准的区域贸易协定。在美国主导下，TPP成为反映美国价值观、以保护美国利益为核心，大国与小国、强国与弱国在经济利益与政治考量之间进行博弈的战场。

从人们对TPP和RCEP贸易自由化的期许来看，两者或许不在一个平面上：TPP是一个21世纪的高标准自由贸易协定，RCEP还停留在一个相对较低的标准上。但与WTO的贸易自由化标准相比，两者在范围的广度和自由化深度上无疑都大大前进了一步。这是值得肯定和赞许的。从亚太经合组织的角度来看，RCEP是由东盟国家首次提出并以东盟为主导、反映亚洲发展中国家利益的自由贸易协定；TPP是美国主导的反映发达国家利益的自由贸易协定。TPP与RCEP的成员并不完全重合，还有一些既不在TPP又不在RCEP的亚洲成员，这在亚太经合组织成员内部，无形中削弱了亚洲国家在经济一体化过程中的凝聚力。在日本主导下，CPTPP保留了TPP的大部分内容，冻结了原协定中有关知识产权、劳工、文化等方面的内容。尽管如此，CPTPP仍不失其作为高标准区域贸易协定的框架和内容。

3. 引发更多的未决问题

高标准的CPTPP和TTIP的实施可能导致：WTO被边缘化，事实上将使WTO被取而代之；发展中国家期盼的多哈回合谈判的目标被搁置一边。继之而来会引发更多的问题：未来将如何处理CPTPP、TTIP在实施后与WTO成员之间以及各国（地区）之间现有的双边贸易协定以及区域安排之间的关系？两者是并存的关系还是由前者取代后者？如果并存，当两者规定之间存在大量不一致或冲突时，应如何进行协调？考虑到各成员诉求、利益的多样性，要在短期内达成高标准的一致性，其困难不可小觑。

四、21世纪双边贸易协定的新发展

全球新一轮双边自由贸易协定高潮是在20世纪80年代末局部出现、90年代末开始全球盛行的。尤其是进入21世纪后双边贸易协定如雨后春笋般发展起来，以一种新的姿态再度扮演全球自由贸易的主角，并呈现出与以往不同的发展特点和趋势。①

（一）双边贸易协定的复兴

1. WTO多边贸易体制面临新挑战

（1）WTO谈判进程受阻。

贸易自由化的必然结果是经济全球化进程的加速发展，而全球化带来的负面影响和新问题日益增多。WTO协调及谈判范围已从过去的关税措施、市场开放准入等，逐渐转向各种非关税措施如各种技术标准、环境要求等，但由于多边贸易体系不易协调，难以达成共识。1999年，WTO贸易部长在西雅图会议上试图启动新一轮全球多边贸易谈判的计划，曾因反全球化组织的强烈阻挠而夭折。反全球化浪潮在全球尤其是发达国家急剧蔓延，直接导致WTO多边贸易谈判的难度大大增加。在WTO多哈回合坎昆部长会议上，由于发展中国家和发达国家在

---

① 参见郑先武：《“双边”：自由贸易的新热点》，载《经济世界》，2002（10）。

农产品补贴问题上分歧严重，最终导致谈判破裂。毫无疑问，WTO多边贸易谈判受阻，是双边自由贸易再度盛行的主要原因。

(2) WTO本身机制上的弊端。

在实体内容方面：首先，GATT/WTO作为一个自给自足的（self-contained system）封闭的法律体系[①]，不可能包含国际贸易的所有内容。在乌拉圭回合谈判中，虽然对一些相关条款进行了修正，在内容上作出了很大的扩展，但是，面对经济全球化带来的贸易中的新问题，WTO需要与时俱进，不断完善和发展。其次，对于如全球环境的恶化、投资和竞争政策、劳工标准等问题缺乏有效的解决办法，限制了WTO的作用。在争端解决机制方面：如果遇到有关上述方面的纠纷就会形成无法可依的局面。WTO争端解决程序复杂、烦琐，争端解决期限过长，有成为变相贸易壁垒的可能。[②] 而且，WTO争端解决机制的一个重要特点是它以强硬的经济制裁方式来保证其裁决得到执行，典型的是中止减让和交叉报复。当涉及发达国家对其他发达国家或者对某些发展中国家实施时，这样的经济制裁措施通常是有效的，可以带来很大的威慑力。但是，对于弱小的发展中国家而言，由于其经济实力与发达国家的相去甚远，因而它们难以真正实行交叉报复。

2. 部分区域性多边自由贸易的进程受阻

经济全球化的发展，穷国与富国之间的差距拉大，经济发展水平差异及不同利益要求的制约，使多边贸易体制在区域合作的层面上也不断遇到障碍。特别是受在世界经济衰退背景下出现的新贸易保护主义和反全球化浪潮的影响，区域多边自由贸易区计划在具体实施过程中也面临越来越多的困难，如目前世界第一大自由贸易区——北美自由贸易区：2002年5月21日，因双方谈判破裂，美国开始对从加拿大进口的软木征收27.2%的反倾销税，从而导致美、加软木贸易争端急剧升级。墨西哥也开始抱怨在加入北美自由贸易区后农牧业损失惨重。有些区域协定则因谈判争吵不休而无实质性进展，如前述“美洲自由贸易区协定”；更有一些协定因涉及谈判方的敏感或核心利益，难以达成一致，如RCEP与TPP。欧盟东扩也给欧盟法的适用带来一系列复杂问题等。区域性多边自由贸易区所面临的困难，给双边自由贸易再度盛行带来了契机。

3. 各国重新调整自由贸易政策的导向

在WTO成立以后，各国加快了调整国内贸易政策的步伐。WTO成员中的绝大多数都参加了一个以上的双边自由贸易协定。[③]

（二）双边贸易协定发展的新特点

传统双边自由贸易协定大多从地缘政治、经济出发，由主权国家或具有超国家性质的区域集团（如欧盟）缔结。与旷日持久的WTO多边贸易谈判相比，它具有时间短、见效快的特点；与程序复杂且缺乏国家强制力的WTO多边贸易体制相比，双边自由贸易机制只有两个当事方，因而具有简便、易操作、约束力强的特点。

从20世纪末到21世纪初，双边贸易协定呈现出如下新特点。

1. 双边贸易协定数量急剧增加

根据WTO的统计，截至2019年1月4日，曾向WTO通报的自由贸易安排（RTAs）共

---

① 参见王传丽：《WTO——一个自给自足的法律体系——兼论一国四地经贸关系新发展》，载《国际经济法学刊》，第11卷，北京，北京大学出版社，2004。

② 例如，美国201钢铁保障措施案历时22个月。虽然专家小组和上诉机构最终判决美国的钢铁保障措施违反WTO规则，但美国已完成既定目标，虽败犹胜。

③ 参见 http：//www.wto.org.com/。

有 681 个。其中 467 个已经生效。其中双边贸易协定约占 90%。

1985 年 4 月，美国以自由贸易协定生效；1988 年 1 月，美国和加拿大完成自由贸易协定的签署；2000 年，美国与约旦达成双边自由贸易协定。2002 年美国国会给予总统谈判新的贸易协议的授权后，布什政府加速了与许多国家签订双边自由贸易协定的步伐：2003 年 5 月，美国与新加坡达成双边自由贸易协定；2003 年 6 月，美国与智利达成双边自由贸易协定；2004 年 3 月，经过 7 轮谈判，美国与摩洛哥达成双边自由贸易协定；2004 年 4 月，美国与澳大利亚签订了自由贸易协定；2007 年 4 月，美国与韩国签署自由贸易协定。

1997—2001 年，欧盟相继与巴勒斯坦、突尼斯、南非、墨西哥、摩洛哥、以色列和智利分别签署双边自由贸易协定。2002 年 6 月，欧盟和新加坡签署了自由贸易协定。

在东亚地区，首先出现的是日本与新加坡签订的双边自由贸易协定。2002 年，日本政府又先后与新西兰、墨西哥及几个非洲国家政府签署了双边自由贸易协定。

尽管韩国曾经是最反感双边贸易谈判的国家之一，但是它继与美国、欧盟签署双边自由贸易协定后，又与中国、日本等进行双边贸易协定谈判。

中国的情况是：自 2001 年正式加入《曼谷协定》[①] 后，2002 年 11 月 4 日，中国和东盟十国共同签署了《中华人民共和国与东南亚国家联盟全面经济合作框架协议》（简称东盟 10+1）；2004 年 4 月 14 日新西兰政府正式承认中国已建立市场经济体系，2008 年 4 月中新两国签署自由贸易协定；2005 年 11 月 18 日中国与智利签署《中华人民共和国政府和智利共和国政府自由贸易协定》（简称《中智自由贸易协定》，自 2006 年 10 月 1 日起开始实施）；2006 年 11 月 24 日中国与巴基斯坦签署《中华人民共和国政府和巴基斯坦伊斯兰共和国政府自由贸易协定》（简称《中巴自由贸易协定》，自 2007 年 7 月 1 日起开始实施）。此后，中国与新加坡、秘鲁、哥斯达黎加、冰岛、瑞士签署了自由贸易协定；中国内地与香港、澳门地区分别签署了《关于建立更紧密经贸关系的安排》（CEPA），中国大陆与台湾地区签署了《海峡两岸经济合作框架协议》（ECFA）。目前，中国已签署自由贸易协定 13 个[②]，正在谈判的自由贸易协定有 7 个。[③] 这些协定的性质均为自由贸易协定，而不是建立关税联盟的协定。

2. 双边贸易协定的新形式

目前双边贸易协定大体可划分为以下三种类型：（1）传统的以国家为主体的双边贸易协定，大部分双边贸易协定属于此类。（2）以同一主权国家内的单独关税区为主体的双边贸易协定，即中国内地与香港、澳门地区分别签署的《关于建立更紧密经贸关系的安排》（CEPA），中国大陆与台湾地区签署的《海峡两岸经济合作框架协议》（ECFA）。（3）洲际、区域集团之间或区域集团与一国之间签署双边自由贸易区协定，如“中国—东盟”“欧盟—拉美自由贸易

---

① 2005 年该协定更名为《亚太贸易协定》。除中国外，成员还有：孟加拉国、印度、老挝、韩国和斯里兰卡。协定的目标是通过持续扩大亚太发展中成员国之间的贸易促进经济发展，采取互利的、与各国现在及将来发展和贸易需求相一致的贸易自由化措施，进一步加强国际经济合作。

② 其中不包括 2013 年 7 月 10 日新西兰—中国台澎金马单独关税区经济合作协议。

③ 分别是中国与韩国，中国与海湾阿拉伯国家合作委员会（GCC），中国—南部非洲关税联盟（包括南非、博茨瓦纳、纳米比亚、莱索托和斯威士兰 5 国），中国与澳大利亚，中国与挪威，中国、日本、韩国，以及《区域全面经济伙伴关系协定》（RCEP）。

区”“欧盟—地中海自由贸易区”“跨大西洋自由贸易区”（TTIP）[①] 等。

3. 双边贸易协定的政治情结

一国的对外贸易政策总是和该国的经济利益与外交政策联系在一起的，由此形成了双边贸易协定固有的政治情结。近年来出现的双边贸易协定，其政治指向更为明确，而且从传统的地缘政治经济向着点菜单式的选择方式考虑。从美国对其双边自由贸易伙伴的选择中可以看出，其经济利益之外的考虑更为突出。美国选择的双边贸易伙伴通常都是“经济发达、政治开放”的所谓“民主国家”，如新加坡、智利、澳大利亚等。有分析人士指出，美国实际上是在“两手抓”：一手推进自由贸易，一手推行“美国式的民主”[②]。以美国与新加坡签订的双边自由贸易协定为例，它既是美国打入东亚阵营的策略之一，也是其对于新加坡坚定支持美国“反恐”和“倒萨”战争的褒奖。[③] 与澳大利亚签订的双边贸易协定，其政治意义也大于经济利益。[④]

4. 双边贸易协定调整范围的突破

近年来新签订的双边贸易协定的最大特点就是在调整范围上对《WTO协定》有所突破，许多通过多边贸易谈判难以解决的棘手问题通过双边贸易协定得到解决。以美国与智利、与新加坡的自由贸易协定为例：劳工问题、环境问题、投资问题、竞争政策问题、争端解决问题等被一并纳入双边自由贸易协定，这一方面推进了相关国家之间的贸易自由化，另一方面为推行国内的贸易保护主义提供潜在的借口。[⑤]

（三）双边贸易协定新发展的评价及前景展望

双边自由贸易协定与多边自由贸易协定的目的一致性决定了在双边自由贸易体制中解决的问题将来可能走进WTO多边贸易体制，因为只有WTO才能最终解决全球性自由贸易问题。目前高标准的美韩自由贸易协定已经生效，TTIP谈判正在进行中。如果TTIP，这个通常被认为是在同质性大于差异性的欧、美两大经济体之间进行的谈判，能够先行一步，率先取得成功，则不失为对国际经济贸易自由化作出贡献。

中国在加入WTO后，面对双边（区域）贸易协定发展的大潮，适时抓住这个机遇，在遵守WTO规则的前提下，自2002年起积极拓展双边（区域）贸易，争取获得对自己最为有利的竞争条件。对于发达国家在双边（多边）谈判中提出的有关环境条款、劳工核心标准条款等，需要具体分析，看到其对于提升我国产业竞争力和经济可持续发展有利的一面。为实现中华民族利益的最大化，只有适时做好准备，才能在日后的世界贸易竞争中处于有利地位。

---

① 《跨大西洋自由贸易区协定》（Transatlantic Free Trade Agreement，TFTA）又称《跨大西洋贸易与投资伙伴协定》（Transatlantic Trade and Investment Partnership，TTIP）。20世纪70年代美国曾提出在欧美之间建立一个跨大西洋自由贸易区的设想，后因GATT谈判的顺利进行而终止。苏联解体后，如何构筑欧美之间的新型伙伴关系成为双方共同关心的问题。在1995年年底的马德里会议上，美国与欧盟签署了《跨大西洋新纲要》；1998年年初，欧盟提出了关于“新跨大西洋市场计划”，终因双方分歧较大而被搁置。2013年，在金融危机困扰下的欧美，决心重启跨大西洋共同市场的谈判。2013年7月8日，美国和欧盟正式启动《跨大西洋贸易与投资伙伴协定》谈判，谈判设置了20个不同领域，覆盖了大多数行业。TTIP达成，将会是全世界规模最大的自由贸易协定，因目前欧美的国内生产总值约占全球的50%，贸易额约占全球的30%。尽管TTIP谈判刚刚启动，但由于是世界两大经济体（涵盖27+1国）之间进行的谈判，因此其达成后将对世界贸易产生巨大的影响。

② 《品品美国的外贸政策》，见http：//www.jjckb.com/。

③ 参见黄海波：《超越GATT/WTO：美国对外贸易法中双边主义的复兴》，载《天津市政法管理干部学院学报》，2003（4）。

④ 参见曹玖梅：《美澳自由贸易协定并不甜蜜》，载《国际商报》，2004-03-15。

⑤ 对多边区域贸易协定——NAFTA、EU、APEC及双边贸易协定中国与东盟（10+1）、CEPA的分析，以及对双边贸易协定中有关贸易与环境、贸易与劳工标准、贸易与投资问题、贸易与竞争政策问题、争端解决问题等的分析，参见王传丽主编：《国际贸易法》，390～458页，北京，中国政法大学出版社，2015。

法律应用

1. 政府管理贸易的法律制度与经济学的关系。政府管理贸易的一个重要目的是实现本国对外贸易的发展，因此，在对外贸易政策和法律制定之前，对将要出台的政策和法律必须进行经济学分析。经济学分析方法也是重要的法律理论分析方法之一。

2. 最惠国待遇。最惠国待遇是双边或多边国际经济条约最常见的条款，因此，必须掌握最惠国待遇的实质和特点。

3. WTO 法律制度。WTO 主要规范国际贸易的管理问题，加入 WTO 的成员有义务履行《WTO 协定》的规定，因此，掌握《WTO 协定》的主要规定有利于立法和司法实践。

课后复习

1. 试述政府管理贸易的法律与制度的经济学思考。
2. 试述有条件的最惠国待遇的特点。
3. 试述无条件的最惠国待遇的产生与特点。
4. 简述区域与双边贸易协定的新发展与特征。
5. 政府管理贸易的一般措施有哪些？
6. 试述 WTO 法律制度的主要内容。
7. 试述多边贸易管理法律的基本原则和例外。
8. 试述主要的货物贸易协议及主要内容。

第六章
国际投资法

提 要

国际投资在经济学意义上是一个广义的概念。但是，本章所述国际投资法是一个狭义的概念，即国际投资法是调整跨国私人直接投资关系的国内法律规范和国际法律规范的总称。非跨国私人直接投资关系（例如官方投资、间接投资）不属于国际投资法的调整范围。与其他教材不同的是，本章更突出国际投资法的特色问题，重点对国际投资法的特色问题进行了论述，旨在使学生通过与国内投资法的对比学习，对国际投资法与国内投资法的异同有清晰的认识和理解，更准确地理解国际投资法的精髓。与国内投资法相比，国际投资法的特色问题主要包括跨国私人直接投资的理解、海外投资保证制度以及国际投资争议的解决。本章对上述问题进行了较为深入的论述。

重点问题

1. 外国直接投资的概念和特征
2. 国际投资法的概念
3. 跨国公司的概念、特征以及内部各实体之间的责任承担
4. 国际投资法的渊源
5. 国际投资法的基本原则
6. 国际直接投资的途径
7. 海外私人直接投资保险制度的概念与特征
8. 《多边投资担保机构公约》的主要内容
9. 国际投资争议的特点
10. 外交保护的概念和特点
11. 《解决国家与他国国民之间投资争端公约》的主要内容
12. WTO有关国际投资问题的规范
13. 《多边投资协议》的制定与发展趋势
14. 中外双边投资协议

第一节　国际投资法概述

一、外国直接投资

（一）外国直接投资的概念

国际资本流动是指资本从一个国家转移到另一个国家的活动。国际投资作为国际资本流动的一种重要形式，泛指投资者为使其资本增值或营利而将其资本投入另一个国家的一种经济活动。

经济学家从不同角度将国际投资分为不同类型。根据国际投资的主体，可以将国际投资分为外国官方投资和外国私人投资。外国官方投资是指外国政府或国际公共机构进行的投资。外国私人投资则是指外国的自然人或私有企业以营利为目的而进行的投资。此外，国际货币基金组织（International Monetary Fund，IMF）在其发布的《国际收支平衡和投资头寸手册》第六版中，将投资按其职能分为直接投资（Foreign Direct Investment，FDI）、证券投资（Portfolio Investment）、金融衍生产品（储备除外）、雇员认股权和其他投资、储备资产。[①] 直接投资之外的证券投资等，通常被统称为间接投资。根据 IMF 的上述分类，证券投资包括但不限于在有组织市场或其他金融市场上交易的证券。金融衍生产品主要是指金融衍生合约，它是一种金融工具，该金融工具与另一个特定的金融工具、指标或商品挂钩，通过这种挂钩，可以在金融市场上对特定金融风险本身（例如，利率风险、外汇风险、股权和商品价格风险、信用风险等）进行交易。雇员认股权是向公司雇员提供的一种购买公司股权的期权。其他投资为剩余类别，包括没有列入直接投资、证券投资、金融衍生产品和雇员认股权以及储备资产的头寸和交易。[②]

早在 19 世纪，由于投资者控制外国企业存在一定的困难，除某些特定领域（例如，公共设施、自然资源）外，证券投资成为投资者向外国公司进行投资的主要形式。但是，到了 20 世纪中期，随着交通和通信的发展，外国直接投资的数额超过了外国证券投资的总额。因此，保护以股权方式进行的外国投资成为外国投资法的重要内容。[③]

虽然外国直接投资是国际投资的传统方式和主要方式，但是，一些国家和国际组织对外国直接投资的理解并不完全相同。

1. IMF 关于直接投资的规定

为了统一各国的国际收支统计制度，IMF 早在 1948 年就颁布了《国际收支平衡手册》，之后又进行多次修改。目前，大多数国家执行或参照 1993 年发布的《国际收支平衡和投资头寸手册》第六版（Balance of Payments and International Investment Position Manual，BPM6，2013 年最新修订）。[④]

① See International Monetary Fund（IMF），*Balance of Payments and International Investment Position Manual*，Sixth Edition，2013，p. 99.

② See International Monetary Fund（IMF），*Balance of Payments and International Investment Position Manual*，Sixth Edition，2013，pp. 110，93，96，111.

③ See United Nations Conference on Trade and Development（UNCTD），"Scope and Definition"，*UNCTAD Series on issues in international investment agreements*，New York and Geneva，1999.

④ 该修改版在 2013 年进行了更新，见 http：//www. imf. org/external/pubs/ft/bop/2007/bopman6. htm。

IMF 在《国际收支平衡和投资头寸手册》第六版中，参照了经合组织制定的《外国直接投资的标准定义》第四版，将“直接投资”（Direct Investment）定义为[①]：直接投资是跨境投资的一种，其特点是，一经济体的居民对另一经济体的居民企业实施了管理上的控制或重要影响。除了带来控制或影响的股权外，直接投资还包括与这种关系有关的投资，包括投资于其间接影响或控制的企业、联属企业、债务和逆向投资。当一经济体内的居民投资者通过投资对另一经济体的居民企业实施管理上的控制或重要影响时，便产生直接投资关系。直接的直接投资关系是指直接投资者直接拥有股权，并且这种股权使其在直接投资企业中享有 10%或以上的表决权。如果直接投资者在直接投资企业中拥有 50%以上的表决权，则认为存在控制。如果直接投资者在直接投资企业中拥有 10%～50%的表决权，则认为存在重要影响。间接的直接投资关系是指在一个直接投资企业中拥有表决权，而该直接投资企业又在另外一个（或一些）企业中拥有表决权，即一个实体能够通过直接投资关系链施加间接控制或影响。相互之间有直接投资关系的企业称为关联实体或关联企业。此外，受同一直接投资者的控制或影响的所有企业被视为相互之间有直接投资关系。

从上述规定可以看出，IMF 界定直接投资的标准主要有两个：第一，直接投资者以取得长期利益为目的在另一个经济体设立企业；第二，直接投资者对直接投资企业的管理具有重大影响，即拥有有效的发言权。在一般情况下，如果投资者持有直接投资企业 10%或 10%以上的普通股或投票权或者拥有非公司企业的同等权利，就被视为对直接投资企业的管理有重大影响。但是，该比例要求并不是绝对的，各个国家可以作出相应的变通。只要拥有有效的发言权，就视为有重大影响。

2. 经合组织关于外国直接投资的规定

为了向成员国提供关于外国直接投资的统计标准，经合组织根据其金融统计专家小组的报告，于 1983 年制定了《外国直接投资的标准定义》（Benchmark Definition of Foreign Direct Investment），并进行多次修改，目前执行的是 2008 年进行修改的第四版。[②] 该标准定义是关于外国直接投资界定的一个专门规则。该定义第二部分（主要概念和定义）对外国直接投资、外国直接投资者、直接投资企业、附属机构、关联机构和分支机构等作出了详细的界定。根据 2008 年 4 月发布的《外国直接投资的标准定义》（第四版），“外国直接投资表现为在某一经济体的一居民企业（直接投资者）具有在直接投资者之外的另一经济体境内设立享受长期利益之企业的目的。长期利益意味着直接投资者和直接投资企业之间存在着长期关系，并对企业的经营管理具有重大影响。如果居住在一经济体的投资者对设在另一经济体的某一企业直接或者间接拥有 10%或者更多的投票权，则视为存在上述关系。有些人认为，在某些情况下，拥有 10%这样少的投票权并不能使其施加重要影响，而在另外的情况下，投资者虽然拥有低于 10%的投票权，但却对企业管理具有有效的发言权。尽管如此，本手册推荐的衡量标准不允许对 10%的下限标准作出任何限制，并且应严格适用该标准以确保各国统计的一致性”[③]。

经合组织对“直接投资企业”和“外国直接投资者”也作出了解释。根据该标准定义，“直接投资企业是指设在某一经济体，且位于另一经济体的投资者在其中直接或和间接拥有 10%或者更多投票权的公司企业或者非公司企业。10%投票权的下限要求是认定直接投资者与

① See International Monetary Fund（IMF），*Balance of Payments and International Investment Position Manual*，Sixth Edition，2013，pp. 100－101.

② 参见 http：//www. oecd. org/investment/fdibenchmarkdefinition. htm。

③ Organization for Economic Cooperation and Development（OECD），*Benchmark Definition of Foreign Direct Investment*，Fourth Edition，2008，para. 117.

直接投资企业之间存在直接投资关系的标准。拥有另一企业至少10%的投票权就充分证明投资者在投资企业的管理中拥有有效发言权。与其他统计方法（例如多国企业）相反，直接投资并不要求投资者拥有控制权（例如，投资者和/或其关联企业拥有50%以上的投票权）”①。“外国直接投资者是指位于某一经济体，并对设在另一经济体的公司企业或者非公司企业直接或者间接拥有至少10%投票权的实体（机构）。”②

从上述规定可以看出，IMF和经合组织对直接投资、直接投资企业和直接投资者的解释尽管在表达上不完全相同，但并没有实质差别。

3. WTO关于外国直接投资的规定

WTO秘书处在1996年10月16日发布了“贸易与外国直接投资”（Trade and Foreign Direct Investment）的报告。该报告将“外国直接投资”定义为：“当设在一个国家（母国）的投资者拥有在另一个国家（东道国）的并旨在进行管理的资产时就是外国直接投资。管理的程度是外国直接投资与以外国股票、债券和其他金融工具进行的证券投资的区别之处。在大多数情况下，投资者和其在国外管理的资产属于商业性质的。在这种情况下，投资者被视为母公司并且其财产被视为关联或附属的。”③

WTO秘书处上述报告还列举了以下三种主要类型的外国直接投资：第一，股本（equity capital），指多国公司的投资在外国企业的股权中的价值。拥有一个公司企业10%或10%以上的普通股或投票权，或拥有一个非公司企业的同等权利，通常被视为达到了资产控制的最低要求。股本包括合并、受让以及绿色领域（green field）投资（投资新领域）。尽管合并和受让的重要性已经有所改变，但是，对于发展中国家而言，合并和受让仍然是一种主要的直接投资方式。第二，再投资收入（reinvested earnings），指多国公司的投资股份所得不再作为股息或汇回多国公司。这种保留的投资利润作为再投资投入附属企业。这在美国和英国，占对外投资的60%。第三，涉及跨国公司和附属企业的短期或长期资金借贷的其他资本。④

从WTO秘书处的上述报告可以看出，WTO对外国直接投资的解释与IMF的以及经合组织的解释在实质上是相同的。

4. 联合国贸易与发展会议关于外国直接投资的研究

联合国贸易与发展会议在其于1999年出版的国际投资协议系列研究报告之一《范围和定义》（Scope and Definition）中，对“直接投资”和“证券投资”给予了解释：“传统上，在一个公司的投资分为直接投资和证券投资。当投资者拥有的股权足以使它控制一个公司时，就被视为直接投资。而提供给投资者回报但不能控制公司的投资被视为证券投资（portfolio investment）。由于一个投资者可能不需要拥有多数股份就可以控制一个公司，因而，被界定为直接投资所要求的股权拥有程度可以随情况的不同而可以改变。在有些情况下，如果投资是长期的，可以被界定为直接投资。”⑤“直接投资和证券投资的区别并不是非常明显。在许多公司，没有一个投资者拥有大多数股份，并且有效控制是在拥有非常重要的少数股份的投资者手中。

---

① Organization for Economic Cooperation and Development（OECD），*Benchmark Definition of Foreign Direct Investment*，Fourth Edition，2008，paras. 124，125.

② Organization for Economic Cooperation and Development（OECD），*Benchmark Definition of Foreign Direct Investment*，Fourth Edition，2008，para. 122.

③ WTO Secretariat，Trade and Foreign Direct Investment，press/57，1996，p. 6.

④ See WTO Secretariat，Trade and Foreign Direct Investment，press/57，1996，p. 6.

⑤ United Nations Conference on Trade and Development（UNCTD），“Scope and Definition”，*UNCTAD Series on issues in international investment agreements*，New York and Geneva，1999，p. 8.

当然，在一个公司构成证券投资的股份数额可能在另一个公司就构成直接投资。换句话说，没有任何一个单一的投资额在任何情况下都能准确地被划分直接投资和证券投资。因此，经济学家经常采纳一个公认的硬性标准来划分直接投资和证券投资。例如，如果投资者拥有公司10%或10%以上的主要股份，该投资有时就会被认为是直接投资。"①

（二）外国直接投资的特征

一些国际组织以及一些国家关于外国直接投资的定义尽管不完全相同，但都有如下共同特征：第一，投资者以谋求长期经济利益为目的向境外进行投资。第二，投资者对所投资企业的经营管理具有重要影响。投资者对所投资企业是否具有重要影响的判断标准一般是投资者对所投资企业的经营管理是否具有有效的发言权。通行的标准是，投资者对所投资的公司企业拥有10%或10%以上的普通股或投票权，或对非公司企业拥有同等权利，就视为投资者对投资企业拥有有效的发言权，可见，有效发言权并不要求绝对控股。此外，有一些国家并不将上述10%的标准作为唯一判断标准，而是强调，即使投资者的投资不能达到上述比例要求，但对投资企业确实拥有有效发言权的，仍然构成对所投资企业的经营管理具有重大影响。

外国间接投资是指投资者通过购买外国股票、其他有价证券或提供贷款等方式使投资资本增值的经济活动。外国直接投资和证券投资的区别在于对外国企业的财产的控制权标准。② 在间接投资中，投资者不参与被投资企业的经营管理，对所投资企业的经营管理没有有效发言权。

二、国际投资法的概念

大多数国家和学者认为，国际投资法是指调整跨国私人直接投资关系的国内法律规范和国际法律规范的总称。跨国私人直接投资是国际直接投资的最普遍方式，它是指由一国的自然人或法人以营利为目的在外国进行的直接投资。因此，官方进行的直接投资不属于国际投资法的调整范围。

国际投资法所调整的跨国私人直接投资关系具体可以分为以下几个方面：外国投资者与东道国投资者基于投资所产生的投资合作关系；外国投资者与东道国基于投资所产生的投资管理关系；外国投资者与其母国基于对外投资所产生的投资保护关系；政府之间以及政府与国际组织之间基于缔结双边或多边条约而产生的国际投资协调关系。其中，外国投资者与东道国基于投资所产生的投资管理关系是最为复杂也最为有特色的投资关系，当双方发生争议时，往往涉及外交保护问题。因此，如何尽量避免将投资者与东道国之间的投资纠纷上升为国家之间的纠纷是国际投资法需要解决的一个重要问题。

三、国际投资法的主体

国际投资活动的参与者主要包括自然人、法人、国家和国际组织，其中，自然人和法人主要以投资者的身份进行跨国私人直接投资活动，而国家和国际组织主要以制定投资法律或签订国际投资条约的身份对国际私人直接投资活动进行管理和协调。此外，国家有时也作为合同的一方当事人与投资者签订特许协议等合同。值得注意的是，在国际投资活动中，跨国公司和国

---

① United Nations Conference on Trade and Development（UNCTD），"Scope and Definition"，*UNCTAD Series on issues in international investment agreements*，New York and Geneva，1999，p. 8，13.

② See M. Sornarajah，*The International Law of Foreign Investment*，1994，pp. 4 - 8；J. H. Dunning，*Multinational Enterprises and the Global Economy*，1992，p. 5，exhibit 1. 2.

家最具特色，特别是在责任承担方面。

（一）跨国公司

在国际投资活动中，跨国公司（Transnational Corporation，TNC）的各实体是最活跃的投资者。

1. 有关跨国公司的国际规范

现代跨国公司在20世纪50年代末发展迅速。1974年，联合国经济与社会理事会设立了跨国公司委员会（Commission On Transnational Corporations），负责协调和研究有关跨国公司事务。它的执行机构是联合国跨国公司中心。跨国公司委员会于1982年完成了《联合国跨国公司行为守则（草案）》的拟订工作，并于1990年提交联合国大会第45次会议讨论。该草案的主要内容包括：序言和目标；跨国公司的定义和守则的适用范围；跨国公司的活动及其对东道国的态度；跨国公司的待遇；各国政府为实施守则的合作；各国和国际上为实施守则而应采取的行动。该草案被提出后，得到了多次讨论和修改。但是，由于发达国家与发展中国家在跨国公司受东道国法律管辖、征收与国有化的赔偿标准、投资者与东道国政府争议的解决以及外汇汇出的限制等问题上存在很大的分歧，到1992年4月召开的跨国公司委员会的最后一次年会，该草案仍未能通过。1994年12月19日，联合国大会第49届会议第92次全体会议作出决定，将所有与跨国公司有关的活动并入联合国贸易与发展会议的国际投资与跨国投资委员会的职责范围。到目前为止，联合国贸易与发展会议对跨国公司问题仍然没有达成国际协议。

此外，经合组织于1976年6月21日在巴黎公布了《关于国际投资和多国企业宣言》（OECD Declaration on International Investment and Multinational Enterprises），1979年、1984年、1991年和2000年对其进行了修改。该宣言有两个附件，附件1是《多国企业指南》（OECD Guidelines for Multinational Enterprises）。该宣言对成员国没有约束力。1977年11月16日，国际劳工组织还通过了《关于多国企业和社会政策原则的三方宣言》，该宣言也属于建议性质。[①]

2. 跨国公司的法律概念和特征

联合国的《跨国公司行动守则（草案）》将跨国公司定义为“由设在两个或两个以上国家的实体组成的企业。不论这些实体的法律形式和活动范围任何，这些实体在一个决策体系下经营，通过一个或多个决策中心允许实施一致的政策和共同的策略。各实体基于所有权或其他因素联系起来，使其中一个或更多实体能够对其他实体的活动产生重要影响，尤其是能够与其他实体共享知识、资源和责任”[②]。

经合组织在其制定的《多国企业指南》中，使用“多国企业”（multinational enterprise，MNE）的表述。该指南规定：多国企业“通常是由在一个以上国家设立的公司或者其他实体组成。这些实体通过以各种方式协调其经营活动而存在一定的联系，其中的一个或多个实体可以对其他实体的活动产生重大影响。不同的多国企业，其实体的自主权程度各有不同。多国企业可以由私人拥有、政府拥有或者私人和政府混合拥有”[③]。

国际劳工组织通过的《关于多国企业和社会政策原则的三方宣言》将“多国企业”定义为：“多国企业包括公共企业、混合所有企业或私人企业，它们拥有或控制所在国家之外的生

---

① See Tripartite Declaration of Principles Concerning Multinational Enterprises and Social Policy.

② “The Draft United Nations Code of Conduct on Transnational Corporations”, *UNCTAD*, 1996, Volume I, p. 162.

③ “The OECD Guidelines for Multinational Enterprises”, *UNCTAD*, 1996, Volume II, p. 186.

产、分销、服务或其他事宜。多国企业内的并且相互关联的这些实体的自治程度根据这些实体与其活动领域的关联性质以及在所有权形式、规模大小、有关企业的经营性质和地点的方面的重大差异，从一个企业到另一个企业可以有很大的不同。”①

尽管世界各国对跨国公司的概念还没有达成一致，但是，根据大多数国家的理解，跨国公司具有如下特征。

（1）跨国公司不是法律上的公司组织，而是设在两个以上国家的实体的组合。

跨国公司并不是法律意义上的依照某个国家的法律而成立的公司，而是企业的组合。它由设在两个以上国家的各类实体，包括母公司、子公司和分支机构，组成。其中，母公司（parent companies）是指通过所有权关系或者合同关系等控制境外其他公司或者企业的公司或企业，在跨国公司的各实体中处于核心地位。子公司是指被母公司控制的公司或者企业。因此，跨国公司是经济学上的概念，而不是法律上的概念。

（2）跨国公司各实体之间存在着关联关系。这些关联关系体现为所有权关系或控制和管理关系。在现代社会，企业之间的关联关系并不仅仅通过全部或部分拥有对方的所有权关系体现，因为多国企业包括许多跨国的非股权企业，例如许可协议、非股权合资企业、战略联盟。②

（3）跨国公司的母公司通过对子公司和其他实体进行统一管理而实施全球经营战略。跨国公司各实体之间可以共同分享产品、技术和资源等。

3. 跨国公司的内部关系和法律责任

跨国公司的内部关系是指跨国公司各实体之间的关系，其中，最为复杂的是母公司与子公司之间的关系。

传统公司法律认为，母公司与子公司各自依照所在国家的法律成立，在法律地位上是相互独立的法律实体，各自承担各自的债务。但是，在现代商业实践中，跨国公司母公司与各子公司之间以及各子公司之间存在着关联关系，跨国公司中一个实体的行为，特别是履约行为，往往受跨国公司母公司或其他关联实体的影响，因此，对子公司的违约行为产生影响的母公司是否对子公司的违约行为承担责任成为跨国公司的一个特色问题，同时也对传统法律提出了新的挑战。而且跨国公司各实体在经营方面的关联性和跨国公司的全球经营战略，使单一国家很难对跨国公司的所有各实体的行为进行统一管理。

对于跨国公司内部实体的责任承担问题，英美法系国家采用“揭开公司面纱理论”（piercing the corporate veil）来解决这一问题，以防止母公司借口独立法律人格理论而逃避其对子公司应承担的责任。根据该理论，在确定母公司或子公司对母公司的附属机构或其他子公司的行为的责任承担方面，并不以两个公司的独立实体性质为基础，也就是说，要刺破面纱。大多数法院在处理这类案件时认为，“揭开公司面纱理论”只能作为公司有限责任原则的补充，只能适用于特定情况，即跨国公司的附属公司或一成员被母公司或另一成员主导或控制，这些公司扮演母公司的工具、自我调整、代理、通道或部门等角色，进而导致其缺少法律上的独立性。这些公司有时被描述为“没有自己独立的头脑、意志或存在”③。

---

① Tripartite Declaration of Principles concerning Multinational Enterprises and Social Policy.

② See Thomas L. Brewer and Stephen Young, *The Multinational Investment System and Multinational Enterprises*, Oxford: Oxford University Press, 1998, p. 11.

③ Phillip I. Blumberg, *Corporate Groups and Enterprise Liability: Procedural and Substantive Issues Pertaining to the Liability of Multinational Corporations for the Activities of Subsidiaries*, *Private Investors Abroad—Problems and Solutions in International Business in 1986*, Matthew Bender.

“揭开公司面纱理论”的适用主要有两个原则：一是工具原则（instrumentality doctrine），二是自我调整原则（alter ego doctrine）。许多法院在采用工具原则“揭开公司面纱”时主要考虑以下三个方面：过度的控制行为；不正当或不公平的行为；行为与原告损失间的因果关系。但是，不同法院在过度控制行为的构成方面有不同理解：一些法院认为，母公司对附属公司决策过程的干涉必须是很严重的，以致破坏了附属公司的独立存在性质。换句话说，如果母公司直接为附属公司作出决定，即使附属公司在许多方面作为独立机构继续进行经营，也构成过度控制。此外，在是否将证明存在不正当或不公平行为以及因果关系作为过度控制行为的构成要件方面，一些法院也有不同意见：许多法院在确定过度控制行为时并不考虑上述因素，甚至有的法院拒绝采纳上述三个构成要件。[①] 自我调整原则包括以下两种情况：一是两个成员公司不再各自独立以及附属公司被纳入母公司的自我调整体系中。二是承认各自独立的法律地位将鼓励欺诈或不公平行为。一些采纳自我调整原则的法院，在不具有不公平行为存在的充分证据的情况下，仍然判决母公司承担责任。此外，尽管不存在不正当行为，但是，附属机构被控制或缺少所有的独立存在的特征或者附属机构主要处理母公司的业务而不是自己的业务的，一些法院也判决母公司承担责任。[②]

此外，也有的法院采取代理原则确定跨国公司内部责任的承担，即附属公司是母公司的代理人，母公司是本人。但是，代理法大多要求代理人和本人之间存在代理协议，而且代理人是基于母公司的利益而不是自己的利益而行为，因此，采用代理原则解决跨国公司内部责任的承担的情况很少。

（二）国家

国家在参与国际投资活动时，主要是作为主权管理者对本国范围的投资活动进行管理，以及与外国签订双边或多边国际条约。但是，在有些情况下，国家也可以作为合同一方当事人与投资者签订合同，例如，签订特许协议。在这种情况下，国家作为合同的一方当事人是否应当承担合同责任以及承担哪种责任成为投资者最为关心的问题。此外，在外国投资者与东道国政府发生投资争议的情况下，外国投资者的母国是否可以行使外交保护权以保护本国当事人的利益也是国际投资中面临的特色问题。

四、国际投资法的渊源

国际投资法由调整跨国私人直接投资关系的法律规范组成，这些法律规范从制定者的角度分为以下类型。

（一）国内法律规范

国际投资法的国内法律规范主要是指一个国家关于涉外私人直接投资的法律规范。目前，许多国家并没有制定专门的涉外投资法典，而是将涉外直接投资问题分散规定在国内的相关法律，例如，公司法、税法、劳动法、环境法、知识产权法、反托拉斯法、行政法等中。尽管经济全球化的发展在近年来非常迅速，但是，规范外国直接投资的法律仍然主要是国内法，而非国际条约。

国内涉外投资法律规范按照资金的投向，可分为规范资本输入的法律规范和规范资本输出的法律规范。

---

①② See Phillip I. Blumberg, *Corporate Groups and Enterprise Liability: Procedural and Substantive Issues Pertaining to the Liability of Multinational Corporations for the Activities of Subsidiaries*, *Private Investors Abroad—Problems and Solutions in International Business in 1986*, Matthew Bender.

1. 规范资本输入的法律规范

长期以来，由于发展中国家缺乏国内资金，资本输入是其发展本国经济的一项重要策略，因而，发展中国家成为主要的资本输入国（东道国），而发达国家成为主要的资本输出国（母国）。东道国规范资本输入的法律几乎包括了投资所涉及的所有方面，具体包括：（1）外国投资项目的审批：各国通常设立专门的审批机构，审批通过后方可进行投资活动。（2）投资范围：具体规定鼓励外国投资者投资的领域、限制投资的领域和禁止投资的领域。（3）投资方式：许多国家要求外国投资者必须与本国投资者共同经营投资项目，也有的东道国对投资方式没有任何限制，外国投资者可以独资经营。（4）外国资本：大多数国家规定，外国投资的资本可以是外币现金，可以是机械设备、原材料等实物，也可以是知识产权等。（5）投资比例：各国立法对外国投资者的投资比例有不同要求，有的规定了外国投资者的投资比例上限，有的规定了外国投资者的投资比例下限，例如不能低于10%，等等。（6）权力机构和经营管理权：有的国家规定，董事会是外商投资企业的最高权力机关。也有的国家规定，股东会是最高权力机构，总经理负责组织领导企业的日常经营管理工作。（7）投资本金和利润的汇出：绝大部分发展中国家尽管都实行外汇管制，但仍然允许外国投资者在一定条件下汇出外资本金和利润。（8）征收（或国有化）及其补偿：在一般情况下，大多数东道国对外商投资企业不实行国有化和征收，但在特殊情况下，东道国有权根据社会公共利益的需要，对外商投资企业通过合法程序实行征收，并给予适当的补偿。（9）劳动力雇佣：东道国一般规定，劳动力应该优先在东道国雇佣。此外，一些国家还对投资期限、保险、税收优惠、投资争议的解决等问题作出规定。

总体而言，东道国规范资本输入的法律规范基本上是以吸收外国直接投资为宗旨，同时，又对外国直接投资加以必要的管理。吸收外国直接投资主要表现在提供投资保护和投资优惠措施。对外国投资的管理则主要体现在外国投资的市场准入以及投资后的经营管理。

东道国规范外国私人直接投资活动的若干措施也称为“东道国管理措施”（host country operational measures）。早在20世纪70年代，东道国的许多规范措施已经成为投资政策工具。在这一时期，越来越多的东道国评估外国直接投资对其主要发展目标的影响（例如，改善国际收支平衡、提高技术水平以及劳动技能）以及对非经济利益（例如，社会和文化价值，环境发展）的影响。这些国家在发现外国直接投资的作用并不总是和其目标完全相符时，就开始采取措施改变外国投资者的投资行为，这就使东道国管理措施大量产生。① 到了20世纪80年代到90年代期间，外国直接投资作为私人资本向发展中国家流动的一个重要的、更加稳定的资源的日益突出的作用，随着政府对东道国管理措施的运用态度而发生改变。得到公认的是，吸引外国投资的潜在能力并不是静态的，并且东道国政府采取的政策措施在涉及有利于外国直接投资的环境方面起了作用。同时，并不是所有的东道国管理措施在所有情况下均具有积极的影响，并且在许多领域，其他政策工具可能更加有效。尽管如此，东道国管理措施作为东道国政府的一个政策工具仍然可以促进政府的发展目标。②

虽然各国关于“东道国管理措施”没有一个公认的定义，但其通常都是指东道国政府制定的影响外国投资者经营的任何政策措施。从广义上讲，东道国管理措施不仅包括经营限制或履行要求，也包括投资鼓励和可能影响外国投资者行为的任何行政要求。③ 此外，东道国管理措

①②③ See UNCTAD. “Series on issues in international investment agreements”, *Host Country Operational Measures*, United Nations, New York and Geneva, 2001.

施经常是不透明的，有时甚至作为东道国政府和外国投资者之间的机密。所有这些复杂因素都使对东道国管理措施进行全面和准确的分类存在困难。为了克服这种复杂性，东道国通常通过文件的方式将管理措施加以列明，也就是说，制作列举了这些措施的清单。[①] 为了使东道国管理措施公平、公正，一些国际条约对东道国可以采取的管理措施予以规范，东道国不能采取某些类型的管理措施。例如，WTO 制定的《与贸易有关的投资措施协议》就明确禁止东道国采取扭曲公平贸易的投资措施。

2. 规范资本输出的法律规范

发达国家在 20 世纪 90 年代以前对本国的境外直接投资实行严格的限制政策，但是，在 20 世纪 90 年代以后，它们开始逐步取消对境外直接投资的限制，实现完全的自由化政策。发达国家为了促进并保护本国的海外私人直接投资，不仅在避免双重征税、信贷等方面采取了一些鼓励措施，而且同时建立了海外私人直接投资保险制度，为本国的海外投资在东道国所可能遇到的非商业性风险提供保险。

此外，在 20 世纪 60 年代和 70 年代，已经有少数发展中国家的企业开始向境外进行投资，但投资规模很小。20 世纪 80 年代后，随着新兴市场国家的崛起，发展中国家的境外直接投资迅速增加，并且它们不同程度地放松了对境外投资的管制。但是，由于发展中国家的国内资金有限，并且缺乏有效的金融监管机制，绝大多数发展中国家并没有像发达国家那样实行完全的自由投资政策，仍对境外投资项目实行审批制度。限制较为严格的国家通常规定较高的审批最低限；对于限额以下的项目，有的国家规定实行认可制，有的国家规定可自由向境外投资。限制较为宽松的国家通常根据本国需要，制定需要审批的投资项目的目录清单，列明需要审批的境外投资项目，目录以外的对外直接投资全部放开，目录以内的境外投资项目需要审批。还有一些发展中国家在 20 世纪 90 年代初对境外直接投资就基本上不审批了，但仍然保留了某些方面的限制。只有少数发展中国家完全放开对境外投资的管制，对境外直接投资没有任何约束。

（二）国际法律规范

国际法律规范包括有关国际投资的双边条约、多边条约以及国际惯例。其中，双边投资条约和多边投资条约是国际投资法的主要渊源。在国际惯例方面，国际商会曾经于 1972 年通过了《国际投资指南》，供各国选用。[②]

1. 双边投资条约

国际投资涉及东道国和投资国的经济利益，加之多边协调存在一定困难，因此，双边条约成为调整东道国和投资国之间关系的最有效和最迅速的手段，双边投资条约也相应成为国际投资法的首要渊源，同时也是各国最广泛适用的相互保护外国直接投资的法律文件。

双边投资条约主要规定外国投资的范围和定义、投资准入、外国投资的待遇、利润汇出、政治风险的担保、征用和补偿、双重征税的避免、投资争议的解决等事项。而外国直接投资在东道国所面临的主要问题就是东道国对外国投资者的待遇问题，因此，双边投资条约的重点内容就是对外国投资者的待遇和保护。

---

① See UNCTAD “Series on issues in international investment agreements”, *Host Country Operational Measures*, United Nations, New York and Geneva, 2001.

② See Organization for Economic Cooperation and Development, *Investing in Developing Countries*, Fourth Revised Edition, Paris, 1978, p. 9.

2. 多边投资条约

多边投资条约根据签署或参加条约的国家的分布，可分为地区性多边投资条约和全球性多边投资条约。有关投资的地区性多边条约主要有《东南亚国家联盟（东盟）投资领域框架协定》《安第斯共同体第291号决定》《北美自由贸易协定》《南锥体共同市场（南方市场）议定书》《东非和南部非洲共同市场（东南非共同市场）条约》等。

由于双边投资条约和区域性多边投资条约的局限性，自20世纪60年代以来，一些国家开始致力于起草并签署有关国际投资的全球性多边公约，以使国际投资规范在全球范围内得到统一。例如，经合组织通过了《资本流动自由化法典》《无形交易自由化法典》《多国企业指南》，联合国跨国公司委员会起草了《跨国公司行动守则（草案）》。① 但是，由于投资涉及一个国家的许多重大问题，因而，签订全球性多边投资公约的努力取得的成效不大，到目前，已经达成的多边投资条约主要有：1966年生效的《解决国家与他国国民之间投资争端公约》；1988年生效的《多边投资担保机构公约》。1995年1月1日生效的WTO《与贸易有关的投资措施协议》以及《服务贸易总协定》（GATS）也对与贸易有关的投资问题以及服务贸易领域的外资市场准入问题作出了规定。值得注意的是，上述多边国际投资条约只是针对某一方面的问题达成一致，并没有对国际投资的所有问题作出规定。

正是由于在国际投资领域缺乏规范内容全面的多边国际条约，一直致力于促进国际资本流动的经合组织从1991年开始，探讨建立多边投资框架的可能性。1995年5月26日，经合组织部长级会议作出决议，决定启动《多边投资协定》（Multilateral Agreement on Investment，MAI）的谈判，并确立了以下谈判原则：第一，提供一个综合性的有关投资准入、投资保护以及有效调解投资争议等内容的高标准的多边协议；第二，提供一个开放性的多边协议。经合组织成员、欧盟成员以及非经合组织成员都可以参加该协定。决议通过后，经合组织很快成立了“多边投资协定磋商小组”（Negotiating Group），起草《多边投资协定（草案）》，并着手组织协议内容的谈判。《多边投资协定（草案）》参照了经合组织制定的《资本流动自由化法典》和《国际投资与多国企业宣言与决议》的结构，吸收了双边投资条约、区域性多边投资条约以及《与贸易有关的投资措施协议》《服务贸易协定》的原则和内容，并以国民待遇、最惠国待遇、透明度原则为核心构建而成的。

1998年4月24日确定的《多边投资协定（草案）》内容十分广泛，包括：（1）总则：前言。（2）范围和适用：定义（投资者与投资）、适用的地理范围、海外属地的适用。（3）投资者和投资的待遇：国民待遇和最惠国待遇、透明度、投资者和主要人员的临时进入、居留与工作，经理及管理人员和董事会成员的国籍要求、就业要求、业绩要求，私有化、垄断及国有企业和特许、代表管理机构的实体、投资鼓励措施、确认安排、核准程序、自雇企业的成员、知识产权、公共债务、公司行为、R&D技术、不可降低的标准、劳工与环境附加条款。（4）投资保护：一般待遇、征收和补偿、内乱时的保护、转移、信息交换和数据处理、代位求偿权、保护已有投资。（5）争端解决：国家与国家间争议的解决程序、投资者与国家间争议的解决程序。（6）例外和保障：一般例外、寻求货币与汇率政策的交易、临时保障。（7）金融服务：谨慎措施、确认安排、核准程序、透明度、信息交换和数据处理、自雇企业与协会的成员、支付及清算体系和贷款人、最后求助、金融服务的定义。（8）税收。（9）特定国别例外：特定国别例外的申诉。（10）与其他的国际协议的关系：根据IMF条款应承担的义务、与经合组织《多

① See Organization for Economic Cooperation and Development, *Investing in Developing Countries*, Fourth Revised Edition, Paris, 1978, p. 8.

国企业指南》的关系。(11) 实施与运作：筹备小组、成员方小组。(12) 最终规定：签署、接受与生效、加入、不适用、检查、修订、经合组织《多国企业指南》的修改、退出、保存、附件的法律地位、正式文件、利益的放弃等。①

经合组织的上述草案具有以下特点：第一，对“投资”作广义理解。该草案不仅规范外国直接投资行为，而且也规范外国间接投资行为。第二，采取与货物贸易相类似的高标准投资待遇要求。该草案要求东道国向外国投资者提供安全和永久的投资保护，并给予公平、合理的待遇。同时，禁止东道国采取法律上和事实上的歧视做法，除非属于一般例外、临时背离和国家保留的范畴。第三，在争端解决方面，引入了 WTO 争端解决机制。

由于上述草案强调对投资者利益的保护，而对东道国和发展中国家的利益保护不够，再加上谈判各国对劳工标准、环境标准、例外和保留、法律的域外适用、法律冲突、再投资障碍、知识产权保护、争端解决等问题也存在很大分歧，所以谈判十分艰难。1998 年 10 月，法国政府在本国公众的压力下撤回谈判。从 1998 年 12 月开始，《多边投资协定》谈判进入停顿状态。

五、国际投资法的基本原则

国际投资法的基本原则是指被各国公认的、具有普遍约束力的，并且适用于国际投资法领域的、构成国际投资法基础的法律原则。

《联合国宪章》第 2 条规定了联合国及其会员国应予遵循的 7 项原则：各会员国主权平等的原则；各会员国应忠实履行宪章义务的原则；各会员国应以和平方法解决其争端的原则；各会员国不得以武力相威胁或使用武力的原则；各会员国对联合国依宪章采取的任何行动，应尽力给予一切协助的集体协助原则；在维护国际和平与安全的必要范围内，应确保非会员国遵守上述原则；不得干涉在本质上属于任何国家国内管辖事项的原则。这些基本原则也构成了国际经济法的基本原则基础。此外，联合国大会还通过了一系列涉及国际经济法基本原则的决议或宣言，例如，1962 年 12 月 14 日的《关于自然资源永久主权的决议》、1974 年 5 月 1 日的《建立新的国际经济秩序宣言》、1974 年 12 月 14 日的《各国经济权利和义务宪章》等。

上述决议或宣言是各国规范国际投资行为的重要依据，例如，《关于自然资源永久主权的决议》载明：(1) 各民族和各部族对本族的自然财富和自然资源行使永久主权时，必须为各自国家的发展着想，为有关国家的人民的福利着想。(2) 对这些资源进行勘探、开发和处置，以及为此目的而输入所需的外国资本时，都应遵守各民族和各部族在准许、限制或禁止上述活动方面自行认为有必要或须具备的各种规则和各种条件。(3) 如果上述活动获得批准，那么，输入的资本以及此项资本的收益应当受批准条件、现行的国内法以及国际法的管辖；所获得的利润必须按照投资人与东道国双方逐项自由议定的比例加以分配；同时，应当认真注意确保东道国对本国自然财富和自然资源的主权绝对不受损害。(4) 采取国有化、征收或征用措施，应当以公用事业、社会安全或国家利益等理由或原因作为根据，这些公用事业、社会安全或国家利益被公认为远较纯属国内外个人的利益或私家的利益重要得多。在此类场合，采取上述措施以行使其主权的国家应当按照本国现行法规以及国际法的规定，对业主给予适当的赔偿。在就赔偿问题发生争执时，应当尽量将问题提交至采取上述措施国家的国内司法机构。但主权国家及其他当事人如另有协议，则应通过仲裁或国际审判解决争端。(5) 各国必须根据主权平等原则，互相尊重，以促进各民族和各部族自由地、有效地行使对本族自然资源的主权。(6) 为促

① 参见联合国贸易与发展会议《1999 年世界投资报告（英文版）》，129～130 页。

进发展中国家的经济开发而实行的国际合作，不论其方式是公私投资、交换货物、交换劳务、技术援助，还是交换科学情报，都应以促进这些国家的独立发展为目的，并且应以尊重这些国家对本国自然财富与自然资源的主权为基础。(7) 侵犯各民族和各部族对本族自然财富与自资源的各种自主权利，就是完全违背《联合国宪章》的精神和原则，阻碍国际合作的发展，妨碍和平的维持。(8) 对主权国家相互间自由签订的双/多边投资协定，应当诚意遵守；各国以及各种国际组织均应依据《联合国宪章》以及本决议所规定的各项原则，严格地、诚心诚意地尊重各民族以及各部族对本族自然财富和自然资源的主权。

《建立新的国际经济秩序宣言》载明，“四、新的国际经济秩序应当建立在充分尊重下列原则的基础上：…… (5) 每一个国家对自己的自然资源和一切经济活动拥有充分的永久主权。为了保卫这些资源，每一个国家都有权采取适合自己情况的手段，对本国资源及其开发实行有效控制，包括有权实行国有化或把所有权转移给自己的国民，这种权利是国家充分的永久主权的一种表现。任何一国都不应遭受经济、政治或其他任何形式的胁迫，以致不能自由地和充分地行使这一不容剥夺的权利…… (7) 根据跨国公司所有国的充分主权，采取有利于这些国家的国民经济的措施来限制和监督这些跨国公司的活动”。

《各国经济权利和义务宪章》在第二章“各国的经济权利和义务”第2条中规定：“1. 每个国家对其全部财富、自然资源和经济活动享有充分的永久主权，包括拥有权、使用权和处置权在内，并得自由行使此项主权。2. 每个国家有权：(a) 按照其法律和规章并依照其国家目标和优先次序，对在其国家管辖范围内的外国投资加以管理和行使权力。任何国家不得被迫对国外投资给予优惠待遇；(b) 管理和监督其国家管辖范围内的跨国公司的活动，并采取措施保证这些活动遵守其法律、规章和条例及符合其经济和社会政策。跨国公司不得干涉所在国的内政。每个国家在行使本项内所规定的权利时，应在充分顾及本国主权权利的前提下，与其他国家合作；(c) 将外国财产的所有权收归国有、征收或转移，在收归国有、征收或转移时，应由采取此种措施的国家给予适当的赔偿，要考虑到它的有关法律和规章以及该国认为有关的一切情况。因赔偿问题引起的任何争论均应由实行国有化国家的法院依照其国内法加以解决，除非有关各国自由和互相同意根据各国主权平等并依照自由选择方法的原则寻求其他和平解决办法。”

根据上述国际文件，与国际投资有关的原则主要包括以下三个：第一，各国对其境内的一切自然资源享有永久主权；第二，各国对其境内的外国投资以及跨国公司的活动享有管理监督权；第三，各国有权将其境内的外国资产收归国有或征用。

第二节　国际直接投资的法律形式

私人投资者向境外进行直接投资主要通过两个途径进行：一是在东道国设立新企业，二是收购东道国的现有企业。不论采用设立方式还是采用收购方式，投资者在境外投资的企业不外乎以下类型：合资经营企业和独资经营企业。独资经营企业是指外国投资者在东道国境内，根据东道国法律成立的全部股权由自己拥有的企业。该企业由外国投资者独立经营和管理，企业风险由外国投资者独立承担。合资经营企业（以下简称合营企业）是指外国投资者依照东道国的法律，与东道国的投资者，为了实现长期的经济目的而共同投资成立的共同经营、共担风险、共负盈亏的企业形式。由于东道国投资政策的限制，合营企业成为外国直接投资的主要形式。

一、合营企业

在东道国境内，根据东道国法律成立拥有全部产权的子公司是国际直接投资的最早形式。随着越来越多的发展中国家鼓励本国企业参与外商投资企业的经营，并禁止外国投资者在某些领域拥有企业的全部产权，外国投资者更多地采用合营方式。因此，合营企业是国际私人直接投资的最常见形式。

联合国工业发展组织编写的《发展中国家合营企业协议指南》将合营企业分为股权式合营企业和契约式合营企业。

1. 股权式合营企业（Equity Joint Venture）

股权式合营企业是指外国投资者和东道国投资者根据东道国法律的规定，按照约定或法定的投资比例进行投资，并依照各自的投资比例享有权利和承担义务的具有法人资格的企业。我国的中外合资经营企业就属于股权式合营企业。

股权式合营企业具有如下特征。

（1）由外国投资者与东道国投资者按照东道国法律规定的或投资者双方约定的投资比例出资，投资者各占一定的股份而成立。其中，外国投资者和东道国投资者大部分为法人企业。有些国家也允许自然人进行投资。

（2）外国投资者和东道国投资者的出资构成合营企业的财产。合营企业以其本身拥有的企业财产对外承担债务责任。

（3）外国投资者和东道国投资者共同成立董事会或股东会等管理机构，共同管理合营企业。

（4）外国投资者和东道国投资者按照各自的投资比例分享合营企业的经营利润，并承担合营企业的亏损。

2. 契约式合营企业（Contractual Joint Venture）

契约式合营企业是指外国投资者和东道国投资者根据东道国法律的规定，共同出资，共同经营，并根据合营合同的规定分享利润、承担亏损的企业。我国的中外合作经营企业就属于契约式合营企业。契约式合营企业与股权式合营企业的最大区别就是，契约式合营企业的投资者不是必须按照各自的投资比例分享利润和承担亏损。

根据大多数国家公司法的规定，公司性质的合营企业属于具有独立法律地位并且能够独立承担民事责任的企业法人，它拥有独立的财产、独立的名称和住所、公司章程以及完整的组织机构。

二、特许（concession）协议

特许协议是外国投资者在东道国进行石油开发时最早使用的一种形式。石油资源国在一定时期内将一定区域的石油开发权特许给外国石油公司，由外国石油公司承担全部费用与风险，进行勘探、开发和生产。对于所产石油产品，有的国家规定全部归外国石油公司所有，东道国获得地租、开采税和其他税收；也有的国家规定进行产品分成。目前，特许协议已经广泛应用到东道国的基础设施建设领域以及其他公用设施开发领域。

特许协议是指一国政府与外国投资者签署的，赋予外国投资者在指定期间、指定地区内以及其他规定条件下专属于东道国的某种权利，外国投资者投资于东道国的公用事业建设或自然资源开发等特殊经济领域的协议。特许协议具有以下特点：第一，协议的一方为东道国政府，

另一方为外国私人直接投资者。第二，东道国政府授权外国投资者在专属东道国政府投资和经营的领域内进行投资。这些专属领域通常是东道国的基础设施、公用设施、自然资源领域。第三，东道国政府与外国投资者约定投资利润的分配方式。第四，东道国政府与外国投资者各自享有一定的权利并承担相应的义务。

特许协议的签约一方是东道国政府、另一方是外国投资者，故其与一般民事协议有很大不同，因此，东道国政府在特许协议下应该承担什么责任成为外国投资者十分关心的问题。对于特许协议的性质，有三种观点。第一种观点认为，特许协议属于行政合同，类似于国有土地使用权出让合同，协议双方的权利和义务具有不对等性。第二种观点认为，特许协议属于民事合同的范畴，政府必须按照合同规定承担责任。第三种观点认为，特许协议属于混合性合同，既有行政合同的特性，也有民事合同的特性。政府既要履行合同中的义务，同时也有权基于公共利益修改或解除合同。英美法系对政府合同原则上适用合同法的一般规定，除非政府基于社会公共利益或合同妨碍政府正常执行职务。

三、BOT 投资方式

BOT（Build-Operate-Transfer，建设—经营—转让）是 20 世纪 80 年代初出现的一种利用国际私人资本进行基础设施项目建设的特殊投资方式。BOT 投资方式由土耳其已故总理奥扎尔于 1984 年提出，随后被广泛采用。英法海底隧道、中国香港东区港九海底隧道等一些耗资巨大的项目，都是采用 BOT 方式建设完成的。

BOT 是指东道国政府通过特许权协议，授予外国投资者在特许协议规定的期限内投资东道国的基础设施领域的专营权，外国投资者对所投资项目拥有建设、运营、管理、维护和收益权，在特许协议期满后，外国投资者将所投资项目无偿移交给签约的东道国政府。实践中，BOT 投资方式是东道国政府与外国投资者合作经营东道国基础设施项目的一种特殊运作模式。

与一般的国际直接投资方式相比，BOT 具有以下特征。

（1）BOT 投资方式适用于特定领域。BOT 方式一般不适用于普通投资领域，而是适用于资金需求较大的具有公益性质的基础设施或服务项目。这些项目通常规模很大，建设时间较长，投资风险大（有商业风险、政治风险、工程技术风险、自然风险等）。

（2）BOT 投资方式涉及一系列合同，包括特许权协议、合营合同、建设施工合同、完工担保合同、产品购买合同、贷款合同、运营维护合同、保险合同等。其中，特许权协议是 BOT 项目的基础协议。

（3）BOT 投资方式的项目建设资金来自项目投资者的直接投资和贷款人的间接投资，其中，直接投资所占的比例较小，大部分建设资金来自贷款。

（4）特许协议期满后，特许建设项目无偿移交东道国政府所有和经营。外国投资者在特许期间，对 BOT 项目享有占有、使用和收益权，但不能处分 BOT 项目。

第三节　国际投资担保制度

一、国际投资担保的国内法制度

（一）海外私人直接投资保险制度的概念

国际私人直接投资活动不仅面临商业风险，相比其他商业活动还更容易受政治风险的影响。特别是在第二次世界大战后相当长一段时间内，发达国家在发展中国家的海外私人直接投资屡屡遭遇战争、内乱、没收、国有化及外汇禁兑、政府违约等种种政治风险的影响，因此，发达国家认识到，对本国的海外私人直接投资必须予以法律上的保护，使本国的海外私人直接投资尽量免受或少受政治风险的影响。为了鼓励本国国民对外进行直接投资，使本国私人直接投资免受东道国政治风险的影响，美国于1948年根据其《对外援助法》实施马歇尔援欧计划，首创国际投资担保的国内法制度——海外私人直接投资保险制度，主要针对欧洲国家的货币汇兑风险，其后转变为针对在发展中国家投资的政治风险。随后，德国、法国、丹麦、澳大利亚、加拿大、瑞士、英国等几乎所有的发达国家都建立了本国的海外私人直接投资保险制度。[①] 到目前，海外私人直接投资保险制度已成为一项重要的海外投资保证制度（guarantee system for overseas investment）。

海外私人直接投资保险制度是资本输出国政府为了保护本国国民在国外投资的安全，对本国的海外投资者在资本输入国可能遇到的政治风险给予保险的制度。投资者向本国投资保险机构申请保险后，若发生承保的政治风险并造成投资者的投资损失，由国内保险机构予以补偿。

（二）海外私人直接投资保险制度的类型

目前，国际上主要存在两种保险制度：一是美国式的双边保证制度，它以本国与东道国签订双边投资保护协定为实行国内法上的海外投资保险制度的法定前提。也就是说，本国海外投资保险机构提供投资保险的前提是，本国已经和东道国签订了双边投资保证协定，否则，不予承保。二是德国式的单边保证制度，它不以本国同东道国订有双边投资保证协定为承保的前提，而是仅依国内法的规定进行海外投资的承保。

（三）海外私人直接投资保险制度的特征

海外私人直接投资保险是一种特殊的保险，与一般保险相比，具有如下特征。

1. 海外私人直接投资保险是一种政府保证或国家保证

保险人是政府机构或公营公司，其不以营利为目的，而是以保护本国的海外私人直接投资为目的。依据各国立法与实践，开展海外私人直接投资保险业务的机构有如下类型：政府机构从事投资保险业务；政府公司从事投资保险业务；政府与国有公司共同从事投资保险业务。在大多数国家是由政府公司，例如，美国的海外私人投资公司（OPIC）、澳大利亚的出口融资和保险公司（EFIC）、加拿大的出口发展公司（EDC）、荷兰的荷兰信用保险公司（NCM）等从事海外投资保险业务。[②] 政府公司作为法人承办海外投资保险可以避免投资纠纷的政治化。

2. 投保人必须是合格投资者

建立海外投资保险制度的国家大多将海外投资保险的投保人限于本国国民，特殊情况下，保险国的外国企业进行的海外投资有利于保险国时也可以投保。例如，美国法律规定，允许由美国人全部控股的外国公司投保。

3. 保险对象只限于符合特定条件的海外私人直接投资

被保险的海外私人直接投资必须符合下列条件。

（1）属于合格投资。合格投资是指海外投资应符合法律和保险合同规定的条件与标准。这些条件和标准主要有：1）海外投资应有利于东道国的经济发展并（或）经东道国政府的同意、

---

① See Organization for Economic Cooperation and Development, *Investing in Developing Countries*, Fourth Revised Edition, Paris, 1978, p. 11.

② See Organization for Economic Cooperation and Development, *Investing in Developing Countries*, Fourth Revised Edition, Paris, 1978, p. 12.

批准。2）只限于新的海外投资，即在投保前未承诺或实际向海外投资，一般指新建企业的投资。其目的是便于对投保人的引导，并有利于发展本国对外的经济关系。3）海外投资必须符合投资国的本身利益。通常情况下，投资的类型通常包括股权投资、贷款和预付款、许可和使用费等，在有的国家还包括长期贷款。①

（2）属于向合格的东道国进行的投资。合格的东道国通常是指发展中国家，并且已经与保险人所在国家签署了双边投资保证协定。这种要求的好处在于：一是鼓励向发展中国家和最不发达国家进行投资，二是在保险事故发生后，保险人可以依照双边投资保证协定行使代位索赔权。此外，有些国家的合格投资并不限于向发展中国家进行的投资：有的国家的海外投资保险制度可以对在世界范围内的投资予以承保，也有的只承保向与之签订了双边投资保证协定的国家进行的投资。②

4. 保险的范围主要是非商业风险（政治风险）

各国承保的政治风险的范围根据各国经济利益和对外关系与对外政策的发展而发生变化，通常包括征收险、外汇险（也称转移险）、战争与内乱险等。除政治风险外，有的国家还承保其他风险，例如，比利时承保自然灾害风险，日本承保信用风险，瑞士承保本地公共机构拒绝支付或不能支付的风险等。

（1）征收险（expropriation risks），包括征收或国有化以及未给予充分补偿的没收。

征收（expropriation）或国有化（nationalization）是指国家基于公共利益的需要对私人所有的财产予以全部或部分征收，收归国家所有。征收分为直接征收和间接征收。直接征收是指直接剥夺私人财产的所有权；间接征收是指私人财产所有人使用、占有和处置的财产虽未被政府接管，但由于政府所采取的措施或行为的无理干涉或阻碍，所有权人在合理期限内不能使用、占有和处置其财产，或企业不能有效经营。几乎所有国家的征收险都包括直接征收，但是，对于“蚕食式征收”，有的国家将其包括在征收险范围之内，有的国家则不予包括。“蚕食式征收”是指本地企业没有被接管，但是其经营活动被政府的行为阻止，不再能够有效地经营。③

一些发展中国家在争取民族解放和国家独立的过程中，最早使用征收或国有化的措施，以保证独立后的民族经济的发展。目前，发达国家一般不采用国有化，但也有少数国家的法律规定了国有化，如日本规定，可依法收用或收购外国投资者合法财产的全部或一部，但应按等价报酬付给适当的金额。

对于征收和国有化的合法性，目前国际上有两种意见。一种意见认为，征收和国有化是一个国家的主权的体现。另一种意见认为，只有出于国家公共利益的需要，才能实行征收或国有化。国有化应该是为了公共利益，是非歧视的、有补偿的。关于国有化的补偿问题，国际上有三种观点：一是应给予即时支付、数量充分和有效的补偿。以美国为代表的发达国家持该观点。发达国家所签署的投资保证协定中经常规定发达国家提出的这一补偿标准，即及时、充分和有效的补偿。二是给予适当和合理的补偿。三是不予补偿。在补偿的方式方面，大多数发展中国家采取一次补偿、一次征收的措施，也有些国家采取逐步征用、逐步收购的

① See Organization for Economic Cooperation and Development, *Investing in Developing Countries*, Fourth Revised Edition, Paris, 1978, p. 12.

② See Organization for Economic Cooperation and Development, *Investing in Developing Countries*, Fourth Revised Edition, Paris, 1978, pp. 11 - 12.

③ See Organization for Economic Cooperation and Development, *Investing in Developing Countries*, Fourth Revised Edition, Paris, 1978, p. 11.

措施。

联合国大会通过的《各国经济权利与义务宪章》规定，“每个国家都有权将外国财产收归国有、征收或转移其所有权。在收归国有、征收或转移时，应由采取这些措施的国家，考虑本国有关法律和条例的规定以及本国认为有关的一切情况，给予适当的补偿”。从联合国的规定可以看出，国有化和征收是一个国家的权力，并且东道国可以给予适当的补偿，而不是全部补偿。

(2) 战争险 (war risks)，包括革命、叛乱和内战等致使外国投资者在东道国的投保财产受到损害的风险。

(3) 外汇险 (transfer risks)。外汇险包括禁兑险和转移险，一般是指当地政府实行外汇管制，妨碍、迟延资本和收益兑换成自由货币并转移出境而导致外国投资者的损失，当地货币贬值的风险不包括在内。禁兑风险发生的原因有多种，如东道国实行外汇管制、停止或限制外汇兑换，或发生其他突发事变，如革命、战争、内乱等，致使投资者无法在一定期间内进行外汇业务等。海外私人直接投资保险公司在批准这种政治风险保证前，必须从东道国获得关于原本与利润等自由汇出的保证，投保者须确切证明东道国政府原已同意并允许自由汇出的事实。在外汇险中，大多数国家都排除了货币贬值风险。①

5. 保险期限较长

大多数国家的投资保险制度规定的保险期限最长可以是15年或20年。

6. 代位求偿权的行使对象是主权国家

海外私人直接投资保险中的代位求偿权是指保险人在投资保险事故发生后，向投保人支付保险金并取得向造成投资风险的东道国政府进行索赔的权利。因此，投资保险中的代位求偿权的行使对象是东道国政府。

在投资保险中，投保人和保险人签订的投资保险合同中的代位求偿权条款是保险人行使代位求偿权的依据。但是，为了保证保险人能够有效地行使代位求偿权，投资国往往和东道国政府事先签订双边投资保证协定，使东道国政府在双边投资保护协定中承诺接受投资国的保险人向其行使代位求偿权。以双边投资保护协定作为投资国的保险人向东道国行使代位求偿权的法律依据，可以将承认和接受代位求偿权转化为东道国在国际法上应承担的义务。因此，为了使代位求偿权得到有效行使，大多数投资保险人要求投资保险合同必须得到东道国政府的批准或者认可，或者东道国政府已经与投资国签署了双边投资保证协定。

需要注意的是，许多投资国在投资保险合同中要求投保人在向保险人求偿之前尽量寻求东道国的国内法律救济，从东道国取得赔偿。例如，美国的海外私人直接投资保险合同规定，投保人在向海外私人投资保险机构索赔之前，必须先在东道国采取一切可能的行政或司法补救措施，要求制止风险或取得赔偿，否则，保险机构有权拒绝支付保险赔偿金。

二、国际投资担保的国际法制度

(一)《多边投资担保机构公约》的产生

世界银行关于通过对非商业风险提供保险来促进国际投资发展的讨论最早可以追溯到1948年。1948年3月3日，世界银行就收到了“为外国私人投资的转移风险和其他风险提供担保的建议”，但是，该建议并没有得到世界银行的重视。也就是在这一年，美国政府实施了

① See Organization for Economic Cooperation and Development, *Investing in Developing Countries*, Fourth Revised Edition, Paris, 1978, p. 11.

其投资保险制度。1950 年 10 月，又有人建议，世界银行应该采取一系列措施，包括建立一定比例的投资保险基金，为外国投资的风险，例如未给予充分补偿的国有化、战争和货币兑换等，给予担保。早期的建议设想世界银行应该提供直接的保险或给予补贴。此外，在 20 世纪 50 年代到 60 年代早期，世界银行之外的一些机构和国家也陆续提出一些建议，建议设立一个多边投资保险框架，由世界银行管理或给予财政资助。鉴于这些要求，世界银行在 1961 年春天决定，对多边投资保险问题进行进一步的研究，并考虑世界银行是否能够通过投资保险制度向其会员提供有效的服务。国际金融公司成立国际投资保险工作组，并在 1961 年 6 月 28 日召开第一次会议。1962 年 1 月，该工作组起草了第一份多边投资保险报告。该报告考察了提交的建议并明确了一些原则，但并没有指出世界银行的管理角色以及实施项目的责任等。针对该报告，国际商会向世界银行指出，应由世界银行或其创立的其他国际机构负责实施投资保险制度。此外，经合组织的专家委员会在 1965 年 6 月完成了关于建立多边投资担保合作的报告，并提交世界银行，建议世界银行履行实施职责。联合国贸易与发展会议也要求世界银行在征求发达国家和发展中国家意见的前提下继续研究投资保险问题，并向联合国提交研究和咨询报告。在收到联合国以及经合组织等的要求后，世界银行开始探讨成立多边投资担保机构的可能性。1966 年 11 月 30 日，《国际投资担保机构协议（草案）》完成，并被提交世界银行各成员政府和有兴趣的国际组织讨论。此后，曾经由于世界银行是否有能力充当管理投资保险机构的角色讨论被搁置。直到 1981 年，世界银行新任主席开始关注投资保险问题，并建议继续研究建立多边投资担保机构的可能性，以及准备公约草案。1984 年 10 月，公约草案完成并被提交世界银行年会。1985 年 10 月 11 日，在韩国汉城召开的世界银行年会上正式通过《多边投资担保机构公约》（也称《汉城公约》）。1988 年 4 月 12 日该公约生效。[①] 多边投资担保机构（the Multilateral Investment Guarantee Agency，MIGA）在 1988 年作为世界银行集团的成员之一正式成立。到 2018 年 8 月 31 日，有 180 个国家加入该公约。我国于 1988 年 4 月 30 日交存加入书，加入该公约。[②]

《多边投资担保机构公约》分为 11 章、67 条及两个附件，分别对该公约的宗旨，MIGA 的建立和地位，会员国的资格和资本，MIGA 的业务、组织与管理，投票认股的调整和代表权、特权与豁免，争端的解决等问题作出了规定。该公约的主要目的就是成立 MIGA，并确信自己在鼓励外国投资、补充国家性和区域性的投资担保计划，以及非商业性风险的私人保险方面能够发挥重要作用。

《多边投资担保机构公约》的签署和生效为没有国内投资担保机构的资本输出国提供一个选择，消除了这些国家的投资者对东道国非商业风险的忧虑。此外，MIGA 主要担保面向发展中国家的投资，从而对资本向发展中国家流动起到了促进作用。

（二）多边投资担保机构的地位

MIGA 具有完全的法人地位，有权签订合同、取得并处理不动产和动产以及进行法律诉讼。MIGA 设理事会、董事会、总裁和职员，其中，理事会是权力机构，董事会是执行机构。此外，MIGA 在各会员国领土内应享受以下豁免和特权：法律程序豁免、财产豁免；档案和通讯豁免、税收豁免。

MIGA 的目标是鼓励在会员国之间，特别是向发展中国家会员国，进行生产性投资，以补

① See Ibrahim F. I. Shihata, *Multilateral Investment Guarantee Agency and Foreign Investment*, Martinus Nijhoff Publishers, 1988, p. 31.

② 参见 https://www.miga.org/member-countries。

充国际复兴开发银行、国际金融公司和其他国际性开发金融机构的活动。为达到上述目标，MIGA 对投资的非商业性风险予以担保。

（三）多边投资担保机构的业务活动

由于 MIGA 具有担保和政策协调的双重作用，故其业务包括担保业务和非担保业务两类。其中，投资担保业务是 MIGA 的主要业务。MIGA 的非担保业务主要是为担保业务提供服务。

1. MIGA 承保的险别

MIGA 所担保的政治风险包括东道国政府（包括中央政府、地方政府）的行为（包括作为与不作为）以及其所同意、授权、批准或指示的作为和不作为。

MIGA 可为合格的投资就货币汇兑、征收和类似的措施、违约、战争和内乱中的一种或几种风险而产生的损失提供保险。但是，被保险人认可或负有责任的东道国政府的任何行为或疏忽，以及发生在担保合同缔结之前的东道国政府的任何行为、疏忽或其他任何事件，不在保险范围之列。

与许多国家的国内投资保险制度不同的是，MIGA 在货币汇兑险、征收和类似措施险以及战争和内乱险之外，增设了“违约险”。

（1）货币汇兑险。货币汇兑险是指东道国政府采取新的措施，限制将其货币兑换成可自由使用的货币或被保险人可接受的另一货币，以及汇出东道国境外，包括东道国政府未能在合理的时间内对该被保险人提出的此类汇兑申请作出行动。货币汇兑险旨在将一切形式的新的直接限制（包括对现有限制所增加的限制）和间接或隐蔽的限制包括在该风险之中，而不管这些限制是法律规定的还是事实上存在的，但是，这些限制必须是由东道国政府（包括东道国公共机构或其他公共机关）实施的限制。

（2）征收和类似措施险，是指东道国政府采取立法、行政措施或实施懈怠行为，从而实际上剥夺了被保险人对其投资的所有权或控制权，或其应从该投资中得到的大量收益。但东道国政府为管理其境内的经济活动而通常采取的普遍适用的非歧视性措施，例如，税收、环境和劳动立法以及保护公共安全等不在此列。征收和类似措施险的保险范围不仅包括东道国政府采取的立法或行政措施，例如，国有化、没收、查封、夺取、扣押和冻结资产，而且包括东道国政府实施的懈怠行为，即阻碍被保险人行使这些权利的措施。可见，MIGA 所担保的征收和类似措施险，不仅包括直接征收，还包括间接征收。司法机关在行使其职能时所采取的措施不被包括在内。

（3）违约险。违约险是 MIGA 的一个创新，是指东道国政府不履行或违反与被保险人签订的合同，并且被保险人无法求助于司法机关或仲裁机构对其提出的有关诉讼作出裁决，或者该司法机关或仲裁机构未能在担保合同规定的合理期限内作出裁决，或虽有这样的裁决但未能执行。东道国政府有违约行为并不当然构成违约险，只是在具备上述条件的情况下，才构成违约险。MIGA 设立该险别的目的是促进东道国和投资者之间所签合同的履行和实施，并且要求被保险人在风险发生后应首先通过东道国的救济使损失得到补偿，只有在东道国的救济不能实现的情况下才能求助于 MIGA 的保险赔偿。这也是多边投资保险与一般商业风险保险的一个很大的区别。

（4）战争和内乱险。战争是指东道国境内任何地区的任何军事行动或内乱。军事行动一般是指不同国家的政府武装力量之间的战争行动，包括经宣战或未经宣战的战争。内乱通常是指直接针对政府的并以推翻政府或将其驱逐出某个特定地区为目的的有组织的暴力行动，包括革命、暴乱、叛乱和军事政变。战争和内乱险主要承保在东道国政府控制之外的革命、起义、政变和类似的政治事件，然而，具体针对被保险人的恐怖主义行为和类似活动不包括在内。

（5）其他非商业风险。除上述非商业风险外，应投资者与东道国的联合申请，经MIGA董事会特别多数票通过，MIGA可以将担保范围扩大到上述四种风险以外的其他特定的非商业风险。但是，在任何情况下，货币贬值或降低定值的风险都不包括在内。

2. 合格投资

合格投资包括股权投资，其中包括股权持有者为有关企业发放或担保的中长期贷款，以及MIGA董事会确定的其他形式的直接投资。直接投资的范围由MIGA董事会决定。MIGA董事会根据IMF制定的《外国直接投资的标准定义》对直接投资作出判断。经董事会特别多数票通过，MIGA也可将合格投资扩大到其他任何中长期形式的投资，但与MIGA已担保或拟担保的投资无关的贷款不包括在内。合格投资的要求旨在利用MIGA有限的资本促进直接投资的流动和需要。允许MIGA董事会扩大担保其他类型的投资旨在确保灵活性。

担保对象限于要求MIGA给予担保的申请收到之后才开始执行的那些投资，这类投资包括：为更新、扩大或发展现有投资所汇入的外汇；现有投资产生的、本可汇出东道国的收益。

MIGA在担保一项投资前考虑下列情况：该投资的经济合理性以及其对东道国发展所作的贡献；该投资符合东道国的法律、条令；该投资与东道国宣布的发展目标和重点相一致；东道国的投资条件，包括该投资将受到公正、平等的待遇和法律保护。

3. 合格的投资者

自然人投资者必须是东道国以外的MIGA会员国的国民。法人投资者必须是在东道国以外的MIGA会员国注册的，并在该会员国设有主要业务点，或其多数资本为东道国以外的MIGA会员国国民所有。

根据投资者和东道国的联合申请，经董事会特别多数票通过，MIGA也可将合格投资者扩大到东道国的自然人，或在东道国注册的法人，或其多数资本为东道国国民所有的法人。但是，所投资产应来自东道国境外。

4. 合格的东道国

MIGA只对在发展中国家会员国境内所作的投资予以担保。

5. 东道国认可和MIGA的担保条件

在东道国政府同意MIGA就指定的承保风险予以担保之前，MIGA不得缔结任何担保合同。而且，每一担保合同的担保条件应由MIGA根据其董事会发布的条例和规定予以确定，但MIGA不得承保投资损失的全额。担保合同应在MIGA董事会指导下由总裁批准。

6. 索赔的支付

被保险人在向MIGA提出索赔要求之前，必须寻求在当时条件下合适的、按东道国法律可随时利用的行政补救办法。

7. 代位求偿权

在向被保险人支付或同意支付赔偿后，MIGA代位取得被保险人对东道国和其他债务人所拥有的有关所承保投资的权利或索赔权。MIGA作为代位权人所接受的东道国当地货币在使用和转移方面，有权得到所给予担保权人的同样优惠的待遇。此外，如果这些货币不是可自由使用的货币，MIGA有权用这些货币支付其行政开支或其他费用，并就这些货币的其他用途直接寻求与东道国达成协议，这类其他用途可能包括将货币卖给其他机构（例如，国际贷款机构）、在这些国家的外国投资者或从这些国家进口商品的进口商。

第四节　国际投资争议与外交保护

一、国际投资争议

国际投资争议是指基于国际投资关系所产生的争议，包括国家之间基于投资条约所产生的争议、东道国政府和外国投资者之间产生的争议、外国投资者之间产生的争议，以及外国投资者和其母国产生的争议。其中，外国投资者与东道国政府之间的投资争议最为复杂。在这方面，在世界银行的主持下，一些国家签订了《解决国家与他国国民之间投资争端公约》。该公约于1966年生效。本书在“国际经济贸易争议解决”一章中对该公约也有部分论述。

通常情况下，外国投资者与东道国政府之间的争议，在外国投资者与东道国政府所签协议对争议解决有明确规定的情况下，依照协议规定解决。在没有争议解决规定的情况下，外国投资者有时寻求在东道国解决争议，有时寻求在其母国解决或在其他国家解决，有时则向其母国寻求外交保护。实践中，大多数投资协议对争议解决方式作出明确规定，东道国政府通常要求投资争议在东道国解决。但是，外国投资者经常担心东道国司法机关袒护东道国的利益，多不愿意将争议交东道国司法机关解决，而倾向在母国或第三国解决。

外国投资者有时会请求母国根据双边投资保护条约或多边投资保护条约的规定向东道国提出交涉，保护外国投资者在条约中的权利。如果有关权利的保护没有双边投资保护条约或多边投资保护条约作为依据，则依照传统的外交保护方式解决，由母国与东道国进行谈判或协商解决。由于外交保护手段涉及国家之间的政治利益和以后的关系，所以是否实施外交保护由母国决定。为避免国家与国家之间发生直接的政治冲突，母国通常严格限制采用外交保护方式解决投资争议。所以，外交保护是外国投资者可以选择的一个途径，但不是最佳途径。

二、外交保护

联合国国际法委员会于1996年第48届会议确定“外交保护”专题为适于编纂和逐渐发展的三个专题之一，并在1997年第49届会议期间在第2477次会议上设立了关于外交保护专题的工作组。2006年，联合国国际法委员会在第58届会议上通过了《外交保护条款（草案）》。

1. 外交保护的概念

《外交保护条款（草案）》第1条规定：“外交保护是指一国对于另一国国际不法行为给属于本国国民的自然人或法人造成损害，通过外交行动或其他和平解决手段援引另一国的责任，以期使该国责任得到履行。”第2条规定：“一国享有按照本条款草案行使外交保护的权利。”

从上述概念可以看出，外交保护具有以下特点。

（1）外交保护是一个国家的权利。该草案的评注指出：“该条承认了瓦特尔（Vattel）提出的观点[①]，即对一国民的损害便是对一国的间接损害。常设国际法院在Mavrommatis Palestine Concession案中比较审慎地提出这一看法，指出：‘事实上，一国为其某一国民出面，代表他诉诸外交行动或国际司法诉讼，就是在维护其本身的权利，即通过其国民本身确保国际法规则得到尊重的权利。’这个看法常常受到批评，被认为是一种虚拟的情况，不容易符合外交保护

① 在The Law of Nations（1958）中，Emmerich De Vattel说：“无论谁虐待一名公民，均间接损害须保护该公民的国家。”（第六章，136页）

的实际规定：要求行使外交保护的个人必须具有持续的国籍、受损害的国民必须用尽当地补救办法、损害的评估务必与个人受到的损失一致。但是，‘Mavrommatis 原则’或‘瓦特勒虚拟’认定对一国民的损害即是对该国的损害，这一概念仍然是外交保护的奠基石。”①

（2）外交保护不是一个国家的义务。该草案评注指出：“一国有权对一国国民行使外交保护。该国没有任何责任或义务这样做。一国国内法可能规定对一国民行使外交保护，但国际法并没有规定这种义务。国际法院在巴塞罗那电车公司案中明确地说明了它的立场：‘……在国际法规定的范围内，一国可采用其认为妥当的手段、在其认为妥当的程度上实行外交保护，因为国家维护的是本身的权利。如果它所代表的自然人或法人认为其权利没有得到充分保护，他们在国际法下是没有补救办法的。如有方法，他们也只能诉诸国际法，以期继续争取其利益或得到补救……必须认识到，只有国家可以决定是否提供保护，在何种程度上提供保护，以及何时停止提供保护。在这方面，国家保留酌处权，这种权力的行使可取决于与特定案件无关的政治考虑或其他考虑。’”②

（3）国家行使外交保护权的根据是，本国国民受到他国不法行为的侵害。

（4）外交保护的手段限于外交行为或其他和平解决手段。该草案评注指出：“‘外交行动’的范围包括：国家为了相互通报自己的看法和关切事项而适用的所有合法程序，包括为了解决争端而要求进行调查和谈判。‘其他和平解决手段’的范围包括合法解决争端的一切形式，从谈判、调停与和解到仲裁与司法解决争端。为《联合国宪章》第二条第四款所禁止的使用武力是行使外交保护权时不许使用的方法。”③

总之，外交保护是国籍国为保护受损害的人并使该人因国际不法行为而遭受的损害得到赔偿所适用的程序。

2. 有权行使外交保护的国家

《外交保护条款（草案）》第 3 条和第 8 条规定，有权行使外交保护的国家是国籍国，但是，一国在下列情况下可以为非本国国民的人行使外交保护：一国可为无国籍人行使外交保护，但该人须在受到损害之日和正式提出求偿之日在该国具有合法的和惯常的居所；一国可为被该国根据国际公认的标准承认为难民的人行使外交保护，但该人须在受到损害之日和正式提出求偿之日在该国具有合法的和惯常的居所。

根据上述规定，外交保护的行使是基于国家和受害人之间的国籍联系。对于一国籍国对另一国籍国行使外交保护权，该草案评注解释道：“委员会认为，容许主要国籍国或有效国籍国针对另一国籍国提出求偿的规定体现了习惯国际法当前的立场，而且符合国际人权法（甚至针对个人的国籍国）对个人给予法律保护的情况。”④

3. 请求外交保护的当事人

《外交保护条款（草案）》规定：一国有权对从发生损害之日到正式提出求偿之日持续为其国民的人行使外交保护。如果在上述两个日期该人都持有该国籍，则推定该国籍是持续的。但

---

① 国际法委员会报告，第 54 届会议（2002 年 4 月 29 日至 6 月 7 日、7 月 22 日至 8 月 16 日）大会正式记录，第 57 次会议补编第 10 号（A/57/10），104 页。

② 国际法委员会报告，第 54 届会议（2002 年 4 月 29 日至 6 月 7 日、7 月 22 日至 8 月 16 日）大会正式记录，第 57 次会议补编第 10 号（A/57/10），105 页。

③ 国际法委员会报告，第 54 届会议（2002 年 4 月 29 日至 6 月 7 日、7 月 22 日至 8 月 16 日）大会正式记录，第 57 次会议补编第 10 号（A/57/10），104 页。

④ 国际法委员会报告，第 54 届会议（2002 年 4 月 29 日至 6 月 7 日、7 月 22 日至 8 月 16 日）大会正式记录，第 57 次会议补编第 10 号（A/57/10），114 页。

是，一国对于在正式提出求偿之日为其国民但在受到损害之日不是其国民的人，也可以行使外交保护，条件是该人曾具有被继承国的国籍，或者已丧失原国籍，并且基于与提出求偿无关的原因、以不违反国际法的方式已获得该国的国籍。一人在受到损害时为其原国籍国国民，而不是现国籍国的国民，则现国籍国不得针对原国籍国就该人所受到的损害行使外交保护。一国对于在正式提出求偿之日后获得被求偿国国籍的人不再行使外交保护。对于公司而言，一国有权为从发生损害之日到正式提出求偿之日持续为该国或其被继承国国民的公司行使外交保护。如果在上述两个日期该公司都持有该国籍，则推定该国籍是持续的。一国对于在提出求偿之日后获得被求偿国国籍的公司不再行使外交保护。一国继续有权为在发生损害之日为其国民，但由于损害的原因，按照成立地国法律终止存在的公司行使外交保护。

从上述规定可以看出，请求外交保护的当事人原则上在受损害时以及提出求偿之日属于被请求国的国民。该要求也被称为“持续国籍原则”。但是，《外交保护条款（草案）》也规定了“持续国籍原则”的例外，即，如果在受到损害时不是被请求国国民，也可以向求偿时的国籍国提出外交保护，但前提是，原国籍已经丧失并正当获得被请求国的国籍。

该草案评注指出，“虽然持续国籍规则已经确立，历来受到相当多的批评，因为如果原告人由于与要求外交保护无关的原因而改变其国籍，这一规则便会窒碍难行。批评者认为应该放弃这一规则的意见遇到反对，反对者担心有人钻空子，为了获得外交保护而‘购买国籍’。委员会认为，持续国籍规则应该保留，但也应该规定例外情况，以便考虑到如若不这样就会引起不公平结果的案件”。此外，评注指出，“国家实践和学说对于该国民是否必须在这两个日期之间保持求偿国的国籍并不明确，主要是因为实际上这个问题很少发生。在这种情况下，委员会决定暂不处理是否必须在受害日和求偿日之间持续保有国籍的问题”[①]。

4. 用尽当地救济原则

用尽当地救济原则是指在东道国遭受损害的外国投资者应首先尽可能地利用东道国的一切可能采取的司法或行政救济手段，当东道国的救济措施没有效果或遭到拒绝时，才能请求母国政府提供外交保护。发展中国家基于国家主权原则普遍赞成采用用尽当地救济原则限制外交保护的使用。

关于用尽当地补救办法规则是程序性规则还是实质性规则的问题，是在用尽当地补救办法方面最具有争议性的问题，对此有三种意见：实质立场、程序立场和混合立场。主张采取实质立场的人坚持认为：在用尽当地补救办法以前，违法国的国际不法行为并未完成。在这里，用尽当地补救办法规则是实质性规则，这是国际责任赖以存在的基础。[②] 若必须用尽却一直没有用尽当地补救办法，则不得行使外交保护。因此，不能就据称的违背义务行为提出求偿，并且不得采取反措施。在这一点上，一项据称违背义务以后没有补救办法的行为，若对有关的国家或个人来说没有在国际上产生任何后果，则其实际意义并不明确。就此而论，由于先决条件适用于涉及这种情况的所有程序，所以必须把它视为实质性的。[③]

支持程序立场的人认为：用尽当地补救办法规则是一个程序性条件，在提出国际求偿以前

① 国际法委员会报告，第54届会议（2002年4月29日至6月7日、7月22日至8月16日）大会正式记录，第57次会议补编第10号（A/57/10），109页。

② 参见国际法委员会报告，第54届会议（2002年4月29日至6月7日、7月22日至8月16日）大会正式记录，第57次会议补编第10号（A/57/10），78页。

③ 参见国际法委员会报告，第54届会议（2002年4月29日至6月7日、7月22日至8月16日）大会正式记录，第57次会议补编第10号（A/57/10），80页。

必须满足这个条件。[①] 对于没有用尽当地补救办法而作出宣告性判决的情况来说，由于程序费用过于高昂等原因，用尽当地补救办法实际上并不总是办得到的。在没有用尽当地补救办法的情形下获得的宣告性判决可能给予切实的抵偿，导致实际变革。但是，如果将用尽当地补救办法规则规定是实质性的，便会排除这种可能性。[①]

混合立场区分了外侨在国内法范围内受到的损害和在国际法范围内受到的损害：如果损害是由不违反国际法只违反国内法的行为造成的，例如由于违反特许合同造成的，则只有当被告国有拒绝司法行为时，例如，司法机关在一外侨企图在一国内法庭行使其权利时对他存有偏见，才引起国际责任。在这种情况下，用尽当地补救办法规则显然是必须履行的实质性条件。反之，如果对外侨的损害违反了国际法或同时违反了国际法与国内法，在发生损害时，即已引起国际责任，而用尽当地补救办法规则是提出国际求偿的程序性条件。[②]

三、卡尔沃原则

卡尔沃博士（Carlos Calvo）是19世纪阿根廷著名的外交家和学者。他针对19世纪一些资本输出国滥用外交保护的情况发表了若干观点，这些观点被一些国家和学者归纳为“卡尔沃原则”（Calvo Doctrine）。根据该原则，一些拉丁美洲国家在其与外国投资者所签合同中又创造了“卡尔沃条款”（Calvo Clause）。卡尔沃条款是一项契约行为，它是指东道国政府与外国投资者在合同中约定的，外国投资者同意放弃寻求其国籍国给予外交保护的权利，并只在东道国寻求补救的条款。例如，委内瑞拉政府和外国投资者签订的合同规定：“关于合同的解释和履行方面产生的争议和纠纷应该由委内瑞拉法庭根据委内瑞拉的法律解决，在任何情况下都不能采取国际请求。”[③]

自卡尔沃原则和卡尔沃条款产生以来，国际法学界对卡尔沃原则和卡尔沃条款一直有很大的争议，因此也产生了不同的解释和不同的定义。

关于卡尔沃原则，有不同理解：(1)“卡尔沃原则”的核心是，在一个国家从事商业活动的外国人有权享有非歧视待遇，并根据该国国内法享有权利和请求救济。外国人享有同样的法律保护，不能取得比本国国民更多的权利。[④] (2) 卡尔沃原则的目的是防止外交保护的滥用，但并不阻止对违反有关外国人待遇的国际义务的行为提出国际请求。所以，卡尔沃原则并没有要求在本国人和外国人之间给予完全的、绝对平等的地位。相反，拉丁美洲国家的宪法和法律以及拉丁美洲国家和外国投资者所签合同中的卡尔沃条款排除外交保护。[⑤] (3) 私人请求无论是基于侵权还是基于合同产生，都不应成为干涉的基础，除非遭受损害的外国人用尽本地救济以及得不到审理。只有在这种情况下，外国人才可以向其国籍国寻求国家保护。即使用尽了所有的救济措施并且遭受了司法拒绝，一个国家也不应该采取武力干涉以便实现诉求，除非其他

---

① 参见国际法委员会报告，第54届会议（2002年4月29日至6月7日、7月22日至8月16日）大会正式记录，第57次会议补编第10号（A/57/10），78页。

② 参见国际法委员会报告，第54届会议（2002年4月29日至6月7日、7月22日至8月16日）大会正式记录，第57次会议补编第10号（A/57/10），78页。

③ Denise Manning-Cabrol，“The Imminent Death of the Calvo Clause and the Rebirth of the Calvo Principle：Equality of Foreign and National Investors”，*Law and Policy in International Business*，Summer，1995.

④⑤ See Alan C. Swan，John F. Murphy，*Cases and Materials on the Regulation of International Business and Economic Relations*，Second Edition，Matthew Bender，1999，p. 1070.

措施已经被尝试并失败。[①]（4）卡尔沃理论由两个主要原则构成：第一，自由和独立的主权国家在平等的基础上享有不受其他国家任何形式的干涉，无论是武力干涉还是外交干涉的自主权。第二，外国人不能享有没有给予本国国民的权利和特权，只有在当地才能寻求对不公平待遇的救济。不干涉以及外国人和本国人间绝对平等是卡尔沃原则的本质。[②]

关于卡尔沃条款的内容，有学者认为有四种类型的卡尔沃条款：（1）在任何情况下都排除外交保护；（2）只有在拒绝司法的情况下才准许外交保护；（3）只有在拒绝司法的情况下才能行使外交保护，而且，拒绝司法不仅仅是指对原告的不利判决；（4）宪法没有规定卡尔沃条款但包含了卡尔沃原则，规定外国人与本国人具有同等的待遇和义务。也有学者认为，卡尔沃条款包括三个主要因素：本国人和外国人的平等待遇、东道国的排他管辖以及外交保护的限制。[③]

关于卡尔沃条款的法律效力，有三种观点：卡尔沃条款具有完全的约束力；卡尔沃条款不具有约束力；卡尔沃条款在一定条件下具有约束力。联合国国际法委员会在其第54届会议的报告中对卡尔沃条款效力方面的几种观点进行了总结：第一，卡尔沃条款效力有限，因为它并不构成对外交干预的杜绝。它只适用于外侨与东道国之间缔结的包含该条款的协议所引发的争议，而不适用于违背国际法的情况。第二，卡尔沃条款确认用尽当地补救措施规则的重要性。第三，国际法并不禁止外侨根据契约放弃请求国籍国代表它行使外交保护的权利。第四，一个外侨不能借助卡尔沃条款放弃根据国际法属于他的政府的权利。第五，卡尔沃条款中的放弃只及于因契约发生的争议，或对契约的违背。这无论如何不能构成对国际法的违背，尤其不能扩大到拒绝司法。[④]

拉丁美洲国家认为：如果投资者决定在东道国投资，他们不应该取得比东道国国民更多的权利。卡尔沃条款构成合同义务，如果合同当事人有意识和自愿放弃寻求外交保护的权利，应该被认为是合同交易。在签订了旨在从东道国获取更大收益的交易合同后，投资者应该遵守交易合同并在东道国范围内寻求对任何不公平待遇的当地救济。美国对于拉丁美洲国家对卡尔沃条款的立场表示强烈反对，美国认为：国家必须向个人提供明确的最低标准保护。即使一个国家不能向其本国国民提供最低国际权利的保护，也不能逃避其应向其他国家国民提供最低标准保护的国际义务。根据美国的观点，国家有权干预，以保护本国国民的利益；国家有权保护本国国民，无论本国国民在什么地方受到损害；对本国国民的伤害就是对国家的伤害。有的美国学者甚至认为，个人请求是国家的权利而不是个人的权利，所以，尽管有卡尔沃条款的规定，但是，个人不能放弃国家的权利。国际法院对卡尔沃条款的法律效力的看法介于拉丁美洲国家的看法和美国的看法之间，即在一定条件下承认卡尔沃条款具有法律效力。例如，在著名的得克萨斯州北美捕捞公司诉墨西哥政府案件［North American Dredging Company of Texas (U. S.) v. United Mexican States］中，国际法院承认了卡尔沃条款的法律效力。在该案件中，当事人之间的合同中载有卡尔沃条款，法庭拒绝了北美捕捞公司的请求，理由是，该公司已经合法地限制其自己不将请求提交本国政府。该案件之后的一些判决也采用了相同的观点并进一步指明了卡尔沃条款的范围：卡尔沃条款仅适用于与合同有关的事项，它必须很明确地在与中

① See A. J. Thomas, Jr., *Protection of Property of Citizens Abroad*, *Institute on Private Investment Abroad*, Matthew Bender&Company, 1959.

②③ See Denise Manning-Cabrol, "The Imminent Death of the Calvo Clause and the Rebirth of the Calvo Principle: Equality of Foreign and National Investors", *Law and Policy in International Business*, Summer, 1995.

④ 参见国际法委员会报告，第五十四届会议（2002年4月29日至6月7日、7月22日至8月16日）大会正式记录，第五十七次会议补编第10号（A/57/10）。

央政府签订的协议中以及与东道国自然人签订的合同中作出规定，它必须是一个明确的合同条款。如果订约的政府一方使合同无效，卡尔沃条款也不具有法律效力。在这种情况下，多数法庭承认卡尔沃条款是合同的一部分，而不是完全否定其法律效力。[①]

尽管卡尔沃条款由拉丁美洲国家首先采用，甚至被规定在宪法之中，但是，许多亚洲国家以及其他发展中国家也相继采用这一条款。而且，卡尔沃条款的内容已经反映在1962年12月14日关于对自然资源永久主权的联合国大会第1803（XVII）号决议中，也已出现在1974年12月12日联合国大会第3281（XXIX）号决议中所载的《各国经济权利和义务宪章》中，该宪章声称征收外国财产引起的关于赔偿的争端必须按照实行国有化的国家的国内法律加以解决。此外，卡尔沃条款的影响还可在《安第斯公约》第24号决定中看到。[②]

四、《解决国家与他国国民之间投资争端公约》

该公约于1965年3月18日通过，于1966年10月4日生效。因在华盛顿通过，故该公约也称《华盛顿公约》。截至2018年8月31日，有153个国家加入了该公约。我国是该公约的缔约国。[③] 该公约订立的主要目的是成立"解决投资争端国际中心"（ICSID，以下简称中心），作为世界银行的一个下属独立机构，为各缔约国和其他缔约国国民之间投资争端的解决提供调停或仲裁的便利。

1. 中心的地位、豁免和特权

中心具有完全的国际法律人格。中心的法律能力包括：缔结契约的能力；取得与处理动产和不动产的能力以及起诉的能力。

中心在各缔约国领土内应享有财产和资产、税捐和关税、档案、官方通信豁免和特权。

2. 中心的机构设置

中心设有行政理事会和秘书处，并设有调停人小组和仲裁人小组。行政理事会是权力机构。调停人小组和仲裁人小组各由合格的人员组成，小组成员的服务期限为6年。

3. 中心的管辖

中心的管辖适用于缔约国和另一缔约国国民之间直接因投资而产生的任何法律争端，而该项争端经双方书面同意提交给中心。截至2018年8月28日，中心共受理了700个案件[④]，其中，中国投资者作为申请人的案件有6个，中国政府作为被申请人的案件有3个。[⑤]

根据《解决国家与他国国民之间投资争端公约》的规定，缔约国可以要求用尽当地各种行

---

① See Denise Manning-Cabrol, "The Imminent Death of the Calvo Clause and the Rebirth of the Calvo Principle: Equality of Foreign and National Investors", *Law and Policy in International Business*, Summer, 1995.

② 参见国际法委员会报告，第五十四届会议（2002年4月29日至6月7日、7月22日至8月16日）大会正式记录，第五十七次会议补编第10号（A/57/10）。

③ 参见 https://icsid.worldbank.org/en/Pages/icsiddocs/ICSID-Convention.aspx。

④ 参见 https://icsid.worldbank.org/en/Pages/cases/searchcases.aspx。在该网页可以查看所有案件的进展和公开发布的裁决，包括涉及中国的案件。

⑤ 中国政府第一个被诉案件是马来西亚 Ekran Berhad 公司于2011年5月24日在ICSID诉中国政府仲裁案。根据争端双方的协议，该案于7月22日暂时停止仲裁程序。2013年5月16日，该案最终被撤销。Ekran Berhad v. People's Republic of China（ICSID Case No. ARB/11/15）。中国投资者作为申请人起诉外国政府的第一个案件是中国平安人寿保险公司于2012年9月19日在ICSID诉比利时政府仲裁案。该案的三人仲裁庭于2013年2月26日组成。2013年10月20日被申请人比利时政府提出管辖权异议，最终，比利时政府在管辖权裁决中胜诉。PingAn Life Insurance Company of China, Limited and PingAn Insurance（Group）Company of China, Limited v. Kingdom of Belgium（ICSID Case No. ARB/12/29）。

政或司法补救办法，作为其同意根据公约将争端交付仲裁的一个条件。缔约国对于本国国民和另一缔约国根据公约已同意交付或已交付仲裁的争端，不得给予外交保护或提出国际要求，除非该另一缔约国未能遵守和履行对此项争端所作出的裁决。

4. 调停

《解决国家与他国国民之间投资争端公约》规定，希望采取调停程序的任何缔约国或缔约国的任何国民，应向秘书长提出书面请求。调停委员会应在提出的请求得到登记之后尽速组成。调停委员会应由双方同意任命的唯一的调停人或任何非偶数的调停人组成。如果双方达成协议，调停委员会应制定一项报告，载明双方已达成协议。如果在程序进行的任何阶段，调停委员会认为双方已不可能达成协议，则它应结束此项程序并制定一项报告，载明双方未能达成协议。

5. 仲裁

仲裁是一种司法化的争端解决方式，故而被争端当事人广泛采用。根据中心的统计，有64%的案件通过仲裁解决。在这些案件中，有46%的案件的仲裁庭全部或部分支持了申请人提出的仲裁请求。①

《解决国家与他国国民之间投资争端公约》规定：希望采取仲裁程序的任何缔约国或缔约国的任何国民，应就此向秘书长提出书面请求。仲裁庭应在提出的请求被登记之后尽速组成。法庭应由双方同意任命的唯一的仲裁人或任何非偶数的仲裁人组成。

法庭应依照双方可能同意的法律规则判定一项争端，如无此种协议，法庭应适用争端一方的缔约国的法律（包括其关于冲突法的规则）以及可能适用的国际法规则。法庭应以其全体成员的多数票对问题作出决定。任何一方可以根据其发现的一些依其性质对裁决有决定性影响的事实，而向秘书长提出书面申请，要求修改或取消裁决。

每一缔约国应承认依照《解决国家与他国国民之间投资争端公约》作出的裁决具有约束力，并在其领土内履行该裁决所加的财政义务，如同该裁决是该国法院的最后判决一样。

6. 缔约国之间的争端

缔约国之间发生的不能通过谈判解决的有关公约的解释或适用的任何争端，经争端任何一方的申请，可以提交国际法院，除非有关国家同意采取另一种解决办法。

第五节 世界贸易组织与国际投资多边协议

一、WTO 关于国际投资的规定

早在1948年，为成立国际贸易组织而起草的《哈瓦那宪章》不仅规定了贸易问题，还规定了多边投资和竞争规则，并进一步规范了外国投资行为、外国投资的经营和外国投资的待遇。但是，《哈瓦那宪章》没有生效，加之 GATT 仅仅涉及货物贸易问题，因此，国际投资问题在 GATT 体系下没有得到规范。直到在乌拉圭回合谈判期间，一些国家提议将与贸易有关的投资问题作为谈判的议题之一，并在谈判结束时达成了《与贸易有关的投资措施协议》。此外，GATS 也涉及服务贸易领域的市场准入问题。

（一）《与贸易有关的投资措施协议》

《与贸易有关的投资措施协议》（TRIMs）并不是 WTO 关于国际投资所有问题的协议。该

① See The ICSID Caseload-Statistics (Issue 2014－1).

协议只对与货物贸易有关的投资措施，即对贸易产生限制和扭曲影响的投资措施，进行了规范，因此，TRIMs属于货物贸易领域的协议。

根据TRIMs的规定，在不损害GATT 1994项下其他权利和义务的情况下，各成员不得实施任何与GATT 1994第3条（国民待遇）或第11条（普遍取消数量限制义务）之规定不一致的与贸易有关的投资措施。

与GATT 1994第3条第4款规定的国民待遇义务不一致的与贸易有关的投资措施包括根据国内法律或根据行政裁定属强制性或可执行的措施，或者为获得一项利益而必须遵守的措施，且该措施：(a) 要求企业购买或使用国产品或者任何国内来源的产品，无论按照特定产品、产品数量或价值规定，还是按照其当地生产在数量或价值上所占比例规定；或 (b) 要求企业购买或使用的进口产品限制在与其出口的当地产品的数量或价值相关的水平。

与GATT 1994第11条第1款规定的普遍取消数量限制义务不一致的与贸易有关的投资措施包括根据国内法律或行政裁定属强制性或可执行的措施，或者为获得一项利益而必须遵守的措施，且该措施：(a) 普遍限制企业对用于当地生产或与当地生产相关产品的进口，或将进口限制在与其出口的当地产品的数量或价值相关的水平；(b) 通过将企业可使用的外汇限制在与可归因于该企业的外汇流入相关的水平，从而限制该企业对用于当地生产或与当地生产相关产品的进口；(c) 限制企业产品出口或供出口产品的销售，无论是按照特定产品、产品数量或价值规定，还是按照当地产品在数量或价值上所占比例规定。

（二）《服务贸易总协定》

GATS虽然规范服务贸易问题，但对国际投资也具有重要影响，尤其是其第16、17条的规定与国际投资关系较为密切。

第16条规定了“市场准入”问题：“1. 对于通过第1条确认的服务提供方式实现的市场准入，每一成员对任何其他成员的服务和服务提供者给予的待遇，不得低于其在具体承诺减让表中同意和列明的条款、限制和条件。2. 在作出市场准入承诺的部门，除非在其减让表中另有列明，否则，一成员不得在其一地区或在其全部领土内维持或采取按如下定义的措施：(a) 无论以数量配额、垄断、专营服务提供者的形式还是以经济需求测试要求的形式，限制服务提供者的数量；(b) 以数量配额或经济需求测试要求的形式限制服务交易或资产总值；(c) 以配额或经济需求测试要求的形式，限制服务业务总数或以指定数量单位表示的服务产出总量；(d) 以数量配额或经济需求测试要求的形式，限制特定服务部门或服务提供者可雇用的、提供具体服务所必需且直接有关的自然人总数；(e) 限制或要求服务提供者通过特定类型法律实体或合营企业提供服务的措施；以及 (f) 以限制外国股权最高百分比或限制单个或总体外国投资总额的方式限制外国资本的参与。”从上述规定可以看出，GATS有关市场准入的规定也涉及投资服务贸易领域的问题。

第17条是关于“国民待遇”的规定：“1. 对于列入减让表的部门，在遵守其中所列任何条件和资格的前提下，每一成员在影响服务提供的所有措施方面给予任何其他成员的服务和服务提供者的待遇，不得低于其给予本国同类服务和服务提供者的待遇。2. 一成员可通过对任何其他成员的服务或服务提供者给予与其本国同类服务或服务提供者的待遇形式上相同或不同的待遇，满足第五款的要求。3. 如形式上相同或不同的待遇改变竞争条件，与任何其他成员的同类服务或服务提供者相比，有利于该成员的服务或服务提供者，则此类待遇应被视为较为不利的待遇。”上述关于国民待遇的规定涉及了外国投资者投资服务贸易领域后的待遇问题。

二、WTO关于投资问题的进一步谈判

WTO秘书处于1996年12月在新加坡召开的部长级会议报告上指出，“投资是WTO的核心问题”。在这次部长级会议上与会代表，同意建立工作组进一步检验贸易与投资的关系以及贸易和竞争政策的相互影响。1997年5月，“贸易与投资关系工作组”成立。该工作组对贸易与投资间之关系的评估主要考虑以下方面：贸易与投资之间的关系对发展和经济增长的影响；贸易与投资之间的经济关系；评估与分析现有的有关贸易和投资的国际文件、活动以及双边、区域或多边投资规则对WTO成员的利弊。在1999年于西雅图举行的WTO部长级会议上，一些发达国家成员在一些发展中国家的支持下，建议在WTO内开展关于外国投资的多边规则框架的谈判，以补充已经存在的双边投资条约和区域投资安排。但是，西雅图部长级会议上对此并没有达成共识。

在经合组织《多边投资协定》最终没有达成一致的情况下，许多专家认为，WTO应制定多边投资协议。经合组织以往一直认为，WTO不应该负责起草国际投资协定，反而经合组织应负责。但是，在1998年4月28日召开的经合组织部长级会议时，鉴于《多边投资协定》没有达成协议，与会的部长们表示，支持WTO在这方面的努力。欧盟委员会在其关于欧盟和南方共同市场（MERCOSUR）间之关系的宣言中指出：“OECD的多边投资协议的谈判表明在这个方向迈出了第一步。但是，从中期方面，WTO将是全球投资发展的主要论坛。”①

第六节　中外双边投资协定

一、双边投资协定的概念和特点

双边投资协定是指两个国家就投资问题签署的协议。双边投资协定主要是就缔约一方向缔约另一方的投资以及投资后的待遇问题作出规定，但是，由于侧重点不同，协定名称不尽相同：有的称“相互促进与保护投资协定”，这种类型的协定首先由德国采用；有的称“相互鼓励与保护投资协定”；还有的称“投资保证协定”，这种类型的协定首先由美国采用。概括而言，双边投资协定具有如下特点：（1）签署国通常为资本输出国与资本输入国，或者互有资本输出或输入的国家。（2）规范向对方境内投资的问题。（3）缔约国签署双边投资协定后，承担协定项下的义务。（4）双边投资协定的规定与缔约国外资立法相辅相成。

从1959年世界上第一个双边投资协定达成到20世纪90年代初，双边投资协定的数量稳定增长。到20世纪90年代后期，其几乎双倍增长。不仅如此，双边投资协定的范围和内容也日益标准化。目前的双边投资协定的内容主要包括：外国投资的范围和定义；准入和设立；设立后的国民待遇；最惠国待遇；公正和平等待遇；征收（expropriation）下的保证和补偿；资金的自由转移以及资本和利润的汇回的担保；国家与国家之间以及国家与投资者之间的争议解决。但是，近十年来的双边投资协定开始扩大范围，包括了设立权（right to establishment）条款、业绩要求（performance requirements）条款，以及主要外国员工的雇佣条款。这些体现在最近的一些谈判以及双边投资协定中的变化，赋予了双方更多的义务。②

---

① Investment policies in Latin America and Multilateral Rules on Investment，OECD.

② See “Issues Related to International Arrangements”，Note by the UNCTAD secretariat，28 November 2003，TD/B/COM. 2/54，*United Nations Conference on Trade and Development*，p. 3.

除专门的双边投资协定外，一些双边自由贸易协议也包括投资事项。根据先前统计，197个已经生效的双边自由贸易协议中，有55%的协议包括投资一章，另外22%的协议规定了投资方面的一般条款，主要内容包括：设立前或后的国民待遇；最惠国待遇；履行要求的禁止；促进和保护；征收及其补偿；国家之间以及国家与投资者之间争议的解决；资本、收益及利润和许可费用的自由转移保证。《日本和新加坡关于新时期经济合作伙伴协议》就是典型的范例。①

二、中外双边投资协定的主要内容

到2018年8月31日，我国与其他国家和地区签订的104个双边投资协定已经生效。② 这些协定在名称上不尽相同，有的称为“关于相互促进和保护投资协定”，有的称为“关于鼓励和相互保护投资协定”，也有的称为“关于保护投资的协定”。

值得注意的是，近年来我国与日本和韩国签署的三边投资协定以及与加拿大签署的双边投资协定在传统条款的基础上已经有了很大突破。例如，2012年5月13日签署、自2014年5月17日起生效的《中华人民共和国政府、日本国政府及大韩民国政府关于促进、便利和保护投资的协定》在传统投资条款的基础上纳入了如下内容：国内法救济、禁止性业绩要求、人员入境、知识产权、透明度、特殊程序及信息要求、安全例外、临时保障措施、金融审慎措施、税收条款、拒绝受惠、环境措施。2012年9月9日签署的中加双边投资协定也在传统投资条款的基础上增加了如下内容：范围和适用、高级管理人员和董事及其出入境、例外、业绩要求、税收、利益的拒绝授予、法律和政策的透明度、一般例外、除外。这标志着我国已经不再固守双边投资协定的传统条款。目前，我国还分别启动了与美国和欧盟的双边投资协定谈判，在谈判中，美国和欧盟不仅提出应增加新的条款，同时还要求在双边投资协定中纳入投资准入前的国民待遇以及市场准入负面清单。如果各方最终在这一前提条件下达成双边投资协定，将开创我国双边投资协定谈判的新局面。③

目前，我国与外国签订的双边投资协定主要包括以下传统内容。

（一）定义条款

定义条款通常对下列词语进行定义。

1. 投资

大多数中外双边投资协定采取广义做法，将“投资”定义为缔约一方投资者依照缔约另一方的法律和法规在缔约另一方领土内所投入的各种财产，包括但不限于：（1）动产、不动产及任何其他财产权利，如抵押权、质权；（2）公司的股份、股票和任何其他形式的权益；（3）金钱请求权或其他具有经济价值的行为请求权；（4）知识产权，如著作权、专利权、工业设计或实用新型、商标或服务商标、商业名称、工艺流程、专有技术和商誉，以及缔约另一方法律承认的其他类似权利；（5）依照法律授予的特许权，包括勘探、提炼和开发自然资源的特许权，以及法律或根据法律依合同或政府政令授予的所有其他权利。

---

① See “Issues Related to International Arrangements”, Note by the UNCTAD secretariat, 28 November 2003, TD/B/COM. 2/54, *United Nations Conference on Trade and Development*, p. 3.《日本和新加坡关于新时期经济合作伙伴协议》(Japan-Singapore Agreement for a New-Age Economic Partnership) 于2002年1月签订，该协议第八章专门对投资问题作出规定。

② 参见 http://tfs.mofcom.gov.cn/article/Nocategory/201111/20111107819474.shtml。

③ 2019年发布的《中华人民共和国外商投资法》已规定了外商投资的准入前国民待遇并出台了市场准入负面清单。

2. 投资者

在大多数中外双边投资条约中，“投资者”通常被定义为根据该缔约方法律认为为其国民的自然人，以及根据该缔约方法律设立或以其他适当方式组成、其住所在该缔约国领土内的法律实体，包括公司、商号、商业组织和其他组织，也包括控股或海外公司。

此外，中外双边投资协定还经常对“收益”和“领土”给予界定。

（二）促进和保护投资

大多数中外双边投资协定在该条款中规定如下内容。

(1) 缔约一方应鼓励缔约另一方的投资者在其领土内投资，并依照其法律和法规接受此种投资。

(2) 缔约一方应为在其领土内从事与投资有关活动的、为缔约另一方国民的高级管理和技术人员获得签证与工作许可提供帮助和便利。

(3) 缔约一方应保护缔约另一方的投资者根据其法律、法规在其领土内所作的投资，对该投资的管理、维持、使用、享有、扩建、出售或清算不得采取不合理的或歧视性的措施。

（三）最惠国待遇和国民待遇

我国与大多数国家签署的双边投资协定都规定了投资准入前和准入后的最惠国待遇原则。该条款通常规定，缔约任何一方的投资者在缔约另一方的领土内所从事的投资及与投资有关的活动应被给予公平和公正的待遇并享有保护，该待遇和保护不应低于缔约任何一方给予任何第三国投资者的投资及与投资有关的活动的待遇和保护。同时，该条款还经常规定如下例外：缔约任何一方没有义务将其因参加现在或将来关税联盟、自由贸易区、地区经济组织而产生的便利条件扩展至缔约另一方的投资者和投资。该待遇亦不应与缔约任何一方根据双重征税协定或其他以互惠为基础的有关税收事务的协定，或者便利边境贸易协定相关。例如，2014 年 5 月 17 日生效的《中华人民共和国政府、日本国政府及大韩民国政府关于促进、便利及保护投资的协定》第 4 条规定：“一、就投资行为及依据本协定第二条第二款投资准入相关事务而言，缔约一方在其领土内给予缔约另一方投资者及其投资的待遇应不低于在类似情形下给予缔约第三方或非缔约方投资者及其投资的待遇。二、本条第一款不得解释为缔约一方有义务因缔约另一方加入以下组织或协定而给予该缔约方投资者及其投资任何优惠待遇：（一）任何关税同盟、自由贸易区、货币联盟或者会导致此类同盟、自由贸易区或其他形式的区域经济合作机制的协定；（二）任何便利小额边境地区贸易的国际协定或安排；（三）任何涉及航空、渔业、包括海事救援等海洋事务的双边、多边国际协定。三、缔约各方理解，本条第一款给予缔约第三方或非缔约方投资者及其投资的待遇，不包括根据其他国际协定中规定的、关于缔约一方和缔约第三方投资者或缔约一方和非缔约方投资者的投资争端解决条款而给予缔约第三国或非缔约方投资者及其投资的待遇。”在国民待遇方面，早期签署的极少数中外双边投资协定规定给予国民待遇。例如，中英双边投资协定规定，缔约任何一方应尽量根据其法律和法规的规定给缔约另一方国民或公司的投资与其给予本国国民或公司的待遇相同。中日双边投资协定规定，缔约任何一方在其境内给予缔约另一方国民和公司就投资财产、收益及与投资有关的业务活动的待遇，不应低于给予该缔约一方国民或公司的待遇。但是，该协定还载明了例外条款，即缔约任何一方在实际需要时，为了国家安全、公共利益或国民经济的正常发展，可以根据法律规定给予另一方国民以差别待遇。实际上，上述国民待遇也仅适用于投资准入后阶段。值得注意的是，近年来签署的许多中外双边投资协定开始明确规定在投资准入后给予国民待遇，但在投资准入阶段仍然不适用国民待遇。例如，2014 年 5 月 17 日生效的《中华人民共和国政府、日本国政府及大韩民国政府关于促进、便利及保护投资的协定》第 3 条规定：“一、缔约一方在其领土内给予缔约另一方投资者及其投资的待遇，不得低于其在类似情形下就投资行为给予本国投资者及其投资的待遇。二、前述第一款不适用于各缔约方依据其法律法规制定的、在本协定生效前已经存在的、与本协议不符的任何措施（如有），以及对这些措施的任何修正或修改，但前提条件是修正或修改没有减损相关措施在修正或修改之前与本协定的一致性。对投资给予的待遇一旦承认，在任何情形下都不应低于原始的投资行为作出时给予的待遇。三、如果可行，缔约一方应采取一切适当措施逐步消除本条第二款所指的所有不符措施。”

（四）征收

在对外投资中，投资者经常面临的一项政治风险就是征收或国有化风险，因此，几乎所有中外双边投资协定都规定了征收条款。该条款通常规定：缔约任何一方的投资者在缔约另一方领土内的投资应受到充分的保护和保障。缔约一方不应对缔约另一方的投资者在其领土内的投资采取征收、国有化或其他类似措施（以下简称“征收”），除非符合下列条件：（1）为了公共利益。（2）依照适当国内法律程序。（3）所采取的措施是非歧视性的。（4）给予补偿。该补偿应等于征收为公众知晓前一刻被征收的投资的市场价值；该补偿的支付不应迟延并应包括直至支付之时的通常银行利息；补偿能有效实现和自由转移。确定和支付补偿金额的办法应在征收之时或之前以适当方式确定。该征收的合法性和补偿额应按国内法律程序审议。上述规定对于缔约一方征收根据其领土内任何部分的现行法律设立的且缔约另一方投资者拥有股权的公司的财产也适用。

（五）损失的补偿

损失的补偿主要是指发生意外事故或事件导致的损失赔偿问题。该条款通常载明：缔约一方的投资者在缔约另一方领土内的投资，因在缔约另一方领土内发生战争、全国紧急状态、叛乱、革命、骚乱或其他武装冲突而遭受损失时，若其采取相关措施如恢复原状、偿还、补偿或其他有价值的对价，缔约一方投资者的待遇，不应低于缔约另一方给予任何第三国投资者的待遇。

缔约一方的投资者在缔约另一方的领土内，在上述事态下遭受损失，是由于缔约另一方的军队或当局征用了它们的财产，或者缔约另一方的军队或当局非因战斗行动或情势必需而毁坏了它们的财产时，应予以恢复原状或合理的补偿，所发生的款项应能自由转移。

（六）自由转移

自由转移条款主要涉及投资资本和投资利润的转移。中外双边投资协定通常规定：缔约一方应根据其法律和法规的规定，保证缔约另一方投资者自由转移在其领土内的投资和收益，包括：（1）利润、股息、利息及其他合法收入；（2）因全部或部分出售、让与、清算其投资而获得的收益，包括资本利得；（3）与投资有关的贷款协议的偿还款项；（4）由投资所产生的提成费；（5）技术援助或技术服务费、管理费；（6）有关承包工程的支付；（7）在缔约一方的领土内从事与投资有关活动的缔约另一方国民的收入；（8）有关补偿的支付。上述转移应按照转移之日接受投资的缔约一方通行的市场汇率进行。缔约各方有义务为进行不迟延地实现上述转移所需程序提供便利。缔约各方将有义务办理为获得外汇和在合理期间内将其汇出国外所需的手续。并且，缔约各方同意给予投资和收益的转移的待遇不应低于其给予任何第三国投资者就其投资所作转移的待遇。

（七）代位原则

代位求偿制度是财产保险中的一项重要制度。中外双边投资协定通常规定：如果缔约一方或其指定机构对于其投资者在缔约另一方领土内的某项投资就非商业风险提供了财政担保，并据此向投资者作了支付，则缔约另一方应承认投资者的权利或请求权被转让给了前一缔约方或其指定机构，无论该转让是依法还是依合法交易而进行。后一缔约方应承认前一缔约方对此种权利或请求权的代位，该前一缔约方有权在其被继承者同样的限度内主张权利。缔约另一方有权主张抵销应由该投资者支付的税款和其他公共费用。

（八）缔约一方与缔约另一方投资者的争端解决

外国投资者与东道国政府之间的投资争端是最常见的投资争端，也最为复杂。能否为外国投资者提供更多的争端解决途径是衡量东道国投资环境好坏的重要因素。在这方面，中外双边投资协定通常规定：缔约一方的投资者与缔约另一方之间就在缔约另一方领土内的投资所产生的任何争议应尽量由当事方友好协商解决。如争议在 6 个月内未能协商解决，当事任何一方有权将争议提交接受投资的缔约一方有管辖权的法院。如涉及征收补偿额的争议，在协商后 6 个月内仍未能解决，可应任何一方的要求，将争议提交国际仲裁。该仲裁应由专设仲裁庭进行，除非争议双方另有协议，该仲裁庭应按照联合国国际贸易法委员会的仲裁规则设立。仲裁庭的裁决是终局的，对争议双方具有约束力。缔约一方应不迟延地履行该裁决，并且对该裁决应根据国内法予以强制执行。作为争议当事方的缔约一方，在投资争议解决期间，不应主张其豁免权或者以投资者依据保险合同就发生的全部或部分损失或者损害获得了补偿的事实为由进行抗辩。除非仲裁庭另有决定，争议各方应负担其委派的仲裁员和其出席仲裁程序的费用，首席仲裁员的费用和仲裁庭的其余费用应由争议双方平均负担。

（九）缔约双方的争端解决

缔约方之间的争端属于政府之间的争端，更应通过外交途径解决。中外双边投资协定通常规定：缔约双方对协定的解释或适用所产生的争端应尽可能通过外交途径协商解决。如缔约双方自协商之日起 6 个月内不能达成一致，根据缔约任何一方的要求，可将争端提交由 3 名仲裁员组成的仲裁庭。缔约各方应各委派一名仲裁员，该两名仲裁员应共同推举一名与缔约双方均有外交关系的第三国的国民为首席仲裁员。仲裁庭的裁决以多数票作出。仲裁裁决是终局的，对缔约各方均有拘束力。

（十）其他义务

其他义务条款主要载明双边投资协定与其他国际协定之间的关系。中外双边投资协定通常规定：如果缔约任何一方的立法或缔约双方之间在协定之外现存或此后确定的国际法义务中包含某项条款，无论是一般规定还是具体规定，使缔约另一方投资者的投资有权享有比协定的规定更为优惠的待遇，则该条款应在更优惠的方面优先于协定适用。缔约各方应遵守就缔约另一方投资者在其领土内的投资所承担的其他义务。

法律应用

1. 对国际投资法的理解。大多数国家和学者对国际投资法都采用广义的理解，即国际投资法是调整跨国私人直接投资关系的国内法律规范和国际法律规范的总称。国际投资法不调整非跨国私人直接投资关系（例如官方投资、间接投资）。这一理解对于各国在制定本国的涉外投资立法、制定国际投资条约等方面具有重要的参考价值。

2. 跨国公司内部各实体的责任制度。跨国公司是跨国私人直接投资的重要主体，其投资遍及世界以及各个领域。但是，跨国公司的全球统一经营战略通过其内部的各实体实现，而一些实体之间又具有相对独立的法律地位，从而给跨国公司的某些实体规避法律责任创造了条件，因而，如何透过交易表象看待跨国公司内部各实体之间的责任承担问题成了各国关注的重要问题。一些国家在此问题上的立场和原则对于我国具有重要的借鉴意义。

3. 国际直接投资的途径。国际直接投资的途径主要探讨一国企业如何进行跨国投资活动，相应地，对这些跨国直接投资活动进行规范也成了一个国家涉外投资法的重要组成部分。事实上，国际直接投资的途径不限于本章所述形式。随着世界经济的发展，国际投资形式将不断发展。

4. 海外私人直接投资保险制度。该制度是国际投资法的重要特色问题，也是资本输出国保护本国海外投资的重要措施。一国企业进行跨国投资不仅面临商业风险，而且也面临政治风险，而商业性保险公司通常对政治风险不予以承保，这样，就使投资者进行海外投资的信心大大降低。海外投资保险制度正是在这种情况下产生的一种为投资者的跨国投资提供保证的制度。投资者对于其海外投资所可能面临的政治风险既可以选择在国内的指定保险机构投保，也可以在世界银行的MIGA投保。

5. 国家与一国国民之间投资争议的解决。国家与一国国民之间的投资争议是国际投资争议中最具特色的争议。在这种类型的争议中，争议双方的力量对比非常悬殊，因此，如何保护处于弱势的一国国民对于投资者具有重要意义。针对如何请求与行使外交保护形成了一些国际惯例与原则，这些对于各国签订双边或多边投资协定具有重要的借鉴意义。此外，世界银行还主持签署了《解决国家与他国国民之间投资争端公约》，使该种类型争议的解决得到了统一。

课后复习

1. 简述外国直接投资的概念和特征。
2. 简述国际投资法的概念和调整对象。
3. 简述跨国投资的概念、特征以及内部关系和法律责任。
4. 简述国际投资法的渊源。
5. 简述国际投资法的基本原则。
6. 简述国际直接投资的途径。
7. 简述特许协议的概念和特征。
8. 简述BOT投资方式的概念和特征。
9. 简述海外私人投资保险制度的概念和特征。
10. 简述《多边投资担保机构公约》的主要内容。
11. 简述国际投资争议的类型。
12. 简述外交保护的概念和特征。
13. 简述用尽当地救济原则。
14. 简述卡尔沃原则。
15. 简述《解决国家与他国国民之间投资争端公约》的主要内容。
16. 简述ICSID受理的与中国有关的案件。
17. 简述WTO关于国际投资的规定以及关于国际投资问题的谈判。
18. 简述中外双边投资协定的主要内容。

第七章
国际金融法

提　要

国际金融法是有关国际货币金融关系的法律规范的总和。其内容纷繁复杂，既包含公法的规范，也包含私法的规范，且两者相互渗透、相互补充，共同构成国际金融活动的法律环境。本章对这两个方面都有所涉及，如在公法层面，介绍了国际货币制度、跨国银行监管的法律制度；在私法层面，主要是介绍了国际融资的几种主要方式及相关内容。

重点问题

1. 国际金融法的概念和特点
2. 国际金本位制的概念、主要形态和各自的特点
3. 布雷顿森林制度的主要内容
4. 特别提款权的概念和特点
5. 牙买加制度的主要内容
6. 国际贷款的主要方式及特点
7. 国际融资租赁的概念和法律特征
8. 国际证券的概念和特征
9. 国际证券发行的法律制度
10. 国际融资协议的共同条款
11. 国际融资担保的主要方式及各自的特点
12. 跨国银行监管的法律制度

第一节　国际金融法概述

一、国际金融法的概念

国际金融法是指调整国际货币金融交易关系的法律规范的总和，是国际经济法的重要组成部分。

国际金融原本附属于国际贸易，仅仅是为国际贸易活动提供融资和清算业务的。因此，早期国际货币资金流动，是作为国际商品交换的媒介而出现的，受国际贸易的规模大小、发展速

度等因素的制约。后来，由于资本主义的不断发展，国际贸易和金融业务不断扩大，国际金融市场不断开拓，金融工具不断创新，国际金融才逐渐脱离出来，形成一个独立的体系。与此相适应，调整国际金融关系的法律也就应运而生。

对于国际金融法的概念，可从以下几方面来理解。

1. 国际金融法是调整国际货币金融关系的国际法规范和国内法规范的总和

国际货币金融关系是在国际经济不断发展的基础上形成的一种特定的经济关系，是国内金融活动跨越国界向国际社会延伸的结果。因此，产生了对调整国际货币金融关系的法律需求。但传统的法学分类中尚无相应的法的部门能调整这种关系，为此，就产生了专以国际货币金融关系为其调整对象的国际金融法。国际金融法以国际货币金融关系为其调整对象，规范着国际金融活动，并随着国际货币金融关系的不断发展而发展，逐步走向完善。

金融资产跨越国境流动、交易，就必然涉及一个以上国家和地区的法律规定，还可能涉及国际公约、区域性协定和公认的国际惯例等。因此，对其进行法律调整就不能依赖少数几个或几种法律规范；相反，应该通过由众多法律规范组成的法律规范群来完成。在这众多的法律规范中，不仅包括每一个主权国家以国内法形式表现出来的约束在其本国进行涉外金融交往行为的规范，而且包括有关的国际金融组织以国际公约等形式表现出来的、约束所有国家和地区或特定的国家和地区进行国际金融行为的规范；同时，还包括国家间双边或多边条约以及在长期实践中自发形成的、有着一定内容又为各国所普遍认可的国际惯例等。所以说，国际金融法是由众多的法律规范组成，是各种形式的法律规范的总和。

2. 国际金融法是调整国际货币金融关系的公法规范和私法规范的总和

国际金融活动是在一定的国际货币制度下展开的。现在一般认为国际货币法和国际金融法的主体和规范的对象不同，应被认作是两种法律，但同时这两种法律又是紧密联系的，构成了统一的整体。基于这种认识，就有了广义的国际金融法与狭义的国际金融法之分。国际货币法是指调整国家之间因国际货币管理活动而产生的国际货币关系的法律规范的总和，它规定的是关于国际货币的兑换、流动和汇率方面的法律规则，它构成一国国际货币金融制度的基础，具有典型的公法性质。狭义的国际金融法主要是调整因不同国家民事主体之间发生的跨国金融交易活动而产生的国际金融关系，它规定的是关于国际贸易融资、国际贷款融资、国际证券融资、国际租赁融资等金融交易的法律规则。尽管在不同国家的法律中，此类法律制度往往也可能包含一定的管制法内容，但它在本质上具有私法性质。广义的国际金融法不仅包含狭义的国际金融法，而且还调整政府间发生的国际货币关系；不仅有私法规范，还有公法规范。本书所称国际金融法即指广义的国际金融法。

3. 国际金融法是国际经济法重要的组成部分

国际货币金融关系是当代国际经济关系的重要组成部分。国家与国家之间乃至整个国际社会经济交往的目标及要求，往往是通过国际金融关系体现出来的，而国际金融关系的细微变化，将直接造成国际经济关系的变化与动荡。国际货币金融关系以外的其他国际经济关系，多与国际货币金融关系息息相关，且往往表现为以一定数量的货币转移为中心的国际金融关系。因此，国际金融法历来被视为国际经济秩序的基本内容和重要支柱。一方面，这一制度构成各国对外贸易法制和对外投资法制的基础；另一方面，它又为非贸易性国际金融交易和投资银行跨国业务的发展提供了法律形式。所以，对国际货币金融关系的规范与调整，说到底就是对国际经济关系的规范与调整，因此，以国际经济关系作为其调整对象的国际经济法应该包含调整国际货币金融关系的国际金融法，国际金融法是国际经济法中不可缺少的组成部分。

国际金融法作为国际经济法的有机组成部分，应该反映出国际经济法中一些最基本的要求，如国际经济法的基本原则、特征、法的渊源等；与国际经济法的其他组成部分，如国际贸易法、国际投资法、国际税法等，具有较多的共性并且彼此间相互关联、相互促进，共同作用于国际经济法的发展。但是，应该看到，国际货币金融关系中需要研究和解决的问题较之其他领域内的国际经济关系而言，具有其自身的特性。因此，调整国际货币金融关系的国际金融法必然存在着自己的特点。这一点，无论是从其具体的内容、法律规范、法律约束力等方面，还是从其研究方法、研究手段等方面，均能明显地体现出来。所以，国际金融法又具有相对的独立性。

综上所述，国际金融法是有关国际货币金融关系的国际法规范和国内法规范、公法规范和私法规范的总和，是国际经济法的一个重要组成部分。

二、国际金融法的特点

国际金融法作为上层建筑，反映了货币资金超越国境而流动的国际性或跨国经济关系的性质。国际金融法的本质特点体现在以下几个方面。

（一）主体的广泛性

主体即发生法律关系的当事者。国际金融法的主体，既有国家、地区和国际组织，也有从事跨国经济活动和使用外汇的个人、法人或非法人组织。现汇价实行独立浮动和盯住美元的一些货币国，由其中央银行通过抛售或购进美元来调节市场汇价，参加外汇买卖的有国家和个人、法人或非法人组织。现在一国政府到另一国政府发行公债已很寻常，西方投资者是各国政府所发国际债券的主要客户。联合国和世界银行等国际组织也在发行国际债券，供个人、法人或非法人组织购买。

一个地区能否成为国际金融活动的主体是有条件的，即需视其是否具有相对独立的货币金融制度而定。如中国香港地区，由于具有相对独立的货币金融制度，因而，无论它是同英国的还是同中国其他地区的货币金融往来，既不被视为英国的，也不被视为中国的国内往来，而是被视为国际货币金融往来。[①]

个人、法人或非法人组织能否成为国际金融法的主体也是有条件的，即需视其是否与外汇打交道而定，凡使用外汇的个人、法人或非法人组织，都可成为国际金融法的主体。

（二）客体的复杂性

客体即主体的权利、义务所指向的标的。国际金融法的客体包括本国货币、外汇，以及跨国运转中的货币资金，如大额定期存单、信用卡、信用证等。货币作为国际金融法的客体，必须在国际上具有可兑换性。如果是不能自由兑换的货币，其充当国际金融法客体的媒介作用就被极大地限制住了。随着国际金融活动日渐成为国际经济活动中最活跃的因素，某些新的客体形式出现了，如电子 CD 和票据。因此，国际金融法的客体不应被限制在一个狭窄的范围内，否则的话，其内容必然残缺不全，不利于适用。据此，本国货币、外汇和跨国运转中的货币资金都应是国际金融法的客体。

（三）内容的实践性

国际金融法规定的是关于涉外货币管理活动和跨国金融交易活动的规则，它在内容和功能上均具有实践性和技术性特征。它不仅为一国既定的国际贸易政策和国际投融资政策提供法律框架和法律工具，而且保障国际经济活动的安全与效率。无疑，国际金融法学作为一门较为新

① 参见刘丰名：《国际金融法》，7 页，北京，中国政法大学出版社，1996。

型的学科，仍处于不断的发展、变化之中。国际金融不断发展、更新，其速度相当之快，致使已有的法律规范乃至法学研究常常落后于实际需要。因此，对国际金融法的研究不可不注意实践的发展。

第二节　国际货币制度

国际货币制度是国际货币关系的集中反映，它构成国际金融活动总的框架。各国之间的货币金融交往，在各个方面都要受到国际货币制度的约束。世界上还没有统一的货币，主要以一些主权国家的货币作为国际货币。为了维护国际货币的正常运行，国际货币制度应运而生。这种货币制度既可以是自然、缓慢发展的结果，也可以是在短期内通过国际协议确定的制度。

一、国际金本位制

最早出现的国际货币制度是国际金本位制。19 世纪后期，由于西方各国普遍实行了金本位制，因而这种货币制度具有了国际性质。它是在各国自发实行金本位制的基础上形成的。

（一）金币本位制

金币本位制是金本位制的最初形态，也是最典型的金本位制，狭义上所称的金本位制就是指金币本位制。它的主要特点是：（1）金作为本位货币。用黄金来规定货币的价值量，即每一单位的货币都有其法定的含金量（gold content），各国货币按其含金量来确定彼此间的比价。（2）金币可以自由铸造，任何人都可以按本币的含金量将金块交给国家造币厂铸成金币。（3）自由兑换。在市面上流通的其他金属辅币和银行券可以自由地兑换成金币或者等量的黄金。（4）自由输出、输入。由于黄金是各国唯一的国际储备资产，国际上的结算也使用黄金，所以黄金可以自由输出与输入。各国政府规定的自由铸造、自由兑换与黄金自由输出、输入是该货币制度的三个特点。

建立金本位制是以国内立法为基础的，由各国颁布法令自行确定本国货币的含金量和对外国货币的比值。要让国际金本位发挥作用，各国必须遵守三项规则：一是要把本国货币与一定量的黄金固定下来，并随时可以兑换黄金；二是黄金可以自由输出、输入；三是中央银行或货币当局发行钞票必须有一定的黄金储备。

基本上各国是在自愿的基础上遵守一定的国际规则，而并没有正式在国际上承担法律义务。因此，一旦出现特殊情况，各国出于对本国利益的考虑也可以不遵守这些规则。实际上，国际金本位制作为一种国际货币制度并不是建立在国际法律基础上的，没有条约规定各国必须承担一定的国际义务。所以，在上述三项规则中，第三项规则常常被放弃，没有能够被严格遵守。

最早实行金币本位制的国家是英国（1816 年）。从 19 世纪 70 年代到第一次世界大战爆发，许多国家也先后实行金币本位制，从而形成了第一个世界性的国际货币制度——国际金本位制。说它是国际制度，并不是指它是那种通过各国共同制定成文的国际法规所确定的制度，而是指它是通过各国自发地实行大致相同的金本位制而逐渐形成的。同一种国内制度的普遍采用，无形中在国际上形成一种机制，起到了自动调节国际货币关系的作用。因此，国际金本位制表现出两个特征：共同性和松散性。

国际金本位制的形成，使黄金充分发挥出世界货币的职能作用，对于生产的发展、汇率的稳定、国际收支的自动调节、国际资本的流动、国际贸易的发展及各国经济政策的协调，都起到了积极的作用。总之，它在当时以金融保障促进了世界经济的发展。

（二）金块本位制

第一次世界大战期间，各国禁止黄金外流，实行浮动汇率，币值很不稳定。战争结束后，各国都需要恢复遭到战争破坏的经济，首先是要建立稳定的货币制度。1922 年世界货币会议决定恢复金本位制。但是，当时各国之间黄金分配不均，供应量远远不能满足需要，参战各国的黄金储备大量减少，特别是战前最大的金融帝国英国和曾经拥有巨额金融资本的法国，它们的经济实力都遭到很大削弱，因此，真正有条件继续实行金本位制的国家只有美国，而英国和法国则不得不采取有限制的金本位制，即金块本位制。在这种制度下：（1）金币已退出流通界，而专门担当大宗国际收支清算的任务；（2）国家以一定数量的黄金做储备，发行代表法定含金量的银行券；（3）银行券进入流通，具有本位币的无限法偿性，但银行券只有在一定的条件下才能兑换成黄金（如英国法令规定每一次必须兑换 400 盎司黄金，即 1 700 英镑；法国规定持有 215 000 法郎才能向发行银行兑换黄金）。对兑换黄金的最低数额加以规定，大大限制了民间的兑换，缩小了自由兑换的基础。这实际上是在黄金储备不足的条件下继续保证币值稳定的一种变通办法。

金块本位制的实行，节约了国内需要的黄金，但也使黄金不再像过去那样充分发挥货币的职能，从而严重削弱了国际金本位制的基础。

（三）金汇兑本位制

第一次世界大战后，有些国家直接采取了金汇兑本位制，亦称虚金本位制。在这种制度下，（1）禁止铸造和流通金币；（2）定有含金量的银行券作为本位币参加流通，持有者不能将其兑换成黄金，但可用以购买外汇，凭外汇到其发行国兑换黄金；（3）实行金汇兑本位制的国家，在金块本位制国家或金币本位制国家存放外汇准储基金，并规定本国货币与该国货币的法定汇价，居民可按这一汇价无限制地购买外汇，在所联系的国家兑换成黄金。（4）禁止黄金的输出、输入。

这是在黄金和外汇不足的情况下，避免兑换黄金，而将自由汇兑作为同金本位制维持联系的一种形式。第一次世界大战以后的战败国和其他一些国家的货币曾分别同美元、英镑或法郎挂钩，形成一种货币依附关系，使黄金和外汇更加集中于少数几个国家。比如战败国德国，由于国库黄金被用于战争赔款，1924 年由一战前的金币本位制直接改行金汇兑本位制。

从上述三种金本位制来看，有个重要的特点，就是黄金逐步与货币摆脱联系，特别是在金汇兑本位制下，黄金被存放在国外，实际上扩大了信用创造能力，使货币进一步摆脱了黄金数量的束缚。但将黄金存在国外并不安全，本国货币币值要受联系国货币币值波动的影响。在国际经济发生危机时，各国纷纷将外汇兑换成黄金并运回本国，引起联系国信用紧缩，使危机加剧。

20 世纪 30 年代的大危机是经济危机与金融危机相互交织的全球性危机，西方各国之间贸易战与货币战达到了空前激烈的地步。此次大危机摧毁了西方国家普遍实行的金块本位制和金汇兑本位制，统一的国际金本位制度也随之瓦解。在西方各国普遍实行纸币流通制度的情况下，它们的货币信用制度危机加深、矛盾重重，无法建立统一的国际货币制度，而纷纷成立货币集团，如英镑、美元集团和法郎集团：在货币集团内部以一个主要国家的货币作为中心，并以这个国家的货币作为集团内部的储备货币，进行清算。集团内部外汇支付与资金流动完全自由，但是集团外的收付与结算则受到严格管制，常常要用黄金作为国际结算手段。

二、布雷顿森林制度

第二次世界大战即将结束时，为了整顿和改变国际货币领域的混乱局面，保证战后经济的顺利恢复，建立稳定的世界货币秩序，各国迫切要求建立一个政府间国际金融机构来协调国家间的货币政策，加强国际货币合作。在英、美两国的策动下，于1943年、1944年之交，三十多国的专家在纽约集会，讨论英国提出的凯恩斯方案（Keynes plan）与美国提出的怀特方案（White plan）；1944年4月达成《国际货币基金共同声明》，形成《国际货币基金协定（草案）》蓝本，该蓝本最终是以怀特方案为基础，吸收了一些凯恩斯的主张而形成的。1944年7月1日至22日，美、英、法、苏、中等44国代表在美国新罕布什尔州布雷顿森林会议上通过了以怀特方案为基础的《国际货币基金协定》和《国际复兴开发银行协定》，合称“布雷顿森林协定”。

《国际货币基金协定》又称《布雷顿森林货币协定》，其1944年文本确立的国际货币制度被称为“布雷顿森林体制”，它实际上是以美元为中心的金汇兑制度。这是世界货币史上第一次在世界范围内通过国际协议正式建立的货币制度，第一次通过法律文件的形式明确规定了国际货币制度的基本要求，各国的权利、义务以及国际货币关系的行为准则。这说明国际货币金融关系已经发展到有条件也有必要建立统一的世界货币制度的程度，突破了长期认为金融货币领域应该保持自由调节和灵活机动的特点的传统观念，为国际货币关系进入统一法律秩序开辟了新纪元。因此，尽管布雷顿森林体系是在主要金融大国的操纵下建立的，但从完全不受国际法规约束到承认若干基本原则和行为准则，不能不说是向前迈进了意义重大的一步。

从1944年到1971年，该体系建立后一直顺利运行。在这期间，它对于整顿和改变世界货币领域的混乱局面、保证二战后各国经济恢复、建立稳定的世界货币秩序起到了积极作用。

布雷顿森林体制建立了一个以美元为中心的国际货币制度，其具有如下主要内容。

（1）建立了一个永久性的国际金融机构，即IMF，旨在促进国际货币合作。其各项规定构成了二战后国际金融领域的基本秩序。

（2）实行以美元为中心的国际金汇兑本位制。布雷顿森林体制以黄金储备为基础，以美元为主要国际货币，并实行“双挂钩”制度：首先，美元与黄金挂钩，各成员国有义务确认美国法定的35美元=1盎司黄金的官价，同时有权随时按此官价以美元向美国政府兑换黄金；其次，其他成员国的货币与美元挂钩，即这些国家的货币对美元的汇率可按各自的含金量来确定，或者不规定含金量而径行确定与美元的比价。这种以黄金为基础、以美元为主要储备货币的黄金——美元本位制度，也称为国际金汇兑本位制。

（3）确立可调整的固定汇率制。各成员国货币对美元的汇率仅被允许在固定汇率的上下各1%的幅度内波动。本国货币对美元固定汇率，未经IMF同意，不得随意加以改变。成员国对此固定汇率有责任维持，以保证外汇行市的稳定。除非为消除本国国际收支的严重不平衡，否则各成员国不得对本国货币采取贬值或升值措施。

（4）提供资金调节国际收支。IMF的宗旨之一是为成员国提供资金，以帮助其调整国际收支不平衡，而不致采取有害于本国或国际繁荣的措施。

IMF向各会员国政府提供贷款，贷款主要用于解决国际收支不平衡，贷款的额度与该会员国缴纳的份额成正比。IMF提供普通资金账户内贷款的基本做法是：会员国用本国货币向IMF换购它们所需要的外汇，此举称为购买（purchase）或提取（drawing）；该会员国还款时，用黄金或外汇买回货币，此举称为购回（repurchase）。

（5）力图取消经常项目的外汇管制。根据《国际货币基金协定》第 8 条的规定，除有该协定允许的例外，各成员国不得限制经常项目的支付，不得采取歧视性的货币措施，并应实行多边支付制度等。

《国际货币基金协定》把协助成员国建立经常性交易的多边支付制度作为其宗旨之一，这对发展多边贸易具有意义。普遍做到自由的多边结算，需要各国取消，至少是放松在货币兑换和收付方面的外汇管制。因此，《国际货币基金协定》的宗旨中同时规定了取消阻碍国际贸易发展的外汇管制。为实现这一宗旨，《国际货币基金协定》在题为"成员国一般义务"的第 8 条作了如下规定：（1）各会员国未经该组织核准，不得限制经常性交易的支付；（2）未经 IMF 核准，也不得采取歧视性的差别汇率措施和复汇率制度；（3）任何会员国对其他会员国在经常性交易中积存的本国货币，在对方为支付经常性交易对价而要求兑换时，应用黄金或对方货币换回。IMF 把同意履行《国际货币基金协定》第 8 条规定的义务而取消外汇管制的国家称为第 8 条成员国，并承认第 8 条成员国的货币为可兑换货币，可以在国际外汇市场上自由买卖。

基于第二次世界大战期间近 90%的国家都实施外汇管制，《国际货币基金协定》在第 14 条规定了一个"过渡"办法，即成员国在必要时可以维持和实施外汇管制，一旦情况许可，即应取消。申请加入 IMF 的国家，都得与 IMF 商定参加条件。接受第 14 条规定的"过渡"办法而实施外汇管制的国家被称为第 14 条成员国，第 14 条成员国基于货币为不可兑换货币，在国际外汇市场上不能自由买卖。第 14 条成员国的过渡期为 5 年，但至今，仍有不少国家实际上或多或少地继续实行外汇管制。由此，第 14 条规定便一直延续下来了。

截至 2000 年 12 月，在 IMF 的 187 个成员国中，已有 151 个成员国成为第 8 条成员国，其余的 32 个尚只能选择第 14 条规定的过渡安排。①

三、《国际货币基金协定》的第一次修订

在《国际货币基金协定》签订以后，国际货币关系发生了一系列重大变化，美元危机频繁发生，美元的国际货币地位动摇。为了阻止美国黄金大量外流，同时为了解决国际清偿力不足，难以满足世界贸易增长的需要等问题，IMF 于 1969 年 9 月第二十四届年会上通过了设立"特别提款权"的决议。这是 IMF 成立以来对《国际货币基金协定》的第一次修订，这次修订被称为《特别提款权协定》。通过该协定，IMF 创设了一种实验性质的新储备货币。该协定共 12 条，主要包括以下内容。

1. 特别提款权的概念

特别提款权是 IMF 于 1969 年创造的一种用于补充成员国官方储备的国际储备资产。

2. 特别提款权的使用

特别提款权不是货币，也不是对 IMF 的债权，而是对 IMF 成员国的可自由使用货币的潜在求偿权。特别提款权的持有者可以通过两种方式以其持有的特别提款权换取这些货币：一是通过成员国之间的自愿交换安排，二是 IMF 指定对外状况强健的成员国以可自由使用的货币从对外状况薄弱的成员国购买特别提款权。除了作为补充储备资产外，特别提款权还是 IMF 和其他一些国际组织的记账单位。②

3. 特别提款权的性质与定值

特别提款权不是货币，而是一种权利、一种记账单位，它只存在于 IMF 的账面上，它不

---

① 参见陈安主编：《国际经济法学》，310 页，北京，北京大学出版社，2001。

② See Special Drawing Rights（SDRs），available at http：//www. imf. org/external/np/exr/facts/sdr. HTM.

能兑换黄金，也不能直接用于国际支付。

特别提款权在创设时是一种以黄金定值的记账单位，35 单位特别提款权与 1 盎司黄金等值，即 1 单位特别提款权的含金量为 0.888 671 克，与 1971 年 12 月贬值的 1 美元等值，人称“纸黄金”(Paper Gold)。《特别提款权协定》原规定特别提款权与美元挂钩，对其他货币比价按美元与其他货币比价进行套算。这显然不符合特别提款权作为一种独立国际储备单位的性质。特别是基于美元的两次贬值及主要资本主义国家货币实行浮动汇率制，为了保持特别提款权的稳定，发挥其定值作用，从 1974 年 7 月 1 日起，IMF 宣布特别提款权与黄金脱钩，按一揽子货币定值。当时选择货币篮子中的 16 种货币的标准是，从 1968 年到 1972 年的 5 年内，商品和劳动出口额占世界总出口额的 1%以上的国家的货币才可以入选。每种货币在篮子里的比重，大体根据该国出口额占世界总出口额的比例而定，同时还考虑其他经济因素。

1978 年 7 月 1 日，IMF 对个别货币作了调整，并建立了 5 年调整一次的制度。为了简化计算手续，便于管理和保持特别提款权价值相对稳定的特点，IMF 自 1981 年 1 月 1 日起，采取 5 种货币代替过去 16 种货币作为计算特别提款权价值的基础。该决议同时规定，确定特别提款权篮子的组成，应选择以 5 年为期的每一期结束前的 12 个月内，占国际出口与服务的比例最大的 5 个基金成员国的货币，组成特别提款权货币篮子。1996—2000 年期限内，其货币比重分别为美元 39%、德国马克 21%、日元 18%、法国法郎 11%、英镑 11%。为适应国际贸易和欧元启动的新需要，IMF 决定，从 2001 年起，特别提款权由美元、欧元、日元和英镑 4 种货币构成。从 2011 年 1 月 1 日起，各种货币在特别提款权中的比重调整为欧元 37.4%、日元 9.4%、英镑 11.3%、美元 41.9%。[①] 2016 年 10 月 1 日起，人民币作为第五种货币加入特别提款权篮子，每种货币的权重分别为美元 41.73%、欧元 30.93%、人民币 10.92%、日元 8.33%、英镑 8.09%。[②]

这种以多种货币定值的方法，可以利用各种货币汇率之间的升降相互抵消，较之以一种货币定值，更能保持特别提款权的相对稳定。正因为如此，特别提款权作为一种计价和定值单位，已得到广泛运用。不仅 IMF 在计算份额时使用特别提款权定值，其他一些国际组织进行国际清算，以及私人公司、企业发行证券、签订贷款协议等，也使用特别提款权作为计价单位。此外，特别提款权还被用作国际民事责任索赔的计算标准。例如，1978 年《联合国海上货物运输公约》(《汉堡规则》) 第 6 条和第 26 条就规定，海上货物运输责任事故索赔权的计算标准为特别提款权。此外，一些实行盯住浮动汇率的国家也选择特别提款权作为货币定值标准。

4. 特别提款权的分配

特别提款权不是成员国通过贸易、投资等收入得来的，成员国在分得这项资产时，也无须预先向 IMF 缴纳任何基金。特别提款权由 IMF 根据需要进行分配。分配建议（关于特别提款权分配额占认缴份额的百分比）由 IMF 执行董事会、总裁提出，经理事会 85%的多数票决定分配。迄今为止，特别提款权进行过三次普遍分配：第一次分配总额为 93 亿特别提款权，在 1970 年—1972 年期间按年拨付。第二次分配为 121 亿特别提款权，在 1979 年—1981 年期间

① 2010 年 11 月 15 日，IMF 发布第 10/434 号文《基金组织确定特别提款权定值篮子的新货币权重》，宣布自 2011 年 1 月 1 日起，将特别提款权定值篮子的四种货币的权重进行上述调整。2005 年各种货币的定值为：美元 44%，欧元 34%，英镑 11%，日元 11%。详见国际货币基金组织网站：http：//www.imf.org/external/np/tre/sdr/sdrbasket.htm。

② See “IMF Launches New SDR Basket Including Chinese Renminbi，Determines New Currency Amounts”，available at http：//www.imf.org/en/news/articles/2016/09/30/am16 - pr16440 - imf-launches-new-sdr-basket-including-chinese-renminbi.

按年拨付。这两次分配使累计特别提款权分配达到 214 亿特别提款权。为了减轻 2008 年金融危机的影响，2009 年 8 月 28 日 IMF 进行了第三次共 1 612 亿特别提款权的分配。另外，对《国际货币基金协定》的第四次修订于 2009 年 8 月 10 日生效。根据这次修订，IMF 进行了特别提款权的特别一次性分配，数额为 215 亿特别提款权。第四次修订旨在使 IMF 所有成员国能在公平基础上参与特别提款权体系并纠正这样的事实，即，1981 年后加入 IMF 的国家——占现有 IMF 成员国数量的五分之一以上——在 2009 年以前从未获得特别提款权分配。2009 年进行的特别提款权普遍分配和特别分配合起来使特别提款权分配累计总额达到 2 041 亿特别提款权。①

对所有成员国来说，分得的特别提款权均按认缴基金份额的百分比计算，但发展中国家无力认缴较多份额，实际上也就享受不到按份额分配特别提款权的较多好处。

四、牙买加制度

20 世纪 70 年代初，美元与黄金挂钩、各国货币与美元挂钩的布雷顿森林体系彻底瓦解，使《国际货币基金协定》的某些条款已无法实施，必须进行修改，以适应变化了的国际货币关系。IMF 理事会于 1976 年 4 月依照其下属国际货币制度临时委员会的提议对《国际货币基金协定》进行了第二次修订，其主要内容包括以下方面。

（1）确认浮动汇率制的合法化。1）成员国可以自由选择汇率制度，IMF 承认固定汇率制度和浮动汇率制度并存；2）成员国的汇率政策，应受 IMF 的监督，防止采取竞争性货币贬值措施；3）经总投票权 85%的多数通过，认为国际经济条件已经具备时，IMF 可以决定采取稳定而可调整的货币平价制度，即固定汇率制度。

（2）削弱了黄金的国际货币作用。废除原协定中所有黄金条款，实行黄金非货币化，目的是使黄金与货币完全脱离关系，让黄金成为一种单纯的商品。按照新规定，IMF 为实现黄金非货币化采取了四项措施：1）废除黄金官价和对成员国中央银行处理黄金的限制（原协定规定货币当局不得低于官价卖出、高于官价买进），成员国中央银行可按市价从事黄金交易；2）黄金不再作为各国货币定值的标准，改由特别提款权表示；3）废除了增缴资金等在与 IMF 交易时使用黄金的义务；4）IMF 持有的黄金将以市价出售其 1/6，另 1/6 归还成员国，剩余部分依成员国决议处理。

（3）提高了特别提款权的国际储备地位。确认未来将以特别提款权作为主要的国际储备资产，以逐步取代美元和黄金的地位；各成员国间的特别提款权的交易和转移无须取得 IMF 的同意；成员国之间的或对 IMF 的某些支付可用特别提款权；不仅在 IMF 的一般业务中扩大特别提款权的使用范围，而且尽量扩大特别提款权在其他业务中的使用范围。

（4）扩大对发展中国家的资金融通，放宽对成员国贷款的比例和数额。

《国际货币基金协定》的第二次修订又被称为《牙买加协定》，其已于 1978 年 4 月 1 日生效。它为国际货币关系的调整或安排提供了相当大的弹性。有学者认为它是没有制度的（Non-system），这是不完全正确的。尽管布雷顿森林体系的某些基本规则已经被否定，但 IMF 和《国际货币基金协定》仍有效存在，并在许多方面仍然发挥着重要作用。进入 20 世纪 90 年代后，IMF 理事会根据国际货币关系变化的状况，分别于 1990 年、1997 年、2008 年对《国际货币基金协定》进行了修订，但所涉及的问题有限。现行的国际货币制度正是在 1944 年《国际

① See "Special Drawing Rights (SDRs)", available at http://www.imf.org/external/np/exr/facts/sdr.HTM.

货币基金协定》的基础上经过5次修订而形成的。[①]

第三节　国际融资的主要方式

国际资金融通是国际金融法的重要内容。国际资金融通的主要形式包括国际贷款、国际融资租赁以及国际证券融资等。

一、国际贷款

国际贷款又称国际借贷、国际信贷，是指不同国家当事人之间基于信用授受而进行的货币资金的有偿让渡，是资金使用权的跨国交易活动。[②] 国际贷款一般通过订立国际贷款协议而进行。根据贷款人的不同类型，国际贷款可以分为政府贷款、国际金融机构贷款和国际商业银行贷款。

（一）政府贷款

政府贷款是指一国政府利用财政资金向另一国政府提供的优惠性贷款。它是贷款国与借款国之间进行国际经济合作的重要形式，也是援助国向受援国提供经济发展援助的重要形式。

政府贷款自第二次世界大战后发展迅速。美国1948年实施“马歇尔计划”，对于西欧的恢复、发展和美国资本、商品的输出，起到了重要的作用。20世纪60年代以后，发达国家的政府贷款主要流入发展中国家。1974年—1981年，随着石油美元的兴起，石油输出国援助非产油发展中国家550亿美元，其中68%的是双边性质的赠与，这开创了“南南援助”的先河。

政府贷款的主要特点是：(1) 贷款期限长、利率低，贷款条件优惠，具有援助性质。政府贷款的期限一般都长达20年至30年，而且有一定年限的宽限期。利率一般较低，有的为无息或含有一定比例的赠与成分。(2) 限定用途。政府贷款一般都对贷款的使用目的有明确规定，如规定贷款只能用于特定的项目工程，或规定贷款的全部或者一部分只能用于购买贷款国的商品、技术和劳务，以增加贷款国的出口贸易。(3) 政府贷款的程序较复杂。一般先由借款国提出有关贷款的计划建议书，经过贷款国专家实地考察、评估后，才开始谈判。谈判成功后，签订贷款协议书。从协议谈判、签约到使用贷款，往往需要较长时间。

（二）国际金融机构贷款

国际金融机构贷款是指国际金融机构对成员国政府、政府机构或公、私企业的贷款。从事国际贷款的国际金融机构可分为全球性国际金融机构和地区性金融机构。全球性金融机构如IMF、世界银行集团（包括国际复兴开发银行、国际开发协会、国际金融公司）。地区性国际金融机构目前主要有亚洲开发银行、非洲开发银行、泛美开发银行等。

(1) IMF是以成员国入股形式组织起来的企业性组织，发放贷款仅是其促进国际货币合作、调整国际收支失调的手段之一，因此，IMF的贷款有许多自己的特点：1) 贷款对象。IMF发放贷款的对象仅仅限于成员国政府，不包括私人企业。它只与成员国的财政部、中央银行或类似的财政机构往来。2) 贷款的目的。IMF发放贷款的目的是满足成员国国际收支调整的资金需要。近年来IMF已增设了一些用于成员国经济结构调整及改革的贷款。3) 贷款方

① See “Articles of Agreement of the International Monetary Fund”, available at http: //www. imf. org/external/pubs/ft/aa/index. htm.

② 参见李仁真主编：《国际金融法》，158页，武汉，武汉大学出版社，1999。

式。贷款采取成员国用本国货币向 IMF 申请换购外币，还款时以外币购回本国货币的方式。因此，IMF 的业务术语中不称成员国向 IMF“借款”，而称“购买”，或称“提存”，称成员国还款时为“购回”。4）贷款的种类。主要有：普通贷款、中期贷款、出口波动补偿贷款、缓冲库存贷款、补充贷款。另外，IMF 还设立了结构调整贷款、加强结构调整贷款、补偿和应急贷款。5）贷款限额。成员国能申请的贷款，与其在国际货币基金中所分得的股份或认缴的股份成正比例。各种贷款一般都规定借用的最高限额。

（2）世界银行集团除包括国际复兴开发银行、国际开发协会和国际金融公司三个金融机构外，还包括两个非金融机构，即依 1965 年《解决国家与他国国民之间投资争端公约》成立的“解决投资争议国际中心”和依 1985 年《汉城公约》成立的 MIGA。这里仅论及前三个金融机构的贷款问题。

世界银行集团的三个金融机构均属于联合国的专门机构。虽然它们的成立依据和具体职责各不相同，但其基本宗旨是一致的，即通过向成员国，特别是向发展中国家成员国提供资金和技术援助，来促进其经济发展。实践中，这三者在业务上密切联系，但各自依其组织章程的规定开展活动，各司其职：国际复兴开发银行主要向发展中国家提供中、长期贷款；国际开发协会专司向低收入的发展中国家提供长期无息优惠贷款；国际金融公司负责向发展中国家的私人企业提供贷款或直接投资。

世界银行集团自形成以来，通过开展其业务活动，在促进成员国特别是发展中国家的经济发展方面起了十分重要的作用。我国于 1980 年 5 月 15 日恢复在国际复兴开发银行、国际金融公司和国际开发协会的代表权，并从 1981 年开始利用世界银行贷款。目前，我国利用世界银行贷款的规模日益扩大，已见成效。世界银行贷款成为我国利用外资的一个主要渠道。

世界银行集团的贷款特点如下：1）贷款对象。主要是发展中国家，只限于成员国政府、政府机构或由政府担保的公私企业。国际开发协会只贷款给会员国政府，但可以由其转贷。2）贷款一般只对成员国的特定项目发放。世界银行的贷款具有明显的开发性，一般只用于成员国的特定开发或建设项目，重点投放于农业、乡村建设、交通运输、通信、教育、卫生等经济效益低、建设期限长的基本建设项目；只有在特殊情形下，世界银行才发放非项目贷款，即为支持成员国完善现有的生产设备或实现一定的经济计划而提供的贷款，如结构调整贷款或部门调整贷款、技术援助贷款以及用于支持灾后重建和恢复生产的应急借款等。3）贷款期限长，贷款条件较为优惠，并含有一定的宽限期。这三者的贷款原则和运作程序基本相同，区别主要在于：国际复兴开发银行偏重于向中等收入国贷款，费率较高但比商业银行的低，俗称硬贷款；国际开发协会着重向低收入国提供长期优惠贷款（IDA Credit），俗称软贷款；而国际金融公司的主要业务是向成员国私人企业贷款，但不像世界银行和国际开发协会的贷款一样需要政府担保，因而贷款期限较短，利息和费用较高。4）贷款只提供给有偿还能力的成员国。5）贷款的发放通常根据各自的组织章程及有关文件的规定进行，其条件一般比较优惠，但其程序一般比较严格。

（3）亚洲基础设施投资银行（Asian Infrastructure Investment Bank，AIIB，以下简称亚投行）是一个政府间性质的亚洲区域多边开发机构，是首个由中国倡议设立的多边金融机构，总部设在北京，已于 2016 年 1 月 16 日正式开始运营。

亚投行的宗旨在于：1）通过在基础设施及其他生产性领域的投资，促进亚洲经济可持续发展、创造财富并改善基础设施互联互通；2）与其他多边和双边开发机构紧密合作，推进区域合作和伙伴关系，应对发展挑战。

亚投行的成员资格向国际复兴开发银行和亚洲开发银行的成员开放。国际复兴开发银行和亚洲开发银行的成员，如未能依照相关规定加入亚投行，可经亚投行理事会特别多数投票同意后，遵照亚投行决定的加入条件成为亚投行成员。不享有主权或无法对自身国际关系行为负责的申请方，应由对其国际关系行为负责的亚投行成员同意或代其向亚投行提出加入申请。截止到2019年6月，亚投行共有区域内成员43个，区域外成员26个，意向成员（Prospective Members）包括阿美尼亚等6个区域内的以及阿尔及利亚等21个区域外的成员。①

亚投行的业务包括普通业务和特别业务。普通业务是指由亚投行普通资本（包括法定股本、授权募集的资金、贷款或担保收回的资金等）提供融资的业务。特别业务是指为服务于自身的宗旨，以亚投行所接受的特别基金所开展的业务。这两种业务可以同时为同一个项目或规划的不同部分提供融资。

亚投行以下列方式开展业务：1）直接贷款、联合融资或参与贷款；2）参与机构或企业的股权资本投资；3）作为直接或间接债务人，全部或部分地为用于经济发展的贷款提供担保；4）根据特别基金的使用协定，配置特别基金的资源；5）依照规定提供技术援助；6）其理事会依照规定经特别多数投票通过决定的其他融资方式。

亚投行的贷款的特点为：（1）主要投资于基础设施建设和其他生产性领域，支持经济和社会发展。（2）与其他多边、双边发展机构，金融机构和私人资本合作，优势互补，带动更多资本投入基础设施建设。（3）注重项目的绿色融资，所选项目符合环保、可持续发展的理念，如北京的“煤改气”项目，为印度中、大规模太阳能和风能项目提供融资的贷款安排等。

（三）国际商业银行贷款

国际商业银行贷款是指一国借款人在国际金融市场上向外国银行借款的行为，它具有如下特征：

（1）具有涉外因素。

（2）具有非限制性。在国际商业银行借贷中，借款人可以较自由地支配所借资金，不存在专款专用的问题。贷款可用于任何一个项目，借款人在使用贷款方面享有较大的自主性和自由性。

（3）贷款成本较高。国际商业银行贷款的利率以国际金融市场上的利率为基础，一般由伦敦银行间同业拆放利率（LIBOR）再加上利差（Spread）所构成。与政府贷款、国际金融组织贷款相比，其交易成本较高。

（4）相对容易性。国际商业银行贷款的条件随行就市，它比政府贷款和国际金融组织贷款更容易获得，借款手续简便，且在资金使用上几乎没有什么限制或附加条件。对于资信较好又迫切需要资金的企业来说，这是一个良好的融资渠道。

国际银团贷款和项目贷款是国际商业贷款的两种典型形式。

国际银团贷款是指由数家直至数十家各国银行联合起来，组成一个银行集团（即银团），按统一的贷款条件向同一借款人提供贷款。国际银团贷款适于一些资金额度大、期限长、风险大、技术性强的借贷交易。采用这种贷款方式具有其他贷款方式无法比拟的优点：对借款人来说，他可以从多家银行获得贷款，容易筹集到巨额资金；对各贷款银行来说，与银团其他成员共同提供这笔贷款，既可以使自己的资金得到充分利用，又可以避免承担过高的贷款风险。

国际银团贷款基本上可以分为直接式银团贷款和间接式银团贷款两种方式。

（1）直接式银团贷款是指在牵头银行（或经理银行）的组织下，各个贷款银行或通过其代理人分别和借款人签订贷款协议，按照协议所规定的统一条件向借款人发放贷款。各个贷款银

① See “Members and Prospective Members of the Bank”, available at https://www.aiib.org/en/about-aiib/governance/members-of-bank/index.html.

行与借款人直接发生借贷法律关系，仅就各自承诺的贷款份额向借款人负责，相互之间不负连带责任。

（2）间接式银团贷款是指由牵头银行（或经理银行）单独与借款人签订贷款协议，向借款人提供贷款，然后由牵头银行把参与贷款权分别转让给其他愿意提供贷款的银行，这些银行即成为参与贷款银行，它们以持有的参与证书作为债权证明文件。在间接式银团贷款中，借款人、牵头银行和参与银行之间的关系取决于转让贷款参与权的方法。

项目贷款（Project Loan）是指对某一特定的工程项目发放的贷款，以项目建成后的经济收益还本付息。项目贷款是为了适应国际上一些大型工程项目如石油、天然气、煤炭等自然资源的开发以及交通运输、电力、农林等项目的巨额资金的需求而逐步发展起来的，是目前国际上最常用的融资方式之一。由于这类项目所需的资金往往高达数十亿美元，风险也很大，传统的融资方式已难以满足这类大型项目对资金的需求，因而便产生了这种新的筹资方式。

项目贷款既可以由单独一家银行承担，也可以采用银团贷款的方式。在国际商业银行贷款实务中，由于大型工程项目所需资金数额巨大、期限长、风险大，单独一家银行承担全部贷款较困难，所以，比较常见的项目贷款是银团贷款。项目贷款可以分为无追索权项目贷款和有限追索权项目贷款两种类型。

（1）无追索权项目贷款。无追索权项目贷款或称纯粹项目贷款，是指贷款人对项目主办人没有任何追索权，即由贷款人将资金提供给主办人专为该项目而成立的公司，以项目建成后所产生的收益作为还本付息的来源。贷款人可以在该项目的资产上设定担保权益，但无权再要求主办人提供任何信用担保。如果项目中途停建或经营失败，其资产或收益不足以清偿全部贷款，贷款人亦无权向项目主办人追索。由于无追索权项目贷款对贷款人的风险太大，因而贷款人一般很少采用这种方式。

（2）有限追索权项目贷款。在这种项目贷款方式下，贷款人为了降低贷款的风险，除要求以贷款项目的收益作为偿还债务的来源，并在该项目资产上设定担保物权以外，还要求与项目有利害关系的第三人提供各种担保。当项目不能完工或经营失败，项目本身的资产或收益不足以清偿债务时，贷款人就有权向项目主办人和这些担保人追索。项目主办人和担保人对项目债务所负的偿还责任，仅以贷款合同和担保合同所规定的金额为限。

二、国际融资租赁

租赁是一种既古老又崭新的交易方式，随着商品经济的发展，其形式和内容也处于不断的变化之中。现代意义上的租赁与古老的、以不动产为主要内容的传统租赁相比已不大相同，它将金融信贷、商品交易和出租三者结合在一起，通过租物的形式达到融资的目的。它由于具有融通资金的机能，因而被称为融资租赁。

美国是现代租赁业的发源地。1952 年 5 月，世界上第一家专业性租赁公司——由美国人 H. 叙思费尔德创立的美国租赁公司诞生，开创了通过融通资金为企业提供新设备的出租方式。20 世纪 60 年代初，租赁业务跨出美国国界，相继传到西方一些发达国家，如英、法、德、日等国，并进而扩展到一些发展中国家。从 20 世纪 80 年代起，西方各工业发达国家的租赁业进入较高级阶段，不少发展中国家的租赁业亦有了一个较大发展。20 世纪 90 年代以来至今，世界租赁市场基本保持稳定增长态势。①

① See “World Leasing Yearbook”, available at http://www.world-leasing-yearbook.com/world-leasing-yearbook/.

1981年2月，我国中信公司与日本东方租赁公司合资成立了第一家租赁公司——中国东方租赁公司。同年7月，中信公司与国内有关单位合资成立了国营的中国租赁公司。这标志着现代租赁业在我国的诞生。

融资租赁业在中国产生、发展三十多年来，为开辟我国引进外资渠道、引进国外先进技术及设备、促进企业产品销售、探索企业融资新渠道，促进我国经济建设，多方面作了积极、有益的尝试和巨大贡献。

融资租赁亦称金融租赁，是指出租人根据承租人对租赁物的特定要求和对供货人的选择，出资向供货人购买承租人已经选定的机器设备，出租给承租人使用，并按双方商定的租赁期限收取租金。租期内，出租人拥有法律上的所有权，承租人以按期支付租金为条件享有该设备的使用权，并负责设备的维修、保养及保险。租赁物以动产为主，租期较长，约为设备使用年限的80％。租赁期满，承租人可按约定选择退租、续租和留购租赁物。

当上述融资租赁业务跨越国界，在分属于两个或两个以上国家的租赁三方当事人之间进行时，就成为国际融资租赁（International Financial Lease）。国际融资租赁有三种情况：一是出租人和承租人在同一国家，而设备供应商在另一国家；二是出租人和设备供应商在同一国家，而承租人在另一国家；三是出租人、承租人和设备供应商分属三个不同的国家。

国际融资租赁除了具有当事人分属不同国家、租赁标的物作跨国流动这些涉外因素以外，与一般意义上的融资租赁并无本质的区别。它具有如下法律特征。

(1) 具有鲜明的信贷融资性质。这是融资租赁最根本的特性。当企业需要筹借资金添置设备时，出租人并不是直接向其提供贷款，而是根据企业的选择购入设备，出租给企业使用，即将商品信贷和资金信贷相结合，以融物的形式达到融资的目的。由于它可以提供一般中、长期信贷所不能提供的融资便利。所以，国际融资租赁在当今国际经济活动中，已被企业当作一种获得资本设备使用权的筹资方式，一种采用信贷方式融通中、长期资金的有效手段。

(2) 租赁设备的所有权与使用权相分离。在国际融资租赁业务中，租赁设备由出租人融资购买，出租人是租赁设备的所有权人，在租赁期内，其所有权不可被侵犯。承租人以按期支付租金为条件，在租赁期内享有使用权。可见，设备的所有权和使用权相分离。只有在租赁期满后，由承租人按设备残值作价买下，设备所有权才转移给承租人。如果租赁期满后，承租人采取续租或退租方式，则设备所有权仍属于出租人。

(3) 国际融资租赁是自成一类的三边贸易。一项国际融资租赁交易至少同时涉及三方当事人，即出租人、承租人和供货人，并由至少两个合同即国际贸易合同和国际租赁合同将三方当事人有机地联系在一起，形成自成一类的三边贸易。租赁合同的订立是供货合同签订的前提，即有租才有买。而同时，供货合同的履行又是租赁合同履行的前提，即设备交付之后才可能发生租赁。租赁和贸易密不可分。

(4) 国际融资租赁业务在税收及会计处理上具有独特性。在国际融资租赁业务中，税收上，作为设备所有权人的出租人可享受到投资减税的优惠待遇。而承租人支付的租金也可作为费用在成本中列支，承租人可以此减少应纳税所得额，获得纳税方面的好处。在财会处理上，承租人承租使用的设备，一般不视作资产购入，通常也不体现在资产负债表中，因而不会影响企业对外举债的能力。

三、国际证券融资

（一）国际证券的概念和特征

国际证券（International Securities）既是国际间接投资的一种重要形式，也是国际融资的一种重要手段。近年来，随着世界经济一体化、国际投资证券化以及国际借贷证券化趋势的形成和发展，国际证券作为一种融资手段在国际金融领域日益占据重要地位。

国际证券是指发行人在其本国境外或国际金融市场上发行并流通的，以发行地所在国货币或其他可兑换货币来确定面值的证券。它除了具有证券的一般特征外，还具有一些与国内证券不同的特点，主要表现在以下几方面。

（1）证券的发行人和投资者分属于不同的国家。在通常情况下，国际证券的发行人即筹资者是一国的政府、金融机构或公私企业，其购买者是由另一国法律管辖的投资机构或个人。因此，国际证券是一种国际融资工具。而国内证券一般是本国政府和本国公司企业面向本国投资者发行的证券，故属于一种国内融资手段。

（2）证券的发行地不在发行人所在国境内。国际证券一般不是在发行人所在国的国内市场发行并流通的证券，它通常是由一国的政府、金融机构、公司企业在本国境外或国际金融市场上市并流通的。

（3）证券以发行地所在国货币或其他可兑换货币来确定面值。国际证券与国内证券不同，它一般不以发行人所在国货币来确定面值，而是以发行地所在国货币或某一种（或多种）可兑换货币来确定面值，故属于外汇的范畴。

国际证券可依不同的标准作不同的分类。依其持有人所享权利性质的不同，国际证券可分为国际股票和国际债券两类。

（1）国际股票。国际股票是指各国股份公司在境外发行并交易的股票。这类股票的发行人大都是在世界各地设有分支机构或子公司、业务规模巨大的国际托拉斯和跨国公司，如美国的通用汽车公司、埃克森石油公司、国际商用机器公司、国际电话电报公司等。我国股份有限公司发行的境内上市外资股和境外上市外资股均系国际股票。国际股票多在国际金融中心如纽约、伦敦、东京等地的交易所挂牌交易。

（2）国际债券。国际债券是指一国政府机构、金融机构、工商业或国际金融组织，为筹集资金而在国际金融市场上发行的债券。按面值货币与发行地的关系，国际债券可分为外国债券与欧洲债券两大类。

所谓外国债券（Foreign Bond）是指发行人在其本国以外某一个国家发行的，以发行地所在国货币来确定面值的债券。其特点是债券发行人在一个国家，债券面值货币和发行市场属于另一个国家，如中国在日本发行的日元债券就属于外国债券。

所谓欧洲债券（Euro Bonds）是指一国发行人在外国的离岸市场（off-shore market）发行的，不以发行地所在国货币计值的债券。欧洲债券是20世纪60年代以后才开始出现的一种国际债券，其最初表现形式为在欧洲发行的以美元为计值货币的债券，即欧洲美元债券。现欧洲债券发行的地域范围已不限于欧洲：除了欧洲金融中心的债券市场以外，还包括亚洲、中东等地区的国际债券市场。因此，经合组织在《金融市场趋势》一书中将欧洲债券定义为“在两个或两个以上国家的金融市场发行的，可以用任何一种货币命值的债券”。如中国在伦敦市场发行的美元债券就属于欧洲债券。

外国债券与欧洲债券具有以下不同点。

1）在发行市场方面，外国债券由一国的发行人到另一国传统的国际债券市场上发行；而欧洲债券一般是在债券面值货币发行国以外的国家的离岸市场上发行的，它通常涉及三个以上国家，即债券发行人所在国、债券发行地所在国、债券面值货币发行国，而且，往往是在两个或两个以上国家的资本市场上同时发行。

2）在发行方式方面，外国债券一般由发行地所在国的证券公司、金融公司或银行承销；

而欧洲债券则由欧洲债券市场一家或几家大银行牵头，组成一个由十几家或几十家国际性银行和证券公司参加的世界范围的承销辛迪加，同时在一国或多国发行、销售。

3）在面值货币方面，外国债券只能使用发行地所在国货币；而欧洲债券的发行则可以根据货币的汇率、利率和集资的用途，从发行地所在国货币以外的自由兑换货币中选择任何一种合适的货币。

4）在法律管制方面，外国债券的发行必须接受发行地所在国有关法律的管制和约束，并须经过发行人所在国有关当局的批准或注册，手续较烦琐；而欧洲债券实际上是一种无国籍债券，各东道国对这种以外币计值的债券，在发行上往往没有特别的登记、披露等要求，而货币母国（除了日本、德国、比利时等）对于使用其货币计值但在境外发行的债券一般也不予限制。但在债券发行协议中都明确规定发生纠纷时以哪国法律为准。

5）在税收方面，外国债券的发行及投资者所获利息的税收问题，受发行地所在国有关税收法令调整；而欧洲债券的发行无须纳税，也没有利息预扣税。

不过，也存在一些例外情形。例如，有的国家如美国规定，除非在美国履行注册手续，否则不得在该国率先发售一笔欧洲债券。有的国家禁止或限制使用本国货币计值发行欧洲债券，如比利时。

（二）国际证券的发行

国际证券的发行有私募发行和公募发行之分，与二者相关的法律制度也互不相同。

1. 国际证券的私募发行（Private Placement）

这种发行方式又称国际证券的直接发行，是指证券发行人直接向特定投资者销售证券的证券发行方式。通过私募方式发行的证券不得公开向其他投资者销售，发行后也不得进入公开的证券市场流通、买卖。国际证券的私募发行是与国际证券市场投资团体化发展的趋势相一致的一种发行方式，其发行对象一般不是社会公众投资者，而是一些机构投资者，如投资银行、保险公司、投资基金会等机构。它们都是熟悉证券市场情况的专家，一般均能自行对发行人的资信状况和财务状况进行调查，并对投资风险有较强的判断能力。因此，各国法律对私募发行的法律管制较为宽松，一般不要求发行人就证券发行向证券监督管理机构登记或注册，也不要求发行人在发行证券之前对与自己和发行有关的情况作充分的披露。另外，证券私募发行筹备时间短、费用低、手续简单，比证券公募发行方式简便易行，这是私募发行的好处。但私募发行也存在着需向投资人提供高于市场平均条件的特殊优厚条件、发行者的经营管理易受干预、证券难以转让等缺点。

2. 国际证券的公募发行（Public Placement）

这种发行方式又称证券的公开发行，是指证券发行人公开向社会公众即不特定的投资者推销证券的证券发行方式。公募发行的证券可以在公开的证券市场流通、买卖。由于公募发行涉及的投资者范围广泛，一些大众投资者可能与发行人毫无联系，事先并不了解发行人和证券发行的真实情况，因而，从保护投资者的利益出发，各国证券法或公司法对证券的公募发行都有比较严格的要求，如要求发行者必须具有较高的社会信誉，发行时必须向政府主管部门提出申请，呈交发行证券的说明书并进行登记。发行人在说明书中要如实披露其财务状况和经营状况以及证券发行条件等重要事实。投资者凭借发行人披露的情况，作出是否购买证券的决定。发行人如果对有关重要情况作了不正确的说明或有欺诈行为，须承担民事责任乃至刑事责任。

虽然对公募发行证券的这些限制和要求会增加发行人的发行成本，但是它可以提高发行人在国际证券市场上的知名度，扩大社会影响；可以分散债权或股权，避免大的债权人或持股者干预、控制集资者；可以使发行人筹集到巨额资金。并且公募发行的证券可以在流通市场进行买卖、转让，具有较高的流动性，因而易于被社会投资者接受。

第四节 国际融资协议的共同条款

一、陈述与保证条款

陈述与保证条款是借款人就其与融资协议有关的事实包括其法律状况、财务及商务状况等作出说明，并保证其所作说明的真实性的条款。由于所陈述的内容涉及融资协议是否有效和可否强制执行以及贷款人的各项权利能否实现的重要事实，因而，贷款人十分关心这一条款的订立和履行。借款人陈述与保证的事项越多，对贷款人就越有利。

借款人关于法律事项的说明，是为了使贷款人确信该项融资的效力在法律上不会遇到来自借款人方面的阻碍。此类常见的说明事项如，借款人是依法成立、有效存在且具有良好信誉的法律实体，具有订约资格；融资协议的签订和履行不违反法律、法规、借款人的公司章程及对借款人有拘束力的其他合同；融资协议是合法、有效的，并可按其条款的规定强制执行；若借款人是政府或政府机构，其往往需要保证借款行为属于商业行为。

借款人关于其财务和商务状况的说明，是为了使贷款人确信借款人有良好的资信和还款能力。此类常见的说明事项如，不存在对借款人的财产构成重大不利影响的诉讼，也不存在此类诉讼的威胁；经过审计的财务报表真实反映了借款人的财务状况，不存在未披露的重大负债；等等。

如果借款人的实际情况与行为和他所作的陈述与保证不相符合，就构成违约，贷款人有权中止提供贷款或要求提前还款。

二、先决条件条款

先决条件是指贷款人发放贷款以借款人满足有关约定的条件为前提。从国际融资协议的履行过程来看，贷款人一开始就必须履行提供资金的义务，而借款人偿还债务（还本付息）往往需要比较长的时间。为了保护自己的利益，贷款人都要求在融资协议中规定某些先决条件，只有借款人满足这些先决条件，贷款人才履行提供资金的义务。

对先决条件应在融资协议中明确规定，尽管其范围因具体协议而异，但其内容通常可分为以下两类。

（一）涉及融资协议项下全部义务的先决条件

这类先决条件是指，只有某些条件成熟，才能使融资协议生效或要求贷款人开始履行全部的贷款义务。这部分先决条件多为借款人必须提供证实陈述与保证各项具体内容的书证和文件等。为此，借款人通常需要准备下列法律文件：借款人的组织章程和营业执照，主要用来证明其经营性质和范围；借款人最高权力机构（如股东大会或董事会）批准该融资协议的文件，用以证明借款人已获得合法授权；借款人所在国外汇主管当局的批准书，用以证明借款人从国外借款没有违反本国的外汇管理法；贷款人要求提供的保函或其他担保文书，以及由借款人所属国律师和起草该融资协议的律师出具的法律意见书；等等。

（二）涉及提供每一笔款项的先决条件

国际融资协议往往规定贷款人分期提供贷款。在第一次放款之后，借款人的有关状况可能会朝着不利于贷款人的方向变化。有鉴于此，贷款人往往在融资协议中规定，借款人在提取每一笔款项之前，还必须满足以下各项先决条件：借款人在订约时所作的陈述与保证，仍保持真实、无误；借款人的财务状况和经营状况没有发生实质性的不利变化；没有发生违约事件或可能构成违约的其他事件；没有出现任何情况使借款人履行融资协议项下的义务受到限制；等等。

三、约定事项条款

约定事项是借款人在融资期限内承诺的作为或不作为义务。约定事项的内容因借款人或贷款事项的不同而有所不同，其中有些事项是各类贷款人所共同要求的，对双方当事人来说都是利益攸关的。这类条款主要包括以下内容。

（一）消极担保条款（negative pledge）

这一条款规定，借款人在偿还全部贷款之前，不得在自己（有时还包括其子公司）的资产及收益上，为其他债权人维持或设定任何担保物权。消极担保条款意在限制借款人为另一债权人设定担保权益，避免使无担保权益的贷款人在受偿顺序上位于其他有担保权益的贷款人之后。

消极担保条款的约定对于保持贷款人的有利受偿地位及保持借款人的清偿能力都起到了较强的保障作用。但消极担保条款在适用上往往受到一些例外的限制，如，借款人在为其他债权人设定担保物权时，也按比例给予贷款人同等的担保权益；在订约前已设定担保物权；在借款人的资产上存在法定留置权；等等。

（二）平等位次条款（pari passu）

在国际融资协议中，平等位次条款往往与消极担保条款同时存在，互为补充，即消极担保条款旨在使贷款人的受偿权不逊于其他有担保权益的债权人的受偿权；而平等位次条款则是为了使贷款人的受偿权不落后于其他无担保权益的债权人的受偿权。因此，平等位次条款要求借款人保证无担保的贷款人至少应与借款人的其他无担保债权人处于按比例平等受偿的地位，不得以任何借口不适当地歧视贷款人的受偿权利。

平等位次条款的作用主要在于，当借款人破产时，应保证所有的无担保债权人处于平等的受偿地位。当然，法律另有规定的，应依法律规定，如许多国家的法律都规定，国家税收和职工工资应优先于其他任何债权。如果借款人是政府或政府机构，平等位次条款的作用则在于防止其将有限的外汇全部支付给其他无担保债权人，使贷款人未能获得同等的受偿机会。

（三）财务约定条款（financial covenants）

这一条款主要规定借款人应定期向贷款人报告自身的财务状况和经营状况，并遵守各项约定的财务指标，如保证其最低有形资产数值（总资产减去各项负债，再减去无形资产之后的数值）不低于一个最低数额，这个数额是借款人将全部有形资产按照账面价值出售并偿付了全部负债之后所剩下的金额，它是贷款人收回贷款的重要保障；保证其负债与有形净资产的比例不高于一定比例，如果比例偏高，意味着借款人承担了过多的债务，很可能对其还债能力造成威胁，从而提醒债权人密切注意；保证其最低周转资本（流动资产减去流动负债后的余额）不低于一定数额，以保持其应付日常周转的净流动资产需要；保证其每年对股东的分派利润不超过其可分配利润的一定比例，以防止其分光现金资产，影响还贷条件；等等。根据财务约定条款，贷款人可以对借款人的财务活动进行监督和指导，一旦借款人违反这些规定，贷款人有可能赶在借款人实际破产之前，要求借款人提前偿还贷款。

（四）贷款的用途

除某些用于特别目的的贷款外，国际商业贷款一般都不限制用途。但从法律的角度考虑，对贷款的用途应注意以下问题：贷款不能用于非法目的，如用于资助法律禁止的进口、用于资助危及某一友好国家的军事行动等，根据某些国家的判例，用于非法目的的贷款应被认定为无效；贷款不能用于恶意收购；不能用于资助侵权行为及违约行为；等等。如果借款人利用贷款从事上述违法活动，必然导致融资协议无效，使其无法得到强制执行。

（五）保持资产条款

保持资产条款又称限制资产处置条款。订立该条款的目的在于，要求借款人以适当的方法维持其现有及将来取得的财产，并对其处分资产及收益的行为作适当的限制，使借款人保持较强的清偿能力。依此条款，借款人须承诺以下义务：（1）非经贷款人同意，借款人不得出售、转让、出租或以其他方式处置其资产的全部或大部，但借款人为日常经营而从事的商品处分或类似财产处分不在此限；（2）借款人有义务对其企业资产向保险公司投保，以保障其资产不因意外危险而遭受损失。保持资产条款意在防止借款人不适当地转移、贬损或丧失其资产，使贷款人的受偿利益受到威胁。

除以上各项条款外，比较常见的约定事项还有：（1）未经贷款人书面同意，借款人不得改变其经营性质和范围，因为贷款人在提供贷款时已将借款人的经营性质和范围作为证明其还款能力的重要依据。如果随意改变，可能导致借款人经营状况和财务状况的恶化，或招致有关部门的处罚。（2）禁止借款人与其他公司、企业合并，以免借款人的资信及资产和负债发生重大变化，对偿还贷款产生不利影响。（3）禁止借款人过度举债。

四、违约事件

违约事件条款是国际融资协议中最重要的债权保障措施之一。只要发生融资协议所规定的任何违约事件，贷款人即可根据违约的程度采取相应的救济措施，以便及时、有效地保护自身的利益。

（一）违约事件的种类

违约事件大致可分为实际违约和预期违约两类。

1. 实际违约

实际违约是指借款人违反融资协议本身的规定，包括：（1）到期不能还本付息。依约定的日期还本付息是借款人最基本的义务，违反该项约定，借款人即构成根本违约。但在实践中，对于借款人的轻微违约行为，只要其财务状况仍然良好，贷款人通常给予借款人一定的宽限期，以便借款人作出适当的补救。（2）违反陈述与保证条款，但在许多情况下，不包括微小失实的情形。（3）违反约定事项，并且在贷款人指定的宽限期内未能纠正该违约状态。（4）其他事件。除了上述明确列举的违约事件外，融资协议通常还将违反协议规定且未能在一定的期限内作出适当补救的其他事件总括性地规定为“其他违约事件”。

2. 预期违约

预期违约又称先兆性违约。虽然借款人并非实际违约，但这些事件的发生足以表明借款人的财务状况正在恶化，最终势必导致实际违约，因此，融资协议也将此类事件规定为违约事件，以便贷款人据此及时采取救济措施，以充分保护自己的贷款权益。

（1）连锁违约。又称交叉违约或串联违约，是指借款人虽未直接违反本融资协议，但由于其在其他债权、债务关系中违约，或其他债务被宣告加速到期，因而也视为对本融资协议的违反，构成本融资协议下的违约事件。订立交叉违约条款，可以防止借款人的其他债权人从借款人处优先受到清偿，并使同一种类的债权人处于同等地位。

（2）借款人丧失清偿能力。借款人被宣告破产或以书面承认自己无力清偿到期债务或主动向其他债权人转让其财产等都已明显地构成借款人丧失清偿能力的预期违约事件。此外，如果借款人的其他债权人已通过法院取得对借款人财产的扣押令状或强制执行命令，也视为借款人丧失清偿能力，因为借款人丧失清偿能力之后，届时必然导致实际违约。

（3）借款人的财产被征用。借款人的企业或其主要财产被征收或国有化，往往无法及时获得充分和有效的补偿，其履约能力必然受到严重影响，甚至可能无力履约。

（4）借款人的状况发生重大的不利变化。这是对事先无法预料的违约事件所作的总括性规定，即无论是由于政治、经济还是金融方面的原因，借款人的状况发生重大不利变化，从而产生导致实际违约事件时，可以将这种不利变化作为违约事件，如借款人所在地发生军事行动或经济严重不景气，对借款人的业务活动造成重大影响等。

（二）对违约事件的救济

一旦发生违约事件，贷款人可同时或单独寻求合同上的救济和法律上的救济。

当出现借款人违约事件时，贷款人可以采取合同上的救济措施，即进行内部救济；也可以采取法律规定的救济措施，即进行外部救济。

内部救济是在融资协议中规定的，当出现违约事件时，贷款人可以采取的救济措施，包括：（1）对尚未提取的贷款暂时中止提取或取消；（2）对已提取但尚未到期的贷款，可宣告贷款加速到期，要求借款人立即偿还；（3）对已经到期仍不偿还的贷款，可要求借款人支付违约利息。

外部救济即法律规定的救济方法，包括：（1）解除融资协议。借款人的违约行为属根本性违约的，贷款人可解除融资协议。（2）请求损害赔偿。损害赔偿请求可单独提出，也可与其他救济方法合并运用。如果借款人的违约未达到根本违约的程度，则贷款人只能请求损害赔偿。（3）请求实际履行。如借款人拒不偿还到期贷款的本息，则贷款人有权提起诉讼，请求法院判令借款人实际履行，支付已到期的贷款本息。

国际融资协议中常订有“累加救济”条款，主要规定协议中约定的救济方法是累加在法律规定的救济方法之上的，以防止借款人把内部救济方法解释为唯一的救济方法而排除寻求外部救济的可能。此外，有的融资协议和一些国家的法律往往还规定，对于未按期偿还的借款，如果贷款人持有借款人的存款，那么，贷款人可以将未偿还的贷款和借款人的存款互相冲抵。这就是所谓的“抵销救济”方式。

在实践中，如果借款人只有轻微的违约行为，对贷款人的权利未造成严重损害，而且其信用良好，则贷款人一般不会立即采取上述救济措施，而是放弃其可以主张的权利，以免借款人陷入交叉违约的困境。贷款人放弃权利既可以用书面形式表示，也可以用口头方式或行动来表示。例如，贷款人明知借款人发生了某种违约事件而仍旧提供贷款的，可以视为贷款人弃权。

第五节　国际融资担保

国际融资担保是指借款人或第三人以自己的财产或信用，对外国贷款人（持券人）作出的承诺，当借款人不履行或不能履行偿债义务时，以担保标的偿还债务。国际融资担保的运用十分普遍，是国际融资的前提条件。

国际融资担保主要可分为信用担保（人的担保）和物权担保（物的担保）两大类。此外，国际融资活动中还有许多在经济效果上起担保作用的其他担保方式，如在贷款协议中订入消极保证条款、设定从属之债等。

一、国际融资的信用担保

信用担保又称人的担保，是指借款人或第三人以自己的资信为偿还贷款债务的保证。信用担保的具体方法有：保证、备用信用证、安慰信、见索即付担保。从法律上讲，信用担保属于债法的范畴，大陆法系国家将其归为民法之债法，英美法系国家将其归为合同法。

（一）保证

1. 保证的概念和法律特征

国际融资中的保证是指保证人与贷款人约定，由保证人在借款人不履行债务时按约定履行债务或承担责任的一种信用担保形式。依各国有关法律的规定，保证一般具有如下特征：(1) 从属性。保证协议是为确保融资协议的履行而订立的协议。融资协议是主协议，保证协议是从协议，保证协议以融资协议的有效存在为前提，以融资协议规定的债务范围为界限，并随着融资协议的消灭而消灭。(2) 次位性或补充性，即相对于主债务人而言，保证人是从债务人。保证人因提供信用担保而承担的责任，具有明显的次位性：只有当主债务人到期不能偿还或拒不偿还贷款本息时，债权人才有权要求保证人依约代为履行清偿义务。(3) 或然性。由保证本身的补充性所决定，保证人是否实际承担保证责任，完全取决于主债务人的履约情况，因而保证具有或然性。如果主债务人适当履行了偿债义务，则保证人的保证责任便可免除，否则，保证人就应当依约承担保证责任。

2. 保证人的资格

保证是国际融资活动中使用最广泛的担保方式之一。有人曾形象地将保证人比作偿还贷款的另一个口袋，即当借款人口袋中的钱不足以偿还贷款时，贷款人有权根据保证协议要求保证人代为偿还。因此，保证人的信用至关重要，它往往是贷款人在决定是否给予贷款时所要考虑的一个重要因素。从理论上讲，自然人、公司企业、政府机构、国际组织均可担任保证人。但由于国际融资一般所涉金额较大、风险较高，所以自然人作为保证人几乎成为不可能。只有在某些特殊情况下，贷款人才要求提供个人担保。例如，对规模较小的私营公司贷款时，贷款人一般要求该公司的所有人提供保证，以便了解真正的借款人的资信。国际金融组织一般不会从事商业借贷担保，因为这可能削弱其放贷能力。国家以国库作为商业借贷担保既不符合商业惯例，也会使国家过多地暴露于金融风险中。因此，在国际融资实务中，保证人通常是银行类金融机构或信誉好、实力雄厚的公司。在公司作为保证人的情况下，公司的保证资格、保证权利及其范围一般由公司所在国的法律或公司章程限定，违反法律规定和公司章程的保证无效。在西方国家，公司对外提供保证的行为长期以来受“越权原则”的严格限制。依此原则，公司为保证的资格须在公司章程中有明确规定，且其保证行为须与其业务有关并能给公司带来收益，否则，其保证应属越权行为而归于无效。需要注意的是，自然人、法人为国际融资提供跨国担保，一般须事先得到其所在国政府或主管部门的批准或授权。

3. 保证范围

保证的范围为当事人约定的范围，一般限于主债务（如贷款）及利息、违约金、损害赔偿金和实现债权的费用，但不应超出主债务的范围。有时保证人要承担其他义务，如国家保证人要提供配套资金或所需偿债外汇，免除有关税金；保证人不得采取有损借款人的偿债能力或业务经营的任何措施等。

4. 保证形式

在只有一个保证人的情况下，保证可分为一般保证和连带保证。一般保证的保证人在借款人不履行债务时负清偿之责，故一般保证具有从属性和补充性：除非保证人放弃先诉抗辩权，贷款人在就借款人的财产强制执行而无效果之前，不得对保证人主张保证责任的履行。连带保证是保证人与借款人连带负债务履行责任的保证，在借款人不履行债务时，贷款人可直接向保证人请求给付，保证人不得拒绝。

在保证人为复数时，保证可划分为共同保证（Joint Guarantee）、按份保证（Several Guarantee）、共同按份保证（Joint and Several Guarantees）。共同保证下，每一保证人都对全部贷款债务承担清偿责任，贷款人可以向任何一个保证人或所有保证人提出全部清偿的要求。但依此种形式，贷款人只有一个诉权。也就是说，贷款人只能提起一次诉讼，他可以起诉所有保证人（共同被告），也可以起诉其中某一个保证人，如果他对其中之一的保证人提起诉讼，却未能从判决中得到全部清偿，他也不能再对其他保证人起诉。按份保证下，每一保证人对全部贷款债务按一定比例承担清偿责任，贷款人只能就每个保证人承担的责任提出清偿请求。贷款人对每一个保证人都有一个诉权，有多少个保证人贷款人就可以提起多少次诉讼。共同按份保证吸收了上述两种方式中对贷款人有利的部分：贷款人可以分别对每一个保证人提出清偿所有债务的请求，也可以对所有保证人提出清偿请求，并可以提起相应的诉讼。贷款人在这种形式下选择余地较大，其权益较能得到保护。因此，共同按份保证在国际金融界被普遍采用。①

（二）备用信用证

备用信用证是开证行（担保人）应客户（借款人）要求开立的以贷款人为受益人的付款凭证，承诺在受益人出示信用证所规定的违约证明和票据时即向受益人付款。备用信用证于20世纪50年代在美国兴起，源于美国银行规避法律禁止为客户出具保证或保函之类的限制，后为英国、澳大利亚等国家的银行所接受。

备用信用证的最大特点是它独立于作为它的基础的融资协议。开证行如果经审查认为证明符合信用证的规定，即可付款。开证行不负责审查是否确实存在不履行融资协议项下义务的违约事件。

备用信用证虽然也是一种债权担保的方式，但与一般的保证相比，有以下区别。

（1）对价要求不同。英美法系国家对商业合同都有对价要求，提供保证也不例外。但对于备用信用证，各国均无此要求。各国普遍接受的《跟单信用证统一惯例》也未对信用证作对价要求。

（2）可撤销性不同。备用信用证可约定为可撤销的或不可撤销的，如果约定不明，则视为不可撤销的。可撤销的信用证无须受益人（贷款人）同意，在贷款议付之前的任何时候都可被修改或撤销，这种撤销是无条件的。可撤销的备用信用证对贷款人的担保作用不大。保证也是可以撤销或不可撤销的，但即使是可以撤销的，也不是无条件的，是否撤销取决于某些事件有没有发生，如贷款人未经保证人同意就延长贷款期限等。

（3）承担的责任不同。备用信用证独立于贷款债务，因此担保人就是主债务人，其义务的履行不受借款人的任何影响，即使后者的行为在法律上是无效的。而保证人处于次债务人的地位，一般在被保证人即主债务人不履行其义务时代为履行。

（4）付款条件不同。备用信用证的开证银行不负任何审查借款人是否真正违约的义务，只要贷款人提供的证件合格，开证银行就必须支付规定的款项。开证行的业务与作为信用证基础

① 参见姚梅镇主编：《国际经济法概论》，修订版，529页，武汉，武汉大学出版社，1999。

的融资协议完全独立，开证行不会卷入借款人和贷款人之间的争议。而在保证合同项下，保证人只有在借款人实际违约或无力清偿时才代为履行，保证人也可能被牵入被保证人（借款）和受益人（贷款）的纠纷之中。

（三）安慰信

安慰信通常是指母公司为其子公司的借款或一国政府为其下属政府机构的借款而写给贷款人表示愿意敦促借款人还款的书面文件。安慰信通常在保证人不愿意接受法律约束时使用，其原因可能是公司章程限制担保或担保人不愿在资产负债表中把担保债务作为“或有债务”列举出来等，取而代之的是以安慰信的形式向债权人就其债务人义务的履行作出道义上的或具有法律责任的承诺。最早，安慰信在德国被广泛地应用于银行融资，其最初的原因是母公司逃避为其子公司借款提供担保而必须缴纳的2%的资本投资税。该税种在1972年即被取消，但这一商业习惯却被沿袭下来。

目前，安慰信作为获取资金的一种手段，已在世界范围内得到广泛的应用，最常见的是子公司筹资时由其母公司向债权人开具安慰信，承诺向其子公司提供资金或承诺在子公司未清偿其债务期间不出售子公司的权益等，以表示支持之意。故有时安慰信也可称为支持信。但由于各国法律对安慰信的性质及法律效力等均未作明确的规定，安慰信的效力和作用主要取决于其内容，所以，安慰信的法律效力是不确定的。实践中，安慰信的内容常常是模棱两可，在解释上见仁见智，即使在同一国家，不同的法院对同一份安慰信的效力也常存在不同的理解和判断。为了消除或减少对安慰信的歧义，应尽量在安慰信中明确出信人的真实意愿。

（四）见索即付担保

1. 见索即付担保的含义

见索即付又称凭要求即付，是20世纪50年代兴起的信用担保的一种新形式，是银行应借款人请求开立的以贷款人为受益人的书面保证，只要贷款人向开证行提出付款的书面请求，开证行就应当向贷款人支付约定的金额。

2. 见索即付担保的特点

（1）独立性。见索即付担保是非从属性的独立担保，担保人承担的义务独立于基础合同，担保人不能以基础合同所产生的抗辩事由对抗受益人。（2）无条件性。在受益人按照担保合同的规定索赔时，担保人必须无条件承担赔付责任。因此有人称它为“自动担保”，还有人称之为“自杀保函”。（3）担保人承担第一位付款责任。在传统的保证方式下，保证人处于从债务人或第二位债务人的地位，仅在主债务人被强制执行后仍然不能履行债务时，才承担保证责任。而在见索即付担保中，担保人对受益人承担无条件的第一位的赔付责任，不享有先诉抗辩权。只要受益人的索偿符合约定的条件，担保人即应付款。（4）单据化。确定赔付责任时，担保人只审查受益人所提交的单据是否符合合同和保函的规定、是否表面相符，而不对基础合同的履约情况进行调查，也不核定受益人所受实际损失的多少。担保人依约付款后，即可向债务人追偿款项。①

二、国际融资的物权担保

国际融资的物权担保是指借款人或第三人以保证债务清偿为目的，而在自己的财产（特定物或权利）上为贷款人所设定的一种优先受偿权。从法律上讲，物权担保属于财产法或物权法

① 参见曹建明主编：《国际经济法学》，442页，北京，中国政法大学出版社，1999。

的范畴，大陆法系国家称之为担保物权，英美法系国家称之为担保权益（Secured Interest）。物权担保可分为动产担保、不动产担保和浮动担保。

（一）动产担保

国际融资中的动产担保是指借款人或第三人以自己的动产向贷款人所作的履行债务的担保。它主要分为动产质押与动产抵押两种。

1. 动产质押

动产质押一般是指由债务人或第三人将其动产的占有转移给债权人，作为履行债务的担保，如债务人不能清偿其债务，则债权人有权依法将该动产出售以优先受偿。债务人或第三人为出质人，债权人为质权人，移交的财产或权利为质物。权利质押的质物包括汇票、本票、支票、债券、存款单、仓单、提单，依法可以转让的股份、股票以及知识产权中的财产权等。

于财产质押，依各国通例应以书面为之，质押合同自质物移交质权人占有时生效。于权利质押，可依其性质，有的可以凭交付票证，如票据、存单、提单等而成立；有的则须另立合同，有时还需登记，如以股票或股份出质应向证券结算机构登记或记载于股东名册之中，以知识产权中的财产权出质应向知识产权管理机构办理出质登记。

质押具有从属性的特点：它仅以确保主债务的履行为目的，以主债务的存在为前提，并随着主债务的消灭而消灭。

质押的设定以移转质物的占有为要件，未移转占有或已返还占有的，均不构成质押关系的有效存在。若以法定特定质物设定质押，除移转占有外，还需办理质押登记方为有效。质权的优先顺序正是以质押有效设定的时间先后为依据而排列的，即“设定在先，权利在先”。但与抵押权登记不同的是，除法律规定以登记为质押的生效要件外，质权的优先顺序并不受登记的影响。

质权人受偿时，质物价款超过债权金额的部分归出质人所有，不足部分由债务人清偿。就动产而言，质权人可就质物折价、拍卖或变卖而受偿。就权利质押而言，质权人实现债权的方式因质物不同而不同，如票据的兑现、仓单或提单的提货，股票或股份、知识产权中的财产权的享有等，也可包括依法转让质物的方式。

2. 动产抵押

在某些情况下采用动产质押不可行，如借款人要使用机器设备、物料等进行生产，如果因借贷而将其占有移交给贷款人，借款人就无法生产。这时可采用抵押。抵押是指债务人或第三人不转移动产和不动产的占有，而将其作为债权的担保。在债务人不履行债务时，债权人有权依法以该财产折价或以拍卖、变卖该财产的价款优先受偿。在抵押法律关系中，债务人或第三人是抵押人，债权人是抵押权人，提供担保的财产是抵押物。在国际融资实务中，动产抵押主要适用于工农业开发项目的借贷，其标的物通常为工农业设施和产品，如机器、车辆、农产品、家畜、原油等。有时飞机和船舶也可以作为动产抵押的标的。

由于抵押权的设定无须移转抵押物的占有，为了证明抵押权的存在，减少争议，各国法律普遍要求抵押权应以书面形式确立。一些动产如交通工具等的抵押，需要经过法定部门的登记，登记后抵押合同才能生效。其他财产的抵押，抵押合同在签字后即可生效。各国法律对抵押登记都有规定，它是使抵押权完善化的方式，其意义主要在于使抵押产生法律效力，特别是通过抵押公示，使抵押权人得以对抗善意第三人；同时也有利于维护交易安全，另外还可以确定清偿顺序的先后。

关于抵押物的清偿：抵押物作为债权的担保，可能高于或低于债权金额：超过部分应退还抵押人，不足部分应由债务人清偿。同一财产有两个以上抵押权人时，就会发生受偿顺序问题，对此，我国法律规定：抵押合同登记生效的，按登记的先后顺序清偿；顺序相同的，按债权比例清偿。不必登记的，若登记，按登记的先后顺序清偿；若未登记，按债权比例清偿；登记的先于未登记的受偿。倘若抵押物灭失，那么抵押权是否随之消灭？对此，我国法律规定，抵押权随抵押物的灭失而消灭，但因灭失所得的赔偿金应作为抵押财产。

（二）不动产担保

不动产担保是在不动产上设置的物权担保。不动产如房屋及其他地上定着物、林木、土地使用权等。在国际融资中由于各国法律对拍卖或变卖不动产有比较严格的限制，因而不动产担保用得不多。我国法律允许以特定的不动产对外担保。

（三）浮动担保

浮动担保又称浮动抵押，是指借款人以其现有的和将来取得的全部财产或某类资产，为贷款人的利益而设定的一种物权担保。

浮动担保的法律特征表现为：(1) 它是以债务人某一类或全部财产而设定的担保，不论这些财产是现有的还是将来的，也不论是债务人的有形资产（如厂房及基础设施、机器设备等固定资产，原材料、物资等流动资产，应收款等未来收入），还是知识产权等无形资产。(2) 担保物的价值或形态在设定时并不确定，而是处于浮动不定的状态，即在日常经营中经常变化，时增时减、时进时出，浮动担保即由此而来。(3) 浮动担保不移转占有，执行担保前债务人可以任意处分已提供担保的资产。这有利于发挥资产的使用价值。(4) 浮动担保于约定事件发生时方转化为固定担保。其约定事件通常包括借款人违约、破产或停业清算等。

浮动担保起源于19世纪的英国，后来逐渐为其他国家所接受。浮动担保在国际项目融资中较为多见，主要是因为：在国际项目融资下，借款人往往无法提供与巨额贷款相应的固定担保，而以该项目的全部资产及未来收益提供浮动担保对借贷双方都有好处。对债务人（借款人）来说，设定浮动担保之后，他仍然可以自由占有、处分已用于担保的企业资产，这使债务人在融通资金的同时能充分发挥担保物的增值功能。对债权人（贷款人）而言，浮动担保也具有其他担保形式所不具有的优点：当债务人违约时，债权人可以直接接管企业。这种救济方法在项目融资中尤为重要。此外，浮动担保的覆盖面广，包括企业的一切资产，而且浮动担保不会由于动产等资产没有登记而无效。

但是，浮动担保也有不利于债权人的一面。由于在浮动担保的担保物被固定之前，债务人可以自由处分担保物，且在个别资产上还可以设定有优先效力的特定担保，所以在借款人过度处分其资产或过多设定有优先效力的特定担保给其他债权人时，浮动担保对债权人的保护较为薄弱。因此，在国际融资实务中，出现了特定担保与浮动担保相结合的混合担保，如先就公司的重要固定资产设定特定担保，再就其余资产补充设定浮动担保；或者借助消极担保条款、违约条款等对于借款人处分其资产作出限制。

三、国际融资担保的其他方式

（一）具有信用担保作用的规约条款

国际融资协议和担保协议中有一类运用相当普遍的规约条款。它们对有关借款人的资信的各个方面的内容作出规定，实际上就是要借款人以自己的资信向贷款人作出还款保证。消极担保条款和平等比例条款是两个使用最为广泛的规约条款。消极担保条款是禁止借款人在自己的资产上设立有利于其他债权人的担保物权，其最简单的形式是：在融资协议（或债券）有效期间，借款人不得在其资产或收入上设定抵押权、质权、留置权或其他担保物权。平等比例条款则规定，借款人必须使无物权担保的贷款人与其他无物权担保的债权人处于平等的受偿地位，不得厚此薄彼。在借款人破产的情况下，平等比例条款使无担保权益的各债权人都可根据各自债权在债权总额中所占比例平等地从借款人的财产中得到清偿。为了使借款人始终保有清偿其债务的资产，贷款人还要求在融资协议和担保协议中订立资产处分限制条款，规定借款人无论在什么交易中都不得以出售、转让、租赁等手段处分其资产。此外，由于合并常引起借款人身份的变化，贷款人常要求借款人在合并条款中承诺：除满足一定条件外，他将不与第三人合并。

（二）从属之债

从属之债是指同一债务人的某个或某些债权人同意在其他债权人受偿之前不请求债务人进行清偿。这种约定也称为后受偿协议，根据协议可以优先受偿者称为先受偿债权人，同意在该债权人之后受偿者称为后受偿债权人。显然，先受偿债权人获得了一种实现其债权的保障，它是由后受偿债权人以其应受偿的债权所担保的，在客观上具有保证借款人还款的经济效果。

根据当事人所作的不同安排从属之债可分为不完全从属之债和完全从属之债两类。前者是指债务人在其清算、破产等程序开始前，仍应向后受偿债权人清偿，待清算、破产程序一开始，后受偿债权人即停止受偿，直到先受偿债权人完全受偿以后，他才可以重新受偿。后者是指在先受偿债权人得到完全清偿以前，后受偿债权人不得受偿。尽管在法律上对于当事人之间关于从属之债的安排是否构成物权担保还存在争议，但贷款人通过这种安排而成为借款人的先受偿债权人，无疑对于贷款人收回贷款有好处。

第六节　跨国银行监管的法律制度

一、跨国银行监管的成因

20世纪60年代以后，跨国银行和集团银行的涌现以及离岸金融市场的形成，打破了原有的国际金融格局。一方面，银行业在全球范围内的竞争日趋激烈，银行经营的不稳定性增强，甚至引发全球性的动荡；另一方面，各国关于银行经营管理的标准差异很大，造成国际金融市场上银行业的不平等竞争。同时，现代金融业的发展使各国金融机构紧密联系、相互依存，一个金融机构出现问题往往会使整个金融体系周转不灵，乃至诱发危机。20世纪80年代以后出现的金融创新，使新的融资工具和融资形式层出不穷。与此同时，利率、汇率风险乃至国家风险也越来越大，而一些传统的业务如担保、租赁等也越做越大，这些业务多属资产负债表外项目，都存在较大风险。

跨国银行相互渗透，网络遍布全球。各国政府当局对其境外金融机构的管理与控制离不开东道国的协助。同时，跨国银行对东道国的经济产生影响，故东道国对外资银行也有必要进行管理和监督。但由于跨国银行自身的特殊性，东道国对外资银行进行管理与控制同样需要国际合作。此外，跨国银行为了追逐高额利润，往往忽视风险，加之跨国银行之间资本流量大，相互依赖性强，即便一国对本国的跨国银行进行严格管制，也难回避其他国家银行出现风险时的连带风险。这样，跨国银行的经营风险实际上已成为一个国际性问题。因此，有必要加强国际合作，为跨国金融机构制定若干共同遵守的安全准则，确保各国银行在平等的基础上进行竞争。

二、巴塞尔体系

1975年2月，根据英格兰银行总裁理查森的提议，在国际清算银行的发起和主持下，由“十国集团”成员国比利时、英国、加拿大、法国、荷兰、意大利、日本、瑞典、德国、美国，再加上瑞士和卢森堡，共12个国家的中央银行的首脑，在瑞士的巴塞尔聚会，讨论对跨国银行的国际监督与管理问题。会议决定成立一个监督常设委员会——银行管理和监督实施委员会(Committee on Banking Regulations and Supervisory Practices，以下简称巴塞尔委员会)。

该委员会设立的目的，是使国家间进行更紧密的合作，就银行业监督问题提供一个正式的讨论场所，达成一致意见或协议，并且努力改善对从事国际银行活动的有关银行的监督工作。为此，该委员会的工作主要是致力于：第一，改善对国际银行的监督技巧的效能；第二，提出任何影响从事国际银行业务的问题；第三，为改善全世界银行监管工作，同世界各国监管机构交换信息和意见。

巴塞尔委员会自1975年成立以来，就对跨国银行的监管提出了一系列原则、规则、标准和建议，统称为巴塞尔体系，主要包括：1979年《对银行国际业务的并表监管》、1980年《银行外汇头寸的监管》、1983年《对银行国外机构的监管原则》(《巴塞尔协定》)、1986年《银行表外风险管理》、1988年7月颁布且于1997年4月修订的《统一资本衡量与资本标准的国际协议》、1991年《大额信用风险的衡量与管理》、1990年《银行监管当局的信息交流》(《巴塞尔补充协定》)、1991年《将一般储备金/一般呆账金纳入资本的建议》、1992年《对国际银行集团及其境外机构的最低监管标准》、1994年《衍生产品风险管理准则》、1996年《跨国银行监管》、1997年《有效银行监管核心原则》、1997年《利率风险管理原则》，等等。

巴塞尔委员会发表的各类监管文件大致可分为两类：一是最低标准，二是最佳做法。所有这些文件都不具备法律效力。在重大监管问题上，若各成员国能达成一致，该委员会努力形成最低标准，如《对银行国外机构的监管原则》(《巴塞尔协定》)和《统一资本衡量与资本标准的国际协议》(即《巴塞尔协议》，又称《资本协议》)。若各国监管方式各异，且无法求同，则该委员会在总结各国成功的监管经验的基础上，制定出仅具指导意义的最佳原则，供有关各方参考。

三、巴塞尔体系的主要内容

(一) 1988年《巴塞尔协议》

(1) 关于资本的组成。《巴塞尔协议》将银行资本分为核心资本(corc capital)和附属资本(supplementary capital)。核心资本包括实收资本(已发行并缴足的普通股，永久非累积性优先权)和公开储备；附属资本包括未公开的储备、资产重估储备、普通准备金或普通呆账准备金、债务性资本工具及初级长期债券。核心资本在各国银行的账目上公开发表，其价值相对稳定，同银行的盈利率和竞争能力密切相关，能作为衡量资本充足率的基础。所以，《巴塞尔协议》规定，在资本构成中，核心资本所占比重不得低于50%。

(2)《巴塞尔协议》规定了银行各类资产的风险权重。银行资产的性质不同，风险的大小也不相同，如库存现金无风险可言，信用贷款比抵押贷款风险高，对政府机构的贷款比对普通企业贷款风险低。所以，《巴塞尔协议》将表内项目的风险划分为从“无风险”到“十足风险”共4级。

《巴塞尔协议》还将表外业务纳入监管范围，按表外业务的信用换算系数分为“无风险”

到“十足风险”共4级，即0%、20%、50%和100%。这是国际银行监管领域的一大突破。

(3)《巴塞尔协议》的核心内容是确立统一的资本充足率标准。所谓资本充足率，为资本与风险资产之间的比，即资本充足率=资本/风险资产×100%。《巴塞尔协议》将银行资本与风险资产的目标标准比率定为8%，其中核心资本至少为4%，要求各银行在1992年年底达到这一水准。资本对风险资产的比率越高，意味着资产的安全性越高，构成其资产来源的负债就拥有更为可靠的保障。提高银行资本对资产的比率，可以限制银行从事过度的资产扩张或持有高风险的资产，从而达到保证银行经营安全的目的。

(4) 过渡期和实施的安排。为顺利过渡到新的监管体系，《巴塞尔协议》规定了一个5年期的过渡期，即从1987年年底至1992年年底；并且确立了一个在1990年年底实现的中期目标，以便让各银行调整和建立所需的资本基础。

(二) 1997年《有效银行监管核心原则》

经过多年的实践，巴塞尔委员会制定的一系列原则、规则、标准和建议已被许多国家广为接受，但是国际金融市场仍风险频频发生，一些国际知名银行（如巴林银行）倒闭案说明，仅仅靠达到资本充足率，不足以充分防范金融风险。为此，巴塞尔委员会于1997年9月发布了《有效银行监管核心原则》（以下简称《核心原则》），强调应对银行业进行全方位、多角度的风险监控，将建立银行业监管的有效系统作为实现有效监管的重要前提，并注重建立银行自身的风险防范约束机制。

1. 有效银行监管的先决条件

《核心原则》第1条明确规定，在一个有效的银行监管体系中，参与银行组织监管的每个机构必须要有明确的责任和目标，并享有工作上的自主权和充分的资源；必须具有关于银行监管的适当法律框架，包括银行机构的许可规则和持续性监管规则、监管者实施法律和执行审慎监管权的规定以及对监管者的法律保护；此外，还应建立监管信息分享安排及信息保密制度等。

2. 发照程序和对机构变动的审批

为了形成一个健康的金融体系，避免不合格者进入银行业市场，《核心原则》第2～5条从市场准入管制的角度对新设银行机构的许可程序及对现存银行结构变化的审批两个方面确立了四项基本原则，具体包括：(1) 明确界定银行业务范围原则。这一原则要求，有效银行监管必须明确界定被监管对象，包括明确规定已获得执照并接受银行监管的各类机构可以从事的业务范围，严格控制“银行”一词的使用。(2) 严格许可和审批标准原则。这一原则要求，发照机关必须有权制定许可标准，并拒绝一切不符合标准的申请。许可程序至少应包括审查银行的所有权结构，审查董事和高级管理人员的资格，审查经营计划和内部控制，以及审查包括资本金在内的预计财务状况等；当报批的所有者是外国银行时，其还应事先获得母国监管当局的批准。(3) 控制银行股权转让原则。依此原则，银行监管者必须有权审查和拒绝银行向其他方面转让大量股权或控制权的申请。(4) 控制银行的重大收购与投资原则。依此原则，银行监管者必须有权建立标准，用以审查银行的重大收购与投资，并确保其附属机构或组织结构不会给银行带来过高的风险或影响有效的监管。

3. 持续性银行监管的安排

《核心原则》第6条至第21条是关键部分，包括三个方面：(1) 审慎法规与要求的制定和实施，可细分为资本充足率、信用风险管理、市场风险管理、其他风险管理和内部控制等。《核心原则》指出，银行监管的一项重要任务就是，要通过制定并实施审慎监管法规与要求，确保银行管理层能够识别、监测与控制其业务的内在风险。(2) 持续性银行监管方法。银行监管者可以通过现场检查或非现场检查或者聘用外部审计人员、综合并表监管等方法来实施。银行监管者都应与银行管理层保持经常性接触，全面了解该机构的经营情况，必须具备在单表和并表的基础上收集、审查和分析各家银行的审计报告与统计报表的手段，必须有办法通过现场检查利用外部审计师对监管信息进行核实。(3) 银行机构的信息要求。银行监管者必须确保银行根据统一的会计政策和做法保持完备的会计记录，从而使监管者能客观而公正地了解银行的财务状况和盈利水平。

4. 监管者的正式权力

为了加大银行监管的力度，将监管贯穿于银行运行的全过程，《核心原则》突破了巴塞尔体系的现有框架，正式而明确地规定问题银行的处理和市场退出管制，并对银行监管者的正式权力提出了原则要求。它规定，银行监管者必须掌握完善的监管手段，以便在银行未能满足审慎要求（如最低资本充足率）或当存款人的安全受到威胁时采取及时的纠正措施和行动，在紧急情况下，这些措施应包括吊销银行执照或建议吊销其执照。

5. 跨国银行业

《核心原则》要求银行监管者实施全球性并表监管，母国与东道国建立联系、交换信息，加强监管的国际合作，确保对跨国银行进行充分的监管。

第一，母国监管者的责任。作为实施并表监管的一部分，银行监管者必须对其活跃的国际性银行实施全球性并表监管，必须对这些银行组织在世界各地从事的所有业务，尤其是其外国分行、附属机构和合资机构从事的各项业务，进行充分的监控并适用适当的审慎准则。并表监管的一个关键因素是与各有关监管者特别是东道国监管当局建立联系并交换信息。

第二，东道国监管当局的责任。《核心原则》从审慎监管的角度，要求东道国银行监管者必须要求外国银行按东道国国内机构所遵循的同样的高标准从事当地业务，并规定东道国银行监管者有权分享母国监管当局为实施并表监管的目的所需的信息。

四、《巴塞尔协议Ⅱ》

1988 年的《巴塞尔协议》无疑对于提高商业银行的信用风险和市场风险管理能力具有划时代的意义。然而，随着技术进步和金融创新，巴塞尔委员会认识到，有必要对该协议进行大刀阔斧的修改：首先，自 1988 年《巴塞尔协议》出台以来，商业银行防范风险的能力、监管部门的监管方法和金融市场的运作方式都发生了巨大的变化，新的风险管理技术快速发展，已经使该协议明显过时。其次，众多的金融创新常常被用来规避 1988 年《巴塞尔协议》的规则，金融创新的出现降低了该协议的有效性。事实上，对发达国家而言，该协议已逐渐丧失了约束力。

1999 年 6 月 3 日，巴塞尔委员会公布了《新资本充足率框架征求意见稿》，人们通常称之为《资本协议Ⅱ》或《巴塞尔协议Ⅱ》。该协议是对 1988 年的《巴塞尔协议》的第二次修订，这次修订"旨在改进监管部门规定的资本标准对风险的反映方式，更好地应付近年来的风险创新，也旨在肯定在风险衡量和风险控制方面已经取得的进展"。此后，巴塞尔委员会又于 2001 年 1 月和 2003 年 4 月相继发布了经过修正的两个征求意见稿，在全球范围内征求银行界与监管部门的意见，最终在 2004 年 6 月定稿，确定了新的银行监管框架，即《巴塞尔协议Ⅱ》，并决定于 2006 年年底在"十国集团"开始实施。此后，25 个欧盟成员国、澳大利亚、新加坡和中国香港等发达国家和地区也表示将利用新协议对商业银行进行监管，部分发展中国家也表示将采取积极措施克服困难实施新协议。

与 1988 年《巴塞尔协议》相比，《巴塞尔协议Ⅱ》的内容更广、更复杂，推出了具有开创性内容的三大支柱——最低资本要求（minimum capital requirements）、监管部门监督检查（supervisory review process）和市场纪律（market discipline），要求资本监管更为准确地反映银行经营的风险状况，进一步提高金融体系的安全性和稳健性。

1. 第一支柱——最低资本要求

相对于1988年的《巴塞尔协议》，《巴塞尔协议Ⅱ》中的最低资本要求仍然包括三个方面：资本的定义、最低资本充足比率和风险的衡量。其中，前两个方面基本维持1988年《巴塞尔协议》的现有规则，而将风险衡量的范围拓展到包括信用风险、市场风险、操作风险在内的三大风险。它要求银行根据其信用风险、市场风险和操作风险持有最低要求的资本，这就使对风险的测量方法更全面、更精细。

2. 第二支柱——监管部门的监督检查

巴塞尔委员会认为，监管部门的监督检查是最低资本规定和市场纪律的重要补充。该支柱的具体内容包括：（1）监管部门监督检查的四大原则。原则一：银行应具备与其风险状况相适应的评估总量资本的一整套程序，以及维持资本水平的战略。原则二：监管部门应检查和评价银行内部资本充足率的评估情况及其战略，以及监测和确保银行满足监管资本比率的能力。若对最终结果不满足，监管部门应采取适当的监管措施。原则三：监管部门应希望银行的资本高于最低监管资本，并应有能力要求银行持有高于最低标准的资本。原则四：监管部门应争取及早干预，从而避免银行的资本低于抵御风险所需的最低水平，如果资本得不到保护或恢复，则需迅速采取补救措施。（2）监管部门检查各项最低标准的遵守情况。银行要披露计算信用及操作风险最低资本的内部方法的特点。作为监管部门检查内容之一，监管部门必须确保上述条件自始至终得到满足。巴塞尔委员会认为，对最低标准和资格条件的检查是第二支柱下监管检查的有机组成部分。（3）监管部门监督检查的其他内容包括监督检查的透明度以及对集中度风险、银行账户利率风险、声誉风险、资产证券化风险以及金融工具估值等方面管理的内容。

3. 第三支柱——市场纪律

《巴塞尔协议Ⅱ》在总结市场实践的基础上，对市场纪律提出了更加严格和清晰的要求。市场纪律约束的潜在作用在于强化资本监管和保障金融体系的安全性、稳健性。市场纪律能使银行提高自动进行合理调控内部风险的能力。市场纪律可以促使银行保证雄厚的资本基础来防范潜在的风险损失，推动银行和金融体系的稳定发展。有效的市场纪律当然要求银行建立一定的信息披露制度，以便投资者充分估计银行的风险管理水平和债务清偿能力。应该披露的相关信息包括银行当前的资本充足率、财务状况、经营业绩、战略管理等。这显然有助于银行不断加强自身的风险管理与内部控制。

《巴塞尔协议Ⅱ》从操作层面正式引入了全面风险监管的理念，其内容更复杂、更全面，充分考虑了银行可能面临的多种风险，风险敏感性也更大。其最主要的特点是建立了有效资本监管的三大支柱，即“最低资本要求、监管当局的监督检查、市场纪律”，进一步丰富了资本监管的手段，从多个维度对银行风险管理能力提出了要求，更加强调从多视角、多层次进行灵活、宽松的资本监管。

五、《巴塞尔协议Ⅲ》

2008年金融危机暴露了现行国际金融监管体系的内在缺陷，并在全球范围内引起了对既往监管理念、监管方式和监管有效性的深刻反思。

为了进一步加强对银行的监督和风险管理，巴塞尔委员会以《巴塞尔协议Ⅱ》为基础，制定了一套全面的改革措施，即《巴塞尔协议Ⅲ》。2010 年 9 月 12 日，巴塞尔委员会召开央行行长及监管部门负责人会议，就《巴塞尔协议Ⅲ》的基本框架达成一致。2010 年 11 月，“二十国集团”领导人首尔峰会正式通过了该框架。《巴塞尔协议Ⅲ》无论在银行资本构成、资产质量还是在资本充足率以及其他流动性指标方面，都大幅度甚至成倍地提升了监管要求，代表了全球银行业监管强化的新趋向。其主要内容包括如下方面。

（1）提高资本充足率监管标准。

在最低资本金比率方面，全球各商业银行的一级资本充足率下限从现行的 4%上调至 6%，其中由普通股构成的“核心”一级资本占银行风险资产的下限从现行的 2%提高至 4.5%。总资本充足率仍为 8%。新协议对一级资本提出了新的限制性定义，规定一级资本只包括普通股和永久优先股，并要求各家银行最迟在 2017 年年底完全接受针对一级资本的最新定义。

新标准实施后，正常情况下，商业银行的普通股、一级资本和总资本充足率应分别达到 7%、8.5%和 10.5%（参见下表）。

《巴塞尔协议Ⅲ》关于资本充足率的要求（单位:%）

资本要求和留存缓冲			
	普通股（扣除之后）/风险加权资产	核心资本/风险加权资产	总资本/风险加权资产
最低资本要求	4.5	6.0	8.0
资本留存缓冲	2.5		
最低资本要求+资本留存缓冲	7.0	8.5	10.5
逆周期缓冲范围	0～2.5		
系统重要性银行资本要求	1		

资料来源：Basel Committee on Banking Supervision，Group of Governors and Heads of Supervision Announces Higher Global Minimum Capital Standards，Sep. 12，2010。

（2）资本留存缓冲纳入资本框架。

为进一步提高银行自身应对风险的能力，以保证发生危机时不必依靠政府救助，新协议要求银行必须设立资本缓冲资金。按照规定，银行需保留不低于银行风险资产 2.5%的资本缓冲资金，如达不到要求，则银行的派息、回购股票和发放奖金等将受到限制。此规定从 2016 年 1 月开始执行，已于 2019 年 1 月完全生效。

（3）引入了逆周期资本要求的概念。

巴塞尔委员会还特别提出了一个逆周期的资本缓冲要求，要求各银行须设立不低于风险资产 2.5%的资本留存缓冲，即在经济繁荣时期，银行应额外划拨 0～2.5%的逆周期缓冲资本，以防止信贷过度增长，同时在经济不景气时帮助吸收亏损风险。此部分资本由普通股和其他可完全吸收亏损的资本构成。逆周期缓冲是基于宏观审慎目标要求银行在信贷过分充足的情况下居安思危、未雨绸缪。

（4）引入杠杆率监管标准。

2008 年金融危机之前，金融工具创新以及低利率的市场环境导致银行体系积累了过高的杠杆率，使资本充足率与杠杆率的背离程度不断扩大。危机期间商业银行的去杠杆化过程显著放大了金融体系脆弱性的负面影响。为此，巴塞尔委员会决定引入基于规模、与具体资产风险无关的杠杆率监管指标，作为资本充足率的补充。2009 年 12 月巴塞尔委员会发布了杠杆率计算方法的征求意见稿。2010 年 7 月巴塞尔委员会就杠杆率计算方法与监管标准达成共识，自 2011 年年初按照 3%的标准（一级资本/总资产）开始监控杠杆率的变化，2013 年年初开始进入过渡期，2018 年正式将它纳入第一支柱框架。

（5）强化了流动性监管。

《巴塞尔协议Ⅲ》引进了流动性覆盖比率①和净稳定融资比率②两个检测指标，以及其他一些辅助性的监测工具，以更好地获得关于银行现金流、资产负债结构的信息。新的流动性监管框架和逆周期缓冲、注重系统性风险防范的思路一起，从宏观和微观两方面为审慎监管奠定了良好基础，新协议分阶段作了渐进安排，其中，流动性偿付比率（LCR）自 2011 年进入观察期，并于 2015 年达到最低标准；净稳定资金比率（NSFR）自 2012 年进入观察期，并在 2018 年以前达到最低标准。巴塞尔委员会将在过渡时期制定严格的报告程序并进行监控，在必要时发布这些结果。

（6）确定新监管标准的实施过渡期。

鉴于当时全球经济复苏存在不确定性，为防止过快引入新的银行监管国际标准对经济复苏的潜在不利影响，按照“二十国集团”领导人的要求，巴塞尔委员会从宏观和微观两个层面对新的银行监管国际标准实施可能带来的影响进行了评估。根据评估结果，2010 年 9 月 12 日召开的中央银行行长和监管当局负责人（GHOS）会议决定设立为期 8 年（2011 年—2018 年）的过渡期安排。各成员国应在 2013 年之前完成相应的国内立法工作，为实施新监管标准奠定基础，并从 2013 年年初开始实施新的资本监管标准，随后逐步向新标准接轨。各项规则的最终落实期虽有所不同，但最晚均于 2019 年 1 月 1 日实施。

《巴塞尔协议Ⅲ》体现了微观审慎监管与宏观审慎监管有机结合的监管新思维，按照资本监管和流动性监管并重、资本数量和质量同步提高、资本充足率与杠杆率并行、长期影响与短期效应统筹兼顾的总体要求，确立了国际银行业监管的新标准。

法律应用

1. 国际金融法的理解。由于国际金融法涉及的问题众多，研究国际金融的法律问题，可以从公法和私法两个层面进行。本章对国际金融法的概念作广义的理解，但限于篇幅，选取了几个方面进行介绍。

2. 国际货币制度。国际货币制度是国际货币关系的集中反映，它构成国际金融活动总的框架。各国之间的货币金融交往，在各个方面都要受到国际货币制度的约束。国际货币制度的演变和发展对国际金融法有重要影响。

3. 国际融资的主要方式。国际资金融通的法律关系是国际金融法调整的一个重要内容。本章只是列举了国际贷款、国际证券融资、国际融资租赁这几种主要的融资方式。事实上，随着金融创新的不断发展，融资方式也在不断扩展。

---

① 流动性覆盖率主要描述短期（30 天以内）特定压力情境下，银行所持有的无变现障碍的、高质量的流动性资产数量，以此应对资金流失的能力。

② 净稳定融资比率主要考核的是银行中长期（1 年以上）的流动性，即各项资产和业务融资，至少具有与它们的流动性风险状况相匹配的满足最低限额的稳定资金来源。

4. 国际融资担保。为了保证融资的安全，各债权人往往会通过各种形式的担保来保障自己的权益。除了传统的物权担保、信用担保方式外，本章还介绍了一些较为常用的并具特色的国际融资担保方式。

5. 跨国银行监管的法律制度。由于跨国银行的特殊性，单凭某一国的力量已不足以对其经营风险进行监管，因此有必要加强国际合作，为跨国银行制定若干共同遵守的安全准则，以确保各国银行在平等的基础上进行竞争。在这方面，巴塞尔委员会作出了一系列富有成效的努力，制定了一系列协议。

课后复习

1. 简述国际金融法的概念和特点。
2. 简述布雷顿森林制度的主要内容。
3. 什么是特别提款权？
4. 牙买加制度的主要内容是什么？
5. 试分析几种主要的国际贷款方式及其特点。
6. 国际融资租赁的法律特点有哪些？
7. 国际证券可分为哪些种类？各有什么特点？
8. 简述国际证券发行的法律制度。
9. 试分析国际融资协议中的共同条款。
10. 国际融资的信用担保和物权担保各有哪些种类和特点？
11. 什么是跨国银行监管的巴塞尔体系？试分析《巴塞尔协议》的性质。
12. 试述对跨国银行法律管制的新发展。

第八章
国际税法

提 要

国际税法作为国际经济法的一个组成部分，以国际税收关系为调整对象，这种税收关系主要体现为两个或两个以上的主权国家与纳税人相互之间在跨国征税对象上产生的经济权益分配关系。在各国对跨国征税对象行使税收管辖权方面，有属人税收管辖权和属地税收管辖权之分。大部分国家在向跨国征税对象征税时既行使属人税收管辖权，也行使属地税收管辖权。由于各国在行使本国税收管辖权时存在相互之间的冲突，因而产生了国际重复征税的问题，为纳税人带来了不合理的负担。为解决国际重复征税问题，很多国家采取了不同的方法解决，例如，免税法、抵免法、扣除法、减税法等。此外，一些纳税人为了减轻纳税负担，采取逃税或避税的方式。对此国际社会也进行了多方面的合作。国际税法的渊源与国际经济法的其他部门法的渊源一样，既有国际渊源，也有国内渊源，其中双边税收协定是调整各国之间涉外税收关系的主要途径。同时，经合组织制定的《关于对所得和财产避免双重征税的协定范本》以及联合国经济及社会理事会制定的《关于发达国家与发展中国家避免双重征税的协定范本》，对各国签订的双边税收协定具有重要的影响。

中国已经和世界上的许多国家签订了双边税收协定。《多边税收征管互助公约》是中国签署的第一份多边税收协定。

重点问题

1. 国际税法的概念和渊源
2. 国际税收法律关系的特征
3. 税收管辖权的概念
4. 属人税收管辖权理论
5. 属地税收管辖权理论
6. 国际重复征税的概念和产生
7. 国际重复征税的解决方法
8. 税收饶让抵免的概念和形式
9. 国际逃税和国际避税的概念与区别
10. 国际逃税与国际避税的方式
11. 对国际逃、避税的法律管制

12. 国际税收协定的概念、分类及规范化
13. 避免国际双重征税协定的主要内容
14. 国际税收协定范本之比较
15.《多边税收征管互助公约》
16.《实施税收协定相关措施以防止税基侵蚀和利润转移（BEPS）的多边公约》
17. 中外税收协定

第一节　国际税法概述

一、国际税法的产生和发展

国际税法是随着国际税收关系的产生与发展而形成的一个新的法律部门，是国际经济法的一个新分支。国际税收关系的出现有两个前提：一是国际经济交往的发展，二是所得税制度在各国的建立。19 世纪末，随着各种间接和直接的跨国投资的不断增加与扩大，货物、资金、技术和劳动力等经济要素的跨国流动日趋频繁，从事跨国投资和其他经济活动的企业与个人的收入及财产的国际化现象普遍存在和发展。这些为国际税收关系和国际税法的产生奠定了客观的经济基础。同时，作为现代直接税标志的所得税制度和一般财产税制度在当时各主要资本主义国家相继确立，这为国际税收关系和国际税法的产生与发展奠定了必要的法律基础。但从 19 世纪末期到第二次世界大战爆发前是国际税法的萌芽阶段。作为一个相对独立的法律部门或体系的国际税法，却是在第二次世界大战结束后才逐渐形成和发展起来的。第二次世界大战结束后，国际政治、经济形势发生了重大的变化，这种变化使各国在国际税收分配关系上的矛盾和冲突更加普遍和激化，从而推动了国际税法的形成和发展。

特别需要指出的是，20 世纪 90 年代以来，随着 WTO 的建立，国际贸易、金融和投资自由化政策的广泛推行，欧盟的成立和欧元的启动，以及计算机互联网技术在商业上的应用，全球经济一体化趋势明显加强，从而使国际税法的发展呈现一些新特点。

首先，各国为维护其税收权益，进一步加强对国际交易活动的税收征管。一些在所得税课税原则上实行严格属地主义的国家，先后改为兼采属地和属人相结合的课税原则，开始对本国居民来源于境外的所得征税。美国、英国、德国、加拿大等发达国家相继进一步改革、完善有关转移定价、资本弱化和利用避税港基地公司的国内反避税管制措施。中国、韩国、南非、巴西和墨西哥等发展中国家对关联企业的转移定价行为也相继作出了立法管制规定。

其次，国际税收的协调与合作有了更大规模和更高层次的发展。经合组织为了加强各成员国在管制跨国公司转移定价行为方面的相互协调和理解，于 1995 年发布了《多国企业和税收征管的转让定价准则》。欧共体和后来的欧盟先后发布了《欧共体情报交换指令》、《公司兼并条例》和《母子公司条例》等一系列法令，且其各成员国相互间签订的《税收仲裁公约》和《税务征管协助公约》也在 1995 年先后生效并实施。2017 年 6 月 7 日，包括中国在内的 67 个国家和地区联合签署了《实施税收协定相关措施以防止税基侵蚀和利润转移（BEPS）的多边公约》。该公约是税收协定历史上规模最大、范围最广的一次多边合作与协调，旨在为一揽子修订全球三千多个彼此之间存在差异的税收协定提供法律工具。该公约达到了原则性和灵活性的统一，其原则性能帮助各国快速有效地落实 BEPS 最低标准，其灵活性体现在最大限度地包容各协定之间的差异，有利于打开一扇又一扇的国际税收合作之门。这标志着“二十国集团”国际税改取得重大成果，有可能成为打开国际税收协调之门的“金钥匙”。中国在该公约的起

草过程中，作为工作组第一副主席国，为公约的制定作出了贡献。

再次，有关国际组织开始着手对税收协定范本及其注释进行经常化的修订工作。经合组织对1977年《关于对所得和财产避免双重征税的协定范本》及其注释，先后于1992年、1994年、1995年和1997年进行了多次修改，目前使用的范本是2010年7月22日的《关于对所得和财产避免双重征税的协定范本条款》。1980年联合国《关于发达国家与发展中国家避免双重征税的协定范本》已于2011年得到修订。

最后，国际税收征管协作进一步加强。2010年5月27日，经合组织与欧洲委员会响应“二十国集团”号召，按照税收情报交换的国际标准，通过议定书形式对《多边税收征管互助公约》进行了修订，并向全球所有国家开放。修订后的《多边税收征管互助公约》于2011年6月1日生效。目前，全球有六十多个国家已经或承诺签署该公约。2013年8月27日，我国签署了《多边税收征管互助公约》。

二、国际税法的概念和法源

国际税法是适用于调整在跨国征税对象（即跨国所得和跨国财产价值）上存在的国际税收分配关系的各种法律规范的总称。这种国际税收分配关系，是两个或两个以上的主权国家与纳税人相互之间在跨国征税对象上产生的经济权益分配关系，是有关国家之间的财权利益分配关系和它们各自与纳税人之间的税收征纳关系的统一体。

调整在跨国征税对象（即跨国所得和跨国财产价值）上存在的国际税收分配关系的国际税法，是一个由国内法规范和国际法规范共同组成的综合性的法律体系。其国内法渊源包括各国政府单方面制定的可以适用于对纳税人的跨国所得和跨国财产价值征税的所得税法与一般财产税法，以及普通法系国家的法院作出的税务纠纷案件判例。这类规范的主要功能在于确定国家对跨国征税对象的税收管辖权、征税范围和程度以及课税的方式和程序。国际税法的国际法渊源，主要指各国相互之间为协调对跨国征税对象的课税关系而签订的双边或多边国际税收条约，以及各国在国际税收实践中普遍遵行的国际税收习惯。这类规范的主要作用在于协调各国税收管辖权之间的冲突，避免国际重复征税和确立国际税务行政协助关系。

必须指出，用来调整国际税收关系的国际法规范和国内法规范并不限于实体法规范，还包括冲突法规范。这样，国际税法在范围上包括国际法规范和国内法规范，而且在这两者中，都既含有实体法规范，又含有冲突法规范。

三、国际税收法律关系的特征

与传统意义或纯粹的国内税收关系相比，国际税收关系在主体、客体和内容上都有其自身的特点。

在主体方面，虽然国际税收关系的主体和国内税收关系的主体一样，包括征税主体和纳税主体两类，但国内税收关系中的征税主体仅限于一个国家，而且该国家只享有征税权利，不负担义务；而国际税收关系中的征税主体往往有两个或两个以上的国家，且这些国家既享有征税权利，同时也负有相应的义务。国际税收关系中的纳税主体即纳税人，虽然与国内税收关系中的纳税主体一样，都是由自然人、企业法人或其他社会团体组成，但国际税收关系中的纳税人往往就同一笔跨国征税对象向两个或两个以上征税国家负有纳税义务，而国内税收关系中的纳税人仅对一个征税国家负有纳税义务。

在客体方面，国际税收关系的客体即征税对象，是纳税人的跨国所得或跨国财产价值。虽然它们在表现形式上与国内税收关系的客体并无区别，都体现为一定的货币价值或实物形态，但在国内税收征税对象上产生的国内税收关系，涉及的只是一国政府与其管辖下的纳税人之间的经济利益分配关系，并未影响其他国家的经济权益，而在国际税收征税对象上产生的国际税收关系，却牵涉两个或两个以上国家和跨国纳税人三方或多方主体的经济利益分配关系。

在内容方面，国内税收关系中主体之间的权利与义务总体上讲是不对等和非互惠的，作为征税主体的国家并不对具体的纳税人承担任何经济上等价、有偿性质的义务；而国际税收关系由于是国家间的财权利益分配关系和国家与纳税人之间的税收征纳关系的融合体，所以主体之间的权利与义务并非仅具有强制、无偿的特点，也还具有对等、互惠的内容。具体地说，两个或多个征税主体和纳税人之间的权利与义务内容，反映出非对等的强制、无偿的性质，而两个或多个征税主体之间的权利与义务内容，则是建立在对等、互惠的基础上的。

四、国际税法的宗旨和原则

国际税法的基本宗旨是实现对跨国征税对象的公平、合理的税收权益分配关系，促进国际贸易和投资的正常发展。公平、合理的税收权益分配关系既包含对跨国纳税人征税的公平、合理，又包含有关国家相互之间在跨国征税对象上的权益分配、协调的公平、合理。这两方面的公平、合理不可偏废，否则，均会对国际贸易和投资活动产生消极的、不利的影响。实际上，国际税法的宗旨就是国内税法的宗旨在国际经济层面的体现。实现对跨国纳税人的公平征税，既保证其不受不必要的税负歧视，又防止其享有不合理的税收优惠。这归根到底是为了确保本国经济的跨国发展，使跨国纳税人在国际经济竞争中的地位不受本国或他国不合理的税收政策的削弱，并最终使本国的税收主权得到维护和贯彻。

为了实现上述宗旨，各国在国际税收实践中必须遵守下列六项基本原则。

（1）税收管辖权独立自主原则。一国政府有权通过制定法律，确定自己行使征税权的对象、范围、程度和方式，并对一切属于其管辖范围的人和物进行征税。国家独立自主的征税权力，不受任何外来意志的干预。对国家税收管辖权的限制，只能按照国际法或通过国家相互间自愿达成的协议实现。

（2）国际税收分配公平原则。主权国家在税收管辖权独立自主原则的基础上，公平地参与国际税收利益的分配。这是国际法公平互利原则在国际税法领域的具体体现。该项原则的实现关键是对各国之间税收管辖权的合理划分。在一项跨国所得中，一般至少涉及两个国家，即所得来源地国和所得纳税人的居民国。由于两个国家同时可根据来源地税收管辖权和居民税收管辖权对同一跨国所得进行征税，如没有公平合理地划分税收管辖权，将导致双重征税现象的发生。

（3）避免国际重复征税原则。各国政府有义务通过单边立法或签订双边协定的方式，对彼此冲突的税收管辖权加以协调和限制，在一定程度上放弃各自的财税利益，以保证跨国纳税人能获取合理的利润份额。

（4）涉外纳税人税负公平原则，即消除对外国人的税收歧视原则。缔约国一方国民在缔约国另一方负担的税收义务和条件，不应与缔约国另一方国民在相同情况下负担或可能负担的税收义务和条件不同或者比其更重。但该原则的贯彻执行，应该考虑到发达国家与发展中国家在国际经济交往中所处的不同实际地位，防止出现形式上的平等掩盖实质上的不公平竞争的结果。

（5）国际税收中性原则，即不鼓励也不阻碍纳税人在国内或国外的投资选择、就业选择和消费选择，不应对涉外纳税人跨国经济活动的区域选择以及企业的组织形式等经济规则的选择产生影响。对该原则可以从来源地国和居民地国两个角度进行衡量。从来源地国角度看，就是资本输入的中性；从居民地国角度看，则是资本输出的中性。国际税收多边或双边协定中的税收中性原则主要体现的是资本输入的中性。

（6）防止国际逃税和避税原则。各国政府有义务采取措施，以行政效率和经济效率为基础，切实有效地保护税源。其税收制度不应该加剧纳税人避税和逃税的意图，例如高额税率对市场经营者经营积极性的打击和对逃税、避税的企图的激励等。同时各国还应共同采取措施防范和制止纳税人的各种国际逃税和避税行为，以实现国际税收公平、合理的宗旨。

第二节　税收管辖权

税收管辖权是指一国政府决定对哪些人征税、征收哪些税和征收多少税的权力。从经济的角度看，它是各国政府凭借其统治社会的政治权力，强制地、无偿地参与纳税人的收入和财富的分配，取得财政收入的一种手段或方式。从国际法的角度看，国家行使税收管辖权的根据在于国家在国际法上享有的主权地位。税收管辖权是国家主权在税收方面的体现，是国家管辖权的重要内容。

在国际法实践中，一般确认主权国家行使管辖权，其主要有属人管辖权和属地管辖权两方面内容。国家管辖权在税收领域的体现为税收管辖权，各国政府在主张行使这一权力时同样应依循属人或者属地管辖的原则，即只能对与本国存在着人身隶属关系或地域联系因素的那些人和对象客体，主张行使税收管辖权。在各国税收立法实践中，各国政府实际上是基于某种属人性质或属地性质的连结因素确立和行使税收管辖权的。

1. 属人性质的税收管辖权

属人性质的税收管辖权是指征税国依据纳税人与该国之间存在着某种人身隶属关系性质的法律事实而主张行使的征税权。在所得税和一般财产税方面，各国政府主张的属人性质的税收管辖权具体有居民税收管辖权（resident tax jurisdiction）和国籍税收管辖权（tax jurisdiction based on citizenship）两种表现形式。

（1）居民税收管辖权。

居民税收管辖权是征税国基于纳税人与征税国存在着居民身份关系的法律事实而主张行使的征税权，亦称居民课税原则。这种居民身份关系事实，是指征税国税法中规定的居民身份构成要件。符合该征税国税法规定的居民身份构成条件的人（包括自然人和法人），即属于该征税国税法意义上的居民纳税人，而这个征税国也相应地称作该纳税人的居住国。凡不具备某个征税国税法规定的居民身份构成条件的人，为该征税国税法意义上的非居民，而这个征税国相对于非居民而言是他的非居住国。由于居民纳税人与居住国存在着居民身份这样的人身隶属关系，因而居住国政府基于主权的属人性，可以主张对居民纳税人来源于或存在于居住国境内和境外的各种所得或财产价值征收所得税或一般财产税。在征税国的居民税收管辖权下，纳税人承担的是无限的纳税义务（unlimited tax liability），即纳税人不仅要就来源于或存在于居住国境内的所得和财产价值承担纳税义务，而且还要就来源于或存在于居住国境外的所得和财产价值向居住国履行有关所得税或财产税的纳税义务。

由上可知，纳税人居民身份关系事实的存在，是征税国对其行使居民税收管辖权的前提，因此，对纳税人的居民身份的确认，是各国居民税收管辖权的重要内容。以下分别说明在确定自然人和法人的居民身份问题上，各国税法实践中通常采用的主要标准。

1）自然人居民身份的确认标准。

关于自然人居民身份的确认，各国主要采用以下标准。

A. 住所标准（domicile criterion）。

住所标准就是依据自然人在征税国境内是否拥有住所这一法律事实，决定其居民或非居民纳税人身份。采用该标准的国家，主要有中国、日本、法国、德国和瑞士等。由于住所具有永久性和固定性的特征，因而采用这种标准易于确定纳税人的居民身份。但是，在当今各类人员跨国交流频繁的时代，住所并不一定代表一个人的真实活动场所，不能反映纳税人的实际居住地和经济活动所在地，因而单纯依照住所标准确定个人的居民或非居民身份显然有一定的缺陷。

B. 居所标准（residence criterion）。

居所标准就是以自然人在征税国境内是否拥有居所这一法律事实，来判断其是否属于居民纳税人。居所一般是指一个人在某个时期内经常居住的场所，但并不具有永久居住的性质。采用居所标准的国家，主要有英国、加拿大、澳大利亚等。相对于住所标准，居所标准能在更大程度上反映个人与其实际工作活动地之间的联系，但其缺陷在于一个人经常居住的场所往往缺乏某种客观、统一的识别标志，从而其在实际适用中具有较大的弹性，容易引起纳税人与税务当局之间的争议。

C. 居住时间标准（the criterion of resident period）。

居住时间标准是以自然人在征税国境内居留是否达到和超过一定的期限，来认定其居民或非居民纳税人身份，并不考虑个人在境内是否拥有财产或住宅等因素。这种标准实际上是把居住期限和居所两种标准相结合，因而具体、明确，易于在实践中掌握、执行，故成为国际上最常用的确定居民身份的标准。但采用该标准的各国，其税法上对居住期限的长短规定不尽一致：有些国家规定为半年（6个月或183日），例如，英国、印度和印度尼西亚等；有些国家则规定为1年，例如，日本、中国、巴西、菲律宾和新西兰等。

居住期限有时也和住所标准相结合，例如，《美国国内收入法》第6362节第7款规定，在某一征税年度内，自然人在其住所内住满30日，则应对其行使居民税收管辖权。

2）法人居民身份的确认标准。

在公司、企业和团体法人的居民身份确认上，各国采用的标准主要有以下三种。

A. 法人注册成立地标准。

按此标准，法人的居民身份决定于法人按何国法律注册成立。该标准易于确定法人的居民身份，但法人的注册成立地往往并非它的实际经营地。美国、瑞典、墨西哥等国家都实行这一标准。1924年美国的国家纸张与铅字公司诉鲍尔斯一案，是采行法人注册成立地标准的典型案件。

B. 实际控制和管理中心所在地标准。

按此标准，企业法人的居民身份决定于其实际控制和管理中心设于何国。所谓法人的实际控制和管理中心所在地，是指作出和形成法人的经营管理重要决定与决策的地点。一般来说，董事会或股东经常召集开会的地点，是判断法人实际控制和管理中心所在地的重要标志。同法人注册成立地标准相比，这一标准在确定法人居民身份方面难度较大，在董事会或股东开会的地点常有变换的情况下，要确定法人的实际控制和管理中心所在地困难较大。英国、印度、新西兰和新加坡等国家都实行这种标准。在1906年的比尔斯联合矿业公司诉荷奥一案中，原告的注册成立地与实际控制和管理中心所在地不在一国，英国法院按实际控制和管理中心所在地标准确定了该公司的居民身份。

C. 总机构所在地标准。

按此标准，法人的居民身份决定于它的总机构所在地，即总机构设在哪一国，便认定为是哪一国的居民。所谓法人的总机构，一般是指负责管理和控制法人的日常经营业务活动的中心机构，例如，总公司、经理总部或主要事务所等。中国和日本均采用这一标准。

对于上述确认自然人和法人居民身份的诸种标准，各国在税法实践中并非仅采用其中的一种，许多国家往往兼用两种以上标准，以尽可能扩大自己的居民税收管辖权的范围。例如，荷兰、丹麦、西班牙、加拿大和英国都同时实行法人注册成立地标准与实际控制和管理中心所在地标准；法国兼采法人注册成立地标准和总机构所在地标准；意大利则同时实行法人注册成立地、实际控制和管理中心所在地与总机构所在地三种标准。

有的国家除主张居民税收管辖权外，还兼行国籍税收管辖权。

（2）国籍税收管辖权。

国籍税收管辖权，亦称公民税收管辖权，是征税国依据纳税人与征税国之间存在国籍这种身份隶属关系的法律事实所主张的征税权。在这种税收管辖权下，凡具有征税国国籍的纳税人，不管其与征税国之间是否存在实际的经济或财产利益关系，征税国都要对其世界范围内的一切所得或财产价值征税。因此，纳税人在这种税收管辖权下负担的也是无限的纳税义务。

对自然人来说，征税国以其具有本国国籍而主张对其世界范围内的财产或所得行使征税权，从法律上讲虽然有充分的根据，但在当今人员跨国流动频繁的时代，却欠缺经济上的合理性。因为在现代社会里，具有一国公民身份的个人离开国籍国而长期居住在他国经商、求学或就业，这已经是十分普遍的现象。个人的住所或居所等能在更大程度上反映个人与征税国存在着实际的人身或经济利益联系。因此，在所得税和财产税实践中，仅有美国、墨西哥和保加利亚等少数国家主张对自然人依据国籍身份行使征税权。1924 年美国的柯克诉泰特一案，是实行国籍税收管辖权的典型案件。

但对公司、企业等法人来说，目前仍有为数不少的国家主张依据国籍联系行使税收管辖权，例如，美国、加拿大、墨西哥和菲律宾等。关于法人国籍的确认，多数国家一般采取法人注册成立地标准，认定凡依一国法律登记设立的企业，即属于该国的国民。

2. 属地性质的税收管辖权

属地性质的税收管辖权，是指征税国基于征税对象与本国领土存在某种地域上的连结因素而主张行使的征税权。这类属地性质的税收管辖权，在所得税方面的主要表现形式有所得来源地税收管辖权（income source tax jurisdiction），在财产税方面的主要表现形式有财产所在地税收管辖权（tax jurisdiction of property situation）。

（1）所得来源地税收管辖权。

所得来源地税收管辖权，亦称来源地课税原则或领土课税原则，是指征税国基于作为课税对象的所得来源于本国境内的法律事实而主张行使的征税权。在这种属地性质的税收管辖权下，征税国只是依据课税对象与本国领域存在着地域上的联系这一事实而主张课税，并不考虑纳税主体的居民或国籍身份的归属。因此，纳税人承担的是有限的纳税义务，即纳税人仅限于就来源于征税国境内的那部分所得，向该征税国政府承担纳税责任。

在所得税法中，纳税人的各项所得或收益一般可以划分为四类，即营业所得、劳务所得、投资所得和财产收益。以下分别阐述各国税法对各类所得来源地的确认通常采用的标准。

1）营业所得来源地的确定标准。

营业所得，通常是指纳税人从事各种工商经营性质的活动所取得的利润，亦称经营所得或营业利润。关于营业所得来源地的认定，各国税法一般都采用常设机构原则，即征税国只能对非居民设在本国境内的常设机构来源于本国的营业所得征税。所谓常设机构，是指外国法人在收入来源地国境内设立的可以从事全部或部分营业的固定场所，例如，分支机构、办事处、工厂、作业场所、自然资源的开采场所、达到一定期限的建筑工地，以及建筑、装配或安装工程等。常设机构具有三个特征：A. 有一个营业场所，包括房屋场地与机器设备等，自用或租用均可；B. 该营业场所必须是固定的；C. 该固定场所必须从事营业性的活动。

若按常设机构原则征税，则必须将常设机构视为独立企业。因为常设机构与国外总机构是同一法人，依通例，总机构应将国外常设机构的所得并入总所得向其居住国纳税。因此，收入来源国只有将常设机构视为独立的纳税实体，令其独立地计算盈亏，把作为独立企业应取得的利润都归之于常设机构，才能有效地行使收入来源地税收管辖权。

将所得划归常设机构，必须遵循一定的原则。在国际上，通用的有两项归属原则：一是实际联系原则，即只能对与常设机构本身的活动有实际联系的所得从源征税，例如，常设机构本身的营业利润及对其他企业投资、贷款的股息、利息等。二是“引力原则”，即如果非居民法人在收入来源地国从事属于其常设机构营业范围内的经营活动，则收入来源地国可以将其所得引归常设机构，行使收入来源地税收管辖权。显然，实行“引力原则”，征税面较大，对收入来源地国是有利的。联合国《关于发达国家与发展中国家避免双重征税的协定范本》列入了这项原则，经合组织《关于对所得和财产避免双重征税的协定范本》则未列入该项原则。

中国也实行常设机构原则，同时实行实际联系原则。至于“引力原则”，由于中国疆土辽阔，执行该原则较难，也由于这项原则对国际经济和贸易往来有一定的影响，因而中国没有采用该项原则。

2）劳务所得来源地的确定标准。

劳务所得，一般是指纳税人因对他人提供劳动服务而获得的报酬。企业所获得的劳务报酬在各国税法上通常被认定为营业所得，个人所获得的劳务报酬可以区分为独立劳务所得和非独立劳务所得两类：前者指个人以自己的名义独立从事某种专业性劳务或其他独立性活动而取得的收入，后者则指个人由于受雇于他人从事劳动工作而取得的工资、薪金、各种劳动津贴和奖金等。在各国税法中，对于独立个人劳务者，按照一般原则，或者在征税国境内设有诊疗所之类的固定基地，或者在一个纳税年度内在征税国境内连续或累计停留达到征税国税法规定的天数，对其所得均可从源征税。至于停留天数，各国规定不一，但在各项双边税收协定中，大多规定为 183 日以上。对于非独立个人劳务者，国际上通行的原则是对于非居民在另一国受雇取得的工资、薪金等收入，可以由另一国从源征税；但是，如果同时具备下列三个条件的，则应当由其居住国征税：A. 在一个纳税年度内连续或累计停留不超过 183 日；B. 其报酬的支付人不是另一国的国民；C. 其报酬不是由雇主设在另一国的常设机构或固定基地负担。至于其他人，如董事、艺术家、运动员、教师、科研工作者、学生等，对其所得是否从源征税，由各国在双边税收协定中分别加以规定。但是，为本国政府提供的劳务而取得的报酬，无论提供劳务的地点何在，一般均视为来源于本国的所得。

3）投资所得来源地的确定标准。

投资所得主要包括纳税人从事各种间接性的投资活动而取得的股息、红利、利息、特许权使用费和租金收益。这类投资收益都具有权利所得的性质。投资所得是非居民在没有在收入来源地国境内设立常设机构或固定基地的情况下取得的，或者虽然设有常设机构或固定基地，但这些所得按实际联系原则却不应归属于该常设机构或固定基地。各国确认投资所得的来源地，主要采用以下两项原则：一是投资权利发生地原则，即以这类权利提供人的居住地为所得的来源地；二是投资权利使用地原则，即以权利或资产的使用或实际负担投资所得的债务人居住地为所得来源地。对于投资所得，收入来源地国一般采取预提的方式征收所得税。

需要注意的是，常设机构或固定基地本身的投资所得应当并入营业利润缴纳所得税，而不应按照投资所得缴纳预提税。

4）财产收益来源地的确定标准。

财产收益，又称财产转让所得或资本利得，是指纳税人因转让其财产的所有权而取得的所得，即转让有关财产取得的收入扣除财产的购置成本和有关的转让费用后的余额。对于转让不动产所得来源地的认定，各国税法一般都以不动产所在地为所得来源地。但在转让不动产以外的其他财产所得来源地的认定上，各国主张的标准不一。

（2）财产所在地税收管辖权。

财产所在地税收管辖权是指征税国在财产税方面基于作为征税对象的财产或财产价值存在于本国境内的事实而主张行使的征税权。与所得来源地税收管辖权的性质相类似，在财产所在地税收管辖权下，征税国主张课税的事实依据是作为课税对象的财产或财产价值坐落于或存在于本国境内，而不考虑纳税人的居民或国籍身份归属，因而纳税人负担的是一种有限的纳税义务，即仅对存在于征税国境内的那部分财产或财产价值对征税国负有纳税义务。关于各种财产的所在地或财产价值存在地的认定，各国税法对于土地、房屋等不动产，都以其实际坐落地为准；对于各种动产，一般以其实际存在的地点为准；对于船舶、飞机、汽车这类动产，多以其注册登记地或价值存在地为准。

第三节　国际重复征税及其解决方法

一、国际重复征税的概念范围

完整的、广义上的国际重复征税概念，是指两个或两个以上的国家，对同一纳税人或不同纳税人的同一种征税对象或税源，在相同期间内课征相同或类似性质的税收。应该指出的是，在国际税法理论上，人们对国际重复征税这一概念的认识存在一定的分歧：有人认为国际重复征税的概念，仅限于法律性质的国际重复征税（international double taxation in the legal sense）；有人认为除了法律性质的国际重复征税外，还应包括所谓经济性质的国际重复征税（international double taxation in the economic sense）。下面介绍法律性质的和经济性质的这两种不同类型的国际重复征税现象。

（一）法律性质的国际重复征税

目前，关于法律性质的国际重复征税概念，各国普遍接受的是经合组织在 1963 年发布的《关于对所得和财产征税的协定范本草案的报告》中所作的定义：“法律性的国际重复征税是指两个或两个以上的国家，对同一纳税人就同一征税对象，在同一时期内课征相同或类似的税收。”据此，法律性质的国际重复征税必须具备以下五项要件：（1）征税主体是两个或两个以上的国家。在多数情况下，这两个征税主体中，一个是纳税人的居住国政府，另一个是征税对象的来源地国或所在地国政府（纳税人的非居住国）。但也可能两个征税主体都主张各自是纳税人的居住国或课税对象的来源地国。（2）纳税主体同一，即同一个纳税人对两个或两个以上国家的税务机关负有纳税义务。同一个纳税人，包括同一个自然人和属于同一个法人的总机构与分支机构。是否是同一个纳税人直接就某种征税对象对两个国家征税主体负纳税义务，是法律性质的国际重复征税区别于经济性质的国际重复征税的界限标志。（3）课税对象同一，即两个或两个以上国家征税主体对同一个纳税人的同一笔所得或财产价值主张税收管辖权。如果两个或两个以上国家征税主体就不同的征税对象（例如，营业额和利润额）对同一纳税人同时征税，就不构成国际税法上所要消除的国际重复征税现象。(4) 征税期间同一。两个或两个以上国家征税主体均是按同一个纳税期间对纳税人取得的所得或拥有的财产价值征税，而并不是两个国家征税主体对纳税人具体征缴税款是同时进行的。(5) 课征相同或类似性质的税收。两个或两个以上国家征税主体对同一个纳税人分别课征的税收，必须是同种性质或类似性质的税收。如果甲国对其课征的是流转税性质的税收，而乙国对其课征的是所得税性质的税收，则由于两国分别课征的税收并不具有相同或相似性质，因而并不构成国际重复征税。所谓相同或类似性质的税收，并不要求税收名称相同、征税对象的范围完全一致，而是只要属于所得税或一般财产性质的税收即可。应该注意的是，这种法律性质的国际重复征税，是目前各国通过制定单边性的国内立法和签订双边性的税收协定所努力克服并解决的核心问题。

（二）经济性质的国际重复征税

经济性质的国际重复征税，亦称国际重叠征税或国际双层征税，是指两个或两个以上的国家对不同的纳税人就同一课税对象或同一税源在同一期间内课征相同或类似性质的税收。与法律性质的国际重复征税相比，经济性质的国际重复征税除了不具备纳税主体同一这一要件外，具备法律性质的国际重复征税的其余 4 项构成要件。经济性质的国际重复征税现象，主要表现在两个国家分别、同时对在各自境内居住的公司的利润和股东从公司获取的股息征税。

主张国际重复征税概念范围采狭义说的学者和国家，之所以把国际重复征税的概念范围限定在法律性质的国际重复征税，是因为他们认为：从法律的角度看，公司和公司的股东是各自具有独立的法律人格的不同的纳税人。公司通过经营活动取得的营业利润和股东从公司分配获得的股息，分属于两个不同的纳税人所得。因此，一国对属于其境内居民的公司的利润征税和另一国对在其境内居住的股东从上述公司取得的股息征税，在法律上均属合法、有据，并非对一个纳税人的重复征税。但是，主张国际重复征税概念范围采广义说的学者和国家认为：两个国家分别对公司的利润和股东的股息征税，从经济的角度看不合理。因为公司实质上是由各个股东所组成的，公司的资本是各个股东持有的股份的总和。公司的利润是股东分得的股息的源泉，两者是同一事物的两个不同侧面。因此，一方面对公司的利润征税，另一方面对作为公司税后利润分配的股息征税，这明显是对同一征税对象或同一税源进行了重复征税。而且从结果看，对公司利润征收的所得税，最终还是按股份比例落到各个股东身上，由各个股东承担。这与对同一纳税人的同一所得重复征税实质上并无区别。加之，目前绝大多数国家都已经通过各种税收措施避免和消除在一国范围内发生的经济性质的重复征税问题。在这种情形下，如果不承认在国际范围内发生的经济性质的重复征税现象同样是应予以减轻或消除的国际重复征税问题，就会造成国内投资与跨国投资之间税负不公平的结果，妨碍国际投资的正常发展。事实上，对于国际范围内存在的经济性质的重复征税现象，当前已经有越来越多的国家正通过国内税法措施或在双边税收协定中规定相应的间接抵免方法，在一定程度上和范围内加以避免和消除，例如，中国对外签订的许多双边税收协定中都含有这类旨在避免和消除对跨国股息收益进行经济性双重征税的条款。笔者赞同将经济性质的国际重复征税纳入国际重复征税的概念范围，国际重复征税概念应该包括法律性质的和经济性质的两种不同类型的重复征税现象。

二、国际重复征税的成因与危害

（一）国际重复征税的成因

国际重复征税现象形成的根本原因，是有关国家各自主张的税收管辖权在纳税人的跨国所得或财产价值上发生重叠、冲突。国际重复征税的实质是国家税收管辖权的冲突。国家税收管辖权之间的冲突，主要有以下三种情况。

1. 居民税收管辖权与来源地税收管辖权之间的冲突

这是造成当今大量国际重复征税现象的最普遍的原因。目前，除少数国家或地区外，绝大多数国家在所得税和一般财产税方面，既按属人课税原则对本国居民来自居住国境内和境外的一切所得与财产价值行使居民税收管辖权，同时又根据属地课税原则对非居民（即其他国家的居民）来源于境内的各种所得和存在于境内的财产价值主张来源地税收管辖权，因此，在一国居民所取得的来源于居住国境外的跨国所得上，势必会发生一国的居民税收管辖权与另一国的所得来源地税收管辖权之间的冲突。从理论上说，清除目前普遍存在的这两种税收管辖权冲突引起的国际重复征税的最佳途径是，规定世界各国在所得税或一般财产税上统一行使同一种属人性质或属地性质的税收管辖权。但是，在发达国家和发展中国家于国际经济交往中所处之地位不同以及绝大多数国家为保证各自财权利益而扩大其课税权的今天，这实际上是一种不可能实现的理想。因此，在国际税收实践中，目前各国只是通过双边或多边税收条约或协定，对彼此间的居民税收管辖权与所得来源地税收管辖权的冲突，在一定范围内和程度上进行协调、限制。

2. 两个国家的居民税收管辖权之间的冲突

国际重复征税也可能因两个国家各自主张的居民税收管辖权之间的冲突而产生。由于各国在确定自然人的居民身份时采用的标准有住所、居所和居住期限等标准的差异，因而一个在采用住所标准的国家拥有住所的自然人，如果前往一个采用居住期限标准的国家工作，并且停留的时间达到了该国税法中规定的构成居民纳税人身份的时间界限，那么这个自然人将被这两个国家同时认定为它们各自的居民纳税人，对这个自然人来自全球范围内的所得，这两个国家都要主张行使居民税收管辖权，从而造成国际重复征税现象。同样，由于有关国家税法中认定法人的居民身份也有法人注册成立地标准、总机构所在地标准与实际管理和控制中心所在地标准的不同，一个在采用总机构所在地标准的国家设有总机构的法人，如果又在采用实际管理和控制中心所在地标准的国家设有管理和控制中心，那么，该法人将被这两个国家同时认定为它们各自的居民纳税人，而对其来自全球范围内的所得主张行使居民税收管辖权，从而引起国际重复征税现象。

3. 两个国家的所得来源地税收管辖权之间的冲突

各国税法对同一种类所得的来源地认定标准可能不一致，这也会引起有关国家的所得来源地税收管辖权之间的冲突，导致对同一笔所得的国际重复征税现象。例如，在劳务所得来源地的识别上，有的国家采用劳务履行地标准，有的国家则以劳务报酬支付人所在地为标准。假设甲国的某家公司聘请丙国的某个居民个人到乙国境内从事技术指导工作，这个丙国的居民个人在乙国工作的工资是由甲国境内的公司支付的：如果甲国税法采用的是劳务报酬支付人所在地标准，乙国税法却是以劳务履行地为标准，那么，上述丙国居民个人的工资所得将被甲、乙两国税务机关分别认定为来源于其境内的所得而主张征税。

（二）国际重复征税的危害

国家间税收管辖权的冲突，尤其是因此造成的国际重复征税现象，对国际经济的发展产生了消极的影响。

（1）从税法角度讲，国际重复征税使从事跨国投资和其他各种经济活动的纳税人相对于单纯从事国内投资和其他各种经济活动的纳税人，承受了沉重的双重税收义务负担，这违背了税负公平原则和税收中立原则。税负公平原则要求具有同等纳税能力的人应负担同等的纳税义务，纳税能力不同的人应负担程度相应不同的纳税义务。税收中立原则，亦称税收中性原则，要求税收不应干预或影响纳税人的投资取向和经营决策，纳税人对投资区域、行业和经营方式的选择，主要应受价值规律和市场竞争因素支配和制约。

（2）从经济角度看，国际重复征税造成税负不公平的结果，使跨国纳税人陷于劣势竞争地位，势必挫伤其从事跨国经济活动的积极性，从而阻碍国际资金、技术、文化和人员的正常流动、交往。这不仅对需要吸收外国投资和引进技术的广大发展中国家不利，而且对那些急于为国内剩余资金和技术找到出路的发达资本输出国来说，也是不愿看到的结果。

（3）国际重复征税为国际逃、避税收敞开了方便之门。国际避税正是利用了税收管辖权上的真空所提供的可能性，例如，A 国实行属地管辖权，对来源于本国的所得征税，而 B 国采用居民管辖权，对其居民来源于境内外的所得征税。一个 B 国居民很可能主动改变国籍，成为 A 国居民，同时可能通过所谓的“导管公司”将收入吸入 A 国，从而避税。这种结果虽然是当事人的主观积极行为造成的，但利用的却是国家间税收管辖权的消极冲突。

正是鉴于国际重复征税的上述危害，各国政府都意识到应努力采取措施来避免和消除重复征税。解决国际重复征税问题，也就成为协调国际税收关系的国际税法中的一个核心问题。

三、国际重复征税的解决方法

各国签订的避免双重征税协定仅限于少数跨国所得项目，例如，对于国际运输企业利润、退休金所得和政府雇员工资等，采用独占征税原则将征税权完全划归缔约国一方行使，从而避免了征税权冲突问题。然而对于绝大多数的跨国所得项目，则实行优先征税原则或税收分享原则，即对这些所得项目，作为来源地国的缔约国一方可以在一定的条件下和范围内优先依照其国内税法规定或适用协定中的限制税率行使所得来源地税收管辖权，而作为纳税人居住国的缔约国另一方也有权主张其居民税收管辖权，因而缔约国双方的征税权冲突问题并没有完全解决，只是在程度和范围上有所缓和或减轻。因此，要消除国际重复征税，避免双重征税的协定还必须同时规定，作为居住国的缔约国一方，在对其居民纳税人的上述跨国所得征税时，应承担义务采取适当的消除双重征税的措施。就目前各国签订的双边税收协定来看，此类协定通常都只是就居住国一方应当采取的消除重复征税的方法作出原则性的规定，至于这些方法的使用范围、条件和程序以及计算方式和规则等具体事项，则取决于缔约国国内税法中有关此种方法的具体规定。各国国内所得税法采用的解决国际重复征税问题的措施，具体可以分为免税法、抵免法、扣除法和减税法四种。

（一）免税法

免税法，亦称豁免法，是指居住国一方对本国居民纳税人来源于所得来源地国另一方的已经向所得来源地国纳税的跨国所得，在一定的条件下放弃行使居民税收管辖权，允许不计入该居民纳税人的应税所得额内，免予征税的方法。实行免税法的国家或地区可以分为两种类型：一类是在所得税的课税原则上仅主张单一的属地课税原则，只对其居民或非居民纳税人来源于其境内的所得课税的国家或地区，例如，巴拿马、阿根廷、委内瑞拉和中国的香港特别行政区等。另一类是虽然在所得税方面同时主张居民税收管辖权和所得来源地税收管辖权这两种课税原则，但对本国居民来源于境外的特定范围内的所得（例如，营业利润、独立劳务或非独立劳务所得、财产收益等），在一定的条件下免予征税的国家或地区，例如，德国、法国、西班牙、荷兰、瑞士、奥地利、挪威、瑞典等。

在居住国所得税实行累进税率制度的情况下，采用免税法解决双重征税有全额免税法和累进免税法两种不同的计算办法。

所谓全额免税法，是指居住国在对居民纳税人来源于居住国境内的所得计算征税时，其适用税率的确定，完全以境内这部分应税所得额为准，不考虑居民纳税人来源于境外的免予征税的所得数额。其计算公式为：

居住国应征所得税额＝来源于居住国境内的所得额×居住国所得税税率

所谓累进免税法，是指居住国虽然对居民纳税人来源于境外的所得免予征税，但在对居民纳税人来源于境内的所得确定应适用的累进税率时，将免予征税的境外所得额考虑在内。其计算公式为：

居住国应征所得税额＝（来源于居住国境内应税所得×居住国累进适用税率＋来源于非居住国的应税所得×居住国累进适用税率）×［来源于居住国境内所得÷（来源于居住国境内所得＋来源于非居住国所得）］

这里举例说明这两种免税计算方法的不同效果。假定有甲国居民A公司在某纳税年度内获得营业所得1 000万元，其中来源于居住国甲国境内所得为600万元，来源于乙国境内所得为400万元。甲国实行超额累进税率，纳税人年所得额未超过600万元的部分，适用税率为30％；年所得额在600万元以上至1 000万元的部分，适用税率为35％。再假定来源地国乙国实行比例税率，分为20％和40％两种情况。

在乙国所得税税率为20％的情况下，A公司就来源于乙国的所得400万元应纳乙国所得税额为80万元（400万元×20％）；在乙国所得税税率为40％的情况下，A公司应纳乙国所得税额则为160万元（400万元×40％）。

在居住国甲国采用全额免税法的条件下，按前述全额免税法计算方法，则甲国对其居民A公司应征税额为：600×30％＝180（万元）。

在居住国甲国采用累进免税法的条件下，按前述累进免税法，则甲国对其居民A公司应征税额为：（600×30％＋400×35％）×［600÷（600＋400）］＝192（万元）。

采用这两种免税法计算的结果表明：在采用累进免税法的情形下，居住国甲国对居民纳税人A公司所适用的税率比在采用全额免税法的情形下适用的税率要高，所征的税额也比在采用全额免税法的情形下所征的税额要多。因此，采用免税法的国家多主张实行累进免税法，极少适用全额免税法。

作为一种消除国际重复征税的措施，免税法的优点主要表现在：首先，采用免税法能够彻底消除国际重复征税。其次，在所得来源地国的税率低于居住国的税率的情况下，居住国采用免税法，能使居民纳税人实际享受到所得来源地国政府给予的低税负或减免税优惠，从而有利于促进跨国投资。最后，实行免税法在税务征收管理上较为简便易行，因为居住国的税务机关无须对居民纳税人在所得来源地国的经营收支状况和实际纳税情况进行困难和费时的调查、核实工作。但是，免税法的缺陷也是显而易见的，主要表现在：第一，这种方法是建立在居住国放弃对其居民的境外所得的征税权益基础之上的，未能在消除国际重复征税问题上兼顾居住国、所得来源地国和跨国纳税人这三方主体的利益，使居住国的权益受到一定的影响。第二，由于采用免税法，居住国对本国居民的境外所得或财产价值免予征税，在所得来源地国的税率水平低于居住国的税率水平的情况下，将造成有境外所得或财产价值的跨国纳税人的税收负担低于仅有同样数额的境内所得或财产价值的国内纳税人的税收负担的结果，从而有悖税收公平原则，并容易为跨国纳税人提供利用各国税负差异进行逃税和避税的机会，促使居住国境内的资本或利润不正常地转移到低税负国家或避税地。正是由于免税法存在上述缺陷，在国际税收实践中采用这种方法解决国际重复征税的国家相对于采用抵免方法的国家为数较少。

（二）抵免法

抵免法，是指居住国以居民纳税人的境内外所得或一般财产价值的全额为基数计算其应纳税额，但对于居民纳税人已经在所得来源地国缴纳的所得税或财产税额，允许从向居住国应纳税额中予以扣除，即以纳税人在来源地国已经缴纳的税额抵免其应汇总计算缴纳给居住国的相应税额的一部分。这是目前大多数国家采用的避免国际重复征税的方法。

抵免法有全额抵免法与限额抵免法、直接抵免法与间接抵免法之分。

1. 全额抵免法与限额抵免法

根据居住国采用抵免法允许纳税人抵免的已缴所得来源地国税额是否有一定的限额限制，抵免法可以分为全额抵免法和限额抵免法两种不同方式。全额抵免法是指居住国允许纳税人已缴的所得来源地国税额可以全部用来冲抵其在居住国应纳税额，没有数额的限制。限额抵免法则是指居住国规定纳税人可以从在居住国应纳税额中抵扣已缴的所得来源地国税额，但有一定数额的限制，即不得超过纳税人的境外来源所得按居住国税法规定的税率计算出的应纳税额。

抵免法是居住国在坚持其居民税收管辖权原则的同时，承认所得来源地国或财产所在地国的属地课税权的优先但非独占地位的方法。全额抵免法与限额抵免法各有利弊：在所得来源地国税率水平低于或等于居住国税率水平的情况下，采用全额抵免法或限额抵免法对居住国和其居民纳税人而言实际效果并无差别。如果居住国对居民纳税人就其境外来源所得实际缴纳的所得来源地国税额允许从纳税人应纳的居住国税额中全部抵扣，就彻底消除了国际重复征税现象。而且，对于纳税人已缴的所得来源地国税额低于抵免限额的那部分差额，居住国仍然行使居民税收管辖权，要求纳税人补缴给居住国，从而保证了从事境内投资活动的纳税人与从事跨国投资活动的纳税人的税负平衡、一致，避免了境内所得和境外所得税负不公平的弊病；此外，还兼顾了所得来源地国、居住国和跨国纳税人三方面的利益。在所得来源地国税率水平高于居住国税率水平的情况下，适用全额抵免法的结果是会影响居住国对居民纳税人境内所得本来应有的税收利益，而采用限额抵免法虽然不至于造成居住国税收利益外流的不利后果，但高于抵免限额的所得来源地国那部分税款因居住国不准抵扣，从而又未能消除国际重复征税的现象。不过，有些实行限额抵免制的国家为了妥善地解决这一问题，往往在国内有关税法中规定了所谓超限额结转制度，即规定纳税人当年度超过抵免限额未能扣除的这部分外国税额，可以结转在以后纳税年度内在外国税额扣除未超过抵免限额的余额内补扣。目前，在采用抵免法解决国际重复征税问题的国家中，绝大多数都实行限额抵免制度，只有极少数国家采用全额抵免法。中国现行企业所得税法和个人所得税法在解决国际重复征税问题上，也采用限额抵免法。

在被绝大多数国家采用的限额抵免法中，外国税收的抵免限额是一个非常重要的概念。所谓抵免限额，是指居住国允许居民纳税人从本国应纳税额中扣除的其就来源于境外的非居住国的所得已向非居住国缴纳的外国税款的最高限额。这个限额以居民纳税人的外国来源所得按照居住国税法规定的适用税率计算出的应纳税额为限。

抵免限额的一般计算公式为：

外国税收抵免限额＝居住国境内外应税所得总额×居住国税率×（境外应税所得额÷境内外应税所得总额）

2. 直接抵免法与间接抵免法

（1）直接抵免法。

所谓直接抵免法，是指居住国对于同一个居民纳税人在来源地国已缴纳的税额，如同一居民个人就其来源于境外的工资、薪金所得在来源地国已缴纳的所得税额，或同一个企业法人的境外分支机构在所在地国已缴纳的所得税额，允许其用来直接抵免该居民个人或企业的总机构所应汇总缴纳给居住国的相应税额的方法。这种方法是用来解决法律意义上的国际重复征税问题的。

在采用直接抵免法解决重复征税问题的情况下，居住国计算居民纳税人就其境内和境外来源所得最终应缴纳给居住国的税额的公式为：

应纳给居住国的税额＝(居住国境内所得额＋来源地国所得额）×居住国税率—允许抵扣的来源地国税额

在直接抵免法下，限额抵免又有分国限额抵免与综合限额抵免、分项限额抵免与不分项限额抵免之分。

1）分国限额抵免与综合限额抵免

所谓分国限额抵免，是指在多国税收抵免条件下，居住国对居民纳税人来自每一个非居住国的所得，分别计算出各个非居住国的抵免限额，然后根据纳税人在每个非居住国实缴税额与该国的抵免限额的关系，确定允许居民纳税人从居住国应纳税额中给予抵免的该非居住国税额。在居住国采取分国限额抵免方法的情况下，对各个非居住国的税收抵免限额分别计算，不准彼此调剂使用，居民纳税人在一个非居住国发生的超限额税款不能在另一个非居住国出现的剩余限额中抵扣。

分国抵免限额的计算公式如下：

分国抵免限额＝(居住国境内外应税所得总额×居住国税率）×（某个非居住国的应税所得÷居住国境内外应税所得总额)

在居住国采取比例税率的情况下，上述分国抵免限额计算公式可以简化为：

分国抵免限额＝来源于某个非居住国的应税所得×居住国税率

所谓综合限额抵免，是指居住国将居民纳税人来源于各个非居住国的所得汇总相加，按居住国税率计算出一个统一的抵免限额。纳税人在各个非居住国已缴税额的总和，如果低于或等于上述综合限额，则可以全部得到抵免；如果高于上述综合限额，则超过部分不准抵免。

综合抵免限额的计算公式如下：

综合抵免限额＝(来源于居住国境内外应税所得总额×居住国税率）×（来源于各个非居住国的应税所得之和÷来源于居住国境内外应税所得总额)

在居住国采用比例税率的情况下，上述公式可以简化为：

综合抵免限额＝来源于各个非居住国的应税所得之和×居住国税率

下面举例分析分国限额抵免和综合限额抵免的不同效果。现假设甲国的居民A公司在某纳税年度内有来源于居住国境内的所得1 000万元，甲国的企业所得税税率为40%的比例税率；另有来源于乙国的B分公司的利润100万元和来源于丙国的C分公司的利润200万元，乙、丙两国的企业所得税税率分别为50%和30%的比例税率。A公司通过其B分公司已缴乙国税额为50万元，通过其C分公司已缴丙国税额为60万元。

在甲国采取分国限额抵免方法的情况下，根据前述公式，有关抵免限额和A公司最终应缴居住国甲国的税额计算如下：

乙国抵免限额＝（1 000＋100＋200）×40%×［100÷（1 000＋100＋200)］＝40（万元）

丙国抵免限额＝（1 000＋100＋200）×40%×［200÷（1 000＋100＋200)］＝80（万元）

A公司通过其B分公司已缴乙国税额为50万元，超过上述乙国抵免限额，因此，甲国只允许A公司按限额40万元抵免，超过部分的10万元不能抵免。另外，A公司通过其C分公司已缴丙国税额为60万元，低于上述丙国抵免限额，甲国在此情况下只允许A公司按其实际已缴税额 60 万元进行抵扣。至于丙国限额的剩余额 20 万元，由于采用分国计算，甲国不允许 A 公司将在乙国发生的超限额未抵扣的 10 万元税款调剂到丙国限额的结余额度内抵扣。因此，A 公司最后汇总计算应缴居住国甲国的税额为：

应纳甲国税额＝（1 000＋100＋200）×40%－（40＋60）＝420（万元）

在甲国采取综合限额抵免方法的情况下，有关抵免限额和 A 公司最终应纳税额的计算结果如下：

综合抵免限额＝(1 000＋100＋200）×40%×［(100＋200）÷（1 000＋100＋200)］＝120（万元）

A 公司已纳外国税额合计为（50＋60＝）110 万元。

由于 A 公司已缴外国税额 110 万元，低于上述综合抵免限额，故居住国甲国允许其全部抵免。因此，A 公司最终应缴甲国的税额为：

应纳甲国税额＝（1 000＋100＋200）×40%－110＝410（万元）

从上例的计算结果可知，在居住国不采取任何措施解决重复征税问题的情况下，A 公司就其境内外总所得 1 300 万元本应缴纳给甲国的税额为 520 万元，加上分别已缴纳给乙、丙两个非居住国的税额 110 万元，A 公司实际承担的总税额为 630 万元。在甲国采取分国限额抵免方法的情况下，A 公司最终应纳甲国税额为 420 万元（其中，就境内所得缴纳税款 400 万元，就境外所得补缴税款 20 万元)，实际总税负为 530 万元。消除境外所得重复征税额 100 万元。与 A 公司已缴乙、丙两个非居住国税额 110 万元相比，尚有 10 万元的外国税额未能抵扣。这是在采取分国限额抵免方法的情况下，A 公司在乙国的实缴税额中有 10 万元的超限额不能抵免的结果。在甲国采取综合限额抵免方法的情况下，A 公司最终应纳甲国税额为 410 万元（其中，就境内所得缴纳税款仍为 400 万元，境外所得补缴税款 10 万元)，实际总税负为 520 万元。消除境外所得重复征税额 110 万元，比在采取分国限额抵免方法的情况下多消除 10 万元。这是甲国采取综合限额抵免方法，A 公司在乙国发生的超限额税款 10 万元已在丙国限额结余的额度内补扣的结果。

采用分国限额抵免或综合限额抵免方法，在不同的情况下，对跨国纳税人和其居住国来说，利弊、作用、结果各不相同：当纳税人在高税率国和低税率国均有盈利时，居住国采取综合限额抵免方法对纳税人较有利，因为纳税人可以将在高税率非居住国发生的超限额与在低税率非居住国出现的不足限额互相抵补，使在某个非居住国超限额的税款也能得到抵免，从而使抵免限额全部得到利用。而在分国限额抵免条件下，纳税人在各个非居住国的抵免限额不能相互调剂利用，其在高税率国发生的超限额税款不能得到抵免。但纳税人在各个非居住国的分支机构有盈有亏的情形下，采用分国限额抵免更为有利，因为按分国限额抵免方法，各个非居住国的盈利与亏损不能相抵，从而不会减少纳税人在盈利的非居住国的抵免限额。如果采用综合限额抵免方法，则盈亏相抵，减少了境外应税所得额，从而降低了外国税收抵免限额。但是，从居住国的角度来看，上述情形下的结论恰好相反。

2）分项限额抵免与不分项限额抵免。

所谓分项限额抵免，亦称专项限额抵免，是指居住国针对非居住国基于贯彻经济政策的需要，对纳税人的某些特定种类所得，例如，利息、特许权使用费或资本利得等，适用较低的优惠税率课税这类情形，为了防止居民纳税人利用这些在外国适用低税率的所得项目出现的不足限额与其他适用正常的高税率的所得项目发生的超限额相互抵补以增加外国税收抵免限额，对这类低税率所得项目单独计算抵免限额。

分项抵免限额的计算公式是：

分项抵免限额＝（来源于居住国境内外应税所得总额×居住国税率）×（来源于非居住国的专项所得÷来源于居住国境内外应税所得总额）

所谓不分项限额抵免，是指居住国对居民纳税人的各种境外来源所得不加区别地综合计算统一的抵免限额的方法。在对纳税人的特定所得项目实行分项限额抵免的情况下，居住国对纳税人其他所得的综合抵免限额计算公式应作相应的调整：

其他所得的综合抵免限额＝（来源于居住国境内外应税所得总额×居住国税率）×［（来源于非居住国的全部应税所得—来源于非居住国的专项所得）÷来源于居住国境内外应税所得总额］

居住国实行分项限额抵免方法，使居民纳税人来源于境外的某些低税率项目所得的不足限额与高税率项目所得的超限额不能互相冲抵，从而使纳税人可以从居住国应纳税额中得到抵扣的外国税额，较之在不分项限额抵免方法下可予以抵扣的外国税额要少。这对于维护居住国的税收权益较为合理、有利，因为居住国本来对于居民纳税人来源于非居住国的适用高税率的项目所得发生的超过抵免限额的那部分外国税额是不承担抵扣义务的。但从跨国纳税人的角度考虑，居住国采取这种抵免方法，对纳税人来自境外的高税率项目所得发生的超限额不予抵免，而对低税率项目所得出现的不足限额却要补征税款，这样的外国税收抵免结果不尽公允、合理。

（2）间接抵免法。

所谓间接抵免法，是指母公司所在的居住国允许母公司间接以其外国子公司缴纳的相应于股息所得的那部分外国企业所得税冲抵母公司应缴居住国所得税的一部分。这种方法旨在解决跨国母、子公司之间股息分配存在的经济性重复征税问题。

间接抵免法的基本计算原理与直接抵免法的基本计算原理是一致的，其复杂性主要在于，应先从母公司收取的外国子公司支付的股息中计算出与这部分股息相应的外国子公司税前所得额及已经承担的外国所得税税额。股息本身是外国子公司缴纳了所在国的企业所得税后的净利润分配，外国子公司从税后利润中分配、支付给母公司的股息并不完全等于母公司来自外国子公司的所得，后者需要通过股息间接地计算出来。属于母公司的这部分外国子公司所得额一旦被确定，即可按前述有关抵免限额的计算公式来确定母公司就其来源于外国子公司的这部分所得额可获得的居住国抵免限额，并根据抵免限额与母公司实际应承担的外国子公司已缴税额的比例关系，确定母公司居住国实际允许抵免的外国子公司税额。母公司实际承担的外国子公司已缴税额低于或等于抵免限额的，允许从母公司应纳居住国税额中全部扣除；如果超过抵免限额，则只能按抵免限额扣除，超过的部分不能抵免。母公司已承担的外国子公司所得税额和母公司来自外国子公司的所得额的计算公式如下：

母公司承担的外国子公司所得税额＝母公司所得股息×（外国子公司已纳所得税÷外国子公司税后所得）

母公司来自外国子公司的所得额＝母公司分得的股息＋母公司承担的外国子公司所得税额

在外国子公司所在国的企业所得税实行单一的比例税率的情况下，母公司来自外国子公司的所得额，也可以采用下列公式计算：

母公司来自外国子公司的所得额＝母公司分得的股息÷（1—外国子公司所得税税率）

另外，在国际税收实践中，子公司所在国除了对子公司的所得征收企业所得税外，通常在子公司对母公司支付股息时还要对母公司的股息所得征收预提所得税，即由支付股息的子公司作为扣缴义务人，在向外国母公司支付股息时代为扣缴。子公司所在国征收的这种预提所得税的纳税主体是收取股息的母公司，母公司的居住国允许直接抵免，但条件是，这部分由母公司直接承担的子公司所在国预提所得税与前述母公司间接承担的子公司所得税额之和，不得超过母公司来自子公司的所得按母公司居住国税率计算出的抵免限额。

下面举例说明间接抵免法的计算原理。现有甲国母公司A，其在某纳税年度内有来自甲国境内的所得150万元，甲国的企业所得税税率为40%。母公司A拥有设在乙国的子公司B的50%的股份，已知子公司B在该纳税年度内获利100万元，并按乙国企业所得税税率30%缴纳税额30万元。子公司B从税后利润中按股权比例分配给母公司A股息35万元，并在支付股息时按乙国预提所得税税率10%代为扣缴了3.5万元预提所得税。现计算在甲国实行间接抵免法的情况下，母公司A就其境内外所得最终应缴甲国的所得税额。

按照前述公式计算，应由甲国母公司A承担的乙国子公司B应缴乙国公司所得税额为：35×［30÷（100－30）］＝15（万元）。

母公司A来自乙国子公司B的所得额为母公司分得的股息加上母公司应承担的子公司所得税额，即35＋15＝50（万元）。或按前述相应公式计算：35÷（1－30%）＝50（万元）。

按甲国税率计算的抵免限额为：（150＋50）×40%×［50÷（150＋50）］＝20（万元）。

母公司A就其来自乙国子公司B的所得直接和间接承担的乙国所得税额为18.5万元（即，母公司A直接承担的乙国预提所得税3.5万元＋母公司A间接通过子公司B承担的乙国企业所得税额15万元），低于上述抵免限额，因此，甲国允许其全部从母公司A应纳所得税额中抵扣。

母公司A最终应纳居住国甲国所得税额为：（150＋50）×40%－18.5＝61.5（万元）。

以上所述的是适用于跨国母、子公司之间一层参股关系的间接抵免方法。有些国家还规定，对于母公司通过外国子公司从外国孙公司取得的股息所承担的外国所得税，允许实行间接抵免。这种适用于解决母公司以下各层公司的重复征税的抵免方法，称为多层间接抵免方法。多层间接抵免方法的计算原理与单层间接抵免方法的计算原理相同，只是在计算步骤上多了一些层次。例如，在二层间接抵免的情况下，首先需要按上述一层间接抵免的计算公式计算出外国子公司应承担的外国孙公司所得税额，其次再按下列补充公式计算母公司应承担的外国子公司和外国孙公司缴纳的外国所得税额：

母公司应承担的外国子公司和外国孙公司已缴外国所得税额＝（外国子公司已缴所在国所得税额＋外国子公司应承担的外国孙公司已缴所在国税额）×（母公司从子公司分得的股息÷外国子公司的税后利润）

在计算出母公司应承担的外国子公司和外国孙公司已缴的外国所得税额后，加上母公司从外国子公司分配取得的股息额，即为母公司来自外国子公司和外国孙公司的所得额。进一步计算母公司的境外来源所得的抵免限额，确定母公司居住国实际允许母公司抵免的外国子公司和外国孙公司已缴外国所得税额的公式和方法，与前述一层间接抵免的有关公式和方法相同。

（三）扣除法

扣除法，是指居住国在对居民纳税人的境内外所得征税时，允许居民纳税人从应税所得额中扣除其在来源地国已缴纳的外国所得税额，就扣除后的余额适用税率计算征收所得税的方法。其基本公式为：

向居住国应纳税额＝（境内外全部应税所得—境外已纳税额）×居住国税率

（四）减税法

减税法，是指居住国对本国居民纳税人来源于境外的所得，单独适用较低的税率征税或按境外所得额的一定比例计税，给予减征税款的照顾，从而在一定程度上缓解跨国所得的国际税负重叠问题。

在上述四种避免国际重复征税的方法中，前两种是主要的，后两种是辅助性的。因为扣除法和减税法并没有从根本上解决居住国的居民税收管辖权与来源地国的属地税收管辖权的冲突、重叠问题，不能完全消除国际重复征税，只能在一定程度上减轻跨国纳税人的税收负担，所以，联合国和经合组织两个范本均建议各国在双边税收协定中采用免税法和抵免法来消除国际重复征税的问题。这两种方法也是目前绝大多数国家的国内税法中规定的消除国际重复征税的方法。

四、税收饶让抵免

（一）税收饶让抵免的概念和意义

税收饶让抵免是一种特殊的外国税收抵免制度。按照外国税收抵免制度的规定，只有在收入来源地国实际缴纳的所得税税款才能在居住国得到抵免。居住国居民如果因来源地国的税收减免而并未实际纳税，就必须向居住国如实补缴。这就使它们不能从收入来源地国的税收减免中得到实惠，同时，收入来源地国还把自己原来可以征收的税款拱手送给了居住国，它们为了吸引外资所采取的税收优惠政策也起不到应有的作用。为了避免这种不利的后果，国际上实行税收饶让抵免这种特殊的抵免制度。

税收饶让抵免，是指居住国对于其居民因来源地国实行减、免税优惠而未实际缴纳的那部分税额，应视同已经缴纳，同样给予抵免。由于在采取税收饶让抵免方法的情况下，居住国给予抵免的是居民纳税人并未实际缴纳的来源地国的税收，所以，该抵免又称为“虚拟抵免”或“影子税收抵免”。它和一般的外国税收抵免有重要的区别：第一，税收饶让抵免是为了配合所得来源地国吸引外资的税收优惠政策，使之得到实施，鼓励对来源地国的投资，而不是像一般的外国税收抵免那样是为了避免和消除国际重复征税。第二，税收饶让抵免必须通过双边税收协定作出规定和安排才能得到实施，而一般的外国税收抵免虽然也要通过双边税收协定作出规定，但由于有些国家实行单边抵免，所以在没有双边税收协定的情况下，其居民也能享受抵免的待遇。第三，在一般的外国税收抵免方面，各国的做法基本相同，而在税收饶让抵免方面，各国的做法有较大出入，例如，通过双边税收协定所采用的税收饶让方式和给予饶让抵免的范围就有很大的不同。

实行税收饶让抵免具有重要的意义：对作为资本输入国的发展中国家来说，这有利于鼓励外国投资；对作为资本输出国的发达国家来说，这也并不影响其原有的权益，因为居住国同意给予饶让抵免的这部分税收，是本来在来源地国的属地税收管辖权范围内应征而未征的税款；从消除南北贫富差距、实现国际经济新秩序的目标来看，实行税收饶让抵免也是那些发达的资本输出国应该承担的国际义务和责任。因此，自 20 世纪 60 年代以来，许多发达国家同发展中国家之间的双边税收协定都含有税收饶让抵免条款。只有美国等少数国家认为，税收饶让抵免会造成境内投资与境外投资的税负不平衡，有悖税收中立原则，因而它们拒绝在税收协定中实行税收饶让抵免。值得注意的是，进入 20 世纪 90 年代后，随着经济全球化的发展和各国传统的贸易与投资壁垒的逐渐降低和消除，一些发达国家认为，税收饶让抵免是一种不适当地援助发展中国家经济发展的措施，税收协定中的饶让抵免条款容易被纳税人滥用进行国际税收安排。随着一些发展中国家经济地位的提高，资本输出国与输入国之间的界限已经不再有明显的区别，实行税收饶让抵免的基本前提已经逐渐改变，因而，发达国家阵营内否定实行税收饶让抵免的作用和意义的倾向有所发展。

（二）税收饶让抵免的形式

综合各国实践，居住国给予税收饶让抵免的具体做法，大体可以分为以下三种类型。

1. 普通饶让抵免

普通饶让抵免，亦称一般饶让或传统的饶让抵免，是指居住国对于本国居民纳税人在缔约国对方获得的税法规定的各种减、免税优惠，只要在税收协定适用的税种范围内，不区分所得的种类、性质，均视同纳税人已经实际缴纳而给予抵免。这种类型的税收饶让抵免对纳税人取得的境外所得种类限制较少，适用范围较宽，因而在国际税收协定实践中得到多数国家的采用。

2. 差额饶让抵免

差额饶让抵免，是指在缔约国对方税法规定的税率高于双方在税收协定中规定的限制税率的情况下，缔约国一方对于本国居民纳税人在缔约国对方按税收协定限制税率缴纳的税额与按缔约国对方税法规定的税率计算的税额之间的差额，视同纳税人已经实际在缔约国对方缴纳，给予抵免。例如，甲国的税法规定，对非居民来源于境内的特许权使用费所得适用的预提所得税税率为20%，但甲国与乙国之间的税收协定规定此类特许权使用费所得的限制预提所得税税率为10%。在乙国对甲国实行差额饶让抵免的情况下，尽管甲国对乙国居民纳税人取得的来源于甲国境内的特许权使用费实际上是按协定中的限制税率10%课征预提所得税，但乙国对其居民纳税人的上述所得仍视同在甲国已经按20%的税率纳税，给予抵免。相对于普通饶让抵免而言，差额饶让抵免的适用范围较窄，通常仅限于股息、利息和特许权使用费等投资所得。

3. 定率饶让抵免

定率饶让抵免，是指居住国一方不考虑本国居民纳税人在缔约国对方实际获得多少减免税优惠，均按照税收协定中确定的固定抵免税率给予税收抵免。税收协定中的固定抵免税率就是确定税收饶让抵免的界限标准，而不管纳税人就其所得在缔约国对方实际缴纳的税额是多少。与差额饶让抵免相比较，定率饶让抵免能较好地控制跨国纳税人取得饶让抵免的受益程度，防止从事境内投资活动的纳税人与从事境外投资的纳税人在税负上产生较大的不平衡。因此，它在各国双边税收协定实践中也得到了广泛的采用。

第四节　国际逃、避税及其法律管制

一、国际逃税与避税的区别

国际逃税，是指跨国纳税人故意或有意识地违反税法规定，采取向有关税务当局隐瞒、谎报、虚报等非法手段，减轻或逃避有关国家税法或税收协定所规定的要求其承担的纳税义务的行为；或者跨国纳税人因疏忽或过失而没有履行法律所规定的要求其承担的纳税义务的行为。前者称为国际偷税，后者称为国际漏税，两者的区别仅在于跨国纳税人的主观过错形态不同。

国际避税，是指跨国纳税人利用各国税法或税收协定之规定的欠缺或含混之处，采取某种公开的或形式上不违法的方式，减轻或规避法律要求其承担的纳税义务的行为。

从上述概念可知，国际逃税与国际避税这两种行为在性质、表现形式和可能对行为人产生的法律后果等方面，都存在着比较明显的区别。

首先，从性质上看，国际逃税行为属于法律明确禁止的违法行为；而国际避税行为，尽管也是出自行为人的主观故意，但并不具有明显的违法性质。

其次，从表现形式看，从事国际逃税的跨国纳税人或者故意采取错误陈述、谎报和隐瞒有关财产或收支情况等手段，或者因疏忽或过失，少缴或不缴税款；而从事国际避税的跨国纳税人往往是公开地利用了某种合法的形式安排。

最后，从法律后果看，从事国际逃税的跨国纳税人根据逃税情节的轻重，要受到各国法律的民事规制、行政规制甚至刑事规制；而从事国际避税的跨国纳税人并不承担法律责任，各国有关当局只能通过修改与完善有关税法，堵塞可能被纳税人利用的漏洞，或者以禁止滥用税法、实质优于形式等法律原则，否定避税行为安排的合法性，恢复跨国纳税人本应承担的纳税义务。

应当指出的是，从一国税法角度讲，行为方式的违法与否可以作为区分国际逃税与避税的界限标志。但从国际范围来看，这种区分只是相对的。由于各国管制逃税与避税的立法差异和发达程度不同，在一国被认为是违法的逃税行为，在另一国可能属于避税安排。而且，随着各国反避税立法的逐步健全，原先属于避税性质的行为，也可能转化为违法的逃税行为。因此，有学者认为，国际逃税与避税两者之间并无明显的界限区别，亦无严格区分的必要。

二、国际逃税与避税的主要方式

（一）跨国纳税人从事国际逃税的主要方式

跨国纳税人从事国际逃税的手法是多种多样的，比较常见的有以下三种。

（1）隐报应纳税所得。跨国纳税人通过隐匿在国外的租金、股息和利息收入以及转让资产所得，或者用无记名证券的形式进行投资，或者不向税务机关提交纳税申报单等，来逃避纳税义务。

（2）谎报所得和虚构成本费用等扣除项目。跨国纳税人通过谎报所得的真实性质，利用股息在所在国税法中比利息享有更多优惠的规定，把其对国外子公司的贷款当作投资股份申报；或者利用有关国家关于利息可以作为费用扣除的规定，将股息分配伪报成利息支付。跨国纳税人还采取在成本支出上以少报多、无中生有、多摊折旧扣除，或虚构有关佣金、技术使用费和交际应酬费等开支，以减少应税所得额。

（3）伪造账册和收付凭证。跨国纳税人往往设置两套账簿：一套账簿登记虚假的经营项目，以应付税务机关的审查；另一套则反映真实的经营状况，但严格对外保密，使税务机关无法了解其真实的利润水平。跨国纳税人还通过在购入时多开发票、在售出时少开发票甚至不开发票等办法，达到逃税的目的。

（二）跨国纳税人从事国际避税的主要方式

跨国纳税人从事国际避税的方式花样繁多，但常用的可以归纳为以下三类。

1. 通过纳税主体的跨国移动进行国际避税

这是指自然人、法人通过改变其住所、居所等税收连结点，来达到规避原先适用的对其不利的居民税收管辖权、选择对其有利的居民税收管辖权的目的。其客观表现形式就是跨国纳税人（即纳税主体）与税收管辖权（一般表现为不同国家）之间连结因素的变化。例如，一个居住在甲国的股东，当他准备转让在甲国某企业中的大笔股份时，为了规避在甲国需承担的较高的税负，他可以暂时移居到对资本利得征税较低的乙国。只要甲、乙两国间的税收协定规定对这类资本利得仅由纳税人居住国征税，那么，这个股东在乙国出售他在甲国企业中拥有的股份，就可以达到减轻税负的目的。法人亦可以采取改变董事会地点等方法把企业的实际经营管理中心转移到低税国家，或者采用事先选择在低税国或避税港注册登记的方法，达到规避成为某个国家居民纳税人的目的。

2. 通过征税对象的跨国移动进行国际避税

这主要是指通过调整经营所得或成本费用、营业损失等可扣除项目在不同税收管辖权之间的分布，改变在不同税收管辖权之下的应纳税所得，从而达到调整利润、减轻税负的目的。其客观表现形式就是征税对象（即应纳税所得）在不同国家之间移动。

这类国际避税方式又可以具体分为以下四种。

（1）跨国联属企业通过转移定价进行国际避税。

所谓跨国联属企业，是指分处在两个以上国家境内，在资金、经营、购销等方面彼此间存在直接或间接的拥有或控制关系的企业群，包括在上述方面直接或间接地同为第三者所拥有或控制的企业。例如，母公司与子公司、总公司与分支机构，以及同受母公司或总公司直接或间接拥有或控制的子公司或分支机构，都属于联属企业的范畴。所谓转移定价（transfer pricing），是指跨国联属企业之间从事内部交易时采取的价格。

跨国联属企业出于全球经营战略的目的，往往在企业内部通过调拨产品、资本及劳务等形成内部交易，以实现对资源的最优配置和最佳利用。这种内部交易的出现，并不是一种偶然的现象，而是跨国联属企业利用内部交易价格实现整体经营和集团利润最大化的动机的必然反映。尽管转移定价本身并不必然代表避税行为，但其毕竟为跨国联属企业进行国际避税提供了方法和途径：跨国联属企业可以通过转移定价调整位于不同国家（亦即不同税收管辖权）的企业之间的利润分配，从而实现其纳税最小化、利润最大化的目的。当转移定价与市场价格一致时，转移定价只反映跨国联属企业的一种内部经营和管理策略；当转移定价与市场价格不一致时，转移定价不仅反映上述策略，更可能产生避税的结果。因此，国际避税意义上的转移定价，主要是指位于不同国家之间的联属企业的内部价格与国际市场价格之间存在差异，进而存在避税的可能的情况。各国处理转移定价也就集中在认定转移定价是否与市场价格相偏离，而非强调纳税人在动机上是否存在逃避税收的企图。

由于各国税率水平高低不一、税基的计算规定差异较大，跨国联属企业通过转移定价将设在高税率国的企业的利润人为地转移到位于低税率国的某个企业实体，避免在高税率国承担较高的所得税义务，从而使联属企业的总体税负大大减少。例如，在母公司所在国的税率高于子公司所在国的税率的情况下，母公司往往采取将出售给子公司的货物价格人为地压低到极少盈利甚至亏损的程度的方法，使这批货物的利润转移到子公司的账上。子公司也可能通过人为地抬高向母公司提供劳务或技术的价格的办法，达到同样的目的。相反地，如果总公司所在国的税负水平低于分支机构所在国的税负水平，则总公司可以通过把那些与分支机构的经营活动无关的管理费用大量分摊至分支机构的办法，人为地降低被分支机构的盈利水平，使分支机构的利润被转移到税率较低的总公司所在国。这样，人为地将联属企业各实体的利润安排在低税率国纳税，从跨国联属企业的整体利益考虑，显然更为有利。

（2）跨国纳税人利用避税港进行国际避税。

所谓避税港（tax heaven），一般是指那些对财产和所得不征税或按很低的税率征税的国家或地区。像拉丁美洲的巴哈马、开曼群岛、哥斯达黎加，澳洲的瓦努阿图、瑙鲁，欧洲的瑞士等国家和地区，以及我国的香港特别行政区等，在有关国家的税法中一般都被列为避税港。避税港政治稳定，国际航空和通信服务便利，外汇管制及政府干预宽松，银行秘密与商业秘密保护严格，与很多国家签订了税收减免协定等因素，都为跨国纳税人利用避税港进行避税提供了条件。

跨国纳税人利用避税港实现国际避税，主要是通过在避税港设立基地公司，将在避税港境外的财产和所得汇集在基地公司的账户下的方式。所谓基地公司，是指那些在避税港设立而实际受到外国股东控制的公司。这类公司的全部或主要的经营活动在避税港境外进行。具体地说，跨国纳税人或者以基地公司作为控股公司，将联属企业在各地的子公司的利润以股息形式汇集到基地公司的账户下，从而逃避母公司所在国对股息的征税；或者利用基地公司虚构中转销售业务，实现利润的跨国转移（例如，居住在甲国的纳税人，为了规避甲国的较高税负，通过事先压低对乙国客户的售价，然后由基地公司抬价把产品出售给乙国客户的办法，将利润转移到基地公司的账户上，从而获得免税或减税的好处）；或者以基地公司为信托公司，将在避税港外的财产虚构为基地公司的信托财产，从而把实际经营这些信托财产的所得，挂在基地公司的名下，并逐步转移到避税港，以达到免税或少纳税的目的。

（3）跨国投资人有意弱化股份投资进行国际避税。

所谓资本弱化（thin capitalization），是指跨国投资人有意弱化在国外联属企业中的股份投资而增加贷款融资的比例，从而达到避税的目的。这种避税方法产生的基础是，对股东股份投资的股息和贷款融资的利息在税收待遇方面有区别。也就是说，跨国投资人，尤其是那些跨国集团公司，利用股份和贷款这两种融资方式的国际税负的差别，对本应以股份形式投入的资金采用贷款方式提供，有意弱化股份投资而增加贷款融资的比例，从而逃避或减轻其本应承担的国际税负。

股份投资和贷款融资在税收待遇方面的主要区别是：第一，股东通过股份投资方式取得的股息，在多数情形下不能从公司的应税所得额中被扣除；而投资人以提供贷款形式收取的利息，在各国税法中一般都属于可列支的费用，允许将其从企业的应税所得额中扣除。第二，通过股份资本取得的收益往往经历两次征税：一次是作为分配股利的企业的应税所得部分而被课征企业所得税，另一次是作为股东参股所得被再次课税。而贷款融资不会受到这样的多重征税。第三，对跨国股息一般要征收预提所得税，且这种预提所得税在股息受益人的居住国可能得不到抵免；而对于支付给非居民的利息，虽然在许多国家也课征预提所得税，但税率往往比股息的预提所得税率要低，而且还有不少国家给予免税待遇。

（4）跨国公司利用公司内部重组、收购、兼并或清理进行国际避税。

跨国公司进行跨国境的内部重组、收购、兼并或清理活动，固然其主要动机为资源重新配置，但也不能排除其附带地享受由此带来的税收好处，甚至这类活动可能纯粹以避税为目的。由于外国子公司具有独立法人资格，跨国公司之母公司或其他子公司完全可以对其进行收购或兼并，从中谋取税收利益。当某一子公司或分支机构出现亏损时，通过重组其结构形式或清理其现存资产、宣布破产，也可以在税收方面获得意想不到的好处。

例如，假设跨国公司母公司A公司在2018年会计年度中通过股票交换的方式收购了其两家外国子公司B公司与C公司的全部股份。其中B公司当年盈利100万元，C公司当年亏损100万元。通过收购，B公司的股票溢利必须留待A公司将其持有的全部股票卖出之后才算实际实现，方可被计入A公司的应税所得；C公司的亏损可以在当年的公司集团合并报表中用于抵消集团的应税所得，从而公司集团获得双重的税收利益。

3. 通过滥用税收协定进行国际避税

此即通过利用第三国与另一国签订的税收协定来享受协定所规定的优惠待遇，从而使纳税人从另一国获得了他本来无法享受的优惠待遇。其特点是，在一个缔约国组建中介性的投资公司或控股公司［称为导管公司（conduit company）］，并将来源于缔约国对方的所得转移到这些公司的账户上，再通过其他途径将所得转移到纳税人的真正居住国。

滥用税收协定的手段有两种：一是设置直接导管公司避税。假设乙国与丙国订立了双边税收协定，乙国居民从丙国取得的股息收入可以享受税收协定中的优惠待遇。甲国A公司有来源于丙国B公司的股息收入，但甲国与丙国没有签订税收协定。根据甲国与乙国订立的税收协定，或者根据乙国的税法，甲国居民从乙国取得的收入可以享受相当可观的优惠。于是，甲国居民A公司就在乙国设立了子公司C公司，将来源于丙国B公司的股息收入转移给C公司，然后在适当的条件下再转移回甲国A公司。这样，甲国A公司得以享受乙国与丙国的税收协定优惠，使它承担的税负比它直接从丙国获取股息所承担的税负要轻得多，从而达到避税的目的。乙国C公司这类导管公司，就是所谓的直接导管公司。二是设置间接导管公司即"踏脚石式导管公司"进行避税。假设乙国与丙国缔结了双边税收协定，甲国A公司有来源于丙国B公司的股息收入，但甲国与乙国、丙国之间均未签订税收协定，故甲国A公司无法享受税收优惠或采取直接导管公司的形式进行避税。同时，按照乙国国内法的规定，乙国C公司支付给其母公司甲国A公司的投资所得允许被作为费用扣除并按常规税率计征预提所得税。这时，如果甲国A公司在与甲国有税收协定并提供减免预提所得税优惠的丁国设立一个子公司D公司，那么来源于丙国的股息收入就可以先从B公司转移到乙国的C公司，再由C公司支付给丁国的D公司。这样，一方面，B公司可以在计税所得中大量扣除股息、利息、特许权使用费及佣金、报酬等支出，从而将税负减至最低，而且B公司在乙国缴纳的预提所得税可以在丁国得到抵免；另一方面，丁国D公司向甲国A公司支付的收入还可以享受甲国与丁国间之税收协定提供的低税率优惠。丁国D公司这类第二道的导管公司，就是所谓的"踏脚石式导管公司"。

三、国际逃税与避税的国内法管制措施

国际逃税与避税不仅严重地损害了有关国家的税收利益，而且可能导致国际资金的不正常转移，使有关国家的国际收支出现巨额差异。因此，各国主要通过国内立法措施管制跨国纳税人的国际逃税与避税行为。

（一）管制国际逃税与避税的一般国内法措施

各国税法管制国际逃税与避税的一般国内法措施有如下几种。

（1）加强国际税务申报制度。许多国家在国内税法中特别对跨国纳税人规定了申报国外税务情报资料的义务。例如，美国的税法和1970年的《银行秘密法》针对跨国纳税人与各种外国实体的交易和相互关系，规定了一系列特别的申报制度。为了防止美国纳税人逃、漏税，加强海外查税力度，美国国税局及财政部于2012年2月8日正式发布《外国账户税收遵从法》(Foreign Account Tax Compliance Act，FATCA)。根据该法，自2013年1月1日起，凡是有美国来源所得或者美国来源所得的财产交易所得的国外金融机构或一般企业，都需要协助美国国税局查税，并主动向美国政府申报其拥有美国护照或者绿卡的客户与投资者的资料信息。

（2）加强情报收集工作。各国税务机关加强了通过国内法律或双边税收协定来收集情报。例如，美国一方面从国内立法的角度强制规定了纳税人对可疑交易的披露义务，另一方面采取外交手段终止与拒绝提供足够信息的国家之间的税收协定，并力图在新签订的税收协定中加入切实可行的情报交换条款。

（3）强化税务审查制度。许多国家通过有关法律规定，公司、企业尤其是股份有限公司的财务报表，必须经注册会计师审核签字，或应附当地注册会计师的查账报告。例如，新加坡政府的经济发展局、商业犯罪调查局等部门均拥有检查、监督外资企业常年账目的权力。

（4）实行评估所得征税制度。许多国家对那些由于不能提供准确的成本费用凭证，或由于经营活动的复杂性而无法正确计算应税所得的纳税人，采取评估所得征税的方法。例如，比利时和法国对某些小型个体企业、商号和自由职业者，针对其经营状况，采取按照同行业纳税人的正常或平均利润水平，核定其应税所得的办法。

（二）管制国际逃税与避税的特别国内法措施

1. 各国管制纳税主体跨国移动的法律措施

许多国家为了维护本国的税收利益，通过在法令中作出特别规定，对本国居民移居国外的自由施加各种限制：（1）大多数国家的法律都要求本国居民在移居国外前，必须缴清全部应缴税款，以防止纳税人规避在本国的应纳税款。例如，美国规定，任何人申请出境，都必须交验税款缴讫的证明。（2）各国对纯粹出于逃避税收目的移居国外的行为，作出了特别的规定。例如，《荷兰所得税法》第2条第1款规定，放弃荷兰居所的个人，如果在不满一年的期限内又迁回荷兰，而在其他地方并未拥有税收居所的，则应被连续视为荷兰居民。（3）有些国家在相关法律中规定了判断法人居所的双重标准。例如，在实行注册登记地标准的国家，在税法中同时规定了实际管理和控制中心标准，以判断法人的税收居所。

2. 各国管制征税对象跨国移动的法律措施

（1）对跨国联属企业通过转移定价进行国际避税的法律管制。

各国针对日益复杂和突出的转移定价问题，普遍采用了正常交易原则（principle of arms length），作为税务处理的基本原则。所谓正常交易原则，是指将联属企业之间的经济交往当作独立竞争的企业之间的关系处理，即对于联属企业之间的内部交易（又称受控交易）应按照独立企业之间的可比交易（又称非受控交易）定价。由于独立企业之间的可比交易定价遵循市场规则，可以反映该类交易的公平市场价格，因而，如果联属企业的内部交易定价中有人为抬价或压价的现象发生，致使其偏离可比交易价格，则税务机关可以重新调查联属企业在内部交易中的应得收入和应承担费用，进而调整其应税所得。

根据正常交易原则，针对联属企业内部进行的贷款、劳务、租赁、技术转让和货物销售等各种交易往来，各国制定的管制转移定价税制规定了一系列判断其是否为公平市场交易价格的方法。下面以联属企业内部进行的货物销售为例，说明各国的管制转移定价税制对于其是否符合正常交易原则的判断方法。经合组织国家（以下简称OECD国家）采取以下5种方法：1）可比非受控价格法。这是将联属企业内部的货物交易价格与独立企业之间相同或相似的货物交易价格相比较，并以后者作为判断联属企业内部的货物交易价格是否为公平市场交易价格的标准。判断两种交易价格是否可比以及是否有差异的参考因素是：产品质量、销售数量、市场情况、交易发生的区域市场、交易日期、涉及的无形资产部分、买卖双方可供选择的商业替代安排等。1985年的美国Eli Lilly案是运用可比非受控价格法的典型案例。2）转售价格法。这是在可比非受控价格无法被取得的情况下，将联属企业一方在购进货物后再出售给无关联的第三方的价格（即转售价格），扣除转售方（即内部交易中的购方）适当的毛利润额（进销差价）后的价格，作为确定联属企业间之货物交易价格是否为公平市场价格的标准。这是一种价格与利润相结合的方法，从内部交易中的购方的角度出发，通过扣除其转售的合理毛利润来还原出售方的正常交易价格。1979年的美国杜邦公司案是使用转售价格法的典型案例。3）成本加价法。这是在无法采用上述两种方法时，依货物的制造成本加合理费用和利润的办法，确定其公平市场交易价格。该方法也是价格与利润的结合体。4）可比利润法和利润分劈法。可比利润法是以资产收益率、销售毛利润或其他类似的财务比率，作为衡量联属企业内部交易的营业利润与具备相似功能的独立企业的营业利润的指标，如果代表内部交易营业利润水平的财务比率偏离独立企业的营业利润水平，则说明联属企业在内部交易中利用转移定价的制定影响了营业利润的分配，从而有必要进行相应的调整。这实质上是将具备相似功能的独立企业的利润水平作为交易正常与否的衡量标准。利润分劈法是按照独立企业从事类似交易的利润分配情况，确定内部交易所得营业利润在联属企业之间的分配的方法。这种方法不考虑联属企业与独立企业交易事项上的价格差异，所以，不依赖可比价格或可比利润水平。利润分劈法与可比利润法的一个明确的区别在于，前者强调利润在内部交易双方之间的分配，而后者强调联属企业内部交易中一方企业的营业利润。5）其他方法。在上述四种方法都无法被采用时，由税务机关决定采用其他适当的方法来确定正常交易价格。必须指出的是，与 OECD 国家不同，美国 1994 年《转移定价法》中对上述方法的使用顺序作了灵活规定，根据其最佳方法原则（the best method principle），任何方法只要能够达到调整转移定价的最佳效果，即可被采用。

正常交易原则通过内部交易价格与可比交易价格的比较，判断转移定价是否合理，这在联属企业之内部交易以货物买卖为主的时期是具有可操作性的。但是，该原则已经受到新情况、新发展的强烈挑战，这些挑战是：联属企业之间技术交易数量迅猛增长；高科技产品和服务大量出现；许可贸易与转让技术的复杂程度大大提高；从事国际贸易的方式已经发生技术革新（例如，EDI 方式）等。联属企业内部交易的类型和方式的改变，意味着有越来越多的内部交易无法找到可与之相比较的独立企业交易。尤其是在无形资产交易和服务贸易方面，联属企业内部拥有的独特技术、商标、专利等无形资产以及提供的特殊性质的服务的价格，几乎无法在其他独立企业之间找到可比交易价格，而且联属企业也很少将其内部交易的无形资产或服务再对外提供。由于缺乏独立企业的可比交易价格，所以正常交易原则适用的范围便大打折扣了。因此，必须对传统的正常交易原则进行改革。

（2）对跨国纳税人利用避税港进行国际避税的法律管制。

各国对利用避税港进行国际避税的法律管制可以分为三种类型：1）通过法律制裁阻止基地公司的设立。典型代表是英国 1988 年《所得税和公司税法》第 765 节的规定。根据该节的规定，未经财政部的批准，英国居民公司不得擅自迁出英国（这主要是指怀有逃避税收目的的迁出）。如果违反该节的规定，对其不仅仍按英国居民公司依法征税，而且还将给予刑事处分，例如，对公司负责人处以 2 年监禁和对公司处以罚金。2）禁止非正常的利润转移以阻止基地公司的设立。典型代表是比利时 1973 年《所得税法》第 24 条的规定。根据该条的规定，比利时公司向国外关联企业转移的利润，如果属于非正常转移，则在计算应纳税所得额时一律不予扣除。并且，这一规定适用于对避税港和低税国的非正常利润转移。3）取消基地公司的税收利益以阻止基地公司的设立。基地公司的最大税收利益在于，当其未将利润以股息形式分配给国内股东时，该股东在国内承担的应纳税所得中不包括该部分应取得而尚未实际取得的利润。这种延期纳税的好处是设立基地公司的主要动机。为此，以美国为代表的一些国家通过取消延期纳税，使基地公司在税收上无利可图，以打击居民公司设立基地公司的积极性。《美国国内收入法典》F 部分就是针对避税港基地公司的规定。

（3）对跨国投资人有意弱化股份投资进行国际避税的法律管制。

针对这种国际避税行为，一些国家已经采取措施，通过特别的税收立法和税收征管规定，或者运用正常交易原则和税法中有关防止滥用法律行为等反避税的一般规则，限制股东对公司作出过高的贷款融资安排。其作用在于：在以贷款融资掩盖股份投资的情况下，公司支付给贷款股东的利息不得从公司应税所得中扣除，而股东取得的贷款利息应被视为股息。例如，《美国国内收入法典》第 163 条（j）规定，如果向联属企业支付利息的公司负债与资本的比例超过1.5∶1，或该公司支付的利息超过其支付前收入的 50%，则上述利息不能从该公司的所得中扣除。英国税法规定，向外国股东（出资 75%以上）支付的利息视同支付股息利润，而且在以下三种情况下，有关贷款利息可以被视为利润分配：1）有关贷款可以转换为对公司的参股；2）利息的支付以公司盈利为条件；3）支付给外国姐妹公司的利息数额超过银行正常的同期贷款利息。

（4）对跨国公司利用公司内部重组、收购、兼并或清理进行国际避税的法律管制。

这方面的法律管制，以美国、英国、法国的规定为例进行说明。在美国，《美国国内收入法典》第368节规定，享有免税待遇的收购、兼并活动必须满足以下三项条件：1）收购公司用股票交换目标公司（即被收购公司）的财产时，可以不认定其资产利得或损失；2）收购公司必须承担目标公司的纳税基础，并在一定的期间内持有目标公司的股票或财产；3）收购公司继承目标公司的营业净损失，但必须限制其利用该损失。只要是某一子公司被跨国公司集团内另一子公司收购，总公司对此的纳税基础就是被收购子公司的净资产价值。在英国，居民公司与非居民公司组成集团时，不得享受集团税收待遇，成员间的盈利与损失不得相互冲抵；清算中的居民公司将资产转让给非居民公司，或交换发行给居民公司股东的股份时，其资本收益税不能延付；受让公司或被转让的子公司为非居民公司时，不适用对居民公司的各项规定。在法国，当改组涉及法国公司被外国公司合并，或法国公司以其资产缴付换取外国公司的股份时，应按适用于合并的一系列税务规定执行，并须经法国财政部批准；对本期应纳税利润仍由被合并公司承担纳税义务，对合并前的亏损也准予核销；但是，所转让的资产必须保留在法国境内，并必须列入外国公司在法国的分支机构的资产负债表中。

3. 各国管制滥用税收协定的法律措施

目前大多数国家主要是通过在税收协定中设置反滥用税收协定条款来管制滥用税收协定行为的，仅有瑞士、美国等少数国家在国内税法中制定了专门的管制措施。不过，这些特别国内法措施与税收协定中采取的措施基本相似，因此，我们将在下文论述防止国际逃税与避税的国际合作时予以介绍。

四、防止国际逃税与避税的国际合作

国际逃税与避税现象的日益严重，促使各国不仅从国内法着手，更从国际合作的角度寻求解决途径。

（一）国家与国家之间的合作

目前，各国采取双边或多边合作的形式，通过签订有关公约或协定来达到防止国际逃税与避税的目的。这主要有以下三个方面的内容。

1. 建立情报交换制度

许多国家根据经合组织范本与联合国范本建议的原则和方法，在对外签订的双边税收协定中规定了互相提供税收情报，尤其是防止逃税所需要的情报的制度。各国通过谈判，在税收协定中具体确定了交换情报的种类和范围，以及交换情报的方法。

2. 相互协助国际税收管理

国际税收管理的相互协助，主要是一国的税务机关接受另一国的税务机关的委托，代为执行某些征税行为，例如，代为送达纳税通知书，代为实施税收保全措施和追缴税款等。

3. 在税收协定中增设反滥用协定条款

鉴于滥用税收协定行为大多采用设置导管公司的方法，各国及有关国际组织的反滥用税收协定措施中，关键的是确定判断导管公司的标准。大体上说，确定这些标准的方法可以分为主观标准法与客观标准法两大类。所谓主观标准法，是指在税收协定中规定，那些非出于真实的生产经营目的，而仅仅是为了谋取税收协定优惠的纳税人被排除在协定优惠的适用范围之外。例如，荷兰与英国的双边税收协定第11条指明，协定不适用于只是为了谋取协定优惠，而非“善意”的商业往来所需要的利息支付。客观标准法又有以下五种：（1）回避法。这是指一国政府避免同避税港或那些实行低税政策的国家或地区缔结双边税收协定。正因为如此，一些国际上知名的避税地，例如，巴拿马、列支敦士登和摩纳哥等，就没有或只有很少几项双边税收协定。(2) 排除法。这是指协定明确规定协定的优惠不适用于缔约国一方某些享受免税或低税待遇的公司，以防止第三国居民在缔约国选择设置这类特殊的公司以取得更多的税收优惠利益。最典型的排除法条款是卢森堡同外国签订的税收协定中关于协定不适用于根据卢森堡法律设立的控股公司的规定。(3) 透视法。这是指缔约国的居民公司是否享受协定的优惠待遇，取决于控制或拥有该公司的股东（受益所有人）是否是缔约国的国民，而不再仅仅依据该公司是否为缔约国居民这一表面标准。例如，1977 年经合组织范本引入受益所有人概念，规定，只有股息、利息、特许权使用费的受益所有人才有权主张税收协定下的优惠。(4) 渠道法。这是指缔约国一方居民公司支付给第三国居民的股息、利息、特许权使用费等款项，不得超过其总收入的一定比例，否则，不得享受协定下的优惠待遇。例如，1962 年，瑞士一项法规规定，对于根据双边税收协定可以得到免税优惠的全部或部分所得，瑞士居民不得将超过 50%的部分用于向瑞士之外的居民支付利息、特许权使用费和顾问费用、开发研究费用以及其他超额费用。与税收协定优惠有关的所得必须和其他所得严格区分，与其他所得相联系的费用只能在其他所得中扣除，不得在协定保护的所得中冲销。(5) 征税法。这是指纳税人享受协定对某些种类所得的减、免税优惠，以这类所得在纳税人的居住国被征税为前提条件。例如，奥地利与英国的双边税收协定第 10 条规定，对于缔约国一方居民来源于缔约国另一方的股息，可以在收入来源地国征税；对于此项股息也可以依据居民所在国的法律，由该国征税。作为收入来源地的缔约国，预提税的标准税率为 15%，协定限制的优惠税率为 5%，收款人居住缔约国在征税时予以抵免。关于享受低税率的条件，除缔约国一方居民要拥有缔约国另一方居民公司 25%以上的股权以外，公司居住国还必须对其征税，否则，收入来源地国不予提供 5%的低税率优惠。

（二）国家与跨国公司之间的合作

防止国际避税的国际合作，目前集中在转移定价方面。防止跨国联属企业之间通过转移定价进行国际避税的最好办法，是事先预防联属企业内部交易中产生不符合正常交易原则的转移定价，即从根本上消除国际避税的基础。这种事先预防的途径，具体表现为目前某些国家与跨国公司之间实行的双边预约定价制（Bilateral Advance Pricing Agreement，BAPA）。

双边预约定价制，是指跨国纳税人事先取得其内部交易所涉及国家的税务主管当局对转移定价的价格的认可，并遵照由此签订的预约定价协议所规定的条款进行交易，以避免各国税务主管当局对转移定价进行事后调整。自 1991 年美国颁布指导双边预约定价制的“税收程序第 91—22 号令”以来，据统计，世界上采用双边预约定价制的国家已经包括韩国、新西兰、墨西哥等近二十个国家和地区。

（三）国家与外国金融机构或一般企业之间的合作

这方面的创新是美国国税局及财政部于 2012 年 2 月 8 日正式发布的《外国账户税收遵从法》。根据该法，自 2013 年 1 月 1 日起，凡是有美国来源所得或者美国来源所得的财产交易所得的国外金融机构或一般企业，都需要协助美国国税局查税，并主动向美国政府申报其拥有美国护照或者绿卡的客户与投资者的资料信息。《外国账户税收遵从法》越过各国政府，直接要求外国金融机构配合提供美国公民的海外账户资料。一般而言，银行、经纪人、保险公司、避险基金、证券机构和私募股权基金等非美国机构均被视为外国金融机构（Foreign Financial Institution，FFI），被列为该法的适用对象。

但是如果外国金融机构不签署 FFIA（Foreign Financial Institution Agreement）、不按时申报或申报不实，除了不得在美国设立分支机构外，美国还将对该金融机构在美国操作资金的资本利得（包含利息、股息、租金、劳务所得等其他可确定金额的定期所得等）征收 30%的重税。假如具有美国公民身份的客户拒绝申报，外国金融机构必须关闭该客户的账户。

2012年2月8日，法国、德国、意大利、西班牙和英国与美国发表共同声明，表示以与这些国家的双边税收协定取代《外国账户税收遵从法》中有关申报和扣缴方面的规定，以打击国际逃避税行为。作出上述共同声明的国家将采用政府间方法（intergovernment approach）处理《外国账户税收遵从法》引起的争议，即各国首先请自己国家的金融机构将《外国账户税收遵从法》所规定的资料信息汇报给本国政府，由本国政府将通过信息分享的方式交予美国税务机关。这样一来，上述五国的金融机构无须分别与美国税务主管当局签订FFIA。预计未来，在国际上将会有越来越多的国家与美国合作，采用政府间方式处理《外国账户税收遵从法》中的信息分享问题。

第五节　国际税收协定

一、国际税收协定的概念、分类及规范化

（一）国际税收协定的概念

国际税收协定是指两个或两个以上的主权国家，为了协调相互之间的税收分配关系和加强税务行政方面的合作，按照国际法有关主权和平等原则，经过一定程序所签订的，对签约各国具有拘束力的一种书面协议。就狭义而言，国际税收协定仅指那些专门协调缔约国之间对跨国纳税人的跨国所得和财产价值征税时的税收权益分配关系和税务行政合作关系的国际税收协定。广义的国际税收协定还包括虽然不以跨国所得课税的国际协调为主要调整对象，但有专列条款处理所得税征纳方面之矛盾与冲突的国际条约或协定。例如，中国政府与古巴政府于1980年12月20日签订的《政府贸易协定》，就有互免企业所得税和其他任何形式税收的规定。另外，2013年8月27日中国政府第一次签署了一个国际多边税收协定——《多边税收征管互助公约》。为了公平合理地分配税收权益和打击国际逃税与避税行为，国家之间的税收合作进一步加强。2017年6月7日中国政府签署了《实施税收协定相关措施以防止税基侵蚀和利润转移（BEPS）的多边公约》。该公约的签署，实现了国际税收合作的多重目标，既能应对税基侵蚀和利润转移，保护国家税基安全，又为多边税收合作提供了法律框架，为跨境纳税人提供了税收确定性，从而增进了跨国投资者的信心。

（二）国际税收协定的分类

国际税收协定根据不同的分类依据，可以划分为不同的类型。

按照缔约方的数目，国际税收协定可以分为双边税收协定和多边税收协定两种类型。前者通常是指由两个国家缔结的协调相互间税收权益分配关系和税务行政合作关系的条约，例如，近年来我国同其他国家签订的避免双重征税的国际协定。后者是指由两个以上国家参加缔结的协调相互间税收权益分配关系和税务行政合作关系的协定，例如，丹麦、芬兰、瑞典、挪威和冰岛于1972年签订的税收协定。除了避免和消除双重征税外，协定的内容还包括税收行政合作，其范围包括交换税收情报、提供税收报表、协助征税、协助调查税务事项以及互送税收文件等。

按照协定所涉及的内容范围，国际税收协定可以分为综合性税收协定和单项性税收协定两种类型。前者是为了全面协调国家间的税收管辖关系而缔结的税收协定，最为典型的便是避免对所得和财产双重征税的协定。后者是为了协调有关国家对跨国所得和财产课税过程中的某一

特定税收问题而缔结的书面协议，例如，中国和澳大利亚于1985年11月签订的《关于空运企业在国际空运中取得的所得和收入避免双重征税的协定》。

（三）国际税收协定的规范化

国际税收协定的产生是基于国际政治、经济形势的演变，其发展也是增进税收协调、合作的实际需要。最早的国际税收协定是1843年法国与比利时签订的关于税务合作和税收情报交换的协定。而国际税收协定的大发展却是第二次世界大战以后的事了。在国际税收协定的发展史上，一个重要的问题便是协定的规范化。在协定规范化方面的重要成果，便是经合组织和联合国关于国际税收协定的范本。

（1）经合组织范本。1963年，经合组织首次公布了《关于对所得和财产避免双重征税的协定范本（草案）》。该草案得到许多国家的认可，并被作为协调国际税收管辖关系的重要参考文件。1967年，经合组织税务委员会着手对该草案进行了修订，并于1977年正式通过了修改后的范本及其注释，这通常被称为经合组织范本。该范本虽然在某些方面也承认收入来源地国的优先征税权，但其主体思想是强调居民税收管辖权。经合组织对于1977年《关于对所得和财产避免双重征税的协定范本》及其注释，先后于1992年、1994年、1995年和1997年进行了多次修改，目前使用的范本是2010年7月22日的《关于对所得和财产避免双重征税的协定范本条款》。

（2）联合国范本。经合组织范本偏重于居民税收管辖权，未能顾及在国际税收分配关系中多处于来源地国地位的广大发展中国家的财政利益。为此，联合国专家小组于1977年拟定了《关于发达国家与发展中国家避免双重征税的协定范本（草案）》，并在1979年专家小组第八次会议上经重新审议获得通过，1980年正式公布，人们通常称之为联合国范本。其体例结构虽然与经合组织范本的相同，但其有关条款较为注重来源地国的税收管辖权，因而在广大发展中国家的税收协定实践中得到普遍采用。1980年联合国《关于发达国家与发展中国家避免双重征税的协定范本》已于2011年修订。

经合组织范本和联合国范本的产生，标志着国际税收协定已经进入了规范化的发展阶段。两个范本为国家之间税收协定的签订奠定了基本框架，在国际税收协定的缔结并使之规范化方面起到了重要的作用。

根据国际财政文献局（IBFD）网站税收协定数据库的统计，截至2013年3月25日，全世界共签订了6 200多个避免对所得、资本以及遗产和赠与双重征税的协定，签订了357个有关交通运输的税收协定。从增长情况看，2008年1月1日至2013年3月25日，避免对所得、资本以及遗产和赠与双重征税的协定新增了约1 800个，有关交通运输的税收协定新增了59个。

二、避免国际双重征税协定

国际税收协定的核心问题是如何避免国际双重征税。这里以避免国际双重征税协定来阐述国际税收协定的主要内容。由于前述经合组织范本与联合国范本在推动避免国际双重征税协定内容的规范化发展方面发挥了重要的作用，因而，自20世纪60年代以来，各国之间签订的双边性的避免双重征税协定的基本结构和主要内容已经趋向统一。在通常情况下，这类双边税收协定的主要内容包括以下四个方面。

（一）此类协定的适用范围

此类协定的适用范围，主要是指此类协定对哪些人和哪些税种适用，以及此类协定在时间上和空间上的效力问题。

1. 对人的适用范围

现行的避免双重征税协定，通常在其第1条就开宗明义地表明："本协定适用于为缔约国一方或缔约国双方居民的人。"此类协定对任何第三国居民无约束力，第三国居民也不能要求享受基于此类协定所产生的税收优惠待遇。这是因为，对于不是缔约国一方或双方居民者，在缔约双方国家之间，不存在居民税收管辖权与来源地税收管辖权的交叉，因而不会产生缔约国之间的双重征税问题，自然没有必要将第三国居民列入协定的适用范围。另外，基于此类协定所产生的税收待遇往往是缔约国之间在对等的基础上相互给予的，第三国居民无权要求享有协定待遇，即在这一问题上并不适用最惠国待遇原则。目前这已经成为国际社会的共识。

在此类协定中，"缔约国一方居民"这一协定概念用语具有十分重要的法律意义，它关系到此类协定对人的适用范围，即什么样的人能享受协定待遇；同时，它也关系到缔约国双方中哪一方将作为某个特定纳税人的居住国对其行使居民税收管辖权，并对该纳税人就来源于缔约国对方境内所得已缴纳的缔约国对方所得税款，承担协定中规定的采取消除双重征税措施的义务。因此，此类协定中对"缔约国一方居民"这一关键用语都要作出明确的定义解释。

按照经合组织范本和联合国范本中的定义解释，此类协定中的"缔约国一方居民"这一用语，"是指按照该国法律，由于住所、居所、管理场所或其他类似性质的标准，负有纳税义务的人"。这一定义表明，判断一个人是否为缔约国一方居民：首先，应根据该缔约国税法规定的居民身份确认标准进行识别，此类协定原则上并不改变缔约国双方各自国内税法确定的居民认定标准。其次，它明确地限定了居民身份原则上应依住所、居所、管理场所或其他类似居住状态性质的标准确定。虽然此类协定在居民身份的确认问题上以遵从缔约国各方国内法规定为主，但取得缔约国一方居民身份的纳税人，即可享受协定优惠，缔约国另一方对他的征税就要受协定的限制、约束，这关系到缔约国另一方的权益，因而也不能完全以缔约国各自的国内法规定为准，此类协定还要对缔约国各方税法规定的居民身份确认标准作适当的范围限制，即限于目前绝大多数国家普遍采用的属于居住状态性质的标准，不包括少数国家采用的国籍、注册成立地这类法律性质的标准，以防止协定待遇被滥用。最后，按照这个定义，能够适用此类协定的人，还必须是在缔约国一方由于居民身份而负有无限纳税义务的人。不在缔约国负有无限纳税义务的人，不能享受协定待遇，尽管他具有缔约国一方居民的身份。

缔约国双方各自税法规定的居民身份确认标准不同，而此类协定在缔约国居民身份的确认方面原则上又遵从缔约国各方税法规定的标准，于是，在此类协定的适用实践中不可避免地会出现同一个纳税人，按缔约国一方税法标准应被认定为其居民，但根据缔约国另一方的税法规定，也可以被认定为另一方的居民的情况。在发生这种"双重居民身份冲突"的情况下，缔约国双方必须确定这个纳税人的居民身份究竟应属于哪一方，否则，此类协定无法对该纳税人适用。根据经合组织范本和联合国范本建议的系列冲突规则，解决自然人的双重居民身份冲突的选择顺序是：首先应认定这个自然人属于他拥有的永久性住所所在国一方的居民，其次应认定他属于其中与本人和其经济关系更为密切的重要利益中心所在国一方的居民。所谓个人的重要利益中心地，一般应根据个人的家庭/社会关系、职业和社会活动，以及个人从事经营活动和财产关系所在地等因素综合判断。如果无法判定这个人的重要利益中心地在哪一方，则认定他属于其习惯性居所所在国一方的居民。如果这个人在缔约国双方都有或都没有习惯性居所，应认定其为国籍所属国一方的居民。如果这个人具有缔约国双方的国籍或无双方国籍，最终应由缔约国双方协商解决其居民身份的归属。在企业法人发生双重居民身份冲突的情形下，按经合组织范本和联合国范本的建议，应以企业法人的实际管理机构所在国一方为其居住国。

还应该指出，虽然此类协定原则上适用于具有缔约国一方居民身份的纳税人，但由于跨国纳税人滥用此类协定进行国际避税的现象日益猖獗，近些年来，为了防止第三国居民通过在缔约国一方境内设置所谓导管公司来套取协定优惠，许多国家在此类协定中增设了反滥用协定条款。根据这类反滥用协定条款，如果缔约国一方的居民公司被证实属于第三国居民设置的旨在套取协定优惠的导管公司，则此类协定中有关减、免税和其他优惠的条款并不适用于这种居民。

2. 对税种的适用范围

此类协定一般仅适用于以所得为课税对象的税种。但在纳税人财产国际化的情况下，以一般财产价值为课税对象的财产税也会出现国际双重征税问题，因而有时此类协定也把财产税列入其所适用的税种范围，甚至一些国家缔结的此类协定还扩大适用于社会保障税。

为了避免在此类协定实施过程中对适用税种的理解出现分歧，缔约各方往往在此类协定中明确地列举所适用的各自税种名称，具体做法有两种：一是先按征税对象作出概括性的说明，然后分别列出双方各自适用协定的现行税种名称；二是不作概括性的说明，而是直接列出适用协定的缔约国双方各自的现行税种名称。

由于各国的税收制度和现行税种名称通常随着本国经济的发展而有所变化，因而，此类协定列举所适用的税种名称之后还应写明："本协定也应适用于在本协定签订之日以后增加或代替现行税种的任何相同或实质相似的各种税收。"

3. 在时间上的效力范围

此类协定在时间上的效力范围是指此类协定的条款有效适用的起止期间。在这方面应注意区别此类协定文件的生效和此类协定开始适用这两个不同的时间概念。前者是指此类协定文本自身发生法律效力的时间规定，一般都规定为缔约各方完成各自宪法规定的法律程序后，通过外交途径通知对方之后的一定期限以后生效。后者则是此类协定的有关实体条款从何时开始约束缔约国的征税行为的规定，通常规定为自协定文本自身生效后的下一个纳税年度起适用，这属于协定在时间上的效力范围内容。此类协定一般长期有效，但缔约双方往往也规定在协定生效若干年（一般为 5 年）后可以单方面通知对方终止协定。

4. 对空间的效力范围

此类协定在空间上的效力范围是指此类协定适用的地域范围。此类协定一经签订并生效后，应当适用于缔约国各方主权管辖范围以内的全部领土和水域，包括领海，根据国际法缔约国有管辖权和能够有效实施有关税收的法律的所有领海以外的区域，包括海床和底土。

与空间效力范围相关联的另一个问题是：此类协定生效后，如果某一缔约国的领土扩大，那么现有的协定是否自动地适用于扩大的区域呢？经合组织范本第 28 条就"区域的扩大"问题专门提供了处理意见，即此类协定通过其全部或任何必要的修改，可以扩大实施到此类协定中具体未包括的某一缔约国领土的任何部分，或由某一缔约国负责其国际关系的任何国家和地区，而该国家和地区所征收的税收又与此类协定适用的税收性质相同。任何这种扩大，应在缔约国双方通过外交途径的换文或按照其宪法规定的章程的方式指定的和同意的日期生效。

（二）避免双重征税协定的解释以及其与缔约国国内税法的关系

1. 避免双重征税协定的解释

避免双重征税协定的解释（以下简称"协定的解释"）是指缔约国为了具体实施和执行此类协定，而对协定中的某一条款或用语的准确含义予以阐明的行为。

避免双重征税协定为条约的一种，其解释规则当然要符合业已生效的《维也纳条约法公约》之有关规定，即其第 31 条："条约应就其用语按照上下文并参照其目的和宗旨所具有的通常意义，善意地予以解释。"只有在适用这一规则进行解释所得到的意义仍属于不明或难解，或显然荒谬和不合理时，为了确定某一用语的意义，《维也纳条约法公约》第32条才允许使用补充的解释资料，包括条约的准备资料及条约缔结时的情况，进行解释。除此之外，协定的解释规则在实践中还形成了自己的特色。经合组织范本和联合国范本第3条第2款都规定：缔约国一方实施本协定时，对未经本协定明确定义的用语，除上下文另有要求外，应当具有该缔约国关于适用本协定税种的法律所规定的含义。按照这种解释规则，协定的解释就不限于依据此类协定条文本身及其上下文的联系，在一定的条件下允许依据缔约国一方运用其国内有关税法所赋予的含义。将国内法的内容视为此类协定解释的依据，无疑是条约解释实践方面的一种新的发展和突破，也是协定的解释区别于其他条约的解释的重要特征。目前，两个范本所确立的此类协定解释规则，已经为各国在对外缔结避免双重征税协定时所普遍采纳。

根据避免双重征税协定的上述解释规则，一般认为协定的解释应遵循以下顺序：首先，协定本身已有明确定义的用语具有最高的权威性，应当予以严格执行，任何一方不得以国内税法另有规定为由排除其适用。其次，对于未经协定明确定义的用语，应依照协定的上下文联系并参照协定的目的和宗旨进行解释。最后，如果从协定的上下文联系仍无法明确协定某一用语的含义，始可依据缔约国国内税法中的有关概念进行解释。

2. 避免双重征税协定与缔约国国内税法的关系

避免双重征税协定与缔约国国内税法之间的关系，实质上是国际法和国内法关系的一个侧面。两者既相互独立，又相互配合、相互补充，共同调整国际税收法律关系。具体地说，对于两者的关系应从以下三个方面理解。

（1）避免双重征税协定的缔结与实施以国内税法为基础。避免双重征税协定就国际税收法律关系作出的原则性规定，有赖于缔约国国内税法加以补充，使其具体化，否则，此类规定便难于落实执行；避免双重征税协定往往还明确某些术语的含义应以缔约国国内法律的规定为准；在协定实施过程中，未经协定明确定义的用语，除上下文另有要求外，也应当具有缔约国有关适用于该协定税种的法律所规定的含义。

（2）国内税法的适用应受避免双重征税协定条款的约束。避免双重征税协定的缔结，旨在运用冲突规范划分缔约国之间的税收管辖权，并最终实现对跨国纳税人的公平征税。为此，此类协定一方面要求限制缔约国一方对有关跨国所得或财产价值行使来源地税收管辖权的程度或范围，另一方面也规定纳税人为其居民的缔约国另一方对其居民获得的业经缔约国一方课税的所得或财产行使居民税收管辖权时，应采取必要的消除双重征税措施。例如，对于作为非居民的外国企业在中国境内从事建筑、装配或安装工程的，我国税法规定，不论日期长短，均应缴纳企业所得税。但我国对外缔结的双边税收协定一般均规定，此类活动连续超过一定的期限（通常为6个月）的才征税。因此，在缔约国对方的居民企业来华从事建筑、安装或装配活动是否应予课税问题上，国内税法的规定此时只能让位于协定条款的限制要求。

（3）避免双重征税协定不能干涉国内税法的修改和补充。避免双重征税协定的功能在于调整、协调缔约国双方之间的税收管辖关系，并在征税权限上作出一些为双方所能接受的必要限制，但征税权的创设、课税对象的范围和课税程度的确定，仍留待各国国内税法规定。此类协定既不能为缔约国创设征税权，也不能扩大或提高缔约国国内税法本身规定的课税范围及程度。

（三）国际双重征税问题的解决

国际双重征税的产生，乃是各国税收管辖权重叠和交叉的结果。因此，避免双重征税协定的首要任务就在于公平、合理地划分缔约国之间针对跨国纳税人各项所得的税收管辖权。这部分内容通常要占整个协定条款的3/5至4/5。划分的原则主要有三项：一是独占征税原则，即将某类所得的税收管辖权排他地划归某一缔约方单独行使；二是优先征税原则，即由某一缔约方（通常是来源地国）对某类所得首先行使税收管辖权；三是税收分享原则，即某类所得虽然由某一缔约方首先行使税收管辖权，但其所适用的税率应受到限制，以保证另一缔约方亦能分享利益。

税收管辖权的划分固然可以在一定程度上缓解国际双重征税问题，但在优先征税或税收共同分享的情况下，国际双重征税现象依然存在。为此，避免双重征税协定的另一项任务便是在划分税收管辖权的基础上，要求作为居住国的缔约方承担义务，对跨国纳税人来源于另一缔约国的所得提供免税或抵免的方法。这样才能更好地达到消除国际双重征税的目的。

1. 禁止税收歧视

根据经合组织范本和联合国范本的有关规定，实行税收无差别待遇，避免跨国纳税人受到歧视。这主要包括四个方面的内容：(1) 国籍无差别待遇。缔约国一方国民在缔约国另一方负担的税收或者有关条件，不应与缔约国另一方国民在相同情况下负担或可能负担的税收或者有关条件不同，或比其更重。(2) 常设机构无差别待遇。缔约国一方企业设在缔约国另一方的常设机构的税收负担，不应高于缔约国另一方进行同样业务活动的企业的税收负担。(3) 支付无差别待遇。缔约国一方企业支付给缔约国另一方居民的利息、特许权使用费和其他款项，在确定该企业应纳税利润时，应与在相同条件下支付给本国国民的一样，准予列支扣除。(4) 资本无差别待遇。如果缔约国一方企业被缔约国另一方居民全部或部分、直接或间接地拥有或控制，则该企业所负担的税收或有关条件，不应与该缔约国同类企业的有所不同或比其更重。

2. 相互协商程序和税收情报交换

相互协商程序是顺利实施避免双重征税协定的重要保证，也是解决国际税务争议的主要方法。缔约国双方税务主管当局进行协商的目的有三个：一是解决协定在实施过程中所发生的困难或疑义，二是处理跨国纳税人所提出的不符合协定征税的申诉，三是消除协定未作规定的国际双重征税现象。相互协商程序是一种非外交途径的国际争议解决方式，由此类协定直接授权缔约国双方税务主管当局进行接洽。相互协商程序是否发起，也完全由缔约国双方的税务主管当局决定。不过，相互协商程序可能是无结果的，存在的问题一直得不到解决，这是其缺陷所在，所以，有些双边税收协定开始引进仲裁解决方式。

税收情报交换是加强国家间税务行政合作和防止国际逃税、避税的重要措施。此类协定明确的情报交换范围包括：第一，实施此类协定的规定所需要的情报，例如，纳税人在居住国和所得来源地国的收入情况、市场价格等。第二，与此类协定所涉税种有关的国内法律情报，尤其应包括单方面防止国际偷、漏税的法律措施，以及国内税法的变动情况。第三，防止税收欺诈或偷、漏税收的情报。此类协定在明确缔约国双方交换情报的范围的同时，往往还就情报交换的方法、对交换情报的保密义务和使用所交换情报的方式等，作出必要的限制。

三、两个国际税收协定范本之比较

正如前文所述，两个国际税收协定范本是指经合组织于 1977 年公布的《关于对所得和财产避免双重征税的协定范本》和联合国于 1979 年通过的《关于发达国家与发展中国家避免双重征税的协定范本》。这两个范本的内容大部分相同，不一致的方面也比较明显。

(1) 两个范本制定的出发点的差异。经合组织范本是为了协调发达国家之间的税收分配关系，促进相互间投资的增长而制定的。其偏向居住国，主要维护发达国家的利益。联合国范本则是为了协调发达国家与发展中国家的税收分配关系而制定的。其强调收入来源地国，主要维护发展中国家的利益。联合国范本会向发展中国家倾斜，是有其政治、历史背景的：从 20 世纪 60 年代起，许多发展中国家纷纷独立，在经济关系方面也逐步从依附发达的资本主义国家，走向摆脱控制、寻求经济独立，并在国际经济事务方面发挥着日益重要的作用。因此，反映发达国家利益的经合组织范本当然不能为广大发展中国家所接受，反映发展中国家利益的联合国范本就应运而生了。

（2）两个范本结构方面的差异。两个范本虽然都分为 7 章，但是，联合国范本共有 29 条，经合组织范本共有 30 条，比联合国范本多了一项条文，多的这项条文的内容是关于“区域的扩大”，即双边税收协定也适用于有的国家拥有的“海外领土”或者有的国家在国际关系上负有国际责任的“国家和地区”。联合国范本考虑到发展中国家基本上不存在“海外领土”或不存在对其他“国家和地区”负有国际责任的实际情况，没有列入该条文。

（3）两个范本对确定常设机构的差异。虽然这两个范本都把常设机构定义为“一个企业进行全部或部分营业的固定场所”，但是体现在具体的标准上却有不同：1）在建筑、安装工程构成常设机构的时间限度上，经合组织范本规定，对建筑、安装工程，其施工期达到连续 12 个月以上的，才构成常设机构；而联合国范本则规定，对建筑、安装工程，其施工期达到连续 6 个月以上的，就构成常设机构。联合国范本的注释中还指明，在某些特殊情况下，可以根据双方谈判的情况，把施工期的标准缩短为 3 个月。2）在常设机构的范围方面，经合组织范本规定，常设机构不包括专为储存、陈列和交付本企业货物或商品的设施；而联合国范本取消了其中的交付货物的设施不作为常设机构的规定，明确地指出，经常交付货物或商品的固定营业地点构成常设机构。此外，联合国范本还规定了保险企业通过其雇员在某国从事保险业务，则认为该保险企业在该国设有常设机构。这一规定是经合组织范本所没有的。从上述差异可以看出，在常设机构的认定标准方面，经合组织范本比联合国范本严格。经合组织范本限制了来源地税收管辖权的行使范围，而联合国范本则使来源地税收管辖权的行使范围有所扩大。

（4）两个范本对居民定义的差异。联合国范本对居民的定义是：按照该国法律，由于住所、居所、管理场所或其他类似性质的标准，负有纳税义务的人。经合组织范本对居民的定义是：按照缔约国法律，由于住所、居所、管理场所或其他类似性质的标准，负有纳税义务的人，但是这一用语不包括仅仅由于来源于该国的所得或位于该国的财产而在该国负有纳税义务的人。由此可见，经合组织范本关于居民的定义比联合国范本的多了一句话。联合国税收专家组认为后一句话不可取，因为这句话是为了处理某些特殊情况而设立的。如果特定的纳税人依照该国国内法被认定为居民，按经合组织范本的定义，仍要将之视为非居民，使之承担有限的纳税法律责任，那么这种情况很容易造成该人被视为非居民而丧失享受协定优惠的权利。

（5）两个范本对营业利润征税范围的差异。这方面的差异主要表现在征税范围不同。经合组织范本认为，常设机构所在国可以征税的利润应以“属于该常设机构的为限”，即根据“归属原则”；而联合国范本却认为，既可以采取“归属原则”，也可以采取“引力原则”，对于并不通过常设机构，但经营的品种或进行的业务与常设机构的相同或类似所取得的利润，也可以由常设机构所在国征税，这样做可以遏制避税。

（6）两个范本对利息征税规定的差异。经合组织范本规定，当缔约国一方居民收到来源于缔约国另一方的利息时，缔约国双方都可以对这笔利息征税，但来源地国对这笔利息所征收的税款不应超过利息总额的 10%。联合国范本则规定，对利息的预提税率由缔约国双方协商确定。联合国范本作出这一规定是由于联合国税收专家小组不能对利息的限制税率达成一致意见。联合国税收专家小组在讨论利息的限制税率时，各成员之间的分歧很大：来自一些发达国家的成员认为，投资者的居住国享有独占对利息征税的权力，这样可以促进资金的国际流动；来自另一些发达国家的成员则认为，投资者的居住国应对利息拥有主要征税权，来源地国也可以对利息征税，但要限制在较低水平；来自部分发展中国家的成员认为，对利息的征税权应完全或主要划给收入来源地国，这样既可以增加来源地国的财政收入，也可以减少外汇外流。这样，由于各方意见很不相同，因而联合国范本最终没有规定限制税率，而是采取了由缔约国自行协商的办法。

(7) 两个范本对股息征税规定的差异。这方面的差异，主要表现在股息的限制税率方面。经合组织范本规定，当股息受益人是直接持有支付股息的公司至少25%股份的公司时，支付股息的公司所在国只能对这笔股息征收5%的预提所得税；当股息受益人拥有支付股息的公司的股份低于25%或股息受益人是自然人时，支付股息的公司所在国可以对这笔股息征收15%的预提所得税。而联合国范本则规定，来源地国征收预提税的税率由缔约国双方谈判确定。联合国范本认为经合组织范本的规定会使发展中国家所受损失过多、限制过大，所以作了与经合组织范本不同的规定。

(8) 两个范本对国际运输收入征税规定的差异。经合组织范本规定国际运输收入的征税权一律归属于企业的实际管理机构所在国，强调居民税收管辖权的独占地位。而联合国范本则采用了可以由缔约国选择的A和B两种做法。A做法与经合组织范本的规定相同，B做法则将国际空运收入和船运收入分别处理：对空运收入，规定仅由居住国征税；对船运收入，规定原则上应由居住国征税，但在这类船运活动经常发生在来源地国的情况下，来源地国也享有征税权。联合国范本采用可选择的A与B做法，是出于保护发展中国家利益的目的。这与经合组织范本主张居民税收管辖权的独占地位的规定有明显的差异。

(9) 两个范本对财产收益征税规定的差异。经合组织范本规定：1) 对于转让不动产和转让常设机构营业财产部分的动产，或者转让固定基地的动产而取得的收益，居住国（国籍国）和来源地国均拥有税收管辖权；2) 转让船舶、飞机的收益，应由企业实际管理机构所在国独占行使居民税收管辖权；3) 转让其他财产取得的收益，应由转让者为其居民（公民）的国家独享税收管辖权。联合国范本采用了经合组织范本的规定，同时还增加了两方面的内容：其一，转让公司股本的股份而取得的收益可以在来源地国或居住国（国籍国）征税；其二，转让上述股本以外的股份而取得的收益，在该项股份达到协定国一方居民公司股权的某一百分比（由谈判双方确定该百分比）时，来源地国和居住国均有税收管辖权。

(10) 两个范本对特许权使用费征税规定的差异。经合组织范本规定，对特许权使用费的税收管辖权由居住国（国籍国）独占行使。联合国范本对特许权使用费的税收管辖权作了调整：规定来源地国和居住国（国籍国）对特许权使用费都拥有税收管辖权；规定来源地国对特许权使用费征收预提税时，应受限制税率的约束，限制税率的高低由缔约国谈判确定；扩大了特许权使用费的范围，明确因使用或者有权使用无线电或电视广播的胶片、磁带的版权而支付的费用应当包括在特许权使用费中；规定若接受特许权的单位所从事的活动与常设机构进行的经营活动相同或类似，则应当将该项特许权使用费收入并入常设机构的营业利润，征收企业所得税，而不适用预提税的规定。

(11) 两个范本对个人劳务所得征税规定的差异。经合组织范本规定，对独立个人劳务所得，其居住国（国籍国）可以独享税收管辖权，但是如果该人是通过设在另一国的固定基地从事劳务活动的，则该固定基地所在国政府可以对仅属于该固定基地的所得征税。联合国范本采用了上述规定，并且还增加了两条内容：一是如果从事独立个人劳务的人在来源地国有关财政年度中停留期累计不少于183日，即使没有固定基地，来源地国也可以对其在本国从事该项劳务所取得的所得征税；二是如果某人在来源地国从事独立个人劳务取得的报酬超过了一定数额（该数额由缔约国谈判决定），来源地国可以征税，但条件是该项报酬是由来源地国居民支付或由设在该国的常设机构或固定基地负担。联合国范本还对公司董事费的征税事项范围作了扩大，即不仅对于公司董事会成员取得的董事费和其他类似款项，居住国（国籍国）和来源地国都可以征税，而且对于公司高级管理人员取得的工资、薪金和其他类似的报酬，居住国（国籍国）和来源地国也都可以行使征税权。

（12）两个范本对情报交换和协商程序规定的差异。虽然这两个范本都列有情报交换的专门条款，但是联合国范本突出缔约国要相互交换“特别是防止欺诈或偷、漏税收的情报”，要求“主管当局通过协商创造有关交换情报的适当条件、办法和技术手段，并及时地交换有关逃税的情报”。在相互协商程序方面，这两个范本的规定比较一致，只是联合国范本中删除了经合组织范本中的关于缔约国主管当局在达成协议需要口头交换意见时的权力，而顺应了有些国家认为不应该通过税收协定赋予主管当局这种权力的观点，认为在这方面应当更多地参照有关缔约国国内法的规定。另外，联合国范本规定了一款新的内容：“为执行本条规定的相互协商程序，主管当局应当通过协商确定适当的双边程序、条件、方法和技术。此外，主管当局可以设法采取合适的单方面程序、条件、方法和技术，以促进上述双边行动和相互协调程序的执行。”

四、《多边税收征管互助公约》

2013 年 8 月 27 日我国签署了《多边税收征管互助公约》（Convention on Mutual Administrative Assistance in Tax Matters），由此成为该公约的第 56 个签约方。瑞士于 2013 年 10 月 15 日正式签署该公约，成为第 58 个签约方。

《多边税收征管互助公约》是一项旨在通过开展国际税收征管协作，打击跨境逃、避税行为，维护公平税收秩序的多边条约。这一公约由经合组织与欧洲委员会于 1988 年 1 月在法国斯特拉斯堡共同发起，并向两组织的成员开放，于 1995 年 4 月 1 日生效。近年来，该公约的影响力快速上升，其规定逐渐成为开展国际税收征管协作的新标准。

2010 年 5 月 27 日，经合组织与欧洲委员会响应“二十国集团”号召，按照税收情报交换的国际标准，通过议定书形式对《多边税收征管互助公约》进行了修订，并向全球所有国家开放。修订后的《多边税收征管互助公约》于 2011 年 6 月 1 日生效。截至 2019 年 7 月，全球有 129 个国家及管辖区已经或承诺签署该公约。

《多边税收征管互助公约》共 6 章、32 条，规定的征管协作形式包括情报交换、税款追缴和文书送达。2013 年 7 月，“二十国集团”财长与央行行长会议支持经合组织将《多边税收征管互助公约》框架内的税收情报自动交换作为全球税收情报交换的新标准。所谓税收情报自动交换，是指各国税务主管当局之间根据约定，以批量形式自动提供有关纳税人取得专项收入的税收情报的行为。专项收入主要包括：利息、股息、特许权使用费收入；工资薪金，各类津贴、奖金，退休金收入；佣金、劳务报酬收入；财产收益和经营收入等。

《多边税收征管互助公约》是中国签署的第一份多边税收协定。中国在经济转型升级之际签署这一协定，标志着中国在税收领域的改革开放进一步深化和扩大，具有重要的积极意义。近年来，中国政府积极参与国际税收合作，展现了一个负责任大国的形象。《多边税收征管互助公约》的签署有利于中国进一步扩大国际税收征收网络，拓展国际税收合作的广度和深度；有利于提高中国对跨境纳税人的税收征管和服务水平。

瑞士签署这一公约是国际税务合作取得的重要进展，这意味着瑞士银行保密制度走向终结，全球加强打击跨境逃、避税行为将是一个“不可逆转”的趋势。

五、国际税收合作的新发展

防止国际税收欺诈、保护国家税收体系不受侵害的最有效的方式就是各国国家税务行政机关之间的合作，而这种合作最根本、最直接有效的方法是各国尤其是居住地国和收入来源国之间对自己金融机构所掌握的金融信息相互进行定期、批量交换。经合组织在这方面做了大量的工作，采取各种政策鼓励信息交换，提高银行信息的透明度。从2008年到2010年，经合组织成员国的纳税人主动申报隐匿资产信息的额度高达370亿美元。[①] 在落实国际税收领域透明度的诉求和背景下，"二十国集团"首脑于2013年9月决定授权经合组织起草制定国际统一规则。

2014年7月21日，经合组织公布了新的完整的国际规则，规定国家之间相互交换本国金融机构所掌握的个人与实体的银行账户信息，旨在防止出现国际避税和逃税行为和现象，从而结束了在税收方面对银行秘密的保护。该标准全称为《涉税金融账户信息自动交换标准》(Standard for Automatic Exchange of Financial Account Information in Tax Matters/La Norme d'échange automatique de renseignements relatifs aux comptes financiers，AEOI)。根据该标准，经合组织成员国的主管机关可以要求本国的金融机构提供其客户的账户方面的详细信息，并自动地每年一次与其他成员国交换这些信息。该标准是在"二十国集团"委托授权下起草的，并经过经合组织理事会批准通过。

AEOI界定了需要申报的金融账户的信息、所涉纳税人的账户种类，以及金融机构应该遵守的合理的尽职程序。根据该标准，经合组织成员国所交换的信息主要是自然人以及实体（包括基金和信托）的银行账户中的余额、利息、分红，以及金融机构向主管机构申报过的金融资产转让方面的收入。该标准包含的附件中有对国家主管机关和金融机构的使用指南和解释、细化的协议模板、统一的技术处理方案和信息技术系统，以及安全的信息传送标准化格式。该标准的技术规定非常详细，便于操作实施。该标准极大地降低了缔约国搜集信息、参与信息交换的成本。该标准对发展中国家还规定了援助和支持措施，以确保这些国家能够享受到国际税收体制透明化所带来的益处。

2017年5月4日，《遵守BEPS报告之行动纲领13的最低标准、根据国与国的主管机关相互交换信息宣言多边协议的规定激活双边信息交换关系的诸多宣言》问世。从2016年到2017年，七百多个双边交换信息关系确立。经合组织网站随时更新新的双边信息交换申明。

与AEOI制定并行的是另一个国际公约的制定、谈判和签署。2016年11月，经合组织在其官网发布了用于执行"二十国集团"/经合组织税基侵蚀和利润转移（BEPS）项目下关于执行税收协定相关措施的多边工具（Multilateral Instrument，MI)。有一百多个国家和地区参与了该多边工具的谈判。其旨在迅速实施国际税收协定中规定的一系列措施、更新国际税收规则、防止和减少跨国企业的逃税行为。

MI修改了几千个已经签署的双边税收条约，极大地减少了双重征税的情况；向缔约国政府提供了许多具体的措施，封堵了现存国际税收规则中的缺口和漏洞；落实了经合组织的BEPS目标计划范围所规定的措施；同时，制定了防止滥用税收公约的最低标准，改善了争议解决方式，保证有足够的灵活性实施税收公约的特殊税收政策。MI的英语和法语两个文本具有同样的法律效力。

---

① 参见经合组织2010年《境外自愿披露：比较分析，指南和政策建议》报告（Offshore Voluntary Disclosure：Comparative Analysis，Guidance and Policy Advice)。

防止税基侵蚀和利润转移是全球各国税务机关的首要任务。早在2013年经合组织成员国和“二十国集团”就达成了一个包含15点内容的行动纲领，决定在平等的基础上统一行动，防范与狙击BEPS，保护可征税基不受侵蚀，为纳税人提供纳税的可预见性和确定性。2016年经合组织与“二十国集团”创建了BEPS涵盖式一揽子框架，使其他国家和地区可以和经合组织及“二十国集团”国家共同发展与BEPS有关的规则，同时以协调一致的方式监督BEPS一揽子措施的实施。有一百多个国家和地区加入了该一揽子框架。

经合组织2018年的中期报告强调了数字经济对税收体系带来的影响和挑战，为各国税务机关提供了新的政策实施工具，改善了对纳税人的服务活动，提高了征税的效率和发现逃税漏税的敏感度。该报告是对2015年报告中BEPS计划行动纲领1的落实情况的总结，明确了到2020年在经济数字化和国际税收规则方面的行动方向。

总之，AEOI和MI是国际社会各国税收合作的重要里程碑，其在防止国际双重征税、国际避税和逃税方面起到了重要作用，同时也意味着自动信息交换被确立为国际税收透明度新标准，反跨国逃、避税领域的税收监管合作进入了以自动情报交换为主的新阶段。

第六节　中国对外税收协定

中国同其他国家谈判、签订对所得避免双重征税和防止偷、漏税的协定是在实行对外开放以后，于1981年年初与日本谈判开始的。1981年1月，我国首先同日本就缔结一项旨在避免对所得双重征税和防止偷、漏税的协定进行谈判，并最终于1983年9月6日正式签订，自1985年1月1日起执行。这是我国对外缔结的第一项综合性的税收协定。截至2017年10月，我国已经先后同103个国家签署了关于避免对所得双重征税和防止偷税漏税的协定，其中同99个国家签订的协定已经生效并且执行。

一、中国对外税收协定的原则

总结我国缔结对外税收协定的实践，可以看出我国始终坚持以下四项原则。

第一，所得来源地国与居住国共享征税权的原则。在国际经济交往中，发展中国家经常是资本输入国，发达国家则经常是资本输出国。尽管双边税收协定的条款规定双方对等适用，但由于经济发展和科技水平的差异以及由此形成的资金流向和技术输出量不同，发展中国家与发达国家受到的征税上的限制实际上是不对等的。我国是发展中国家，坚持所得来源地国与居住国共享征税权的原则，能够在协定的基础上保障我国的税收权益。故在我国缔结的对外税收协定中，除有关国际运输和政府职责等的个别条款外，我国不接受任何居民管辖权处于无条件的独占地位的要求，而一般坚持了所得来源地国优先征税以及所得来源地国与居住国共享征税权的原则。虽然我国对于所得来源地国税收管辖权的范围和预提税的税率，可以接受某些合理范围内的限制，但从不放弃所得来源地国的优先征税权。为了坚持共享征税权的原则，我国在签订对外税收协定时，一般比较倾向于参照较多地照顾到来源地国征税权的联合国范本。

第二，税收待遇对等的原则。税收待遇对等是平等互利原则在税法领域的体现。这一原则在国际经济交往中，意义尤其重大。互利互让、对等协商是顺利进行协定签订工作的思想基础，也是最终达成协定的必要条件。我国在对外签订的税收协定中，本着税收待遇对等的原则，将双方的权利和义务对等写进税收协定或协定议定书。例如，我国国内税法规定股息的预提税税率为20%，协定税率一般降为10%，但有的国家根据本国的惯例股息预提税，并不适用10%的协定税率，这样，我国在与该国签订税收协定时对我国的协定预提税税率也相应进行调整，以体现税收待遇对等原则。比如澳大利亚、新西兰、挪威、巴西等国家在对外签订税收协定时一般将股息预提税税率定为15%，经过商谈，我国接受这些国家15%的股息预提税税率，我国在与这些国家缔结双边税收协定时也采用15%的股息预提税税率。

第三，税收饶让的原则。我国为吸引外资，引进技术，作出了许多减、免税的规定。为了使我国税收上的优惠和签订对外税收协定所作出的让步能够让投资者得到实惠，切实起到鼓励投资的作用，我国坚持对于我国税法所规定的减、免税和在对外税收协定中按受限制税率所减少的税收，要求对方国家视同已征收，给予抵免。从已经签订的税收协定来看，除中美和中马（马来西亚）税收协定之外，其余的对外税收协定基本上都实现了我国的意图。其中，法国、德国、比利时、瑞典等国家，在同我国签订的税收协定中，都承诺：对于其居民从我国取得的营业利润和个人劳务所得（其中，瑞典坚持主张个人劳务所得仅限于独立个人劳务所得），凡是按协定规定应在中国征税的，它们都不再征税，即对于其居民在中国取得的营业利润和个人劳务所得实行免税。这种方式比将减、免税视同已征收、抵免，更有利于鼓励外国投资者来中国投资。另外，上述对投资所得减、免税视同已征收、抵免，除中美、中马（马来西亚）税收协定之外，都是由对方国家单方面承担的协定义务。总之，在对外税收协定中，解决好减、免税视同已征收、抵免的问题，是我国通过谈判签订对外税收协定取得的重要成果之一，它直接关系到中国税收鼓励措施的实际效果，关系到签订对外税收协定能否切实起到促进双方国家发展经济、技术合作的重要作用。

第四，充分考虑国际上的通行做法和对方的合理要求。各国由于经济现状以及所实行的法律制度不同，因而在谈判签约时，往往会基于其国内法提出一些要在协定中作出特别明确规定的问题。例如，德国为了缓和对股东的股息所得双重征税，于其国内法规定，对居民公司的保留利润与分配利润的税率为36%。为了避免把因此而减少征收的公司税过多地让给外国政府征收，德国要求在对外税收协定中明确规定对其居民公司的保留利润与分配利润的所得税税率相差达到15%或者更多时，可以对对方居民取得的股息，由限制税率10%提高到15%进行征收。此类问题作为特殊情况，由双方协商，按照双方权利对等的原则，在协定的议定书中加以规定。尽管我国税法没有对公司的自留利润与分配利润实行差别税率，但是在对外税收协定的条文中表述要对等，应适用于双方。这样做，有利于对外税收协定的长期执行，一旦我国税法作出上述类似情况的变动时，我国居民公司能够及时享有协定规定的权利。

二、对外税收协定待遇的设置

我国对外税收协定中设置的税收待遇一般是优于国内税法待遇的。概括起来，这些待遇主要反映在以下方面。

1. 对营业利润的征税以设有常设机构为限

所谓常设机构，是指企业进行全部或部分业务活动的固定营业场所。对于建筑、装配或安装工程和与工程项目有关的监督管理活动，一般是连续6个月以上的，视为有常设机构。其起止日期，应为从实施合同之日起，至作业全部结束、交付使用之日止。对于为同一工程项目或相关联的工程项目提供劳务，包括咨询劳务，一般是限于在任何12个月中连续或累计超过6个月的，视为设有常设机构。

至于专为本企业进行准备性或辅助性活动的场所，可以不视为常设机构。凡是按照对外税收协定的规定，没有构成或可以不视为常设机构的，其营业利润都可以仅由取得者为其居民的签约国征税。

2. 对投资所得征税

在来源地国家拥有优先征税权的基础上，实行限制税率。按照平等互利原则，签约国双方都不谋求独占税收，使双方都能够有适当的税收分享。我国同每一个国家所确定的限制税率相同，一般是分别不超过股息、利息、特许权使用费总额的10%。而且限制税率仅适用于收益所有人为缔约国居民的情况。

3. 对个人劳务报酬和薪金所得的征税

这种征税参照国际税收的通常做法，分两种情况处理。

（1）对个人从事专业性劳务取得的所得，原则上可以仅由该个人为其居民的国家征税，但有下列两种情况之一的，可以由来源地国征税：1）设有经常使用的固定基地；2）在有关历年中停留连续或累计超过183日。"有关历年"，是指公历年自1月1日起至12月31日止的期间。"连续或累计超过183日"的计算，限于一个历年，不能跨年度计算。

（2）对个人取得的薪金、工资和其他类似报酬，应由受雇活动所在国家征税，但对同时具备以下三个条件的，可以例外处理，允许仅由个人为其居民的国家征税：1）该个人在有关历年中在签约国另一方停留连续或累计不超过183日；2）其报酬不是由作为签约国另一方居民的雇主支付或代表该雇主支付；3）该报酬不是由雇主设在该签约国另一方的常设机构或基地所负担。

课后复习

1. 试述国际税法的概念和渊源。
2. 国际税收法律关系的特征有哪些？
3. 试述税收管辖权的概念和意义。
4. 试述属人税收管辖权的基本理论。
5. 试述属地税收管辖权的基本理论。
6. 试述国际重复征税的概念和产生。
7. 国际重复征税的解决方法有哪些？
8. 试述税收饶让抵免的概念和形式。
9. 试述国际逃税和国际避税的概念与区别。
10. 试述国际逃税与国际避税的方式。
11. 试述各国对国际逃税、避税的法律管制。
12. 试述国际税收协定的概念、分类及规范化。
13. 试述避免双重征税协定的主要内容。
14. 试述两个范本的主要内容及比较。
15. 试述中国对外税收协定的主要内容和特点。
16. 简单介绍《多边税收征管互助公约》。
17. 简单介绍《实施税收协定相关措施以防止税基侵蚀和利润转移（BEPS）的多边公约》。

第九章

国际经济贸易争议解决

提　要

国际经济贸易争议从不同角度可以分为很多类型：从争议主体角度可以分为国家之间的争议、国家与他国国民之间的争议、不同国家的国民之间的争议；从争议涉及的问题角度可以分为国际贸易争议、国际投资争议、国际金融争议、国际税收争议等。一般国际经济贸易争议通常可以通过司法方法或非司法方法解决。本章重点论述了选择性解决争议方法（Alternative Dispute Resolution，ADR）、国际经济贸易诉讼、国际经济贸易仲裁，此外，还特别介绍了特定领域争议解决的特别制度，例如WTO争议解决机制以及国家与他国国民之间投资争议的解决。值得注意的是，ADR是指诉讼与仲裁以外的解决争议的各种方法的总称，包括协商谈判、斡旋、调解、模拟法庭、专家裁定、租借法官等。实践中通常使用的主要有双边协商和有第三人介入（调解）的方法。ADR完全建立在当事人意思自治原则的基础上。ADR不同于仲裁与诉讼，它不属于法律规定的解决争议的最终方法，而是可选择的方法。

重点问题

1. 国际经济贸易争议的种类和解决方法
2. ADR的概念、特点、法律效力和适用
3. 国际商事诉讼涉及的法律问题（法院管辖权的确定方法、诉讼程序及其适用法律、实体问题的适用法律、法院判决的承认与执行、中国涉外民商事诉讼的管辖和法律适用）
4. 国际商事仲裁立法与实践
5. 中国国际商事仲裁立法与实践
6. WTO争议解决机制
7. 国家与他国国民之间投资争议的解决

第一节　国际经济贸易争议的种类和解决争议的方法

随着世界经济一体化进程的加快，国际贸易、国际投资等国际商事交易迅速发展，与此相关的争议的发生，也是不可避免的。实践证明，妥善地解决这些争议，可以进一步促进国际经济贸易的发展。

一、国际经济贸易争议的种类及特点

就国际经济贸易关系的参加者而言，国际经济贸易领域内的争议可以分为以下几种。

（一）不同国家的国民之间的国际经济贸易争议

这类争议一般是不同国家的国民之间由于货物买卖、技术转让、投资、工程承包等跨国经济活动而发生的争议。这些不同国家的国民，包括自然人和法人，是国际经济贸易交易活动的直接参加者。产生于国际经济贸易活动中的争议，绝大部分属于这类当事人之间的争议。

此类争议一般为当事人之间在对国际经济贸易合同解释或履行中发生的争议，但在某些情况下，也可能是非契约性争议，如由侵权行为所产生的争议。但无论是契约性争议，还是非契约性争议，这类争议的特点是：争议各方当事人所处的法律地位是平等的，他们之间的权利与义务也是对等的。本章中我们所探讨的国际经济争议的种类及解决方法，主要集中在平等当事人之间的国际经济贸易争议解决的方法（第一～四节），此外，还包括以 WTO 争议解决机制为代表的国家之间的经济贸易争议的解决（第五节），以及国家（东道国）与他国国民之间的经济贸易争议解决（第六节）。

（二）国家之间的经济贸易争议

国家之间的经济贸易争议是指主权国家在经济贸易交往中所产生的争议。这类争议的特点是：第一，争议一般产生于国家之间订立的双边或多边国际公约的解释或履行中，如对双边贸易协定、投资保护协定、避免双重征税和防止偷税、漏税协定的解释或履行中发生的争议，以及由于多边国际经济贸易公约而产生的争议，如对 WTO 的各项协议的解释或履行中发生的争议。第二，争议双方均为主权国家，而不是这些主权国家中的国民。

（三）国家与本国或外国国民之间的国际经济贸易争议

这类国际经济贸易争议的主要特点是争议双方具有不同的法律地位：一方为主权国家，另一方为本国或外国国民。按照国际法一般原则，国家享有主权，可以制定和修订法律，并享有司法豁免权，而一般的国民则无此权力，他们对国家制定的法律，必须遵守。

此类争议主要发生在国家对具体从事国际经济贸易活动的当事人进行管理或监督的过程中，如国家海关或税务部门对进出口的货物征收关税和其他有关管理费，进出口商品检验部门对货物进出口依法进行检验，外汇管理部门依法对外汇实施管理，以及国家其他职能部门依法对国际技术转让和投资实施管理等。

在国家与外国国民之间的经济交往中，有时也直接订立商事合同，如国家与外国投资者之间订立的允许外国投资者开发本国自然资源的特许权协议。在这种情况下，尽管协议双方也可以通过合同的方式确定它们之间的权利与义务，但是，就双方当事人的法律地位而言，作为缔约一方的国民，其法律地位显然与国家的不同。

二、解决不同国家国民之间的国际经济贸易争议的方法

就不同国家的一般当事人之间的国际经济贸易争议解决的方法而言，概括起来，主要有以下两种情况：司法方法和非司法方法。

（一）司法方法

司法方法即通过诉讼的方法解决国际经济贸易争议。由于世界上并不存在且在近期内也不可能存在专门解决这类争议的、凌驾于各主权国家之上的法院，我们这里所说的司法方法，是指对于在一国法院提起的涉及不同国家当事人之间的国际经济贸易争议，各国法院根据本国的

民事诉讼法行使管辖权。一国法院作出的判决，如果需要到另一国家执行，还要得到该另一国法院的司法协助。

（二）非司法方法

非司法方法即通过诉讼以外的方式解决争议的方法，如通过双方当事人友好协商或谈判，或者由经双方同意的第三人进行调解或仲裁。这种方法又称选择性的解决争议的方法（alternative dispute resolution，ADR），这种解决争议的方法的前提是，当事人之间达成通过 ADR 解决争议的协议。

在实践中，对于何谓 ADR，在西方的法律论著中存在着两种不同的观点。一种观点认为，ADR 是指当事人之间约定的通过诉讼以外的方法解决他们之间的争议的各种方法的总称，如仲裁、调解和模拟法庭（mini-trial）等方式。也即除了通过诉讼解决争议的方法外，其他各项解决争议的方式均可称为 ADR，包括双方当事人之间进行的谈判协商，或由第三人调解或仲裁等。另一种观点则把仲裁排除在 ADR 之外。这种观点认为：在 ADR 的情况下，争议的解决有赖于争议各方自动执行他们之间业已达成的解决争议的方案。争议双方也可以选择一个中立的第三方协助他们解决争议，但该第三方不同于仲裁员，后者有权作出对双方当事人有拘束力的决定。因此，ADR 协议不能保证有一个终局的、对双方当事人均有拘束力的决定，除非当事人之间就解决争议达成一致，并能自动执行他们之间业已达成的关于如何解决争议的协议。这种观点还认为：仲裁最早属于 ADR 程序，但就仲裁庭可对当事人之间的争议作出有法律拘束力的裁决而言，它是一种准司法的方法。而 ADR 程序主要指通过当事人之间的“合意”解决他们之间的争议，无论是当事人之间达成的解决争议的方案，还是第三者提出的解决方案，都不具有法律上的拘束力，不能得到法院的强制执行。

应该说，第二种观点比较符合现代解决国际经济贸易争议的实践。根据解决争议的结果是否具有法律上的拘束力，把仲裁排除在 ADR 之外是比较科学的分类法。因此在本章中，我们将首先探讨 ADR 作为解决国际经济贸易争议之方法的特点及适用，然后分别介绍解决国际经济贸易争议的司法方法和国际商事仲裁的方法，最后再专门介绍 WTO 的争议解决机制和解决国家与他国国民之间的经济贸易争端等问题。

第二节　选择性的解决争议的方法（ADR）

一、ADR 的概念

传统上的 ADR 通常是指除诉讼以外的各种解决争议的方法，包括协商、谈判、斡旋、调解、仲裁等。随着仲裁被广泛地纳入各国仲裁法中，仲裁裁决获得了与法院判决相同的效力，加上第二次世界大战后由联合国主持制定并得到世界各国广泛认可的《承认与执行外国仲裁裁决公约》，仲裁已经逐步地成为司法外解决争议的独立方法。它与司法解决争议的方法并列存在，都是最终解决争议的方法。仲裁既有司法的特点，主要表现在仲裁裁决是终局的，同时也有 ADR 的特点，主要表现在它是当事人之间自愿达成的解决争议的方式，且仲裁程序的进行也比较灵活，当事人具有较大的自主性。因此，仲裁同时具有通过诉讼解决争议的特点和通过 ADR 解决争议的特点，因而仲裁在国际经济贸易中被广泛适用。由于仲裁裁决具有终局性和可强制执行性的特点，所以它逐步地成为一种独立的解决争议的准司法的方法，同时它也开始独立于 ADR。因此，对 ADR 作出的比较准确的定义是：ADR 是除诉讼和仲裁以外的解决争议的各种方法的总称。

二、ADR的主要表现形式

鉴于ADR是当事人之间自愿作出的解决他们之间争议的安排，因而当事人可就他们之间的争议作出任何形式的安排。这种安排可以有第三者的参与，也可没有第三者的参与，而由争议双方自行解决。在解决国际经济贸易争议的实践中，ADR的表现方式是多种多样的。下文就其主要的表现形式作一简要介绍。

（一）双方当事人之间进行的协商、谈判（consultation）

这是由争议双方当事人自行解决他们之间的争议的最为常见的方法。其特点是没有第三者的介入，而是由双方当事人通过友好协商的方式，自行解决他们之间的争议。在国际经济贸易合同的争议解决条款中，一般首先规定的是“由本合同产生的争议，双方当事人应当通过友好协商的方式解决”。而事实上多数争议都是由双方当事人自行解决的。只有在通过协商、谈判不能达成协议的情况下，双方当事人再将此争议提交仲裁解决。

在协商、谈判解决争议的情况下，双方当事人一般应当具有解决问题的诚意，应在谈判中查明或基本查明争议事实后，本着互谅互让的原则，通过友好协商的方式，使争议得到及时的解决。实践证明，只要双方当事人能够在解决争议的问题上密切合作，并怀有解决问题的诚意，那么这就是一种行之有效的解决争议的方法。古今中外，历来如此。

（二）由双方当事人共同选择的第三者进行的调解（mediation or conciliation）

调解（mediation or conciliation）的特点是有与争议双方无利害关系的第三者参与争议的解决。通常应由争议双方当事人首先订立通过调解的方式解决他们之间争议的书面或口头协议，并共同参与对调解员的选择。调解员的主要作用是促成争议双方达成和解协议。为此，调解员可以按照当事人各方约定的程序查明争议的事实，然后对争议双方进行面对面的或背对背的调解，协助双方当事人分析争议的问题，从中找出妥善的解决争议的方案：或者促成当事人自行达成和解协议，或者调解员自行提出解决此项争议的方案。但无论是当事人自行达成的和解协议，还是调解员自行提出的解决争议的方案，对争议双方均无法律上的拘束力。特别是对于调解员提出的解决方案，当事人可以接受，也可以拒绝。如果当事人接受了调解员提出的解决方案或者自行达成了调解协议，调解即告成功。如果调解失败，当事人可继续寻求其他的解决争议的方法：或者诉讼，或者仲裁。

（三）模拟法庭（mini-trial）

据称，模拟法庭这一术语最早是由《纽约时报》在报道1977年发生在两个公司之间的一起专利侵权纠纷案件时采用的，此后便在美、英等国家流行开来。

按照美国布莱克法律辞典对这一术语的解释，模拟法庭是指当事人之间安排的一种自愿的、私下进行的、非正规的解决争议的方式。其具体做法是：模拟法庭由争议双方有权作出决定的公司主管和一位双方当事人共同认可的第三者组成。在开庭审理时，首先由双方律师对他们之间的争议作简要陈述，此后双方主管即试图对他们之间的争议的解决作出决断。在此之前，他们应当征求该第三者的意见：假定此案由法院判决，其结果如何？为此，该第三者就此案发表其无法律上的拘束力的咨询意见。双方主管在此意见的基础上就争议的解决作出决断，以了结双方当事人之间的争议。

在采用模拟法庭解决争议的情况下，一方面，有争议双方的主管人员即有权代表一方当事人作出决断的人员参加；另一方面，由双方当事人指定的第三者也是一个关键性的人物，他所发表的咨询意见对于解决双方当事人的争议至关重要，尽管此项意见本身没有法律上的拘束力。如果他的意见被双方主管采纳，争议当时即可得到解决。该中立的第三者一般为在解决特定争议方面的权威人士，主要是一些退休法官，以及声誉卓著的、富有经验的律师。目前，国际上许多争议解决机构都提供这样的由专业人士调解的服务。如中国国际经济贸易仲裁委员会（China International Economic and Trade Arbitration Commission，CIETAC）、国际商会国际仲裁院（International Arbitration Court of the International Chamber of Commerce，ICC Court）、英国特许仲裁员学会（Chartered Institute of Arbitrators）、美国仲裁协会（American Arbitration Association）、中国香港国际仲裁中心（Hong Kong International Arbitration Centre）、瑞士苏黎世商会（Chamber of Commerce in Zurich，Switzerland）等机构，都提供类似的服务。

此外，争议双方还可以就争议的技术性问题专门征求该领域内专家的咨询意见，作为他们之间解决争议的基础；也可以共同聘请已经退休了的法官，就他们之间争议的问题如果被提交到法院法官可能如何作出判决征求该法官的意见，作为解决他们之间争议的基础。

三、ADR 的法律特征

ADR 具有简便易行和节省费用的优势，但需要当事人双方有密切合作解决争议的诚意并将此项诚意付诸实施，在 ADR 的每一个环节上密切合作，否则，其优势就不能得到发挥。这是由 ADR 本身所固有的法律特征决定的。ADR 具有如下特征。

1. 它是当事人之间达成的自愿解决争议的方法

通过 ADR 解决争议的前提是当事人之间就通过此项方法解决争议达成了协议，如无此项协议，当然就不能通过此项方法解决争议。在这一点上，ADR 与仲裁有某种相似之处，这是由于仲裁也是一种当事人自愿解决争议的方法。然而，ADR 又与仲裁不完全相同：在以仲裁方法解决争议的情况下，一旦当事人达成通过仲裁解决他们之间的争议的仲裁协议，该仲裁协议即对他们具有法律上的拘束力，任何一方当事人不得单方面撤回。而且在争议发生后，一方当事人如果不按协议规定将争议提交仲裁而直接交由法院解决，则构成违约。在这种情况下，另一方当事人有权请求法院裁定中止诉讼程序，令当事人将争议提交仲裁解决。而在 ADR 进行的过程中，当事人可以自愿地随时终止此项程序，而不必承担任何法律上的义务。此项程序中止后，当事人可以根据他们之间达成的仲裁协议将争议提交仲裁解决。如不能达成此项协议，当事人可将该争议提交对该争议有管辖权的国家法院审理。

2. 通过 ADR 达成的解决争议的方案没有法律上强制执行的效力

这是 ADR 与诉讼和仲裁之间的最重要的区别。ADR 的方法是多种多样的，但无论采用什么样的方法，比如当事人之间自行达成和解协议，或者由第三者提出解决争议的方案，都不同于法院判决和仲裁裁决，其所达成的解决争议的方案不具有法律上的可以强制执行的效力，通常由当事人自动履行，进而使争议得到解决。如果任何一方当事人拒绝履行他们之间已经达成的协议或者由第三者提出的解决争议的方案，则对方当事人不能请求法院强制执行上述协议或者方案。当事人已经达成的协议或者解决方案，充其量只能作为“合同”来执行。如果当事人对此“合同”发生争议，最终还是要通过法院或者仲裁解决争议。

3. ADR 既可以单独适用，也可以适用于诉讼程序和仲裁程序中

ADR 是人们在长期的实践中逐步积累起来的解决争议的方法，它的适用范围极为广泛：不仅可以单独适用，也可以适用于诉讼程序和仲裁程序中。在诉讼程序或仲裁程序中适用 ADR，一般也应当以争议双方自愿为前提，而由法官或仲裁员作为调解员，促使当事人达成和解协议。

这里必须指出的是：在诉讼程序或仲裁程序中达成的和解协议的效力与在这两种程序之外

达成的和解协议的效力有所不同。如前所述，在 ADR 单独适用的情况下，其解决方案本身并没有法律上的拘束力。然而，如果 ADR 在诉讼程序或仲裁程序中适用，在法官或仲裁员的主持下达成的和解协议，经由法官或仲裁员据此作成法院判决或仲裁裁决的，即与法院判决或仲裁裁决有相同的效力。

四、ADR 在解决我国国际经济贸易争议中的应用

通过协商谈判和调解解决争议，是中国几千年来的传统文化。孔夫子的“克己复礼”“和为贵”等箴言早已深深地扎根于我国的社会生活之中。中国人不像西方人那样动辄到法院打官司，一般来说，在争议发生后，如果双方当事人自己解决不了，请资深的长者来评理是十分普遍的现象。可以这样说，调解已经遍布我国社会生活的各个领域：从家庭纠纷到邻里争议，从一般当事人之间的争议到各个企业之间的争议，都可通过调解的方式解决。即便在诉讼和仲裁程序中，如果双方当事人同意，法官和仲裁员也可以作为调解员，促使争议双方达成和解。

1987 年，北京调解中心在中国国际贸易促进委员会内设立。该中心根据当事人之间订立的调解协议，受理调解案件。该中心的调解员由中国国际贸易促进委员会从具有国际经济、贸易、金融、投资、技术转让、承包工程、运输、保险以及其他国际商事方面及/或法律方面的专门知识及/或实践经验的、公正的人士中聘请。除北京调解中心以外，在全国各贸易促进委员会分会中，许多都设立了解决国际经济贸易争议的调解中心，受理当事人提交的调解案件。

中国国际经济贸易仲裁委员会在审理仲裁案件的过程中，同样坚持仲裁与调解相结合的做法。仲裁庭在查明或基本查明争议事实的情况下，经双方当事人同意，也可中止仲裁程序，转入调解程序。如果调解成功，则仲裁庭根据当事人达成的调解协议作出仲裁裁决；如果调解失败，则仲裁程序继续进行。

20 世纪 70 年代末，中国的涉外仲裁机构与一些外国仲裁机构共同创立了一种新的调解方式，即联合调解（joint conciliation），具体做法是：中外双方当事人向各自所在国家的仲裁机构提出请求，由被请求的仲裁机构派出数目相等的人员作为调解员，对争议事项进行调解。调解成功则争议结束，调解失败后仲裁机构再按照合同中的仲裁条款进行仲裁，或者将争议提交法院解决。1977 年—1979 年间，中美双方的仲裁机构运用此方式，成功地解决了发生在中美双边贸易中的两项金额较大的争议。①

总之，调解在解决我国国内外经济贸易争议中一贯发挥着重要的作用。它以争议双方当事人的自愿为前提。它可以单独进行，也可以与诉讼程序和仲裁程序相结合，同时进行，但它并非诉讼程序或者仲裁程序中的必经程序，同样以双方当事人自愿为前提条件。调解也不是无原则地进行，而是在查明或基本查明争议的事实、分清是非的情况下，按照事实和应当适用的法律，公平、合理地解决争议。

第三节　国际经济贸易诉讼

国际经济贸易诉讼即解决不同国家的国民之间的国际经济贸易争议的司法方法，是在一国法院解决此项争议的方法。鉴于各国法院在受理国际经济贸易诉讼时只适用法院地的诉讼程序

① 关于这两个案件的具体情况，参见程德钧主编：《涉外仲裁与法律》，第 1 辑，105～106 页，北京，中国人民大学出版社，1992。

法，相同的当事人就同一诉讼标的同时在几个不同国家的法院起诉的现象，是不足为怪的。在此类诉讼中，由于涉及不同国家的法律制度，因而会涉及一系列复杂的问题：一方面，当事人在不同国家的法院起诉或被诉，致使诉讼费用迅速增加；另一方面，不同国家的法官在解释或适用法律上可能存在的差异，也会增加诉讼结果的不确定性。

在一国法院进行的国际经济贸易诉讼所涉及的主要法律问题包括：(1) 法院对争议案件的管辖权；(2) 诉讼程序的进行；(3) 解决争议应当适用的法律规则；(4) 法院判决的效力及其执行。现就这四个问题分述如下。

一、法院对国际经济贸易争议案件的管辖

(一) 法院管辖权的确定与平行诉讼 (parallel litigation)

1. 法院管辖权的确定方法

国际上并不存在统一的管辖国际经济贸易案件的标准，各国法院只能适用自己国家的民事诉讼法来决定对特定案件的管辖，这经常导致管辖权的冲突。根据国际法的基本原则和各国的立法与实践，法院一般根据以下原则决定其管辖权限。

(1) 属人管辖原则。依照国际法上的属人优越权原则，主权国家对其国民享有管辖权，即便他们是在该国境外时亦然。因此，如果中国公民在国外经商或者留学，中国法院仍然对他们享有管辖权，因为他们是中国公民。外国公民在中国进行上述类似的活动时，其国籍所属国的法院同样对他们享有管辖权。

(2) 地域管辖原则。根据此原则，主权国家对位于其管辖领土内的一切人和物，享有管辖权。外国人在中国旅游期间实施犯罪，或中国公民在外国停留期间实施侵权行为的，他们所在国家均可依据当地的法律对他们在本国境内实施的不法行为实施管辖，尽管他们是外国人。至于外国船舶在中国领海内航行期间造成油污环境污染的，根据当地法律，它们同样应当承担相应的法律责任。

(3) 协议管辖原则。此即具有不同国籍的当事人或者营业地位于不同国家的当事人之间通过协议的方式约定，将他们之间可能发生的或者已经发生的争议提交特定国家的法院解决的原则。在国际经济贸易合同中，当事人通常可以依据法律作出上述约定。除非当地法律另有规定，各国法律一般尊重当事人作出的选择。在现代国际经济贸易交往中，当事人在合同中与其选择特定国家的法院解决他们之间的争议，不如选择特定的“法官”(事实上的仲裁员)，通过仲裁的方式解决他们之间的争议。所以，在多数国际经济贸易合同中，都含有通过仲裁的方式解决合同争议的“仲裁条款”，而不含有选择法院的条款。

(4) 专属管辖原则。专属管辖原则是指各国法律明文规定的特定争议只能由本国法院专属管辖的原则。例如，由位于特定国家境内的不动产引起的争议，通常只能由该不动产所在特定国家的法院管辖。此外，关于某些知识产权的有效性的争议，如关于专利权或者商标权的有效性的争议，通常只能由该专利权或者商标权授予国的法院管辖，这是由某些知识产权的严格地域性决定的。在法律规定某些特定争议必须由当地法院专属管辖的情况下，当事人协议将该争议提交该法院地国以外的国家的法院处理的约定为无效约定，因为此项约定违反了该相关国家的法律。

2. 法院管辖权的冲突与平行诉讼问题

由于各国法院可以根据当事人的国籍、住所或居所、营业地，以及他们之间达成的管辖协议等实施管辖，因而在实践中发生管辖权冲突的现象不可避免。例如，中国公司与日本公司之间对在美国签署并履行的合同发生争议，按照相关国家的法律，中国、日本、美国的法院都可

根据当地法律以及争议标的与这些国家之间的联系而主张管辖权。假定中国和日本的当事人分别就合同争议在中、日两国法院起诉，中、日两国法院根据其各自国家的民事诉讼法均可对该相同争议行使管辖权，于是便产生了平行诉讼的问题。现实中也的确存在着这样的案例：在美国石油大王亨特与利比亚 B. P. 石油公司互诉案中，由于利比亚对特许共同开采石油实施了国有化，B. P. 石油公司认为国有化使其与亨特签订的合同落空，故在英国伦敦高等法院提起诉讼，要求亨特返还 B. P. 石油公司向其支付的货款，法院判决亨特向 B. P. 石油公司返还货款四千多万美元。[①] 与此同时，亨特在美国开辟了另一个“战场”：他在美国得克萨斯州联邦法院提起诉讼，请求法院宣布他不欠 B. P. 石油公司的债，并要求 B. P. 石油公司向其支付追加的款项。B. P. 石油公司则请求美国得克萨斯州联邦法院中止在美国得克萨斯州联邦法院进行的诉讼，理由是此案正在英国伦敦高等法院审理。此项请求开始并未得到满足，只是在 B. P. 石油公司取得了英国伦敦高等法院作出的胜诉判决后，在美国得克萨斯州联邦法院的诉讼才终止。[②] 英国伦敦高等法院作出判决 6 年后，B. P. 石油公司才从美国得克萨斯州联邦法院获得承认英国法院的判决、禁止亨特继续进行诉讼的判决。[③]

（二）通过选择法院的条款避免平行诉讼

平行诉讼无疑会给当事人带来高额的诉讼费用，造成诉讼程序的拖延，使诉讼结果具有不确定性。避免平行诉讼的方法之一就是由争议双方作出选择法院（choice of forum）的约定。然而一般只有在合同订立时方有可能就此达成协议。对于已经发生的争议，当事人一般很难就诉讼的地点达成协议。在实践中，双方当事人选择的一般不是争议任何一方所属国的法院，通常是第三国法院。另外，由于对国际经济贸易诉讼的管辖权缺乏统一标准，即便当事人就诉讼地点作出了选择，也不能保证被选择的法院一定会接受对双方当事人之间的特定争议行使管辖权，被选择的第三国法院可以以“不方便法院”（forum non convenience）或其他理由，拒绝对该特定的案件行使管辖权。由此，平行诉讼还是不可避免的。

（三）通过国际公约解决平行诉讼的问题

此即通过双边司法互助协定或有关的多边国际公约来避免管辖权的冲突和平行诉讼的问题。

在此领域内比较有影响的多边国际公约是 1968 年 9 月 27 日由比利时、联邦德国、法国、意大利、卢森堡和荷兰在布鲁塞尔签订的《关于民商事案件管辖权和判决执行的公约》（简称《布鲁塞尔公约》），该公约于 1973 年 1 月 1 日生效。该公约对民商事案件的管辖权划分标准、专属管辖案件、管辖权的受理和审查、审理中的案件和有关联的诉讼案件，以及判决的执行问题等，都作了比较系统的规定，从而在一定程度上避免了平行诉讼。此外，1988 年欧洲一些国家之间订立的《关于民商事管辖权和判决执行的卢加诺公约》（简称《卢加诺公约》）同样具有避免平行诉讼的作用。这两个公约构成了“布鲁塞尔和卢加诺体制”，适用这一体制的国家包括奥地利、比利时、丹麦、芬兰、法国、英国、希腊、德国、爱尔兰、冰岛、意大利、卢森堡、荷兰、挪威、葡萄牙、西班牙、瑞典和瑞士。[④] 各缔约国可通过适用上述国际公约规定的关于民商事案件管辖的统一标准，能避免或消除有关国际民商事案件的平行诉讼。当事人如在

---

① See B. P. Exploration Co. (Libya) Ltd. v. Hunt, Queen's Bench Division, Commercial Court, Cause 1975 B No. 4490 June 30 1978 (first part) and March 26 1979 (second part).

② See Hunt v. B. P. Exploration Co. (Libya) Ltd., 580 F. Supp. 304 (N. D. Tex. 1984).

③ See Hunt v. B. P. Exploration Co. (Libya) Ltd., 492 F. Supp. 885 (N. D. Tex. 1980).

④ See *Arbitration and Mediation in International Business*, edited by Dr. Julian Lew, Kluwer Law International, 1997, p. 21, footnote 50.

上述公约的解释或执行问题上发生争议，可申请欧洲法院就上述公约适用中的问题作出解释和裁定。

采用双边司法协助协定的方式也可在一定条件下避免平行诉讼的问题。我国与法国、德国等 11 个国家订立了民商事司法互助协定。

但无论是双边协定，还是多边公约，都仅对特定的缔约国有效。这些双边协定或多边公约尽管在一定程度上可避免或消除平行诉讼的问题，但从广义上看，在相当长一段时期内，还不可能完全避免或消除管辖权的冲突。

二、国际经济贸易案件的诉讼程序

国际经济贸易诉讼案件所遇到的各种事实或法律问题，要比单纯的国内案件所遇到的复杂得多。一些司法行为需要到对案件行使管辖权的法院所属国以外的国家或地区实施，如司法文书的送达、境外调查取证、查明争议事实的程序和方法等，这些都可能遇到问题。在此，笔者就大陆法系和英美法系在诉讼程序上的主要区别作一探讨。

法官和当事人的律师在诉讼程序中所发挥作用的不同，是英美法系和大陆法系在诉讼程序上的主要区别。英美法系一般采用对抗式的（adversarial）程序，即由当事人向法官提出他们各自对事实问题和法律适用问题的解释，法官在听取他们各自的意见后作出决定。如果双方当事人均未提出有关的事实和法律适用问题，法官也不对该事实和法律适用问题进行询问，而是根据双方当事人所提出的请求和证据作出判决。事实上，诉讼程序的进行主要掌握在当事人的手中，确切地说，是掌握在各方当事人的律师的手中。大陆法系在诉讼中一般采用审问式的程序，在此项程序中，法官自始至终地控制着程序的进行。在查明事实的过程中，法官发挥着积极的作用。

由于法官和当事人在诉讼程序中所发挥的作用的不同，因而，大陆法系和英美法系在向法庭提供证据的问题上，做法是不同的。大陆法系中的取证问题也为主审法官所严格控制。证人在向法庭提供口头证据时，被视为“法院的证人”，而不是任何一方当事人的证人。法官责令证人出庭作证。当事人的律师提出出庭作证的证人名单后，由法官决定他们之中谁将出庭作证。而证人出庭后，一般由法官对他们提出问题。在开庭审理之前或庭审之中，任何一方当事人的律师与证人之间的直接接触一般受到严格的限制。至于出庭作证的专家，也是由法院提出的。专家提供证据时一般采用书面形式，但法院有权决定是否要他们在庭审中对他们出具的证据作出说明。在英美法系的诉讼程序中，当事人自行收集证据，庭审中口头证据发挥着重要的作用。在庭审前的披露程序中，双方当事人的律师已经接触到对方所拥有的证据。而在庭审时，双方当事人都带着各自的证人出庭，当事人自己经宣誓后以证人的身份作证。由律师向证人提出问题：首先是提供证人的一方的律师提问，然后是对方律师提问。法官对此程序实施监督，有时也自行或根据一方律师提出的反对意见实施干预。专家证人也是由各方当事人提供的，他们也要接受双方律师的交叉询问。

三、解决争议应当适用的法律规则

在国际经济贸易诉讼中，也会涉及不同国家的法律。决定对某一特定的经济贸易争议究竟适用什么样的法律来解决，是法院对国际经济贸易争议作出判决的至关重要的环节。

各国有关的立法与实践，一般允许当事人共同选择解决争议应当适用的法律。然而，如果当事人未能对此作出选择，或者法院认为当事人所作出的选择不明确，则法院一般适用法院地法有关的法律冲突规则来决定应当适用的法律。在这种情况下，问题就变得复杂起来：因为国际经济贸易交易涉及不同国家的法律制度，有两个或两个以上的连结点，如在国际合同交易中，如果当事人未能选择合同应当适用的法律，按照各国国际私法关于适用法律的一般原则，应适用与合同有最密切联系的国家的法律，而对于如何解释"最密切联系"，就同一合同争议而言，不同国家的法院往往会得出不同的结论。

即便法院根据当事人的共同选择正确地适用了应当适用的法律，当该应当适用的法律为外国法时，当事人往往也很难预料审理该案的法院适用该外国法所作判决的结果。因为法官并不一定知道该外国法的内容，所以，法官就要聘用有关人员将相关的合同、外国法或判例翻译成相应的文本，并听取有关专家关于如何将该外国法适用于该特定争议案件中应当解决的问题的意见。而由于外国法官对于应当适用的外国法所产生的背景及所包含的实质性的内容及适用的方法没有像对本国法那样熟悉，故很难预见适用该法律的判决的结果。

四、法院判决的效力及其执行

根据国际法上关于主权国家及其管辖范围的一般原则，一国法院作出的判决，仅在该国境内有效，而外国法院没有承认与执行他国法院判决的义务，除非有国际公约的约束，或者国家之间出于国际礼让，相互承认与执行对方法院的判决。

一国法院根据国际公约、国际礼让或者其本国法的规定执行外国法院的判决的一个必要的条件就是，该外国法院的判决是终局的（res judicata），即对该外国判决依法院地法不能再上诉。此外，该外国法院的终局判决，必须经执行地法院准许后，才能得到执行。而法院在承认该外国法院判决的效力时，一般要依据执行地国或有关的国际公约对该外国法院的判决进行审查，审查的内容一般包括该外国法院对所判决的事项是否享有管辖权、是否履行了适当的程序、执行该外国法院的判决是否与当地的公共政策相抵触等。至于具体的审查内容，不仅国与国之间是不同的，即便在一国范围内，有时也是各异的，例如，一项即决判决在美国纽约联邦法院得到承认的机会，可能与其在美国亚拉巴马州法院得到承认的机会有所不同。

五、我国法院对涉外案件的处理

我国没有单独的商法典。在民商事领域，何谓涉外案件？按照我国民法的相关规定，"涉外民事关系"是指民事关系的一方或者双方当事人是外国人、无国籍人、外国法人；民事关系的标的物在外国领域内；产生、变更或消灭民事权利义务关系的法律事实发生在国外。

（一）我国法院对涉外民商事案件的管辖

我国法院对涉外民商事案件的管辖，规定在《民事诉讼法》的有关章节中。

1. 属于我国法院专属管辖的事项

按照我国《民事诉讼法》第 33 条的规定，在涉外商事诉讼中，属于我国法院专属管辖的事项包括：（1）因不动产纠纷提起的诉讼，由不动产所在地人民法院管辖；（2）因港口作业中发生纠纷提起的诉讼，由港口所在地人民法院管辖；（3）因继承遗产纠纷提起的诉讼，由被继承人死亡时住所地或者主要遗产所在地人民法院管辖。

此外，因在我国境内履行的中外合资经营企业合同、中外合作经营企业合同、中外合作勘探开发自然资源合同发生纠纷提起的诉讼，由我国法院管辖（《民事诉讼法》第 266 条）。

2. 协议管辖的事项

按照我国《民事诉讼法》第 34 条的规定，合同或者其他财产权益纠纷的当事人可以书面协议选择被告住所地、合同履行地、合同签订地、原告住所地、标的物所在地等与争议有实际联系的地点的人民法院管辖，但不得违反该法对级别管辖和专属管辖的规定。

3. 其他事项的管辖法院

因合同纠纷或者其他财产权益纠纷，对在我国境内没有住所的被告提起的诉讼，如果合同在我国境内签订或履行，或者诉讼标的物在我国境内，或者被告在我国境内有可供扣押的财产，或者被告在我国境内设有代表机构，可由合同签订地、合同履行地、诉讼标的物所在地、可供扣押财产所在地、侵权行为地或者代表机构住所地人民法院管辖（《民事诉讼法》第265条）。

（二）有权受理涉外民事案件的法院

最高人民法院《关于涉外民商事案件诉讼管辖若干问题的规定》[①] 第1条规定，有权审理涉外商事案件的一审法院为：(1) 国务院批准设立的经济技术开发区人民法院；(2) 省会、自治区首府、直辖市所在地的中级人民法院；(3) 经济特区、计划单列市中级人民法院；(4) 最高人民法院指定的其他中级人民法院；(5) 高级人民法院。

（三）国际商事争议案件的适用法律

除我国法律另有规定外，我国法律允许当事人对解决国际经济贸易争议的法律作出约定。关于涉外商事案件的适用法律，主要规定在2010年我国《涉外民事关系法律适用法》和1986年《民法通则》第八章中；在其他一些有关的法律文件中，也有涉及适用法律的规定。归纳起来，主要有以下几种情况。

(1) 凡属于我国法院专属管辖的事项，适用我国法律。如位于我国境内的不动产争议，在我国境内履行的中外合资经营企业合同、中外合作经营企业合同、中外合作勘探开发自然资源合同，在我国港口作业中发生的纠纷，均适用我国法律。

(2) 凡属我国法律规定的当事人可以通过协议方式选择对争议案件管辖的法院的情况，如涉外合同或者涉外财产权益纠纷，当事人均可选择解决合同或其他财产权益纠纷应当适用的法律。对于国际商事合同纠纷，如果当事人未能就合同应当适用的法律作出选择，那么应适用与合同有最密切联系的国家的法律。

至于何谓与合同有最密切联系的国家的法律，最高人民法院曾在1987年10月19日发布《关于适用〈涉外经济合同法〉若干问题的解答》（现已失效），对与国际货物买卖、银行贷款、担保、保险、加工承揽、技术转让、工程承包、科技咨询或设计、劳务、成套设备供应、代理、不动产租赁、买卖或抵押、动产租赁、仓储保管等15种合同有最密切联系的法律作出了具体的规定。[②]

如果涉外合同应当适用我国法律，而我国法律与我国缔结或参加的国际公约的规定不同的，则按照《民法通则》第142条的规定，应适用国际公约的规定，但我国声明保留的条款除外。如果我国法律和我国缔结或参加的国际公约均无规定，则可以适用惯例。

此外，在应当适用的法律为外国法时，应当适用该外国的实体法，而不是冲突法。对此，我国《涉外民事关系法律适用法》第9条明确规定："涉外民事关系适用的外国法律，不包括该国的法律适用法。"如果该外国法的适用违反我国法律的基本原则和我国的社会公共利益，则不予适用；在这种情况下，应当适用我国的法律（参见《涉外民事关系法律适用法》第5

---

① 法释〔2002〕5号，2001年12月25日最高人民法院审判委员会第1203次会议通过，2002年2月25日公布，自2002年3月1日起施行。

② 参见《中华人民共和国最高人民法院公报》，1987 (4)，4～5页。

条）。不能查明的外国法律或者该国法律没有规定的，适用我国法律（参见《涉外民事关系法律适用法》第10条第2款）。

（3）关于侵权行为损害赔偿的适用法律，我国《涉外民事关系法律适用法》作出了明确的规定：侵权责任，适用侵权行为地法律，但当事人有共同经常居所地的，适用共同经常居所地法律；侵权行为发生后，当事人协议选择适用法律的，按照其协议（参见《涉外民事关系法律适用法》第44条）。产品责任，适用被侵权人经常居所地法律；被侵权人选择适用侵权人主营业地法律、损害发生地法律的，或者侵权人在被侵权人经常居所地没有从事相关经营活动的，适用侵权人主营业地法律或者损害发生地法律（参见《涉外民事关系法律适用法》第45条）。通过网络或者采用其他方式侵害姓名权、肖像权、名誉权、隐私权等人格权的，适用被侵权人经常居所地法律（参见《涉外民事关系法律适用法》第46条）。不当得利、无因管理，适用当事人协议选择适用的法律；当事人没有选择的，适用当事人共同经常居所地法律；没有共同经常居所地的，适用不当得利、无因管理发生地法律（参见《涉外民事关系法律适用法》第47条）。知识产权的侵权责任，适用被请求保护地法律，当事人也可以在侵权行为发生后协议选择适用法院地法律（参见《涉外民事关系法律适用法》第50条）。此外，按照《民法通则》第146条第2款的规定，按照我国法律不认为在我国境外发生的行为是侵权行为的，不作为侵权行为处理。

（四）我国法院对外国法院判决的承认与执行

外国法院的判决只有经我国法院承认后，才能在我国境内得到执行。按照我国《民事诉讼法》第281条的规定，向我国法院申请承认与执行的外国法院的判决，必须是已经发生法律效力的判决。当事人应当向我国有管辖权的中级人民法院申请承认与执行。此外，根据该法第282条的规定，我国对外国法院判决的承认与执行所依据的主要原则有两个：一是我国缔结或者参加的国际条约中的有关规定，如我国与其他一些国家订立的司法互助协定中的规定。二是互惠原则，如我国法院认为该判决不违反我国法律的基本原则或者国家主权、安全、社会公共利益的，裁定承认其效力；需要执行的，发出执行令，按照我国《民事诉讼法》的有关规定执行。对于违反我国法律的基本原则或者国家主权、安全、社会公共利益的，不予承认与执行。

第四节　国际经济贸易仲裁

仲裁作为解决国际经济贸易争议的一种手段，是随着国际经济贸易的发展而由商人们自发地创立起来的。作为国际经济贸易仲裁起源之一的中世纪的商人习惯法，既不是由现代意义上的国家立法机关制定的，也不是法学家们的作品，而是由商人们在长期的国际经济贸易中发展起来的。而中世纪的商人习惯法在当时之所以具有普遍性，就是因为这些从事国际经济贸易的商人们无论在英国伦敦还是在德国科隆或意大利的威尼斯经商，都适用相同的商事惯例。

19世纪末，随着国际经济贸易的发展和仲裁作为解决争议的方式被普遍采用，仲裁逐步发展成为解决争议的一项国内法上的制度。进入20世纪以来，特别是在第二次世界大战以后，随着科学技术的进步和国际经济贸易的迅速发展，采取仲裁方式来解决国际经济贸易争议已经得到各国法律的普遍认可。各国间承认与执行在他国作出的仲裁裁决的国际义务，已经被固定在1958年《承认与执行外国仲裁裁决公约》（以下简称《纽约公约》）中。[①] 通过仲裁解决国际

① 截至2014年8月25日，该公约已经有150个缔约国，具体国家名称可参见：http://www.uncitral.org/uncitral/en/uncitral_texts/arbitration/NYConvention_status.html，最后访问时间：2014-08-25。

经济贸易争议，已经成为国际商人们首先选择的并且是最受欢迎的解决争议的方法。

国际经济贸易仲裁包括的主要内容有国际经济贸易仲裁概论、国际经济贸易仲裁协议、仲裁庭及其管辖权限、仲裁程序、仲裁中的临时性保全措施与紧急仲裁员制度、仲裁裁决及其承认与执行等问题。现结合我国有关国际经济贸易仲裁立法与实践，对国际经济贸易仲裁所涉及的主要问题作一概述。

一、国际经济贸易仲裁概论

（一）国际经济贸易仲裁的概念和法律特征

对于何谓国际经济贸易仲裁，法国民事诉讼法典第 1492 条作了原则性的界定："如果包含国际商事利益，仲裁就是国际性的。"这里"国际商事利益"的含义，显然是极为广泛的。按照国际私法以涉外民商事关系为其调整对象的基本理论，对一国而言，凡是仲裁协议的一方或双方为外国人、无国籍人或其他外国企业或实体，或者仲裁协议订立时双方当事人的住所或营业地位于不同的国家，或者即便仲裁协议双方当事人的住所或营业地位于相同的国家，但如果仲裁地点位于该国境外，或者仲裁协议中所涉及的经济贸易关系的设立、变更或终止的法律事实发生在国外，或者争议标的位于该国境外，均可视为国际经济贸易仲裁。

国际经济贸易仲裁主要具有以下几个方面的特征。

首先，它是一种自愿解决争议的方法。当事人之间约定的通过仲裁方式解决他们之间已经发生的或将来可能发生的争议的仲裁协议，是通过仲裁解决争议的基本前提。如无此项协议，就不可能有仲裁的发生。这一特点也是 ADR 所具有的。

其次，通过仲裁方式解决争议具有较大的灵活性。当事人可就由谁来仲裁、仲裁适用的规则和法律、仲裁地点、仲裁所使用的语言文字及仲裁费用的承担等作出约定。除非当事人双方另有约定，仲裁一般均采用不公开审理的方式进行，这样，当事人的商业信誉和商业秘密就有可能得到较好的保护。而在采用司法方法解决争议的情况下，各国法院只适用本国的诉讼程序法，当事人一般不能自由地选择审理争议的法官，并且法院严格地按照诉讼程序法的规定审理案件。

最后，仲裁裁决具有与法院判决相同的法律效力。然而，与法院判决需在外国执行时相比，仲裁裁决需在外国执行时，具有更大的优势。因为世界上 150 多个国家均是《纽约公约》的缔约国①，据此公约，缔约国有义务承认与执行在另一国境内作出的仲裁裁决，除非裁决有公约规定的拒绝承认与执行的理由。而就一国法院作出的判决在另一国申请执行时，由于各国在政治、经济、文化和意识形态等方面的差异，内国法院往往对外国法院的判决采取不信任的态度，而目前又缺乏关于相互承认与执行法院判决的普遍性的国际公约，所以法院在对该外国法院判决的审查上，往往会附有非常苛刻的条件。

可见，仲裁既不同于 ADR，也有别于诉讼，但与这两者又有某些相同之处，它是介于这两者之间的解决争议的方法。它既具有 ADR 自愿解决争议的特点，又与之不同，因为 ADR 达成的解决争议的方案本身不具有法律上可强制执行的效力。仲裁裁决具有与法院判决相同的可强制执行的效力，但仲裁又与诉讼有着重要的区别，这主要表现在程序上的灵活性：当事人可以选择仲裁所适用的法律和规则以及审理案件的仲裁员；而在诉讼程序中当事人一般不得对这

① 截至 2018 年 9 月 1 日，该公约共有 159 个缔约国，关于这些国家的名称，详见 http://www.uncitral.org/uncitral/en/uncitral_texts/arbitration/NYConvention_status.html，最后访问时间：2018-09-01。我国于 1987 年 4 月 22 日正式成为该公约的缔约国。

些事项作出选择。

正是仲裁所具备的上述特点，使之成为解决国际经济贸易合同争议的首要方法。绝大多数国际经济贸易合同中均含有通过仲裁解决争议的条款——仲裁条款。许多国家之间订立的双边协定或多边公约，一般也含有通过仲裁解决争议的条款。①

（二）国际经济贸易仲裁的种类

按照国际经济贸易仲裁协议主体的法律地位的不同，国际仲裁可分为：不同国家的国民之间的经济贸易仲裁；国家与他国国民之间的经济贸易仲裁；国家之间的经济贸易仲裁。在国际经济贸易仲裁实践中，国际经济贸易仲裁主要指不同国家的国民将在国际经济贸易交易中发生的争议提交仲裁解决的情况。当然，在后两种情况下，在双方当事人之间订有仲裁协议的情况下，也可以通过仲裁的方式解决争议。

根据审理国际经济贸易争议的仲裁机构是否具有固定的名称、章程和办公地点，可以将其分为临时仲裁机构和常设仲裁机构。临时仲裁机构是指根据当事人之间的仲裁协议而临时设立的审理该特定争议的机构，即事实上的仲裁庭。当案件审理终结并作出仲裁裁决后，该仲裁机构即行解散。而常设仲裁机构则指依据国际公约或一国国内法设立的审理国际经济贸易仲裁案件的机构。前者如解决投资争议国际中心，后者如中国国际经济贸易仲裁委员会、美国仲裁协会等。这些机构均有其特定的名称、章程和固定的办公地点，多数还有其仲裁规则，许多还有专门的供当事人选择的仲裁员名册。在国际经济贸易仲裁实践中，一些重大的仲裁案件，一般均由这类仲裁机构仲裁解决。即便是在临时仲裁的情况下，当事人一般也可以请求这类仲裁机构提供某些管理方面的服务，如代为指定仲裁员等。这类仲裁机构一般都比较规范，且有专门的秘书处实施管理方面的工作，包括确认收到并转交仲裁申请书和答辩状，按规定收取仲裁费，协助组成仲裁庭，安排开庭等事项，并提供记录、翻译等方面的服务。此外，根据常设仲裁机构的性质的不同，还可以将其分为国际性仲裁机构、区域性仲裁机构和行业性仲裁机构。一些国家还设立了专门审理国际经济贸易案件的仲裁机构，如英国伦敦国际仲裁院、中国国际经济贸易仲裁委员会、中国海事仲裁委员会等。

根据参与仲裁的当事人的人数，还可以将国际经济贸易仲裁分为双方当事人之间的仲裁和多方当事人之间的仲裁等。

（三）调整国际经济贸易仲裁的法律规则

在国际经济贸易仲裁立法与实践中，调整国际经济贸易仲裁关系的法律规则主要包括国际立法与国内立法。前者主要包括相关的国际公约和相关的国际立法文件，后者主要包括各国调整国际经济贸易仲裁的国内法。

1. 国际立法文件

在世界范围内最有影响的关于仲裁的国际公约是《纽约公约》。该公约由联合国主持制定，于1958年在纽约召开的联合国国际经济贸易仲裁会议上通过，故简称《纽约公约》。该公约共16条，其主要规定是：（1）各缔约国应当承认当事人各方所签订或在互换函电中所载明的合同中的仲裁条款或仲裁协议的效力。（2）除公约规定的拒绝承认与执行外国仲裁裁决的情况外，各缔约国应当承认与执行该项在外国作出的仲裁裁决。（3）各国拒绝承认与执行外国仲裁裁决须具备相应的条件，其中须由被申请人提供证据证明的情况为：仲裁协议无效；仲裁程序不当；裁决超出了仲裁协议规定的范围；仲裁庭的组成或仲裁程序与仲裁协议或仲裁地的法律

① 如国家之间订立的贸易协定、投资保护协定、避免双重征税协定等双边协定，以及世界银行主持制定的《关于建立多边投资担保机构公约》等多边公约。

不符；裁决在裁决地国或依裁决应当适用的法律对当事人尚无拘束力，或已被上述国家的主管机关撤销。此外，被请求承认与执行该裁决的国家的主管机关如果认为，争议事项依该国法律为不能通过仲裁解决的事项的，或者承认与执行该仲裁裁决和执行地国的公共政策相抵触的，也可拒绝承认与执行该外国裁决。

此外，还有一个影响较大的国际公约，即《解决国家与他国国民之间投资争端公约》。该公约由世界银行在华盛顿主持制定，故简称《华盛顿公约》。截至 2018 年 9 月 1 日，该公约共有缔约国 154 个。中国于 1993 年 2 月成为该公约的缔约国。[①]

除上述两个普遍性的国际公约外，还有一些地区性的国际公约，如由联合国与欧洲经济委员会主持制定，1961 年由欧洲各国签署的《欧洲国际商事仲裁公约》，由美洲国家组织主持制定、1975 年在巴拿马城召开的国际私法特别会议上通过的《美洲国家商事仲裁公约》（简称《巴拿马公约》）。这两个公约均就其适用范围、仲裁协议的效力、仲裁庭的组成、仲裁规则的适用、仲裁裁决的效力及其承认与执行等作了规定。这两个公约的缔约国，一般均为《纽约公约》的缔约国。

此外，由联合国国际贸易法委员会制定的《国际商事仲裁示范法》，则成为调整国际商事仲裁的重要立法文件。该示范法本身没有法律上的拘束力，其制定的目的并非要求各国共同加入，而是为各国国际商事仲裁立法提供参照，使各国国内立法机关可以单方面将其采纳为调整国际商事仲裁关系的国内法。各国国内立法机关在采纳该示范法时，还可以结合本国的具体情况作出这样或者那样的修订。目前，该示范法已经被包括我国香港和澳门特别行政区在内的几十个国家或地区采纳为当地的国际商事仲裁法。

2. 国内立法文件

（1）国内立法。各国有关仲裁的立法均调整国际经济贸易仲裁，这些仲裁立法或者表现在这些国家的民事诉讼法中，如德国民事诉讼法、日本民事诉讼法、法国民事诉讼法等；或者表现在一些国家制定的专门的仲裁法中，如美国 1926 年联邦仲裁法、英国 1996 年仲裁法，这些仲裁法，既调整国内仲裁关系，也调整国际仲裁关系；或者表现在一些国家专门制定的调整国际经济贸易仲裁的法律或法规中，如埃及于 1988 年制定的《埃及国际商事仲裁法案》；或者表现在一些国家根据联合国《国际商事仲裁示范法》制定的本国的国际经济贸易仲裁法，如俄罗斯国际经济贸易仲裁法、保加利亚国际经济贸易仲裁法等。所有这些有关仲裁的法律或法规，均就有关仲裁涉及的各种事项，包括仲裁协议的效力和仲裁庭的管辖权、仲裁庭的组成、仲裁员的指定、仲裁程序的进行、仲裁裁决的作出及其补救办法、仲裁裁决的效力及其承认与执行等事项，作了规定。

我国调整国际仲裁的国内立法主要表现在我国于 1994 年颁布、2009 年第一次修正、2017 年第二次修正的《中华人民共和国仲裁法》和《中华人民共和国民事诉讼法》中。其中《仲裁法》第七章就我国的涉外仲裁作了专门规定，包括涉外仲裁机构的组成、仲裁员的聘任、保全措施、涉外仲裁裁决的撤销和承认与执行问题等。《民事诉讼法》第二十六章（第 271～275 条）的规定也是专门针对国际经济贸易、运输和海事争议的仲裁的，其主要内容包括：当事人之间订有将他们之间的争议提交仲裁解决的仲裁协议时，不得向法院起诉；申请强制执行涉外仲裁裁决的法院及不予执行此项仲裁裁决的条件等。

（2）对国际经济贸易仲裁案件适用的仲裁规则。国际经济贸易中的当事人双方在他们之间订立的仲裁协议中所约定的通过仲裁方式解决争议应当适用的仲裁规则，在如何通过仲裁方式

① 详见 https：//icsid. worldbank. org/en/Pages/about/Database-of-Member-States. aspx#，最后访问时间：2018－09－01。

解决争议方面，发挥着重要的作用。

在国际经济贸易仲裁实践中，一般常设仲裁机构均有自己的仲裁规则。当事人在将争议提交他们在仲裁协议中所约定的仲裁机构时，如无相反的约定，就意味着适用该机构的仲裁规则。有些仲裁机构的规则对此还作出了专门规定。例如，自 2012 年 1 月 1 日起实施的《国际商会国际仲裁院仲裁规则》第 1 条第 2 款即规定："本仲裁院是唯一授权依据本规则进行的仲裁实施管理的机构，包括对依据本规则作出的裁决进行核阅和批准。"这就是说，除非当事人之间另有约定，当事人双方在仲裁协议中约定适用国际商会规则仲裁，就意味着只能由国际商会仲裁院对此实施管理。

为了解决临时仲裁机构无专门仲裁规则的问题，联合国国际贸易法委员会组织了具有不同法律制度背景的专家，于 1976 年制定了一套《仲裁规则》。[①] 几十年来的实践证明，此项规则被广泛地应用于临时仲裁中，而且世界上许多常设仲裁机构的仲裁规则，也是参照此规则制定的。此外，包括中国国际经济贸易仲裁委员会在内的绝大多数仲裁机构，均允许当事人选择适用联合国国际贸易法委员会的仲裁规则，并应当事人的请求对依此规则进行的仲裁程序实施管理。

这类仲裁规则的特点是：第一，这类仲裁规则只对特定的当事人即选择适用某一特定规则的当事人有拘束力。第二，这类仲裁规则的适用不得与进行仲裁应当适用的法律相抵触。如果这类仲裁规则的适用与进行仲裁应当适用的法律相抵触，则此类仲裁规则应当服从法律中的有关规定。例如，联合国国际贸易法委员会制定的《仲裁规则》第 1 条第 2 款规定："仲裁应受本规则支配，但本规则的任何规定如与双方当事人必须遵守的适用于仲裁的法律规定相抵触时，应服从法律的规定。"

二、国际经济贸易仲裁协议

（一）国际经济贸易仲裁协议的概念和特征

国际经济贸易仲裁协议是指当事人各方同意将他们之间已经发生的或将来可能发生的争议提交仲裁解决的协议。概括起来，国际经济贸易仲裁协议具有以下几个方面的法律特征：第一，它是特定的法律关系的当事人之间同意将他们之间的争议提交仲裁解决的共同的意思表示，而不是一方当事人的意思表示。这种特定的法律关系，既包括由于国际货物买卖、运输、保险、支付、投资、技术转让等而产生的契约性的法律关系，也包括由于海上船舶碰撞、产品责任、医疗和交通事故而侵权行为等而产生的非契约性的法律关系。第二，它是使某一特定的仲裁机构取得对协议项下的争议的管辖权的依据，同时也是排除法院对该特定争议实施管辖的主要的抗辩理由。因为《纽约公约》第 2 条第 3 款规定："当事人就诉讼事项订有本条所称之仲裁协议者，缔约国法院受理诉讼时应依当事人一方之请求，令当事人提交仲裁，但仲裁协议经法院认定无效、失效或者不能施行者，不在此限。"此外，1987 年《阿拉伯商事仲裁公约》第 27 条、联合国国际贸易法委员会《国际商事仲裁示范法》第 8 条第 1 款等，均作出类似规定。第三，一项有效的仲裁协议，是仲裁裁决得到承认与执行的基本前提。对于仲裁庭作出的仲裁裁决，如果败诉一方未能自动执行，另一方当事人可请求法院强制执行。但法院在执行此项裁决时，如果认定该项裁决系根据无效的仲裁协议作出的，则按照《纽约公约》第 5 条第 1 款的规定，被请求执行该裁决的法院也会拒绝承认与执行此项裁决。

---

① 该规则于 2010 年进行了修订。

（二）国际经济贸易仲裁协议的表现方式及主要内容

1. 国际经济贸易仲裁协议的表现方式

国际经济贸易仲裁协议有两种表现方式：合同中的仲裁条款和专门的仲裁协议书。

合同中的仲裁条款是指合同双方当事人在争议发生之前订立的将合同履行过程中可能发生的争议提交仲裁解决的条款。其特点是：第一，它是双方当事人之间在争议发生之前所达成的将争议提交仲裁解决的约定；第二，它不是一个独立的文件，而是主合同中的一个条款。

而专门的仲裁协议书一般是指双方当事人之间订立的将已经发生的争议提交仲裁解决的协议。它也有两个特点：第一，它是双方当事人之间在争议发生之后所达成的将争议提交仲裁解决的约定；第二，它是一个独立的文件，是指将特定的争议提交仲裁解决的单独的一项协议。

2. 国际经济贸易仲裁协议应当包括的主要内容

无论是合同中的仲裁条款，还是双方当事人之间就已经发生的争议订立的单独的仲裁协议书，都必须包括如下内容。

(1) 将争议提交仲裁解决的意思表示，即双方当事人同意将争议通过仲裁的方式，而不是通过诉讼的方式来解决。这是仲裁协议最为重要的内容，如无此项约定，便不可能有仲裁的发生。

(2) 提交仲裁的事项，即将什么样的争议提交仲裁解决。这是对仲裁庭的管辖权作出界定的依据。如果仲裁庭裁决的事项超出了该项协议约定的范围，则就超出协议约定范围的事项所作的裁决就不能得到法院的承认与执行。

(3) 仲裁庭的组成或仲裁机构的名称。这里的负责解决争议的仲裁庭，可以是临时的仲裁庭，也可以是常设仲裁机构下设的仲裁庭。此外，双方当事人还可以就其他与仲裁有关的事项作出约定，如仲裁地点、仲裁应当适用的规则等。

（三）国际经济贸易仲裁协议的效力及其认定

尽管各国法律对仲裁协议产生效力所应当具备的条件规定各异，但一般而言，一项有效的仲裁协议，至少应当具备以下条件。

(1) 仲裁协议必须是双方当事人真实的意思表示，而不是一方当事人通过欺诈的方式强迫另一方当事人接受的产物。

(2) 订立协议的双方当事人依照应当适用的法律，必须具有合法的资格和能力。如果当事人依据应当适用的法律为无行为能力者，将致使仲裁协议无效。

(3) 仲裁协议的内容应当合法，即当事人约定的仲裁事项必须是按照有关国家的法律可以通过仲裁方式解决的事项。这些法律一般为仲裁地国或裁决执行地国的法律。此外，协议的内容也不得违反仲裁地国或裁决执行地国的法律中有关的强制性规定，不得与这些国家的公共政策相抵触。

(4) 仲裁协议的形式必须合法。按照《纽约公约》第 2 条和联合国国际贸易法委员会《国际商事仲裁示范法》第 7 条第 2 款的规定，仲裁协议必须采用书面形式。

在国际经济贸易仲裁立法与实践中，法院和仲裁庭均有权对某一特定仲裁协议的有效性作出认定。法院或者仲裁庭在对国际经济贸易仲裁协议的效力作出认定时考虑的主要因素是：该特定的仲裁协议应当适用的法律；仲裁协议本身不得违反仲裁地国或裁决执行地国的法律中有关强制性的规定，例如涉及可仲裁事项、当地的社会公共利益等问题的规定。

（四）仲裁条款的独立性

当仲裁条款是主合同的一个条款时，如果主合同为无效合同，那么，是否该合同中的仲裁条款也随之无效？根据现代国际经济贸易仲裁立法与实践，尽管仲裁条款是合同中的一个条款，但是合同的无效、失效或者不能履行并不自动地导致该合同的仲裁条款无效，仲裁条款可以独立于它所依据的主合同而存在。

我国《仲裁法》第19条规定："仲裁协议独立存在，合同的变更、解除、终止或者无效，不影响仲裁协议的效力。"我国《合同法》第57条对此原则的规定更加明确："合同无效、被撤销或者终止的，不影响合同中独立存在的有关解决争议方法的条款的效力。"

三、仲裁庭及其管辖权限

仲裁庭是仲裁案件的直接审理者，无论是在临时仲裁的情况下，还是在机构仲裁的情况下，都是如此。在机构仲裁的情况下，常设仲裁机构的主要工作体现在行政管理方面，而不是体现在对具体案件的审理。

（一）仲裁庭的组成

根据组成仲裁庭的仲裁员人数的不同，可以将仲裁庭分为由一位仲裁员组成的独任仲裁庭、由两位仲裁员组成的二人仲裁庭和由三位或三位以上的仲裁员组成的仲裁庭。在国际经济贸易仲裁实践中，常见的仲裁庭是独任仲裁庭和由三位仲裁员组成的仲裁庭。

在国际经济贸易仲裁实践中，由两名仲裁员组成仲裁庭的情况并不多见。但在一些行业和国家，这种情况是存在的，如在航运市场上某些标准合同中就有这样的条款，如一些格式租船合同中的Baltime Arbitration Clause就是这样规定的："由于本租船合同而产生的争议交由伦敦（或者当事人约定的其他地点）仲裁解决。由船东指定一名仲裁员，另一名仲裁员由租船人指定。如果这两名仲裁员不能就仲裁裁决达成一致，则争议交由他们共同指定的公断人（umpire）裁定。仲裁员或公断人的裁决是终局的，对当事人双方均有拘束力。"

英国1996年仲裁法第22条第1款也就由两名仲裁员组成仲裁庭的情况作了规定："在当事人同意设两名或两名以上仲裁员但无首席仲裁员或公断人的情况下，当事人可自由约定仲裁庭如何作出决定、命令和裁决。"此项规定包括了由两名仲裁员组成的仲裁庭的情况。在实践中，这两名仲裁员如果在解决双方当事人提交的争议时达成一致，就可作出仲裁裁决；但如果他们不能就此争议达成一致，则由他们共同指定的公断人主持对该案件的审理。在这种情况下，原来由双方指定的仲裁员事实上充当了指定他们的当事人的辩护人（advocate）的角色，而仲裁裁决由公断人自行作出。此时的公断人，则相当于独任仲裁员。

（二）仲裁员的资格

在解决国际经济贸易争议的实践中，被指定为仲裁员的一般都是为当事人所信赖并能够对争议的是非曲直作出独立判断的人。因此，各国法律允许双方当事人在他们之间的仲裁协议中对仲裁员的资格作出约定。而法律本身对此一般没有严格的限制，凡是具有完全行为能力的人，包括本国人和外国人，都可以被指定为仲裁员。例如，荷兰1986年民事诉讼法第1023条规定："任何有法律行为能力的自然人均可被指定为仲裁员。除非当事人另有约定，任何人不应由于其国籍的原因而妨碍指定。"有些国家的法律还对没有资格担任仲裁员的人作了规定。例如，意大利民事诉讼法典第812条除对"仲裁员可以是意大利或他国国民"作了规定之外，它还规定了限制，即："未成年人，无法律行为能力人，破产者及被开除公职的人，不能担任仲裁员"。有的国家的法律还规定，国家法官在任职期间不得接受指定而作为仲裁员。[①]

① 如奥地利民事诉讼法典第578条、波兰民事诉讼法第699条第2款的规定。

我国《仲裁法》第13条对仲裁员的资格作了比较严格的限制。作为国际经济贸易仲裁的一般原则，仲裁员不得与他所审理的案件有直接的利害关系，否则，这将影响他对所审理的案件作出独立、公正的审理。至于法官能否作为仲裁员，各国的规定不一。有的国家如奥地利明文规定法官不能作为仲裁员，但许多国家并无此规定。我国《仲裁法》对此没有规定，只是规定了有8年法官经验者才有资格做仲裁员。我国许多仲裁委员会也聘任了法官作为仲裁员。2004年7月13日，最高人民法院发出通知，现职法官不得再担任仲裁员，因为这样超出了法官的权限，不利于维护司法公正，也不利于保护诉讼当事人的合法权益。该通知要求，已经被聘为相关仲裁委员会仲裁员的现职法官，自通知发出之日起1个月内解除与仲裁委员会的聘任关系。最高人民法院的这一措施，有利于维护法院的形象，有利于法官履行好自己的职责，维护司法公正。①

（三）仲裁庭的管辖权

仲裁管辖原则（the Kompetenz-Kompetenz Doctrine）是指仲裁庭有权对仲裁协议的有效性及其管辖权作出决定。

在国际经济贸易仲裁实践中，仲裁管辖的主要依据是当事人之间存在着将他们之间业已发生的争议通过仲裁解决的有效的仲裁协议。因此，从某种意义上说，仲裁管辖问题与仲裁协议的有效性问题是一个问题的两个方面：根据有效的仲裁协议，仲裁庭就可以获得管辖权；而根据无效的仲裁协议，仲裁庭就不能获得此项管辖权。仲裁管辖原则的核心内容是：仲裁庭能否对它自己的管辖权，包括仲裁协议的存在和效力的异议，作出决定？

在国际经济贸易中，往往有这样的情况发生：当仲裁协议项下的争议发生后，一方当事人将争议提交仲裁解决，另一方则对仲裁庭的管辖权及仲裁协议的有效性提出异议。在这种情况下，仲裁庭能否就其管辖权及仲裁协议的效力作出决定，是仲裁（庭）面临的首要问题。这个问题不解决，仲裁程序就无法进行。按照各国的仲裁立法与实践，一方当事人采用欺诈的手段迫使对方与其订立仲裁协议，或者一方当事人不具备订立此项协议的行为能力，这些都会导致仲裁协议无效，而根据无效的仲裁协议，仲裁庭是不能取得管辖权的。在另外一些情况下，一方当事人将争议提交仲裁，而另一方当事人将同样的争议提交法院，双方当事人在仲裁程序或诉讼程序开始后均对仲裁庭或法院的管辖权提出异议，则按照各国国际经济贸易仲裁立法与实践，仲裁庭和法院均有权决定仲裁庭的管辖权。按照联合国国际贸易法委员会《国际商事仲裁示范法》第16条第2款规定的精神，如果仲裁庭对其管辖权作出了初步的裁定，则任何当事一方均可在收到此项裁定后30天内请求法院作出决定，而法院的决定不容上诉。

四、仲裁程序

（一）仲裁程序的主要内容

仲裁程序是指如何通过仲裁的方式解决双方当事人之间争议的程序。在国际经济贸易仲裁实践中，仲裁程序主要包括以下内容：仲裁申请与答辩；仲裁庭的组成；仲裁审理；仲裁裁决；等等。

---

①　最高人民法院《关于现职法官不得担任仲裁员的通知》的规定如下："根据《中华人民共和国法官法》、《中华人民共和国仲裁法》的有关规定，法官担任仲裁员，从事案件的仲裁工作，不符合有关法律规定，超出了人民法院和法官的职权范围，不利于依法公正保护诉讼当事人的合法权益。因此，法官不得担任仲裁员；已经被仲裁委员会聘任，担任仲裁员的法官应当在本通知下发后一个月内辞去仲裁员职务，解除聘任关系。"这一规定有利于保持仲裁的中立与公正。

1. 仲裁申请与答辩

双方当事人就其仲裁协议项下的事项发生争议时，如果他们不能自行解决，则任何一方当事人均可依据他们之间业已订立的仲裁协议，将该争议提交仲裁解决。率先将争议提交仲裁的一方当事人为仲裁申请人。一般而言，仲裁申请书应当包括以下内容：(1) 申请人和被申请人的姓名与地址；(2) 仲裁请求及其所依据的仲裁协议；(3) 提出仲裁请求所依据的事实和理由等。

被申请人对于申请人提出的仲裁请求，应当在仲裁规则规定的期间内提出答辩，如有反诉，也应当在此期间提出。提出反诉和答辩也应当说明反诉请求及提出答辩所依据的理由、证据等。

2. 仲裁庭的组成

仲裁庭根据所适用的仲裁规则由一名独任仲裁员组成独任仲裁庭，或者由三名仲裁员组成合议仲裁庭。在由三名仲裁员组成合议仲裁庭的情况下，争议各方各指定一名仲裁员，第三名仲裁员（即首席仲裁员）由双方当事人共同指定或者由他们共同约定的第三者指定。

3. 仲裁审理

仲裁审理的主要目的是查明争议的事实，进而明确双方当事人对争议事项应当承担的责任。按照一般仲裁规则的规定，仲裁审理通常采用开庭审理的方式，给双方当事人充分的机会来陈述其各自的意见。对于有些案情比较简单的案件，仲裁庭也可以决定不开庭审理，仅进行书面审理。但无论是开庭审理，还是书面审理，均应当给双方当事人充分地表达其各自意见的机会。如果仲裁庭没有给当事人或其代理人表达其各自意见的合理的机会，那么由此作出的裁决在执行过程中就可能遇到麻烦。例如，北京某公司与香港某公司之间就买卖合同项下的货物质量问题发生争议，双方对于产品的质量问题究竟是在生产过程中产生的还是在运输和不当储藏过程中产生的，各执一词。当事人双方都聘请了专家出庭作证。为了查明争议的事实，仲裁庭聘任了独立的专家组进行鉴定，在专家组的鉴定出来后，香港某公司的代理人要求对该专家组的鉴定结论进行评论，但是仲裁庭在该方当事人对专家组的鉴定进行评论之前就签发了仲裁裁决，裁决北京某公司胜诉。香港某公司拒绝执行该裁决，于是北京某公司不得不到香港某公司所在的香港法院申请执行。香港某公司向法院提出证据证明仲裁庭未能遵守正当程序规则，即自己没有得到对专家组的鉴定进行评论的机会，故请求法院拒绝承认与执行该裁决。香港法院根据《纽约公约》第 5 条第 1 款第 3 项的规定，支持了香港某公司的主张，拒绝承认与执行该仲裁裁决。①

4. 仲裁裁决

仲裁程序以仲裁庭作出仲裁裁决而告终。根据多数仲裁规则的规定，仲裁裁决根据多数仲裁员的意见作出，裁决应当采用书面形式，并应当附具理由；裁决经仲裁员签字后向双方当事人送达。在合议仲裁庭的情况下，如果三位仲裁员不能形成多数意见，则依首席仲裁员的意见作出仲裁裁决。

（二）仲裁规则及其适用

仲裁规则是指由各仲裁机构、各有关组织或团体、仲裁协议的双方当事人约定的，或由仲裁庭决定的关于如何进行仲裁所遵循的程序规则，它们本身没有法律上的拘束力。然而，它们具有契约的性质，即一旦被仲裁协议的双方当事人采纳，就在这些当事人之间产生了拘束力，但其前提条件是不违背有关国家的仲裁法中的强制性规定。

---

① See *Kong Kong Law Reports*, Vol. 2, 1993.

在国际经济贸易仲裁实践中，特别是在机构仲裁的情况下，若双方当事人选择将争议提交特定的仲裁机构仲裁，就意味着适用该机构的仲裁规则，除非双方当事人另有约定。许多仲裁机构的仲裁规则也有类似规定。例如，1998 年伦敦国际仲裁院仲裁规则第 1 条规定：任何载有或提及按本院仲裁规则或由仲裁院仲裁的任何书面协议或约定，视为当事人同意按本规则或在此之后修订的规则，但须在仲裁开始前已经生效。美国仲裁协会 1997 年仲裁规则第 1 条第 1 款也有类似规定。此外，包括联合国国际贸易法委员会制定的仲裁规则在内的许多仲裁规则都规定，双方当事人在仲裁协议中约定适用特定的仲裁规则时，也可对所适用的规则加以修订；具体措辞为“除非当事各方另有约定”。这是由仲裁的契约性质所决定的，而仲裁规则本身在某种程度上具有此性质，因为只有双方当事人在仲裁协议中约定适用某一规则时，该特定的规则才对同意适用该规则的双方当事人有拘束力。

仲裁规则适用的另一个特点是，该规则的适用不得违反或规避仲裁应当适用的法律所规定的当事人必须遵守的各项规定，否则，仲裁裁决在请求法院强制执行时就可能遇到麻烦。例如，由联合国国际贸易法委员会制定的《仲裁规则》第 1 条第 2 款规定，“仲裁应受本规则支配，但本规则的任何规定如与双方当事人必须遵守的适用于仲裁的法律规定相抵触时，应服从法律的规定”。而这里所说的法律，无疑就是指仲裁时应当适用的法律，即进行仲裁时应当适用的有关国家的仲裁法，通常情况下为仲裁地所在国的仲裁法。

综上所述，仲裁规则适用的特点是：第一，它是选择性的，只有双方当事人选择适用了某一特定的规则，该规则才能对选择适用的双方当事人有拘束力。第二，双方当事人所选择适用的仲裁规则不得与应当适用的仲裁法的规定相抵触。

（三）仲裁程序法及其适用范围

仲裁程序法是规范如何进行仲裁的法律规范的总称，具体表现为一国立法机关制定的调整国际经济贸易仲裁程序的法律。尽管各国有关仲裁的法律繁简不一、名称各异，但一般均就可仲裁的事项、仲裁协议及其效力、仲裁员的指定、仲裁庭的组成及管辖、仲裁程序、仲裁裁决及其承认与执行等问题作出规定。

按照国际法上的国家主权原则和属地管辖原则，以及国际私法上的“场所支配行为”的原则，若在一国进行仲裁，则该国的仲裁法理所当然地得到适用。即便是现代各国的仲裁法，也是如此。例如，1998 年德国的仲裁立法，即德国民事诉讼法第 1025 条，规定，德国的仲裁立法适用于在德国进行的仲裁。1997 年英国仲裁法第 2 条第 1 款规定，有关仲裁程序的事项，适用于在英格兰、苏格兰和威尔士进行的仲裁。从法学基本理论来看，一国颁布的法律在该国境内的效力，是不言而喻的。

由于仲裁是双方当事人之间约定的自愿解决争议的方法，因而在国际经济贸易仲裁立法与实践中，当事人不仅可以就解决争议实体问题所应适用的法律作出选择，也可以就仲裁程序法作出选择，即在一国仲裁，而选择适用另外一个国家的仲裁程序法。

五、仲裁中的临时性保全措施与紧急仲裁员制度

（一）国际经济贸易仲裁中的临时性保全措施

临时性保全措施也称临时措施，是指在作出终局裁决之前，仲裁庭根据一方当事人的请求，决定对仲裁协议项下的标的物采取临时措施，旨在防止在仲裁程序进行中，一方当事人利用其所处的优势地位，转移或销毁证据或者财产，致使仲裁裁决不能被合理地作出，或者即便被作出，以后也难以执行的情况。

联合国国际贸易法委员会制定的《国际商事仲裁示范法》自1985年问世以来，受到许多国家和地区的关注，各个国家和地区的立法机关据此纷纷制定了其各自国家和地区的国际经济贸易仲裁法。[①] 由于这些国家和地区的立法机关将该示范法采纳为其各自国家和地区的法律，因而，该示范法在协调和统一各国（地区）的国际经济贸易仲裁法律所涉及的一些关键性的问题，包括仲裁协议、仲裁庭的组成及权限、国家法院对仲裁的司法监督等方面，发挥了积极的作用。

在国际经济贸易仲裁实践中，仲裁庭在一国作出的关于对仲裁协议项下争议标的物采取临时措施的决定，往往需要到另外一个国家执行，这就迫切需要各国之间开展更加广泛的国际合作。为此，早在1999年5月17日至6月4日在维也纳召开的联合国国际贸易法委员会第32届会议上，就确定了将临时性保全措施的执行问题作为该会议工作组的首要课题。[②] 经过7年的不懈努力，联合国国际贸易法委员会于2006年通过了对《国际商事仲裁示范法》的修订。其中第17条是修订幅度最大的条文[③]，由原来的一个条款（第17条“仲裁庭命令采取临时措施的权力”）[④] 扩展为1章（第4A章“临时措施和初步命令”）5节（临时措施、初步命令、适用于临时措施与初步命令的规定、临时措施的承认与执行、法院发布的临时措施），共11个条款。

（二）国际经济贸易仲裁中的紧急仲裁员制度

紧急仲裁员又可称为应急仲裁员（Emergency Arbitrator），是指仲裁机构根据当事人的申请，因紧急情况在仲裁庭组成之前根据应当适用的仲裁规则指定一名特殊的仲裁员就当事人在紧急情况下急需采取的临时性保全措施提供专门服务。其服务的主要内容是就申请人在仲裁协议项下的标的物或者证据作出采取临时性保全措施的决定。该制定旨在防止当事人在仲裁庭组成之前乃至仲裁程序开始之前转移财产或证据，以保证仲裁程序的如期进行。

自联合国国际贸易法委员会修订的《国际商事仲裁示范法》于2006年开始生效以来，许多常设仲裁机构均修订了其仲裁规则，将紧急仲裁员制度纳入其仲裁规则中。例如，2009年美国仲裁协会商事仲裁规则，2010年斯德哥尔摩商会仲裁院仲裁规则、荷兰仲裁协会仲裁规则、新加坡国际仲裁中心仲裁规则，2011年澳大利亚国际仲裁中心仲裁规则，2012年国际商会国际仲裁院仲裁规则，2013年中国香港国际仲裁中心仲裁规则，2014年世界知识产权组织仲裁与调解中心仲裁规则、英国伦敦国际仲裁院仲裁规则等，都引入了紧急仲裁员制度。

1. 申请指定紧急仲裁员的时间

当事人申请指定紧急仲裁员，应当向仲裁机构提出书面仲裁请求，此项请求应当包括如下内容：（1）各方当事人的全称、联系地址、电话以及其代理人的通信地址；（2）请求仲裁的争议的基本情况；（3）关于请求紧急救济的措施；（4）不能等到仲裁庭组成而必须请求采取紧急措施的原因；（5）申请人有权寻求此项紧急措施的原因；（6）所依据的相关协议，特别是仲裁

---

① 关于采纳示范法的国家和地区的详情，参见 http：//www.uncitral.org/uncitral/en/uncitral_texts/arbitration/1985Model_arbitration_status.html，最后访问时间：2014-07-24。

② 参见联合国大会第54届会议正式记录，补篇第17号，A/54/17，第371～373段和第380段。

③ 除了第17条外，经修订的条文还包括第1条第2款关于该法的适用、第7条关于仲裁协议的书面形式，以及第36条第2款，即裁决在申请撤销期间一方当事人向执行地法院申请执行裁决时，执行地法院如果认为适当，可以暂缓作出决定，也可以令被申请执行人提供适当的担保。此外，还增加了第2A条关于解释该示范法和处理该示范法未规定事项应当遵循的基本原则。

④ 1985年《国际商事仲裁示范法》第17条对临时性措施的规定是：“除非当事各方另有协议，仲裁庭经当事一方请求，可以命令当事任何一方就争议的标的采取仲裁庭可能认为有必要的任何临时性保全措施。仲裁庭可以要求当事任何一方提供有关此种措施的适当的担保。”

协议；（7）对所使用的语文、寻求紧急措施程序的地点和适用法律的建议；（8）确认请求采取紧急措施的费用已经按照应当适用的规则支付完毕；（9）确认该项请求及其相关文件同时或者已经向申请书中指定的当事人送达等。

申请指定紧急仲裁员应当在仲裁庭组成之前提出，不同仲裁机构的仲裁规则对此作出了不同的规定。按照中国香港国际仲裁中心、新加坡国际仲裁中心和澳大利亚国际仲裁中心的仲裁规则，当事人可以在提出仲裁申请的同时或者在此之后提出指定紧急仲裁员申请；而国际商会国际仲裁院仲裁规则规定，当事人可以在提交仲裁通知书之前申请指定紧急仲裁员，但须在此后 10 日内提交仲裁申请。

至于仲裁机构指定紧急仲裁员的时间，一般是在申请后短期内作出指定紧急仲裁员的决定。例如，瑞典斯德哥尔摩商会的仲裁规则规定，斯德哥尔摩商会理事会应当在收到指定紧急仲裁员申请后 24 小时内作出指定，这是目前所有仲裁机构仲裁规则中规定时间最短的。这就是说，即便第二天是休息日，理事会在收到当事人提交的指定紧急仲裁员的申请后，也应当在此后的 24 小时之内作出指定。[①] 英国伦敦国际仲裁院仲裁规则规定自登记机关收到指定紧急仲裁员申请之日起 3 日内作出指定[②]；世界知识产权组织仲裁与调解中心、国际商会国际仲裁院和中国香港国际仲裁中心的仲裁规则则规定，秘书处自收到当事人申请后 2 天内作出指定。[③] 当然，受理指定紧急仲裁员申请的仲裁机构如果认为自己显然缺乏管辖权，则不应指定紧急仲裁员。[④]

2. 紧急仲裁员裁决的形式、效力以及其承认与执行

紧急仲裁员根据当事人的申请就临时性保全措施作出决定。此项决定可以采用命令或者裁定（order）的形式，也可以采用裁决（award）的形式，但要说明理由。根据瑞典斯德哥尔摩商会紧急仲裁员规则第 8 条的规定，紧急仲裁员应当自其收到案卷后 5 日内作出决定。当然，理事会也可以根据紧急仲裁员的申请延长上述期限。决定应当以书面形式作出并说明理由，并且应当由紧急仲裁员签署后，才对当事人有拘束力。根据瑞典斯德哥尔摩商会秘书长在 2013 年 6 月 28 日至 29 日在北京召开的第五届亚太地区仲裁组织大会（Asia Pacific Arbitration Group Conference）上提供的数据，自 2010 年至 2013 年 4 月，瑞典斯德哥尔摩商会共受理了 9 件关于指定紧急仲裁员的申请，所有案件都在 24 小时内被指定了紧急仲裁员，其中有 6 个案件的紧急仲裁员在 5 日内作出了决定，其余 3 个案件中紧急仲裁员根据当事人的申请将作出决定的时间予以指定延长，但都在 12 日内作出了决定。在所有的决定中，只有 2 个案件的申请人的申请得到了紧急仲裁员的支持，其余 7 个案件中紧急仲裁员都以“情况不够紧急，未造成不可弥补的损害等”为由驳回申请。[⑤] 紧急仲裁员的决定应当提交给双方当事人和瑞典斯德哥尔摩商会仲裁院。

其他一些仲裁机构的仲裁规则，也对紧急仲裁员作出决定的期限作出了规定。例如，2013 年中国香港国际仲裁中心紧急仲裁员程序规则第 12 条规定，被指定的紧急仲裁员应当自收到涉案案卷之日起 15 日内作出决定。英国伦敦国际仲裁院的规则也规定了紧急仲裁员应当在 14 日内作出决定。

---

① 参见 2010 年瑞典斯德哥尔摩商会仲裁规则附件 2“应急仲裁员”第 3 条。

② 参见 2014 年英国伦敦国际仲裁院仲裁规则第 9B 条。

③ 参见 2014 年世界知识产权组织仲裁与调解中心仲裁规则第 49 条；2012 年国际商会国际仲裁院仲裁规则附件 5“紧急仲裁员规则”第 2 条第 1 款；2013 年中国香港国际仲裁中心规则附件 4 第 5 条。

④ 参见 2010 年瑞典斯德哥尔摩商会仲裁规则附件 2“应急仲裁员”第 4 条第 2 款。

⑤ 详见瑞典斯德哥尔摩商会仲裁院秘书长 Annette Magnusson 向于 2013 年 6 月 27 日至 29 日在北京召开的亚太地区仲裁组织大会提交的书面材料，54～62 页。

至于紧急仲裁员裁决或者裁定的承认与执行，适用执行地国家的法律。[①] 据笔者所知，目前除了少数国家或地区的仲裁法对此作了专门规定外，多数国家还没有专门立法来规定对紧急仲裁员裁决或者裁定的承认与执行。

3. 紧急仲裁员与仲裁庭之间的关系

紧急仲裁员的裁决或裁定对当事人具有法律上的拘束力，但是对后续成立的仲裁庭没有拘束力。仲裁庭可以对紧急仲裁员作出的裁决或裁定进行修订，或者撤销。依据上述仲裁机构的仲裁规则紧急仲裁员也不能作为后续成立的仲裁庭的仲裁员。

（三）中国有关仲裁中的临时性保全措施的规定及2012年《民事诉讼法》的修订

我国《仲裁法》第28条和第46条分别规定了仲裁开始后的财产保全和证据保全的问题。《仲裁法》第28条规定："一方当事人因另一方当事人的行为或者其他原因，可能使裁决不能执行或者难以执行的，可以申请财产保全。当事人申请财产保全的，仲裁委员会应当将当事人的申请依照民事诉讼法的有关规定提交人民法院。"该法第46条则规定了仲裁程序开始后的证据保全问题："在证据可能灭失或者以后难以取得的情况下，当事人可以申请证据保全。当事人申请证据保全的，仲裁委员会应当将当事人的申请提交证据所在地的基层人民法院。"此外，对于涉外仲裁，该法第68条规定："涉外仲裁的当事人申请证据保全的，涉外仲裁委员会应当将当事人的申请提交证据所在地的中级人民法院。"

2012年《民事诉讼法》对仲裁中的临时性保全措施的修订，主要是增加了仲裁程序开始之前的财产保全和证据保全。

关于财产保全，2012年《民事诉讼法》第101条增加了紧急财产保全的规定："利害关系人因情况紧急，不立即申请保全将会使其合法权益受到难以弥补的损害的，可以在提起诉讼或者申请仲裁前向被保全财产所在地、被申请人住所地或者对案件有管辖权的人民法院申请采取保全措施。申请人应当提供担保，不提供担保的，裁定驳回申请。人民法院接受申请后，必须在四十八小时内作出裁定；裁定采取保全措施的，应当立即开始执行。申请人在人民法院采取保全措施后三十日内不依法提起诉讼或者申请仲裁的，人民法院应当解除保全。"

关于证据保全，2012年《民事诉讼法》第81条第2款增加了紧急证据保全的规定："因情况紧急，在证据可能灭失或者以后难以取得的情况下，利害关系人可以在提起诉讼或者申请仲裁前向证据所在地、被申请人住所地或者对案件有管辖权的人民法院申请保全证据。"

对于涉外仲裁，2012年《民事诉讼法》第272条作出了如下规定："当事人申请采取保全的，中华人民共和国的涉外仲裁机构应当将当事人的申请，提交被申请人住所地或者财产所在地的中级人民法院裁定。"值得注意的是：与2008年《民事诉讼法》的相应条文相比，2012年《民事诉讼法》删除了当事人申请"财产"保全措施两字，这意味着当事人申请的保全，不再仅限于财产保全，也可以包括与争议有关的财产、行为、证据等。

根据国际经济贸易仲裁法的基本理论和各国的立法与司法实践，仲裁庭和法院均可作出采取临时性保全措施的决定。一方面，仲裁庭作出的采取临时性保全措施的决定有待于法院的执行；另一方面，法院作出此项裁定，与仲裁解决争议无悖。因此，笔者认为，为了更好地保护各有关当事人的合法权益，我国不妨借鉴这些立法经验，规定法院和仲裁庭均有权就仲裁协议项下的事项作出采取临时性保全措施的决定，法院在仲裁程序开始前作出此项裁定的，应当附具当事人应当在裁定作出后若干天内申请仲裁的条件。这样做，可以更好地协调仲裁庭和法院的关系，发挥二者的积极性，也符合国际上的一般做法。我国2012年《民事诉讼法》的修订即

① 参见2014年英国伦敦国际仲裁院仲裁规则第9B-9.8条。

顺应了国际仲裁发展的趋势，规定当事人在申请仲裁前，也可以向法院申请采取临时性保全措施。只是此项权力只能由法院行使，仲裁庭或者紧急仲裁员依据我国法律无权对此作出决定。

值得注意的是，中国国际经济贸易仲裁委员会（CIETAC）早在1998年修订的仲裁规则中，就已经允许当事人申请在CIETAC仲裁时选择适用其他仲裁规则。根据自1998年5月10日起实施的CIETAC仲裁规则第7条的规定，凡双方当事人同意将争议提交CIETAC仲裁的，均视为同意按照该仲裁规则进行仲裁；但双方当事人另有约定且仲裁委员会同意的，从其约定。据此规定，如果双方当事人同意在CIETAC仲裁，而选择适用联合国国际贸易法委员会的仲裁规则，并且CIETAC仲裁委员会也同意双方当事人选择适用联合国国际贸易法委员会的仲裁规则，则根据该适用的规则，仲裁庭可以根据一方当事人的请求，对争议标的作出采取临时性保全措施的裁定。① 而这种做法本身，仍然有悖于我国现行《民事诉讼法》和《仲裁法》中的规定，如果仲裁庭决定对其采取临时性保全措施的财产位于我国内地（大陆），则财产所在地法院根据我国现行法律，不会执行该仲裁裁决。

然而，2015年CIETAC仲裁规则第23条“保全及临时措施”第2款专门规定，如果临时措施的适用法律或双方当事人的约定允许仲裁庭作出此项决定，则仲裁庭也可以根据当事人的请求，对仲裁协议项下的标的物作出采取临时性保全措施的决定。② 这就是说，如果被采取保全措施的财产或证据不在我国境内，那么依据财产或者证据所在国家或地区的法律，在仲裁庭依据应当适用的法律有权作出采取临时性保全措施决定的情况下，仲裁庭可依据应当适用的仲裁规则和财产或者证据所在国家或地区的法律，通过程序令或者中间裁决的方法，作出采取临时性保全措施的决定。

六、仲裁裁决及其承认与执行

（一）仲裁裁决的效力

仲裁裁决是仲裁庭就双方当事人提请仲裁解决的争议事项作出的决定，此项决定无论是在仲裁程序进行中的哪一阶段作出的，对争议各方均有拘束力。

在仲裁程序开始后，一方当事人对仲裁庭的管辖权提出异议的，如果仲裁庭不解决管辖权的问题，那么仲裁程序就无法继续进行。为了确定仲裁庭对其所审理的案件的管辖权，仲裁庭可就其管辖权问题作出先决裁决（preliminary award）。根据联合国国际贸易法委员会《国际商事仲裁示范法》第16条第3款的规定，当事任何一方可在收到此项裁决后30天内就此决定向有管辖权的法院提出申诉，请求法院对此作出决定；法院的决定是终局的，不容上诉；而仲裁庭在等待法院作出决定的同时，可以继续进行仲裁程序。

在仲裁程序进行的过程中，仲裁庭还可就当事人提出的某些请求事项作出中间裁决或部分裁决（interim，interlocutory or partial award）。这些裁决所涉及的，或者是需要立即处理的不易保存的物品，或者是当事人之间不存在争议的部分。这些裁决均构成最终裁决（final award）的一部分。

仲裁程序以仲裁庭作出最终裁决而告终，而最终裁决是仲裁庭就双方当事人所提交的所有事项作出的裁决，包括中间裁决和部分裁决。如果双方当事人已经履行完毕仲裁庭在仲裁程序

---

① 参见1998年CIETAC仲裁规则第26条。

② 2015年CIETAC仲裁规则第23条第1、3项的具体规定是：当事人依据中国法律规定申请保全的，仲裁委员会应当依法将当事人的保全申请转交当事人指明的有管辖权的法院。经一方当事人请求，仲裁庭依据所适用的法律或当事人的约定可以决定采取其认为必要或适当的临时措施，并有权决定请求采取临时措施的一方提供适当的担保。

中作出的中间裁决或部分裁决，那么最终裁决可以不提及那些争议已经得到解决的事项。如若上述裁决尚未履行，则仲裁庭应在最终裁决中特别提及，其在仲裁程序中作出的中间裁决或部分裁决构成最终裁决的一部分。

在仲裁程序结束后，如果仲裁庭在裁决中漏裁了双方当事人的请求中的某些事项，那么在应予适用的法律或仲裁规则规定的期限内，无论是由当事人提出请求还是由仲裁庭自行发现问题，仲裁庭如果认为情况属实，可就这些漏裁的事项作出追加裁决（additional award）。

这里需要强调的是，无论裁决在仲裁程序的哪一个阶段作出，均对当事各方具有法律上的拘束力，其法律效力是相同的，均可得到法院的执行。

根据国际经济贸易仲裁立法与实践，仲裁裁决应当采用书面形式，并附具作出裁决所依据的理由。按照许多国家的仲裁法和仲裁规则的规定，在由三位仲裁员组成仲裁庭的情况下，如果他们就裁决的内容不能达成一致，则裁决应当根据多数仲裁员的意见作出。如果不能形成多数意见，则裁决按首席仲裁员的意见作出。我国《仲裁法》第53条就是这样规定的。

如果在仲裁程序中争议各方就他们之间的争议事项达成和解，则仲裁庭可根据当事人之间的和解协议作出裁决。在此种情况下，一般可以不附具作出裁决所依据的理由。

裁决应当由同意该裁决书内容的仲裁员签署，仲裁员的不同意见可记入笔录，并写明裁决书作出的时间和地点，因为裁决书自该裁决书中所记载的日期起生效。如果一方当事人欲对此裁决寻求法律上的救济，一般应当诉诸裁决地所在国的法院。

（二）仲裁裁决的撤销

从理论上说，裁决一经作出，即对双方当事人具有法律上的拘束力，如果一方当事人不能自动履行，则另一方当事人可请求法院强制执行。但按照各国家有关的仲裁立法与实践，如果裁决存在着法律规定的可以撤销的理由，则当事人可在法律规定的期限内，向对此有管辖权的法院申请撤销该仲裁裁决。

按照联合国国际贸易法委员会《国际商事仲裁示范法》第34条的规定，当事人申请撤销仲裁裁决应当在收到裁决书之日起3个月内提出；申请人申请撤销仲裁裁决应当有法律规定的理由，并应提供证据证明这些理由。该示范法所规定的可撤销仲裁裁决的理由，归纳起来，主要有以下四种情况。

（1）作出仲裁裁决所依据的仲裁协议无效。仲裁协议无效可包括：订立仲裁协议的任何一方当事人根据应当适用于他们的法律为无行为能力者，导致其签订的仲裁协议无效；仲裁协议本身根据当事人所同意适用的法律为无效协议；如当事人未能就应当适用的法律作出约定，则指仲裁协议按照裁决地国的法律为无效。

（2）仲裁程序不当。即未能将有关指定仲裁员的情况或进行仲裁程序的事项向当事人发出适当通知，或者由于其他原因未能给当事人表达其对争议事项的意见的机会。

（3）仲裁庭越权。这是指仲裁庭裁决的事项超出了当事人在仲裁协议中规定的事项的范围，例如，仲裁协议约定将买卖合同项下的延迟交货引起的争议提交仲裁解决，而仲裁庭所裁决的事项不仅包括由延迟交货引起的争议，还包括由货物本身的质量引起的争议。在此种情况下，仲裁裁决对货物质量所作的裁决，就超出了仲裁协议的范围，当事人就可以请求法院撤销此项裁决。而对于未超出仲裁协议范围的由延迟交货引起的争议所作的裁决，当事人就不能请求法院予以撤销。

（4）仲裁庭的组成与当事人的约定或应当适用的法律不符。如果当事人在仲裁协议中约定仲裁员应当由专职律师以外的技术人员担任，而事实上的仲裁庭组成人员均为专职律师，则仲裁庭的组成显然违反了当事人之间的约定。

以上情况均应当由申请人提供证据证明，如当事人能证明有上述情况之一，法院就可裁定撤销仲裁庭已经作出的仲裁裁决。

此外，根据《国际商事仲裁示范法》第34条的规定，法院如果查明，该仲裁裁决所涉及的事项依据法院地法为不能通过仲裁解决的事项，或者该仲裁裁决违反了当地的公共政策，也可裁定撤销该仲裁裁决。

一般而言，只有对仲裁实施监督的国家的法院才有权撤销国际经济贸易仲裁裁决，而此法院一般为裁决地的法院。如果当事人对仲裁裁决有异议，应当向裁决地的法院寻求救济。例如，在国际标准电器公司诉布里达斯案（International Standard Electric Corp. v. Bridas Sociedad Anonima Petrolera）中，国际商会国际仲裁院的仲裁庭依据该院的仲裁规则，在墨西哥进行仲裁并作出了裁决。国际标准电器公司是一家美国公司，布里达斯则是一家阿根廷公司。国际标准电器公司不服此裁决，在美国纽约南区法院提起诉讼，请求法院撤销国际商会仲裁庭在墨西哥作出的裁决。美国纽约南区法院经审理后认为自己对此案无管辖权，因为仲裁在墨西哥进行，所适用的程序法为墨西哥的法律，因此，只有墨西哥的法院有权撤销此案的裁决。

（三）外国仲裁裁决的承认与执行

1. 承认与执行外国仲裁裁决的依据

仲裁庭就国际经济贸易中的争议在一国境内作出的仲裁裁决需要到另一国执行的情况是很普遍的。执行地国的法院承认与执行外国仲裁裁决的依据有以下两个。

（1）执行地国的国内法。这些法律主要表现在这些国家的民事诉讼法或仲裁法的规定中。现代国际经济贸易仲裁的立法与实践表明，各国法院在承认与执行外国仲裁裁决时，一般不对仲裁裁决所涉及的争议实体问题进行司法复审，而只是依据本国法律或有关的国际公约对仲裁裁决所涉及的程序问题进行司法复审。如果仲裁裁决不存在法律规定的不予执行的理由，那么法院将作出承认与执行该仲裁裁决的裁定。

（2）执行地国缔结或参加的双边协定或者多边公约。执行地国缔结或参加的双边协定或者多边公约，是这些国家承认与执行外国仲裁裁决的重要依据。有150多个国家参加的《纽约公约》在各缔约国的普遍适用，使各国法院承认仲裁协议的效力，承认与执行外国仲裁裁决，除非被申请人提出证据证明裁决存在着该公约规定的不予执行的条件。因此，《纽约公约》在承认与执行外国仲裁裁决的问题上，对于协调和统一各国有关国际经济贸易仲裁裁决的承认与执行方面的国内法，是一个极为成功的尝试。

2. 申请承认与执行外国仲裁裁决的程序和条件

按照国际经济贸易仲裁立法与实践，申请承认与执行外国仲裁裁决，涉及一国的国家主权，同时也属于执行地国的民事诉讼程序法的问题，当然只能适用执行地国的法律。但是，如果是《纽约公约》项下的裁决，则只能依照该公约第4条规定的条件执行，即：申请人只要向执行地国的法院提交经公证的裁决书之正本或经认证的副本，以及仲裁协议之正本或经公证的副本。如果裁决书或仲裁协议所使用的语文不是裁决执行地国的语文，则申请人应当提供此项语文的文本。执行地国的法院在执行该公约项下的裁决时，不得较承认与执行其本国仲裁裁决而言，附加过于苛刻的条件。

《纽约公约》缔约国的法院应当承认与执行外国仲裁裁决的效力，除非被申请人提出证据证明裁决系该公约第5条第1款规定的5种情况之一。这5种情况分别是：（1）订立仲裁协议的一方当事人依据对其适用的法律为无行为能力者；仲裁协议依据当事人选择适用的法律无效；如当事人未选择适用的法律，则仲裁协议依据裁决地国的法律为无效者。（2）被申请人未能得到关于指定仲裁员或进行仲裁程序的适当通知，或者由于其他原因，未能陈述其案情。(3) 仲裁庭越权，即裁决事项超出了仲裁协议约定的范围。但如果当事人提请仲裁的事项可与未提请仲裁的事项区别开来的话，则裁决中关于当事人之间约定的提请仲裁的事项的部分仍然可以执行。(4) 仲裁庭的组成或仲裁程序与当事人之间的约定不符；如无此约定，则与仲裁地国的法律不符。(5) 裁决对当事人尚无拘束力，或已经被裁决地国的主管机关或者进行此项仲裁所适用的法律的国家的主管机关撤销。

此外，执行地国法院如果认定，该仲裁裁决涉及依据执行地国的法律不可通过仲裁解决的事项，或者承认与执行此项裁决和法院地国的公共政策相抵触，也可拒绝承认与执行该仲裁裁决。

（四）我国对外国仲裁裁决的承认与执行

1. 我国承认与执行外国仲裁裁决的依据

我国承认与执行外国仲裁裁决的依据是我国《民事诉讼法》中的有关规定，以及我国缔结或参加的双边协定与多边公约。我国于1987年4月22日成为《纽约公约》的缔约国，我国在加入该公约时作出了两点公约允许的保留声明：(1) 互惠保留声明，即我国仅对于在另一缔约国领土内作出的仲裁裁决在承认与执行上适用该公约；(2) 商事保留声明，即我国仅对于按照我国法律属于由契约性和非契约性商事关系所引起的争议适用该公约。

在我国承认与执行的外国仲裁裁决，可以分为《纽约公约》项下的裁决（简称公约裁决）和非公约裁决。公约裁决为在我国以外的《纽约公约》缔约国境内作出的仲裁裁决，对这些裁决只能依照公约规定的条件执行。对于非公约裁决，按照我国民事诉讼法的规定，按互惠原则予以承认与执行。

2. 执行机构

申请人申请执行外国仲裁裁决的，按照我国《民事诉讼法》第283条的规定，应当直接向被执行人住所地或者其财产所在地的中级人民法院申请，人民法院应当依照中华人民共和国缔结或者参加的国际条约，或者按照互惠原则办理。被执行人为自然人的，为其户籍所在地的中级人民法院；被执行人为法人的，为其主要办事机构所在地的中级人民法院。被执行人在我国无住所、居所或者主要办事机构，但有财产的，为其财产所在地的中级人民法院。

3. 执行期限

在我国申请执行的仲裁裁决，无论是申请执行本国裁决，还是申请执行外国裁决，按照我国《民事诉讼法》第239条的规定，申请执行的期间为2年，自法律文书规定的履行期间的最后1日起计算；法律文书未规定履行期间的，从法律文书生效之日计算。凡是向法院申请执行的仲裁裁决经法院审查后准许执行的，由法院作出予以执行的裁定，并向被执行人发出执行通知，责令其在指定的期限内履行，逾期不履行的，由法院强制执行。

第五节　世界贸易组织的争议解决机制

WTO争议解决机制是WTO体系中具有核心作用的机制，它对于妥善地解决WTO各成员方在履行WTO规则过程中所产生的争议，保证WTO各项协议和规则的履行，维护WTO的正常运作以及其各成员方依据WTO各项协议所享有的各项权利和义务，进而保障多边贸易体制的可预见性和安全性，发挥着至关重要的作用。

一、WTO 争议解决机制的起源

（一）GATT 1947 第 22、23 条

WTO 的争议解决机制起源于 GATT 1947 第 22、23 条的规定。

根据 GATT 1947 第 22 条的规定，对于任何缔约方提出的有关影响 GATT 实施的陈述，缔约各方应予同情的考虑，并给予充分磋商的机会。根据第 23 条的规定，争端产生的条件是一缔约方根据 GATT 可以直接或者间接得到的利益由于另一缔约方的原因而丧失或受到损害（nullification or impairment），且另一缔约方违反了其根据 GATT 所应承担的义务。在实践中，每一缔约方在加入 WTO 时都有其特定的承诺，该承诺作为《WTO 协定》的附件，对该缔约方具有国际法上的拘束力。如果该缔约方未能履行其承诺，例如某一成员方在其所承诺的关税减让表中所承诺的某型号钢铁产品的进口关税为 10%，该缔约方擅自将该产品的进口关税提高到 20%，就违反了其所承担的关税减让义务。而该国擅自提高进口关税会使产品出口到该国者的利益受到损害或使其本来应当得到的关税减让的好处丧失，于是贸易争端便产生了。对于“利益的损害或者丧失”，GATT 工作组在 1952 年审理的澳大利亚硫酸铵案中将其解释为“包括受到贸易伤害的缔约方对造成伤害的缔约方提起的申诉，其依据是该受到伤害的缔约方在与该造成伤害的缔约方进行谈判时‘不能合理预见到’的伤害”。因此，这里所采用的是合同法上的“合理预见”（reasonable expectation）的理论。尤其值得指出的是：另一缔约方实施的某种措施致使相关缔约方的利益丧失或者受到损害的，无论该措施是否与 GATT 1947 的规定相抵触，采取措施的一方应当赔偿由此给另一缔约方造成的损失。这就是所谓的非违约之诉。例如澳大利亚与智利之间就硫酸铵发生的争端：1947 年在签署 GATT 的过程中，澳大利亚政府与智利政府达成了双边关税减让协议，即澳大利亚给予智利的硝酸钠进口以免关税的待遇。第二年，澳大利亚政府给本国硫酸铵生产商以财政补贴，促使该产品的销售价格下降，进而影响了从智利进口的竞争产品硝酸钠在澳大利亚的销售。可见，正是澳大利亚所采取的财政补贴措施导致了智利产品销售额的下降，进而抵消了澳大利亚给予智利的硝酸钠免关税的待遇使智利向澳大利亚的出口增加的利益。

根据 GATT 1947 第 23 条的规定，在通过多边方式解决争议之前，争议各方必须进行磋商。这是通过多边方式解决争议的前提。而这一解决争议的方式，主要有以下三个特点：第一，争议提起的依据，是根据 GATT 应当得到的利益受到了损害或者丧失，而不是对 GATT 1947 项下所承担的法律义务的实际违反。第二，对 GATT 1947 为全体缔约方规定的权利不仅进行调查和提出建议，并且可就这些事项“作出裁定”。第三，在某些特殊的情况下，GATT 1947 还授权某一个或者几个缔约方中止对另外一些缔约方所承担的义务。在 GATT 1947 存续的四十多年间，全体缔约方通过多数表决授权中止减让的只有一例，即 1953 年全体缔约方授权荷兰在此后的 7 年内对从美国进口的粮食采取限制性措施，这是因为美国对从荷兰进口的奶制品实施了不合理的限制，致使荷兰在 GATT 1947 项下的利益受到损害，但是荷兰并没有实施此项授权。

GATT 1947 在成立之初，通常通过外交程序解决各成员方之间的争议，即在每半年召开的会议上进行；后来发展为在休会期间，由特别委员会来解决争议；最后发展为由专门成立的工作组（working party）来解决各当事方之间的争议。工作组通常由各争议当事方政府指定的成员组成，这些成员受政府的指派，代表政府进行谈判。直到 1955 年，在总干事 Eric Wyndham-White 主持工作期间，GATT 对工作组成员的组成进行了改革，即负责审理特定争议案件的成员为该特定领域的专家。与以往不同的是：这些专家并不代表他们各自的政府，而

是以独立专家的身份参加对争议的审理。这种解决争议成员组成的改变，反映了 GATT 1947 从通过多边外交谈判解决争议到通过"仲裁"或者"司法"解决争议的转变。

（二）1979 年争议解决谅解

在东京回合谈判期间，一些缔约方提出应当对 GATT 的争议解决程序进行改进，并且成立了专门委员会来具体负责这一工作，起草了"关于通知、磋商、解决争议与监督的谅解"(Understanding Regarding Notification，Consultation，Dispute Settlement and Surveillance)。该草案在 1979 年 11 月于日内瓦举行的第 35 届缔约方会议上通过。此文件对 GATT 解决争议的程序作了较为详细的规定。尽管其法律地位并不明确，但是该文件在解决争议方面具有很大的影响，在 WTO 成立之前，发挥了解释 GATT 的作用。1979 年争议解决谅解明确规定了磋商为解决争议的首要步骤，还特别规定了 GATT 总干事在磋商程序中的作用。如果争议不能得到解决，则可以通过专家组的程序解决他们之间的争议。专家组要对解决争议的情况提出报告，并交给 GATT 的常设机构——理事会。如果理事会一致通过了该专家组的报告，则该报告即成为对争议各方有拘束力的文件，否则，该报告对争议各方就没有法律上的拘束力。而对报告的通过或者批准，采取的是"协商一致"（consensus）的方式。而这种"协商一致"的通过方式，致使在争议中败诉的一方当事人采取在理事会上对报告提出异议的方法，阻止报告以"协商一致"的方式通过。因此，GATT 这一解决争议的机制中专家组报告的通过方式，是 GATT 争议解决机制的致命缺陷，致使许多专家组的报告由于被诉方的反对而迟迟不能获得通过。据权威专家的统计，在 WTO 成立之前的 1991 年—1994 年间，GATT 成员方提出了 36 项申诉，涉及 32 项具体的争议，其中有 12 个专家组作出了最终报告并在全体缔约方中散发，而经过全体一致通过的报告只有 4 项。①

GATT 这一争议解决机制曾经引起了一些成员方的不满。美国为此通过其国内法上的方式，对相关成员方采取单方面的措施。② 尽管 GATT 争议解决机制存在着这样或那样的问题，但在 GATT 存续期间，其对于解决各成员方之间的贸易争议，还是发挥了重要的作用。

（三）1994 年争议解决谅解

乌拉圭回合达成的《关于争端解决规则与程序的谅解》（The Understanding on Rules and Procedures Governing the Settlement of Disputes，以下简称 DSU）是《WTO 协定》的重要组成部分，也是 WTO 争议解决制度的核心内容。

二、WTO 争议解决机制

建立在 DSU 基础上的 WTO 争议解决机制，不仅包括如何解决 WTO 成员方之间在履行 WTO 各协议过程中发生的争议，更为重要的是增加了 WTO 对争议解决结果的执行机制及监督机制。

（一）WTO 争议解决程序

1. WTO 成员方就争议事项必须进行的磋商程序

如果 WTO 成员方认为它在 WTO 某协议项下的权利由于另一缔约方所实施的法律或者相关措施而受到损失，那么，根据 DSU 第 4 条的规定，该成员方应当向后者提出进行磋商的书面请求。收到请求的一方应当在收到此项请求后的 10 日内与对方进行磋商，以便双方达成满

① See Rebort E. Hudec, *Enforcing International Trade Law: The Evolution of the Modern GATT Legal System*, Salem, N. H.: Butterworths, 1993, pp. 11 - 15.

② 即美国 1974 年贸易法中"301"条款规定的报复性措施。

意的争议解决方法。

当事人提出的双边磋商的请求，应当向 WTO 争议解决机构（Dispute Settlement Body，DSB）相关的理事会和委员会通报，并应说明提出请求的理由，包括争议所涉及的措施及其法律依据。如果收到磋商请求的一方自收到此项请求之日起 10 日内未能作出答复，或者在此后 30 日内或双方约定的期限内未能进行磋商，或者在 60 日内通过磋商未能解决争议，则提出申诉的一方即可请求 DSB 设立专家小组解决争议。

如果争议双方在此阶段就争议事项达成一致，则该具体案件的争议解决程序即告结束。在 WTO 成立之后的二十多年中所发生的争议案件中，有三分之一的争议案件，通过争议双方磋商程序得到比较圆满的解决。就争议事项达成协议的 WTO 成员方，也应当向 WTO 争议解决机构及相关的理事会和委员会通报它们之间业已达成的协议内容。

2. 专家组解决争议的司法程序

专家组和上诉机构解决争议的方法则属于 WTO 项下的解决争议的司法的或者准司法的解决争议的方法。

根据 DSU 第 4 条第 3 款的规定，只有在收到磋商请求的一方自收到此项请求之日起 10 日内未能作出答复，或者在此后 30 日内或双方约定的期限内未能进行磋商，或者在 60 日内通过磋商未能解决争议，提出申诉的一方才有权请求 DSB 设立专家小组解决争议。在提出设立专家小组解决争议的申请书中，必须阐明是否就它们之间的争议已经进行了磋商，以及其提出请求的法律依据。该专家小组至迟应在设立专家小组的请求被列入 DSB 正式程序后的下一次会议上设立，除非 DSB 一致同意不设立专家小组。

专家小组一般由 3 名成员组成，特殊情况下可由 5 人组成。专家小组成员为资深的政府或非政府人员，这些人员以个人的身份而非作为政府代表或任何组织的代表来提供服务。专家小组审理案件应当按照 DSU 第 11 条所规定的权限，对所审理的事项作出客观的评价，包括客观认定案件的事实、所涵盖的有关协议的可适用性和一致性；提出相应的建议或裁定。专家小组应当协助当事人解决争议，为此它应当向 DSB 提交有关调查材料的书面报告，说明对争议的事实的调查结果，并提出有关的建议。此项报告除向 DSB 提交外，还应向当事各方提供。报告一般应当在专家小组成立后 6 个月内提出，但遇有紧急情况，如存在易腐烂食品，则应在 3 个月内提出。在争议复杂的情况下，也可书面请求 DSB 并经其批准后延长此项期限，但无论如何不得超过 9 个月。

专家小组的报告应当向各缔约方分发，为了给予各缔约方足够的时间来考虑专家小组的报告，DSB 只有在这些报告向各缔约方分发 20 天后，才考虑通过这些报告。对此项报告应在分发后 60 天内进行评审，争议各方有权全面参与对专家小组报告的评审，它们的各种意见均被记录在案。DSB 应当在此期限内通过此项报告，除非某一缔约方声称将对此报告提出上诉，或 DSB 一致决定不采纳此项报告。当争议一方提出上诉时，对此项报告将在上诉结束后再通过。

必须强调指出的是，在专家小组程序进行的过程中，包括将报告提交当事各方和向 WTO 全体成员方散发之前，有关争议各方还可以就它们之间争议的内容继续进行磋商并达成和解。

3. 上诉机构的程序

上诉机构（Appellate Body）是 WTO 设立的常设机构，根据 DSU 第 17 条第 2 款的规定设立的，由来自 WTO 7 个不同成员方的国民组成，任期 4 年。其成员应当具有法律、国际贸易和相关协议方面的知识，是公认的权威人士；他们不从属于任何政府，在 WTO 成员方中应当具有广泛的代表性；他们只能被重新任命一次；这些成员总体上是兼职的，他们应当随时听从 DSB 的召唤；其所从事的职业不能与其上诉机构成员的身份相抵触。在审理特定上诉案件的过程中，由3名成员组成上诉庭，其他成员也应当了解上诉案件的审理进度。设立上诉机构的主要目的是降低专家小组决定错误的风险，以便使自动通过程序不受政治上的干预和抵制，增强争议解决机制在法律上的稳定性和可预见性。

根据DSU第17条第6款的规定，上诉机构仅审理“专家小组报告中所涉及的法律问题，以及专家小组对这些问题作出的解释”。有权提出上诉的是专家小组报告中的争议案件的当事人，第三方不能作为上诉方。上诉内容不局限于专家小组报告中的结果，胜诉一方也可以就专家小组在报告中就特定事项进行的法律分析和法律解释提出上诉。在同一上诉案件中，争议双方可以互为上诉人和被上诉人。根据DSU第17条第13款的规定，上诉机构得“确认、修改或者推翻专家小组对争议作出的法律上的认定和结论”，但没有明确规定上诉机构将其所审理的案件发回重审的权力，上诉机构也无权对其所审理的案件发表咨询意见。

从上诉机构以往审理案件的情况来看，其所涉及的问题十分广泛，包括：先前的专家小组报告的法律地位；有权提出GATT 1994项下争议的当事方；设立专家小组的请求应当包括的主要内容；专家小组的权限范围；举证责任；GATT 1994和GATS的适用范围；利益的损害与丧失；上诉范围；上诉程序中私人律师代表政府应诉等。一般而言，上诉程序应当仅限于审理专家小组报告中所涉及的法律问题，或者对该专家小组就争议事项作出的法律解释提出的异议，而不涉及对争议事实问题的查明。截至2004年年初，在向WTO全体成员方散发的81份专家小组报告中，被提起上诉程序的共有58份，占专家小组报告总数的71.6%。①

已经向DSB通报其与该争议有重大利益的第三方，可向上诉机构提出其书面意见，上诉机构也应给予它们表述其意见的机会。上诉机构对上诉事项所作的决定一般应当在上诉方正式向上诉机构就某一事项提出上诉之日起60天内作出，最多不得超过90天。上诉机构的报告应当在该报告提交全体缔约方后30日内由DSB通过，并由争议各方无条件地接受，除非DSB一致决议不通过该报告。

4. 仲裁及其他程序

（1）仲裁程序。

仲裁作为解决WTO成员方之间争议的方法，主要规定在DSU第21条第3款（c）项、第22条第6款和第25条中。

DSU第21条第3款（c）项规定的是执行DSB已经通过的专家小组报告或者上诉机构裁定的合理期限。根据第21条第3款的规定，一般案件，在不超过15个月的执行期限的情况下，其具体的执行期限完全取决于每个案件的具体情况。至于如何确定该“合理的期限”，该条仅规定了三种可供选择的方式：第一，由败诉方提出一个具体的执行期限交由DSB批准；第二，由争议双方在专家小组和上诉机构的报告通过后45天内共同约定一个期限；或者，第三，由仲裁员在90天内决定此项期限。在实践中，这三种确定执行期限的方式通常是依次进行的。首先，如果胜诉方对于败诉方提出的执行期限没有异议，那么经DSB批准后，该期限即可作为执行专家小组或上诉机构建议或裁定的合理期限。其次，如果胜诉方对于败诉方提出的执行期限有异议，它们可以在报告通过后45天之内共同约定一个合理的执行期限。一般而言，在胜诉方看来，此项执行期限当然越短越好；而在败诉方看来，此项执行期限越长越好，如果第21条没有规定15个月的执行期限上限，则败诉方可能提出5年或者10年的执行期限。例如，在日本酒税案中，专家小组和上诉机构均认定日本对进口酒的征税违反了GATT第3

① See Kara Leitner and Simon Lester, “WTO Dispute Settlement 1995 - 2003: A Statistical Analysis”, *Journal of International Economic Law*, Oxford University Press, 2004, p. 176.

条关于国民待遇的要求，建议日本对其相关法律进行修订。美国提出了 5 个月的执行期限，日本则提出了 5 年的执行期限。[①] 双方当事人由于在执行期限的问题上意见分歧太大，无法就此达成一致，于是将此争议提交仲裁员解决。仲裁员在听取了双方当事人的意见后认为，美国、日本所列举的种种"特殊情况"均不能说服他。因此该仲裁员认定，15 个月的执行期限是合理的。[②] 可见，只有在双方当事人不能就执行的合理期限达成一致时，才将裁定此合理期限的任务交给仲裁庭。在欧盟牛肉激素案件中，仲裁庭裁定的合理执行期限为 15 个月。在印度尼西亚汽车案中，仲裁庭裁定的合理执行期限为 12 个月。[③] 在韩国酒税案中，仲裁庭裁定的合理执行期限为 11 个月零两周。[④] 而在澳大利亚鲑鱼案中，仲裁庭裁定的合理执行期限为 8 个月。[⑤] 在欧美香蕉案中，仲裁庭根据该案所涉及的各种特殊情况，裁定 15 个月零 1 周为合理的执行期限。[⑥]

DSU 中明确规定的仲裁解决的另一事项，就是在败诉一方在上述合理的时间内，对与 WTO 规则不符的措施加以纠正的条件下，胜诉一方可以对其采取的中止减让或赔偿等报复性措施所涉及的合理金额问题。胜诉方要求采取的中止减让措施或作出赔偿的金额往往很难与败诉方的要求达成一致：前者提出的金额往往大大地高于后者所期待的金额。在双方对此问题不能达成一致的情况下，双方可以根据 DSU 第 22 条第 6 款的规定将此争议提交仲裁解决。例如，在上述欧美香蕉案中，美国提出的报复金额是每年 5.2 亿美元，仲裁庭根据 DSU 第 22 条第 6 款将报复的金额减至每年 1.914 亿美元。仲裁庭通过采用假设的与 WTO 规则相符的香蕉进口制度计算得出了上述金额，而拒绝了美国提出的基于美国公司所遭受的利润损失计算得出的上述金额的索赔请求。

DSU 第 25 条所规定的是一般意义上的仲裁，当事人可以根据它们之间业已达成的仲裁协议，将争议提交仲裁解决。

根据 DSU 上述条款的规定，仲裁作为解决 WTO 成员方之间的争议的方法之一，与一般意义上的国际经济贸易仲裁，既有相同之处，又存在着某些区别。

《WTO 协定》项下的仲裁与一般意义上的国际经济贸易仲裁之间的相同之处在于：第一，它是当事人之间自愿采取的解决争议的手段，以当事人之间业已达成的仲裁协议为前提。这一点体现在 DSU 第 25 条第 1、2 款的规定之中。第二，当事人还应当就仲裁协议项下争议的事项和仲裁程序，在仲裁协议中作出明示约定，此项约定旨在对仲裁庭的权限范围和仲裁应当遵守的程序规则作出界定。第三，仲裁裁决应当得到当事人各方的承认与执行。

《WTO 协定》项下的仲裁与一般意义上的国际经济贸易仲裁之间的不同之处在于：第一，主体不同。WTO 成员方多数为主权国家，不同于国际经济贸易仲裁主体在多数情况下均为不同国家的国民。第二，WTO 成员方在仲裁协议达成后、仲裁程序开始前，根据 DSU 第 25 条第 2 款的规定，必须"充分地通知全体 WTO 成员方"。WTO 成员方经仲裁协议的当事人各方

①② See WTO Arbitrator's Report, "Japan—Taxes on Alcoholic Beverages", WT/DS8/15, WT/DS10/15, WT/DS11/13, 1997, p. 27.

③ See WTO Arbitrator's Report, "Indonesia—Certain Measures Affecting the Automobile Industry", WT/DS54/15, WT/DS55/14, WT/DS59/13, WT/DS64/12, 1998.

④ See WTO Arbitrator's Report, Korea—Taxes on Alcoholic Beverages, WT/DS75/16, WT/DS84/14, 1999, p. 41.

⑤ See WTO Arbitrator's Report, Australia—Measures Affecting Importation of Salmon, WT/DS18/9, 1999, pp. 38 - 39.

⑥ See Carolyn B. Gleason & D. Walther, "The WTO Dispute Settlement Implementation Procedures: A System in Need of Reform", *Law & Pol'y Int'l Bus.*, 31, p. 716.

同意，也可以成为仲裁程序的当事人，参与仲裁审理程序。这一点不同于一般意义上的国际经济贸易仲裁，后者只是在仲裁协议的当事人之间进行，并不存在向任何第三人通知的情况，除非当事人之间另有约定。第三，关于裁决应适用的法律，《WTO 协定》项下的仲裁应适用的是 WTO 规则，而不是当事人各方共同选择的法律规则，因为根据 DSU 第 3 条第 5 款的规定，仲裁裁决不得剥夺或者损害任何成员方根据《WTO 协定》享有的利益，也不得阻碍这些协议目标的实现。第四，不同于《纽约公约》项下的裁决由国家法院依据《纽约公约》规定的条件决定是否承认与执行。《WTO 协定》项下的裁决应当由相关当事人各方自动执行，如果败诉方在规定的期限内拒绝执行，则胜诉方可以根据 DSU 第 22 条的规定，请求 DSB 授权补偿和中止关税减让措施。此外，《WTO 协定》项下的裁决作出后，根据 DSU 第 25 条第 3 款的规定，应当通报给 DSB 和所有相关协议项下的理事会或委员会，WTO 所有相关成员方均可对裁决提出其各自的看法。

在 WTO 成立以来的争议解决实践中，仲裁通常被用于解决 WTO 成员方之间在履行专家小组和上诉机构的建议或者裁定时发生的争议。截至 2004 年年初，根据 DSU 第 21 条第 3 款（c）项的规定由仲裁庭对执行专家小组报告或者上诉机构裁定的合理期限作出的裁决有 16 起，根据 DSU 第 22 条第 6 款的规定作出的裁决有 7 起，根据 DSU 第 25 条作出的有关利益受到损害或丧失金额的裁决有一起。①

（2）其他程序。

此项程序又可称为上面提到的磋商、专家小组和上诉机构与仲裁程序以外的选择性的争议解决方法，通常包括由争议各方共同选择的第三者斡旋、调解、调停，或者由特定的专门委员会的专家就争议事项提出咨询意见。

尽管 DSU 没有对此作出专门规定，但这种解决争议的方法是不言而喻的，其前提条件是双方当事人均同意将此作为解决它们之间争议的方法。这种方法与磋商解决争议的方法的不同之处在于它是有双方均认可的第三方参与的。由与该争议无利害关系的第三方主持调解或者斡旋的，如果在调解员的调解下争议得到了解决，那么就没有必要申请设立专家小组来解决双方当事人之间的争议了。

在 WTO 的机构中，许多具体的协议项下都设立了专门委员会，如根据《保障措施协议》设立了保障措施委员会，根据《农业协议》设立了农业委员会，另外还有知识产权委员会、服务贸易委员会、货物贸易委员会，等等。相关国家之间就某一特定协议的履行发生争议后，在进行磋商的过程中，还可以寻求相关的专业委员会的协助，或者共同请求该相关的专业委员会作为调解人或者仲裁人，协助它们解决争议。

（二）执行专家小组报告或上诉机构裁定的监督程序

DSB 的一个非常重要的职能，就是对专家小组报告中的建议和上诉机构裁定的执行情况实施监督。根据 DSU 第 21 条第 3 款的规定，败诉方应当在报告通过之日后 30 天内向 DSB 报告其执行 DSB 建议和裁定的意向。

如果败诉方在上述期限内由于这样或者那样的原因不能马上履行专家小组或者上诉机构的建议或裁定，比如需要通过立法机构按特定的法律程序进行，则应按照 DSU 的规定在“合理的”期限内执行。此项合理期限的确定，通常由相关当事方提出后经 DSB 批准。如果 DSB 不批准该期限，则根据 DSU 第 21 条第 3 款（b）项的规定，由争议各方在报告通过之日起 45 天

① See Kara Leitner and Simon Lester, “WTO Dispute Settlement 1995 - 2003: A Statistical Analysis”, *Journal of International Economic Law*, Oxford University Press, 2004, p. 177.

内共同提出。

如果争议各方在报告通过之日起 45 天内不能就履行专家小组建议或者上诉机构裁定的"合理期限"达成一致，则根据 DSU 第 21 条第 3 款（c）项的规定，此项合理期限应当由仲裁员决定。

此外，对于败诉方在合理的期限内对与 WTO 相关协议或者规则不符的法律或者所实施的措施作出修正，修正后的法律或者措施是否与 WTO 相关规则相符合的问题，DSB 仍然履行监督的职责。在实践中，尽管相关成员方声称相关法律或者措施符合 WTO 相关规则，但如果 DSB 认为修正后的相关法律与相关措施仍然不符合 WTO 相关规则，则该相关成员仍然负有继续对其相关国内法或者措施作进一步修订或者纠正的义务。例如在欧盟香蕉案中，1997 年 9 月 25 日，DSB 通过了上诉机构和专家小组的关于建议欧盟根据本报告对专家小组报告中所提到的不符合 GATT 1994 和 GATS 的规定的措施进行修订，使之符合欧盟在这些协议项下所承担的义务的报告，1998 年欧盟在仲裁员裁定的期限内通过第 2362/98 号规则，对第 404/93 号法令作了欧盟认为已经符合 WTO 规则的修订并予以公布。但是由于申诉方的反对，DSB 认为还应当对其作进一步修订。直到 2001 年 5 月 7 日，欧盟宣布了关于实施第216/2001号法令的细则，即第896/2001号法令，持续了近七年的欧盟香蕉大战方告一段落。可见，DSB 在监督相关国家实际履行其通过的专家小组和上诉机构的报告方面，发挥着重要的作用。

这里还应当指出的是，《WTO 协定》第 16 条第 4 款规定："每一成员方均应当确保其国内法律、规章和行政程序与本协议及其附件相符。"事实上，争议解决程序的结果即确立了遵守争议解决程序中的解释与适用 WTO 相关协议的结果。因此，实际履行专家小组和上诉机构的建议和裁定，是 WTO 成员方应当承担的国际法义务。尽管由于这样或那样的原因败诉方不能在合理的时间内履行，胜诉方经 DSB 授权向败诉方实施了中止减让和赔偿的报复性措施，但是此项措施并不能免除败诉方纠正其所实施的与 WTO 规则不符的措施的义务。在实际履行专家小组和上诉机构的建议与裁定以前，相关成员一直受制于 DSB 的监督程序，即必须履行向 DSB 报告其实际履行专家小组和上诉机构的建议与裁定的进展情况。

三、WTO 争议解决机制的特点

与 GATT 的争议解决机制相比，WTO 的争议解决机制具有如下特点。

1. 实行统一的争议解决机制

WTO 建立了统一的争议解决机制，并将其适用于 WTO 全体成员方之间在所有的《WTO 协定》的执行中发生的争议。它不仅涉及传统上的货物贸易争议，也包括服务贸易和知识产权方面的争议。因此，在该争议解决机制下不会产生就争议程序问题再发生争议的情况。尽管《WTO 协定》所覆盖的某些协议也含有解决争议的条款，例如有关补贴协议和纺织品协议中也有解决争议的相关规定，但 DSU 第 1 条明确规定，DSU 的规则与程序适用于其所列的所有覆盖的协议。① 因此，《WTO 协定》中绝大部分协议下争议的解决，适用 DSU 规定的程序。当然，DSU 也允许某些背离其规定的情况，例如，在复边贸易协议（plurilateral agreements，

① 根据 DSU 附件 1 所列的协定，这些覆盖协议包括：A）建立的协议。B）多边贸易协议。包括附件一：（a）关于货物贸易的多边协议；（b）GATS；（c）TRIPS。附件二：争议解决的规则与程序的谅解。附件四：复边贸易协议，包括《民用航空器贸易协议》《政府采购协议》《国际奶制品协议》《国际牛肉协议》。该谅解对复边贸易协议的适用，以每个协议的签约方通过的决议为前提条件。根据国际肉类委员会和国际奶制品委员会的决议，《国际牛肉协议》和《国际奶制品协议》已经于 1997 年年底终止。See "WTO Focus", No. 23, October 1997, p. 3.

《WTO 协定》的附件 4）中，各当事方对于由于执行这些协议而产生的争议是否适用 DSU 规定的程序，有权作出选择性的决定。

2. 建立了专门的争议解决机构（DSB）

WTO 争议解决机构是根据 WTO 各成员方共同签署的 DSU 专门设立的、解决 WTO 成员方之间由于执行《WTO 协定》而产生的争议的专门机构。而在 GATT 存续期间，并不存在专门的争议解决机构，DSB 的职能由总理事会行使。此外，根据 1979 年争议解决谅解和在东京回合达成的相关协议，在 GATT 的争议解决机制下，还有根据不同的协议设计的若干不同的争议解决程序。这些协议和程序都是相对独立的，GATT 的成员方可以选择加入这些相关的协议和程序，也可以选择不加入其中的一个或几个程序。换言之，GATT 的成员方不一定就是东京回合达成的各项协议的成员方。

由于 DSB 是根据 DSU 专门设立的负责 WTO 各协议项下争议解决的机构，因而加入 WTO，就等于接受了除复边贸易协议以外的全部协议，包括 DSU 和其他相关协议。按照 DSU 的相关规定，《WTO 协定》项下产生的争议，均应当通过 DSB 解决。因此，DSB 对《WTO 协定》项下争议的管辖权是强制性的，所有成员方都必须服从 DSB 的管辖，不得作出保留。这一点是迄今所有的国际组织所无可比拟的。即便是联合国国际法院，其管辖权也不是强制性的，目前只有不到三分之一的联合国成员国接受了国际法院的管辖。[①] DSB 的主要职能是对 DSU 项下的规则和程序的实施进行管理，包括设立专家小组、通过专家小组或上诉机构的报告、对专家小组或上诉机构作出的建议和裁定的实施情况进行监督，以及授权中止关税减让或相关协议项下的其他义务。此外，为了避免专家小组适用和解释《WTO 协定》各项规则时的错误，DSB 还专门设立了上诉机构，纠正专家小组在适用和解释《WTO 协定》各项规则时的错误，以便更好地维护多边贸易协议的稳定性和统一性。

3. 采用了自动通过的决策程序

决策程序的改变，是 WTO 与 GATT 之间的又一实质性的改革。WTO 争议解决的各项程序几乎都是自动的：（1）如果争议双方在规定的期限内不能自行解决它们之间的争议，DSB 就可以根据任何一方的请求，设立专家小组。在 DSB 决定设立专家小组时，只要不是全体一致反对，专家小组即可设立。（2）专家小组或上诉机构的报告的通过，打破了 GATT 时期所实行的“协商一致”的原则。在 WTO 争议解决机制中，DSB 通过专家小组或上诉机构的报告时实行“反向一致”（negative consensus）的原则，即只要不是全体一致反对，报告就获得通过。（3）在授权中止减让或者采取其他方面的报复措施时，只要不是全体一致反对，DSB 即可授权对败诉方实施中止减让关税或者其他方面的报复性措施。这就是说，无论是专家小组的成立，还是专家小组或者上诉机构报告的通过，抑或 DSB 授权采取报复性措施的决定的通过，几乎都是自动的，因为即便 WTO 其他所有成员方都反对设立专家小组或者通过专家小组的报告，请求设立专家小组解决争议的当事方不可能反对，而只要不是全体一致反对，那么专家小组即可设立，专家小组和上诉机构的报告即可通过，DSB 授权采取报复性措施的决定也可获得通过。当然，为了尽量减少专家小组在适用 WTO 协议各项规则时的错误，DSB 设立了专门的上诉机构，由该机构中的三名成员组成上诉庭，受理 WTO 成员方对专家小组的报告和裁定中所涉及的法律问题提出的上诉。

决策程序的改变所带来的影响是巨大的，它改变了长期以来 GATT 争议解决机制下专家

---

① See *Dispute Resolution in the World Trade Organization*, ed. by James Ca-meron & Karen Campbell, London: Cameron May, 1998, p. 85.

小组的报告由于被申请人的反对而不能通过的尴尬局面。[①] WTO成立后由DSB通过的著名的欧盟香蕉案的专家小组和上诉庭的报告，是一个典型。就欧盟香蕉的法令而言，先后设立了3个专家小组，跨越了GATT和WTO两个时期。在该案中，早在1993年2月13日欧盟委员会《关于统一欧盟的香蕉进口政策的第404/93号法令》公布之前，哥斯达黎加、哥伦比亚、尼加拉瓜、危地马拉和委内瑞拉这拉美五国以该法令的草案与GATT的规则不符并使这些国家在当时欧洲各国不同的制度下所得到的利益受到损失为由，要求与欧盟进行磋商。欧盟认为该草案尚未正式公布，因而拒绝与这些国家进行磋商。于是这些国家向GATT提出申诉。GATT设立了第一个专家小组，并于1993年2月10日听取了各方的意见。专家小组于1993年6月3日提出了报告并向GATT全体缔约方散发。该报告认为，欧盟法令在各国的实施，违反了GATT第1条关于最惠国待遇、第11条第1款关于配额限制的规定。该报告由于遭到了欧共体国家和非加太国家的反对，故未能被通过。

当欧盟第404/93号法令自1993年7月1日起实施后，上述拉美五国又提出了与欧盟磋商的要求，并立即就该法令在GATT规则下的效力问题提出质疑。GATT于1993年6月16日又设立了第二个专家小组，处理欧盟与拉美国家之间的关于香蕉进口的争议。1994年1月18日，专家小组又提出了有利于申诉方的报告。专家小组认为，欧盟第404/93号法令中的一些关键性的条款，如对非加太国家的优惠关税和进口许可证制度，违反了GATT第1条（最惠国待遇）、第2条（约束性关税）和第3条（国民待遇）的规定。专家小组还拒绝了欧盟提出的关于其上述规定系基于GATT第24条（关税联盟和自由贸易区）的抗辩。但是，由于欧盟的反对，该报告还是未能通过。[②]

上述专家小组的两个报告之所以未能通过，主要原因是欧盟及其盟国的反对，致使GATT全体缔约方不能在通过专家小组报告的问题上达成一致（positive consensus）。只有在WTO争议解决机制下，这一长达数年的争议才最终得到解决。

从1995年WTO成立后美国、危地马拉、洪都拉斯和墨西哥提出关于设立审理欧盟香蕉进口、销售和分销制度的专家小组的建议，到1997年9月专家小组和上诉机构报告的通过[③]，从欧盟未能在合理的期限（1999年1月1日）内对其香蕉进口制度作出与WTO规则相符的修订，到DSB于1999年3月授权美国采取价值1.914亿美元的报复性措施，再到欧盟在2001年通过第216/2001号法令对第404/93号法令作了进一步的与WTO协议各项规则相符的修订，以及美国撤销其所采取的报复性措施，前后经历了近七年的时间。如果再加上GATT专家小组解决关于欧盟香蕉进口制度的争议的时间，则一共经历了长达10年的时间，才使该争议得到了彻底的解决。而解决的结果是，欧盟对其有关香蕉进口的法律制度作出与WTO规则相符的修订，即欧盟实际履行了专家小组和上诉机构的报告中提出的建议和裁定。

4. 增加了对专家小组和上诉机构的建议与裁定的执行的监督程序

DSB的一个非常重要的职能，就是对专家小组和上诉机构的报告中的建议与裁定的执行情况实施监督。在完全实际履行专家小组和上诉机构在报告中提出的建议和裁定之前，相关成员

---

① 例如在WTO成立之前的1991年—1994年间，GATT成员方提出了36项申诉，涉及32项具体的争议，其中有12个专家小组提出了最终报告并在全体缔约方中散发，而经过全体一致通过的报告只有4项。See Rebort E. Hudec, *Enforcing International Trade Law: The Evolution of the Modern GATT Legal System*, Salem, N. H.: Butterworths, 1993, pp. 11 - 15.

② See Mauricio Salas and John H. Jackson, "Procedural Overview of the WTO-EC Banana Dispute", *Journal of International Economic Law*, No. 1, 2000, pp. 145 - 166.

③ WT/DS27/AB/R，1997年9月9日，110页。

方始终应当向 DSB 报告其执行情况。即便在仲裁庭确定的合理期限内相关成员方由于不能纠正其所实施的与 WTO 规则不符的措施而受到另外的 WTO 成员方经 DSB 授权的中止减让或作出补偿的报复性措施，该成员方也不能被免除实际履行专家小组和上诉机构的报告中的建议和裁定的义务，并且在实际履行此项义务之前，该成员方一直受到 DSB 的监督。尽管在执行监督问题上还存在这样或者那样的问题，如对败诉方执行报告的要求，包括执行时间表和具体的措施，以及定期对执行情况进行审议等，目前 DSU 规定得还不够具体，然而，与 GATT 争议解决机制相比，WTO 争议解决机制中的执行及其监督机制还是得到了加强。此项监督机制对于保证 WTO 规则的统一实施，以及维护多边贸易体制的稳定性和可预见性，发挥着重要的作用。

DSU 赋予 WTO 争议解决程序准司法性质，旨在有保障地进行争议解决程序，这在与争议相关的重大问题的所有决策的自动性、争议解决程序各阶段的严格时间表和上诉审查等方面得到了具体体现。①

四、中国对 WTO 争议解决机制的利用

自 1995 年 1 月 1 日 WTO 争议解决机制开始运作以来，截至 2018 年 8 月 27 日，WTO 争议解决机构共受理了 566 起争议。② 实践证明，争议解决机制的成功运转是 WTO 成功运转的至关重要的保证。只有公正、公平、有效率地解决《WTO 协定》项下的争议，才能确保协议项下的规则的实施，由此进一步保障各成员方之间的贸易关系的可预见性和稳定性。

中国自 2001 年 12 月 11 日正式加入 WTO 后所享有的权利之一，就是利用 WTO 的争议解决机制，在多边条件下解决中国与 WTO 其他成员方之间的贸易争端。一方面，中国企业在 WTO 规则项下的利益受到相关缔约方的歧视时，可首先向中国政府有关部门投诉，由政府出面与该相关缔约方政府通过双边磋商的方式解决中国企业受到的不公平待遇问题，如果问题不能得到解决，中国政府就可以通过 WTO 争议解决机制，向 DSB 投诉，请求通过设立专家小组的司法方式，解决中国与 WTO 其他缔约方之间的贸易争议。另一方面，当 WTO 其他缔约方政府就其境内企业的投诉要求与中国政府进行磋商时，中国政府也有义务通过 WTO 争议解决机制，解决相关贸易争端。截至 2019 年 6 月 30 日，中国分别在 20 起案件中作为原告，在 43 起案件中作为被告，并作为第三方参与了 173 起案件的争端解决活动。③ 通过参与这些活动，中国获取了大量的国际贸易信息，锻炼和培养了相关的专业人员，提高了处理 WTO 争端解决人员的业务水平，以便更好地维护中国的贸易利益。

中国加入 WTO 后利用 WTO 争议解决机制的实践证明，中国的实践有助于促进国际经济贸易的发展和维护多边贸易体制的稳定性与可预见性。作为 WTO 成员方，中国既享受了《WTO 协定》项下的权利，包括利用 WTO 争议解决机制解决与其他成员方之间的贸易争端，同时也重视履行《WTO 协定》项下的各项义务，及时纠正与 WTO 规则不符的贸易措施，例如针对集成电路增值税的征收与退税问题，成功地解决了与 WTO 其他成员方之间的贸易争

① 参见余敏友：《WTO 争端解决机制与我国加入 WTO》，载《珞珈法学论坛》，第 1 卷，145 页，武汉，武汉大学出版社，2000。

② 参见 http：//www. wto. org/english/tratop _ e/dispu _ e/dispu _ status _ e. htm，最后访问时间：2014 - 08 - 25。

③ 关于这些案件的案号及其案情，可参见 http：//www. wto. org/english/tratop _ e/dispu _ e/dispu _ by _ country _ e. htm，最后访问时间：2014 - 08 - 25。

端，维护了中国和其他国家（地区）有关当事人在《WTO协定》项下所应当享受的合法权益。正如美国华盛顿大学法学院雷·巴拉教授所预见的那样，（加入WTO后）中国将会涉足许多WTO的争议——有时作为申诉人，有时作为被诉方。也许中国会成为一个受欢迎的范例，但中国不会向美国或者欧盟那样热衷于诉讼。如果我们考察中国在海外所从事的大量的国际交易，我们完全有理由期待中国的参与程度，至少可以与印度的相比。在中国参与的每一个案件中，如果不能通过磋商解决争议，必将导致由WTO的专家小组作出裁定来解决；如果对专家小组的裁定提出上诉，则应当由上诉机构作出裁定。人们一般会认为，专家小组或者上诉机构的裁定不能作为先例而对后来的案件具有法律上的拘束力。事实上，这些裁定构成权威的国际贸易普通法（international common law of trade）的渊源。随着中国参与WTO争议解决机制，我们可以期待着先例制度的形成（例如，在特定条件下最惠国待遇或者国民待遇等某些关键术语的含义）。这些裁定将为其他国家（地区）在制定其各自的贸易政策时提供法律上的权威注释。①

第六节　国家与他国国民之间经济贸易争议的解决

一、国家与他国国民之间经济贸易争议的特点

国家是一国社会公共利益的维护者。为了维护社会公共利益，国家往往制定了一系列的行政法规，依法履行政府的职能和维护社会公共利益。在履行政府职能和维护社会公共利益的过程中，执法的国家工作人员可能与被执法人员发生争议，例如，国家税务管理机关由于履行其税收职能而与纳税人发生争议；海关监管人员在对进出国家关境的人员和货物进行监管的过程中与被监管人员发生争议；国家市场监督管理部门与被管理者由于市场监督管理而发生争议；政府在对跨国公司实施监管的过程中与跨国公司发生争议；等等。

上述争议的特点是：第一，从争议主体来看，一方为东道国政府或其机构，另一方为外国公司或者外国公司在中国的子公司。尽管子公司具有东道国的国籍，但是从子公司的所有者来看，其或者是完全由外国国民出资的子公司，或者是外国国民占有部分份额的合资企业。第二，从争议事项的特点来看，多数是由于政府管理行为而产生的争议，或者是由于外国国民违反东道国的行政法规而产生的争议，例如由于违反东道国反不正当竞争法而与东道国政府发生争议。这类争议通常称为行政争议。

二、国家与他国国民之间经济贸易争议的解决

行政争议与一般意义上的合同争议不同，这是由于双方的法律地位不同，所进行的活动也不完全相同。合同争议是商业性质的行为，而行政争议是国家执法机关在执法过程中与被执法人员之间发生的争议。这类争议一般不能通过协商、谈判的方法解决，但一般可通过下列方法解决。

1. 行政复议的方法

在国家执法机关执法的过程中，相关人员必须服从执法人员的管理，而不能与执法人员讨价还价。对国家执法机关的判罚不服的，相关人员可以向上级机关提出行政复议；如果对行政

① See "Legal Times", *Week of April*, 26, 1999, p. 22.

复议还是不服，相关人员可以向该执法机关所在地人民法院提起行政诉讼。

2. 行政诉讼的方法

当事人不服国家执法机关的裁定，可以不经过行政复议，直接向该执法机关所在地人民法院提起行政诉讼。该执法机关也可以向法院就外国国民的违法行为提起诉讼，包括行政诉讼和刑事诉讼。例如，以全球最大的制药商瑞士罗氏公司（Hoffmann-La Roche Ltd.）为首的、由分别来自美国、瑞士、德国、日本、加拿大、瑞典、法国等国家的 11 家跨国公司组成的国际卡特尔，自 1988 年 1 月起至 1999 年 2 月在世界各地联合密谋，限制维生素的生产数量和价格，就全球的销售市场进行瓜分，并持续长达十余年。美国司法部指控它们违反了美国反垄断法，并于 1999 年 5 月 20 日宣布了与瑞士罗氏公司达成的指控协议（Plea Agreement），指控瑞士罗氏公司从 1990 年 1 月到 1999 年 2 月，参与与其他相关公司密谋消除它们之间的竞争，确定在美国和其他地区出售的维生素中间产品的价格，包括在此期间在美国和其他地方出售的维生素 A、E，1991 年 1 月到 1995 年秋出售的维生素 B2，1991 年 1 月至 1998 年 12 月出售的维生素 B5，1991 年—1995 年出售的维生素 C 等；参与分配生产数量和客户，不合理地限制了美国州际和与外国的贸易及商业，违反了美国《谢尔曼法》第 1 条的规定。[①] 该公司同意向美国支付罚款 5 亿美元。这是美国历史上对违反反托拉斯法罚款最多的案件。与此同时，根据美国《谢尔曼法》第 2 条关于“任何人签订（以托拉斯形式或其他形式联合、共谋，用来限制贸易的）契约或者从事上述联合或共谋，是重罪”的规定，对该公司全球市场部前负责人科诺（Kono Sommer）博士处以罚款 10 万美元并处有期徒刑 4 个月，对该公司前经理罗兰德（Roland Bronnimann）博士罚款 15 万美元并处有期徒刑 5 个月。该国际卡特尔其他成员，包括另外 10 家跨国公司，被罚款约 4 亿美元；另有 6 家公司的高管被罚款百余万美元，并分别被处以 3～8 个月的有期徒刑，其中有 6 个外国公民在美国监狱服刑。[②] 欧洲委员会自 1999 年也对维生素国际卡特尔展开了调查，并于 2001 年 11 月 21 日对以瑞士罗氏公司为首的 13 家欧洲公司和欧洲以外的国家的公司参与的旨在消除在维生素 A、E、B1、B5、B6、C、D3 等领域内的竞争的卡特尔和垄断市场的行为进行处罚，其中对 8 家公司罚款共计 9 亿欧元。[③]

三、国家（东道国）与外国投资者之间投资争议的解决

（一）东道国与外国投资者之间的争议种类及解决方法

东道国与外国投资者之间的争议可以分为两大类：一类是基于契约而产生的争议。如东道国为了吸引外国投资者而直接与其签订特许协议，这类协议一般涉及国计民生方面的项目，如开发自然资源或建设大型供电、供水等基础设施等。另一类是非直接基于契约而引起的争议，即由于国家行为或政府管理行为而引起的争议，如东道国通过立法将属于外国投资者所有的财产收归国有，或实行外汇管制、增加税收等政府管理行为，或者由于东道国发生内乱、革命等引起财产损失外国投资者与东道国发生的争议。

东道国与外国投资者之间的争议，通常可以通过下列方式得到解决。

① 《谢尔曼法》被认为是现代各国反垄断法的鼻祖和样板，该法第 1 条的规定是：任何契约，以托拉斯形式或者其他形式的联合、共谋，用来限制州际或与外国之间的贸易或商业，是非法的。

② See Harry First, “The Vitamin Case: Cartel Prosecutions and the Coming of International Competition Law”, *Antitrust Journal*, Vol. 68, 2001, pp. 711 - 734.

③ See “Commission Imposes Fines on Vitamin Cartels”, Reference: IP/01/1625, Date: 21/11/2001, available at http: //europa. eu. int/rapid/ressReleases，最后访问时间：2004 - 08 - 13。

1. 协商谈判

这种解决争议的方法可以规定在东道国与外国投资者订立的特许协议中。对于非契约性争议，外国投资者也可与东道国政府管理机关进行谈判，但鉴于它们之间没有契约关系，且双方处于不同的法律地位，它们之间由于投资活动而产生的争议一般通过协商、谈判的方法加以解决。

2. 东道国救济

外国投资者可将争议提交东道国法院，按照东道国的程序法和实体法寻求救济，解决争议。阿根廷著名国际法学家卡尔沃（Carlo Calvo）提出的关于国际投资争议应当由东道国法院管辖、用尽当地救济、反对外交干预的主张，就是典型代表。

3. 外交途径

此即采用外交保护的方法。由外国投资者所属国的政府有关部门通过外交途径向东道国政府提出国际请求，由两国政府通过谈判来解决争议。但行使外交保护的前提是用尽当地救济。

4. 国际仲裁

这是当事人自愿解决争议的方法，其前提是存在着约定将争议提交仲裁解决的仲裁协议。根据《解决国家与他国国民之间投资争端公约》设立的解决投资争议国际中心，就是为通过仲裁方式解决东道国与外国投资者之间的争议提供便利。

（二）通过解决投资争议国际中心解决东道国与外国投资者之间的争议

解决投资争议国际中心（International Center for the Settlement of Investment Dispute，以下简称中心）根据 1965 年 3 月 18 日由国际复兴开发银行提交各国政府在华盛顿签署的《解决国家与他国国民之间投资争端公约》（Convention on the Settlement of Investment Disputes Between States and Nationals of Other States，简称《华盛顿公约》）而设立，该公约于 1966 年 10 月 14 日生效。截至 2018 年 9 月 1 日，《解决国家与他国国民之间投资争端公约》的签署国已达到 162 个，其中批准该公约的国家有 154 个。①

中心自 1966 年成立以来，截至 2018 年 9 月 1 日，共受理了 701 起争议案件，其中审结 445 起争议案件②，另有 256 起争议案件正在审理之中。③

1. 中心的法律地位及管辖权限

中心是根据《解决国家与他国国民之间投资争端公约》设立的国际法人，具有完全的国际法律人格。中心的法律行为能力包括：（1）缔结合同的能力；（2）取得和处理动产、不动产的能力；（3）起诉的能力。

中心及其财产享有豁免于一切法律诉讼的权利。中心的官员及其雇员在履行公务的过程中，享有《华盛顿公约》规定的特权与豁免。中心的档案无论存放在何处，均不可被侵犯。中心及其财产收入以及《华盛顿公约》许可的业务活动和交易应豁免于一些税捐和关税。

凡提交中心仲裁的投资争议的当事人，其中一方必须是《华盛顿公约》缔约国或该缔约国的公共机构或实体，另一方则应是另一缔约国的国民（包括自然人、法人及其他经济实体）。这就是说，争议双方一般应当具有不同的国籍。但在实践中，外国投资者常常在东道国设立公司，而这些公司具有东道国国籍，即为在东道国注册的外国投资企业。对于这些在东道国设立

---

① 关于公约缔约国的名称，可参见 http：//icsid. worldbank. org/ICSID/FrontServlet? requestType = ICSIDDocRH&actionVal=ContractingStates&ReqFrom=Main，最后访问时间：2014-08-25。

② 关于这些案件的具体名称，可参见 https：//icsid. worldbank. org/ICSID/FrontServlet? requestType = GenCaseDtlsRH&actionVal=ListConcluded，最后访问时间：2014-08-25。

③ 关于这些案件的具体名称，可参见 https：//icsid. worldbank. org/ICSID/FrontServlet? requestType = GenCaseDtlsRH&actionVal=ListPending，最后访问时间：2014-08-25。

的外商投资企业与东道国之间的争议，尽管这些企业具有东道国的国籍，但按照《解决国家与他国国民之间投资争端公约》第 25 条第 2 款第 2 项的规定，如果某法律实体与缔约国具有相同的国籍，但由于该法律实体直接受到另一缔约国利益的控制，那么如果双方同意，为了公约的目的，该法律实体也可被视为另一国国民。此外，一个国家为《解决国家与他国国民之间投资争端公约》的缔约国的事实，并不意味着该国担保将与该国有关的投资争议都提交中心解决。凡提交中心解决的特定争议，双方当事人必须订有将该特定争议提交中心解决的书面仲裁协议，而此项协议的存在，是中心取得对该特定争议的管辖权的实质要件。而一旦双方当事人订立了书面的将该特定争议提交中心解决的仲裁协议，任何一方当事人均不得单方面撤回其已经表示的同意。此外，某一缔约国的公共机构或实体表示的同意，须经该缔约国批准，除非该缔约国通知中心不需要此项批准。根据《解决国家与他国国民之间投资争端公约》的规定，中心的管辖权应扩及缔约国及其公共机构或实体与另一缔约国国民之间直接因投资而产生的任何法律上的争议。这就是说，中心仲裁的投资争议，仅限于由于投资而产生的法律争议，而不是其他方面的争议。因此，只有同时具备以上三个实质要件的争议，才在中心管辖的范围。

值得注意的是，从《解决国家与他国国民之间投资争端公约》的字面规定来看，“当事人书面同意”仍是中心受理争议的基础。然而，在双边投资保护协定（BIT）中东道国事先同意的条件下，这种仲裁机制向着强制性的方向发展，其特殊的同意模式、特殊的同意效果已不是当初《华盛顿公约》的案文“当事人书面同意”所能涵盖的了。“BIT 条约本身使投资者成了一个私人首席检察官，有权对主权国家强制执行 BIT 的国际法标准。”① 庞大的 BIT 群体使《解决国家与他国国民之间投资争端公约》关于投资仲裁的节制性制度被打破，国际投资仲裁案泛滥成灾：截至 1994 年年底，只有 3 件与投资条约有关的争议被提交到中心；而到了 2004 年年底，已有 106 件此类争议被提交到中心；而截至 2018 年 9 月 1 日，正在中心审理的争议案件就有 256 起，445 起争议案件已经审结。

2. 中心的仲裁程序

（1）仲裁申请。拟将争议提交中心解决的任何缔约国或缔约国的国民，应向中心秘书长提出书面仲裁申请，其内容包括：争议的事实，双方当事人的身份，以及他们同意依照中心的调解和仲裁规则进行仲裁等。秘书长应将申请书的副本送交被申请人，并予以登记（除非秘书长根据申请书中所包括的材料认定该争议不属于中心的管辖范围）；同时，秘书长还应将登记或不予登记的情况通知双方当事人。

（2）仲裁庭的组成及权限范围。仲裁庭可以由双方同意的独任仲裁员或 3 名仲裁员组成。在后一种情况下，由当事人各方各自指定一名仲裁员，第三名仲裁员（首席仲裁员）由双方当事人协商指定。所指定的仲裁员应具备《华盛顿公约》规定的仲裁员应当具备的品德和资格。如秘书长在发出登记通知后 90 日内仲裁庭未能组成，则由中心主席任命仲裁庭的组成人员。被指定的仲裁员应当是仲裁小组的人，但不得为争议任一方所属缔约国的国民。仲裁庭可就其管辖权限作出决定。

（3）仲裁审理。仲裁程序应当按照《华盛顿公约》的规定进行。除双方当事人另有约定外，仲裁庭应当依照在双方当事人同意提交仲裁之日有效的仲裁规则进行仲裁。如果发生《华盛顿公约》及中心的仲裁规则或双方同意的任何规则未作规定的程序问题，那么该问题应当由仲裁庭解决。

---

① Matthew Wendlandt, “SGS v. Philippines and the Role of ICSID Tribunals in Investor-State Contract Disputes”, *Texas International Law Journal*, Summer, 2008.

仲裁庭在解决争议的过程中，按照《解决国家与他国国民之间投资争端公约》第42条的规定，应当适用双方当事人共同选择的法律，如无此项选择，应当适用争议一方的法律，包括该法律中有关的冲突规则，以及可适用的国际法规则。按照许多东道国的有关国际投资的法律，在东道国的投资，必须适用东道国的法律。实践中，在有关国际投资合同中，无论是当事人选择的法律，还是仲裁庭决定适用的法律，通常情况下均为东道国的法律。而外国投资者为了维护自己的利益，避免由于东道国单方面修订其法律（如颁布国有化或征收的法令）而损害自己的利益，一般在谈判投资合同时列入“稳定条款”，即在合同履行期间，如法律发生与合同约定相悖的变更，则合同中的约定应当优先被适用。

（4）仲裁裁决。仲裁裁决应当以全体仲裁员的多数票作出，并应采用书面形式，由赞成此裁决的仲裁员签署。裁决应当处理提交仲裁庭解决的所有问题，并说明作出裁决所依据的理由。任何仲裁员都可在裁决书中附具他个人的意见，无论此项意见是否为多数人的意见。未经双方当事人同意，裁决不得对外公布。中心秘书长应迅速将核正无误的裁决书副本送交双方当事人。如果当事人对裁决的含义或范围持有异议，任何一方均可向中心秘书长提出书面申请，要求仲裁庭对有异议的事项作出解释。

（5）中心仲裁裁决的撤销。当事人只有在下列情况下，才可向秘书长提出撤销仲裁裁决的申请：1）仲裁庭的组成不当；2）仲裁庭显然超越其权限范围；3）仲裁庭的成员有受贿行为；4）仲裁有严重背离基本的程序规则的情况；5）裁决未陈述其所依据的理由。秘书长收到请求撤销仲裁裁决的申请后，应予以登记，并立即请中心主席从仲裁小组中任命三人组成专门委员会。专门委员会的成员不得为作出裁决的仲裁庭成员，且不得与上述任何成员具有相同的国籍，不得为争议任何一方的国家的国民，也不得为争议任何一方的国家所指派参加仲裁小组的成员，还不得曾在该同一争议中担任调停人。专门委员会有权依《华盛顿公约》规定的理由撤销仲裁裁决或仲裁裁决中的任何部分。

如果仲裁裁决的全部或部分被专门委员会撤销，则任何一方当事人可以请求将此争议重新提交给一个新的仲裁庭审理。但如果原仲裁裁决仅有部分内容被撤销，则新的仲裁庭不应对未曾撤销的任何部分进行重新审理。

（6）中心仲裁裁决的承认与执行。中心仲裁裁决的效力与《纽约公约》项下的裁决的效力不同：《纽约公约》项下的裁决可以由执行地法院进行审查，如果没有《纽约公约》规定的拒绝承认与执行的条件，执行地法院经裁定后发出执行令执行裁决。而中心作出的仲裁裁决相当于缔约国法院的最终判决，各缔约国法院不得对它进行任何形式的审查，包括程序上的审查；也不得以违背当地的社会公共秩序为由拒绝承认与执行。任何一方当事人也不得对中心作出的仲裁裁决提出任何上诉或采取任何《华盛顿公约》规定以外的补救办法。除依《华盛顿公约》有关规定停止执行的情况外，当事人各方及各有关缔约国法院均应遵守和履行中心作出的仲裁裁决。

（三）中国政府与外国投资者之间投资争议的解决

中国政府与外国投资者之间投资争议解决的方法，体现在中国有关的国内立法、中国缔结或参加的双边或多边国际公约中。

自20世纪70年代末中国实行对内搞活经济、对外开放的政策以来，中国在过去的几十年来颁布了一系列有关吸收、利用外资的法律和法规，同一百多个国家订立了双边投资保护协定①，还批准和加入了1965年《解决国家与他国国民之间投资争端公约》和1985年《多边投

① 根据我国商务部网站发布的消息，截至2018年9月1日，我国与104个国家订立了双边投资保护协定。参见http：//tfs.mofcom.gov.cn/column/2018.shtml，最后访问时间：2018-09-01。

资担保机构公约》。根据中国近年来的立法与实践，中国政府与外国投资者之间的投资争议，除协商解决外，主要有以下三种解决方法。

1. 当地救济的方法

此即通过中国国内行政管理机关或司法机关解决的方法。例如，中国与荷兰、法国、丹麦等国家订立的投资保护协定均规定，对于缔约一国与缔约另一国投资者之间关于该投资者在缔约一国领土和海域内的投资争议，投资者可选择如下的解决方法：（1）向投资所在缔约国的主管行政当局或机构申诉并寻求救济；（2）向投资所在国有管辖权的法院提起诉讼。以上方法适用于所有在中国境内投资的外国投资者，无论其所属国是否与中国订有双边投资保护协定。

2. 国家介入的方法

国家介入解决东道国与外国投资者之间的争议，可以采取以下方法。

（1）外交谈判的方法。此即通过国家之间协商的方法来解决争议。但采用这种方法的前提条件是，在用尽当地救济后，争议仍然未能得到解决。此种方法可适用于一切与投资争议有关的场合，无论外国投资者所属国是否与中国订有双边协定或者均为有关国际公约的缔约国。

（2）代位求偿的方法。此种方法主要适用于外国投资者所属国与中国订有双边协定或者均为有关国际公约的缔约国的情况。根据中国与其他国家订立的投资保护协定，如果对方国家对其国民在中国境内的投资提供了保险或担保，并据此向其在中国投资的国民支付了赔偿，则中国政府承认缔约另一方对其国民的权利的代位，但此项代位的权利范围不得超过其国民应当享有的权利范围。

根据中国参加的《多边投资担保机构公约》，该公约缔约国的国民也可向该公约项下的（MIGA）投保，以规避该公约规定的风险。根据该公约第 18 条的规定，如果 MIGA “在对投保人支付或同意支付赔偿时，投保人对东道国其他债务人所拥有的有关投保投资的权利或索赔权应由 MIGA 代位”，则所有缔约国都应承认 MIGA 的上述权利。

此外，对于那些未与中国订立上述协定或共同参加国际公约的国家，如果该国家对其国民在中国境内的投资提供了保险或担保，并据此向其在中国投资的国民支付了赔偿，则也可采用此种方法。

3. 国际投资仲裁的方法

（1）ICSID 项下的国际仲裁。中国于 1990 年 2 月签署了《解决国家与他国国民之间投资争端公约》，1993 年 2 月 6 日正式加入此公约。中国政府在加入时已经向 ICSID 发出通知：根据该公约第 24 条第 4 款，中国政府只考虑将由于征收和国有化而产生的赔偿争议交由 ICSID 管辖。① 然而，随着 1998 年 7 月我国与巴巴多斯签订双边投资保护协定，不仅由国有化和征收引起的争议可以提交 ICSID 仲裁，其他的投资争议也可以提交 ICSID 仲裁。②

自 2007 年以来，中国当事人作为原告的案件共有 6 起，其中已经审结的共有 4 起，另有 2 起案件正在审理之中。③ 中国政府作为被告的共有 3 起，其中 2 起已经通过和解方式结案，还

① See “World Arbitration & Mediation Report”, Vol. 4, No. 2, Feb. 1993, p. 32.

② 该协定第 9 条关于投资争议的解决的规定是：（1）缔约一方的投资者与缔约另一方之间任何投资争议，应尽可能由投资者与缔约另一方友好协商解决。（2）如本条第 1 款的争议在争议一方自另一方收到有关争议的书面通知之日后 6 个月内不能协商解决，投资者有权选择将争议提交下述两个仲裁庭中的任意一个，通过国际仲裁的方式解决：1）依据 1965 年 3 月 18 日在华盛顿签署的《关于解决国家与他国国民间投资争端公约》设立的“解决投资争端国际中心”；2）根据联合国国际贸易法委员会仲裁规则设立的仲裁庭。该规则中负责指定仲裁员的机构将为“解决投资争端国际中心”秘书长。

③ 关于这些案件的具体情况，可参见 https：//icsid. worldbank. org/en/Pages/cases/searchcases. aspx。

有1起正在审理之中。[①]

(2) 一般国际经济贸易仲裁。除了可以通过ICSID解决政府与外国投资者之间的争议外，在中国与其他一些国家订立的双边投资保护协定中，许多都包括了通过依据联合国国际贸易法委员会仲裁规则设立的特设仲裁庭（ad hoc arbitral tribunal）解决东道国与另一方缔约国投资者之间由于投资而产生的争议的条款。例如，2006年中俄关于促进和相互保护投资的协定第9条、2005年中德关于促进和相互保护投资的协定第9条等，都有类似的规定。值得注意的是：该国际仲裁裁决的承认与执行，适用《纽约公约》的规定。也即此项裁决不同于ICSID仲裁庭的裁决：后者相当于国家法院的最终判决，法院不得对其进行任何形式的司法复审，国家法院也不得以裁决违反公共利益的理由拒绝承认与执行。然而，对于《纽约公约》项下的裁决，国家法院可以对其进行司法复审，执行地法院如果认为该裁决的执行违反执行地国的社会公共利益，则可以依据当地的法律拒绝承认与执行该裁决。

法律应用

1. 替代性争议解决方法。替代性争议解决方法是指除诉讼以外的各种解决争议方法的总称，如协商谈判、斡旋、调解、仲裁等方式。除仲裁之外的替代性争议解决方法的最大特点是，它是可替代的解决方法。当ADR被作为诉讼和仲裁以外的方法单独适用时，当事人通过ADR达成的和解协议在本质上是争议双方之间达成的协议，属于民法中的一项“契约”。在仲裁或者诉讼的过程中，仲裁庭或者法院可以根据其所适用的仲裁或者诉讼规则，或者经过双方当事人同意，采用ADR来解决双方当事人之间的争议。仲裁与诉讼中采用ADR解决争议时，对于双方当事人达成和解协议的，仲裁庭或者法院通常根据和解协议的内容作成仲裁裁决或者法院判决。

2. 国际经济贸易诉讼。国际经济贸易诉讼作为国际经济贸易争议的传统解决方式在实践中得到广泛应用。但是，国际经济贸易诉讼法律制度的国际统一程度很低，国内诉讼法在国际经济贸易争议的解决中占有重要地位。因此，在实践中，当事人必须熟悉法院地国家的诉讼法律制度。通常情况下，法院地法对国际经济贸易案件的法院管辖权、法律适用和判决的承认与执行问题等均作出了详细规定。

3. 国际经济贸易仲裁。国际经济贸易仲裁是解决国际经济贸易争议的常见方法。和国际经济贸易诉讼相比，国际经济贸易仲裁方面的国际统一程度比较高，例如，许多国家签订了《纽约公约》。此外，联合国国际贸易法委员会还制定了《国际商事仲裁示范法》，供各国立法机关选用。国际经济贸易仲裁的最大特点是，仲裁机构受理仲裁案件的前提条件是有争议当事人之间达成的仲裁协议或仲裁条款。仲裁机构的仲裁裁决具有终局性，争议当事人必须遵守。对于外国仲裁裁决的承认和执行，加入《纽约公约》的成员国必须遵守该公约的规定。

4. WTO争议解决机制。WTO争议解决机制的法律依据是各成员方共同签署的DSU，这赋予争议解决程序准司法性质。专家小组根据DSU第11条规定的权限对所审理的事项作出客观的评价，包括客观认定案件的事实，有关涵盖协议的可适用性和一致性，并提出相应的建议或作出裁定。该机制下在通过专家小组或者上诉机构的报告时几乎都是自动的：只要不是一致反对，报告就会被通过。争议方必须执行通过的报告。

---

① 关于这些案件的具体情况，可参见 https：//icsid. worldbank. org/en/Pages/cases/searchcases. aspx。

5. 国家与他国国民之间的投资争议。主权国家之间的争议以及不同国家之间的国民之间的争议的共同特点是，争议的当事人具有平等的法律地位。而在国家与他国国民之间的投资争议中，一方当事人是享有豁免权的国家，国家在其管辖范围内具有最高的权力，可以制定法律并对法律的实施情况进行监督；而作为另一方当事人的他国国民在东道国从事直接投资活动时，只能被动地遵守东道国的法律。当东道国政府与外国投资者签订投资合同时，东道国政府具有立法者、监督者和义务承担者三重身份，而外国投资者只有合同义务承担者这一重身份，其显然处于不利地位。世界银行主持签订的《解决国家与他国国民之间投资争端公约》为参加该公约的国家和国民解决国际投资争议提供了中立的争议解决场所。

课后复习

1. 何谓国际经济贸易争议？有哪些解决方法？
2. 简述 ADR 的特点及在实践中的应用。
3. 诉讼和仲裁的区别有哪些？
4. 国际民商事诉讼的管辖原则有哪些？如何承认与执行外国法院的判决？
5. 如何确定国际经济贸易仲裁庭的管辖权？
6. 国际经济贸易仲裁裁决的补救办法有哪些？
7. 我国法院应当如何承认与执行外国仲裁裁决？
8. WTO 争议解决机制的特点有哪些？
9. 应当如何利用 WTO 争议解决机制来解决中国与其他国家之间的贸易争端？
10. 如何解决国家与他国国民之间的经济贸易争议？
11. 如何解决中国政府与外国投资者之间的争议？
12. 解决投资争议国际中心的法律地位及其管辖范围？请结合我国与秘鲁签署的双边投资保护协定，谈谈你对谢业深案的看法。

图书在版编目（CIP）数据

国际经济法/王传丽主编．—5版．—北京：中国人民大学出版社，2019.10
21世纪中国高校法学系列教材
ISBN 978-7-300-27411-9

Ⅰ.①国…　Ⅱ.①王…　Ⅲ.①国际经济法-高等学校-教材　Ⅳ.①D996

中国版本图书馆CIP数据核字（2019）第205207号

普通高等教育"十一五"国家级规划教材
21世纪中国高校法学系列教材
国际经济法（第五版）
主　编　王传丽
Guoji Jingjifa

出版发行	中国人民大学出版社		
社　址	北京中关村大街31号	邮政编码	100080
电　话	010－62511242（总编室）		010－62511770（质管部）
	010－82501766（邮购部）		010－62514148（门市部）
	010－62515195（发行公司）		010－62515275（盗版举报）
网　址	http://www.crup.com.cn		
经　销	新华书店		
印　刷	北京东君印刷有限公司	版　次	2004年8月第1版
规　格	185 mm×260 mm　16开本		2019年10月第5版
印　张	23.75 插页1	印　次	2020年11月第2次印刷
字　数	624 000	定　价	49.80元

21 世纪高等院校法学系列精品教材

书名	ISBN	作者	定价	出版日期
案例刑法学	978-730-0-27384-6	魏　东　著	46.00	2019.9
行政法与行政诉讼法（第五版）	978-730-0-27130-9	叶必丰　主编	45.00	2019.8
规范刑法学（教学版）（第二版）	978-730-0-26278-9	陈兴良　著	52.00	2018.12
经济法学（第四版）	978-730-0-26337-3	张守文　著	45.00	2018.10
财税法学（第六版）	978-730-0-26083-9	张守文　著	49.00	2018.10
刑事诉讼法学（第六版）	978-730-0-26081-5	郑　旭　著	49.80	2018.9
判例刑法学（教学版）（第二版）	978-730-0-26082-2	陈兴良　著	49.80	2018.8
海商法专论（第四版）	978-730-0-25798-3	司玉琢　著	65.00	2018.5
物权法（第四版）	978-730-0-24496-9	崔建远　著	68.00	2017.9
物权法原理（第二版）	978-730-0-23399-4	申卫星　著	45.00	2016.10
民事诉讼法学（第二版）	978-730-0-23398-7	邵　明　著	49.80	2016.10
外国法制史（第四版）	978-730-0-22682-8	林榕年　叶秋华　主编	38.00	2016.4
刑法总论（第三版）	978-730-0-18042-7	周光权　著	55.00	2016.3
刑法各论（第三版）	978-730-0-14536-5	周光权　著	59.00	2016.3
证据学（第六版）	978-730-0-21850-2	陈一云　王新清　主编	36.00	2015.10
网络法学（第二版）	978-730-0-21814-4	刘品新　著	29.00	2015.10
民事诉讼法（第三版）	978-730-0-21614-0	张卫平　著	49.80	2015.8
商法学（第四版）	978-730-0-20622-6	徐学鹿　主编	49.80	2015.2

《　　　　　　》※任课教师调查问卷

为了能更好地为您提供优秀的教材及良好的服务，也为了进一步提高我社法学教材出版的质量，希望您能协助我们完成本次小问卷，完成后您可以在我社网站中选择与您教学相关的1本教材作为今后的备选教材，我们会及时为您邮寄送达！如果您不方便邮寄，也可以申请加入我社的**法学教师 QQ 群：83961183（申请时请注明法学教师）**，然后下载本问卷填写，并发往我们指定的邮箱（cruplaw@163.com）。

邮寄地址：北京市海淀区中关村大街31号中国人民大学出版社806室收

邮　　编：100080

再次感谢您在百忙中抽出时间为我们填写这份调查问卷，您的举手之劳，将使我们获益匪浅！

基本信息及联系方式：※

姓名：＿＿＿＿＿＿ 性别：＿＿＿＿＿＿ 课程：＿＿＿＿＿＿

任教学校：＿＿＿＿＿＿＿＿＿＿ 院系（所）：＿＿＿＿＿＿

邮寄地址：＿＿＿＿＿＿＿＿＿＿ 邮编：＿＿＿＿＿＿

电话（办公）：＿＿＿＿＿＿ 手机：＿＿＿＿＿＿ 电子邮件：＿＿＿＿＿＿

调查问卷：※

1. 您认为图书的哪类特性对您使用教材最有影响力？（　　）（可多选，按重要性排序）

   A. 各级规划教材、获奖教材　　B. 知名作者教材

   C. 完善的配套资源　　D. 自编教材

   E. 行政命令

2. 在教材配套资源中，您最需要哪些？（　　）（可多选，按重要性排序）

   A. 电子教案　　B. 教学案例

   C. 教学视频　　D. 配套习题、模拟试卷

3. 您对于本书的评价如何？（　　）

   A. 该书目前仍符合教学要求，表现不错将继续采用。

   B. 该书的配套资源需要改进，才会继续使用。

   C. 该书需要在内容或实例更新再版后才能满足我的教学，才会继续使用。

   D. 该书与同类教材差距很大，不准备继续采用了。

4. 从您的教学出发，谈谈对本书的改进建议：＿＿＿＿＿＿＿＿＿＿

＿＿＿＿＿＿＿＿＿＿＿＿＿＿＿＿＿＿＿＿

＿＿＿＿＿＿＿＿＿＿＿＿＿＿＿＿＿＿＿＿

选题征集：如果您有好的选题或出版需求，欢迎您联系我们：

联系人：黄　强　联系电话：010-62515955

索取样书：书名：＿＿＿＿＿＿＿＿＿＿＿＿＿＿＿＿

书号：＿＿＿＿＿＿＿＿＿＿＿＿＿＿＿＿＿＿

备注：※ 为必填项。